# 高等量子力学（下册）

Advanced Quantum Mechanics

（第三版）

张永德　著

科学出版社

北　京

## 内 容 简 介

全书共 12 章，分别为：量子状态描述、对称性分析补充、全同多粒子非相对论量子力学——二次量子化方法述评、量子变换理论概要、非相对论量子电动力学、相对论量子力学及缺陷、量子力学的路径积分表述、多道散射理论（Ⅰ）、多道散射理论（Ⅱ）、近似计算方法、量子纠缠与混态动力学、量子理论述评。外加 9 个附录。

本书致力于阐述现代物理学的理论基础。全书体系清晰、内容翔实、叙述清楚、分析透彻，适合作为物理类研究生的公共理论基础教材，也是物理学工作者有用的参考书。为了便于教学和自学，除少量普通的或书中已有答案的习题，其他都给出了解答或有关参阅文献。

**图书在版编目（CIP）数据**

高等量子力学．下册/张永德著．—3 版．—北京：科学出版社，2015.8
ISBN 978-7-03-045430-0

Ⅰ．①高…　Ⅱ．①张…　Ⅲ．①量子力学　Ⅳ．①O413.1

中国版本图书馆 CIP 数据核字（2015）第 189117 号

责任编辑：钱　俊 / 责任校对：邹慧卿
责任印制：吴兆东 / 封面设计：铭轩堂设计

科学出版社出版
北京东黄城根北街 16 号
邮政编码：100717
http://www.sciencep.com

北京中科印刷有限公司印刷

科学出版社发行　各地新华书店经销

*

2009 年 7 月第　一　版　开本：720×1000　1/16
2010 年 8 月第　二　版　印张：22 1/2
2015 年 8 月第　三　版　字数：430 000
2025 年 1 月第七次印刷

**定价：98.00 元**

（如有印装质量问题，我社负责调换）

# 第三版前言

这次历时一年的修改是作者对本书力所能及的最后一次修改。修改的主要内容有：①尽力改进各章的叙述；②增加了 5.3 节，讲述电磁场真空态能量和 Casimir 效应；③增加了 10.1 节，全面详细计算 Zeeman 效应；④增加了两个附录：附录 A 比较全面地小结了内容广泛的经典过渡问题，附录 I 讲述 Landau 计算能级和磁力线唯象模型关联；⑤删去了原先讲述 Hilbert 空间的附录 A，因为其内容比较常见。于是附录总数从 8 个变成 9 个。

改完书稿，本着韩愈的**“传道，授业，解惑”**精神，对初学者说几句学习和思考方法问题。不像经典理论，量子理论问题思考起来时常比较困惑，加之高等量子力学问题计算起来通常也比较繁杂，初学者容易被炫惑。但这时更应当设法直面这些物理困惑，摆脱数学炫惑，注意问题本身（和展开内容）的物理动机、物理思想、物理概念、物理逻辑、物理分析、物理图像、物理结论、物理本质、物理关联……一般而论，

**数学计算只是外衣，物理思想才是本体！**

不要让人看见你只有手，而要令人感觉你有脑袋。不要对人对己说：

**Shut up，Caculate！**

不要类似于人们熟知的劝导：

**书山有路勤为径，**

**学海无涯苦作舟。**

而要多想想 Feynman 在学习量子力学的时候，为什么会说：

**Young 氏双缝是量子力学的心脏！**

这里“不要”的两种说法都是片面的、误导性的。对于抱侥幸、想偷懒、不懂事的孩子，这些说法是必要的。但是，对于已经立志做研究的研究生和做学问的人，他们并不抱侥幸也不打算偷懒。**这些说法的主导思想中带有一些匠气，缺乏灵气，不注意提升悟性，偏于造就“匠人”！**

一般地说，成功有四个要素：**天资，勤奋，方法，机遇**。其中，**“方法”**就是**“治学之道”**。如果想避免**“一生辛劳，所获不大”**的结局，除了不由自己做主的“天资”和可遇而不可求的“机遇”无法事前讲究，应当讲究的是这个可以由自己管控的**“治学之道”**！**不可被前面两种说法所误导：以为“勤”就是一切，“苦”就是一切，“治学之道”是不必**

**讲究的**!

总之,终至一生的整个治学过程都应当是

**驭使小道,讲究中道,追求大道**!

这里的“**大道**”就是

**勤奋多思求悟**!

如何去“**求悟**”? 这大体是一个“**大道无形,只可意会,不可言传**”的题目,是“**不拘一格降人才**”的“**见仁见智**”的题目了。

张永德

2015 年 5 月 6 日

# 第二版前言

趁这次再版机会，对全书作了一次全面的校订和推敲。除了改进一些叙述，改正已发现的书写、公式编号和印刷错误外，主要是继续遵循“向前看”的思想，同时也为了加强第 9 章 Lippmann-Schwinger 方程的实用性，添加了当前热点之一的碱金属原子 Bose-Einstein 凝聚体的 Feshbach 共振计算，作为新的“附录 D”。这个被称作“可爱”的自由度，其实是个超精细作用诱导的超低温下双原子闭道散射问题。与此同时，为了不增加全书份量，基本删除了原先的“附录 D”，只保留其中叙述偶极近似部分，将其移入第 5 章作为 5.1.4 小节。

张永德

2010 年 7 月 12 日

# 第一版前言

本书是作者有关量子理论的几本书之一。此前，《量子力学》和《量子信息物理原理》已由科学出版社出版。而《量子菜根谭——现代量子理论专题分析》已由清华大学出版社出版。

作者对于采用《高等量子力学》作为书名有犹豫。且不去说“高等”二字当前给人的感觉，单从内在逻辑自洽性角度看，“高等”、“量子”、“力学”这三个词有一种古怪而常被人们忽略的“三体排斥作用”：三者之中无论去掉哪一个，都可以构建起逻辑自洽(至少比较自洽)的理论体系：高等力学、量子力学、量子场论等都可以，或者还可以。但三者凑到一块必定构建不出比较“自圆其说”的理论体系！比如，既然已是“高等”的“量子”，难免要涉及粒子产生、湮灭和转化，粒子数真的不守恒了。这就超出了只限于研究物体受外力作用在时空中运动的传统“力学”范畴！也有用《高等量子理论》的，但此名称又宽泛得与量子场理论牵连不清，也许还让人感觉只重理论的偏颇。思前想后，只得是“前面的书名爬，后面的书名跟着爬”了。

20 世纪 80 年代初，作者由四川三线国防单位转入中国科学技术大学，甫始即为研究生讲授《高等量子力学》这门课程。其后三十多年时间里，不断执教着它和其他各类量子课程。与此同时，也一直从事与量子理论有关的研究工作。这本书便是在这样的科研教学背景下，根据作者多年讲稿，结合科研成果和体会整理修订而成。其中包括一些我朋友、学生和国内外学者的适宜纳入本书的研究成果。

写作本书过程中，作者尽力做到体系清晰、内容清新、叙述清楚。关于选择内容、叙述角度、掌握深度等问题，作者遵循的主导思想是：**其一**，现代科学技术发展迅猛，对物理人材素质要求越来越高。当前情势要求教师在讲授《高量》时，在保持系统性和相对稳定性的同时，注意引导学生向前看，顺应科学发展趋势，适当提高标准，不断吐故纳新，缩短与前沿的距离。这对培养高素质研究人材十分重要。**其二**，要讲清当然，更要尽力讲清所以然。注意分析概念实质，揭示理论意图、挖掘物理内涵、交代清楚所讲内容与周边课程的衔接与分界。**其三**，众所周知，总体上，量子理论还存在许多基本困难和尚未弄清楚的重要问题。有鉴于此，作者本着“独立之精神，自由之思想”以开放的思维，求实的态度，说清问题本质，指明认知边界，努力实行“疑难不回避、叙述不含糊、议论不偏执”。虽时有临笔踌躇、颇费思量，但对此方针始终不离不弃。其四，书中选材，除了少部分章节，大体偏重低能、偏重非相对论量子理论。这是为了顾及物理类多数专业(以及材料物理、量子信息、量子化学等)研究生的需要，再考虑到还有相对论量子场论等课程，还有就是为了展示量子理论内在逻辑自洽、结构优美等考虑。

书中将作为依据或是细研深究所需的文献列在脚注内。各章都附有习题,部分为作者自拟。它们不少是书中内容延伸、叙述拓宽、计算落实,所以不应忽视。但由于解答的篇幅较大,所以删去了常见的或书中已叙述的解答。全书共计十二章,九个附录,详见目录。

涵括从非相对论量子力学到相对论量子场论,以及周边量子课程的整个量子理论,其领域广阔无垠,构架雄伟壮观,风姿绚丽卓绝,禀性精灵古怪。不同于其他物理理论,量子理论是大批杰出理论和实验物理学家的共同创造。她是迄今物理学中最宏伟壮丽的宫殿群落,也是应用领域最为宽广的物理理论。她不仅是整个近代物理学的理论基础,甚至正在成为包括量子信息科学、纳米材料与微结构科学、近代化学、近代生物学等几乎整个近代科学的共同理论基础。它不但是一部厚重的科学理论,更是哲学和认识论的重要源头活水。总之,她堪称为人类文化的一块瑰宝奇珍。如果说《量子力学》像一泓清澈明亮的湖水,徘徊激荡着微观世界的天光云影,令人流连忘返;《高等量子力学》便像春雨春水:时而绵绵细细,随心入夜,润思无声;时而乌云白浪,滂沱浩瀚,充满力量。诚如朱熹一首读书诗所说:

昨夜江边春水生,　艨艟巨舰一毛轻;
向来枉费推移力,　今日中流自在行。

倘若读者阅读推算辛劳之后,能够得到这份认知,那正是作者的追求和期盼。

作者感谢吴建达同学,他将作者大量杂乱讲稿和参考材料敲入计算机中。没有他的辛劳,本书问世几乎是不可能的。感谢潘建伟、陈增兵、陈宇翱、陆朝阳等教授。他们不但对作者一贯关心,而且从他们出色工作中作者学到了很多新知识,其中还包括他们向作者介绍了许多新材料和重要文献。感谢胡丹、董莹、汤卫东、邓修豪同学,赵梅生博士和陈建兰博士。他们是本书第一批读者。通过集体阅读讨论,他们对本书初稿提供了不少好意见。感谢中科院合肥分院固体物理所王玉琪教授和曾雉教授,他们盛情邀请给了作者以写作本书的初始动力。感谢香港科技大学孟国武教授提供有关的数学文献并校阅了附录B中部分内容。感谢科学出版社胡凯、昌盛、钱俊先生为提高本书出版质量付出的辛勤劳动。

最后,限于作者所知所为所好,一定有适宜纳入本书的好成果未被收纳,欢迎见告。言多必失、算多易误、敬盼指正。

张永德

2008年11月21日初稿

2018年4月5日清明节修改

# 目　　录

# 第 7 章　量子力学的路径积分表述

## 7.1　路径积分的基本原理

### 7.1.1　基本概念和方法——传播子与 Feynman 公设[①]

这部分内容在量子力学中常有讲述，下面概略地复习一下。

1. 传播子

设系统 Hamilton 量为 $\hat{H}(t)$，则 $t_0 \to t$ 态矢演化为

$$|\psi(t)\rangle = T\exp\left\{-\frac{\mathrm{i}}{\hbar}\int_{t_0}^{t}\mathrm{d}\tau\hat{H}(\tau)\right\}|\psi(t_0)\rangle = U(t;t_0)\,|\psi(t_0)\rangle \tag{7.1}$$

将此右矢等式向坐标表象投影，即得坐标表象中对态矢演化的表述

$$\boxed{\begin{cases}\psi(\boldsymbol{r},t) = \displaystyle\int \mathrm{d}\boldsymbol{r}_0 K(\boldsymbol{r}t;\boldsymbol{r}_0t_0)\psi(\boldsymbol{r}_0,t_0)\\ K(\boldsymbol{r}t;\boldsymbol{r}_0t_0) \equiv \langle \boldsymbol{r}\,|\,U(t;t_0)\,|\,\boldsymbol{r}_0\rangle\end{cases}} \tag{7.2}$$

**积分核称为传播子(量纲为体积倒数)。**式(7.2)清楚说明，$\psi(\boldsymbol{r},t)$作为一种概率幅波动，从何处传播来，又怎样传播开去。设初条件$\psi(\boldsymbol{r},t=t_0)=\delta(\boldsymbol{r}-\boldsymbol{r}_0)$，即知 **$K(\boldsymbol{r}t;\boldsymbol{r}_0t_0)$的意义是粒子在初始时刻 $t_0$ 位于 $\boldsymbol{r}_0$，演化到 $t$ 时刻位于 $\boldsymbol{r}$ 的概率幅**

$$\boxed{K(\boldsymbol{r}t;\boldsymbol{r}_0t_0) = (\boldsymbol{r}t\,|\,\boldsymbol{r}_0t_0)} \tag{7.3}$$

**此处转换矩阵元涉及不同时刻坐标基矢内积，**一般不同时刻 Hamilton 量可能不同，此处内积应是广义上的，**所以用圆括弧表示。如果初始概率幅分布为$\psi(\boldsymbol{r}_0t_0)$，则后来 $t$ 时刻 $\boldsymbol{r}$ 处该粒子的概率幅便是$K(\boldsymbol{r}t;\boldsymbol{r}_0t_0)$乘以$\psi(\boldsymbol{r}_0t_0)$并对全部 $\boldsymbol{r}_0$ 积分。这里强调指出，按因果律考虑，此处的 $K(\boldsymbol{r}t;\boldsymbol{r}_0t_0)$只适用于 $t>t_0$，对 $t<t_0$ 它为零。为了体现这个因果考虑，将其乘以单位阶跃函数 $\theta(t-t_0)$。这就是系统的推迟传播子(推迟 Green 函数)。此函数是正向时间演化算符在坐标表象的矩阵元**

$$\boxed{K(\boldsymbol{r}t;\boldsymbol{r}_0t_0) = \langle \boldsymbol{r}\,|\,T\exp\left\{-\frac{\mathrm{i}}{\hbar}\int_{t_0}^{t}\mathrm{d}\tau\hat{H}(\tau)\right\}|\,\boldsymbol{r}_0\rangle\theta(t-t_0)} \tag{7.4}$$

下面在不产生误会的情况下有时略写 $\theta(t-t_0)$因子。

**显然，传播子即为 Schrödinger 方程的 Green 函数。**因为

---

① Holstein B R. Topics in Advanced Quantum Mechanics. Addison-Wesley Publishing Company，1992：39.

$$\frac{\partial}{\partial t_2}\left\{\langle \boldsymbol{r}_2 \mid T e^{\frac{-i}{\hbar}\int_{t_1}^{t_2} d\tau \hat{H}(\tau)} \mid \boldsymbol{r}_1\rangle \theta(t_2-t_1)\right\}$$
$$=-\frac{i}{\hbar}\langle \boldsymbol{r}_2 \mid \hat{H}(t_2) T e^{\frac{-i}{\hbar}\int_{t_1}^{t_2} d\tau \hat{H}(\tau)} \mid \boldsymbol{r}_1\rangle \theta(t_2-t_1)+\langle \boldsymbol{r}_2 \mid T e^{\frac{-i}{\hbar}\int_{t_1}^{t_2} d\tau \hat{H}(\tau)} \mid \boldsymbol{r}_1\rangle \delta(t_2-t_1)$$

第一项 $\hat{H}(t_2)$ 中算符 $\hat{\boldsymbol{p}}$ 可转化为对变数 $\boldsymbol{r}_2$ 求导 $\langle \boldsymbol{r}_2 | \hat{\boldsymbol{p}} = -i\hbar \nabla_2 \langle \boldsymbol{r}_2 |$，将算符 $\hat{H}(\hat{\boldsymbol{p}}, \hat{\boldsymbol{r}}, t_2)$ 转成 $\hat{H}(-i\hbar\nabla_2, \boldsymbol{r}_2, t_2)$ 形式并抽出内积。第二项含有 $\delta(t_2-t_1)$ 因子，可令矩阵元内指数 $t_2=t_1$。于是，简记 $K(\boldsymbol{r}_2 t_2; \boldsymbol{r}_1 t_1) \equiv K(2;1)$ 之后即得

$$\boxed{\left(i\hbar\frac{\partial}{\partial t_2}-\hat{H}_2\right)K(2;1)=i\hbar\delta(\boldsymbol{r}_2-\boldsymbol{r}_1)\delta(t_2-t_1), \quad t_2 \geqslant t_1} \tag{7.5}$$

这里设定 $K(\boldsymbol{r}_2 t_2; \boldsymbol{r}_1 t_1)=0\,(t_2<t_1)$。这正是量子系统推迟 Green 函数所满足的微分方程：右边为典型的 Green 函数的 $\delta$-源项，左边是 Schrödinger 方程的时空传播微分算符。其中 $t_2 \geqslant t_1$ 表示只作正向传播。

按照传播子的概念，可以将传播过程进行两次或多次分割。比如，可以有

$$\boxed{K(3;1)=\int d\boldsymbol{r}_2 K(3;2)K(2;1)} \tag{7.6}$$

如果 $\hat{H}$ 不显含时间，将有定态解完备集合 $\{|\varphi_n(\boldsymbol{r},t)\rangle = |\varphi_n(\boldsymbol{r})\rangle e^{-iE_n t/\hbar}, \forall n\}$，

$$\hat{H} \mid \varphi_n\rangle = E_n \mid \varphi_n\rangle, \quad \sum_n \mid \varphi_n\rangle\langle\varphi_n \mid = I$$

根据式(7.3)，插入完备性关系，传播子又可以写为谱表示形式

$$\boxed{K(2;1)=\sum_n \varphi_n^*(\boldsymbol{r}_1)\varphi_n(\boldsymbol{r}_2) e^{-i(t_2-t_1)E_n/\hbar}\theta(t_2-t_1)} \tag{7.7}$$

2. Feynman 公设②

**此公设是路径积分(后经扩充称作泛函积分)框架的理论基础。公设认定，对任意相互作用量子系统，传播子 $K(\boldsymbol{r}t; \boldsymbol{r}_0 t_0)$ 等于：画出连接 $(\boldsymbol{r}_0 t_0)$ 和 $(\boldsymbol{r}t)$ $(t>t_0)$ 的全部路径；针对每条路径折线 $\boldsymbol{r}(t)$，算出作用量 $S=\int_{t_0}^{t} d\tau L(\boldsymbol{r}(\tau))$ 和相因子 $e^{iS/\hbar}$；$K(\boldsymbol{r}t; \boldsymbol{r}_0 t_0)$ 即为全部路径贡献相因子 $e^{iS/\hbar}$ 的等权叠加。即**

$$\boxed{\begin{aligned} K(\boldsymbol{r}t; \boldsymbol{r}_0 t_0) &= N\sum_{\text{全部路径}} \exp\left(\frac{i}{\hbar}S\right) \\ &= \lim_{\substack{\varepsilon\to 0\\ n\to\infty}} \frac{1}{A^3}\int\cdots\int \exp\left\{\frac{i\varepsilon}{\hbar}\sum_{i=0}^{n-1} L\left(\frac{\boldsymbol{r}_{i+1}+\boldsymbol{r}_i}{2}, \frac{\boldsymbol{r}_{i+1}-\boldsymbol{r}_i}{\varepsilon}, \frac{t_{i+1}+t_i}{2}\right)\right\}\frac{d\boldsymbol{r}_1}{A^3}\cdots\frac{d\boldsymbol{r}_{n-1}}{A^3}\end{aligned}} \tag{7.8}$$

② 费曼 R P，希布斯 A R. 量子力学与路径积分. 北京：科学出版社，1986；张永德. 量子力学(第四版). 北京：科学出版社，2016，第 5 章.

**这里 $N$ 是归一化因子,选择它使下面极限成立**

$$\boxed{\lim_{t\to t_0^+} K(\boldsymbol{r}t;\boldsymbol{r}_0t_0)=\delta(\boldsymbol{r}-\boldsymbol{r}_0)} \tag{7.9}$$

需要对公设本身以及“全部路径”的含义作些解释:**其一**,设粒子在 $t_0$ 时刻处于 $\boldsymbol{r}_0$ 的概率幅为$\psi(\boldsymbol{r}_0,t_0)$,演化到 $t$ 时刻位于 $\boldsymbol{r}$ 处的概率幅为$\psi(\boldsymbol{r},t)$,Feynman 公设此时主张:决定$\psi(\boldsymbol{r}t)$的式(7.2a)中的传播子 $K(\boldsymbol{r}t;\boldsymbol{r}_0t_0)$可由式(7.8)计算;**其二**,将 $t_0-t$ 时间分为 $n$ 个相等间隔 $\varepsilon=t_{i+1}-t_i$,对每一时刻 $t_i$(任意)指定一个位置 $\boldsymbol{r}_i$,全体指定 $(\boldsymbol{r}_i,t_i)(i=1,2,\cdots,n-1)$的集合$\Big($加上两个固定的端点$(\boldsymbol{r}_0,t_0)$、$(\boldsymbol{r}_n=\boldsymbol{r},t_n=t)\Big)$便构成一条路径。重新指定一个、数个或全体 $\boldsymbol{r}_i$ 便又构成另一条路径。“全部路径”的含义是:每一时刻 $t_i$ 所对应的 $\boldsymbol{r}_i$ 均可独立地任意地改变。形象地说,粒子在$(t_0-t)$内将以一切可能画出的路径从 $\boldsymbol{r}_0$ 点到达 $\boldsymbol{r}$ 点;严格地说,由于这里划分是有限区间的划分,仍然不能算是穷尽了全部路径。只当令 $\varepsilon\to0,n\to\infty$并取极限,才算是考虑了全部可能的路径。**其三**,$A^3$ 是每重 $\mathrm{d}\boldsymbol{r}_i$ 积分的积分测度($A$ 的量纲为长度),由系统 Lagrange量 $L$ 具体形式决定。重积分前多出一个$\dfrac{1}{A^3}$是考虑到将此 $K$ 表达式代入式(7.2a)时,还要对 $\mathrm{d}\boldsymbol{r}_0$ 作积分。对动能为二次型,即 $L=\dfrac{m}{2}\dot{\boldsymbol{r}}^2-V(\boldsymbol{r},t)$的情况,可以求出积分测度 $A$。

**Feynman 公设的物理观念可能来自对 Young 氏双缝实验的深入考量③;数学处理思想则主要来自作用量原理④。系统在任意时间段内的演化,必定可以还原为大量极短时间间隔演化的相继乘积。在每段时间演化间隔内插入相应的坐标基矢完备性关系,于是整个演化就成为多重积分形式。**设正向时序等分为

$$[t_0,t]=[t_0<t_1<\cdots<t_i<t_{i+1}<\cdots<t_n=t],\quad t_{i+1}-t_i=\varepsilon\to0^+ \tag{7.10}$$

根据 $t_i$ 值下坐标基矢的完备性关系

$$\int\mathrm{d}\boldsymbol{r}_i\,|\,\boldsymbol{r}_it_i\rangle\langle\boldsymbol{r}_it_i\,|=I,\quad \forall i \tag{7.11}$$

在式(7.2a)中插入相应的坐标基矢完备性关系

$$\begin{aligned}\psi(\boldsymbol{r},t)=&\lim_{n\to\infty}\int\cdots\int\mathrm{d}(\boldsymbol{r}_{n-1}\cdots\boldsymbol{r}_0)\langle\boldsymbol{r}t\,|\cdot|\,\boldsymbol{r}_{n-1}t_{n-1}\rangle\langle\boldsymbol{r}_{n-1}t_{n-1}\,|\cdot\cdots\\&\cdot|\,\boldsymbol{r}_it_i\rangle\langle\boldsymbol{r}_it_i\,|\cdot\cdots\cdot|\,\boldsymbol{r}_0t_0\rangle\psi(\boldsymbol{r}_0,t_0)\end{aligned} \tag{7.12}$$

当时间间隔很小时,$i\to i+1$ 区段不同时刻的基矢内积,按式(7.2),为

$$\boxed{(\boldsymbol{r}_{i+1}t_{i+1}\,|\,\boldsymbol{r}_it_i)\cong\langle\boldsymbol{r}_{i+1}\,|\exp\left\{-\frac{\mathrm{i}(t_{i+1}-t_i)}{\hbar}H\left(\frac{t_{i+1}+t_i}{2}\right)\right\}|\,\boldsymbol{r}_i\rangle} \tag{7.13a}$$

---

③ 参见费曼 R P,希布斯 A R. 量子力学与路径积分. 北京:科学出版社,1986,图 1.9 和图 1.10.

④ Dirac P A M. 量子力学原理. 科学出版社,1965,32 节,127 页. 也见附录 A.

**这是 $i\to i+1$ 的传播子。注意，不同时刻完备性关系积分的空间变数是相互独立的，所以连接无限靠近的两个时刻的空间路径区段仍然是可以任意的**(传播子观念本就是如此)。但下面要注意的是，$\varepsilon\to0$ 时应当有

$$\lim_{\varepsilon\to0}(\boldsymbol{r}_{i+1},t_i+\varepsilon|\boldsymbol{r}_i,t_i)=\delta(\boldsymbol{r}_{i+1}-\boldsymbol{r}_i)$$

由式(7.13a)得

$$\begin{aligned}(\boldsymbol{r}_{i+1}t_{i+1}|\boldsymbol{r}_it_i)&=\int\mathrm{d}\boldsymbol{p}_i\langle\boldsymbol{r}_{i+1}\mid \mathrm{e}^{-\frac{\mathrm{i}\varepsilon}{\hbar}H\left(\frac{r_i+r_{i+1}}{2},\,\hat{p},\,\frac{t_i+t_{i+1}}{2}\right)}\mid\boldsymbol{p}_i\rangle\langle\boldsymbol{p}_i\mid\boldsymbol{r}_i\rangle\\&=\int\mathrm{d}\boldsymbol{p}_i\mathrm{e}^{-\frac{\mathrm{i}\varepsilon}{\hbar}H\left(\frac{r_i+r_{i+1}}{2},\,p_j,\,\frac{t_i+t_{i+1}}{2}\right)}\langle\boldsymbol{r}_{i+1}\mid\boldsymbol{p}_i\rangle\langle\boldsymbol{p}_i\mid\boldsymbol{r}_i\rangle\end{aligned}$$

因此，式(7.13a)又可以写为

$$\boxed{(\boldsymbol{r}_{i+1}t_{i+1}|\boldsymbol{r}_it_i)=\int\frac{\mathrm{d}\boldsymbol{p}_i}{(2\pi\hbar)^3}\exp\left\{\frac{\mathrm{i}\varepsilon}{\hbar}\left[\frac{\boldsymbol{p}_i\cdot(\boldsymbol{r}_{i+1}-\boldsymbol{r}_i)}{\varepsilon}-H\left(\frac{\boldsymbol{r}_i+\boldsymbol{r}_{i+1}}{2},\boldsymbol{p}_i,\frac{t_{i+1}+t_i}{2}\right)\right]\right\}}\tag{7.13b}$$

**当 $H$ 中算符 $p$ 为二次幂形式** $H=\dfrac{\boldsymbol{p}^2}{2m}+V(rt)$ **时，对 $p_i$ 积分可以积出，得到**

$$\int\frac{\mathrm{d}\boldsymbol{p}_i}{(2\pi\hbar)^3}\mathrm{e}^{\frac{\mathrm{i}}{\hbar}p_i\cdot(r_{i+1}-r_i)-\frac{\mathrm{i}}{\hbar}\varepsilon\frac{p_i^2}{2m}}=\frac{1}{A^3}\exp\left\{\frac{\mathrm{i}\varepsilon}{\hbar}\frac{m}{2}\left(\frac{\boldsymbol{r}_{i+1}-\boldsymbol{r}_i}{\varepsilon}\right)^2\right\},\quad\frac{1}{A}=\sqrt{\frac{m}{2\pi\hbar\mathrm{i}\varepsilon}}$$

利用此式结果，又可以将式(7.13b)进一步写成[⑤]

$$\boxed{(\boldsymbol{r}_{i+1}t_{i+1}|\boldsymbol{r}_it_i)=\frac{1}{A^3}\exp\left\{\frac{\mathrm{i}\varepsilon}{\hbar}L\left(\frac{\boldsymbol{r}_{i+1}+\boldsymbol{r}_i}{2},\frac{\boldsymbol{r}_{i+1}-\boldsymbol{r}_i}{\varepsilon},\frac{t_{i+1}+t_i}{2}\right)\right\}}\tag{7.13c}$$

合并式(7.13b)和式(7.13c)，连乘并取极限，得传播子两种表达式如下(注意 $K$ 有量纲)

$$\boxed{\begin{aligned}K(\boldsymbol{r},t;\boldsymbol{r}_0,t_0)=&\lim_{\substack{\varepsilon\to0\\n\to\infty}}\int\cdots\int\prod_{j=1}^{n-1}\mathrm{d}\boldsymbol{r}_j\prod_{j=0}^{n-1}\frac{\mathrm{d}\boldsymbol{p}_j}{(2\pi\hbar)^3}\\&\cdot\exp\left\{\frac{\mathrm{i}\varepsilon}{\hbar}\sum_{i=0}^{n-1}\left[\frac{\boldsymbol{p}_i\cdot(\boldsymbol{r}_{i+1}-\boldsymbol{r}_i)}{\varepsilon}-H\left(\frac{\boldsymbol{r}_{i+1}+\boldsymbol{r}_i}{2},\boldsymbol{p}_i,\frac{t_{i+1}+t_i}{2}\right)\right]\right\}\end{aligned}}\tag{7.14a}$$

$$\boxed{K(\boldsymbol{r},t;\boldsymbol{r}_0,t_0)=\lim_{\substack{\varepsilon\to0\\n\to\infty}}\frac{1}{A^3}\int\cdots\int\exp\left\{\frac{\mathrm{i}\varepsilon}{\hbar}\sum_{i=0}^{n-1}L\left(\frac{\boldsymbol{r}_{i+1}+\boldsymbol{r}_i}{2},\frac{\boldsymbol{r}_{i+1}-\boldsymbol{r}_i}{\varepsilon},\frac{t_{i+1}+t_i}{2}\right)\right\}\frac{\mathrm{d}\boldsymbol{r}_1}{A^3}\cdots\frac{\mathrm{d}\boldsymbol{r}_{n-1}}{A^3}}\tag{7.14b}$$

---

⑤ 认真地说，还应考虑$[\hat{T},\hat{V}]\neq0$给指数如此分解所带来的累积误差. 但由于有 Trotter 公式

$$\lim_{N\to\infty}\left\{\left[\exp\left(-\frac{c}{N}(\hat{A}+\hat{B})\right)\right]^N-\left[\exp\left(-\frac{c}{N}\hat{A}\right)\cdot\exp\left(-\frac{c}{N}\hat{B}\right)\right]^N\right\}=0$$

所以此处分解的极限运算不会带来问题. 证明见习题 7.5。

将式(7.13b)代入式(7.12),连乘并取极限,即得

$$\psi(\boldsymbol{r},t)=\lim_{\substack{\varepsilon\to 0\\ n\to\infty}}\int\cdots\int\left(\frac{\mathrm{d}\boldsymbol{r}_{n-1}\mathrm{d}\boldsymbol{p}_{n-1}}{(2\pi\hbar)^3}\right)\cdots\left(\frac{\mathrm{d}\boldsymbol{r}_0\mathrm{d}\boldsymbol{p}_0}{(2\pi\hbar)^3}\right)\mathrm{e}^{\frac{\mathrm{i}}{\hbar}\sum_{i=0}^{n-1}\left\{\boldsymbol{p}_i\cdot(\boldsymbol{r}_{i+1}-\boldsymbol{r}_i)-\varepsilon H\left(\frac{\boldsymbol{r}_{i+1}+\boldsymbol{r}_i}{2},\boldsymbol{p}_i,\frac{t_{i+1}+t_i}{2}\right)\right\}}\psi(\boldsymbol{r}_0,t_0)\tag{7.15a}$$

或者,采用式(7.13c),得到[⑥]

$$\psi(\boldsymbol{r},t)=\lim_{\substack{\varepsilon\to 0\\ n\to\infty}}\int\cdots\int\frac{\mathrm{d}\boldsymbol{r}_{n-1}}{A^3}\cdots\frac{\mathrm{d}\boldsymbol{r}_1}{A^3}\frac{\mathrm{d}\boldsymbol{r}_0}{A^3}\exp\left\{\frac{\mathrm{i}}{\hbar}\varepsilon\sum_{i=0}^{n-1}L\left(\frac{\boldsymbol{r}_{i+1}+\boldsymbol{r}_i}{2},\frac{\boldsymbol{r}_{i+1}-\boldsymbol{r}_i}{\varepsilon},\frac{t_{i+1}+t_i}{2}\right)\right\}\psi(\boldsymbol{r}_0,t_0)\tag{7.15b}$$

**定义对正则变量的无穷重泛函积分(积分测度量纲为体积倒数)**

$$\begin{cases}\lim\limits_{\substack{n\to\infty\\ \varepsilon\to 0}}\int\cdots\int\dfrac{\mathrm{d}\boldsymbol{q}_n(t_n)\mathrm{d}\boldsymbol{p}_n(t_n)}{(2\pi\hbar)^3}\cdots\dfrac{\mathrm{d}\boldsymbol{q}_1(t_1)\mathrm{d}\boldsymbol{p}_1(t_1)}{(2\pi\hbar)^3}\dfrac{\mathrm{d}\boldsymbol{p}_0(t_0)}{(2\pi\hbar)^3}\equiv\int\mathrm{D}\left(\dfrac{\boldsymbol{q}(\tau)\boldsymbol{p}(\tau)}{(2\pi\hbar)^3}\right)\\ \lim\limits_{\substack{n\to\infty\\ \varepsilon\to 0}}\int\cdots\int\dfrac{\mathrm{d}\boldsymbol{q}_n(t_n)}{A^3}\cdots\dfrac{\mathrm{d}\boldsymbol{q}_1(t_1)}{A^3}\dfrac{1}{A^3}\equiv\int\mathrm{D}\boldsymbol{q}(\tau);\quad A=\sqrt{\dfrac{\mathrm{i}2\pi\hbar\varepsilon}{m}}\end{cases}\tag{7.16}$$

注意,泛函积分直接用于表达传播子,所以测度量纲和传播子的相同(体积倒数)。至于波函数则按式(7.2)由传播子的空间积分表示。利用这种对全体路径的积分,可以将传播子简明地记作

$$\begin{aligned}K(\boldsymbol{r},t;\boldsymbol{r}_0,t_0)&=\int\exp\left\{\frac{\mathrm{i}}{\hbar}\int_{t_0}^{t}\mathrm{d}\tau[\boldsymbol{p}(\tau)\cdot\dot{\boldsymbol{r}}(\boldsymbol{r},\boldsymbol{p},\tau)-H(\boldsymbol{r}(\tau),\boldsymbol{p}(\tau),\tau)]\right\}\mathrm{D}\left(\frac{\boldsymbol{r}(\tau)\boldsymbol{p}(\tau)}{(2\pi\hbar)^3}\right)\\ K(\boldsymbol{r},t;\boldsymbol{r}_0,t_0)&=\int\exp\left\{\frac{\mathrm{i}}{\hbar}S\right\}\mathrm{D}\boldsymbol{r}(\tau),\quad S=\int_{t_0}^{t}\mathrm{d}\tau L(\boldsymbol{r}(\tau),\dot{\boldsymbol{r}}(\tau),\tau)\end{aligned}\tag{7.17}$$

这里将路径积分和普通积分作个比较:后者每给定一个积分变数 $\boldsymbol{r}$,得到被积函数 $f(\boldsymbol{r})$一个数值,当 $\boldsymbol{r}$ 扫遍定义域时,对 $f(\boldsymbol{r})$全部数值分别乘以测度求和并取极限,即得积分数值。与此对照,**前者每给定一条路径——空间函数 $\boldsymbol{r}(\tau)$,就给定了被积泛函数——相因子 $\mathrm{e}^{\mathrm{i}S[\boldsymbol{r}(\tau)]/\hbar}$ 的一个数值。当 $\boldsymbol{r}(\tau)$ 扫遍全体可能路径,对被积泛函数全部数值分别乘以测度求和并取极限,即得路径积分数值。一般说,如果积分变量不是空间路径,而是其他物理量(相应地,被积的是该物理量的泛函数),称为泛函积分。**

---

⑥ 其实,对约束系统用 Lagrange 量更为方便。所以后续课程不是将式(7.15a),而是将式(7.15b)作为出发点。参见 7.3 节。对一般情况,如果指数上的动量不是二次型形式,使用 Lagrange 量或作用量相因子的上述泛函积分表示应当看成是个基本物理假设。严格说,这时泛函积分尚未有明确的数学定义。

习题 7.1　求证 $\lim\limits_{t_{j+1}\to t_j}(\boldsymbol{r}_{j+1}t_{j+1}\,|\,\boldsymbol{r}_jt_j)=\delta(\boldsymbol{r}_{j+1}-\boldsymbol{r}_j)$。

习题 7.2　计算证实积分等式(7.14)和等式 $\int_{-\infty}^{+\infty}\exp(\mathrm{i}\alpha y^2)\mathrm{d}y=\sqrt{\frac{\mathrm{i}\pi}{\alpha}}$，$(\mathrm{Im}\alpha\geqslant 0)$。

习题 7.3　计算证实积分等式

$$\int_{-\infty}^{\infty}\mathrm{d}y\exp\{\alpha(x-y)^2+\beta(z-y)^2\}=\sqrt{\frac{-\pi}{\alpha+\beta}}\exp\left\{\frac{\alpha\beta}{\alpha+\beta}(x-z)^2\right\}$$

习题 7.4　计算证实积分等式

$$\int_{-\infty}^{+\infty}\exp\left\{-\sum_{i,j=1}^{n}M_{ij}x_ix_j+\sum_{i=1}^{n}\alpha_ix_i\right\}\mathrm{d}x_1\cdots\mathrm{d}x_n=\sqrt{\frac{\pi^n}{\det M}}\exp\left(\frac{1}{4}\tilde{\alpha}M^{-1}\alpha\right)$$

习题 7.5　证明脚注⑤中的 Trotter 公式。

### 7.1.2　与 Schrödinger 方程的等价性

**可以直接验算，式(7.15)$\boldsymbol{\psi}(\boldsymbol{r},t)$满足 Schrödinger 方程。为此取微小时间差的单重积分，设$(\boldsymbol{r}',t)\to(\boldsymbol{r},t+\varepsilon)$，有**

$$\begin{aligned}\psi(\boldsymbol{r},t+\varepsilon)&=\int\frac{\mathrm{d}\boldsymbol{r}'}{A^3}\exp\left\{\frac{\mathrm{i}\varepsilon}{\hbar}\left[\frac{m}{2}\left(\frac{\boldsymbol{r}-\boldsymbol{r}'}{\varepsilon}\right)^2-V\left(\frac{\boldsymbol{r}+\boldsymbol{r}'}{2},\frac{(t+\varepsilon)+t}{2}\right)\right]\right\}\psi(\boldsymbol{r}',t)\\&=\int\frac{\mathrm{d}\boldsymbol{\eta}}{A^3}\exp\left\{\frac{\mathrm{i}\varepsilon}{\hbar}\left[\frac{m}{2}\frac{\boldsymbol{\eta}^2}{\varepsilon^2}-V\left(\boldsymbol{r}+\frac{\boldsymbol{\eta}}{2},t+\frac{\varepsilon}{2}\right)\right]\right\}\psi(\boldsymbol{r}+\boldsymbol{\eta},t)\end{aligned}$$

**将此方程两边对自变量展开，保留到无穷小 $\varepsilon$ 量的一阶项。注意，变数 $\boldsymbol{\eta}=\boldsymbol{r}'-\boldsymbol{r}$ 定义域仍为全空间。指数上第一项包含$\frac{\boldsymbol{\eta}^2}{\varepsilon}$，如 $\boldsymbol{\eta}^2$ 不很小，这项指数因 $\varepsilon$ 很小而随 $\boldsymbol{\eta}$ 快速振荡，从而对 $\boldsymbol{\eta}$ 积分贡献非常小；仅当 $\boldsymbol{\eta}^2$ 是$\frac{\varepsilon\hbar}{m}$量级时，此项的位相改变不超过 1 个弧度量级，积分主要贡献就是来源于这个量级的 $\boldsymbol{\eta}^2$ 值范围。与此相应，积分号下$\psi$对 $\boldsymbol{\eta}$ 展开保留到$\boldsymbol{\eta}^2$ 量级，而$\varepsilon V$ 项已是$\varepsilon$ 阶小量，可忽略 $V$ 中自变量对$(\boldsymbol{r},t)$小偏离。总之，方程两边展开保留到 $\varepsilon$ 或 $\boldsymbol{\eta}^2$ 量级**

$$\begin{aligned}\psi(\boldsymbol{r},t)+\varepsilon\frac{\partial\psi(\boldsymbol{r},t)}{\partial t}=&\int\frac{\mathrm{d}\eta}{A^3}\mathrm{e}^{\frac{\mathrm{i}m\eta^2}{2\hbar\varepsilon}}\left(1-\frac{\mathrm{i}\varepsilon}{\hbar}V(\boldsymbol{r},t)\right)\left[\psi(\boldsymbol{r},t)+\boldsymbol{\eta}\cdot\frac{\partial\psi(\boldsymbol{r},t)}{\partial\eta}\right.\\&\left.+\frac{1}{2}\left(\eta_x^2\frac{\partial^2\psi}{\partial x^2}+\eta_y^2\frac{\partial^2\psi}{\partial y^2}+\eta_z^2\frac{\partial^2\psi}{\partial z^2}\right)\right]\end{aligned}$$

利用数学公式(仅取 $\eta_x$ 情况，$\eta_y$、$\eta_z$ 类似)

$$\int_{-\infty}^{+\infty}\mathrm{d}\eta_x\,\mathrm{e}^{\frac{\mathrm{i}m\eta_x^2}{2\hbar\varepsilon}}=\left(\frac{\mathrm{i}2\pi\hbar\varepsilon}{m}\right)^{1/2}=A,\quad\int_{-\infty}^{+\infty}\frac{\mathrm{d}\eta_x}{A}\eta_x{}^2\,\mathrm{e}^{\frac{\mathrm{i}m\eta_x^2}{2\hbar\varepsilon}}=\frac{\mathrm{i}\hbar\varepsilon}{m}\tag{7.18}$$

对第一个积分等式两边 $\varepsilon$ 作微分，还可得到新等式。代入展开式即得

$$\mathrm{i}\hbar\frac{\partial\psi}{\partial t}=\left(-\frac{\hbar^2}{2m}\Delta+V\right)\psi$$

**注意，式(7.15)还能够同时给出动量算符表达式，即坐标表象的基本对易规则。**将来知道，这是路径积分形式十分有用的特点之一。

习题 7.6 用传播子积分、逐重积分、一次积分方法计算自由粒子的传播子。

习题 7.7 用多维高斯型积分方法计算简谐振子的传播子。

### 7.1.3 Gauss 型积分传播子计算，经典路径法

**无穷重的路径积分，迄今只当被积函数指数为二次型，即 Gauss 型积分可以计算。对其余类型的被积函数，相关的积分测度很难找到，所以谈不上具体计算积分。**然而，物理学一方面依据物理直觉，以实用主义方式对待数学的严密性，积分测度不知，积分仍然照写；另一方面，也采取消减措施，常以相对比值形式使用泛函积分(见式(7.45)、式(7.56)等)。

对 Lagrange 量为二次型的 Gauss 型积分，除常用的多重 Gauss 型积分等方法之外，"经典路径法"也是很常用的求积方法。**此方法要点是将端点在$(x_0t_0)$和$(xt)$的任意路径分解成为经典路径 $x_C(t)$和相对于经典路径的量子涨落 $y(t)$两部分，这里函数 $x_C(t)$将使作用量达极值，**

$$x(t)=x_C(t)+y(t) \tag{7.19}$$

**这时在两端点处 $y(t_0)=y(t)=0$。**由于任一给定时刻的 $x_C$ 值确定，所以 $\mathrm{D}x(\tau)=\mathrm{D}y(\tau)$。设 Lagrange 量为

$$L(t)=a(t)\dot{x}^2+b(t)\dot{x}x+c(t)x^2+d(t)\dot{x}+e(t)x+f(t) \tag{7.20}$$

作用量相应被区分开来。这时

$$\begin{aligned} S[x(t)] &= S[x_C(t)+y(t)] \\ &= S_{CL}[x_C(t)]+\int_{t_a}^{t_b}\mathrm{d}\tau\{a(\tau)\dot{y}^2+b(\tau)\dot{y}y+c(\tau)y^2\} \end{aligned} \tag{7.21}$$

**这里略去了全部含 $y(\tau),\dot{y}(\tau)$一次项。因为 $x_C(t)$是泛函 $S_C$ 的极值解，对其偏离就一阶而言使泛函变分为零，所以只留下二阶偏离项。**含 $S_{CL}[x_C(t)]$的指数因子与路径积分变数 $y(t)$无关，可抽出积分号外。对于 Lagrange 量能表示为 Gauss 型的量子系统，传播子总能表示为⑦

$$\boxed{K(x,t;x_0,t_0)=\exp\left\{\frac{\mathrm{i}}{\hbar}S_C(x,t;x_0,t_0)\right\}F(t;t_0)} \tag{7.22}$$

$$\begin{cases} S_C(x,t;x_0,t_0)=\displaystyle\int_{t_0}^{t}L(x_C(\tau))\mathrm{d}\tau \\ F(t;t_0)=\displaystyle\int_0^0\mathrm{D}y(\tau)\exp\left\{\frac{\mathrm{i}}{\hbar}\int_{t_0}^{t}\mathrm{d}\tau[a(\tau)\dot{y}^2+b(\tau)\dot{y}y+c(\tau)y^2]\right\} \end{cases}$$

---

⑦ 费曼 R P. 量子力学与路径积分. 北京：科学出版社，1986；Kleinert H. Path Integrals in Quantum Mechanics, Statistics, and Polymer Physics. World Scientific, 1990. 注意，此书泛函积分测度的量纲(涉及定义)混乱.

**指数上 $S_C$ 是 Lagrange 量 $L$ 沿着经典解轨道从 $(x_0t_0)$ 到 $(xt)$ 的时间积分，一般说来，它比较容易计算；泛函 $F$ 称为涨落因子，完全由对 $y(t)$ 的路径积分而得，它只依赖于两个端点时间和 Lagrange 量 $L$ 中参数，不含空间变数，不依赖经典路径以及端点空间坐标，另由其他考虑决定。**比如，用 Green 函数方程(7.5)或者传播子概念式(7.6)来确定。孤立系的时间平移不变性导致 $F(t,t_0)=F(t-t_0)$。注意，传播子的量纲归在因子 $F$ 上。

**例 1**　用经典路径法计算一维谐振子 $L(x(t))=\frac{1}{2}m\dot{x}^2-\frac{1}{2}m\omega^2x^2$ 的传播子。已知满足边条件 $x(t_a)=x_a$，$x(t_b)=x_b$ 的解为

$$\begin{cases}x_C(t)=A\sin(\omega t+\delta)\\ x_a=A\sin(\omega t_a+\delta), \quad x_b=A\sin(\omega t_b+\delta)\end{cases}$$

$A$，$\delta$ 是两个由 $x_a$，$x_b$ 决定的常数。这时可得

$$S_C(x_b,t_b;x_a,t_a)=\frac{m\omega}{2\sin\omega T}\{(x_a^2+x_b^2)\cos\omega T-2x_ax_b\} \tag{7.23a}$$

习题 7.8　计算此式。

下面用式(7.5)来确定式(7.22)中的涨落因子 $F(T)$：已知 $K(x,t;x_0,t_0)$ 是 Schrödinger 方程的 Green 函数，设 $t\neq t_0$，则 $\delta$ 函数的源项为零，它满足方程成为

$$\mathrm{i}\hbar\frac{\mathrm{d}K(x,t;x_0,t_0)}{\mathrm{d}t}=-\frac{\hbar^2}{2m}\frac{\mathrm{d}^2K(x,t;x_0,t_0)}{\mathrm{d}x^2}+\frac{1}{2}m\omega^2x^2K(x,t;x_0,t_0)$$

将 $K(x,t;x_0,t_0)$ 表达式(7.22)代入此处，对时空变数微分之后，就得到决定 $F(t-t_0)$ 的一阶微分方程。这时，所有包含空间变数(及其导数)的项必将全部消去，因为决定 $F(t-t_0)$ 的方程不应包含这些，所以不必全部认真求导，只留下此方程中不含空间变数的项即可。引入量纲为一函数 $f(t-t_0)$：$F(t-t_0)=\sqrt{\frac{m\omega}{2\pi\mathrm{i}\hbar}}f(t-t_0)$，求得 $f$ 的微分方程为

$$\frac{\mathrm{d}f(t-t_0)}{\mathrm{d}t}+\frac{\omega\cos(\omega(t-t_0))}{2\sin(\omega(t-t_0))}f(t-t_0)=0$$

$$f(t-t_0)=C\sin^{-1/2}(\omega(t-t_0))$$

$\omega\to0$ 时与自由粒子结果衔接得 $C=1$。于是一维谐振子涨落因子为

$$F(t-t_0)=\left(\frac{m\omega}{2\pi\mathrm{i}\hbar\sin(\omega(t-t_0))}\right)^{1/2} \tag{7.23b}$$

最后，一维谐振子的传播子为

$$\boxed{\begin{aligned}K(x,t;x_0,t_0)=&\sqrt{\frac{m\omega}{2\pi\mathrm{i}\hbar\sin(\omega(t-t_0))}}\\ &\cdot\exp\left\{\frac{\mathrm{i}}{\hbar}\frac{m\omega}{2\sin(\omega(t-t_0))}[(x^2+x_0^2)\cos(\omega(t-t_0))-2xx_0]\right\}\end{aligned}} \tag{7.23c}$$

**例 2** 用经典路径法计算受迫振子 $L(x(t))=\frac{1}{2}m\dot{x}^2-\frac{1}{2}m\omega^2x^2+F(t)x$ 的传播子，设边条件为 $x(t_A)=x_a, x(t_b)=x_b$。已知在此边条件下经典解为

$$x_C(t)=x_a\cos(\omega(t-t_a))+\int_{t_a}^{t}\mathrm{d}\tau f(\tau)\sin(\omega(t-\tau))$$
$$+\frac{x_b-x_a\cos(\omega(t_b-t_a))-\int_{t_a}^{t_b}\mathrm{d}\tau f(\tau)\sin(\omega(t_b-\tau))}{\sin(\omega(t_b-t_a))}\sin(\omega(t-t_a))$$

其中 $f(\tau)=F(\tau)/m\omega$。代入 Lagrange 并积分，即得所求的作用量，为

$$\begin{aligned}S_C(x_b,t_b;x_a,t_a)=&\frac{m\omega}{2\sin(\omega(t_b-t_a))}\{(x_b^2+x_a^2)\cos(\omega(t_b-t_a))-2x_bx_a\\&+2x_b\int_{t_a}^{t_b}\mathrm{d}\tau f(\tau)\sin(\omega(\tau-t_a))+2x_a\int_{t_a}^{t_b}\mathrm{d}\tau f(\tau)\sin(\omega(t_b-\tau))\\&-2\int_{t_a}^{t_b}\mathrm{d}\tau\int_{t_a}^{\tau}\mathrm{d}s f(\tau)f(s)\sin(\omega(t_b-\tau))\sin(\omega(s-t_a))\Big\}\end{aligned}\tag{7.24a}$$

此时涨落因子不受一次幂强迫力的影响，仍为自由谐振子的涨落因子

$$F(t_b-t_a)=\left(\frac{m\omega}{2\pi\mathrm{i}\hbar\sin(\omega(t_b-t_a))}\right)^{1/2}\tag{7.24b}$$

于是，一维受迫振子的传播子为

$$\boxed{\begin{aligned}K(x_b,t_b;x_a,t_a)=&\sqrt{\frac{m\omega}{2\pi\mathrm{i}\hbar\sin(\omega(t_b-t_a))}}\exp\Big\{\frac{\mathrm{i}m\omega}{2\hbar\sin(\omega(t_b-t_a))}\big[(x_b^2+x_a^2)\cos(\omega(t_b-t_a))\\&-2x_bx_a+2x_b\int_{t_a}^{t_b}\mathrm{d}\tau f(\tau)\sin(\omega(\tau-t_a))+2x_a\int_{t_a}^{t_b}\mathrm{d}\tau f(\tau)\sin(\omega(t_b-\tau))\\&-2\int_{t_a}^{t_b}\mathrm{d}\tau\int_{t_a}^{\tau}\mathrm{d}s f(\tau)f(s)\sin(\omega(t_b-\tau))\sin(\omega(s-t_a))\big]\Big\}\end{aligned}}\tag{7.24c}$$

习题 7.9 对一维线性势，$L=\frac{1}{2}m\dot{x}^2-mgx$，用经典路径法计算传播子。

### 7.1.4 传播子的微扰论计算

为书写简单，考虑一维情况。传播子为($A=\sqrt{\mathrm{i}2\pi\hbar\varepsilon/m}$)

$$\begin{cases}K(xt;x_0t_0)=\lim\limits_{\substack{\varepsilon\to 0\\ n\to\infty}}\frac{1}{A}\int\cdots\int\exp\left\{\frac{\mathrm{i}}{\hbar}S\right\}\frac{\mathrm{d}x_{n-1}}{A}\cdots\frac{\mathrm{d}x_1}{A}\\ S=S_0-\int_{t_0}^{t}\mathrm{d}tV(x_i,t)\end{cases}$$

将指数上 $U\equiv V/\mathrm{i}\hbar$ 对时间积分的项展开，并记 $S_0$ 的自由传播子为

$$K_0(xt;x_0t_0)=\lim_{\substack{\varepsilon\to 0\\ n\to\infty}}\frac{1}{A}\int\cdots\int\exp\left\{\frac{\mathrm{i}}{\hbar}S_0\right\}\frac{\mathrm{d}x_{n-1}}{A}\cdots\frac{\mathrm{d}x_1}{A}$$

可得传播子微扰展开的 Born 级数。这里注意有数学公式[8]

$$\frac{1}{n!}\left(\int_{t_0}^{t} f(\tau)\mathrm{d}\tau\right)^n=\int_{t_0}^{t} f(t_n)\mathrm{d}t_n\int_{t_0}^{t_n} f(t_{n-1})\mathrm{d}t_{n-1}\cdots\int_{t_0}^{t_2} f(t_1)\mathrm{d}t_1,\quad t_0\leqslant t_1\leqslant t_2\leqslant\cdots\leqslant t_n\leqslant t$$

应用到 $V$ 展开式的 $\left[\int_{t_0}^{t}\mathrm{d}t_i U(x_i,t_i)\right]^n/n!$ 上,得到按正向时序的积分展开

$$\boxed{\begin{aligned}K(xt;x_0t_0)=&K_0(xt;x_0t_0)+\int K_0(xt;x_1t_1)U(x_1t_1)K_0(x_1t_1;x_0t_0)\mathrm{d}x_1\mathrm{d}t_1\\&+\int K_0(xt;x_2t_2)U(x_2t_2)K_0(x_2t_2;x_1t_1)\\&\cdot U(x_1t_1)K_0(x_1t_1;x_0t_0)\mathrm{d}x_2\mathrm{d}t_2\mathrm{d}x_1\mathrm{d}t_1+\cdots\end{aligned}}\tag{7.25a}$$

或简记作

$$\boxed{K=K_0+K_0UK_0+K_0UK_0UK_0+\cdots=K_0+K_0UK}\tag{7.25b}$$

这个式子也可以从式(7.4),令 $H=H_0+V$ 后对 $V$ 展开来得到。鉴于自由传播子较易计算,假如 $V$ 的影响可以看成微扰,截断这个展开式就可以获得传播子的各阶近似。

对波函数有类似关系,

$$\begin{aligned}\psi(x,t)&=\int K(x,t;x_0,t_0)\psi(x_0,t_0)\mathrm{d}x_0\\&=\int K_0(xt;x_0t_0)\psi(x_0t_0)\mathrm{d}x_0\\&\quad-\frac{\mathrm{i}}{\hbar}\int K_0(xt;x_1t_1)V(x_1t_1)K(x_1t_1;x_0t_0)\cdot\psi(x_0t_0)\mathrm{d}x_1\mathrm{d}t_1\mathrm{d}x_0\end{aligned}$$

即

$$\boxed{\psi(x,t)=\int K_0(x,t;x_0,t_0)\psi(x_0,t_0)\mathrm{d}x_0-\frac{\mathrm{i}}{\hbar}\int K_0(x,t;x_1,t_1)V(x_1,t_1)\psi(x_1,t_1)\mathrm{d}x_1\mathrm{d}t_1}\tag{7.26}$$

### 7.1.5 路径积分变数变换——Jacobi 计算(Ⅰ)

Gauss 型重积分的积分变数作变换时,积分测度将出现 Jacobi 因子。对线性变换情况,Jacobi 与变换行列式有简单关系。区分为三种情况:

1. 普通函数或 Boson 情况

Jacobi 联系于积分测度变化。设有多变数变换 $(x_1\cdots x_n)\rightarrow(x'_1\cdots x'_n)$:

$$\mathrm{d}x_1\mathrm{d}x_2\cdots\mathrm{d}x_n=J_B\left(\frac{\partial x}{\partial x'}\right)\mathrm{d}x'_1\mathrm{d}x'_2\cdots\mathrm{d}x'_n$$

---

⑧ 可用归纳法证明此式。

于是

$$\boxed{\int f(x_1x_2\cdots x_n)\prod_{i=1}^{n}\mathrm{d}x_i = \int f(x\to x')J_B\left(\frac{\partial x}{\partial x'}\right)\prod_{j=1}^{n}\mathrm{d}x'_j} \tag{7.27a}$$

由微分 $\mathrm{d}x_i=\dfrac{\partial x_i}{\partial x'_j}\mathrm{d}x'_j\equiv B_{ij}\mathrm{d}x'_j$ 可知，**Jacobi 是此变换的行列式 $J_B=|\det B|$**。于是

$$\boxed{\int f(x)\prod_{i=1}^{n}\mathrm{d}x_i = |\det B|\int f(Bx')\prod_{j=1}^{n}\mathrm{d}x'_j,\quad J_B = |\det B|\equiv\left|\frac{\partial(x_1x_2\cdots x_n)}{\partial(x'_1x'_2\cdots x'_n)}\right|} \tag{7.27b}$$

2. Fermion 情况

现在考虑 Grassmann 数变换 Jacobi 计算。定义乘积顺序 $\prod_{i=1}^{n}\tau_i=\tau_1\tau_2\cdots\tau_n$。设有 Grassman 数线性变换

$$\tau=A\tau',即\ \tau_l=A_{lk}\tau'_k\quad(l,k=1,2,\cdots,2n) \tag{7.28a}$$

对于任意函数 $f(\tau)=\prod_{i=1}^{n}\tau_i$，根据 Grassman 数的反对易性质，得

$$f(\tau)=f(A\tau')=\det A\cdot f(\tau') \tag{7.28b}$$

再按 Jacobi 定义（由于测度定义为正值，所以 Jacobi 取正号），有

$$\prod_{l=1}^{2n}\mathrm{d}\tau_l = J_F(A)\cdot\prod_{k=1}^{2n}\mathrm{d}\tau'_k \tag{7.28c}$$

**于是，Grassman 数变换及 Jacobi 计算应当遵循：一方面，新旧 Grassman 数的积分规则保持不变。即对新变数也应当有**

$$\int\mathrm{d}\tau'_l-0,\int\tau'_l\mathrm{d}\tau'_k=\delta_{lk},\int\tau'_{2n}\cdots\tau'_1\mathrm{d}\tau'_1\cdots\mathrm{d}\tau'_{2n}=1\quad(l,k=1,2,\cdots,2n)$$

**另一方面，2*n* 维 Grassman 数积分数值保持不变。即有**

$$\int f(\tau)\prod_{l=1}^{2n}\mathrm{d}\tau_l=\int f(A\tau')J_F(A)\prod_{k=1}^{2n}\mathrm{d}\tau'_k=\det A\cdot J_F(A)\int f(\tau')\prod_{k=1}^{2n}\mathrm{d}\tau'_k$$

**于是得**

$$\boxed{\det A\cdot J_F(A)=1\to J_F(A)=|\det A|^{-1}} \tag{7.29a}$$

显然，$|\det A|$ 可以不是平庸的 1。这时有

$$\boxed{\int\prod_{l=1}^{2n}\mathrm{d}\tau_l\cdot f(\tau)=\int\prod_{k=1}^{2n}\mathrm{d}\tau'_k\cdot f(\tau')} \tag{7.29b}$$

**注意，与 Boson 不同，Fermion 的 Jacobi 是变换行列式的倒数。**

3. 混合情况

对 Fermion 和 Boson 混合积分的一般情况。**积分变换总 Jacobi 是各个独立变**

**数变换 Jacobi 的乘积，即**

$$\boxed{J_{总}=J_B(B)\cdot J_F(A)} \tag{7.30a}$$

$$\boxed{J_B(B)=|\det B|,\quad J_F(A)=|\det A|^{-1}} \tag{7.30b}$$

4. 例算：计算相干态转换矩阵元

记相干态为$\{|z\rangle,\forall z=x+\mathrm{i}y\}$。如果按第 4 章所述将演化算符化为正规乘积形式$U=\mathrm{e}^{-\mathrm{i}\hat{H}t/\hbar}=:\mathrm{e}^{-\mathrm{i}\hat{h}t/\hbar}:$，则相干态转换矩阵元可计算如下（记$\hat{H}(a^+,a)$等价排序成正规乘积的函数为$\hat{h}(a^+,a)$）

$$\begin{aligned}(z_{k+1}t_{k+1}|z_kt_k)&=\langle z_{k+1}|\exp\left\{-\frac{\mathrm{i}(t_{k+1}-t_k)}{\hbar}\hat{H}(a^+,a)\right\}|z_k\rangle\\&=\langle z_{k+1}|:\exp\left\{-\frac{\mathrm{i}(t_{k+1}-t_k)}{\hbar}\hat{h}(a^+,a)\right\}:|z_k\rangle\\&=\mathrm{e}^{-\frac{1}{2}|z_{k+1}|^2-\frac{1}{2}|z_k|^2+z_{k+1}^*z_k-\frac{\mathrm{i}(t_{k+1}-t_k)}{\hbar}h(z_{k+1}^*,z_k)}\end{aligned} \tag{7.31}$$

于是，初、末态均为相干态$(|z_0,t_0\rangle,|z_{n+1}=z,t_{n+1}=t\rangle)$时，传播子将为

$$\boxed{K(z,t;z_0,t_0)=\mathrm{e}^{-\frac{1}{2}|z|^2-\frac{1}{2}|z_0|^2}\lim_{\substack{\epsilon\to 0\\ n\to\infty}}\int\cdots\int\prod_{k=1}^{n}\frac{\mathrm{d}^2z_k}{\pi}\mathrm{e}^{-\sum\limits_{k=1}^{n}|z_k|^2}\mathrm{e}^{\frac{\mathrm{i}}{\hbar}\sum\limits_{k=0}^{n}[z_{k+1}^*z_k-(t_{k+1}-t_k)h(z_{k+1}^*,z_k)]}} \tag{7.32}$$

这里测度$\mathrm{d}^2z=\mathrm{d}x\mathrm{d}y$。如果换成$\mathrm{d}z\mathrm{d}z^*$，则产生一个 Jacobi 如下

$$\frac{\mathrm{d}^2z}{\pi}=\frac{\mathrm{d}z\mathrm{d}z^*}{2\pi\mathrm{i}},\quad \mathrm{d}z\mathrm{d}z^*=J\left(\frac{\partial(z,z^*)}{\partial(x,y)}\right)\mathrm{d}x\mathrm{d}y=2\mathrm{i}\mathrm{d}x\mathrm{d}y$$

如果采用相干态表象作表述，可按式(4.1)作变换$(x,p_x)\to(a^*,a)$，

$$(a^*,a)=\left(\frac{p_x}{\mathrm{i}\hbar},x\right)\frac{1}{\sqrt{2m\hbar\omega}}\begin{pmatrix}\hbar & -\hbar\\ m\omega & m\omega\end{pmatrix}$$

这里，由于$(x,p_x)$只是一对普通的共轭变数对，未经一次量子化成为算符，所以$(a,a^*)$也就只是两个互为共轭的复数。路径积分的这种变数变换所带来的 Jacobi，结合式(7.16)度规，可以写成

$$\frac{\mathrm{d}x\mathrm{d}p_x}{2\pi\hbar}=\frac{1}{2\pi\hbar}\left|\frac{\partial(x,p_x)}{\partial(a^*,a)}\right|\mathrm{d}a\mathrm{d}a^*=\frac{\mathrm{d}a\mathrm{d}a^*}{2\pi\mathrm{i}}$$

最后应当指出，以上由 Feynman 拟定的路径积分计算方法，对吸引中心势情况，涉及所谓“路径坍缩”而需要推广。详见文献⑨。

习题 7.10 证明任意算符可用相干态对角矩阵元表示成为正规乘积形式：

$$\hat{\Omega}=:\exp\{a^+\partial_{z^*}+a\partial_z\}:\langle z|\hat{\Omega}|z\rangle|_{z^*=z=0}$$

习题 7.11 计算行列式：$\det\left(\delta_{\mu\nu}+\frac{k_\mu k_\nu}{m^2}\right)$，$\det(\mathrm{i}k_\mu\gamma_\mu+m)$。

---

⑨ 见注⑦中 Kleinert H. 第 12 章。

# 7.2 Green 函数及其生成泛函

## 7.2.1 算符编时乘积矩阵元

按时间编序的算符乘积是微扰论中经常涉及的一个重要物理对象。现在给出它的路径积分表示，也是为叙述 Green 函数作准备。分两种情况叙述。

1. 设编时乘积中没有时空导数

先给出单个算符 $\hat{\Omega}(t')$ 在坐标表象的矩阵元。设 $t'$ 在 $[t_{k-1}, t_k]$ 区段，

$$\langle \boldsymbol{r}_\beta t_\beta \mid \hat{\Omega}(t') \mid \boldsymbol{r}_\alpha t_\alpha \rangle = \int\cdots\int \langle \boldsymbol{r}_\beta t_\beta \mid \boldsymbol{r}_n t_n \rangle \cdots \langle \boldsymbol{r}_k t_k \mid \hat{\Omega}(t') \mid \boldsymbol{r}_{k-1} t_{k-1} \rangle \cdots \langle \boldsymbol{r}_1 t_1 \mid \boldsymbol{r}_\alpha t_\alpha \rangle \mathrm{d}(\boldsymbol{r}_n \cdots \boldsymbol{r}_1)$$

对含 $\hat{\Omega}(t')$ 算符的矩阵元插入动量表象完备性关系，并利用式(7.13b)，即得

$$\langle \boldsymbol{r}_\beta t_\beta \mid \hat{\Omega}(\hat{\boldsymbol{r}}, \hat{\boldsymbol{p}}, t') \mid \boldsymbol{r}_\alpha t_\alpha \rangle$$
$$= \lim_{\substack{\varepsilon \to 0 \\ n \to \infty}} \int\cdots\int \frac{\mathrm{d}\boldsymbol{r}_{n-1} \mathrm{d}\boldsymbol{p}_{n-1}}{(2\pi\hbar)^3} \cdots \frac{\mathrm{d}\boldsymbol{p}_0}{(2\pi\hbar)^3} \Omega(\boldsymbol{r}', \boldsymbol{p}', t') \mathrm{e}^{\frac{\mathrm{i}}{\hbar}\sum_{i=0}^{n-1}\left\{\boldsymbol{p}_i \cdot (\boldsymbol{r}_{i+1} - \boldsymbol{r}_i) - \varepsilon H\left(\frac{\boldsymbol{r}_{i+1}+\boldsymbol{r}_i}{2}, \boldsymbol{p}_i, \frac{t_{i+1}+t_i}{2}\right)\right\}} \tag{7.33}$$

对其中含 $\hat{\Omega}(t')$ 的矩阵元作如下处理后，将对 $\boldsymbol{p}(t)$ 的泛函积分积出

$$\langle \boldsymbol{r}_k t_k \mid \hat{\Omega}(\hat{\boldsymbol{r}}, \hat{\boldsymbol{p}}, t') \mid \boldsymbol{r}_{k-1} t_{k-1} \rangle = \Omega(\boldsymbol{r}_k, -\mathrm{i}\hbar \nabla_k, t') \langle \boldsymbol{r}_k t_k \mid \boldsymbol{r}_{k-1} t_{k-1} \rangle \tag{7.34}$$

再利用式(7.13c)，即得

$$\boxed{\langle \boldsymbol{r}_\beta t_\beta \mid \hat{\Omega}(\hat{\boldsymbol{r}}, \hat{\boldsymbol{p}}, t') \mid \boldsymbol{r}_\alpha t_\alpha \rangle \equiv \int \mathrm{D}\boldsymbol{r}(t) \Omega\left(\boldsymbol{r}'(t'), \frac{\hbar}{\mathrm{i}} \nabla', t'\right) \exp\left\{\frac{\mathrm{i}}{\hbar} \int_{t_\alpha}^{t_\beta} L(\boldsymbol{r}(\tau), \dot{\boldsymbol{r}}(\tau), \tau) \mathrm{d}\tau\right\}} \tag{7.35}$$

再设多个含时算符 $\hat{A}(t_A)\hat{B}(t_B)\cdots(t_\beta > t_A > t_B \cdots > t_\alpha)$，计算它们编时乘积的矩阵元 $\langle \boldsymbol{q}_\beta t_\beta \mid T\hat{A}(t_A)\hat{B}(_{tB})\cdots \mid \boldsymbol{q}_\alpha t_\alpha \rangle$。由式(7.35)，设较晚的外部时间 $t_A$ 最接近割点 $t_k$，较早的外部时间 $t_B$ 最接近割点 $t_l$，…。于是直接得到

$$\langle \boldsymbol{r}_\beta t_\beta \mid \hat{A}(t_A)\hat{B}(t_B)\cdots \mid \boldsymbol{r}_\alpha t_\alpha \rangle$$
$$= \int\cdots\int \langle \boldsymbol{r}_\beta t_\beta \mid \boldsymbol{r}_n t_n \rangle \cdots \langle \boldsymbol{r}_k t_k \mid \hat{A}(t_A) \mid \boldsymbol{r}_{k-1} t_{k-1} \rangle \cdots \langle \boldsymbol{r}_l t_l \mid \hat{B}(t_B) \mid \boldsymbol{r}_{l-1} t_{l-1} \rangle \cdots \langle \boldsymbol{r}_1 t_1 \mid \boldsymbol{r}_\alpha t_\alpha \rangle \mathrm{d}(\boldsymbol{r}_n \cdots \boldsymbol{r}_1)$$
$$= \lim_{n\to\infty} A\left(\boldsymbol{r}_k, \frac{\hbar}{\mathrm{i}} \nabla_k, t_A\right) B\left(\boldsymbol{r}_l, \frac{\hbar}{\mathrm{i}} \nabla_l, t_B\right) \cdots \langle \boldsymbol{r}_\beta t_\beta \mid \boldsymbol{r}_n t_n \rangle \cdots \langle \boldsymbol{r}_k t_k \mid \boldsymbol{r}_{k-1} t_{k-1} \rangle \cdots \langle \boldsymbol{r}_1 t_1 \mid \boldsymbol{r}_\alpha t_\alpha \rangle$$

考虑到不是编时的情况，一般应当写成

$$\boxed{\begin{aligned} \langle \boldsymbol{r}_\beta, t_\beta \mid T\hat{A}(t_A)\hat{B}(t_B)\cdots \mid \boldsymbol{r}_\alpha, t_\alpha \rangle = & \int \mathrm{D}\left(\frac{\boldsymbol{r}(t)\boldsymbol{p}(t)}{(2\pi\hbar)^3}\right) A(\boldsymbol{r}_A, \boldsymbol{p}_A, t_A) B(\boldsymbol{r}_B, \boldsymbol{p}_B, t_B) \cdots \\ & \cdot \exp\left\{\frac{\mathrm{i}}{\hbar} \int_{t_\alpha}^{t_\beta} \mathrm{d}\tau [\boldsymbol{p}(\tau) \cdot \dot{\boldsymbol{r}}(\tau) - H(\boldsymbol{r}(\tau), \boldsymbol{p}(\tau), \tau)]\right\} \end{aligned}} \tag{7.36a}$$

或者

$$\langle \boldsymbol{r}_\beta, t_\beta \mid T\hat{A}(t_A)\hat{B}(t_B)\cdots \mid \boldsymbol{r}_\alpha, t_\alpha\rangle = \int \mathrm{D}\boldsymbol{r}(t) A(\boldsymbol{r}_A, -\mathrm{i}\hbar\nabla_A, t_A) B(\boldsymbol{r}_B, -\mathrm{i}\hbar\nabla_B, t_B)\cdots \cdot \exp\left\{\frac{\mathrm{i}}{\hbar}\int_{t_\alpha}^{t_\beta}\mathrm{d}\tau L\Big(\boldsymbol{r}(\tau), \dot{\boldsymbol{r}}(\tau), \tau\Big)\right\} \tag{7.36b}$$

这里要强调指出，**式(7.36)左方算符乘积必须已按时序排列，即已编时的。**如果这些算符不符合时序，则当插入坐标基完备性关系时，时间 $t_j$ 必有往返取值现象，而不是现在这样单调取值。由于每次取值的 $\boldsymbol{r}$ 均是独立的，再加上 $t$ 的往返取值(于是也就如 $\boldsymbol{r}$ 取值那样，是任意的)，已可认为 $t$ 也是独立取任何值(至少在某一段时间内)。这将超出对 $\boldsymbol{r}(t)$ 泛函积分的范畴。换句话说，若算符乘积不按时序排列，就无法按现在办法分解并归结为对 $\boldsymbol{r}(t)$ 的路径积分。这说明，公式右方必须对应编时的左方，否则不成立。这也可以看出：右方积分中，被积函数和 $\boldsymbol{r}_i(t)$ 的积分次序均可交换，因为都是 $c$ 数。而左方积分中各个算符，只有在编时乘积下，它们之间才可以随意交换。**总之说明，路径积分自动导致编时乘积。**

2. 编时乘积中有时间和空间导数

这时有

$$\begin{aligned}\langle \boldsymbol{q}_\beta t_\beta \mid T\partial_\mu^{(1)}\hat{A}(t_1)\hat{B}(t_2)\cdots \mid \boldsymbol{q}_\alpha t_\alpha\rangle &= \int (\partial_\mu^{(1)}A(t_1))B(t_2)\cdots\exp\left\{\mathrm{i}\int_{t_\alpha}^{t_\beta}\mathrm{d}tL\right\}\mathrm{D}q(t)\\ &= \partial_\mu^{(1)}\int A(t_1)B(t_2)\cdots\exp\left\{\mathrm{i}\int_{t_\alpha}^{t_\beta}\mathrm{d}tL\right\}\mathrm{D}q(t)\end{aligned}$$

即必定有

$$\langle \boldsymbol{q}_\beta t_\beta | T\partial_\mu^{(1)}\hat{A}(t_1)\hat{B}(t_2)\cdots|\boldsymbol{q}_\alpha t_\alpha\rangle = \partial_\mu^{(1)}\langle \boldsymbol{q}_\beta t_\beta | T\hat{A}(t_1)\hat{B}(t_2)\cdots|\boldsymbol{q}_\alpha t_\alpha\rangle \tag{7.37}$$

概括以上两种情况：**经典物理量乘积的路径积分(不论是否有时空导数)自动对应这样时序算符 $T^*$ 的编时乘积矩阵元，在这种 $T^*$ 乘积下，时间导数可以抽出编时算符之外。**即

$$\begin{cases}\langle \boldsymbol{q}_\beta t_\beta \mid T^*\hat{A}(\boldsymbol{q}_1 t_1)\cdots\hat{C}(\boldsymbol{q}_n t_n) \mid \boldsymbol{q}_\alpha t_\alpha\rangle = \int A(\boldsymbol{q}_1 t_1)\cdots C(\boldsymbol{q}_n t_n)\exp\left\{\frac{\mathrm{i}}{\hbar}\int_{t_\alpha}^{t_\beta}\mathrm{d}tL\right\}\mathrm{D}\boldsymbol{q}(t)\\ \langle \boldsymbol{q}_\beta t_\beta \mid T^*\partial_\mu^{(1)}\hat{A}(t_1)\cdots\hat{C}(t_n) \mid \boldsymbol{q}_\alpha t_\alpha\rangle = \partial_\mu^{(1)}\langle \boldsymbol{q}_\beta t_\beta \mid T^*\hat{A}(t_1)\cdots\hat{C}(t_n) \mid \boldsymbol{q}_\alpha t_\alpha\rangle\end{cases} \tag{7.38}$$

### 7.2.2 Green 函数

第 8 章讲述散射过程 $i\rightarrow f$ 跃迁概率幅 $S_{fi}$，并用含时微扰展开计算。展开时将出现依赖相互作用的各阶各类 Green 函数，它们是一类重要的物理量。

**定义 Green 函数是一些算符编时乘积的基态期望值。**它们是前面传播子概念

的推广，有着广泛的应用。例如，**位置算符 Green 函数为**

$$\boxed{G_{i_1\cdots i_n}(t_1,\cdots,t_n)\equiv\langle 0|T\hat{Q}(t_1)_{i_1}\cdots\hat{Q}(t_n)_{i_n}|0\rangle} \tag{7.39}$$

**它们是位置算符编时乘积的基态期望值，即关联函数。**插入坐标基的完备关系，得

$$G_{i_1\cdots i_n}(t_1,\cdots,t_n)=\int \mathrm{d}^3q_\beta \mathrm{d}^3q_\alpha\varphi_0^*(\boldsymbol{q}_\beta t_\beta)\varphi_0(\boldsymbol{q}_\alpha t_\alpha)\langle\boldsymbol{q}_\beta t_\beta|T\hat{Q}(t_1)_{i_1}\cdots\hat{Q}(t_n)_{i_n}|\boldsymbol{q}_\alpha t_\alpha\rangle \tag{7.40a}$$

这里 $\varphi_0(\boldsymbol{q}t)=\langle\boldsymbol{q}t|0\rangle$ 为 $t$ 时刻的基态波函数。利用前面推导，得

$$\boxed{\begin{aligned}G_{i_1\cdots i_n}(t_1,\cdots,t_n)=&\int \mathrm{d}^3q_\beta \mathrm{d}^3q_\alpha\varphi_0^*(\boldsymbol{q}_\beta t_\beta)\varphi_0(\boldsymbol{q}_\alpha t_\alpha)\\&\cdot\int q_{i_1}(t_1)\cdots q_{i_n}(t_n)\exp\left\{\frac{\mathrm{i}}{\hbar}\int_{t_\alpha}^{t_\beta}\mathrm{d}t[\boldsymbol{p}(t)\cdot\dot{\boldsymbol{q}}-H]\right\}\prod_{k=1}^{3}\mathrm{D}\left(\frac{q_k(t)p_k(t)}{2\pi\hbar}\right)\end{aligned}} \tag{7.40b}$$

式(7.40)需要基态波函数知识，往往难以知晓，计算是不切实际的。

**下面通过 Wick 转动，从 Minkowski 空间转入 Euclidean 空间。这时不需要知道基态波函数，就可以计算这些 Green 函数。**

为此首先计算不同时刻坐标基的转换矩阵元 $(\boldsymbol{q}t|\boldsymbol{q}'t')$，

$$(\boldsymbol{q}t|\boldsymbol{q}'t')=\sum_n\langle\boldsymbol{q}|n\rangle\langle n|\mathrm{e}^{-\mathrm{i}H(t-t')/\hbar}|\boldsymbol{q}'\rangle=\sum_n\mathrm{e}^{-\mathrm{i}(t-t')E_n/\hbar}\varphi_n(\boldsymbol{q})\varphi_n^*(\boldsymbol{q}')$$

**此矩阵元与 $t$，$t'$ 的关系是解析和确定的，于是对实时间 $t$ 作 $-\pi/2$ 的 Wick 转动，将 $t$ 从实轴 $(-\infty,+\infty)$ 延拓到虚轴 $(\mathrm{i}\infty,-\mathrm{i}\infty)$，即**

$$\boxed{t\to t=-\mathrm{i}\tau} \tag{7.41}$$

现在，此变换中的新变量 $\tau$ 是实数。这是因为，老变量 $t$ 经延拓之后已取虚数。此时泛函积分指数为 $\int_{t_\alpha\to\mathrm{i}\infty}^{t_\beta\to-\mathrm{i}\infty}\mathrm{i}\,\mathrm{d}t=\int_{\tau_\alpha=-\infty}^{\tau_\beta=+\infty}\mathrm{d}\tau$。相应有

$$\boldsymbol{x}^2-c^2t^2=\boldsymbol{x}^2-c^2(-\mathrm{i}\tau)^2=\boldsymbol{x}^2+c^2\tau^2$$

**于是对问题的描述就从 Minkowski 空间挪移到了 4 维实 Euclidean 空间。此时，若基态与第一激发态间存在一个有限的能隙，则上面转换矩阵元只需保留 $E_n$ 中数值最小的 $E_0$ 项 $(E_n\geqslant 0)$：**

$$\lim_{\substack{\tau\to\infty,\tau'\to-\infty\\(t\to-\mathrm{i}\infty,t'\to\mathrm{i}\infty)}}(\boldsymbol{q}\tau|\boldsymbol{q}'\tau')=\varphi_0(\boldsymbol{q})\varphi_0^*(\boldsymbol{q}')\mathrm{e}^{-(\tau-\tau')E_0/\hbar} \tag{7.42}$$

在 Euclidean 空间中计算任意算符 $\hat{\Omega}(t_1,\cdots,t_n)$ 的下述平均值

$$\lim_{\substack{t_\beta\to-\mathrm{i}\infty\\t_\alpha\to\mathrm{i}\infty}}\frac{\langle\boldsymbol{q}_\beta t_\beta|\hat{\Omega}(t_1,\cdots,t_n)|\boldsymbol{q}_\alpha t_\alpha\rangle}{(\boldsymbol{q}_\beta t_\beta|\boldsymbol{q}_\alpha t_\alpha)}=\lim_{\substack{\tau_\beta\to+\infty\\\tau_\alpha\to-\infty}}\frac{\langle\boldsymbol{q}_\beta\tau_\beta|\hat{\Omega}|\boldsymbol{q}_\alpha\tau_\alpha\rangle}{(\boldsymbol{q}_\beta\tau_\beta|\boldsymbol{q}_\alpha\tau_\alpha)}$$

$$=\lim_{\substack{\tau_\beta\to+\infty\\\tau_\alpha\to-\infty}}\frac{\int(\boldsymbol{q}_\beta\tau_\beta|\boldsymbol{q}'_\beta\tau'_\beta)\langle\boldsymbol{q}'_\beta\tau'_\beta|\hat{\Omega}|\boldsymbol{q}'_\alpha\tau'_\alpha\rangle(\boldsymbol{q}'_\alpha\tau'_\alpha|\boldsymbol{q}_\alpha\tau_\alpha)\mathrm{d}^3q'_\alpha\mathrm{d}^3q'_\beta}{(\boldsymbol{q}_\beta\tau_\beta|\boldsymbol{q}_\alpha\tau_\alpha)}$$

$$=\frac{\int\varphi_0(\boldsymbol{q}_\beta)\varphi_0^*(\boldsymbol{q}'_\beta)\mathrm{e}^{-(\tau_\beta-\tau'_\beta)E_0/\hbar}\langle\boldsymbol{q}'_\beta\tau'_\beta|\hat{\Omega}|\boldsymbol{q}'_\alpha\tau'_\alpha\rangle\varphi_0(\boldsymbol{q}'_\alpha)\varphi_0^*(\boldsymbol{q}_\alpha)\mathrm{e}^{-(\tau'_\alpha-\tau_\alpha)E_0/\hbar}\mathrm{d}^3q'_\alpha\mathrm{d}^3q'_\beta}{\varphi_0(\boldsymbol{q}_\beta)\varphi_0^*(\boldsymbol{q}_\alpha)\mathrm{e}^{-(\tau_\beta-\tau_\alpha)E_0/\hbar}}$$

$$=\int\mathrm{d}^3(q'_\alpha q'_\beta)\varphi_0^*(\boldsymbol{q}'_\beta)\mathrm{e}^{\tau'_\beta E_0/\hbar}\varphi_0(\boldsymbol{q}'_\alpha)\mathrm{e}^{-\tau'_\alpha E_0/\hbar}\langle\boldsymbol{q}'_\beta\tau'_\beta|\hat{\Omega}|\boldsymbol{q}'_\alpha\tau'_\alpha\rangle$$

$$=\int\mathrm{d}^3(q'_\alpha q'_\beta)\varphi_0^*(\boldsymbol{q}'_\beta t'_\beta)\varphi_0(\boldsymbol{q}'_\alpha t'_\alpha)\langle\boldsymbol{q}'_\beta t'_\beta|\hat{\Omega}(t_1,\cdots,t_n)|\boldsymbol{q}'_\alpha t'_\alpha\rangle$$

以上计算是在 Euclidean 空间(即 $\tau$ 实轴,也即 $t$ 虚轴 $t_\alpha\to+\mathrm{i}\infty, t_\beta\to-\mathrm{i}\infty$)中进行的。在 Euclidean 空间中,由于存在负指数,函数行为比较正规,不会出现无穷远处振荡不收敛的问题。这时经延拓成立的关系式,返回去在 $t$ 实轴上就将成立。也就是说,在 Minkowski 空间中也成立。结合式(7.40a),即得下述等式

$$\boxed{\langle 0|\hat{\Omega}(t_1,\cdots,t_n)|0\rangle=\lim_{\substack{t_\beta\to-\mathrm{i}\infty\\ t_\alpha\to\mathrm{i}\infty}}\frac{\langle\boldsymbol{q}_\beta t_\beta|\hat{\Omega}(t_1,\cdots,t_n)|\boldsymbol{q}_\alpha t_\alpha\rangle}{(\boldsymbol{q}_\beta t_\beta|\boldsymbol{q}_\alpha t_\alpha)}}\tag{7.43}$$

由推导过程知,端值 $\boldsymbol{q}_\alpha,\boldsymbol{q}_\beta$ 已被消去,所以等式右边与端值无关,与左边相符。

将式(7.43)$\hat{\Omega}$ 替换为位置算符编时乘积,得各阶关联函数表达式

$$\begin{aligned}G_{i_1\cdots i_n}(t_1,\cdots,t_n)&\equiv\langle 0|T\hat{Q}(t_1)_{i_1}\cdots\hat{Q}(t_n)_{i_n}|0\rangle\\&=\lim_{\substack{t_\beta\to-\mathrm{i}\infty\\ t_\alpha\to\mathrm{i}\infty}}\frac{\langle\boldsymbol{q}_\beta t_\beta|T\hat{Q}(t_1)_{i_1}\cdots\hat{Q}(t_n)_{i_n}|\boldsymbol{q}_\alpha t_\alpha\rangle}{(\boldsymbol{q}_\beta t_\beta|\boldsymbol{q}_\alpha t_\alpha)}\end{aligned}$$

$(\boldsymbol{q}_\beta t_\beta|\boldsymbol{q}_\alpha t_\alpha)\equiv N$ 可认为是泛函的归一化因子。于是得到不含基态波函数知识的下式(代价是时间取虚数并设定基态与第一激发态间有能隙)

$$\boxed{\begin{aligned}G_{i_1\cdots i_n}(t_1,\cdots,t_n)&=\langle 0|T\hat{Q}(t_1)_{i_1}\cdots\hat{Q}(t_n)_{i_n}|0\rangle\\&=\frac{1}{N}\lim_{\substack{t_\beta\to-\mathrm{i}\infty\\ t_\alpha\to\mathrm{i}\infty}}\int q_{i_1}(t_1)\cdots q_{i_n}(t_n)\exp\left\{\frac{\mathrm{i}}{\hbar}\int\mathrm{d}^4x\mathcal{L}(\boldsymbol{q},\dot{\boldsymbol{q}},t)\right\}\prod_{k=1}^{3}\mathrm{D}q_k(t)\end{aligned}}\tag{7.44}$$

此处 Lagrange 密度 $\mathcal{L}$ 的 4 维积分在 Euclidean 空间中进行,$\int\mathrm{d}^4x=\int\mathrm{d}\tau\int\mathrm{d}^3x$。在 Euclidean 空间中,分子分母两个路径积分在时间无穷限处都有很好的定义。**于是以它的存在为前提,将 $\tau$ 延拓到虚轴,回到实时间 $t$($t_\alpha\to-\infty, t_\beta\to+\infty$),也即回到 Minkowski 空间。所以说,Minkowski 空间 Green 函数是 Euclidean 空间相应表达式的解析延拓。**由式(7.42)可以理解,为什么以后 Minkowski 空间中总是自动暗含一个附加条件:**所有粒子质量均附加一个小的负虚部 $-\mathrm{i}\varepsilon$,以保证无限时间处泛函积分计算的正规性。算出泛函积分之后,再令 $\varepsilon\to 0$。**

此外还可以注意,对于尚未有很好数学定义的非高斯型路径积分,此处分子分母两个路径积分比值形式能使结果的奇性有所消减(参见第 7.4 节例算 1)。

### 7.2.3 Green 函数生成泛函及其变分

现在引入 Green 函数生成泛函 $Z[J]$,它的相应泛函导数即为各阶各类 Green 函数。为此在路径积分中引入工具性外源 $c$ 数函数 $\boldsymbol{J}(t)$。

**定义 Green 函数的生成泛函 $Z[J]$ 为有外源函数 $J(t)$ 存在时归一化的坐标基矢转换矩阵元,即**

$$\begin{cases} Z[J] \equiv \dfrac{1}{N}\displaystyle\int \exp\left\{\frac{\mathrm{i}}{\hbar}\int_{t_\alpha}^{t_\beta}\mathrm{d}t\left[\boldsymbol{p}\cdot\dot{\boldsymbol{q}} - H(\boldsymbol{p},\boldsymbol{q},t) + \boldsymbol{J}\cdot\boldsymbol{q}\right]\right\}\mathrm{D}\left(\frac{\boldsymbol{q}(t)\boldsymbol{p}(t)}{(2\pi\hbar)^3}\right) \\ N \equiv Z[0] = \displaystyle\int \exp\left\{\frac{\mathrm{i}}{\hbar}\int_{t_\alpha}^{t_\beta}\mathrm{d}t\left[\boldsymbol{p}\cdot\dot{\boldsymbol{q}} - H(\boldsymbol{p},\boldsymbol{q},t)\right]\right\}\mathrm{D}\left(\frac{\boldsymbol{q}(t)\boldsymbol{p}(t)}{(2\pi\hbar)^3}\right) \end{cases} \tag{7.45a}$$

这里 $t_\alpha \to \mathrm{i}\infty, t_\beta \to -\mathrm{i}\infty$。和以前一样,如果 $H$ 中 $p_j(t)$ 为二次型形式,对 $p_j(t)$ 的路径积分可以先行积出。于是得到

$$\begin{cases} Z[J] \equiv \dfrac{1}{N}\displaystyle\int \exp\left\{\frac{\mathrm{i}}{\hbar}\int_{t_\alpha}^{t_\beta}\mathrm{d}t\left[L(\boldsymbol{q},\dot{\boldsymbol{q}},t) + \boldsymbol{J}\cdot\boldsymbol{q}\right]\right\}\mathrm{D}\boldsymbol{q}(t) \\ N = \displaystyle\int \exp\left\{\frac{\mathrm{i}}{\hbar}\int_{t_\alpha}^{t_\beta}\mathrm{d}tL(\boldsymbol{q},\dot{\boldsymbol{q}},t)\right\}\mathrm{D}\boldsymbol{q}(t) \end{cases} \tag{7.45b}$$

可向无穷自由度系统推广:**将坐标的路径积分转化为场量的泛函积分,采用 Lagrange 密度,写成 4 重积分协变形式,外源为 $J_\mu(x)$,即**

$$\begin{cases} Z[J_\mu] \equiv \dfrac{1}{N}\displaystyle\int \exp\left\{\frac{\mathrm{i}}{\hbar}\int \mathrm{d}^4x\left[\mathcal{L}(x) + J_\mu(x)\varphi_\mu(x)\right]\right\}\prod_\mu \mathrm{D}\varphi_\mu(x) \\ N = \displaystyle\int \exp\left\{\frac{\mathrm{i}}{\hbar}\int \mathrm{d}^4x\mathcal{L}(x)\right\}\prod_\mu \mathrm{D}\varphi_\mu(x), \quad Z[0] = 1 \end{cases} \tag{7.45c}$$

**利用生成泛函 $Z[J]$,可以将 $n$ 点 Green 函数 $G(x_1,\cdots,x_n)$ 表示为 $Z[J]$ 对外源的 $n$ 阶泛函导数,**即(略写 $\hbar$)

$$G(x_1,\cdots,x_n) = \frac{1}{\mathrm{i}^n}\frac{\delta^n}{\delta J(x_1)\cdots\delta J(x_n)}Z[J]\bigg|_{J=0} \tag{7.46a}$$

**具体说,对 Boson 场,**推广式(7.44),$G_{\alpha_1\alpha_2\cdots\alpha_n}(x_1x_2\cdots x_n)$ 可以表示为

$$G_{\alpha_1\alpha_2\cdots\alpha_n}(x_1x_2\cdots x_n) = \frac{1}{N}\int\prod_{j=1}^{n}\varphi_{\alpha_j}(x_j)\exp(\mathrm{i}S_S)\prod_\beta \mathrm{D}\varphi_\beta(x) \tag{7.46b}$$

推导中只要注意利用下面泛函导数公式即可

$$\frac{\delta J_{\alpha_2}(x)}{\delta J_{\alpha_1}(y)} = \delta_{\alpha_1\alpha_2}\delta(x-y)$$

最后得

$$\boxed{\begin{aligned}G_{\alpha_1\alpha_2\cdots\alpha_n}(x_1x_2\cdots x_n)&=\langle 0|T\varphi_{\alpha_1}(x_1)\varphi_{\alpha_2}(x_2)\cdots\varphi_{\alpha_n}(x_n)|0\rangle\\&=\left(\frac{1}{\mathrm{i}}\right)^n\frac{\delta}{\delta J_{\alpha_1}(x_1)}\frac{\delta}{\delta J_{\alpha_2}(x_2)}\cdots\frac{\delta}{\delta J_{\alpha_n}(x_n)}Z[J_\alpha]\Big|_{\text{所有}J_\alpha=0}\end{aligned}}\tag{7.46c}$$

**对 Fermion 场或 Boson-Fermion 混合系统**:生成泛函 $Z_m[\eta\bar{\eta}J_\mu]$ 为

$$\boxed{\begin{cases}Z_m[\eta\bar{\eta}J_\mu]=\dfrac{1}{N}\displaystyle\int\exp\left\{\frac{\mathrm{i}}{\hbar}\int\mathrm{d}^4x[\mathcal{L}_{\mathrm{eff}}+\bar{\eta}\psi+\bar{\psi}\eta+J_\mu A_\mu]\right\}\mathrm{D}\psi\,\mathrm{D}\bar{\psi}\prod_\mu\mathrm{D}A_\mu\\N=\displaystyle\int\exp\left\{\frac{\mathrm{i}}{\hbar}\int\mathrm{d}^4x\mathcal{L}_{\mathrm{eff}}\right\}\mathrm{D}\Big(\psi\bar{\psi}\prod_\mu A_\mu\Big)\end{cases}}\tag{7.47}$$

注意 Grassmann 数微分算符$\dfrac{\delta}{\delta\eta}$,$\dfrac{\delta}{\delta\bar{\eta}}$也满足反对易关系(详见附录 G):

$$\begin{cases}\dfrac{\delta\eta(y)}{\delta\eta(x)}=\delta(x-y),\quad\dfrac{\delta\bar{\eta}(y)}{\delta\bar{\eta}(x)}=\delta(x-y)\\\left\{\dfrac{\delta}{\delta\eta(x)},\dfrac{\delta}{\delta\bar{\eta}(y)}\right\}=\left\{\dfrac{\delta}{\delta\eta(x)},\psi(y)\right\}=\left\{\dfrac{\delta}{\delta\bar{\eta}(x)},\bar{\psi}(y)\right\}=\cdots=\left\{\dfrac{\delta}{\delta\eta(x)},\bar{\eta}(y)\right\}=0\end{cases}$$

**于是,旋量 QED 理论中的广义 Green 函数为**

$$\boxed{\begin{aligned}&G_{\mu_1\cdots\mu_n}(x_1\cdots x_l;y_1\cdots y_m;z_1\cdots z_n)\\&=\langle 0|T\psi(x_1)\cdots\psi(x_l)\bar{\psi}(y_1)\cdots\bar{\psi}(y_m)A_{\mu_1}(z_1)\cdots A_{\mu_n}(z_n)|0\rangle\\&=\frac{1}{N}\lim_{\eta,\bar{\eta},J_\mu\to 0}\left(\frac{1}{\mathrm{i}}\right)^l\left(\frac{-1}{\mathrm{i}}\right)^m\left(\frac{1}{\mathrm{i}}\right)^n\frac{\delta}{\delta\bar{\eta}(x_1)}\cdots\frac{\delta}{\delta\bar{\eta}(x_l)}\cdot\frac{\delta}{\delta\eta(y_1)}\cdots\frac{\delta}{\delta\eta(y_m)}\\&\quad\cdot\frac{\delta}{\delta J_{\mu_1}(z_1)}\cdots\frac{\delta}{\delta J_{\mu_n}(z_n)}Z_m[\eta\bar{\eta}J_\mu]\Big|_{J_\mu=\eta=\bar{\eta}=0}\end{aligned}}\tag{7.48}$$

在 Fermion 场和 Grassmann 数的泛函分析中,需要留意算符的顺序。比如,为避免逐次求导中 $\eta$、$\bar{\eta}$、$\psi$、$\bar{\psi}$自己和彼此的各类反对易带来负号的复杂性,可注意 $Z_m$ 的指数就 Fermion 场和 Grassmann 数而言,均是双线性的。因此,指数与所有 $\eta$、$\bar{\eta}$、$\psi$、$\bar{\psi}$对易。于是逐次求导中,每次均能将此指数向左移一步,使之紧靠下一次求导的微分算符。或者说,在每次求导时,从指数上拿下来的费米场($\psi$或$\bar{\psi}$)均置于指数的右侧,以便下一次求导时可直接对指数进行。

总之,Green 函数用生成泛函导数表示时,有如下对应规则

$$\psi(x)\leftrightarrow\frac{1}{\mathrm{i}}\frac{\delta}{\delta\bar{\eta}(x)},\quad\bar{\psi}(x)\leftrightarrow\frac{-1}{\mathrm{i}}\frac{\delta}{\delta\eta(x)},\quad A_\mu(x)\leftrightarrow\frac{1}{\mathrm{i}}\frac{\delta}{\delta J_\mu(x)}\tag{7.49}$$

**应当强调指出,Fermion 场使用 Grassmann 数路径积分表述只是一种具有计算自洽性的笔记本式的数学手段,方法本身并没有明显的物理含义(详见附录 G)。**

### 7.2.4 算符行列式——泛函 Jacobi 计算(Ⅱ)[10]

将 $n$ 维 Jacobi(式(7.27a)和式(7.27b))推广到连续无穷维情况。已知 $n$ 维矩阵有

$$\begin{cases} M \mid m_i\rangle = m_i \mid m_i\rangle, \quad \det M = \prod_{i=1}^{n} m_i \\ \det M = \exp\left[\sum_{i=1}^{n}\ln m_i\right] = \exp[\mathrm{tr}(\ln RMR^{-1})] = \exp[\mathrm{tr}(\ln M)] \end{cases} \tag{7.50}$$

**定义　算符$\hat{M}$行列式 $\det\hat{M}$为此算符无穷多个本征值的连乘积**

$$\boxed{\det\hat{M} \equiv \prod_{i=1}^{\infty} m_i = \exp[\mathrm{tr}(\ln\hat{M})]} \tag{7.51}$$

**$m_i$ 为$\hat{M}$的本征值。指数上的求迹在函数空间进行。即令 $x=y$ 后对 $x$ 的定义域积分,并对可能的分立脚标(自旋及内对称指标)求迹。**

**设有线性函数映射$\hat{M}$:$\psi(x)\rightarrow\varphi(x)$,简记作$\hat{M}\psi=\varphi$。比如,积分变换**

$$\boxed{\hat{M}: \varphi_\beta(x) = (\hat{M}\psi(x))_\beta = \int M_{\beta\gamma}(x,y)\psi_\gamma(y)\mathrm{d}^4y} \tag{7.52a}$$

**这也可以看成一个泛函积分的自变数变换。此时泛函积分测度变换为**

$$\prod_{\alpha=1}^{n}\mathrm{D}\varphi_\alpha(x) = \prod_{\alpha=1}^{n}\prod_{x}\frac{\mathrm{d}\varphi_\alpha(x)}{\sqrt{A}} = \prod_{\alpha=1}^{n}\prod_{x}\frac{\mathrm{d}\psi_\alpha(x)}{\sqrt{A}}\cdot J(\hat{M}) \equiv \prod_{\alpha=1}^{n}\mathrm{D}\psi_\alpha(x)\cdot J(\hat{M}) \tag{7.52b}$$

**第 2 式最后所含 Jacobi 为**

$$\begin{cases} \dfrac{\delta\varphi_\alpha(x)}{\delta\psi_\beta(y)} = M_{\alpha\beta}(x,y) \rightarrow J(\hat{M}) \equiv \left|\left(\dfrac{\delta\varphi_\alpha(x)}{\delta\psi_\beta(y)}\right)\right| = |\det\hat{M}| \\ \det\hat{M} = \exp\{\mathrm{tr}\ln\hat{M}\} = \exp\left\{\sum_{\alpha,\beta}\int\mathrm{d}^4(xy)\delta_{\alpha\beta}\delta(x-y)\ln\left(\dfrac{\delta\varphi_\alpha(x)}{\delta\psi_\beta(y)}\right)\right\} \end{cases}$$

**于是归结为:**

**定理　路径积分变数变换的泛函 Jacobi 为该变换算符的行列式**

$$\boxed{\mathrm{D}\varphi \equiv J(\hat{M})D\psi, \quad J(\hat{M}) \equiv J\left(\frac{\delta\varphi}{\delta\psi}\right) = |\det\hat{M}|} \tag{7.52c}$$

**因此,真空-真空跃迁矩阵元的泛函积分形式改写为**

$$\boxed{Z[0] = \int\mathrm{D}\varphi\cdot f[\varphi] = \int\mathrm{D}\psi\cdot|\det\hat{M}|\cdot f[\hat{M}\psi]} \tag{7.53}$$

**合并 Fermion 的 Grassman 数情况,泛函 Jacobi 为**

---

⑩ 参见附录 F 或杨炳麟. 量子场论. 北京:科学出版社,1989.

$$\det\left(\frac{\delta\varphi_\alpha}{\delta\psi_\beta}\right)=\begin{cases}\det\hat{M}=\exp[\mathrm{tr}(\ln\hat{M})], & \text{对玻色子}\\ (\det\hat{M})^{-1}=\exp[-\mathrm{tr}(\ln\hat{M})], & \text{对费米子}\end{cases} \tag{7.54}$$

$M_{\alpha\beta}(x,y)$常是接近于恒等的变换。也就是说，对数号下的算符$\hat{M}$可在 $I$ 附近展开。于是可对上面 Jacobi 作近似

$$\exp[\mathrm{tr}(\ln\hat{M})]=\exp\{\mathrm{tr}[\ln(1+\hat{M}-1)]\}\approx\exp\{\mathrm{tr}(\hat{M}-1)\}\approx1+\mathrm{tr}(\hat{M}-1)$$

由此得到

$$J\left(\frac{\delta\varphi_\alpha}{\delta\psi_\beta}\right)\approx\begin{cases}1+\mathrm{tr}(\hat{M}-1), & \text{对玻色子}\\ 1-\mathrm{tr}(\hat{M}-1), & \text{对费米子}\end{cases} \tag{7.55}$$

算符 Jacobi 计算见附录 F。

**说明举例：**

$$\begin{aligned}\mathrm{tr}(\hat{M}-1)&=\sum_\alpha\int\mathrm{d}^4x\langle x\mid\hat{M}_{\alpha\alpha}-1\mid x\rangle=\sum_\alpha\int\mathrm{d}^4(xy)\langle x\mid\hat{M}_{\alpha\alpha}-1\mid y\rangle\delta(x-y)\\&=\sum_\alpha\int\mathrm{d}^4(xy)[M_{\alpha\alpha}(x,y)-\delta(x-y)]\delta(x-y)\\&=\sum_\alpha\int\mathrm{d}^4x[M_{\alpha\alpha}(x,x)-\delta(0)]\end{aligned}$$

**例算 1**　由于算符行列式往往发散成为无穷或零，所以经常使用它们比值。现在计算下述算符行列式的比值：$\det(\partial_t^2+\omega^2)/\det(\partial_t^2)$。

**解：**　设 $t_a,t_b$ 两点不动，$\partial_t^2$ 振动解的本征值为$-\lambda_m^2=-(m\pi/(t_b-t_a))^2$。于是

$$\frac{\det(\partial_t^2+\omega^2)}{\det(\partial_t^2)}=\prod_{m=1}^{\infty}\frac{-\lambda_m^2+\omega^2}{-\lambda_m^2}=\frac{\sin[\omega(t_b-t_a)]}{\omega(t_b-t_a)} \tag{7.56}$$

这里用了无穷乘积公式 $\dfrac{\sin y}{y}=\prod_{m=1}^{\infty}\left(1-\dfrac{y^2}{m^2\pi^2}\right)$。

**例算 2**　证明 Gauss 型泛函积分等式（$\hat{K}$为正定的，本征值>0）

$$\int\mathrm{D}\varphi(x)\exp\left\{-\frac{1}{2}\int\mathrm{d}^4x\varphi(x)\hat{K}\varphi(x)\right\}=\{\det\hat{K}\}^{-1/2} \tag{7.57}$$

**证：**

$$\begin{aligned}\text{左边}&=\lim_{\substack{\Delta x,\Delta y\to0\\ n\to\infty}}\int\prod_{i=1}^{n}\frac{\mathrm{d}\varphi(x_i)}{\sqrt{2\pi/(\Delta x\Delta y)^4}}\exp\left\{-\frac{1}{2}\sum_{i,j=1}^{n}(\Delta x\Delta y)^4\cdot\varphi(x_i)K(x_i,y_j)\varphi(y_j)\right\}\\&=\lim_{\substack{\Delta x,\Delta y\to0\\ n\to\infty}}\int\prod_{i=1}^{n}\frac{\mathrm{d}[\sqrt{(\Delta x\Delta y)^4}\varphi_i]}{\sqrt{2\pi}}\exp\left\{-\frac{1}{2}\sum_{i,j=1}^{n}[\sqrt{(\Delta x\Delta y)^4}\varphi_i]K_{ij}[\sqrt{(\Delta x\Delta y)^4}\varphi_j]\right\}\\&\equiv\lim_{n\to\infty}\int\prod_{i=1}^{n}\frac{\mathrm{d}\psi_i}{\sqrt{2\pi}}\exp\left\{-\frac{1}{2}\psi^{\mathrm{T}}\hat{K}\psi\right\}=(\det\hat{K})^{-\frac{1}{2}}\end{aligned}$$

证毕。

指数有虚数 i 情况推导类似，但成立条件有些差别。对于非齐次和更多情况见附录

F 第 F.3 部分。

最后指出，由式(7.51)(而不是近似式(7.56))和文献[11]可得：

**定理 算符行列式 det $\hat{M}$存在的充要条件是：算符$\hat{M}$与单位算符只相差一个其迹为绝对可和(连续情况为可积)的算符。**

习题 7.12 证明此定理。

## 7.3 约束系统量子化方法

Feynman 指出[12]：**不仅电磁场，对一般的奇异系统(定义见下)，一种自然的、无可指责的、类似正则量子化的方案会导致物理上难以接受的结果。**所以有必要专门研究奇异系统的正则量子化方法。本节主要在量子力学范围内，在 Hamilton 框架下，叙述这种奇性量子理论——集中讲述 Dirac 正则量子化和路径积分量子化这两种方法。

### 7.3.1 奇异 Lagrange 系统的 Hamilton 框架，Hess 行列式

设系统 Lagrange 量为 $L=L(q_\alpha,\dot{q}_\alpha,t)$，Euler-Lagrange 方程为

$$\frac{\partial L}{\partial q_\alpha}-\frac{\mathrm{d}}{\mathrm{d}t}\frac{\partial L}{\partial \dot{q}_\alpha}=0,\quad \alpha=1,\cdots,n \tag{7.58a}$$

将 Euler-Lagrange 方程第二项改写一下，即得($L$ 显含 $t$ 时应加一项)

$$\frac{\partial^2 L}{\partial \dot{q}_\alpha\partial \dot{q}_\beta}\ddot{q}_\beta=\frac{\partial L}{\partial q_\alpha}-\frac{\partial^2 L}{\partial \dot{q}_\alpha\partial q_\beta}\dot{q}_\beta\equiv K_\alpha(q,\dot{q}) \tag{7.58b}$$

**定义 矩阵元为**

$$\boxed{M_{\alpha\beta}(q_\alpha,\dot{q}_\beta,t)\equiv\frac{\partial^2 L}{\partial \dot{q}_\alpha\partial \dot{q}_\beta}} \tag{7.59}$$

**的 $n\times n$ 矩阵 $M$ 的行列式 det$(M_{\alpha\beta})$是此变换的行列式，称为 Hessian。**

**如果 det$(M_{\alpha\beta})\neq 0$，可以反解出式(7.58b)最高阶导数 $\ddot{q}$，得到**

$$\boxed{\ddot{q}_\alpha=(M^{-1})_{\alpha\beta}K_\beta\equiv F_\alpha(q,\dot{q})} \tag{7.58c}$$

**这个常微分方程组右边满足 $\ddot{q}$ 的可解条件，保证了解的存在和唯一。**也就是说，对任给的一组初条件，在其邻域，此 Euler-Lagrange 方程组有唯一解存在，也就是 Cauchy 问题有唯一解。

---

[11] 华罗庚.高等数学引论.1 卷 2 分册.北京：科学出版社，1979.书中有一系列乘积收敛定理.也见Segal I. Bull Of Amer. Math. Soc.，1965，71(3)：419，463.

[12] Feynman R P. Acta Phys. Polonica，1963，24：697.

**定义 $\det(M_{\alpha\beta})\neq 0$ 的系统称为正则系统；$\det(M_{\alpha\beta})=0$ 的系统称为奇异 Lagrange量系统，或约束 Hamilton 量系统。**

由 Lagrange 框架转到 Hamilton 框架。首先，引入正则动量

$$\boxed{p_\alpha=\frac{\partial L}{\partial \dot{q}_\alpha},\quad \alpha=1,\cdots,n} \tag{7.60a}$$

**如果能由这组等式将 $\dot{q}_\alpha$ 反解出来，表达为 $(q,p,t)$ 函数，就实现了由旧变数 $(q,\dot{q},t)$ 转换为新变数 $(q,p,t)$ 的“Legendre 变换”，**

$$\boxed{\dot{q}_\beta=f_\beta(p,q,t)\quad\Rightarrow\quad(q,\dot{q},t)\to(q,p,t)} \tag{7.60b}$$

注意变数 $q_\alpha$ 不变换。其次，用新变量 $(q,p,t)$ 写出系统 Hamilton 量，并由此得到正则运动方程以及任一力学量 $A(q,p)$ 的演化方程

$$H=p_\beta\dot{q}_\beta-L=H(q_\alpha,p_\alpha,t);\quad \begin{cases}\dot{q}_\gamma=\dfrac{\partial H}{\partial p_\gamma};\quad \dot{p}_\gamma=-\dfrac{\partial H}{\partial q_\gamma}\\ \dot{A}=\{A,H\}_{PB}\end{cases} \tag{7.61}$$

**于是，能否实行 Legendre 变换是从 Lagrange 框架转向 Hamilton 框架的关键。**

**定理 可实行 Legendre 变换的充要条件是 Hessian 不等于零。**

**证：** 能够反解要求 Legendre 变换是非奇异的，即它的 Jacobi 应当不为零，

$$J=\left|\frac{\partial(q_\alpha,p_\beta,t)}{\partial(q_\gamma,\dot{q}_\lambda,t)}\right|=\left|\det\begin{pmatrix}\left(\dfrac{\partial q_\alpha}{\partial q_\beta}\right) & \left(\dfrac{\partial q_\gamma}{\partial \dot{q}_\delta}\right)\\ \left(\dfrac{\partial p_\lambda}{\partial q_\eta}\right) & \left(\dfrac{\partial p_\mu}{\partial \dot{q}_\nu}\right)\end{pmatrix}\right|\neq 0$$

用公式 $\det\begin{pmatrix}A_1 & A_4\\ A_2 & A_3\end{pmatrix}=\det A_1\cdot\det(A_3-A_2A_1^{-1}A_4)$，现在 $A_1$ 为单位阵，$A_4=0$（虽然 Lagrange 量给定，但初条件的任意性使 $q_\alpha,\dot{q}_\beta$ 仍彼此独立），上式成为

$$J=\left|\det\left(\frac{\partial p_\beta}{\partial \dot{q}_\lambda}\right)\right|=\left|\det\left(\frac{\partial^2 L}{\partial \dot{q}_\beta\partial \dot{q}_\lambda}\right)\right|\equiv|\det(M_{\beta\lambda})|\neq 0 \tag{7.62}$$

即 Legendre 变换 Jacobi 等于此时 Hessian，按设定它不为零。 证毕。

**对于奇异 Lagrange 量系统，由于不能实施 Legendre 变换并按通常方式转入正则框架，也就不能顺利实施正则量子化方案。此时坐标与动量不独立，存在约束[13]。**电磁场、非 Abel 规范场、引力场都是奇异 Lagrange 量系统。即便量子力学范围内也有各种带约束的系统。

习题 7.13 Lagrange 量 $L=\frac{1}{2}m(\dot{x}^2+\dot{y}^2)-V\left(\frac{x}{y}\right)-z(x^2+y^2-\rho_0^2)$，研究其约束动力学。

---

⑬ 这是为什么又将奇异系统称为约束系统的缘故。下节引出式(7.63)过程更清楚地说明这点。

## 7.3.2 约束系统的广义正则方程

约束条件区分为**“初级约束”**和**“次级约束”**两类。若 $\det(M_{\alpha\beta})=0$，设 $(M_{\alpha\beta})$ 秩为 $(n-r_1)$，则由式(7.60a)可以解出 $(n-r_1)$ 个 $\dot{q}_i$ 作为 $q_\alpha$，$p_\beta$ 和剩下 $r_1$ 个 $\dot{q}_j$ 的函数 $\dot{q}_i=f_i(q_\alpha,p_\beta,\dot{q}_j)$ $(i=1,\cdots,n-r_1;j=n-r_1+1,\cdots,n)$。将它们代回式(7.60a)消去 $\dot{q}_i$，得 $p_\alpha=\varphi_\alpha(q_\beta,p_\gamma,\dot{q}_j)$。区分 $\alpha\in(n-r_1)$，$r_1$ 两种情况讨论：$\alpha\in(n-r_1)$ 方程是 $p_\alpha$ 的恒等式；$\alpha\in r_1$ 方程不含 $\dot{q}_j$（否则又可以解出一些 $\dot{q}$，和原先秩的假设矛盾），是 $r_1$ 个约束方程

$$\varphi_i'(q,p)\approx 0,\quad i=1,\cdots,r_1 \tag{7.63a}$$

**这些弱为零(见下面式(7.66b)之后 Poisson 括号叙述)的条件称为初级约束。接着，由初级约束在全部时间内成立的要求，即所谓自洽性条件，得到初级约束的时间导数应当为零。**若这些自洽条件产生只含 $(q,p)$ 的方程，可能是新的约束。如此下去直到不再出现新约束为止。所得全部新约束称为次级约束

$$\varphi_j''(q,p)\approx 0\quad (j=1,\cdots,r_2) \tag{7.63b}$$

**由于自洽性条件涉及 $(q,p)$ 对时间求导，一般会和动力学有关**[14]**。初级约束与次级约束总和为此系统的全部约束 $(r_1+r_2=r)$。**

对现在有约束情况，通常定义的 $H_C=p_\alpha\dot{q}_\alpha-L(q,\dot{q})$ 仍然可以被视为 $(q,p)$ 函数（注意存在约束，$(q,p)$ 彼此不独立）。因为，即便不反解出 $\dot{q}_\alpha$ 作为显式表示，也有

$$\delta H_C=\delta p_\alpha\dot{q}_\alpha+p_\alpha\delta\dot{q}_\alpha-\frac{\partial L}{\partial q_\alpha}\delta q_\alpha-\frac{\partial L}{\partial\dot{q}_\alpha}\delta\dot{q}_\alpha=\dot{q}_\alpha\delta p_\alpha-\frac{\partial L}{\partial q_\alpha}\delta q_\alpha \tag{7.64}$$

**不过，这时由于存在初级约束，$H_C$ 作为 $(q,p)$ 的函数，其表达式不唯一。**比如，可以对 $H_C$ 添加初级约束 $\varphi'_i(q,p)$ 的任意变系数线性组合，得到新的等价 $H_C$。由 $H_C$ 是 $(q,p)$ 函数，有

$$\delta H_C=\frac{\partial H_C}{\partial q_\alpha}\delta q_\alpha+\frac{\partial H_C}{\partial p_\alpha}\delta p_\alpha$$

结合这两个变分等式以及 Euler-Lagrange 方程和 $p_\alpha$ 定义式，得

$$\begin{cases}\left(\dfrac{\partial H_C}{\partial q_\alpha}+\dot{p}_\alpha\right)\delta q_\alpha+\left(\dfrac{\partial H_C}{\partial p_\alpha}-\dot{q}_\alpha\right)\delta p_\alpha=0\\ \varphi_i'(q,p)\approx 0\quad (i=1,\cdots,r_1)\end{cases}$$

**注意现在有约束，$(q,p)$ 变分彼此不独立，一般不能令此式变分前的两个系数等于零**[15]**。**为提醒这一点，同时列出了弱为零的初级约束方程。**应用 Lagrange 乘子法**[16]，

---

[14] Dirac P A M. Lectures on Quantum Mechanics，Yeshiva University.

[15] 严格地说，此式概念不够清晰。下面引入 Lagrange 乘子的方程组(7.65)中 $(q,p)$ 才真正独立。

[16] 亦见依捷克森 C，祖伯尔 J B. 量子场论(下). 北京：科学出版社，1986:116.

**即 $H_C \to H_C + \lambda_i \varphi'_i$,得**

$$\begin{cases}\left(\dfrac{\partial H_C}{\partial q_\alpha}+\dot{p}_\alpha+\lambda_i\dfrac{\partial \varphi'_i}{\partial q_\alpha}\right)\delta q_\alpha+\left(\dfrac{\partial H_C}{\partial p_\alpha}-\dot{q}_\alpha+\lambda_i\dfrac{\partial \varphi'_i}{\partial p_\alpha}\right)\delta p_\alpha=0 \\ \varphi'_i(q,p)\approx 0 \quad (i=1,\cdots,r_1)\end{cases} \tag{7.65}$$

**这时可以认为 $\delta q_\alpha, \delta p_\alpha$ 各自独立了,得**

$$\begin{cases}\dot{q}_\alpha=\dfrac{\partial H_C(q,p)}{\partial p_\alpha}+\lambda_i\dfrac{\partial \varphi'_i(q,p)}{\partial p_\alpha}, \\ -\dot{p}_\alpha=\dfrac{\partial H_C(q,p)}{\partial q_\alpha}+\lambda_i\dfrac{\partial \varphi'_i(q,p)}{\partial q_\alpha},\end{cases} \quad \varphi'_i(q,p)\approx 0 \quad (i=1,\cdots,r_1) \tag{7.66a}$$

由于$(q,p)$彼此独立,任意两个力学量的 Poisson 括号定义仍和非奇性理论一样,

$$\{A(q,p),B(q,p)\}_C \equiv \frac{\partial A}{\partial q_\alpha}\frac{\partial B}{\partial p_\alpha}-\frac{\partial A}{\partial p_\alpha}\frac{\partial B}{\partial q_\alpha}$$

利用 Poisson 括号可将式(7.66a)改写为

$$\begin{cases}\dot{q}_\alpha=\{q_\alpha,H_C+\lambda_i\varphi'_i\}_C \\ \dot{p}_\alpha=\{p_\alpha,H_C+\lambda_i\varphi'_i\}_C\end{cases}; \quad \begin{cases}\dot{A}=\{A,H_C+\lambda_i\varphi'_i\}_C \\ \varphi'_i\approx 0 \quad (i=1,\cdots,r_1)\end{cases} \tag{7.66b}$$

**注意,Poisson 括号是建立在设定$(q,p)$都为独立变量的基础上。因此,凡是与约束条件有关而使$(q,p)$彼此不独立的等式都不应在 Poisson 括号内引用。也就是说,计算 Poisson 括号过程中不能引用约束方程(所以前面称它们为弱等于零)。**但计算式(7.66b)Poisson 括号时,对 $\lambda_i$ 求导所剩乘子 $\varphi'_i(q,p)$已在 Poisson 括号之外,可以引用约束条件令其为零。于是变分中 $\lambda_i$ 像是常数。由第三个方程得自洽性条件

$$\{\varphi'_k,H_C+\lambda_i\varphi'_i\}_C=0$$

由此找出全部次级约束,最后得到此约束系统的运动方程为

$$\begin{cases}\dot{q}_\alpha=\{q_\alpha,H_C+\lambda_k\varphi_k\}_C \\ \dot{p}_\alpha=\{p_\alpha,H_C+\lambda_k\varphi_k\}_C, \quad \varphi'_i\approx 0,\varphi''_j\approx 0 \\ \dot{A}=\{A,H_C+\lambda_k\varphi_k\}_C\end{cases} \tag{7.66c}$$

$1\leqslant i\leqslant r_1; 1\leqslant j\leqslant r_2; 1\leqslant k\leqslant (r_1+r_2)=r$。注意,按前面叙述 $H_C$ 有一定的任意性。

### 7.3.3 约束分析,Dirac 定理,Dirac 括号

**定理 系统不存在次级约束的充要条件是初级约束之间 Poisson 括号行列式不弱为零**

$$\det\{\varphi'_i,\varphi'_j\}\big|_{\varphi'=0}\neq 0 \tag{7.67a}$$

**此时 Lagrange 乘子 $\lambda_i$ 可以求出,$H$ 由 $H_C$ 唯一确定。**另外,有

**定理 如果初级约束之间 Poisson 括号行列式弱为零,即**

$$\operatorname{rank}\{\varphi',\varphi'\}\big|_{\varphi'=0}=\rho_1<r_1 \tag{7.67b}$$

**可得 $\rho_1$ 个限制 $\lambda_i$ 的方程，但仍有 $(r_1-\rho_1)$ 个 $\lambda_i$ 未定。由此可得新约束。**

**证：** 事实上，由此不满秩行列式所构成的齐次不定方程组，可以得到 $(r_1-\rho_1)$ 个非平庸的独立解 $u^{(k)}(k=1,\cdots,r_1-\rho_1)$：

$$u_i^{(k)}\ (\{\varphi',\varphi'\}\,|_{\varphi'=0})_{ij}=0$$

将 $\varphi'_i$ 的自洽条件——即运动方程 $\dot{\varphi}'_i\approx 0$ 乘以 $u_i^{(k)}$，就得到

$$u_i^{(k)}\{\varphi'_i,H_C\}\,|_{\varphi'=0}\approx 0$$

如果这些方程不是恒被满足(在 $\varphi'\approx 0$ 之下)，便代表了 $q,p$ 之间的一些约束。它们是由初级约束结合运动方程 $\dot{\varphi}'_i\approx 0$ 导出的，是次级约束。 证毕。

习题 7.14 证明定理式(7.67a)。

**为了方便，将力学量区分为第 I 类和第 II 类：**

**定义 一个力学量，如果它与所有约束的 Poisson 括号弱为零，称之为第 I 类力学量，否则为第 II 类力学量。当然，约束作为一些特定的力学量，也区分为第 I 类约束和第 II 类约束⑰。**

**如果系统全部约束中既有第 I 类约束，也有第 II 类约束，则总可以约定，第 II 类约束之间 Poisson 括号行列式不为零，即总能有**

$$\boxed{\det\{\varphi_k^{(2)},\varphi_l^{(2)}\}_C\neq 0}\tag{7.68}$$

习题 7.15 证明结论式(7.68)。

习题 7.16 计算习题 7.13 的全部次级约束，并给出它们之间的 Poisson 括号。

习题 7.17 不等速圆周运动问题 $L=\frac{m}{2}(\dot{x}^2+\dot{y}^2)-V\left(\frac{x}{y}\right)-C(x^2+y^2-\rho_0^2)$。在路径积分量子化后，用坐标变换整理所得的路径积分。

按上面所述，运动方程就成为

$$\boxed{\begin{cases}\dot{A}(q,p)=\{A(q,p),H_C+\lambda_i^{(1)}\psi_i^{(1)}+\lambda_j^{(2)}\psi_j^{(2)}\}_C\\ \psi_i^{(1)}\approx 0;\quad \psi_j^{(2)}\approx 0\end{cases}}\tag{7.69a}$$

此处式(7.69a)称为**广义正则方程**，$H=H_C+\lambda_i^{(1)}\psi_i^{(1)}+\lambda_j^{(2)}\psi_j^{(2)}$ 称为广义 Hamilton 量。自洽性条件为

$$\boxed{\begin{cases}\{\psi_k,H_C+\lambda_l\psi_l\}_C=0\\ \psi_h\approx 0\end{cases}\Rightarrow\begin{cases}\{\psi_i^{(1)},H_C\}_C=0\\ \{\psi_j^{(2)},H_C\}_C+\lambda_k^{(2)}\{\psi_j^{(2)},\psi_k^{(2)}\}_C=0\\ \psi_k\approx 0\end{cases}}\tag{7.69b}$$

式(7.69b)中第一组方程表明，自洽性条件对系数 $\lambda_i^{(1)}$ 没有制约。第 I 类约束 $\psi_i^{(1)}$ 是运动常数，不进入力学变量的运动方程，也就不改变力学变量。它们作为生成元生成切变换；第二组非线性齐次方程组对系数 $\lambda_j^{(2)}$ 有制约。因为 $\det\{\psi_j^{(2)},\psi_k^{(2)}\}_C\neq 0$，由这组方程可得

---

⑰ 一些第 II 类约束某种线性叠加也可能成为第 I 类的。处理办法见习题 7.13，结论即式(7.62)。

$$\boxed{\lambda_k^{(2)}=(C^{-1})_{k'k}\{\psi_{k'}^{(2)},H_C\}_C} \tag{7.70}$$

于是，如果只存在 $2m$ 个独立的第Ⅱ类约束而不存在第Ⅰ类约束，就简单地表明系统自由度等于$(n-m)$。处理第Ⅱ类约束的办法是消去多余自由度，再行定义Poisson括号。详见下节。

**Dirac 定理　独立的第Ⅱ类约束个数总是偶数。**

**证：** 令 $C_{ll'}=\{\psi_l^{(2)},\psi_{l'}^{(2)}\}_C$。按照约定，$C_{ll'}$ 作为矩阵元必定构成 $r_2\times r_2$ 非奇异矩阵 $C$。注意 $C$ 的矩阵元都是 Poisson 括号，所以 $C$ 总是反对称的。而任意非奇异反对称矩阵 $F$ 的阶数必为偶数。因为

$$F=-\widetilde{F}\rightarrow \det F=\det(-\widetilde{F})=(-1)^n\det(\widetilde{F})=(-1)^n\det F$$

于是，只当 $n$ 为偶数时，$F$ 才是非奇异的。　　证毕。

**还可以证明，由于存在第Ⅰ类约束，$H_C$ 将有一定的任意性。**

**证：** 若 $H_C$ 添加$\psi_i^{(1)}$，$\psi_j^{(2)}$ 的线性组合成为新的 $H'_C=H_C+\mu_i^{(1)}\psi_i^{(1)}+\mu_j^{(2)}\psi_j^{(2)}$，组成新的广义 Hamilton 量 $H'=H'_C+\lambda'^{(1)}_i\psi_i^{(1)}+\lambda'^{(2)}_j\psi_j^{(2)}$，则

$$\lambda'^{(2)}_j=(C^{-1})_{j'j}\{\psi_{j'}^{(2)},H'_C\}_C=(C^{-1})_{j'j}\{\psi_{j'}^{(2)},H_C+\mu_j^{(2)}\psi_j^{(2)}\}_C=\lambda_j^{(2)}-\mu_j^{(2)}$$

将此 $\lambda'^{(2)}_j$ 以及 $H'_C$ 表达式一并代入 $H'$中，最后发现只有$\psi_i^{(1)}$ 前因子有变化，

$$\boxed{H'=H_C+(\lambda'^{(1)}_j+\mu_j^{(1)})\psi_j^{(1)}+\lambda_j^{(2)}\psi_j^{(2)}} \tag{7.71}$$

这说明，若用新的 $H'_C$来构造新的广义 Hamilton 量 $H'$，只相当于把其中任意项 $\lambda_i^{(1)}\psi_i^{(1)}$替换成同一形式的另一任意项。**所以，只有第Ⅰ类约束才会造成 $H_C$(和运动方程)的不确定性。**　　证毕。

应当指出，式(7.70)表明，如果 $H_C$ 是第Ⅰ类量，广义 Hamilton 量 $H$ 中所含的 $\lambda_j^{(2)}=0$，将没有第Ⅱ类约束。这时广义 Hamilton 量 $H$ 简化为

$$H=H_C+\lambda_i^{(1)}\psi_i^{(1)}$$

反之，如果不存在第Ⅱ类约束，则由初级约束自洽性条件式(7.69b)的第一式得知，$H_C$ 必是第Ⅰ类量，它叠加初级约束的线性组合仍为第Ⅰ类量。

最后，研究“Dirac 括号”——这是一种推广的 Poisson 括号。

**定义　$(q,p)$的两个函数 $f(q,p)$，$g(q,p)$之间的 Dirac 括号为**

$$\boxed{\{f,g\}_D=\{f,g\}_C-\{f,\psi_k^{(2)}\}_C(C^{-1})_{kk'}\{\psi_{k'}^{(2)},g\}_C} \tag{7.72}$$

**Dirac 括号有如下性质**[18]：

(1) $\{f,g\}_D=-\{g,f\}_D$；

(2) $\{f,\alpha_1g_1+\alpha_2g_2\}_D=\alpha_1\{f,g_1\}_D+\alpha_2\{f,g_2\}_D$；

(3) $\{\{f_1,f_2\}_D,f_3\}_D+\{\{f_2,f_3\}_D,f_1\}_D+\{\{f_3,f_1\}_D,f_2\}_D=0$；

---

⑱ 参见 Gitman D M，Tyntin I V. Quantization of Fields with Constraints. 29 页。

(4) $\{f,g_1g_2\}_D=\{f,g_1\}_D g_2+g_1\{f,g_2\}_D$；

(5) $\{f(q,p),g(q,p)\}_D=\dfrac{\partial f}{\partial\eta_i}\{\eta_i,\eta_j\}_D\dfrac{\partial g}{\partial\eta_j},\eta_{i,j}\in(q_\alpha,p_\beta)$； (7.73)

(6)若不存在第Ⅱ类约束，则 $\{f,g\}_D=\{f,g\}_C$；

(7) $\{g(q,p),\psi_j^{(2)}\}_D=0$。 (7.74)

式(7.74)说明第Ⅱ类约束条件可以看成强方程，在 Dirac 括号下直接引用。

(8)独立组 $\{\psi_j^{(2)}\}$ 经线性组合得到新独立组 $\{\varphi_j^{(2)}\}$，分别由 $\{\varphi_j^{(2)}\}$ 和 $\{\psi_j^{(2)}\}$ 建立的两种 Dirac 括号弱相等，

$$\{f,g\}_{D(\varphi^{(2)})}=\{f,g\}_{D(\psi^{(2)})}+\{\varphi^{(2)}\} \tag{7.75}$$

利用 Dirac 括号可将任意力学量运动方程(7.69a)写成下面紧凑形式，

$$\boxed{\begin{cases}\dot{A}(q,p)=\{A(q,p),H_C+\lambda_i^{(1)}\psi_i^{(1)}\}_D\\ \psi_i^{(1)}\approx0;\quad \psi_j^{(2)}\approx0\end{cases}} \tag{7.69c}$$

**证：** 其实这时第二类约束 $\psi_j^{(2)}\approx0$ 暗含在 Dirac 括号内，所以表述是等价的

$$\begin{aligned}&\{A(q,p),H_C+\lambda_i^{(1)}\psi_i^{(1)}\}_D=\{A(q,p),H_C\}_D+\{A(q,p),\lambda_i^{(1)}\psi_i^{(1)}\}_D\\ &=\{A,H_C\}_C-\{A,\psi_j^{(2)}\}_C(C^{-1})_{jj'}\{\psi_{j'}^{(2)},H_C\}_C+\{A,\lambda_i^{(1)}\psi_i^{(1)}\}_C\\ &=\{A,H_C\}_C+\{A,\psi_j^{(2)}\}_C(C^{-1})_{jj'}(C)_{j'k}\lambda_k^{(2)}+\{A,\lambda_i^{(1)}\psi_i^{(1)}\}_C\\ &=\{A(q,p),H_C+\lambda_i^{(1)}\psi_i^{(1)}+\lambda_j^{(2)}\psi_j^{(2)}\}_C\end{aligned}$$

习题 7.18 证明式(7.73)。

习题 7.19 证明式(7.74)。

习题 7.20 证明式(7.75)。

### 7.3.4 约束系统的 Dirac 量子化

**约束系统 Dirac 量子化是针对经典约束系统进行的量子化方案，是算符框架下的正则量子化方案。全过程包括：由约束条件构建广义 Hamilton 量、引入状态空间——广义 Hilbert 空间、力学量转换为厄米算符并将 Dirac 括号转为量子 Poisson 括号(使弱等式的 Dirac 括号跃变为强等式的算符方程)**

$$\boxed{\{A,B\}_D\rightarrow\frac{1}{\mathrm{i}\hbar}[A,B]} \tag{7.76}$$

**以及由广义正则方程经量子化导出状态演化 Schrödinger 方程共计 4 个方面。下面区分三种情况阐述具体做法。**

1. 只有第Ⅰ类约束

自由电磁场就是这种情况。这时，由于运动方程含有任意项，无法确定以后任意时刻的 $(q,p)$ 值。具体地说，这时有两种办法进行量子化：**第一种是协变规范下的量子化方案。**由于无第Ⅱ类约束，Dirac 括号简化成 Poisson 括号。量子化后对易规则

表明，正则变量对仿佛都是没有约束的独立变数。约束条件在量子化后转换成加在态矢上的辅助条件：按照被约束算符作用后等于零的原则，在态空间中挑选出物理态子空间，其余非物理态不予考虑。将式(7.76)化简为 Poisson 括号予以量子化。于是量子化前

$$\{\varphi_\sigma(\boldsymbol{r}t),\pi_\tau(\boldsymbol{r}'t)\}_D=\delta_{\sigma\tau}\delta(\boldsymbol{r}-\boldsymbol{r}'),\quad \{\varphi_\sigma(\boldsymbol{r}t),\varphi_\tau(\boldsymbol{r}'t)\}_D=\{\pi_\sigma(\boldsymbol{r}t),\pi_\tau(\boldsymbol{r}'t)\}_D=0$$

$$\dot{A}=\left\{A,H_C+\int \mathrm{d}\boldsymbol{r}'\lambda_i^{(1)}F_i^{(1)}\right\}_D$$

由于约束算符对物理态作用为零 $\hat{F}_i^{(1)}=0$，所以全部第Ⅰ类约束算符 $\hat{F}_i^{(1)}$ 都已从物理态的运动方程中除去。注意，由于自洽性条件，此时 $H_C$ 必定是第Ⅰ类的。**第二种是非协变的物理规范下的量子化。**办法是补充一些适当的约束条件，促使原来的和外加的约束条件全部转变成第Ⅱ类约束，不再存在第Ⅰ类约束(由于补充约束方程的加入，某个第Ⅰ类约束可能与某个补充条件的 Poisson 括号不为零，从而变成第Ⅱ类约束⑲)。然后按照下面只有第Ⅱ类约束的办法进行。

2. 只有第Ⅱ类约束

**如果只有 $2m$ 个独立的第Ⅱ类约束，这简单地表明系统自由度等于 $(n-m)$。此时处理办法是依据约束消去多余自由度，再行定义 Poisson 括号。**这时有 $m$ 对正则变量对 $(q_i,p_i)$ 是其余 $(n-m)$ 对 $(q_j^*,p_j^*)$ 的函数(具体论证见下面式(7.80))。只要初条件与约束条件相容，就可以确定以后任意时刻全部 $(q,p)$ 值。此时只需针对独立正则变量进行正则量子化，将 Dirac 括号经量子化转换为强方程——算符方程⑳。$H_C$ 等于独立变量表示的 Hamilton 量，而 $\{A,H_C\}_D$ 也等于用独立变量定义的泛函 Poisson 括号。于是对独立变数 $(q^*,p^*)$ 有

$$Z[0]=\mathrm{tr}(x_bt_b\,|\,x_at_a)=\int \mathrm{D}\left(\frac{q^*(t)p^*(t)}{(2\pi\hbar)^{n-k}}\right)\exp\left\{\frac{\mathrm{i}}{\hbar}\int \mathrm{d}t\left[p_\beta^*\dot{q}_\beta^*-H^*\right]\right\}\tag{7.77}$$

对连续自由度，即场的情况，设有第Ⅱ类约束 $F_j^{(2)}\approx 0$，场的运动方程为

$$\begin{cases}\dot{A}(\varphi_\sigma(\boldsymbol{x}t),\pi_\sigma(\boldsymbol{x}t),\nabla\varphi_\sigma(\boldsymbol{x}t),\nabla\pi_\sigma(\boldsymbol{x}t))=\{A,H_C\}_D\\ F_j^{(2)}(\boldsymbol{x}t)\approx 0,\quad j=1,\cdots,2K\end{cases}$$

3. 既有第Ⅰ类约束也有第Ⅱ类约束

这种情况的经典力学例子见习题 7.13。**此时量子化有两种方案：其一，**适当添

---

⑲ 除参见习题 7.13 和习题 7.16 之外，还有个规范场的例子：规范不变性导致存在第Ⅰ类约束，而通常的规范条件加上其自洽性条件就是补充约束。

⑳ 现在做法往往牺牲了理论的协变形式。为使理论恢复协变形式，在泛函积分框架中，利用下述技巧，转化为等效 $\mathcal{L}_{\mathrm{eff}}$ 之后恢复理论的协变形式。这些技巧包括：泛函 $\delta$ 函数、泛函积分中由带约束的全相空间向其独立子空间的正则变换、Faddeev-Popov 技巧，详见注⑩文献。

加约束条件，将约束全部转为第Ⅱ类，再按 2. 中办法进行。**其二**，保留第Ⅰ类约束，用第Ⅱ类约束建立 $C$ 矩阵和 Dirac 括号。这时只有 $2K$ 个第Ⅱ类约束可当作强方程看待，借助第Ⅱ类约束引进新正则变量对（自由度数应扣除 $K$）。新变量对将受第Ⅰ类约束条件限制。问题便归结为只有第Ⅰ类约束的情况[21]。

习题 7.21 说明：演化中物理态子空间是否为稳定的？为什么？

### 7.3.5 约束系统的路径积分量子化

下面具体叙述，如何添加新约束将第Ⅰ类约束转换为第Ⅱ类约束，再引入独立正则变数并对它们进行正则量子化。设有 $r_1$ 个第Ⅰ类约束：

$$\varphi_i(q,p)\approx 0,\quad i=1,\cdots,r_1,\quad \{\varphi_i,\varphi_j\}_C\approx 0 \tag{7.78}$$

这时，添加 $r_1$ 个附加约束——常称为规范条件$\psi_j(q,p)\approx 0$（有时将 $\varphi_i\approx 0,\psi_j\approx 0$ 统一记作 $\Omega_l(q,p)\approx 0, l=1,\cdots,2r_1$）。要求附加约束满足

$$\boxed{\{\psi_i,\psi_j\}_C\approx 0,\quad \det\{\varphi_i,\psi_j\}_C\neq 0} \tag{7.79}$$

第一条是为了可以将添加的新约束看成广义坐标（参见下面证明）。第二条是要求添加的约束$\psi_j(q,p)$应当使整个约束成为第Ⅱ类的。

可以证明：**在 $n$ 维约束系统的 $2n$ 维相空间 $\Gamma^{2n}$ 中，满足约束条件**

$$\varphi_i(q,p)\approx 0,\quad \psi_i(q,p)\approx 0,\quad (i=1,\cdots,r_1) \tag{7.80a}$$

**及式(7.63a)的子空间为自由度$(n-r_1)$的约化相空间$\Gamma^{*\,2(n-r_1)}$。此子空间中新的独立的正则变量$(q^*,p^*)$可由下面两组方程给出**

$$q_i'=\psi_i=0,\quad p_i'=f_i(q^*,p^*)\quad (i=1,\cdots,r_1) \tag{7.80b}$$

**证：** 由于$\{\psi,\psi\}_C=0$，可以在原来 $2n$ 维相空间 $\Gamma^{2n}(q_\alpha,p_\alpha,\alpha,\beta=1,\cdots,n)$中如此选择新的正则变量，使前 $r_1$ 个坐标型变量就是$\psi_i$ 本身：$q'=(\psi_i,q^*)$，相应的新共轭动量为 $p'=(p_i,p^*)$。即作如下正则变换$(q,p)\to(q',p')$：

$$\begin{cases} q'\equiv(q_1',\cdots,q_{r_1}',q_{r_1+1}',\cdots,q_n')\equiv(\psi_1,\cdots,\psi_{r_1},q_1^*,\cdots,q_{n-r_1}^*) \\ p'\equiv(p_1',\cdots,p_{r_1}',p_{r_1+1}'\cdots,p_n')\equiv(p_1,\cdots,p_{r_1},p_1^*\cdots,p_{n-r_1}^*) \end{cases} \tag{7.81}$$

由于正则变量如此选取，可以得到

$$\{\varphi_i,\psi_j\}_C=\frac{\partial\varphi_i}{\partial q_\alpha'}\frac{\partial\psi_j}{\partial p_\alpha'}-\frac{\partial\psi_j}{\partial q_\alpha'}\frac{\partial\varphi_i}{\partial p_\alpha'}=-\delta_{j\alpha}\frac{\partial\varphi_i}{\partial p_\alpha'}=-\frac{\partial\varphi_i}{\partial p_j}$$

按照设定，等式左边行列式不为零。于是得到

$$\boxed{\det\left(\frac{\partial\varphi}{\partial p}\right)=\det\{\varphi,\psi\}_C\neq 0} \tag{7.82}$$

因此，从 $r_1$ 个方程组 $\varphi_i(q,p)=0$ 一定能够解出（消去）$r_1$ 个广义动量 $p_i'=f_i(q^*,p^*)$。

---

㉑ 详见注⑩文献。

结果是：由方程组(7.81)和(7.80b)给出独立正则变量对$(q^*, p^*)$，并撑开$(n-r_1)$维约化相空间$\Gamma^{*2(n-r_1)}$。　证毕。

这样，由原来的约束问题 $H_T=H+\lambda_i\varphi_i$，

$$\begin{cases}\dot{p}_i=-\dfrac{\partial H}{\partial q_i}-\lambda_j\dfrac{\partial\varphi_j}{\partial q_i}, & \dot{q}_i=\dfrac{\partial H}{\partial p_i}+\lambda_j\dfrac{\partial\varphi_j}{\partial p_i}\\ \varphi_i(q,p)=0, & \psi_i(q,p)=0\end{cases} \tag{7.83a}$$

引入规范条件$\psi_j=0$ 消去不定乘子 $\lambda_j$，简化为较少自由度的约化 Hamilton 量，

$$\boxed{H(q,p)\big|_{\varphi\approx 0,\psi\approx 0}=H^*(q^*, p^*)} \tag{7.83b}$$

相应的关于$(q^*, p^*)$的方程为

$$\dot{q}_l^*=\frac{\partial H^*}{\partial p_l^*},\quad \dot{p}_l^*=-\frac{\partial H^*}{\partial q_l^*},\quad l=1,\cdots,n-r_1 \tag{7.83c}$$

这样就由第Ⅰ类约束(7.78)和附加条件(7.79)找到了新的独立正则变量$(q^*, p^*)$。可以证明，$\Gamma$，$\Gamma^*$ 两个系统是等效的[22]。如果附加条件改变，相当于在$\Gamma^{*2(n-r_1)}$空间的一个正则变换。不影响问题物理内容。

以后常用到在全体或者部分约束间进行计算的行列式。现给出它们之间的转换公式

$$|\det(\{\Omega_k,\Omega_l\}_C)|\equiv\left|\det\begin{pmatrix}\{\varphi_i,\varphi_j\}_C & \{\varphi_i,\psi_j\}_C\\ \{\psi_i,\varphi_j\}_C & \{\psi_i,\psi_j\}_C\end{pmatrix}\right|=(|\det(\{\psi_i,\varphi_j\}_C)|)^2\rightarrow$$

$$\boxed{|\det(\{\varphi_i,\psi_j\}_C)|=\sqrt{|\det(\{\Omega_k,\Omega_l\}_C)|}} \tag{7.84}$$

习题 7.22　按式(7.84)，设原先约束 $\omega_\alpha=\omega_\alpha(q,p)$，$\alpha=1,\cdots,M$。经受正则变换 $A:\omega'=A\omega$，证明$(\det A)^{-1}=\sqrt{\det(\{\omega_\alpha,\omega_\beta\}_C)}$。

对$\Gamma^{*2(n-r_1)}$的独立变量$(q^*, p^*)$进行量子化，传播子 $K(t;t_0)=W[0]$为

$$\boxed{K(t;t_0)=\int\prod_{t,\alpha}\frac{dq_\alpha^*\,dp_\alpha^*}{2\pi\hbar}\exp\left\{\frac{i}{\hbar}\int_{t_0}^{t}d\tau\{p_\beta^*\dot{q}_\beta^*-H^*(q^*, p^*)\}\right\}} \tag{7.85a}$$

其中坐标 $q^*$ 初值 $q_0^*$ 和终值 $q^*$ 为固定的。将此式变换返回 $\Gamma^{2n}$空间，成有约束的广义 Hamilton 量形式：$H_T=H+\lambda_\alpha\varphi_\alpha$。下面证明：式(7.85a)就是

$$\boxed{\begin{aligned}K(t;t_0)&=\int\prod_{t,\alpha,i}\frac{dq_\alpha\,dp_\alpha\,d\lambda_i}{2\pi\hbar\cdot 2\pi}\delta[\psi_i]\,|\det\{\varphi,\psi\}_C|\exp\left\{\frac{i}{\hbar}\int_{t_0}^{t}d\tau\{p_\beta\dot{q}_\beta-H-\lambda_i\varphi_i\}\right\}\\&=\int D\left(\frac{q_\alpha p_\alpha}{(2\pi\hbar)^n}\right)\prod_{j=1}^{2K}\delta[\Omega_j]\sqrt{|\det\{\Omega_k,\Omega_l\}_C|}\exp\left\{\frac{i}{\hbar}\int_{t_0}^{t}d\tau(p_\beta\dot{q}_\beta-H(q,p))\right\}\end{aligned}}$$

(7.85b)

这里 $\delta(\psi_\alpha)$又称规范固定项，$\det\{\varphi,\psi\}_C$ 是变换 Jacobi。这就是说，动力学方程解不

[22] 如用 L 来表述，写法就更普遍一些。证明见 Faddeev L D. 规范理论导引，72 页。

含 $q'_\alpha(\alpha=1,\cdots,r_1)$，于是 $q'_\alpha$ 可以任意规范移动（$p'_\alpha$ 为生成元）。为给出确定解，必须加规范固定条件。一般说来，这里除了全部包含式(7.79)$2r_1$ 个第Ⅰ类初级约束和附加条件之外，还包含了 $2r_2$ 个原先的第Ⅱ类约束。

**证：** 用附录 H 中函数 $\varphi_i$ 的泛函 $\delta$ 函数表达式积掉变数 $\lambda_i$，式(7.85b)等于

$$\int\prod_{t,\alpha}\frac{\mathrm{d}q_\alpha\mathrm{d}p_\alpha}{2\pi\hbar}\prod_j\delta[\psi_j(q,p)]\delta[\varphi_j(q,p)]\,|\det\{\varphi_k,\psi_l\}_C|\exp\left\{\frac{\mathrm{i}}{\hbar}\int_{t_0}^{t}\mathrm{d}\tau\{p_\beta\dot{q}_\beta-H(q,p)\}\right\}$$

按设定有 $\delta[\psi_i]=\delta[q_i]$。注意式(7.82)表明 $|\det\{\varphi_k,\psi_l\}_C|$ 正是向独立正则变数变换的 Jacobi，故有

$$\boxed{\prod_j\delta(\varphi_j)\,|\det\{\varphi_k,\psi_l\}_C|=\prod_i\delta\left(p_i-p_i\left(q^*\ ,p^*\right)\right)} \tag{7.86}$$

代入上式，积去非独立的正则变量对$(q_i,p_i)$，即得式(7.85a)。 证毕。

习题 7.23 证明式(7.86)。

### 7.3.6 算例：自由电磁场 Dirac 正则量子化，旋量电动力学泛函积分量子化

下面用三个简单例子具体说明约束系统正则量子化的计算过程。应当预先指出，虽然对于自由电磁场等简单系统，已知有简明直接的量子化方法，不必如下面这般麻烦。但这里提供的是一般性程序，主要用于一般约束系统（包括非 Abel 规范场），甚至几个场相互耦合的复杂约束系统的量子化，为的是解决本节开始 Feynman 所指出的问题。

**例 1** 自由电磁场的 Coulomb 规范量子化。

自由电磁场的 Lagrange 量密度和 Lagrange 量为

$$\mathcal{L}_{em}(x)=-\frac{1}{4}F_{\mu\nu}(x)F_{\mu\nu}(x),\quad L_{em}=\int\mathcal{L}_{em}\mathrm{d}^3x \tag{7.87}$$

代入 Euler-Lagrange 方程，得到运动方程$\partial_\mu F_{\mu\nu}(x)=0$。写开来就是

$$\boxed{\begin{cases}\ddot{\mathbf{A}}-\Delta\mathbf{A}+\nabla(\dot{\varphi}+\nabla\cdot\mathbf{A})=0\\ \nabla\cdot\dot{\mathbf{A}}+\Delta\varphi=0\end{cases}} \tag{7.88}$$

场的广义坐标为 $A_\mu(x)$，记正则共轭对为 $(A_\mu(x),\Pi_\mu(x))$，由 $\Pi_\mu(x)$ 定义

$$\Pi_\mu(x)=\frac{\partial\mathcal{L}_{em}(x)}{\partial\dot{A}_\mu(x)}=\mathrm{i}F_{4\mu}(x) \tag{7.89}$$

$\mathcal{L}_{em}$ 中不含 $\dot{A}_4$，故 $\Pi_4=0$。于是得到**自由电磁场的 4 个正则动量为**

$$\boxed{\begin{cases}\mathbf{\Pi}(x)=\dot{\mathbf{A}}(x)+\nabla\varphi(x)\\ \Pi_4(x)=0\end{cases}} \tag{7.90}$$

**鉴于 $\Pi_4(x)=0$ 方程不含 $A_\mu(x)$ 或其导数（即不含广义坐标和广义速度），无法用它进行 Legendre 变换。也表明 $A_4(x)$ 是循环坐标，已不能作为描述动力学演化的正则变量。此条件只能被看成运动方程的初级约束。其自洽性条件将导致次级约束。写**

**出 $\nu=4$ 的 E-L 方程**

$$\dot{\Pi}_4+\nabla\frac{\partial \mathcal{L}_{em}}{\partial(\nabla A_4)}=0$$

**这就是此初级约束的自洽性条件。由此即得首个次级约束方程**

$$\nabla\cdot(\nabla\varphi(x)+\dot{\boldsymbol{A}}(x))=0$$

**这正是运动方程(7.88)的第 2 个方程。所以首个次级约束和运动方程的结合(即第二个自洽性条件)不再导致新约束。因此,自由电磁场的全部约束为**

$$\boxed{\Pi_4=0,\quad \nabla\cdot\boldsymbol{\Pi}=0} \tag{7.91}$$

**它俩全都不含正则坐标,可知这两个约束都是第Ⅰ类的。**因为正则变量对$(A_\mu(x),\Pi_\mu(x))$的 Poisson 括号为

$$\boxed{\begin{cases}\{A_\mu(\boldsymbol{x}t),\Pi_\nu(\boldsymbol{x}'t)\}_C=\delta_{\mu\nu}\delta(\boldsymbol{x}-\boldsymbol{x}')\\ \{A_\mu(\boldsymbol{x}t),A_\nu(\boldsymbol{x}'t)\}_C=0,\quad \{\Pi_\mu(\boldsymbol{x}t),\Pi_\nu(\boldsymbol{x}'t)\}_C=0\end{cases}} \tag{7.92}$$

从第三组方程出发,计算两个约束组成的 Poisson 括号 $C$ 矩阵,4 个矩阵元全为零(注意,计算 Poisson 括号时只能使用式(7.92),不得借助约束方程)。**说明自由电磁场 $\mathcal{L}_{em}(x)$ 只有第Ⅰ类约束,没有第Ⅱ类约束。**

**由于存在第Ⅰ类约束,Hamilton 量是不确定的。为使它确定下来,需要外加约束条件,使全部约束成为第Ⅱ类的,然后再针对独立变量进行量子化。这就是 Coulomb 规范量子化。**选附加约束条件

$$\nabla\cdot\boldsymbol{A}=0 \tag{7.93}$$

它的自洽条件为$\nabla\cdot\dot{\boldsymbol{A}}=0$,结合上面约束条件$\nabla\cdot(\dot{\boldsymbol{A}}(x)+\nabla\varphi(x))=0$,得

$$\Delta\varphi=0$$

若规定无穷远处 $A_\mu\to 0$,可代替此条件取 $\varphi=0$。**总之,得到 4 个约束方程**

$$\boxed{\Pi_4(x)=0,\quad \nabla\cdot\boldsymbol{\Pi}(x)=0,\quad A_4(x)=0,\quad \nabla\cdot\boldsymbol{A}(x)=0} \tag{7.94}$$

习题 7.24 给出自由电磁场的引出式(7.94)的全部计算。

**注意添加的两个约束条件都是关于广义坐标的,总共构成两对正则变量对。因而 4 个约束中任一个和其余搭配的 Poisson 括号都不会全为零。说明它们都成了第Ⅱ类的。于是,独立正则变量对的个数为 4−2=2。消去非独立的两对正则变量对,只对独立的两对正则变量对进行正则量子化——通常针对两个横向自由度进行量子化的手续。**简述如下

$$\begin{aligned}H_C(A_\mu,\Pi_\mu)&=\int\frac{\partial\mathcal{L}_{em}}{\partial\dot{A}_\mu}\dot{A}_\mu\mathrm{d}^3x-L_{em}=\int\left\{\mathrm{i}F_{4\mu}\dot{A}_\mu+\frac{1}{4}F_{\mu\nu}F_{\mu\nu}\right\}\mathrm{d}^3x\\&=\int\left\{\frac{1}{2}\boldsymbol{\Pi}\cdot\boldsymbol{\Pi}+\varphi\,\nabla\cdot\boldsymbol{\Pi}+\frac{1}{4}F_{kl}^2\right\}\mathrm{d}^3x=\int\left\{\frac{1}{2}\boldsymbol{\Pi}\cdot\boldsymbol{\Pi}+\frac{1}{4}F_{kl}^2\right\}\mathrm{d}^3x\end{aligned} \tag{7.95}$$

现在的自由度标号是空间坐标,为此引入时空依赖的 Lagrange 乘子

$$\begin{cases}H(t)=H_C(t)+\int\lambda_j(\boldsymbol{x}t)\Omega_j(\boldsymbol{x}t)\mathrm{d}^3x\\ \lambda_j(x)=\int C_{j'j}^{-1}(\boldsymbol{x}'\boldsymbol{x}t)\{\Omega_{j'}(\boldsymbol{x}'t),H_C(t)\}_C\mathrm{d}^3x'\end{cases}\tag{7.96a}$$

$$\begin{cases}\dot{A}_\mu(x)=\{A_\mu(x),H(t)\}_C\\ \dot{\Pi}_\mu(x)=\{\Pi_\mu(x),H(t)\}_C\\ \Omega_j(x)\approx0,\quad j=1,2,3,4\end{cases}\tag{7.96b}$$

**计算 Dirac 括号。**首先计算约束之间的 Poisson 括号 $C_{jj'}(\boldsymbol{x}'\boldsymbol{x}t)$。注意它们关于双指标$(j,\boldsymbol{x})$和$(j',\boldsymbol{x}')$交换为反对称的。再注意，按式(7.94)4 个约束的性质可知，只有 $C_{13},C_{24}\neq0$。不计空间变数的连续脚标，仅按分立脚标 $j,j'$将 $C$ 矩阵划为 16 个子矩阵，有

$$C=\begin{pmatrix}0&1\\-1&0\end{pmatrix}\otimes\begin{pmatrix}C_{13}&0\\0&C_{24}\end{pmatrix}\tag{7.97a}$$

$$\begin{cases}C_{13}(\boldsymbol{x},\boldsymbol{x}',t)=\{\Pi_4(\boldsymbol{x}t),A_4(\boldsymbol{x}'t)\}_C=-\delta(\boldsymbol{x}-\boldsymbol{x}')\\ C_{24}(\boldsymbol{x},\boldsymbol{x}',t)=\{\nabla\cdot\boldsymbol{\Pi}(\boldsymbol{x}t),\nabla'\cdot\boldsymbol{A}(\boldsymbol{x}'t)\}_C=\Delta\delta(\boldsymbol{x}-\boldsymbol{x}')\end{cases}\tag{7.97b}$$

可见 $C$ 与 $t$ 无关，且是$(\boldsymbol{x}-\boldsymbol{x}')$的偶函数。由此可知 $C^{-1}$也如此，实际上

$$\begin{cases}\delta(\boldsymbol{x}-\boldsymbol{x}')=\int C_{13}^{-1}(\boldsymbol{x},\boldsymbol{x}'',t)C_{31}(\boldsymbol{x}'',\boldsymbol{x}',t)\mathrm{d}\boldsymbol{x}''=-\int C_{13}^{-1}(\boldsymbol{x},\boldsymbol{x}'')C_{13}(\boldsymbol{x}',\boldsymbol{x}'')\mathrm{d}\boldsymbol{x}''\\ -\delta(\boldsymbol{x}-\boldsymbol{x}')=\int C_{24}^{-1}(\boldsymbol{x},\boldsymbol{x}'')C_{24}(\boldsymbol{x}',\boldsymbol{x}'')\mathrm{d}\boldsymbol{x}''\end{cases}\rightarrow$$

$$C_{13}^{-1}(\boldsymbol{x},\boldsymbol{x}')=\delta(\boldsymbol{x}-\boldsymbol{x}'),\quad \Delta C_{24}^{-1}(\boldsymbol{x},\boldsymbol{x}')=-\delta(\boldsymbol{x}-\boldsymbol{x}')\tag{7.97c}$$

若要完全解出 $C_{24}$需要知道边界信息，但下面计算可以暂不管这些细节：

$$\begin{aligned}&\{A_\mu(\boldsymbol{x}t),\Pi_\nu(\boldsymbol{x}'t)\}_D\\ =&\ \delta_{\mu\nu}\delta(\boldsymbol{x}-\boldsymbol{x}')-\int\{A_\mu(\boldsymbol{x}t),\Pi_4(\boldsymbol{x}_1t)\}_C\cdot C_{13}^{-1}(\boldsymbol{x}_1,\boldsymbol{x}_2)\{A_4(\boldsymbol{x}_2t),\Pi_\nu(\boldsymbol{x}'t)\}_C\mathrm{d}^3(x_1x_2)\\ &-\int\{A_\mu(\boldsymbol{x}t),\nabla_1\cdot\boldsymbol{\Pi}(\boldsymbol{x}_1t)\}_C\cdot C_{24}^{-1}(\boldsymbol{x}_1,\boldsymbol{x}_2)\{\nabla_2\cdot\boldsymbol{A}(\boldsymbol{x}_2t),\Pi_\nu(\boldsymbol{x}'t)\}_C\mathrm{d}^3(x_1x_2)\\ =&\ \delta_{\mu\nu}\delta(\boldsymbol{x}-\boldsymbol{x}')-\int\delta_{\mu4}\delta_{\nu4}\delta(\boldsymbol{x}-\boldsymbol{x}_1)\delta(\boldsymbol{x}_1-\boldsymbol{x}_2)\delta(\boldsymbol{x}_2-\boldsymbol{x}')\mathrm{d}^3(x_1x_2)\\ &-\int\delta_{\mu l}(\partial_l^{(1)}\delta(\boldsymbol{x}-\boldsymbol{x}_1))C_{24}^{-1}(\boldsymbol{x}_1,\boldsymbol{x}_2)\delta_{\nu k}(\partial_k^{(2)}\delta(\boldsymbol{x}_2-\boldsymbol{x}'))\mathrm{d}^3(x_1x_2)\end{aligned}$$

所以[㉓]

$$\{A_\mu(\boldsymbol{x}t),\Pi_\nu(\boldsymbol{x}'t)\}_D=(\delta_{\mu\nu}-\delta_{\mu4}\delta_{\nu4})\delta(\boldsymbol{x}-\boldsymbol{x}')-\delta_{\mu l}\delta_{\nu k}\partial_l\partial_k{}'C_{24}^{-1}(\boldsymbol{x},\boldsymbol{x}')$$

下面求右边第二项。利用上面公式 $\Delta C_{24}^{-1}(\boldsymbol{x},\boldsymbol{x}')=-\delta(\boldsymbol{x}-\boldsymbol{x}')$，得

$$\partial_l\partial_k{}'C_{24}^{-1}(\boldsymbol{x},\boldsymbol{x}')=-\partial_l\partial_k{}'\frac{1}{\Delta}\delta(\boldsymbol{x}-\boldsymbol{x}')=\int\mathrm{e}^{\mathrm{i}\boldsymbol{k}\cdot(\boldsymbol{x}-\boldsymbol{x}')}\frac{\mathrm{d}^3k}{(2\pi)^3}\frac{k_lk_k}{\boldsymbol{k}_2}$$

㉓ 当 $\mu=\nu=4$ 时，$A_4$，$\Pi_4$ 都是第Ⅱ类约束，在 Dirac 括号下为零，得到 $\delta=\delta$ 的恒等式。

最后得到(记 $\delta_{lk}^{\parallel}(\boldsymbol{x}-\boldsymbol{x}')\equiv\dfrac{\partial_l\partial_k}{\Delta}\delta(\boldsymbol{x}-\boldsymbol{x}')$ 为纵向 $\delta$ 函数)

$$\boxed{\begin{cases}\{A_\mu(\boldsymbol{x}t),A_\nu(\boldsymbol{x}'t)\}_D=0, \quad \{\Pi_\mu(\boldsymbol{x}t),\Pi_\nu(\boldsymbol{x}'t)\}_D=0;\\ \{A_\mu(\boldsymbol{x}t),\Pi_\nu(\boldsymbol{x}'t)\}_D=(\delta_{\mu\nu}-\delta_{\mu4}\delta_{\nu4})\delta(\boldsymbol{x}-\boldsymbol{x}')-\delta_{\mu l}\delta_{\nu k}\delta_{lk}^{\parallel}(\boldsymbol{x}-\boldsymbol{x}')\end{cases}} \tag{7.98}$$

**正则量子化。**由式(7.98),剔除 $\mu=\nu=4$ 情况,对剩下的($\boldsymbol{A},\boldsymbol{\Pi}$)进行正则量子化。对易关系及约束条件为

$$\boxed{\begin{cases}[A_i(\boldsymbol{x}t),A_j(\boldsymbol{x}'t)]=0, \quad [\Pi_i(\boldsymbol{x}t),\Pi_j(\boldsymbol{x}'t)]=0\\ [A_j(\boldsymbol{x}t),\Pi_k(\boldsymbol{x}'t)]=\mathrm{i}\delta_{jk}^{\perp}(\boldsymbol{x}-\boldsymbol{x}')\\ \nabla\cdot\boldsymbol{A}(\boldsymbol{x}t)=0, \quad \nabla\cdot\Pi(\boldsymbol{x}t)=0\end{cases}} \tag{7.99}$$

这里 $\delta_{jk}^{\perp}(\boldsymbol{y})=\delta_{jk}\delta(\boldsymbol{y})-\delta_{jk}^{\parallel}(\boldsymbol{y})$ 为横向 $\delta$ 函数。**量子化只对横向成分进行。这与横向约束一致。**

**例 2　自由电磁场的 Lorenz 规范量子化。**

由式(7.91)知,这是一个全部两个约束都是第 I 类的经典约束系统。这时 4 对正则变量对$\{A_\mu(x),\Pi_\mu(x)\}$仿佛都是独立变量,按照此时第一种方案,Dirac 括号简化为 Poisson 括号。于是直接将式(7.92)转为量子 Poisson 括号,得到全部场算符的对易关系(这就引入了 4 类光子——两种横向光子,一种纵向光子,一种标量光子,数态即为$|n_1,n_2,n_3,n_4\rangle$),

$$A_\mu(x)=\sum_{\lambda=1}^{4}\int\frac{\mathrm{d}^3k}{\sqrt{(2\pi)^3 2|\boldsymbol{k}|}}(a_\lambda(\boldsymbol{k})\mathrm{e}^{\mathrm{i}kx}+(-1)^{\delta_{\lambda4}}a_\lambda^+(\boldsymbol{k})\mathrm{e}^{-\mathrm{i}kx})e_\lambda(\boldsymbol{k})_\mu$$

将协变约束条件量子化为算符作用在态矢上$(\partial_\mu A_\mu(x))|P\rangle=0$,以便挑出 Hilbert 空间中物理态$|P\rangle$子空间。但此约束太强,以致排除了真空态。所以将其放宽为$\langle P'|(\partial_\mu A_\mu(x))|P\rangle=0$,即算符$\partial_\mu A_\mu(x)$在物理态子空间中任意矩阵元为零。容易证明,此条件又可以转化为下面更充分的条件㉔,

$$(\partial_\mu A_\mu^{(+)}(x))|P\rangle=0$$

因为取任意物理态矩阵元并厄米相加即知。将场量展开式代入此式,得

$$(\partial_\mu A_\mu^{(+)}(x))|P\rangle=0\rightarrow(a_3(\boldsymbol{k})-\mathrm{i}a_4(\boldsymbol{k}))|P\rangle=0 \tag{7.100}$$

说明在 Hilbert 空间的物理态子空间中,纵向光子和标量光子必须按此方式组合。于是,满足此条件的含有这两类光子总数为 $M$ 的物理态为

$$|n_1,n_2,M\rangle=\sum_{l=0}^{M}i^l\sqrt{\frac{M!}{(M-l)!l!}}\,|n_1,n_2,M-l,l\rangle \tag{7.101}$$

很容易检验有$(a_3-\mathrm{i}a_4)|n_1,n_2,M\rangle=0$。但这样一来,物理态的模长成为

---

㉔ Gupta S N. Proc. Phys. Soc. London, 1950, A63: 681;亦见 Gupta S N. 量子电动力学. 北京:北京师范大学出版社,1981:69.

$$\begin{aligned}&\langle n_1,n_2,M\mid n_1,n_2,M\rangle\\&=\sum_{l,l'=0}^{M}(-1)^l\mathrm{i}^{l+l'}\sqrt{\frac{M!M!}{(M-l)!l!(M-l')!l'!}}\langle n_1,n_2,M-l,l\mid n_1,n_2,M-l',l'\rangle\\&=\sum_{l=0}^{M}(-1)^l\frac{M!}{(M-l)!l!}=(1-1)^M=\delta_{M0}\end{aligned}$$

由此,任意物理态的模长只取决于态中不含这两类光子的成分。即

$$\begin{cases}|P\rangle=\sum\limits_{n_1,n_2}C_{n_1,n_2,M}\mid n_1,n_2,M\rangle\\\langle P\mid P\rangle=\sum\limits_{\substack{n_1,n_2,M\\n'_1,n'_2,M'}}C^*_{n_1,n_2,M}C_{n'_1,n'_2,M'}\langle n_1,n_2,M\mid n'_1,n'_2,M'\rangle\\\qquad\qquad=\sum\limits_{n_1,n_2}\mid C_{n_1,n_2,0}\mid^2\langle n_1,n_2,0\mid n_1,n_2,0\rangle\end{cases}$$

也就是说,只要含有纵向光子和标量光子,态的模长就为零,观察不到,不是物理的态;只有不含这两类光子的态,模长才不为零,是物理的态。于是,附加条件决定如此组合,其结果是不但消除了负模态,而且保证了纵向自由度和类时自由度在物理上是不可观测的。

其余叙述见习题 7.25 和习题 7.26。

习题 7.25 计算检验协变规范下的 Maxwell 场的泛函积分公式($J_\mu$ 是带电粒子场矢量流密度),

$$\begin{cases}Z[J]=\int\exp\left\{\mathrm{i}\int\mathrm{d}^4x\left[-\frac{1}{4}(F_{\mu\nu}(x))^2+J_\mu A_\mu\right]\right\}\prod\limits_\mu DA_\mu\cdot\delta[\partial_\mu A_\mu]\\\qquad=\exp\left\{-\frac{1}{2}\int\mathrm{d}^4(xy)J_\mu(x)D_F(x,y)_{\mu\nu}J_\nu(y)\right\}\\D_F(x,y)_{\mu\nu}=\int\frac{\mathrm{d}^4k}{(2\pi)^4}\mathrm{e}^{\mathrm{i}k(x-y)}\frac{-\mathrm{i}}{k^2-\mathrm{i}\varepsilon}\left\{\delta_{\mu\nu}+(\zeta-1)\frac{k_\mu k_\nu}{k^2}\right\}\end{cases}$$

**例 3 旋量电动力学的泛积分量子化。**

当 Lagrange 量中具有规范变换自由度时,必须引入适当的辅助条件限制这种任意性。常用的约束条件(规范条件)为:Lorenz-Landau 规范,Coulomb 规范,轴规范。这里只阐述 Coulomb 规范下 Dirac-Maxwell 场相互作用理论的量子化过程[25]。

旋量电动力学的 Lagrange 量密度为

$$\boxed{\mathcal{L}_{\mathrm{S,QED}}=-\frac{1}{4}F_{\mu\nu}F_{\mu\nu}-\bar{\psi}(\gamma\cdot\partial+\kappa)\psi+ej_\mu A_\mu\equiv\mathcal{L}_{em}+\mathcal{L}_\psi+\mathcal{L}_I}\tag{7.102}$$

它具有 Abel 定域规范变换不变性

$$\begin{cases}\psi(x)\to\mathrm{e}^{-\mathrm{i}ef(x)}\psi(x)\\\bar{\psi}(x)\to\bar{\psi}(x)\mathrm{e}^{\mathrm{i}ef(x)}\\A_\mu(x)\to A_\mu(x)-\partial_\mu f(x)\end{cases}\tag{7.103}$$

㉕ 参考 5.5.1 节叙述。

这里，规范函数 $f(x)$ 为时空的任意标量函数。由于存在这种规范自由度，需要附加约束。取 Coulomb 规范作为约束条件 $\nabla\cdot\boldsymbol{A}=0$。下面用路径积分研究此约束问题的量子化。这时，生成泛函为

$$\boxed{Z[\bar{\eta}\eta J]=\frac{1}{N}\int\delta[\nabla\cdot\boldsymbol{A}]\exp\left\{\frac{\mathrm{i}}{\hbar}\int\mathrm{d}^4x\mathcal{L}_{\mathrm{S,QED}}+\bar{\eta}\psi+\bar{\psi}\eta+J_\mu A_\mu\right\}\mathrm{D}\psi\,\mathrm{D}\bar{\psi}\prod_{\mu=1}^{4}\mathrm{D}A_\mu} \tag{7.104}$$

这里 $\mathcal{L}_{\mathrm{S,QED}}$ 为式(7.102)，$\bar{\eta}$，$\eta$ 是 Grassmann 数外源。

**下面用两种方法阐述旋量电动力学的约束量子化。**

**首先**，叙述文献[26]方法。为了改造式(7.104)，引入反称张量 $F_{\mu\nu}(x)=-F_{\nu\mu}(x)$，并认为它是独立变量。再设定 Lagrange 量密度[27]

$$\widetilde{\mathcal{L}}(x)=-\bar{\psi}(\gamma\cdot\partial+\kappa)\psi+ej_\mu A_\mu-\frac{1}{2}F_{\mu\nu}(\partial_\mu A_\nu-\partial_\nu A_\mu)+\frac{1}{4}F_{\mu\nu}F_{\mu\nu} \tag{7.105}$$

可证，由此构造如下生成泛函将等价于式(7.104)（常数因子并入归一化系数），

$$\boxed{\widetilde{Z}=\int\delta[\nabla\cdot\boldsymbol{A}]\exp\left\{\frac{\mathrm{i}}{\hbar}\int\widetilde{\mathcal{L}}\,\mathrm{d}^4x\right\}\mathrm{D}\psi\,\mathrm{D}\bar{\psi}\prod_{\mu,\nu,\lambda=1}^{4}\mathrm{D}A_\mu\mathrm{D}F_{\nu\lambda}} \tag{7.106}$$

**证：** 作泛函积分变量替换

$$F_{\mu\nu}\to F_{\mu\nu}+\partial_\mu A_\nu-\partial_\nu A_\mu$$

注意此变换实际是个平移变换，所以泛函 Jacobi 为 1（参考 7.2.4 节中式(7.52c)）。在此变量替换下，$\widetilde{\mathcal{L}}$ 中纯规范场部分成为

$$-\frac{1}{2}F_{\mu\nu}(\partial_\mu A_\nu-\partial_\nu A_\mu)+\frac{1}{4}F_{\mu\nu}F_{\mu\nu}\to\frac{1}{4}F_{\mu\nu}F_{\mu\nu}-\frac{1}{4}(\partial_\mu A_\nu-\partial_\nu A_\mu)^2$$

这样，式(7.106)泛函积分中对 $F_{\mu\nu}$ 和 $A_\mu$ 的积分被因式分解，成为

$$\widetilde{Z}=\int\exp\left\{\frac{\mathrm{i}}{4}\int F_{\mu\nu}^2\,\mathrm{d}^4x\right\}DF_{\nu\lambda}\cdot\int\delta[\nabla\cdot\boldsymbol{A}]\exp\left\{\frac{\mathrm{i}}{\hbar}\int\mathrm{d}^4xL\right\}\mathrm{D}\psi\,\mathrm{D}\bar{\psi}\prod_{\mu=1}^{4}DA_\mu$$

现在，对 $F_{\mu\nu}$ 积分是 Fresnel 型的，积出后与分母归一化因子中同样项相抵消。如果添加外源和归一化因子，即返回式(7.104)。　　证毕。

现在任务是整理生成泛函 $\widetilde{Z}$ 式(7.106)，使其成为关于积分变量 $\boldsymbol{A}$ 和它的共轭量 $-\boldsymbol{E}$ 的泛函积分形式。为此，①将 $\widetilde{\mathcal{L}}(x)$ 尽量用这组共轭变量对表示；②将不属于这组共轭变量对的其余变量积分消掉。$\widetilde{\mathcal{L}}(x)$ 成为

$$\begin{aligned}\widetilde{\mathcal{L}}(x)=&-\bar{\psi}(\gamma\cdot\partial+\kappa)\psi+e\boldsymbol{j}\cdot\boldsymbol{A}-e\psi^+\psi\varphi-F_{i4}(\partial_iA_4-\partial_4A_i)\\&-\frac{1}{2}F_{jk}(\partial_jA_k-\partial_kA_j)-\frac{1}{2}(\boldsymbol{E}^2-\boldsymbol{B}^2)\end{aligned}$$

---

[26] 杨炳麟. 量子场论. 北京：科学出版社，1989：91.

[27] 于是，$F_{\mu\nu}$ 的运动方程由 E-L 方程给出：$\partial_\lambda\dfrac{\partial\widetilde{\mathcal{L}}}{\partial(\partial_\lambda F_{\mu\nu}}=\dfrac{\partial\widetilde{\mathcal{L}}}{\partial F_{\mu\nu}}\to F_{\mu\nu}=\partial_\mu A_\nu-\partial_\nu A_\mu$。

注意有

$$\begin{cases}-F_{i4}(\partial_i A_4-\partial_4 A_i)=\mathrm{i}E_i(\mathrm{i}\partial_i\varphi+\mathrm{i}\dot{A}_i)\\ \dfrac{1}{2}F_{jk}(\partial_j A_k-\partial_k A_j)=\dfrac{1}{2}(\delta_{jl}\delta_{km}-\delta_{jm}\delta_{kl})F_{jk}\partial_l A_m=\dfrac{1}{2}\varepsilon_{ijk}F_{jk}\varepsilon_{ilm}\partial_l A_m=\boldsymbol{B}\cdot(\nabla\times\boldsymbol{A})\end{cases}$$

所以

$$\tilde{\mathcal{L}}(x)=-\bar{\psi}(\boldsymbol{\gamma}\cdot\partial+\kappa)\psi+e\boldsymbol{j}\cdot\boldsymbol{A}-e\psi^+\psi\,\varphi-\boldsymbol{E}\cdot\nabla\varphi-\boldsymbol{E}\cdot\dot{\boldsymbol{A}}-\boldsymbol{B}\cdot(\nabla\times\boldsymbol{A})-\frac{1}{2}(\boldsymbol{E}^2-\boldsymbol{B}^2)$$

对 $-\boldsymbol{E}\cdot\nabla\varphi$ 项分部积分，弃去对生成泛函无贡献的积出项；将最后两项配平方，得

$$\tilde{\mathcal{L}}(x)=-\bar{\psi}(\boldsymbol{\gamma}\cdot\partial+\kappa)\psi+e\boldsymbol{j}\cdot\boldsymbol{A}+(\nabla\cdot\boldsymbol{E}-e\psi^+\psi)\varphi-\boldsymbol{E}\cdot\dot{\boldsymbol{A}}$$
$$-\frac{1}{2}(\boldsymbol{E}^2+(\nabla\times\boldsymbol{A})^2)+\frac{1}{2}[\boldsymbol{B}-(\nabla\times\boldsymbol{A})]^2$$

将 $\tilde{\mathcal{L}}(x)$ 代入式(7.106)，可知：对 $\boldsymbol{B}$ 积分是 Fresnel 型的，将其积出后纳入归一化因子；同时，$\mathrm{D}A_\mu$ 中对 $A_4$ 积分可以先行积出成为

$$\int \mathrm{e}^{\mathrm{i}\int \mathrm{d}^4x(\nabla\cdot\boldsymbol{E}-e\psi^+\psi)\varphi}\mathrm{D}\varphi=\delta[\nabla\cdot\boldsymbol{E}-e\psi^+\psi]$$

于是，除去对 $\boldsymbol{B},\varphi$ 的积分后，式(7.106)对 $A_\mu,F_{\mu\nu}$ 的 10 重积分变成对 $\boldsymbol{A},\boldsymbol{E}$ 的 6 重独立积分。最后，**Coulomb 规范下真空-真空变换矩阵元**

$$\boxed{\begin{aligned}&\int\mathrm{D}\psi\,\mathrm{D}\bar{\psi}\prod_{i,k=1}^{3}\mathrm{D}A_i\mathrm{D}E_k\cdot\delta[\nabla\cdot\boldsymbol{A}]\delta[\nabla\cdot\boldsymbol{E}-e\psi^+\psi]\\&\cdot\exp\left\{\mathrm{i}\int\mathrm{d}^4x\left[-\bar{\psi}(\boldsymbol{\gamma}\cdot\partial+\kappa)\psi+e\boldsymbol{j}\cdot\boldsymbol{A}-\boldsymbol{E}\cdot\dot{\boldsymbol{A}}-\frac{1}{2}(\boldsymbol{E}^2+(\nabla\times\boldsymbol{A})^2)\right]\right\}\end{aligned}}\tag{7.107}$$

**由此再添加外源和归一化系数，即得生成泛函 $Z[\bar{\eta}\eta J_\mu]$。**

显然，此式是如下经典问题的路径积分量子化形式：Coulomb 规范 $\nabla\cdot\boldsymbol{A}=0$ 约束下，Lagrange 量密度以及初级和次级约束分别为

$$\boxed{\begin{cases}\mathcal{L}_{\mathrm{S,QED}}=-\bar{\psi}(\boldsymbol{\gamma}\cdot\partial+\kappa)\psi+e\boldsymbol{j}\cdot\boldsymbol{A}-\boldsymbol{E}\cdot\dot{\boldsymbol{A}}-\dfrac{1}{2}(\boldsymbol{E}^2+(\nabla\times\boldsymbol{A})^2)\\ \nabla\cdot\boldsymbol{E}=e\psi^+\psi,\quad\nabla\cdot\boldsymbol{A}=0\end{cases}}\tag{7.108}$$

**这说明，在 Coulomb 规范下的旋量电动力学类似于具有两个约束的无限维力学系统：$\boldsymbol{A}(x)$ 为广义坐标，$-\boldsymbol{E}(x)$ 为共轭动量；两个约束是 $\nabla\cdot\boldsymbol{E}-e\psi^+\psi=0,\nabla\cdot\boldsymbol{A}=0$。**

习题 7.26 给出旋量电动力学的经典约束动力学式(7.108)的全部推导。

**其次**，还有更简单的说明。先将 $\mathcal{L}_{\mathrm{S,QED}}$ 化为 $\boldsymbol{A},\varphi,\boldsymbol{E}$ 表述的形式

$$\mathcal{L}_{\mathrm{S,QED}}=-\bar{\psi}(\boldsymbol{\gamma}\cdot\partial+\kappa)\psi+e\boldsymbol{j}\cdot\boldsymbol{A}-e\psi^+\psi\,\varphi+\boldsymbol{E}^2-\frac{1}{2}(\boldsymbol{E}^2+\boldsymbol{B}^2)\tag{7.109}$$

利用第一对 Maxwell 方程 $\boldsymbol{E}=-\nabla\varphi-\dot{\boldsymbol{A}}$，得 $\boldsymbol{E}^2=-\boldsymbol{E}\cdot\nabla\varphi-\boldsymbol{E}\cdot\dot{\boldsymbol{A}}$。代入 $\mathcal{L}_{\mathrm{S,QED}}$，

$$\boxed{\mathcal{L}_{\mathrm{S,QED}}=-\bar{\psi}(\gamma\cdot\partial+\kappa)\psi+e\boldsymbol{j}\cdot\boldsymbol{A}+(\nabla\cdot\boldsymbol{E}-e\psi^{+}\psi)\varphi-\boldsymbol{E}\cdot\dot{\boldsymbol{A}}-\frac{1}{2}(\boldsymbol{E}^{2}+(\nabla\times\boldsymbol{A})^{2})} \tag{7.110}$$

这里已经对 $-\boldsymbol{E}\cdot\nabla\varphi$ 项作了泛函分部积分(附录 F)。这种形式的 $\mathcal{L}_{\mathrm{S,QED}}$ 有两个特点:①利用泛函 $\delta$ 函数,可将对 $\varphi(x)$ 的积分单独积出(附录 F);②由于 $-\boldsymbol{E}\cdot\dot{\boldsymbol{A}}$ 项的存在,$(\boldsymbol{A},-\boldsymbol{E})$ 是一对正则变量。于是,按通常动力学泛函积分书写规则,加上一直略写的外源和归一化因子,最后得到此问题的生成泛函为

$$\boxed{\begin{aligned}Z[\eta\bar{\eta}J]=\frac{1}{N}\int&\mathrm{D}\psi\,\mathrm{D}\bar{\psi}\,\mathrm{D}\boldsymbol{A}\mathrm{D}\boldsymbol{E}\cdot\delta[\nabla\cdot\boldsymbol{A}]\delta[\nabla\cdot\boldsymbol{E}-e\psi^{+}\psi]\\&\cdot\exp\left\{\frac{\mathrm{i}}{\hbar}\int\mathrm{d}^{4}x[\mathcal{L}_{\mathrm{Coulomb}}+\bar{\psi}\eta+\bar{\eta}\psi+\boldsymbol{J}\cdot\boldsymbol{A}]\right\}\end{aligned}} \tag{7.111}$$

以上三个例子,结合 5.2 节非相对论的有关内容,便是电磁场量子化较全面的论述。其他如经典力学和量子力学过渡问题见附录 A。

## 7.4 路径积分与有效 Lagrange 量

### 7.4.1 有效 Lagrange 量 $L_{\mathrm{Effect}}$ 概念

对高于一维的系统,当人们只想从某个角度考察和观测系统,只研究它的部分自由度的动力学时,常事先将其余自由度的动力学影响平均掉。于是就产生了各种各样的"等效理论"。**有效 Lagrange 量 $L_{\mathrm{Effect}}$ 方法就是其中的一种。表面上这个 $L_{\mathrm{Effect}}$ 只含有所考虑那部分自由度,但却已经用统计平均方式计入了其余自由度的动力学影响,只是转为隐含而已。**因此,它有时会表现为非定域的形式。这种等效简化处理系统的办法很有用,即便在经典力学中也是常见的做法。

路径积分框架很方便如此处理。其中最简单直接的办法就是将泛函积分中能够分离的那部分自由度先行积出,以消除该部分自由度。剩下泛函积分的指数便是相应的有效作用量 $S_{\mathrm{Effect}}$。

### 7.4.2 算例:带电振子与交变电场的相互作用

关于线性 Stark 效应,氢原子处于 $|2m\rangle$ 的 4 重态上,其中 $m=\pm1$ 两条能级由于绕电场方向旋转而增加了抵抗电场畸变的稳定性。但 $|1,0\rangle$, $|0,0\rangle$ 两条能级则在电场拉伸变形下,仿佛是一个等效电矩为 $3ea$ 的电偶极子,在外电场中平行、反平行取向而产生相应能移 $\pm3eaE$($a$ 为 Bohr 半径)[28]。

---

[28] 张永德. 量子力学(第四版). 北京:科学出版社,2016,8.2 节.

现在一般性假设：$V$ 中有一个原子处于简谐振荡电场中。若变形不大，则可看成电偶极振子受此电场强迫振动。系统 Lagrange 量和真空-真空-真空跃迁矩阵元为

$$\begin{cases} L_{\text{total}}=L_{\text{atom}}+L_{\text{field}}+L_{\text{inter}}=\dfrac{1}{2}m(\dot{x}^2-\omega_a^2x^2)+\dfrac{1}{2C}(\dot{\mathcal{E}}^2-\omega_f^2\mathcal{E}^2)+ex\mathcal{E} \\ Z[0]=\displaystyle\int\exp\left\{\mathrm{i}\int \mathrm{d}tL_{\text{atom}}+\mathrm{i}\int \mathrm{d}tL_{\text{field}}+\mathrm{i}\int \mathrm{d}tL_{\text{inter}}\right\}\mathrm{D}x\mathrm{D}\mathcal{E} \end{cases} \tag{7.112}$$

这里按式(5.10)和式(5.12a)，常数 $C=\dfrac{-4\pi\omega_f^2}{V}$。由此可以按不同的思路来考虑不同类的问题：如果着重考察此耦合系统中电场的动力学性质，可将原子参数积分先行积出[29]；但现在研究的是外电场中原子的行为，应将电场参数积分先行积出。

将电场变数 $\mathcal{E}$ 的积分先行积出，它是 $\mathcal{E}(t)\to x(t)$ 泛函 Fourier 变换，是附录 F 式(F.21)特例。注意 $\left(\dfrac{\mathrm{d}\mathcal{E}}{\mathrm{d}t}\right)^2=\dfrac{\mathrm{d}}{\mathrm{d}t}\left(\mathcal{E}\dfrac{\mathrm{d}\mathcal{E}}{\mathrm{d}t}\right)-\mathcal{E}\dfrac{\mathrm{d}^2\mathcal{E}}{\mathrm{d}t^2}$，可得

$$\begin{aligned} Z[0] &= \int\exp\left\{\mathrm{i}\int \mathrm{d}tL_{\text{atom}}\right\}\mathrm{D}x\int\exp\left\{\mathrm{i}\int \mathrm{d}t\,(L_{\text{field}}+L_{\text{inter}})\right\}\mathrm{D}\mathcal{E} \\ &= \int\exp\left\{\mathrm{i}\,\frac{m}{2}\int \mathrm{d}t(\dot{x}^2-\omega_a^2x^2)+\mathrm{i}\,\frac{Ce^2}{2}\int \mathrm{d}tx\left[\left(\frac{\mathrm{d}}{\mathrm{d}t}\right)^2+\omega_f^2\right]^{-1}x\right\}\mathrm{D}x \end{aligned}$$

于是得到原子的有效 Lagrange 量

$$\boxed{L_{\text{atom effect}}=\frac{m}{2}(\dot{x}^2-\omega_a^2x^2)+\frac{Ce^2}{2}x\left[\left(\frac{\mathrm{d}}{\mathrm{d}t}\right)^2+\omega_f^2\right]^{-1}x} \tag{7.113a}$$

这里 $\left[\left(\dfrac{\mathrm{d}}{\mathrm{d}t}\right)^2+\omega_f^2\right]^{-1}$ 定义为算符 $\left[\left(\dfrac{\mathrm{d}}{\mathrm{d}t}\right)^2+\omega_f^2-\mathrm{i}\varepsilon\right]$ 的 Green 函数 $G_{\omega_f}(t)$，即

$$\begin{cases} \left[\left(\dfrac{\mathrm{d}}{\mathrm{d}t}\right)^2+\omega_f^2-\mathrm{i}\varepsilon\right]G_{\omega_f}(t)=\mathrm{i}\delta(t) \\ \left[\left(\dfrac{\mathrm{d}}{\mathrm{d}t}\right)^2+\omega_f^2\right]^{-1}\equiv G_{\omega_f}(t)=\mathrm{i}\displaystyle\int_{-\infty}^{+\infty}\frac{\mathrm{e}^{-\mathrm{i}\omega|t|}}{-\omega^2+\omega_f^2-\mathrm{i}\varepsilon}\frac{\mathrm{d}\omega}{2\pi}=\frac{-1}{2\omega_f}\mathrm{e}^{-\mathrm{i}\omega_f|t|} \end{cases} \tag{7.113b}$$

将 $L_{\text{atom effect}}$ 的式(7.113a)代入 Euler-Lagrange 方程，得原子运动方程为

$$-m\omega_a^2x+Ce^2x\left(\frac{\mathrm{d}^2}{\mathrm{d}t^2}+\omega_f^2\right)^{-1}=\frac{\mathrm{d}}{\mathrm{d}t}(m\dot{x})\to\left[\left(\frac{\mathrm{d}^2}{\mathrm{d}t^2}+\omega_f^2\right)\left(\frac{\mathrm{d}^2}{\mathrm{d}t^2}+\omega_a^2\right)-\frac{Ce^2}{m}\right]x=0$$

此式表明，原子的动力学行为与先行将原子参数积出所得场的动力学行为相同(习题7.27)。用 Fourier 变换求解此运动方程，得知受迫振子坐标的振荡频率为

$$\boxed{\omega_\pm=\frac{1}{\sqrt{2}}\left[(\omega_a^2+\omega_f^2)\pm\sqrt{(\omega_a^2-\omega_f^2)^2+4\,\frac{Ce^2}{m}}\,\right]^{\frac{1}{2}}} \tag{7.114}$$

$\omega$ 的两个正根即为原子等效电矩对外电场平行、反平行取向振荡的两个有效频率。

---

[29] 文小刚. 多体量子理论. 北京：高等教育出版社，2004：26；Holstein B R. Topics in Advanced Quantum Mechanics. Addison-Wesley，1992：193.

注意，按式(7.112)，应当只是电荷 $e$ 决定耦合强度，但实际还有 $C$，因为它决定带电原子的密度。

接下去可以考虑 $V$ 中不止单个原子，而是体积 $V$ 的介质，计算介质的折射率。这时最好不要按文献[30]思路采用除去含 $L_{\text{field}}$ 项的式(7.112)（即该文献中式(10.27)），而是采用本书有效 Lagrange 量式(7.113)。这样将会得到更好的结果(习题 7.28)。

习题 7.27　利用有效 Lagrange 量概念着重考察耦合系统式(7.112)中电场的动力学性质。

习题 7.28　利用交变电场中的振子模型和有效 Lagrange 量概念，考察介质折射率计算。

---

㉚　见脚注㉙中的 Holstein B R，第 196 页。

# 第 8 章　多道散射理论(I)

## 引　言

从量子力学(QM)到量子场论(QFT)的全部量子理论(QT),面临求解的基本问题大体分为两类:束缚态问题和散射态问题。所以散射理论是宏伟量子理论中十分重要而又丰富多彩的一部分。进一步,它又区分为非相对论理论和相对论理论两大块。其中,相对论散射理论主要是 QFT 中的碰撞理论,它涉及作为场量子的高能粒子碰撞。一般而言,这时碰撞过程将出现新旧粒子的产生、湮没,即粒子种类的转化。理论主要特征是物质粒子种类和数量的不守恒现象,**而非相对论散射理论则是 QM 的散射理论。它与前者显著不同的主要特征是:参与碰撞的物质粒子(不包括光子),无论是种类或数量都守恒,充其量不过是它们束缚态的重新组合。**这与非相对论的能量相匹配。**非相对论散射理论又可再划分为势散射理论和形式散射理论**①。势散射理论一般在非相对论量子力学(NRQM)中讲述,只讨论没有(实际是忽略)内部结构的弹性散射,主要讲述无(有)自旋的 Green 函数方法、Born 近似和分波法。形式散射理论是 QM 的普遍散射理论,常称为 QM 的碰撞理论,或多道散射理论。它只考虑**复合粒子碰撞中束缚态有可能拆散和重组,形成多个出射道的散射过程。**本章和第 9 章继 NRQM 势散射理论之后,讲述 QM 的多道散射理论。

**为什么在 NRQM 讲述势散射理论之后,QFT 将会详细讲述碰撞理论情况下,还有必要在高量中详细讲述 QM 的多道散射理论呢?主要有以下几点理由:**

**其一**,一方面,因为高能物理大量碰撞过程都会涉及粒子种类的变化,所以 QFT 主要从多体量子理论的场论出发,专注讲述涉及粒子产生、湮没和转化的一般性碰撞理论。

**其二**,另一方面,NRQM 势散射理论局限于处理两个无内部结构粒子的弹性碰撞。如果入射粒子能量不高,碰撞不会激发它们内部自由度,从而可以忽略那些自由度,认定它们为无结构粒子。**但许多碰撞都可能造成粒子内部状态激发,甚至原有束缚态的分拆与重组。于是必须要考虑碰撞粒子有内部结构。然而,即便假设碰撞系统的 $H$ 分解为 $H=H^0+V^i$ 时 $H^0$ 有内部结构,但如果假设了散射前后 $H^0$ 相同,那也还是不能处理破坏旧束缚态、形成新束缚态的重新组合反应。**② 这里,重组反应要

① 这并不是说,形式散射理论中不包含相对论性理论。

② 注意,这里不要照搬量子场论用同一个相互作用表象贯穿前后的做法。那里采用的是二次量子化后的粒子数表象,粒子数可以不守恒。详见下面 8.1.2 节叙述。

求系统 Hamilton 量的划分对出射与入射过程应当不同 $H=(H^0+V^i)_{\text{in}}=(H^0+V^i)_{\text{out}}$！比如，原子分子物理中碰撞激发、电离，原子核物理中种类繁多的核反应等，都是各种束缚态重组的碰撞过程。

**其三，许多散射不能用一个局域势函数来描述。**比如，核力的张量力特性，自旋相关位势，坐标表象中为非对角的作用势等。

**其四，势散射理论是一个非相对论性理论，不具有 Lorentz 变换协变性。**有必要建立一个在协变微扰论基础上的散射理论，以应对能量提高的重组反应。

以上是需要讲述 QM 多道散射理论的主要理由。其余还有：

**其五，**势散射处理采用了坐标表象，但有时其他种表象(如占有数表象)，或是不用特定表象，会比较方便。

**其六，**势散射处理不容易利用系统对称性迅速导出一些可观察量的一般特性(如选择定则等)。

**QM 多道散射理论按其表述形式区分为两种等价的框架(观点、方案)：时间演化框架和定态求解框架。**定态框架认为：很久以前就已经“接通”了相互作用，碰撞系统处在全相互作用 Hamilton 量 $H$ 的正能量的(不能归一化的)入(出)两类定态上。这两类定态分别来自给定的渐近自由入(出)态。对应的散射过程就是这两类定态之间的定态跃迁。与此同时，时演框架则认为：在无限远过去的入射态中，入射粒子和靶粒子之间并没有相互作用，各自都是“自由”(“裸”)的③。入射中，它们之间的相互作用随着时间以绝热方式足够缓慢地加入，成为全相互作用“入态”(“穿衣态”)。经碰撞相互作用，发生弹性、非弹性、重组反应，成为全相互作用“出态”(另一种“穿衣态”)。出态中各粒子间的相互作用也以绝热方式足够缓慢地撤除，无限远将来出态各粒子又都是(另一类)“自由”(“裸”)的。入态和出态中的相互作用都被看成对(没有这类相互作用的)参照系的一种扰动，产生入态粒子到出态粒子(对应于散射初始的裸态到散射结束的裸态)的状态跃迁。当这种扰动不大时，可以进行微扰论计算。

**定态框架用于相互作用不显含时间情况，中心任务是针对给定的裸态求解全相互作用定态 Schrödinger 方程的正能穿衣态解；而时演框架可用于相互作用显含时间情况，中心任务是计算散射矩阵的矩阵元。**就整体而言，两个框架相互沟通，并行不悖，但有明显差异。本章只讲时演框架的多道散射理论；第 9 章讲述定态框架的多道散射理论，并对两者作些沟通和比较。

## 8.1　时演框架的形式散射理论，散射矩阵

时间演化框架下的碰撞理论由 Heisenberg 于 1943 年提出。它是以散射矩阵 $\mathcal{S}$

---

③　这里对入射态和出射态所说的“自由”只是相对的，它们各自本身可以是复合粒子，存在内部相互作用，更何况永远伴随着粒子自身被虚粒子包裹的重整作用(见下面脚注⑧)。

为中心的关于散射跃迁概率和相关截面计算的理论方法。这个方法具有普遍性和较强的适用性。同时，借助对 $\mathcal{S}$ 矩阵的微扰展开，计算也是不十分困难。由于它的普适性，理论带有框架色彩，又常称为形式散射理论。

实际上，**对于所有散射实验，都不要求理论上算出全解，只需要得到解在远离散射中心地方的渐近形式，就可以与实验进行对照。**对入射波包也只需要知道入射前它在远离散射中心处的渐近形式。后面 8.4.3 节将证明，**只要入射波包的动量分布足够集中，散射结果就与入射波包的具体形状无关。总之，只需要知道在 ($kr\to\infty$ ($t\to-\infty$)) 渐近区域内，入射波包是何种平面波形式，由此根据动力学方程求得散射波是怎样的各向异性球面波，就能和实验测量结果相比较。**

由于许多系统的 Hamilton 量显含时间，不存在定态，因而难以用定态办法解决。在时间演化框架中，总 Hamilton 量 $H$ 只要能够分解：$H=H^0+V^i$，其中 $H^0$ 要足够简单($H^0$ 不显含 $t$，且全部本征值本征矢量均已知)，而 $H^i$ 比较弱，则不论 $V^i$ 含时与否，都可以用逐级展开近似办法在此框架内顺利计算。至于许多碰撞过程往往涉及粒子间束缚态的重新组合，出射态与入射态并不属于同一参照系状态空间。这时，不论对于时演框架或是定态框架，均可以分开入射和出射两个时段，按渐近情况对 $H$ 作 $H^0$ 和 $V^i$ 的不同划分，进行微扰计算。

## 8.1.1 碰撞过程时间演化描述，散射矩阵 $\mathcal{S}$ 定义

(1)在时演框架散射理论中，按照散射的实际情况，通常假设**系统入射初态和出射末态是渐近"自由"的。即 $t\to\mp\infty$ 时初、末态中所含的各粒子之间的相互作用渐近趋于零**

$$V^{\text{int}}(t)\big|_{\text{in,out}}\to 0,\quad t\to\mp\infty \tag{8.1}$$

**这里强调指出三点：其一，此假设意味着，散射不导致(参与散射粒子的)整体束缚态(否则有 $V^{\text{int}}(+\infty)\big|_{\text{out}}\neq 0$)，或不破坏(参与散射粒子的)整体束缚态(否则有 $V^{\text{int}}(-\infty)\big|_{\text{in}}\neq 0$)。**当 $t=\mp\infty$ 时，既然不导致(不破坏)整体束缚态，作为子系统的各个粒子彼此总是离开很远，其间的相互作用自然可以忽略。于是，这等于不考虑散射导致束缚态，以及复合粒子自发衰变散射[④]。**其二，一般情况下，初、末态中所含束缚态(即复合粒子的组合)不一定相同，如果假定散射前后 $H=H^0+V^{\text{int}}(\pm\infty)$ 划分不变，那么就量子力学范畴而言，理论将不能概括重组反应**(详见 Møller 算符和多重散射)。**其三，不管是否为重组反应，碰撞前后粒子数目和种类都是不变的。也就是说，高等量子力学范畴内的形式散射理论只限于考虑可能出现粒子间的分拆和重组，即散射前后束缚态可能不同。并不考虑粒子的净产生、湮没和转化。后者属于 QFT 处理范畴。**

---

④ 注意，这不等于理论不能计算自发衰变，只表明理论约定：限于考虑两体分离的入射态。

习题 8.1　推导:如果两个粒子碰撞后合为一体。导出不违背能量动量守恒定律的条件。讨论此条件对合并后的复合粒子内部相互作用的要求。

散射问题可以提得更一般、更形式化一些:**将散射的物理过程看成一个引起量子态变换的“黑合子”——它把“渐近自由的入射态”变换为“渐近自由的出射态”。设体现这个“黑合子”变换作用的算符为 $\boldsymbol{S}$,则有**

$$\boxed{|\varphi^{\text{out}}\rangle=\boldsymbol{S}|\varphi^{\text{in}}\rangle} \tag{8.2a}$$

**这里 $|\boldsymbol{\varphi}^{\text{in}}\rangle$, $|\boldsymbol{\varphi}^{\text{out}}\rangle$ 分别表示渐近自由的入射态和渐近自由的出射态。而算符 $\boldsymbol{S}$ 称为散射算符、散射矩阵、$\boldsymbol{S}$ 矩阵。**实验中通常总可以将渐近自由入射态和出射态近似认作动量和能量的本征态,有相当确定的数值,可以记作 $|\varphi_i\rangle\to|\boldsymbol{p}_i\rangle\equiv|i\rangle$, $|\varphi_f\rangle\to|\boldsymbol{p}_f\rangle\equiv|f\rangle$。注意,**这种认定是将可归一化的正规态矢替换成不能归一化的非正规态矢。**后者只能归一化为 $\delta$ 函数。其实,**非正规态矢只是为了计算方便而虚构的理想化工具,并不代表任何真实物理状态**[⑤]。由此,式(8.2a)成为

$$\boxed{|f\rangle=\boldsymbol{S}|i\rangle} \tag{8.2b}$$

当然,现在式(8.2)的物理涵义并不明晰具体。鉴于散射过程内容复杂、信息汇聚,可以联想的问题很多。比如,物理上两个态 $|\varphi^{\text{in}}\rangle$, $|\varphi^{\text{out}}\rangle$ 各有什么属性？算符 $\boldsymbol{S}$ 有什么性质？怎样具体计算 $\boldsymbol{S}$？作为 $t\to\pm\infty$ 的极限算符 $\boldsymbol{S}$ 有数学麻烦吗？如何处理？如果散射产生束缚态其影响如何？等等。如果暂且不管这些,那么可以说,在已知 $|\varphi^{\text{in}}\rangle$ 并给定相互作用情况下,散射理论的中心任务是确定系统的 $\boldsymbol{S}$ 矩阵。

关于 $\boldsymbol{S}$ 算符的一般性质,特别是它的幺正性,将有专门的讨论,有不同的观点。然而,能够合理地主张,**$\boldsymbol{S}$ 算符应当符合概率守恒要求、体现系统的对称性和解析性。**比如,概率守恒问题,如入射态是归一的,相应变换之后的出射态也应当是归一的;反之亦然。由此推知,**$\boldsymbol{S}$ 算符是等距算符**[⑥],即

$$\langle\varphi^{\text{out}},\varphi^{\text{out}}\rangle\equiv\langle\boldsymbol{S}\varphi^{\text{in}},\boldsymbol{S}\varphi^{\text{in}}\rangle=\langle\varphi^{\text{in}},\varphi^{\text{in}}\rangle=1 \tag{8.3}$$

**进一步,如果散射过程不会产生和破坏束缚态,$\boldsymbol{S}$ 也应当有一个严格意义下的逆算符。这样一来,$\boldsymbol{S}$ 将是幺正的。总之,如果假定散射前后不产生也不破坏束缚态,就等价于概率守恒和可逆性的要求,也就等价于保证了 $\boldsymbol{S}$ 算符的幺正性**[⑦]**:**

$$\boxed{\boldsymbol{S}^{+}\boldsymbol{S}=I;\quad \boldsymbol{S}\boldsymbol{S}^{+}=I} \tag{8.4}$$

(2)将上述观点具体化。取相互作用图像。为了和式(8.1)$t=\mp\infty$ 时为自由态的主张相匹配,相应作**“绝热扰动”(绝热地加入和撤除)假设:在相互作用 $H_I^i$ 上人为**

---

⑤　非正规态矢是用连续参数描述的非物理态矢,有关讨论可见 Dirac P A M. 量子力学原理. 陈咸亨译. 喀兴林校. 北京:科学出版社,1965:47。所以,在一些特定情况下它会产生问题,比如能否满足渐近条件的问题,参见第 9 章脚注⑧和 9.2.3 节。然而,按照 8.4.3 节中定理,这里如此认定并不影响式(8.2b)的物理内涵。

⑥　这一段叙述的进一步解释见附录 B。

⑦　参见 9.5.4 节关于 $\boldsymbol{S}$ 幺正性与束缚态关系的叙述。

**乘以时间指数衰减因子,即作代替**

$$V_I^i(t) \to V_{I,\varepsilon}^i(t) \equiv \mathrm{e}^{-\varepsilon|t|} V_I^i(t) \equiv \mathrm{e}^{\mathrm{i}H^0 t/\hbar} \mathrm{e}^{-\varepsilon|t|} V^i \mathrm{e}^{-\mathrm{i}H^0 t/\hbar} \tag{8.5}$$

这里 $\varepsilon>0$ 是一个数值并不重要的小正数。**全部计算均用算符 $V_{I,\varepsilon}^i(t)$ 进行,最后令所得结果中 $\varepsilon\to 0^+$ 取极限。这个附加的负指数因子不但在物理上保证了空间演化的渐近自由性——入射态和出射态是渐近自由的,符合式(8.1)图像;而且由下面叙述可知,它也消除了时间演化算符在 $t=\mp\infty$ 处的振荡,保证了时间无穷积分的收敛性。**

已经知道,由 Schrödinger 绘景经受 $\mathrm{e}^{\mathrm{i}H^0(t-t_0)/\hbar}$ 变换转入相互作用绘景后,系统随时间演化的运动学部分将由算符 $H^0$ 所荷载,而演化中(由 $V^i$ 决定)的动力学部分由态矢所荷载,即

$$\begin{cases} \mathrm{i}\hbar \dfrac{\partial}{\partial t}|\psi_\varepsilon(t)\rangle_I = V_{I,\varepsilon}^i(t)|\psi_\varepsilon(t)\rangle_I \\ V_{I,\varepsilon}^i(t) \equiv \mathrm{e}^{\mathrm{i}(t-t_0)H^0/\hbar} V^i \mathrm{e}^{-\varepsilon|t-t_0|} \mathrm{e}^{-\mathrm{i}(t-t_0)H^0/\hbar} \end{cases} \tag{8.6}$$

这里,在 $t=t_0$ 初始时刻,Schrödinger 绘景和相互作用绘景相重合,有 $|\psi_\varepsilon(t_0)\rangle_I = |\psi(t_0)\rangle$,$V_{I,\varepsilon}^i(t_0)=V^i$。利用时间演化算符 $U_\varepsilon(t,t_0)$ 可记

$$|\psi_\varepsilon(t)\rangle_I = U_\varepsilon(t,t_0)|\psi(t_0)\rangle_I \tag{8.7}$$

代入上面态矢运动方程,并除去任意初态 $|\psi(t_0)\rangle$,得到决定算符 $U_\varepsilon(t,t_0)$ 的运动方程

$$\mathrm{i}\hbar \frac{\partial}{\partial t} U_\varepsilon(t,t_0) = V_{I,\varepsilon}^i(t) U_\varepsilon(t,t_0), \quad U_\varepsilon(t_0,t_0)=I \tag{8.8}$$

可知 $U_\varepsilon(t,t_0)$ 完全由 $V_{I,\varepsilon}^i(t)$ 决定。一般说 $[V_{I,\varepsilon}^i(t_1), V_{I,\varepsilon}^i(t_2)]\neq 0$,所以方程(8.8)难于解析求解,只能利用时序算符 $T$ 将其形式地写为

$$U_\varepsilon(t,t_0) = T\exp\left(\frac{-\mathrm{i}}{\hbar}\int_{t_0}^t V_{I,\varepsilon}^i(\tau)\mathrm{d}\tau\right) \tag{8.9}$$

为简化表示,这里引入了**时序算符 $T$**:对于两个时间相关算符 $A(t_1)$ 和 $A(t_2)$ 的乘积,定义 $T$ 算符的作用是将它们乘积按所含时间"step by step"地由大到小依次自左到右编序排列为

$$T\{A(t_1)A(t_2)\} = \begin{cases} A(t_1)A(t_2), & t_1>t_2 \\ \pm A(t_2)A(t_1), & t_1<t_2 \end{cases} \tag{8.10a}$$

这里相因子 $\pm 1$ 是在依次排序调换中所调换的 Fermion 对数目。注意只当相互作用 $V_I^i(\tau_i)$ 中所含 Fermion 个数是奇数时,调换不同时刻的相互作用 $V_I^i(\tau_i)$ 才出负号。通常非相对论量子力学的 $V_I^i(\tau_i)$ 所含 Fermion 个数总是偶数,所以它们之间的调换不会出负号。注意,用时序算符 $T$ 作用,按时间顺序将算符排序的操作是一种"**硬性规定":规定略去在排序调换中本应出现的所有对易子或反对易子。所以,这种操作**

**并非等量运算,而是一种硬性约定。其实,包括正规乘积、反正规乘积所有算符排序操作都不是等量运算,都是忽略排序过程中所产生的对易子或反对易子的硬性约定。于是,在这种硬性规定约束前提之下,各算符之间就是与顺序无关的,彼此对易的,仿佛都是 $c$ 数！便于对它们进行整理或运算。**

可以用归纳法证明下面数学公式：

$$\left\{\int_{t_0}^{t} f(\tau)\mathrm{d}\tau\right\}^n = n!\left\{\int_{t_0}^{t} f(\tau_1)\mathrm{d}\tau_1\int_{t_0}^{\tau_1} f(\tau_2)\mathrm{d}\tau_2\cdots\int_{t_0}^{\tau_{n-1}} f(\tau_n)\mathrm{d}\tau_n\right\} \tag{8.10b}$$

习题 8.3　用归纳法证明上式。

对式(8.8)积分并用初条件,化为积分方程

$$\boxed{U_\varepsilon(t,t_0) = I - \frac{\mathrm{i}}{\hbar}\int_{t_0}^{t} V_{I,\varepsilon}^{i}(\tau_1)U_\varepsilon(\tau_1,t_0)\mathrm{d}\tau_1, \quad U_\varepsilon(t_0,t_0) = I} \tag{8.11}$$

在相互作用绘景里,自然地把渐近入射态看成为(相对于相互作用起显著作用的时间段而言)推向遥远过去的、在 $t=-\infty$ 时无相互作用的某个自由态矢;而把渐近出射态看成为推向遥远将来的、在 $t=+\infty$ 时无相互作用的某个自由态矢。简单一句话,初、末态是 $H^0$ 的态($H^0$ 某组力学量的本征态或它们的叠加态)。于是,式(8.2)散射过程就等价于在这两个初、末态之间的跃迁

$$\boxed{\begin{cases}|\varphi^{\mathrm{in}}\rangle = |\psi_\varepsilon(-\infty)\rangle_I \\ |\varphi^{\mathrm{out}}\rangle = |\psi_\varepsilon(+\infty)\rangle_I\end{cases}; \quad |\psi_\varepsilon(+\infty)\rangle_I = S\,|\psi_\varepsilon(-\infty)\rangle_I} \tag{8.12}$$

将这些表达式和前面关于时间演化算符的定义式相比较,得

$$\boxed{\boldsymbol{S} = \lim_{t\to+\infty}\lim_{t_0\to-\infty} U(t,t_0) \equiv U(+\infty,-\infty)} \tag{8.13}$$

现在考察 $t\to\mp\infty$ 取极限的具体含意,即考察含无限时间参数的各类时间演化算符的含义。实际上,任何散射过程都是在有限空间体积、有限时间段内进行并完成的。可是,为了理论处理上的方便,人们常将这种有限时空中的物理过程人为延拓成在全时空中进行的过程:首先是将相互作用的空间范围延拓成全空间,这集中体现为用平(球)面波当作初(末)态(这不仅是初、末态的特征,而且成了 $\boldsymbol{S}$ 的定义);其次是将碰撞的时间无限延长,设定散射是在全时间轴($-\infty,+\infty$)上进行并完成的。相互作用时间无限延长的后果是,在决定时演算符 $U_\varepsilon(t,t_0)$ 的方程(8.9)和(8.11)中,假**如不存在负指数因子 $\mathrm{e}^{-\varepsilon|t|}$,则时演算符指数上自变数 $t$ 在无穷积分限处将造成快速振荡而使积分值不确定。这几种含无穷积分限的时演算符在上下限处数学上的不确定性,正是人们追求计算简便而人为制造的。现用人为办法添加衰减因子 $\mathrm{e}^{-\varepsilon|t|}$ 正可以克服这种不确定性。对最终计算结果,这是一种绝热近似,因为最后要令 $\varepsilon\to0^+$ 取极限,并最终转化为对 Green 函数的因果性选择。**具体处理见下面 Green 函数和 $\boldsymbol{S}$ 矩阵微扰展开计算。

总之,加入这个负指数衰减因子后,$U_\varepsilon(t,t_0)$ 积分方程中不论就 $t\to\mp\infty$ 哪种无

穷限而言,被积函数都收敛,积分方程有解。绝热扰动做法能够保证这些时演算符在乘积时的半群特性和厄米运算。

但要注意,有限宗量下 $U$ 算符总是幺正的,可是无限宗量的 $U(t,-\infty)$ 并不保证总是幺正的。事实上,它往往是有条件幺正的(见后面定态框架有关叙述)。所以,$U(t,-\infty)$ 的逆算符 $U^{-1}(t,-\infty)$ 不一定为 $U(-\infty,t)$,因此这里做法不能直接用于逆算符的定义和相应推理⑧。

最后强调指出两点。其一,许多重要散射过程都是重组反应。这时入射态和出射态中渐近消失的相互作用并不相同,不可以从入射态到出射态采用同一种划分 $H=H^0+V^i$。即不可以对入射道和出射道采用同一相互作用绘景,而要根据重组情况实施不同的划分

$$\boxed{H=(H^0+V^i)_{\text{input}}=(H^0+V^i)_{\text{output}}} \tag{8.14}$$

否则理论将失去普遍性⑨。其二,即便入射态为某个确定的初态 $|\varphi_i\rangle=|i\rangle$,一般来说,散射态 $\mathcal{S}|i\rangle$ 也是个叠加态并且高度简并(即便弹性散射也如此,至少对出射动量 $p_{\text{out}}$ 的方向是简并的)。现在可以如此看:设 $t_0$ 时刻系统处于 $H^0_{\text{input}}$ 的一个本征态 $|i\rangle$ 上⑩。由于系统时间演化取决于 $H$ 而不是 $H^0$,所以后来的态矢将不再是 $H^0_{\text{input}}$ 的本征态,而是这些态的某种相干叠加。于是,有意义的是:碰撞终了时,态矢是 $H^0_{\text{output}}$ 的某个本征态的概率。即从给定初态到指定末态的跃迁概率问题。

习题 8.2　直接对式(8.9)中时间参数求导得出式(8.8)。

### 8.1.2　QM 碰撞理论的应用范畴

无论 QM 散射或 QFT 散射,表面数学形式似乎相同,但实质相差很大。在 QM 中,相互作用 $H^i$ 是采用有关粒子的单粒子力学量算符来表达的。散射前后粒子数守恒,不涉及新旧粒子的产生与湮没,不出现粒子种类的转化;只涉及粒子状态的变迁,以及它们之间束缚态的重组。对于重组反应,散射前后 $H^0$ 并不相同。如果仍用 $H^0_{\text{input}}=H^0_{\text{output}}$ 假设,在 QM 情况下这就意味着处理不涉及内部结构自由度的弹性散射(也见 Møller 算符叙述)。然而,为什么 QFT 碰撞理论却可以使用同一个相互作用绘景,即使用同一个 $H^0$ 来统一处理碰撞前后问题呢?实际上,QFT 碰撞理论中参与碰撞粒子的单粒子力学量算符已被相应量子场算符(或其导数)所替代,那里 $H^0$ 包含着碰撞前后全部(!)粒子的"自由场"⑪。而且,相互作用形式以及状态 Fock 空间

---

⑧　虽然添加因子 $e^{-\varepsilon|t|}$ 克服了不确定性,然而由于束缚态存在,这还不够,详细见后面 9.5 节和附录 B。

⑨　注意,这点和量子场论不同,见下,也见脚注②前后正文的相关内容。

⑩　注意脚注②,组成 $|i\rangle$ 态的入射粒子和靶粒子可以是复合粒子。于是就可以在各阶微扰论近似下,考虑散射中入射粒子和靶粒子相互影响彼此内部状态时所表现的非线性效应。

⑪　粒子永远无法绝对自由(裸的)——虽然可以绝热消除彼此的相互作用.也见脚注③。

**描述方式均容许碰撞前后有关场量子数不必守恒——只要相关定律允许，新旧粒子可以产生、湮没和转化。这样，某些不出现在初态(末态)中的粒子，初态(末态)只是它们的真空态而已。**

**总之，和 QFT 碰撞理论差别是，QM 碰撞理论应用范围是全部参与碰撞组分粒子守恒——碰撞只引起它们状态改变和束缚态重组。所以，未经二次量子化的 QM 碰撞理论不能形式地照搬 QFT 做法。**记住这点，以后只要不导致误会，常略写 $H^0$ 的"入、出"标记。

### 8.1.3　Møller 算符 $\Omega_\pm$ 的定义及其与 $\mathcal{S}$ 矩阵的关系

提前定义两个十分重要的算符——"Møller 算符 $\Omega_\pm$"：

$$\boxed{\begin{cases}\Omega_+ \equiv U(0,-\infty)\\ \Omega_- \equiv U(0,+\infty)\end{cases}} \tag{8.15a}$$

假定可以认为，各类 $U$ 算符的厄米等于其中自变量顺序交换。于是这也适用于 Møller 算符 $\Omega_\pm$⑫，有

$$\boxed{\begin{cases}\Omega_+^\dagger \equiv U(-\infty,0)\\ \Omega_-^\dagger \equiv U(+\infty,0)\end{cases}} \tag{8.15b}$$

**利用这两个 Møller 算符，可以将 $\mathcal{S}$ 矩阵表示为**

$$\boxed{\mathcal{S} \equiv U(+\infty,-\infty) = U(+\infty,t)U(t,-\infty) \equiv \Omega_-^\dagger \Omega_+} \tag{8.16}$$

**预先指出，Møller 算符 $\Omega_\pm$ 的重要性主要在于它的三个功能：其一，划分碰撞之前和之后，用于描写各类重组反应。这时，式(8.16)利用两个 Møller 算符将 $\mathcal{S}$ 矩阵拆开为乘积形式，这种按入射和出射道将演化过程拆开为两个过程的表达方式，将便于解决入射和出射渐近自由 Hamilton 量不相同的重组反应的问题；其二，利用它们可以方便地疏通含时框架和定态框架。其三，利用它们便于微扰计算。**关于它们的性质及等价表示问题，下章将专门讨论，现在只指出：

**$\Omega_\pm$ 是有条件的幺正算符：当也只当 $H$，$H^0$ 都不存在分立的束缚态时，$\Omega_\pm$ 才是幺正的。**

## 8.2　$\mathcal{S}$ 矩阵微扰展开计算

### 8.2.1　$\mathcal{S}$ 矩阵微扰展开

首先，对算符 $U(t,-\infty)$ 作迭代微扰展开。假定 $H_I^i(t)$ 较弱，可以相信迭代手续

---

⑫　注意前面叙述，更需注意 9.5.5 节关于 Møller 算符幺正性的叙述。

能够收敛。按式(8.11)此算符的积分方程(以下略写对 $\varepsilon\to 0^+$ 取极限记号),迭代展开结果为

$$\boxed{\begin{aligned}U(t,-\infty)=&I+\left(\frac{-\mathrm{i}}{\hbar}\right)\int_{-\infty}^{t}\mathrm{d}\tau_1 V_I^i(\tau_1)+\left(\frac{-\mathrm{i}}{\hbar}\right)^2\int_{-\infty}^{t}\mathrm{d}\tau_1\int_{-\infty}^{\tau_1}\mathrm{d}\tau_2 V_I^i(\tau_1)V_I^i(\tau_2)\\&+\left(\frac{-\mathrm{i}}{\hbar}\right)^3\int_{-\infty}^{t}\mathrm{d}\tau_1\int_{-\infty}^{\tau_1}\mathrm{d}\tau_2\int_{-\infty}^{\tau_2}\mathrm{d}\tau_3 V_I^i(\tau_1)V_I^i(\tau_2)V_I^i(\tau_3)+\cdots\end{aligned}}$$

(8.16b)

由于不同时刻 $V_I^i(\tau)$不一定对易,积分号下各个 $V_I^i(\tau_i)$之间顺序是重要的。对第 $n$ 重积分,积分号下各 $V_I^i(\tau_i)$按下面时序自左向右排列

$$t\geqslant\tau_1\geqslant\tau_2\geqslant\cdots\geqslant\tau_n$$

利用公式(8.10b),并考虑有时序算符 $T$ 的作用,可以将展开式(8.17)中第 $n$ 阶项积分的上限取齐,写成

$$\begin{aligned}&\left(\frac{-\mathrm{i}}{\hbar}\right)^n\int_{-\infty}^{t}\mathrm{d}\tau_1\int_{-\infty}^{\tau_1}\mathrm{d}\tau_2\cdots\int_{-\infty}^{\tau_{n-1}}\mathrm{d}\tau_n V_I^i(\tau_1)V_I^i(\tau_2)\cdots V_I^i(\tau_n)\\=&\frac{1}{n!}\left(\frac{-\mathrm{i}}{\hbar}\right)^n\int_{-\infty}^{t}\mathrm{d}\tau_1\int_{-\infty}^{t}\mathrm{d}\tau_2\cdots\int_{-\infty}^{t}\mathrm{d}\tau_n T\{V_I^i(\tau_1)V_I^i(\tau_2)\cdots V_I^i(\tau_n)\}\end{aligned}\tag{8.18b}$$

由此,$\boldsymbol{S}$矩阵便能写成如下紧凑的形式

$$\boxed{\boldsymbol{S}=T\exp\left\{\frac{-\mathrm{i}}{\hbar}\int_{-\infty}^{+\infty}\mathrm{d}tV_I^i(t)\right\}}\tag{8.19a}$$

**其实,这种紧凑记法只是一种形式记号,真实的物理含义还是"*step by step*"演化,实际的近似计算方法则是按下面微扰级数展开**

$$\boxed{\begin{aligned}\boldsymbol{S}=U(+\infty,-\infty)=&I+\left(\frac{-\mathrm{i}}{\hbar}\right)\int_{-\infty}^{+\infty}\mathrm{d}\tau_1 V_I^i(\tau_1)+\left(\frac{-\mathrm{i}}{\hbar}\right)^2\int_{-\infty}^{+\infty}\mathrm{d}\tau_1\int_{-\infty}^{\tau_1}\mathrm{d}\tau_2 V_I^i(\tau_1)V_I^i(\tau_2)\\&+\left(\frac{-\mathrm{i}}{\hbar}\right)^3\int_{-\infty}^{+\infty}\mathrm{d}\tau_1\int_{-\infty}^{\tau_1}\mathrm{d}\tau_2\int_{-\infty}^{\tau_2}\mathrm{d}\tau_3 V_I^i(\tau_1)V_I^i(\tau_2)V_I^i(\tau_3)+\cdots\end{aligned}}$$

(8.19b)

**注意,虽然这里相互作用及展开式在形式上和量子场论中相应表达式相同,但实际相当不相同。除以前说过的是否经过二次量子化和使用 Fock 空间,于是理论可以容纳粒子数不守恒等之外,现在的展开式积分是 $\boldsymbol{V_I^i(t)}$的单重时间积分,是非相对论的非协变形式,而量子场论中展开式积分则是 Hamilton 量密度的 4 维时空积分,呈相对论协变形式。特别需要提醒的是,如果是重组碰撞过程,入射道渐近自由($\boldsymbol{H_i^0=H-V^i}$)和出射道渐近自由 $\boldsymbol{H_f^0=(H-V^f)}$划分可能不同,必须将 $\boldsymbol{S}$ 矩阵分拆成为两个 Møller 算符 $\boldsymbol{\Omega_\pm}$ 乘积,分开计算。**

### 8.2.2　$\boldsymbol{S}$ 矩阵元计算——向 Schrödinger 绘景含时微扰论转换

现在表明,上面矩阵元 $\boldsymbol{S}_{fi}$ 的第 $n$ 阶修正 $\boldsymbol{S}_{fi}^{(n)}$ 可以化简成为以前量子力学含时微扰论的第 $n$ 阶矩阵元。记式(8.19)中 $V^i=V$。对初、末态有 $H^0|i\rangle=E_i|i\rangle$,$\langle f|H^0=E_f\langle f|$,中介虚态 $H^0|m\rangle=E_m|m\rangle$。同时注意到(暂略去绝热衰减因子 $e^{-\varepsilon|t-t_0|}$),如果初始时刻为 $t_0$,则

$$\boxed{\begin{aligned}\langle b|V_I(t)|a\rangle&=\langle b|e^{i(t-t_0)H^0/\hbar}Ve^{-i(t-t_0)H^0/\hbar}|a\rangle\\&=e^{-i(E_b-E_a)t_0/\hbar}e^{i(E_b-E_a)t/\hbar}\langle b|V|a\rangle\end{aligned}} \tag{8.20}$$

前面的因子对任何 $n$ 阶的 $\boldsymbol{S}_{fi}^{(n)}$ 均为 $\exp\{-i(E_f-E_i)t_0/\hbar\}$。因为对 $V_I(\tau_1)V_I(\tau_2)\cdots V_I(\tau_n)$ 的连乘算符取 $\langle f|$,$|i\rangle$ 矩阵元时,中间可以根据 $H^0$ 态的完备性条件插入 $\sum\limits_{m'}|m'\rangle\langle m'|$,$\sum\limits_{m''}|m''\rangle\langle m''|$,…。于是每一个 $V_I(\tau_r)$ 的矩阵元,出来的含 $t_0$ 的指数因子相乘结果,中介虚态的相因子全部相消,只剩下头尾的 $\exp\{-i(E_f-E_i)t_0/\hbar\}$ 项。因此相因子对所有 $\boldsymbol{S}_{fi}^{(n)}$ 都相同,从而是 $\boldsymbol{S}_{fi}$ 的一个常数相因子,计算 $|\boldsymbol{S}_{fi}|^2$ 时消失,下面略写它。

在作了绝热近似,保证 $t=-\infty$ 处积分收敛之后,下面计算各阶修正项:

一阶修正项为

$$\begin{aligned}\langle f|\boldsymbol{S}^{(1)}|i\rangle&=\left(\frac{-i}{\hbar}\right)\int_{-\infty}^{+\infty}\langle f|V_I(\tau)|i\rangle d\tau\\&=\left(\frac{-i}{\hbar}\right)\langle f|V|i\rangle\left\{\int_0^{+\infty}e^{i(E_f-E_i)\tau/\hbar-\varepsilon\tau/\hbar}d\tau+\int_{-\infty}^0 e^{i(E_f-E_i)\tau/\hbar+\varepsilon\tau/\hbar}d\tau\right\}\\&=\langle f|V|i\rangle\left\{\frac{-1}{E_i-E_f-i\varepsilon}+\frac{1}{E_i-E_f+i\varepsilon}\right\}=\langle f|V|i\rangle\frac{-2i\varepsilon}{(E_i-E_f)^2+\varepsilon^2}\\&=-2\pi i\left(\frac{1}{\pi}\lim_{\varepsilon\to0^+}\frac{\varepsilon}{(E_i-E_f)^2+\varepsilon^2}\right)\cdot\langle f|V|i\rangle=-2\pi i\delta(E_f-E_i)\langle f|V|i\rangle\end{aligned}$$

二阶修正项为

$$\begin{aligned}\langle f|\boldsymbol{S}^{(2)}|i\rangle&=\left(\frac{-i}{\hbar}\right)^2\int_{-\infty}^{+\infty}d\tau_1\int_{-\infty}^{\tau_1}d\tau_2\langle f|V_I(\tau_1)V_I(\tau_2)|i\rangle d\tau\\&=\left(\frac{-i}{\hbar}\right)^2\sum_m\int_{-\infty}^{+\infty}d\tau_1\langle f|V_I(\tau_1)|m\rangle\int_{-\infty}^{\tau_1}d\tau_2\langle m|V_I(\tau_2)|i\rangle d\tau\end{aligned}$$

$$\begin{aligned}=\left(\frac{-i}{\hbar}\right)^2\sum_m\langle f|V|m\rangle\langle m|V|i\rangle\Big\{&\int_{-\infty}^0 e^{i(E_f-E_m)\tau_1/\hbar+\varepsilon\tau_1/\hbar}d\tau_1\\&\cdot\int_{-\infty}^{\tau_1}e^{i(E_m-E_i)\tau_2/\hbar+\eta\tau_2/\hbar}d\tau_2+\int_0^{+\infty}e^{i(E_f-E_m)\tau_1/\hbar-\varepsilon\tau_1/\hbar}d\tau_1\int_{-\infty}^{\tau_1}e^{i(E_m-E_i)\tau_2/\hbar+\eta\tau_2/\hbar}d\tau_2\Big\}\end{aligned}$$

$$= \left(\frac{-\mathrm{i}}{\hbar}\right)\sum_m \langle f \mid V \mid m\rangle \frac{1}{E_i - E_m + \mathrm{i}\eta}\langle m \mid V \mid i\rangle\left\{\int_{-\infty}^{0} \mathrm{e}^{\mathrm{i}(E_f - E_m)\tau_1/\hbar + \varepsilon\tau_1/\hbar + \mathrm{i}(E_m - E_i)\tau_1/\hbar + \eta\tau_1/\hbar}\mathrm{d}\tau_1\right.$$

$$\left. + \int_0^{+\infty} \mathrm{e}^{\mathrm{i}(E_f - E_m)\tau_1/\hbar - \varepsilon\tau_1/\hbar + \mathrm{i}(E_m - E_i)\tau_1/\hbar + \eta\tau_1/\hbar}\mathrm{d}\tau_1\right\}$$

$$= \left(\frac{-\mathrm{i}}{\hbar}\right)\sum_m \langle f \mid V \mid m\rangle \frac{1}{E_i - E_m + \mathrm{i}\eta}\langle m \mid V \mid \mathrm{i}\rangle\left\{\int_{-\infty}^{0} \mathrm{e}^{\mathrm{i}(E_f - E_i)\tau_1/\hbar + \varepsilon_1\tau_1/\hbar}\mathrm{d}\tau_1\right.$$

$$\left. + \int_0^{+\infty} \mathrm{e}^{\mathrm{i}(E_f - E_m)\tau_1/\hbar - \varepsilon_1\tau_1/\hbar}\mathrm{d}\tau_1\right\}$$

$$= -2\pi\mathrm{i}\delta(E_f - E_i)\sum_m \langle f \mid V \mid m\rangle \frac{1}{E_i - E_m + \mathrm{i}\varepsilon_1}\langle m \mid V \mid i\rangle$$

三阶修正项为

$$\langle f \mid \boldsymbol{S}^{(3)} \mid i\rangle = \left(\frac{-\mathrm{i}}{\hbar}\right)^3 \int_{-\infty}^{+\infty}\mathrm{d}\tau_1\int_{-\infty}^{\tau_1}\mathrm{d}\tau_2\int_{-\infty}^{\tau_2}\mathrm{d}\tau_3\langle f \mid V_I(\tau_1)V_I(\tau_2)V_I(\tau_3) \mid i\rangle\mathrm{d}\tau$$

$$= \left(\frac{-\mathrm{i}}{\hbar}\right)^3 \sum_{mn}\int_{-\infty}^{+\infty}\mathrm{d}\tau_1\langle f \mid V_I(\tau_1) \mid m\rangle\int_{-\infty}^{\tau_1}\mathrm{d}\tau_2\langle m \mid V_I(\tau_2) \mid n\rangle\int_{-\infty}^{\tau_2}\mathrm{d}\tau_3\langle n \mid V_I(\tau_3) \mid i\rangle$$

$$= \left(\frac{-\mathrm{i}}{\hbar}\right)^3 \sum_{mn}\langle f \mid V \mid m\rangle\langle m \mid V \mid n\rangle\langle n \mid V \mid i\rangle\int_{-\infty}^{+\infty}\mathrm{d}\tau_1\,\mathrm{e}^{\mathrm{i}(E_f - E_m)\tau_1/\hbar - \varepsilon|\tau_1|/\hbar}$$

$$\cdot\int_{-\infty}^{\tau_1}\mathrm{d}\tau_2\,\mathrm{e}^{\mathrm{i}(E_m - E_n)\tau_2/\hbar - \eta|\tau_2|/\hbar}\int_{-\infty}^{\tau_2}\mathrm{d}\tau_3\,\mathrm{e}^{\mathrm{i}(E_n - E_i)\tau_3/\hbar - \varepsilon_2|\tau_3|/\hbar}$$

$$= \left(\frac{-\mathrm{i}}{\hbar}\right)\sum_{mn}\langle f \mid V \mid m\rangle\frac{1}{E_i - E_m + \mathrm{i}\varepsilon_1}\langle m \mid V \mid n\rangle\frac{1}{E_i - E_n + \mathrm{i}\varepsilon_2}\langle n \mid V \mid i\rangle\int_{-\infty}^{+\infty}\mathrm{d}\tau_1\mathrm{e}^{\mathrm{i}(E_f - E_i)\tau_1/\hbar - \varepsilon|\tau_1|/\hbar}$$

$$= -2\pi\mathrm{i}\delta(E_f - E_i)\sum_{mn}\frac{\langle f \mid V \mid m\rangle\langle m \mid V \mid n\rangle\langle n \mid V \mid i\rangle}{(E_i - E_m + \mathrm{i}\varepsilon_1)(E_i - E_n + \mathrm{i}\varepsilon_2)}$$

总加起来,有

$$\boxed{\begin{aligned}\langle f \mid \boldsymbol{S} \mid i\rangle = \delta_{fi} - 2\pi\mathrm{i}\delta(E_f - E_i)\Big\{&\langle f \mid V \mid i\rangle + \sum_m \frac{\langle f \mid V \mid m\rangle\langle m \mid V \mid i\rangle}{E_i - E_m + \mathrm{i}\varepsilon} \\ &+ \sum_{mn}\frac{\langle f \mid V \mid m\rangle\langle m \mid V \mid n\rangle\langle n \mid V \mid i\rangle}{(E_i - E_m + \mathrm{i}\varepsilon_1)(E_i - E_n + \mathrm{i}\varepsilon_2)} + \cdots\Big\}\end{aligned}}$$

(8.21)

对连续基矢情况,各阶展式的求和转成积分。各重积分依序计算,不必计较各个 ε 的大小,只要求每次求留数时总和 ε 为小正数即可。

### 8.2.3 Gell-Mann-Low 定理

现在问:ε→0 时式(8.7)或式(8.17)表述的各阶近似的极限 ket 存在吗?如果都存在,它们求和的最终极限 ket 是全相互作用 Hamilton 量 $H$ 的本征态吗?下面定理部分回答了这个问题。

[Gell-Mann-Low 定理][13]

**按微扰论展开理解下式左方，如果直到微扰论所有阶，各级比值 ket 的极限均存在**

$$\lim_{\varepsilon\to 0}\frac{U_\varepsilon(0,-\infty)|\varphi_0\rangle}{\langle\varphi_0|U_\varepsilon(0,-\infty)|\varphi_0\rangle}\equiv\lim_{\varepsilon\to 0}\frac{|\psi_0(\varepsilon)\rangle}{\langle\varphi_0|\psi_0(\varepsilon)\rangle}=\frac{|\psi_0\rangle}{\langle\varphi_0|\psi_0\rangle}$$

**则最终极限 ket 是 $H$ 的一个本征态**

$$H\frac{|\psi_0\rangle}{\langle\varphi_0|\psi_0\rangle}=E\frac{|\psi_0\rangle}{\langle\varphi_0|\psi v_0\rangle}\tag{8.22}$$

**证：** 记 $H=H_0+V$。考虑表达式

$$(H_0-E_0)|\psi_0(\varepsilon)\rangle\equiv(H_0-E_0)U_\varepsilon(0,-\infty)|\varphi_0\rangle=[H_0,U_\varepsilon(0,-\infty)]|\varphi_0\rangle$$

考虑 $U_\varepsilon$ 的第 $n$ 阶项，取 $n$ 个时序排列中任意一个，有关对易子为

$$\begin{aligned}[H_0,V(t_i)V(t_j)\cdots V(t_k)]=&[H_0,V(t_i)]V(t_j)\cdots V(t_k)\\&+V(t_i)[H_0,V(t_j)]\cdots V(t_k)+\cdots+V(t_i)V(t_j)\cdots\\&[H_0,V(t_k)]\end{aligned}$$

由于 $[H_0,V(t)]=\frac{\hbar}{\mathrm{i}}\frac{\partial V(t)}{\partial t}$，于是与 $H_0$ 的每一个对易子都产生一个关于相互作用 $V$ 的时间导数，所以有

$$[H_0,V(t_i)V(t_j)\cdots V(t_k)]=\frac{\hbar}{\mathrm{i}}\left(\frac{\partial}{\partial t_1}+\frac{\partial}{\partial t_2}+\cdots+\frac{\partial}{\partial t_n}\right)V(t_i)V(t_j)\cdots V(t_k)$$

此式对所有可能的时间顺序各重复一次，并相加。于是上面方程为

$$\begin{aligned}(H_0-E_0)|\psi_0(\varepsilon)\rangle=&-\sum_{n=1}^{\infty}\left(\frac{-\mathrm{i}}{\hbar}\right)^{n-1}\frac{1}{n!}\int_{-\infty}^{0}\mathrm{d}t_1\cdots\int_{-\infty}^{0}\mathrm{d}t_n\,\mathrm{e}^{\varepsilon(t_1+t_2+\cdots+t_n)}\\&\cdot T\left\{\sum_{i=1}^{n}\frac{\partial}{\partial t_i}V(t_1)V(t_2)\cdots V(t_n)\right\}|\varphi_0\rangle\\=&-\sum_{n=1}^{\infty}\left(\frac{-\mathrm{i}}{\hbar}\right)^{n-1}\frac{1}{n!}\int_{-\infty}^{0}\mathrm{d}t_1\cdots\int_{-\infty}^{0}\mathrm{d}t_n\,\mathrm{e}^{\varepsilon\sum_{l=1}^{n}t_l}\left(\sum_{i=1}^{n}\frac{\partial}{\partial t_i}\right)\\&\cdot T\{V(t_1)V(t_2)\cdots V(t_n)\}|\varphi_0\rangle\end{aligned}$$

因为后面有时序算符 $T$，所以 $n$ 项时间导数项对积分贡献都相同。可对其中一项(比如 $t_m$)微商再乘以 $n$ 倍。于是继续等于

$$=-\sum_{n=1}^{\infty}\left(\frac{-\mathrm{i}}{\hbar}\right)^{n-1}\frac{1}{(n-1)!}\int_{-\infty}^{0}\cdots\int_{-\infty}^{0}\prod_{j=1}^{n}\mathrm{d}t_j\,\mathrm{e}^{\varepsilon\sum_{l=1}^{n}t_l}\frac{\partial}{\partial t_m}T\{V(t_1)V(t_2)\cdots V(t_n)\}|\varphi_0\rangle$$

$$\begin{aligned}=&-\sum_{n=1}^{\infty}\left(\frac{-\mathrm{i}}{\hbar}\right)^{n-1}\frac{1}{(n-1)!}\int_{-\infty}^{0}\cdots\int_{-\infty}^{0}\prod_{j=1,\neq m}^{n}\mathrm{d}t_j\,\mathrm{e}^{\varepsilon\sum_{l\neq m}^{n}t_l}\\&\cdot T\left\{V(t_1)V(t_2)\cdots\left[V(0)-\varepsilon\int_{-\infty}^{0}\mathrm{d}t_m\mathrm{e}^{\varepsilon t_m}V(t_m)\right]\cdots V(t_n)\right\}|\varphi_0\rangle\end{aligned}$$

---

⑬ Gell-Mann M, Low F. Phys. Rev., 1951, 84: 350.

这里未经衰减的$V(0)=V$正是相互作用。于是继续有

$$
\begin{aligned}
&= -\sum_{n=1}^{\infty}\left(\frac{-\mathrm{i}}{\hbar}\right)^{n-1}\frac{1}{(n-1)!}V\int_{-\infty}^{0}\cdots\int_{-\infty}^{0}\prod_{j=1,\neq m}^{n}\mathrm{d}t_j\,\mathrm{e}^{\varepsilon\sum\limits_{l\neq m}^{n}t_l}\\
&\quad\cdot T[V(t_1)\cdots V(t_{m-1})V(t_{m+1})\cdots V(t_n)]\,|\,\varphi_0\rangle\\
&\quad+\varepsilon\sum_{n=1}^{\infty}\left(\frac{-\mathrm{i}}{\hbar}\right)^{n-1}\frac{1}{(n-1)!}\int_{-\infty}^{0}\cdots\int_{-\infty}^{0}\prod_{j=1}^{n}\mathrm{d}t_j\,\mathrm{e}^{\varepsilon\sum\limits_{l=1}^{n}t_l}T\{V(t_1)\cdots V(t_n)\}\,|\,\varphi_0\rangle\\
&=-V\,|\,\psi_0(\varepsilon)\rangle+\varepsilon\mathrm{i}\hbar\sum_{n=1}^{\infty}\left(\frac{-\mathrm{i}}{\hbar}\right)^{n}\frac{1}{(n-1)!}\int_{-\infty}^{0}\cdots\int_{-\infty}^{0}\prod_{j=1}^{n}\mathrm{d}t_j\,\mathrm{e}^{\varepsilon\sum\limits_{l=1}^{n}t_l}T\{V(t_1)\cdots V(t_n)\}\,|\,\varphi_0\rangle\\
&=-V\,|\,\psi_0(\varepsilon)\rangle+\varepsilon\mathrm{i}\hbar g\frac{\partial}{\partial g}\,|\,\psi_0(\varepsilon)\rangle
\end{aligned}
$$

这里$g$是$V$中耦合常数。将最后结果的第一项移至等式左边，得

$$
(H-E_0)\,|\psi_0(\varepsilon)\rangle=\mathrm{i}\hbar\varepsilon g\frac{\partial}{\partial g}|\psi_0(\varepsilon)\rangle
$$

对此方程乘以$\langle\varphi_0|\psi_0(\varepsilon)\rangle^{-1}\langle\varphi_0|$，由于$\frac{\partial}{\partial g}\langle\varphi_0|=0$，得

$$
\boxed{\frac{\langle\varphi_0|V|\psi_0(\varepsilon)\rangle}{\langle\varphi_0|\psi_0(\varepsilon)\rangle}\equiv\mathrm{i}\hbar\varepsilon g\frac{\partial}{\partial g}\ln\langle\varphi_0|\psi_0(\varepsilon)\rangle\equiv E-E_0}\tag{8.23a}
$$

这里恒等号表示是能移$\Delta E\equiv E-E_0$的定义式。注意，这时如果令$\varepsilon\to0$而不管$\frac{\partial}{\partial g}\ln\langle\varphi_0|\psi_0(\varepsilon)\rangle$(也依赖$\varepsilon$)，则将导致$\Delta E=0$的不正确结论。事实上，概率幅$\langle\varphi_0|\psi_0(\varepsilon)\rangle$可能给出一个正比于$\mathrm{i}\varepsilon^{-1}$的发散相位，使得$\varepsilon\ln\langle\varphi_0|\psi_0(\varepsilon)\rangle$当$\varepsilon\to0$时保持为有限。

对上面所得方程$(H-E_0)|\psi_0(\varepsilon)\rangle$除以$\langle\varphi_0|\psi_0(\varepsilon)\rangle$，得

$$
\begin{aligned}
(H-E_0)\frac{|\psi_0(\varepsilon)\rangle}{\langle\varphi_0|\psi_0(\varepsilon)\rangle}&=\mathrm{i}\hbar\varepsilon g\frac{\partial}{\partial g}\frac{|\psi_0(\varepsilon)\rangle}{\langle\varphi_0|\psi_0(\varepsilon)\rangle}+\frac{|\psi_0(\varepsilon)\rangle}{\langle\varphi_0|\psi_0(\varepsilon)\rangle}\left[\mathrm{i}\hbar\varepsilon g\frac{\partial}{\partial g}\ln\langle\varphi_0|\psi_0(\varepsilon)\rangle\right]\\
&=\mathrm{i}\hbar\varepsilon g\frac{\partial}{\partial g}\frac{|\psi_0(\varepsilon)\rangle}{\langle\varphi_0|\psi_0(\varepsilon)\rangle}+(E-E_0)\frac{|\psi_0(\varepsilon)\rangle}{\langle\varphi_0|\psi_0(\varepsilon)\rangle}
\end{aligned}
$$

或记为

$$
(H-E)\frac{|\psi_0(\varepsilon)\rangle}{\langle\varphi_0|\psi_0(\varepsilon)\rangle}=\mathrm{i}\hbar\varepsilon g\frac{\partial}{\partial g}\left[\frac{|\psi_0(\varepsilon)\rangle}{\langle\varphi_0|\psi_0(\varepsilon)\rangle}\right]
$$

现在可以令$\varepsilon\to0$取极限了。这时利用假设：直到$U_\varepsilon$微扰级数展开的任一阶(或$g$的任一阶)，方括号中 ket 均有极限。并且，对正比常数$g$的微商不会改变这种有限性。所以令$\varepsilon\to0$取极限，即得定理

$$
(H-E)\lim_{\varepsilon\to0}\frac{|\psi_0(\varepsilon)\rangle}{\langle\varphi_0|\psi_0(\varepsilon)\rangle}=0
$$

上面证明同样适用于出态情况。这时相应的极限 ket 为$\lim\limits_{\varepsilon\to0}\frac{U_\varepsilon(0,+\infty)|\varphi_0\rangle}{\langle\varphi_0|U_\varepsilon(0,+\infty)|\varphi_0\rangle}\equiv\frac{|\psi'_0\rangle}{\langle\varphi_0|\psi'_0\rangle}$，这时$U_\varepsilon(0,+\infty)=U_\varepsilon^+(+\infty,0)$。如果当$t\to+\infty$时，向之发展过去的本征态

$|\varphi_0\rangle$是非退化的,则这两种定义必须是相同的。连相因子也不会差,因为归一化条件 $\langle\varphi_0|\frac{|\psi_0(\varepsilon)\rangle}{\langle\varphi_0|\psi_0(\varepsilon)\rangle}=\langle\varphi_0|\frac{|\psi'_0(\varepsilon)\rangle}{\langle\varphi_0|\psi'_0(\varepsilon)\rangle}=1$ 相同排除了这种差别。于是,对 $H_0$ 的一个非退化的本征态$|\varphi_0\rangle$,有

$$\lim_{\varepsilon\to0}\frac{U_\varepsilon(0,+\infty)|\varphi_0\rangle}{\langle\varphi_0|U_\varepsilon(0,+\infty)|\varphi_0\rangle}=\lim_{\varepsilon\to0}\frac{U_\varepsilon(0,-\infty)|\varphi_0\rangle}{\langle\varphi_0|U_\varepsilon(0,-\infty)|\varphi_0\rangle}$$

**定理理解与讨论:第一**,定理的基本点是,当 $\varepsilon\to0$ 时,比值的分子分母各自极限并不分别存在。比如,$U_\varepsilon(0,-\infty)|\varphi_0\rangle$的极限并没有意义。事实上,它的相位(因 $t\to-\infty$而使得)在极限 $\varepsilon\to0$ 时像 $\varepsilon^{-1}$那样发散。而分母正是用于消除这个不确定的相位;**第二**,此定理仅主张:系统无相互作用 Hamilton 量 $H_0$ 的一个本征态$|\varphi_0\rangle$,经绝热发展而来,如果此比值存在,一定就是系统全相互作用 $H$ 的一个本征态,并有如同 $E=\frac{\langle\varphi_0|V|\psi_0(\varepsilon)\rangle}{\langle\varphi_0|\psi_0(\varepsilon)\rangle}+E_0$ 所计算的本征值;**第三**,即便$|\varphi_0\rangle$是 $H_0$ 的基态,定理也不保证$U_\varepsilon(0,-\infty)|\varphi_0\rangle/\langle\varphi_0|(0,-\infty)|\varphi_0\rangle$就是 $H$ 的基态[⑭]。例如,p-p 散射虽是如此($H_0$ 和 $H$ 均无束缚态),而 e-p 散射却不是($H_0$ 虽无束缚态,但 $H$ 有束缚态),这时 $H_0$ 的基态是 $E_0\to0$,但(有吸引作用的)$H$ 的基态是 $E=-13.66\text{eV}$,两个基态能量差 $\Delta E=E-E_0=-13.66\text{eV}\neq0$。这个问题在 9.5 节中还将从另一角度讨论;**第四**,如果$|\varphi_0\rangle$是非退化的本征态,则构造 $H$ 相应本征态的两种办法结果相同。

## 8.3　跃迁概率、散射截面与 $\boldsymbol{S}$ 矩阵的关系

### 8.3.1　跃迁矩阵 $\boldsymbol{T}$ 和跃迁概率计算

跃迁概率及 $\boldsymbol{T}$ 矩阵。当系统以初态$|\varphi_i\rangle\equiv|i\rangle$入射时,经碰撞而跃迁到末态为$|\varphi_f\rangle\equiv|f\rangle$的概率幅为

$$\boxed{\boldsymbol{S}_{fi}=\langle f|\boldsymbol{S}|i\rangle}\tag{8.24a}$$

这表示,**由无限过去的$|i\rangle$态绝热演化而来的系统在 $t=0$ 时刻的实际态$|\psi_i^+\rangle$**等于

---

⑭ 将比值极限 ket 记为$|\psi\rangle$。事实上,按 Goldstone 定理来理解,比值等价于以下求和等式

$$|\psi\rangle=\sum_{n,L}^{\infty}\left(\frac{1}{E_0-H_0}V\right)^n|\varphi_0\rangle\tag{8.23b}$$

$L$ 表示求和对所有阶微扰的连通图进行。因为所有非连通图作为因子与分母正好抵消(比约肯 J D,德雷尔 S D. 相对论量子场. 北京:科学出版社,210 页. 由于连通图中$|\varphi_0\rangle$不能作为图形一部分的中间态出现,所以分母不会为零,可略去 $i\varepsilon$. 当$|\varphi_0\rangle\to|\psi\rangle$时,$H_0$ 的基态能移为

$$\Delta E=\sum_{n,L}^{\infty}\langle\varphi_0|V\left(\frac{1}{E_0-H_0}V\right)^n|\varphi_0\rangle\tag{8.23c}$$

求和对$|\varphi_0\rangle\to|\varphi_0\rangle$的全部连通图进行。定理证明见 Goldstone J. Proc. Roy. Soc., 1957, A239:267。

$|\boldsymbol{\psi}_i^+\rangle \equiv \boldsymbol{\Omega}_+|\boldsymbol{\varphi}_i\rangle$；**而绝热演化到无限未来将成为** $|f\rangle$ **态的在** $t=0$ **时刻的实际态** $|\boldsymbol{\psi}_{\bar{f}}^-\rangle$ **是** $|\boldsymbol{\psi}_{\bar{f}}^-\rangle \equiv \boldsymbol{\Omega}_-|\boldsymbol{\varphi}_f\rangle$。**所求过程概率幅是任何同一时刻实际出、入态的内积。若令其为** $t=0$ **时刻，相应的概率幅即为**

$$\boxed{\langle f|\boldsymbol{S}|i\rangle=\langle f|U(+\infty,0)U(0,-\infty)|i\rangle=\langle f|\Omega_-^{+}\Omega_+|i\rangle=\langle\psi_{\bar{f}}^-|\psi_i^+\rangle} \tag{8.24b}$$

换一种说法，**实际中制备了自由初态，即渐近入态** $|\boldsymbol{\psi}^{\text{in}}\rangle=|\boldsymbol{\varphi}_i\rangle\equiv|i\rangle$，**经碰撞相互作用** $\boldsymbol{H}$，**跃迁到（探测到）另一种自由末态，即渐近出态** $|\boldsymbol{\psi}^{\text{iout}}\rangle=|\boldsymbol{\varphi}_f\rangle\equiv|f\rangle$ **的概率幅。**

由于现在已经把散射处理成为在无穷长时间内完成的过程，按不确定性关系，能量应当守恒。也就是说，$\boldsymbol{S}_{fi}$ 中除包含不散射的部分外，还必须包含一个能量守恒因子 $\delta(E_i-E_f)$。为了从 $\boldsymbol{S}$ 分离掉不散射的平庸情况，引入“**跃迁矩阵** $\boldsymbol{T}=\boldsymbol{S}-1$”，将发生散射的矩阵元 $\boldsymbol{S}_{fi}$ 写为

$$\boxed{\langle f|\boldsymbol{S}-1|i\rangle=\langle f|\boldsymbol{T}|i\rangle=-2\pi\mathrm{i}\delta(E_f-E_i)\langle f|T|i\rangle} \tag{8.25}$$

通过定义全部矩阵元，此方程又定义了“**在能量壳上的跃迁矩阵** $\boldsymbol{T}$”，$T_{fi}$ 的量纲是能量，它表示发生了保持能量守恒的状态变化的散射。这里引入因子 $2\pi\mathrm{i}$ 是为了下面计算方便。由于能量连续区内末态高度简并（包括出射动量方向的简并），会有很多能量相同的不同状态。

跃迁概率计算。上面跃迁是在无穷长时间 $(-\infty,+\infty)$ 内完成的，但通常感兴趣的是单位时间间隔内的跃迁概率——跃迁速率。下面由前者求出后者。在无穷长时间间隔内跃迁概率 $P_{i\to f}^{\infty}(i\neq f)$ 为

$$\begin{aligned}P_{i\to f}^{\infty}&=|\langle f|\boldsymbol{S}|i\rangle|^2=(2\pi)^2[\delta(E_f-E_i)]^2|\langle f|T|i\rangle|^2\\&=(2\pi)^2\delta(E_f-E_i)\left[\lim_{T\to\infty}\frac{1}{2\pi\hbar}\int_{-T/2}^{+T/2}\mathrm{e}^{\mathrm{i}t(E_f-E_i)/\hbar}\mathrm{d}t\right]|\langle f|T|i\rangle|^2\\&=\frac{2\pi}{\hbar}\delta(E_f-E_i)[\lim_{T\to\infty}T]|T_{fi}|^2\end{aligned}$$

于是跃迁速率 $\langle\overline{\mathrm{d}P/\mathrm{d}t}\rangle_{i\to f}$ 等于

$$\boxed{\left\langle\overline{\frac{\mathrm{d}P}{\mathrm{d}t}}\right\rangle_{i\to f}=\frac{P_{i\to f}^{\infty}}{\lim\limits_{T\to\infty}T}=\frac{2\pi}{\hbar}\delta(E_f-E_i)|T_{fi}|^2} \tag{8.26}$$

由此，跃迁速率 $\langle\overline{\mathrm{d}P/\mathrm{d}t}\rangle_{i\to f}$ 的计算就转化成相应跃迁矩阵元 $T_{fi}$ 的计算。

这里表达式中 $\delta$ 函数来源于跃迁末态是在能级连续区内。实际上感兴趣的是跃向 $E=E_f$ 附近的一组末态的概率。设在 $E=E_f$ 附近 $\mathrm{d}E$ 间隔、$(\theta,\varphi)$ 方向 $\mathrm{d}\Omega$ 立体角内的态数目为

$$\mathrm{d}N_f=\rho(E_f)\mathrm{d}E\mathrm{d}\Omega \tag{8.27}$$

于是向 $f$ 态附近的一组态跃迁的概率为

$$\left\langle\overline{\frac{\mathrm{d}P}{\mathrm{d}t}}\right\rangle_{i\to f}^{\text{Group}}=\frac{2\pi}{\hbar}\int_{E_f-\Delta E/2}^{E_f+\Delta E/2}\delta(E_i-E)|T_{fi}|^2\rho(E)\mathrm{d}E$$

假定 $\rho(E)$ 和 $T_{fi}$ 都是能量的缓变函数,就得到势散射中重要公式

$$\boxed{\overline{\left\langle\frac{\mathrm{d}P}{\mathrm{d}t}\right\rangle}_{i\to f}^{\text{Group}}=\frac{2\pi}{\hbar}\rho(E_f)\,|T_{fi}|^2\,\Big|_{E_i=E_f=E}} \tag{8.28}$$

这里,$\overline{\langle \mathrm{d}P/\mathrm{d}t\rangle}_{i\to f}^{\text{Group}}$ 的量纲为 1/(秒 · 单位立体角)。假如 $\rho(E_f)$ 还依赖于另外的变数比如 $\lambda$,则应将其替换成 $\sum\limits_{\lambda}\rho_\lambda(E_f)$。**含时微扰论中有类似公式,因为十分有用而被 Fermi 称为"2 号黄金规则"[15]。此处式(8.28)和该公式形式相似,但两者所含矩阵元不同。此处公式是严格而且普遍的,但 2 号黄金规则公式是一阶近似——所含矩阵元是相互作用 $V$ 对初、末态的矩阵元。**这一点在下面 $T$ 矩阵展开式中将看得更为清楚。

### 8.3.2　微分截面 $\sigma(\theta,\varphi)$ 计算

**微分截面 $\boldsymbol{\sigma(\theta,\varphi)}$ 的定义是:散射后,单位时间内进入方向 $(\boldsymbol{\theta},\boldsymbol{\varphi})$ 附近单位立体角内的散射粒子流 $\mathrm{d}\boldsymbol{I}(\boldsymbol{\theta},\boldsymbol{\varphi})/\mathrm{d}\boldsymbol{\Omega}$(量纲为粒子数/(秒 · 单位立体角))与入射粒子束流强度 $\boldsymbol{I}_0$(单位为粒子数/(秒 · cm$^2$))之比。即**

$$\boxed{\sigma(\theta,\varphi)\equiv\frac{\mathrm{d}\sigma}{\mathrm{d}\Omega}\equiv\frac{1}{I_0}\frac{\mathrm{d}I(\theta,\varphi)}{\mathrm{d}\Omega}} \tag{8.29}$$

显然,微分截面 $\sigma(\theta,\varphi)$ 的量纲为面积。上面说过,跃迁概率 $\omega_{i\to f}^{G}$ 是单位时间内向 $E_f$ 处 $f$ 态附近单位立体角内跃入末态的粒子数,所以有 $\overline{\langle \mathrm{d}P/\mathrm{d}t\rangle}_{i\to f}^{\text{Group}}=\mathrm{d}I(\theta,\varphi)/\mathrm{d}\Omega$。将其对入射流密度归一化即得微分截面 $\sigma(\theta,\varphi)$ 为

$$\boxed{\sigma(\theta,\varphi)=\frac{2\pi\rho(E_f)}{\hbar\quad I_0}|T_{fi}|^2\Big|_{E_i=E_f=E}} \tag{8.30}$$

显然,按入射流密度公式,当入射态取 $\mathrm{e}^{\mathrm{i}pz}$ 时,有 $\boldsymbol{I}_0=\boldsymbol{j}\boldsymbol{e}_z=(p/m)\mathrm{e}_z$。显然,这时 $I_0$ 的量纲并不正确。但只要在计算比值的分子、分母同时都用此入射态表达式,作为比值的截面就是正确的。总截面是微分截面 $\sigma(\theta,\varphi)$ 对全部立体角的积分

$$\sigma=\int\mathrm{d}\sigma=\int_{4\pi}\sigma(\theta,\varphi)\,\mathrm{d}\Omega \tag{8.31}$$

### 8.3.3　$\mathcal{T}$ 矩阵的幺正关系

为表示总截面和证明光学定理的需要,下面由 $\mathcal{S}$ 矩阵的幺正性(此问题下面将专门研究)引出 $\mathcal{T}$ 矩阵的幺正性关系。

根据 $\mathcal{S}=I+\mathcal{T}$,由两个关系式 $\mathcal{S}^+\mathcal{S}=I$,$\mathcal{S}\mathcal{S}^+=I$ 出发,得

---

[15] Fermi E. Nuclear Physics. University of Chicago Press, 1950:142; Schiff L I. Quantum Mechanics. McGraw-Hill Book Company, 1968, 35 节.

$$\boxed{\begin{cases}\mathcal{T}^{+}\mathcal{T}=-(\mathcal{T}^{+}+\mathcal{T})\\ \mathcal{T}\mathcal{T}^{+}=-(\mathcal{T}^{+}+\mathcal{T})\end{cases}} \tag{8.32}$$

对第一式取 $|f\rangle,|i\rangle$ 矩阵元，注意 $\langle f|\mathcal{T}|i\rangle=-2\pi i\delta(E_f-E_i)\langle f|T|i\rangle$，得

$$\begin{aligned}-2\pi i\delta(E_f-E_i)\langle f\mid T-T^{+}\mid i\rangle &=-\sum_m\langle f\mid\mathcal{T}^{+}\mid m\rangle\langle m\mid\mathcal{T}\mid i\rangle\\ &=-4\pi^2\sum_m\delta(E_f-E_m)\delta(E_m-E_i)\langle f\mid T^{+}\mid m\rangle\langle m\mid T\mid i\rangle\\ &=-4\pi^2\delta(E_f-E_i)\sum_m\delta(E_f-E_m)\langle f\mid T^{+}\mid m\rangle\langle m\mid T\mid i\rangle\end{aligned}$$

假如 $E_f\neq E_i$，则此等式为 $0=0$ 是平庸的；若 $E_f=E_i$，可从等式两边除去 $\delta(E_f-E_i)$

$$\boxed{i(T_{fi}-T_{if}^{*})=2\pi\sum_m\delta(E_i-E_m)T_{mf}^{*}T_{mi}} \tag{8.33a}$$

当 $f,i$ 改变时，这一系列非线性关系就是跃迁概率幅的幺正关系的最一般形式。注意，求和对所有可能的渐近自由态进行(如有束缚的渐近自由态也应包括在内)。

习题 8.4 证明算符 $\mathcal{T},\mathcal{T}^{+}$ 对易，接着证明式(8.33a)还可以写成

$$\boxed{i(T_{fi}-T_{if}^{*})=2\pi\sum_m\delta(E_i-E_m)T_{im}^{*}T_{fm}} \tag{8.33b}$$

## 8.3.4 光学定理

现在，依据 $T$ 矩阵的幺正关系可以将跃迁概率幅与总截面联系起来。这只需取 $i=f$，上面关系变成

$$\operatorname{Im}T_{ii}=-\pi\sum_m\delta(E_i-E_m)\,|T_{mi}|^2 \tag{8.34}$$

可是由前面叙述得知，单位时间内 $i\to m$ 的跃迁概率是

$$\left.\frac{dP}{dt}\right|_{i\to m}=\frac{2\pi}{\hbar}\delta(E_i-E_m)\,|T_{mi}|^2$$

所以

$$\operatorname{Im}T_{ii}=-\frac{\hbar}{2}\sum_m\left.\frac{dP}{dt}\right|_{i\to m}=-\frac{\hbar}{2}I_0\frac{\sum_m\left.\frac{dP}{dt}\right|_{i\to m}}{I_0}=-\frac{\hbar}{2}I_0\sigma_t$$

这里 $\sigma_t$ 是由总散射概率 $\sum_m\left.\frac{dP}{dt}\right|_{i\to m}$ 算出的总截面，$I_0=\hbar k/m$，最后有

$$\boxed{\sigma_t=-\frac{2m}{\hbar^2 k}\operatorname{Im}T_{ii}} \tag{8.35}$$

由矩阵 $T$ 含义可知，$T_{ii}$ 代表了虽然发生散射但偏角为零的那部分。**式(8.35)就是“光学定理”的一般形式。**对于势散射简单情况，可以进一步得到明确关系：$T_{ii}$ 正比

于弹性散射的朝前散射振幅 $f(0)$。从而，**光学定理可简述为：总截面正比于弹性散射朝前振幅的虚部**[16]。

### 8.3.5 末态密度计算

设末态为自由粒子，具有确定的能量和动量。将末态所占的相空间体积除以 Planck 常数三次方 $h^3$ 即得末态密度表达式

$$\begin{cases} \mathrm{d}N_f = \dfrac{1}{h^3} V p_f^2 \mathrm{d}p_f \mathrm{d}\Omega \\ \rho(E_f) = \dfrac{\mathrm{d}N_f}{\mathrm{d}E_f \mathrm{d}\Omega} = \dfrac{V p_f^2}{h^3} \dfrac{\mathrm{d}p_f}{\mathrm{d}E_f} \end{cases} \tag{8.36a}$$

注意，无论对非相对论和相对论性粒子或光子，都有

$$\boxed{\mathrm{d}p_f / \mathrm{d}E_f = E_f / c^2 p_f} \tag{8.36b}$$

于是，按各种情况代入比值 $E/p$，即得连续情况下的末态密度。

习题 8.5 推导非相对论粒子、相对论粒子和光子的态密度表达式。

最后指出，末态密度表达式中有时会出现箱归一化体积 $V$。这并无妨碍，因为跃迁矩阵元中末态波函数里也必定相应有因子 $1/\sqrt{V}$，彼此相消，最后跃迁概率结果并不含 $V$。初态情况也类似：其实初态一般不作箱归一，即便为箱归一，在跃迁矩阵元中初态所含因子 $1/\sqrt{V}$ 也必定和入射流强 $I_0$ 中此因子相抵消。

## 8.4 多道散射矩阵 $\boldsymbol{S}$

### 8.4.1 散射分道的概念

**首先**，列举多道反应的事例。大量有兴趣的散射过程是复合粒子碰撞，将出现多分道反应的复杂性。比如，由 $n$ 个粒子组成的像原子或原子核那样复合粒子参与碰撞，从而导致内部能级激发、束缚态分解、重新组合等。这时就说相应的散射分道开放了。举例，

$$\text{原子物理}\quad \mathrm{e}+\mathrm{H} \to \begin{cases} \mathrm{e}+\mathrm{H} & (\text{弹性散射道}) \\ \mathrm{e}+\mathrm{H}^* & (\text{激发道}) \\ 2\mathrm{e}+\mathrm{p} & (\text{电离道}) \end{cases}$$

$$\text{原子核物理}\quad \mathrm{d}+{}^7\mathrm{Li} \Rightarrow \begin{cases} \mathrm{d}+{}^7\mathrm{Li} & (\text{弹性散射道}) \\ \mathrm{d}+{}^7\mathrm{Li}^* & (\text{激发道}) \\ \mathrm{n}+2\,{}^4\mathrm{He}^* & (\text{重组—激发道}),\cdots \end{cases}$$

---

⑯ 光学定理解释可见张永德. 量子力学(第四版). 北京：科学出版社，2016，第 10 章.

$$\text{粒子物理}\quad \pi^- + p \to \begin{cases} \pi^- + p & \text{(弹性散射)} \\ \pi^- + p^* & \text{(激发)} \\ \pi^- + \pi^0 + p & \text{(新粒子产生)}, \cdots \\ K^0 + \Lambda^0 & \text{(新粒子产生)}, \cdots \end{cases}$$

**前两类例子有一个重要的共同的简化特征：能够将参与碰撞的粒子看成复合粒子，它们由一些更基本的组分粒子复合构成，而这些组分粒子在碰撞过程中种类和数目都守恒**（前者为 2 个电子 1 个质子；后者为 4 个质子 5 个中子）。**这正是中低能碰撞过程的特征。**因为碰撞粒子能量不够，不会出现基本组分粒子的产生、湮没和转化（$ee^+$ 湮没过程除外）。**也就是说，讨论给定组分复合粒子的非相对论碰撞时，只需要考虑这些组分粒子的各种可能的分拆与重组。这正是本书散射理论的任务。**由于量子碰撞理论内容十分丰富和冗繁，即便作了如此限制，本书也只能叙述理论的基础内容。

**其次**，再稍微仔细些叙述散射分道的概念。为避免符号的冗繁，以 3 粒子系统为例来叙述：$a$、$b$、$c$ 束缚态 $(bc)$、$(bc)^*$、$(ac)$。不考虑 3 粒子全束缚态，因为这个束缚态与散射态并不沟通。并假定芯 $c$ 很重，将它看成静止（这是为了消除质心运动，只考虑相对运动的一个简便办法）——但目前暂不对 $a$、$b$、$c$ 的质量做什么限制。这样，大致可以模拟为：例 1，$a$、$b$ 为电子，$c$ 为质子，此模型大体代表电子-质子、氢原子散射；例 2，$a$ 为质子，$b$ 为中子，$c$ 是某个稳定的核，如 $^{16}O$，这时 $(bc)={}^{17}O$，$(ac)={}^{17}F$，模型代表质子从 $^{17}O$ 上散射。为了确定，假定有兴趣于分解过程

$$a+(bc)\to a+b+c$$

人们立即可以看到，这个给定的初态 $a+(bc)$，经碰撞结果，除了出现这个感兴趣的特殊的末态之外，还将导致两个或多个稳定子系统的结果。将所有可能的组分（称每一个分组方式为一个“分道”）列举起来，并给以道的标号

| 散射道编号 | 0 | 1 | 2 | 3 |
|---|---|---|---|---|
| 散射道 | $a+b+c$ | $a+(bc)$ | $a+(bc)^*$ | $b+(ac)$ |

于是就说，上面所感兴趣的过程是从 1 道的入射态导致 0 道的出射态的过程。然而，一般地说，1 道的入射态经过碰撞可以导致 0、1、2、3 四个道中任一个道（或几个道叠加）的出射态，即

$$a+(bc)\to \begin{cases} a+b+c & \text{(碎裂)} \\ a+(bc) & \text{(弹性散射)} \\ a+(bc)^* & \text{(激发)} \\ b+(ac) & \text{(重组)} \end{cases}$$

即某个分道的一个末态也可以由几个不同分道的初态经碰撞演变而成。一般而言，四个道中的任一个道的末态都可以从同样四个道中的任一个道的初态演变而来。于是，一般地有 16 个性质上不同的过程。这种情况可以形象地表示为：

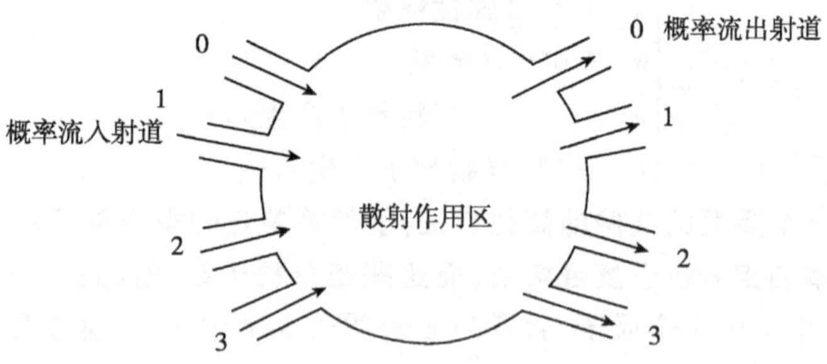


实际上，量子力学多道散射过程的入射态总是处于一个确定的分道内。这意味着全部概率流均自一个分道注入。而感兴趣的出射态通常是由各种可能分道的概率幅的相干叠加。于是，在测量坍缩后，概率流以确定的比例从几个分道流走。**一个分道就是一组粒子(基本的或复合的)进入或离开碰撞的一个状态。在非相对理论中，涉及的是基本粒子数目固定的系统($i=1,2,\cdots,N$)。下面总是取 $N$ 个粒子自由运动的分道为 0 道。其余分道 $\alpha=1,2,\cdots$ 就是这 $N$ 个粒子的这样一些分组。第 $\alpha$ 个分组(道 $\alpha$)有 $n_\alpha$ 个稳定"碎片"($2\leqslant n_\alpha<N$)，这些碎片或者是某些粒子本身，或者是部分碰撞粒子的某种束缚态。**

这里要指出，**认证一个分道必须规定两点：粒子的分组方式、每个碎片内部状态。**在现在的例子中，$(a+b+c)$、$(a+(bc))$、$(b+(ac))$ 这三个道是以不同分组相区分；而 $(a+(bc))$、$(a+(bc)^*)$ 则有相同的分组，但由不同的内部状态($(bc)$、$(bc)^*$)所区分。有时也用**"安置道"**名称，它被定义为：**有相同的安置或分组的一些道。**在现在例子中，$a+(bc)$、$a+(bc)^*$ 是同一个安置道。

**对一个给定系统，分道数目可以是有限的或无限的。**在现在例子(可看成典型的原子物理、核物理的例子)中，分道的数目是有限的。但是，吸引 Coulomb 势情况，道的数目是无限的(比如，e-H 系统就有无穷多个分道，因为氢原子有无限多个束缚态)。尽管从有限→无限变化不大，这里仍假定分道数目 $\alpha=1,\cdots,n$ 是有限的。

**再三，**对散射分道概念作些讨论：①经常会遇到把两个态是看成属于同一个分道或是不同分道的问题。比如，两个自旋朝上的电子和两个自旋朝下的电子，既可以认为属于不同的分道，也可以认为是同一个分道内不同的自旋状态。类似地，两个中子的状态与两个质子的状态既可以看成两个不同的分道，也可以看成同一分道内两个不同的同位旋状态。实践中，这类不确定性不会造成混乱。②**分道定义中含混之处是碎片的"稳定"问题。上述分道定义中一个实质性特征是，分道是一组能够进入或离开碰撞的"稳定"碎片。**理由是，分道规定了处于渐近自由态中的粒子的分组，而渐近自由态是由 $t\to\pm\infty$ 所规定的，只有稳定粒子才可以生存无穷长的时间，于是，至少在原则上每个分道都不应当包含**"不稳定"的碎片**。

然而,散射实验却常是用不稳定粒子做的(原子物理中测量激发原子截面;核物理中不稳定的中子是最常用的探测工具;几乎所有基本粒子都是不稳定的,许多寿命还特别短)。问题在于,当人们说到散射实验包含了不稳定的入射初态碎片的时候,**尽管这些碎片的寿命是短暂的,但仍然很长于实际碰撞的特征时间。于是人们可以等待就碰撞来说是一个"无穷长"的时间并且在它们衰变以前仍然能够很好地观测了这些"不稳定"的碎片。**

通常,一个系统是否可以看成稳定的,从而能够自洽地处理它们,这既是清楚的也是可能的。比如,计算中子从某核上散射时,说中子不稳定是指引起它衰变的力是弱相互作用,而中子与核的碰撞则完全由强相互作用(或许还有电磁相互作用)所决定。于是可以用完全忽略弱相互作用的方式处理这种碰撞。**一旦弱相互作用被"关闭",中子就是稳定的——是入、出射道中一个合格的碎片。类似地,在氢原子被电子激发中,只要能够忽略氢原子与辐射场的相互作用,氢原子激发态就是稳定的。**③还应当强调,关于零能量存在各种不同的选择。这里通常选定全部三个粒子相互分离足够远,并都处于静止状态下的能量为零。在非相对论问题中,理论上这是最自然的选择。因为,这样一来,总能量正好是全部动能加上全部势能(后者当足够远离时均趋于零)。然而,应当注意,从实验出发,比如在 $a+(bc)$ 道,选择零点的最自然办法是 $a$ 和 $(bc)$ 彼此足够分离和静止时的能量。这种选择和上面选择相差一个能量 $E_{(bc)}$。

**第四**,最后讨论分道开放与总能量的关系。实践中,实验总是以能量和动量都相当确定的初态进行的。由于能量与动量都守恒,这就意味着在一定的能量下,某些分道可能实现不了。比如,上面感兴趣的过程

$$a+(bc)\longrightarrow a+b+c$$

当入射动能不足以克服 $(bc)$ 的束缚结合能时,就不能发生。事实上,在现在模型中,有四个阈能。在每一个阈能之上相应分道才开放。如果假定三个束缚态 $(bc)$、$(bc)^*$、$(ac)$ 的能量顺序为

$$E_{(bc)}<E_{(bc)^*}<E_{(ac)}<0$$

于是有

$E<E_{(bc)}$,可以有全部 3 粒子的束缚态,但没有散射态

$E_{(bc)}-E_{(bc)^*}$,有 $a$ 从 $(bc)$ 上的散射,但无非弹性过程

$E_{(bc)^*}-E_{(ac)}$,激发是可能的,有 2 个分道开放,4 种过程

$E_{(ac)}\leqslant E<0$,分道 $b+(ac)$ 开放,共 3 个分道开放,9 种过程。

$0\leqslant E$,分解道 $a+b+c$ 开放,4 个分道全部开放,16 种过程可发生。比如,当 $E_{(bc)^*}\leqslant E<E_{(ac)}$ 时,有

$$a+(bc)\longrightarrow a+(bc)$$

$a+(bc)^* \to a+(bc)^*$

## 8.4.2　分道 Hamilton 量 $H^\alpha$ 与渐近态

1. $\alpha$ 道的 Hamilton 量 $H^\alpha$

为简明，忽略一般的多体作用、非局域作用、自旋有关力等(其实考虑它们是没有问题的)，只考虑两体作用。于是，三粒子系统的总 Hamilton 量为

$$H=\frac{\boldsymbol{p}_a^2}{2m_a}+\frac{\boldsymbol{p}_b^2}{2m_b}+\frac{\boldsymbol{p}_c^2}{2m_c}+V_{ab}(\boldsymbol{x}_{ab})+V_{ac}(\boldsymbol{x}_{ac})+V_{bc}(\boldsymbol{x}_{bc})\equiv H^0+V \tag{8.37a}$$

这里 $\boldsymbol{x}_{ij}\equiv\boldsymbol{x}_i-\boldsymbol{x}_j$；它决定了任何态随时间的发展。这时系统的一般轨道为

$$U(t)|\psi\rangle\equiv \mathrm{e}^{-\mathrm{i}\frac{Ht}{\hbar}}|\psi\rangle \tag{8.37b}$$

而 $|\psi\rangle$ 为三粒子 Hilbert 空间 $\mathscr{H}=\mathscr{L}^2(R^9)$ 中的任意态矢(注意，这里着重涉及的是不能平方可积的散射态。所有分道中的所有渐近态也都属于这个空间的态矢)。它的波函数由三个粒子的坐标所确定

$$\psi(\boldsymbol{x}_a,\boldsymbol{x}_b,\boldsymbol{x}_c)\equiv\psi(\underline{\underline{x}}),\quad \underline{\underline{x}}\equiv(\boldsymbol{x}_a,\boldsymbol{x}_b,\boldsymbol{x}_c) \tag{8.37c}$$

现在考虑一个来源于 0 道的散射轨道，也就是说来源于三个自由运动的粒子 $a+b+c$。这时有渐近关系

$$\mathrm{e}^{-\mathrm{i}\frac{Ht}{\hbar}}|\psi\rangle\xrightarrow{t\to-\infty}\mathrm{e}^{-\mathrm{i}\frac{H^0t}{\hbar}}|\psi_{\mathrm{in}}\rangle；\mathrm{e}^{-\mathrm{i}\frac{Ht}{\hbar}}|\psi\rangle\xrightarrow{t\to\infty}\mathrm{e}^{-\mathrm{i}\frac{H^0t}{\hbar}}|\psi_{\mathrm{out}}\rangle \tag{8.38}$$

这里 $|\psi_{\mathrm{in}}\rangle$ 是某个入射态，它的具体性质及波函数由下面决定。为同单道情况一样，这个渐近式对适当的态 $|\psi\rangle$ 以及当三粒子逐渐远离运动使得它们之间的相互作用逐渐失去作用时，是正确的。这以及下面的道 1 的结果，后面即将证明。再假定一根轨道发源于道 1：$a+(bc)$。于是对某些 $|\psi_{\mathrm{in}}\rangle$，有

$$\mathrm{e}^{-\mathrm{i}\frac{Ht}{\hbar}}|\psi\rangle\xrightarrow{t\to-\infty}\mathrm{e}^{-\mathrm{i}\frac{H^1t}{\hbar}}|\psi_{\mathrm{in}}\rangle \tag{8.39a}$$

这里

$$H^1=\frac{\boldsymbol{p}_a^2}{2m_a}+\frac{\boldsymbol{p}_b^2}{2m_b}+\frac{\boldsymbol{p}_c^2}{2m_c}+V_{bc} \tag{8.39b}$$

被称为“道 1 的 Hamilton 量”。当回溯该散射过程到散射前的初态时，体系状态为 $a+(bc)$，其时，两个粒子 $a$ 与 $(bc)$ 相距很远，因此在粒子 $a$ 与 $b$、$a$ 与 $c$ 之间的相互作用 $V_{ab}$、$V_{ac}$ 变得无关紧要。另外，在 $b$ 与 $c$ 之间的 $V_{bc}$ 却一直不曾丧失重要性。实际上，正是因为 $V_{bc}$ 存在，束缚态 $(bc)$ 当 $t\to-\infty$ 时仍保留为束缚态。于是，对于一根来源于道 1 的轨道，在碰撞前很久的 $H$ 中起有效作用的那部分并不是 $H^0$、$H$，而正是这个 $H^1$。至于其他分道 Hamilton 量及出射渐近情况，均完全类比于上面的叙述。总而言之，$\alpha$ 出射道或入射道的道 Hamilton 量 $H^\alpha$ 是系统在这 $\alpha$ 出射道或 $\alpha$ 入射道的渐近状态下的描叙体系中粒子运动的 Hamilton 量。

2. $\alpha$ 道的入、出射渐近态及 $\alpha$ 道子空间 $\varphi^{\alpha}$

上面叙述中，一个重要问题没说清，这就是 $|\psi_{\text{in}}\rangle$ 的性质问题。对发源于道 1 的散射轨道而言，入射态矢 $|\psi_{\text{in}}\rangle$ 必须是这样一些态矢，它们的波函数必须形如

$$\langle x|\psi_{\text{in}}\rangle=\chi(\boldsymbol{x}_a,\bar{\boldsymbol{x}}_{bc})\varphi_{(bc)}(\boldsymbol{x}_{bc})\quad(|\psi_{\text{in}}\rangle\in a+(bc))\tag{8.39c}$$

这里 $\bar{x}_{bc}$ 是 $b$，$c$ 粒子的质心坐标，$\boldsymbol{x}_{bc}$ 是它们的相对坐标。$\chi$ 是 $a$ 与 $(bc)$ 质心坐标的任一函数，描述入射粒子 $a$ 与 $(bc)$ 质心的任一运动；$\varphi$ 描述 $b$ 与 $c$ 的相对运动，即束缚态 $(bc)$ 的内部运动，因而是确定的。之所以这样是因为道 1 的 $H^1$ 采用 Jacobi 坐标⑰后可改写为

$$H^1=\frac{\boldsymbol{p}_a^2}{2m_a}+\frac{\bar{\boldsymbol{p}}_{bc}^2}{2M_{bc}}+\left(\frac{\boldsymbol{p}_{bc}^2}{2\mu_{bc}}+V_{bc}\right)\tag{8.39d}$$

这里 $\bar{\boldsymbol{p}}_{bc}$ 和 $\boldsymbol{p}_{bc}$ 分别是 $b$ 和 $c$ 的总动量算符和相对动量算符，$M_{bc}$ 和 $\mu_{bc}$ 分别是它们总质量和折合质量。小括号中的量是 $b$ 和 $c$ 的相对运动 Hamilton 量，它作用在 $\varphi_{(bc)}$ 上就简单地乘以 $E_{(bc)}$。于是

$$\mathrm{e}^{-\mathrm{i}\frac{H^1t}{\hbar}}|\psi_{\text{in}}\rangle=\exp\left[-\frac{\mathrm{i}}{\hbar}\left(\frac{\boldsymbol{p}_a^2}{2m_a}+\frac{\bar{\boldsymbol{p}}_{bc}^2}{2M_{bc}}+E_{(bc)}\right)t\right]|\psi_{\text{in}}\rangle\tag{8.39e}$$

从自由粒子时演算符对 Gauss 波包弥散作用可知(脚注⑮文献 78 页)，现在时演算符 $H^1$ 将使 $|\psi_{\text{in}}\rangle$ 中的 $\boldsymbol{x}_a$、$\bar{\boldsymbol{x}}_{bc}$ 两粒子波包(不包括 $(bc)$ 粒子的内部状态!)按 $t^{-3/2}$ 弥散。于是，不论式(8.39c)中 $\chi$ 形式如何，式(8.39e)的渐近行为均如同两个自由粒子(一个为 $a$，另一个为 $(bc)$ 的整体运动)的波包弥散。总体只差一个附加常相因子 $\mathrm{e}^{-\mathrm{i}E_{(bc)}t/\hbar}$。

这样一来，并不是 $\mathscr{H}$ 中每一个矢量 $|\psi_{\text{in}}\rangle$ 都能标以道 1 的入射渐近态。只有那些波函数形式为上面所描写的矢量才可以标以道 1 入(或出)射渐近态。在 $\mathscr{H}$ 中，有着部分态矢构成一个子空间，称为道 1 的子空间 $\varphi'$。**于是，来源于入射道 1 的轨道，其渐近轨道为道 1 子空间 $\boldsymbol{\varphi}'$ 中的某一入射渐近态乘以道 1 的时演算符所描绘。**对其他道，考虑完全类似。列表如表 8.1 所示。

---

⑰ 多粒子系统 Jacobi 坐标的定义是：$(\boldsymbol{r}_1,\boldsymbol{r}_2,\cdots,\boldsymbol{r}_N)\longrightarrow(\boldsymbol{\xi}_1,\boldsymbol{\xi}_2,\cdots,\boldsymbol{\xi}_N)$，

$$\boldsymbol{\xi}_1=\frac{m_1\boldsymbol{r}_1}{m_1}-\boldsymbol{r}_2=\boldsymbol{r}_1-\boldsymbol{r}_2,\boldsymbol{\xi}_2=\frac{m_1\boldsymbol{r}_1+m_2\boldsymbol{r}_2}{m_1+m_2}-\boldsymbol{r}_3,\cdots,\boldsymbol{\xi}_j=\frac{m_1\boldsymbol{r}_1+\cdots+m_j\boldsymbol{r}_j}{m_1+\cdots+m_j}-\boldsymbol{r}_{j+1},$$
$$\cdots,\boldsymbol{\xi}_N=\frac{m_1\boldsymbol{r}_1+\cdots+m_N\boldsymbol{r}_N}{m_1+\cdots+m_N}$$

其中 $\boldsymbol{\xi}_N$ 为系统质心坐标。注意孤立系应有平移不变性，计算表明，系统 Hamilton 量改变为

$$H=\sum_{j=1}^{N}-\frac{\hbar^2}{2m_j}\Delta_j+V(\boldsymbol{r}_1,\cdots,\boldsymbol{r}_N)=-\frac{\hbar^2}{2M}\widetilde{\Delta}_N+\sum_{j=1}^{N-1}-\frac{\hbar^2}{2\mu_j}\widetilde{\Delta}_j+W(\boldsymbol{\xi}_1,\cdots,\boldsymbol{\xi}_{N-1})$$

其中，$M=m_1+\cdots+m_N$，$\dfrac{1}{\mu_j}=\dfrac{1}{\sum_{k=1}^{j}m_k}+\dfrac{1}{m_{j+1}}$，$\widetilde{\Delta}_j=\dfrac{\partial^2}{\partial\xi_{j,x}^2}+\dfrac{\partial^2}{\partial\xi_{j,y}^2}+\dfrac{\partial^2}{\partial\xi_{j,z}^2}$。特例是两粒子系统：$N=2$，Jacobi 坐标简化为相对坐标和质心坐标。

**表 8.1 分道 Hamilton 量与分道子空间波函数**

| $\alpha$ | 分道 | 分道哈密顿量 $H^\alpha$ | 在分道子空间中 $\varphi^\alpha$ 典型波函数 |
|---|---|---|---|
| 0 | $a+b+c$ | $H^0=\sum_{i=1}^{3}\frac{p_i^2}{2m_i}$ | $\chi(\boldsymbol{x}_a,\boldsymbol{x}_b,\boldsymbol{x}_c)$ |
| 1 | $a+(bc)$ | $H^1=\sum_{i=1}^{3}\frac{p_i^2}{2m_i}+V_{bc}$ | $\chi(\boldsymbol{x}_a,\bar{\boldsymbol{x}}_{bc})\varphi_{(bc)}(\boldsymbol{x}_{bc})$ |
| 2 | $a+(bc)^*$ | $H^2=\sum_{i=1}^{3}\frac{p_i^2}{2m_i}+V_{bc}$ | $\chi(\boldsymbol{x}_a,\bar{\boldsymbol{x}}_{bc})\varphi_{(bc)^*}(\boldsymbol{x}_{bc})$ |
| 3 | $b+(ac)$ | $H^3=\sum_{i=1}^{3}\frac{p_i^2}{2m_i}+V_{ac}$ | $\chi(\boldsymbol{x}_b,\bar{\boldsymbol{x}}_{ac})\varphi_{(ac)}(\boldsymbol{x}_{ac})$ |

这里,$\chi$ 均为对自己宗量归一的任意函数。注意两点,其一,0 道的渐近态是全部三个粒子的任意运动(被 $H^0$ 作用且当 $t\to-\infty$后均趋于自由粒子),于是道 0 的子空间 $\varphi^0$ 就是整个 $\mathscr{H}$,也就是说 $\mathscr{H}$ 中的任一个态矢均可标以 0 道的入射渐近或出射渐近态⑱。其二,道 1、道 2 的 Hamilton 量 $H^1$、$H^2$ 是相同的。这对于任何同属一个安置道的两个道都是对的。

3. $N$ 粒子的一般情况

这时,$\alpha$ 道是将这 $N$ 个粒子分组为 $n_\alpha$ 个碎片($2\leqslant n_\alpha<N$),而每个碎片都是这 $N$ 个粒子中的一个或几个(组成一定的束缚态)。相应的 Hamilton 量 $H^\alpha$ 可以这样得到:从总的 $H$ 中除去联系于道 $\alpha$ 的不同碎片的位势

$$H^\alpha = H-\sum{}'V_{ij}\equiv H-V^\alpha \tag{8.40a}$$

这里 $\sum{}'$ 表示属于道 $\alpha$ 的不同碎片 $i,j$ 对之间位势之和,这部分位势之和又称道 $\alpha$ 的散射势 $V^\alpha$。当道 $\alpha$ 中粒子彼此远离时 $V^\alpha\to0$,若此部分位势本身就不存在,则 $\alpha$ 道入态不发生散射。

道 $\alpha$ 中的入(出)射渐近态由子空间 $\varphi^\alpha$ 中的波函数规定($\varphi^\alpha$ 由这些态组成)如下

$$\chi(\boldsymbol{y}_1,\cdots,\boldsymbol{y}_{n_\alpha})\varphi_1(\boldsymbol{z}_1)\cdots\varphi_{n_\alpha}(\boldsymbol{z}_{n_\alpha}) \tag{8.40b}$$

这里,$\chi$ 是 $n_\alpha$ 个碎片的质心坐标 $\boldsymbol{y}_1,\cdots,\boldsymbol{y}_{n_\alpha}$ 的一个任意归一化的函数,而 $\varphi_\nu(\boldsymbol{z}_\nu)$ 是第 $\nu$ 个碎片在内部坐标 $\boldsymbol{z}_\nu$ 下的束缚态波函数。若为单粒子,则 $\varphi_\nu=1$;有若为轨道角动量不为零的复合粒子,方便的是将之视为同一道(取向不同)中的不同取向的自旋。

---

⑱ 这是就理论原则而言。因为它们经 $H^0$ 作用自由演化波包弥散之后,这些初态波包均弥散为三个自由波包,代表自由运动;但就散射实践而言,入射 0 道的 $\chi$ 函数规定为三个 $\chi^{(x_i)}$ 的连乘。但三粒子散射可能性极小,可不予考虑。出射 0 道则为 $\mathscr{H}$ 中的全部散射态(除 $\mathscr{H}$ 中的所有束缚态之外)。

## 8.4.3 渐近条件与分道 Møller 算符

1. 渐近条件及证明

前面已经用到由道 $\alpha$ 来源的轨道 $U(t)|\psi\rangle$ 的渐近关系，现予证明。

**定理**[19] **如果粒子间的相互作用 $V_{ij}(x_{ij})$ 全部满足通常的假设：**

**(1) $r$ 增大时，$V(r)$ 比 $\frac{1}{r^3}$ 衰减还要快(其实，此即 $V(r)$ 可积条件)；**

**(2) 在原点，$V(r)$ 奇性低于 $\frac{1}{r^{3/2}}$；**

**(3) 除有限个有限间断点外是连续的。**

**那么，对任何分道的子空间 $\varphi^\alpha$ 的每一个矢量 $|\psi_{\text{in}}\rangle$，都存在一个矢量 $|\psi\rangle$，满足下面渐近关系**

$$\boxed{\mathrm{e}^{-\mathrm{i}\frac{Ht}{\hbar}}|\psi\rangle \xrightarrow{t\to-\infty} \mathrm{e}^{-\mathrm{i}\frac{H^\alpha t}{\hbar}}|\psi_{\text{in}}\rangle} \tag{8.41a}$$

**而对于 $\varphi^\alpha$ 中的每一个 $|\psi_{\text{out}}\rangle$，当 $t\to\infty$ 时类似关系成立**

$$\boxed{\mathrm{e}^{-\mathrm{i}\frac{Ht}{\hbar}}|\psi\rangle \xrightarrow{t\to+\infty} \mathrm{e}^{-\mathrm{i}\frac{H^\alpha t}{\hbar}}|\psi_{\text{out}}\rangle} \tag{8.41b}$$

**证：** 以第一式为例。即需证明

$$\{U(t)|\psi\rangle - U^\alpha(t)|\psi_{\text{in}}\rangle\} \xrightarrow{t\to-\infty} 0$$

左乘以 $U^+(t)$，得

$$\{|\psi\rangle - U^+(t)U^\alpha(t)|\psi_{\text{in}}\rangle\} \xrightarrow{t\to-\infty} 0$$

在这种形式下，问题变得很清楚：现在必须证明，对每一个 $|\psi_{\text{in}}\rangle$，矢量 $U^+(t)U^\alpha(t)|\psi_{\text{in}}\rangle$ 当 $t\to-\infty$ 时有极限存在。技巧在于将 $U^+(t)U^\alpha(t)$ 算符变成它的微商的积分形式

$$\frac{\mathrm{d}}{\mathrm{d}t}U^+(t)U^\alpha(t) = \mathrm{i}U^+(t)(H-H^\alpha)U^\alpha(t)$$

这里 $H-H^\alpha=V^\alpha$ 是 $\alpha$ 道联系于不同碎片之间的那些位势，均涉及两个粒子的坐标。按定理假设它们满足一定的条件，积分后得

$$U^+(t)U^\alpha(t)|\psi_{\text{in}}\rangle = |\psi_{\text{in}}\rangle + \mathrm{i}\int_0^t \mathrm{d}\tau U^+(\tau)V^\alpha U^\alpha(\tau)|\psi_{\text{in}}\rangle$$

由此可知，若问题有极限，当且仅当 $t\to-\infty$ 时，右边第二项积分收敛。由附录 B 知：若要 $|\psi_t\rangle = \int_0^t \mathrm{d}\tau|\varphi_\tau\rangle\ (t\to-\infty)$ 收敛，充分条件是 $\int_0^{-\infty}\mathrm{d}\tau\|\varphi_\tau\|<\infty$。于是，充分

[19] Taylor J R. Scattering Theory. John Wiley & Sons, Inc., 1972: 27. 另外，关于算符和态矢收敛问题，见本书附录 B。

条件是要求下述积分收敛

$$\int_{-\infty}^{0} \mathrm{d}\tau \, \| U^{+}(\tau) V^{\alpha} U^{\alpha}(\tau) \psi_{\mathrm{in}} \| < \infty$$

因为$U(t)$是幺正的，上式为

$$\int_{-\infty}^{0} \mathrm{d}\tau \, \| V^{\alpha} \mathrm{e}^{-\mathrm{i}H^{\alpha}\tau/\hbar} \psi_{\mathrm{in}} \| < \infty$$

由于$\mathrm{e}^{-\mathrm{i}H^{\alpha}\tau/\hbar}|\psi_{\mathrm{in}}\rangle$是以态矢$|\psi_{\mathrm{in}}\rangle$按$\alpha$道的$n_\alpha$个自由运动的碎片的轨道随时间演化着，因此如同单道情况，这些自由运动碎片的波包(至少是 Gauss 型的)随时间增加将按$t^{-3/2}$弥散。也就是说$U^{\alpha}(\tau)|\psi_{\mathrm{in}}\rangle$态的波函数随$\tau$按$\tau^{-3/2}$衰减。设(记$\mathrm{d}\underline{\underline{\boldsymbol{x}}} \equiv \mathrm{d}(\boldsymbol{x}_i \boldsymbol{x}_j)$)

$$\begin{aligned}
\| V^{\alpha} U^{\alpha}(\tau) \psi_{\mathrm{in}} \| &\equiv \langle \psi_{\mathrm{in}} | U^{\alpha+}(\tau) V^{\alpha *} V^{\alpha} U^{\alpha}(\tau) | \psi_{\mathrm{in}} \rangle \\
&= \iint \langle \psi_{\mathrm{in}} \mid U^{\alpha+}(\tau) \mid \underline{\underline{\boldsymbol{x}}}' \rangle \mathrm{d}\underline{\underline{\boldsymbol{x}}}' \langle \underline{\underline{\boldsymbol{x}}}' \mid | V^{\alpha} |^{2} \mid \underline{\underline{\boldsymbol{x}}}'' \rangle \mathrm{d}\underline{\underline{\boldsymbol{x}}}'' \langle \underline{\underline{\boldsymbol{x}}}'' \mid U^{\alpha}(\tau) \mid \psi_{\mathrm{in}} \rangle \\
&= \iint \langle \underline{\underline{\boldsymbol{x}}}' \mid U^{\alpha}(\tau) \mid \psi_{\mathrm{in}} \rangle^{*} \, \mathrm{d}\underline{\underline{\boldsymbol{x}}}' \mid V^{\alpha}(\underline{\underline{\boldsymbol{x}}}') \mid^{2} \delta(\underline{\underline{\boldsymbol{x}}}' - \underline{\underline{\boldsymbol{x}}}'') \mathrm{d}\underline{\underline{\boldsymbol{x}}}'' \langle \underline{\underline{\boldsymbol{x}}}'' \mid U^{\alpha}(\tau) \mid \psi_{\mathrm{in}} \rangle \\
&= \int | \langle \underline{\underline{\boldsymbol{x}}}' \mid U^{\alpha}(\tau) \mid \psi_{\mathrm{in}} \rangle |^{2} \cdot | V^{\alpha}(\underline{\underline{\boldsymbol{x}}}') |^{2} \mathrm{d}\underline{\underline{\boldsymbol{x}}}' = \int | f(\boldsymbol{x};\tau) |^{2} \cdot | V^{\alpha}(\underline{\underline{\boldsymbol{x}}}) |^{2} \mathrm{d}\underline{\underline{\boldsymbol{x}}} \\
&\leqslant \left| f(\underline{\underline{\boldsymbol{x}}}';\tau) \right|^{2}_{\substack{\max \\ (\underline{\underline{\boldsymbol{x}}} = \underline{\underline{\boldsymbol{x}}}')}} \cdot \int | V^{\alpha}(\underline{\underline{\boldsymbol{x}}}) |^{2} \mathrm{d}\underline{\underline{\boldsymbol{x}}} \leqslant c \mid f(\underline{\underline{\boldsymbol{x}}}';\tau) \mid^{2}
\end{aligned}$$

所以

$$\int_{-\infty}^{0} \mathrm{d}\tau \, \| V^{\alpha} U^{\alpha}(\tau) \psi_{\mathrm{in}} \| \leqslant c \int_{-\infty}^{0} \mathrm{d}\tau \cdot | f(\underline{\underline{\boldsymbol{x}}}';\tau) |^{2}$$

这个积分是收敛的，因为$f$对$\tau$的(当$\tau$足够大时)依赖关系为$\tau^{-3/2}$。显然，结果对$|\psi_{\mathrm{in}}\rangle$为有限个任意 Gauss 型波包之和的情况也成立。可以证明，当$|\psi_{\mathrm{in}}\rangle$为$\varphi^{\alpha}$中任意非 Gauss 型波包时，对于任给的小量$\varepsilon$，总存在有限个 Gauss 型波包之和的态矢$|\psi\rangle$，使$\| \psi_{\mathrm{in}} - \varphi \| < \varepsilon$成立。也就是说，总能用有限个 Gauss 型波包之和以任给的精度逼近任意非 Gauss 型波包$|\psi_{\mathrm{in}}\rangle$。于是上面结果对$\varphi^{\alpha}$中任一态矢$|\psi_{\mathrm{in}}\rangle$均成立。

证毕。

习题 8.6　设单道一个粒子，$V = |\zeta\rangle\langle\zeta|$。$|\boldsymbol{S}\rangle$为单粒子 Hilbert 空间中的一个固定态矢。验证渐近条件(8.41)成立。

2. 分道 Møller 算符 $\Omega^{\alpha}_{\pm}$

由于下式成立

$$\{ |\psi\rangle - \mathrm{e}^{\mathrm{i}Ht/\hbar} \mathrm{e}^{-\mathrm{i}H^{\alpha}t/\hbar} |\psi_{\mathrm{in}}\rangle \} \xrightarrow{t \to -\infty} 0 \tag{8.42a}$$

于是有

$$\boxed{|\psi\rangle = \mathrm{e}^{\mathrm{i}Ht/\hbar} \mathrm{e}^{-\mathrm{i}H^{\alpha}t/\hbar} |\psi_{\mathrm{in}}\rangle \equiv \Omega^{\alpha}_{+} |\psi_{\mathrm{in}}\rangle} \tag{8.42b}$$

由系统空间平移不变性，于是

$$\mathscr{H} = \mathscr{H}_{\mathrm{cm}} \otimes \mathscr{H}_{\mathrm{rel}}, \quad \mathscr{H}^{\alpha} = \mathscr{H}_{\mathrm{cm}} \otimes \mathscr{H}^{\alpha}_{\mathrm{rel}}$$

$$\begin{cases} U^{+}(t)=\mathrm{e}^{\mathrm{i}H_{\mathrm{cm}}t/\hbar}\otimes \mathrm{e}^{\mathrm{i}H_{\mathrm{rel}}t/\hbar} \\ U^{\alpha}(t)=\mathrm{e}^{-\mathrm{i}H_{\mathrm{cm}}t/\hbar}\otimes \mathrm{e}^{-\mathrm{i}H^{\alpha}_{\mathrm{rel}}t/\hbar} \end{cases}$$

所以

$$U^{+}(t)U^{\alpha}(t)=I_{\mathrm{cm}}\otimes \mathrm{e}^{\mathrm{i}H_{\mathrm{rel}}t/\hbar}\,\mathrm{e}^{-\mathrm{i}H^{\alpha}_{\mathrm{rel}}t/\hbar}$$

即

$$\boxed{\begin{cases} \Omega^{\alpha}_{+}=I_{\mathrm{cm}}\otimes \Omega^{\alpha}_{+} \\ \Omega^{\alpha}_{+}=\lim\limits_{t\to-\infty}\mathrm{e}^{\mathrm{i}H_{\mathrm{rel}}t/\hbar}\,\mathrm{e}^{-\mathrm{i}H^{\alpha}_{\mathrm{rel}}t/\hbar} \end{cases}} \tag{8.43a}$$

对 $\alpha$ 道得出射渐近态 $|\psi_{\mathrm{out}}\rangle\in\varphi^{\alpha}$,也有类似叙述

$$\begin{cases} \Omega^{\alpha}_{-}\equiv\lim\limits_{t\to+\infty}\mathrm{e}^{\mathrm{i}Ht/\hbar}\,\mathrm{e}^{-\mathrm{i}H^{\alpha}t/\hbar} \\ |\psi\rangle=\Omega^{\alpha}_{-}\,|\psi_{\mathrm{out}}\rangle \end{cases}\quad \left(\begin{cases} \Omega^{\alpha}_{-}=I_{\mathrm{cm}}\otimes\Omega^{\alpha}_{-,\mathrm{rel}} \\ \Omega^{\alpha}_{-,\mathrm{rel}}=\lim\limits_{t\to+\infty}\mathrm{e}^{\mathrm{i}H_{\mathrm{rel}}t/\hbar}\,\mathrm{e}^{-\mathrm{i}H^{\alpha}_{\mathrm{rel}}t/\hbar} \end{cases}\right) \tag{8.43b}$$

括号中的 $\Omega^{\alpha}_{-,\mathrm{rel}}$属于相对运动,同上面类似。

**需要说明几点:第一,**$|\psi_{\mathrm{in}}\rangle$是 $\varphi^{\alpha}$ 中的任一态矢,其具体含义(如其波函数)见前。**第二,**$\Omega^{\alpha}_{+}$是道 $\alpha$ 的 Møller 算符,每个分道都有,其含义由此处极限式决定,它的定义域空间就是 $\varphi^{\alpha}$(详见后面)。**第三,**它的映射空间为$\mathcal{R}^{\alpha}_{+}$,即由此处决定的矢量$|\psi\rangle$是系统的这样的实际态,它是由道 $\alpha$ 中标记以$|\psi_{\mathrm{in}}\rangle$的渐近入射态发展而来的。**第四,**整个渐近条件确保了分道子空间 $\varphi^{\alpha}$ 中的每一矢量都可以被称为道 $\alpha$ 的入射渐近态。通过相应的 Møller 算符作用,映射到系统的一个实际态上。**第五,**注意,$\Omega^{\alpha}_{\pm}$上面表达式只表明它们是等距算符,并不表明它们是幺正的。按附录 B 第 II 节算符取极限叙述,一般说来,$\Omega^{\alpha\,+}_{\pm}\neq\lim\limits_{t\to\mp\infty}\mathrm{e}^{\mathrm{i}H^{\alpha}t/\hbar}\,\mathrm{e}^{-\mathrm{i}Ht/\hbar}$。实际上,当存在束缚态时此式右边极限并不存在(用束缚态右乘,注意束缚态被 $H^{\alpha}$ 作用不会属于 $\varphi^{\alpha}$[20])。**第六,**如图 8.1 所示。

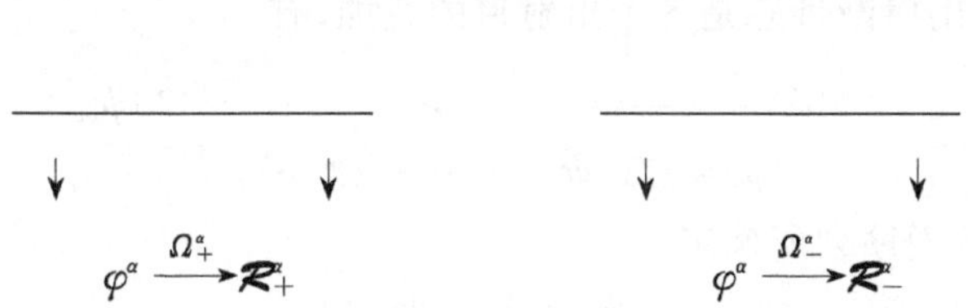


图 8.1

3. 散射概率用分道 Møller 算符矩阵元表示

现在问:一个系统,它的 $\varphi^{\alpha}$ 中的渐近态$|\varphi\rangle$在 $\alpha$ 道进入一次碰撞,则观察到它在 $\varphi^{\alpha'}$中 $\alpha'$道内$|\varphi'\rangle$出射渐近态上的概率是多少?

因入射态是 $\alpha$ 道的$|\varphi\rangle$,于是 $t=0$ 时的实际态是 $\Omega^{\alpha}_{+}|\varphi\rangle$。如果出射态将是 $\alpha'$道

[20] 详见下面式(8.59)论述;亦可参见脚注[18]文献,37 页,习题 2.3。

的$|\varphi'\rangle$,则在 $t=0$ 时的实际态必须要是 $\Omega_-^{\alpha'}|\varphi'\rangle$。这样,所求概率幅正是这两个态的覆盖。于是所求概率为

$$P(\varphi',\alpha'\leftarrow\varphi,\alpha)=|\langle\varphi'|\Omega_-^{\alpha'+}\Omega_+^{\alpha}|\varphi\rangle|^2 \tag{8.44}$$

## 8.4.4 多道散射矩阵 $\boldsymbol{S}$

1. 散射态的叠加与分解

上面讨论的都是从一个确定的入射道发展而来,或向一个确定的出射道发展而去的散射轨道(散射态)。这肯定不是一般的散射轨道(散射态)。比如,假定$|\psi^1\rangle$、$|\psi^2\rangle$分别是从两个不同入射道 1、2 的两个渐近态发展而来,即

$$|\psi^1\rangle=\Omega_+^1|\psi_{\text{in}}^1\rangle,\quad |\psi^2\rangle=\Omega_+^2|\psi_{\text{in}}^2\rangle$$

态叠加原理主张,矢量$|\psi\rangle=|\psi^1\rangle+|\psi\rangle$定义了一个物理上允许的态。于是可以问:由此$|\psi\rangle$所确定的轨道的渐近形式是怎样的呢?显然为

$$\mathrm{e}^{-\mathrm{i}Ht/\hbar}|\psi\rangle=\mathrm{e}^{-\mathrm{i}Ht/\hbar}(|\psi^1\rangle+|\psi^2\rangle)$$

$$\xrightarrow{t\to-\infty}\mathrm{e}^{-\mathrm{i}H^1t/\hbar}|\psi_{\text{in}}^1\rangle+\mathrm{e}^{-\mathrm{i}H^2t/\hbar}|\psi_{\text{in}}^2\rangle$$

也就是说,这个轨道来源于道 1、道 2 的两个入射态的叠加。于是,当然应当认为最一般的散射轨道将是来源于全部可能的入射道的一个叠加。也就是说,一般的散射轨道应有如下渐近形式

$$|\psi\rangle=\Omega_+^0|\psi_{\text{in}}^0\rangle+\cdots+\Omega_+^n|\psi_{\text{in}}^1\rangle \tag{8.45a}$$

既然一般入射渐近态是各个入射道的叠加,为了证认一般的入射渐近态$|\psi\rangle$,只要规定下面序列即可

$$\{|\psi_{\text{in}}^0\rangle,\cdots,|\psi_{\text{in}}^n\rangle\} \tag{8.45b}$$

这里,$|\psi_{\text{in}}^{\alpha}\rangle$是一般的入射渐近态$|\psi\rangle$在相应入射 $\alpha$ 道里的分量。

类似地,一般出射渐近态是各个出射道的叠加,有

$$\mathrm{e}^{-\mathrm{i}Ht/\hbar}|\psi\rangle\xrightarrow{t\to+\infty}\mathrm{e}^{-\mathrm{i}H^0t/\hbar}|\psi_{\text{out}}^0\rangle+\cdots\mathrm{e}^{-\mathrm{i}H^nt/\hbar}|\psi_{\text{out}}^n\rangle$$

$$|\psi\rangle=\Omega_-^0|\psi_{\text{out}}^0\rangle+\cdots+\Omega_-^n|\psi_{\text{out}}^n\rangle \tag{8.46a}$$

它的渐近形式由下面序列所确定

$$\{|\psi_{\text{out}}^0\rangle,\cdots,|\psi_{\text{out}}^n\rangle\} \tag{8.46b}$$

应当指出,**实践中入射态总是处在一个确定的道 $\boldsymbol{\alpha}$ 中**,即由序列

$$\{0,\cdots,0,|\psi_{\text{in}}^{\alpha}\rangle,0,\cdots,0\} \tag{8.45c}$$

所确定。而另一方面,**出射态却一般总是几个道的叠加**(除非所有非弹性过程由于能量不够而全部关闭这一特殊情况)。在入射态与出射态之间的这种不对称性仅是实践中能够实现的实验类型的反映。原则上,如同出射态那样,入射态也可以是所有道的任意叠加。

总之,就一般情况而言,每个散射态所确定的一根轨道,当 $t\to\pm\infty$ 时其渐近行

为如上面那样是由不同道的入(出)射渐近轨道的叠加。

2. 渐近态空间 $\mathscr{H}_{as}$

既然多道系统的一般入射渐近态由序列式(8.45)决定,**全体入射渐近态撑开一个渐近态空间** $\mathscr{H}_{as}$,它有以下直和形式

$$\mathscr{H}_{as}=\varphi^0\oplus\cdots\oplus\varphi^n \tag{8.47}$$

**这个新空间大于 $\mathscr{H}$,因为 $\varphi^0$ 就已经等于 $\mathscr{H}$ 了。这个空间里每个态矢都标记着一个渐近态,反之亦然。在 $\mathscr{H}_{as}$ 中定义一个线性算符 $\Omega_+$**

$$\Omega_+|\psi_{in}\rangle\equiv\Omega_+^0|\psi_{in}^0\rangle+\cdots+\Omega_+^n|\psi_{in}^n\rangle=|\psi\rangle$$

此定义所含代数运算中,$\Omega_+$ 可能是$(\Omega_+^0,\cdots,\Omega_+^n)$;$|\psi_{in}\rangle$ 可能是 $\begin{pmatrix}|\psi_{in}^1\rangle\\ \vdots\\ |\psi_{in}^n\rangle\end{pmatrix}$。即有 $n$ 维代数运算

$$\boxed{|\psi\rangle=\Omega_+|\psi_{in}\rangle} \tag{8.48a}$$

这样,入射渐近态被简单地记为$|\psi_{in}\rangle$。根据这个定义,**$\Omega_+$ 将 $\mathscr{H}_{as}$ 映射到 $\mathscr{H}$ 中的 $\mathscr{R}$,映到 $\mathscr{H}$ 中的 $t=0$ 的实际态中的散射态 $|\psi\rangle=\Omega_+|\psi_{in}\rangle$。**

类似定义 $\Omega_-$,使得 $t=0$ 的实际态$|\psi\rangle$相应于一出射渐近态$|\psi_{out}\rangle$为

$$\boxed{|\psi\rangle=\Omega_-|\psi_{out}\rangle} \tag{8.48b}$$

不难证明,**只要理论是渐近完备的(渐近完备性叙述见 9.5.3 节或附录 C),$\Omega_+$ 便是从 $\mathscr{H}_{as}$ 到 $\mathscr{R}$ 的等距映射。**

**证:** 以 2 个道,即 $n=2$ 为例。一方面

$$\|\psi_{in}\|=\|\{|\psi_{in}^1\rangle|\psi_{in}^2\rangle\}\|=\langle\psi_{in}^1|\langle\psi_{in}^1\rangle+\langle\psi_{in}^2|\psi_{in}^2\rangle$$

另一方面,有

$$\begin{aligned}\|\Omega_+|\psi_{in}\rangle\|&=(\langle\psi\psi_{in}^1|\Omega_+^{1+}+\langle\psi_{in}^2|\Omega_+^{2+})\cdot(\Omega_+^1|\psi_{in}^1\rangle+\Omega_+^2|\psi_{in}^2\rangle)\\&=\langle\psi_{in}^1|\Omega_+^{1+}\Omega_+^1|\psi_{in}^1)+\langle\psi_{in}^1|\Omega_+^{1+}\Omega_+^2|\psi_{in}^2)+\langle\psi_{in}^2|\Omega_+^{2+}\Omega_+^1|\psi_{in}^1)\\&\quad+\langle\psi_{in}^2|\Omega_+^{2+}\Omega_+^2|\psi_{in}^2)\\&=\langle\psi_{in}^1|\Omega_+^{1+}\Omega_+^1|\psi_{in}^1)+\langle\psi_{in}^2|\Omega_+^{2+}\Omega_+^2|\psi_{in}^2)=\langle\psi_{in}^1|\psi_{in}^1\rangle+\langle\psi_{in}^2|\psi_{in}^2\rangle\end{aligned}$$

证毕。

进一步,显然 $\Omega_+$ 在 $\varphi^1\oplus\varphi^2$ 上处处有定义;在 $\mathscr{R}=\mathscr{R}_+^1\oplus\mathscr{R}_+^2$ 中每一矢量均由 $\varphi^1\oplus\varphi^2\equiv\varphi$ 中某一矢量经 $\Omega_+$ 作用而得。于是情况可总结为

$$\mathscr{H}_{as}\xrightarrow{\Omega_+\text{等距}}\mathscr{R}\xleftarrow{\Omega_-\text{等距}}\mathscr{H}_{as} \tag{8.49a}$$

或矢量形式

$$|\psi_{in}\rangle\xrightarrow{\Omega_+}|\psi\rangle\xrightarrow{\Omega_-}|\psi_{out}\rangle \tag{8.49b}$$

入渐近态→$t=0$ 实际散射态→出渐近态。

3. 散射矩阵 $\boldsymbol{S}$

有了上面的 $\mathcal{H}_{as}$ 以及定义在其上的 $\Omega_{\pm}$，就可以如同单道那样，接着去定义 $\boldsymbol{S}$ 了。由于 $|\psi\rangle=\Omega_{-}|\boldsymbol{\Psi}_{out}\rangle$，所以有

$$|\boldsymbol{\Psi}_{out}\rangle=\Omega_{-}^{+}|\psi\rangle$$

即

$$|\boldsymbol{\Psi}_{out}\rangle=\Omega_{-}^{+}|\psi\rangle=\Omega_{-}^{+}(\Omega_{+}|\boldsymbol{\Psi}_{in}\rangle)$$

**定义散射算符 $\boldsymbol{S}$，它把 $\mathcal{H}_{as}$ 中每个入射渐近态映射到出射渐近态**

$$\boldsymbol{S}=\Omega_{-}^{+}\Omega_{+} \tag{8.50}$$

$$\boxed{|\boldsymbol{\Psi}_{out}\rangle=\boldsymbol{S}|\boldsymbol{\Psi}_{in}\rangle} \tag{8.51}$$

**此处散射算符 $\boldsymbol{S}$ 是两个 $\boldsymbol{\Omega}$ 的并矢乘积，其矩阵元为 $\boldsymbol{\Omega}_{(-)}^{\alpha'+}\boldsymbol{\Omega}_{(+)}^{\alpha}=(\boldsymbol{S})_{\alpha'\alpha}$。**

**由于 $\boldsymbol{S}$ 是从 $\mathcal{H}_{as}$ 到 $\mathcal{H}_{as}$ 的等距映射，因此它是幺正算符，这和单道情况相同。**若一系统，以 $\mathcal{H}_{as}$ 中的 $|\Phi\rangle$ 作为入射渐近态进入碰撞，则观察到它以出射渐近态 $|\Phi'\rangle$ 离开碰撞的概率幅就是矩阵元 $\langle\Phi'|\boldsymbol{S}|\Phi\rangle$

$$\boxed{P(\Phi'\leftarrow\Phi)=|\langle\Phi'|\boldsymbol{S}|\Phi\rangle|^{2}=|\langle\Phi'|\Omega_{-}^{+}\Omega_{+}|\Phi\rangle|^{2}} \tag{8.52}$$

实际实验中的初态总是制备在一个确定的分道里，入射渐近态 $|\Phi\rangle$ 的形式为 $|\Phi\rangle=\{0,\cdots,0,|\varphi\rangle,0,\cdots,0\}$。这里 $|\varphi\rangle$ 属于一个确定的 $\varphi^{\alpha}$。当然，对应的出射渐近态 $\boldsymbol{S}|\Phi\rangle$ 一般并不归属于某一个道。然而，实践中总是只检测处在某一确定道内的末态，也就是说实践中感兴趣的总是 $|\Phi'\rangle$ 的如下形式：$|\Phi'\rangle=\{0,\cdots,0,|\varphi'\rangle,0,\cdots,0\}$，$|\Phi'\rangle$ 也是在一个特定的 $\varphi^{\alpha'}$ 中。对于这些态，有

$$\Omega_{+}|\Phi\rangle=\Omega_{+}^{\alpha}|\varphi\rangle,\quad \Omega_{-}|\Phi'\rangle=\Omega_{-}^{\alpha'}|\varphi'\rangle$$

相应的概率可以简化为

$$P(\Phi',\alpha'\leftarrow\Phi,\alpha)=|\langle\Phi'|\Omega_{-}^{\alpha'+}\Omega_{+}^{\alpha}|\Phi\rangle|^{2} \tag{8.53}$$

于是可以看到，如果只需要计算两个特定分道之间的跃迁概率，本来可以不需要引入 $\mathcal{H}_{as}$ 空间。仅当想把所要求的概率幅表达为一个单一的幺正算符 $\boldsymbol{S}$ 的矩阵元形式时，才需要这个空间。毫无疑问，在 NRQM 中，描述 $N$ 个粒子系统演化的基本 Hilbert 空间是 $\mathcal{H}=\mathcal{L}^{2}(R^{3N})$（如果需要可乘以适当的自旋子空间）。$\mathcal{H}_{as}$ 是一个引入的辅助空间，引入它是由于它能提供对一般渐近态的最自然的标记。

但在 RQFT 中，绝不如此清晰。比如，系统经历如下过程[21]

$$\pi^{-}+\mathrm{p}\rightarrow\begin{cases}\mathrm{K}^{0}+\Lambda^{0}\\ \pi^{-}+\pi^{0}+\pi^{0}+\mathrm{p}\end{cases}$$

**对描叙这个系统而言，（除非引入夸克场）什么空间是基本空间 $\mathcal{H}$ 并不清楚，因为这个系统究竟是由什么基本成分组成的并不清楚。但另一方面，空间 $\mathcal{H}_{as}$ 的构造则不**

---

[21] 质子和 $\Lambda$ 超子的重子数为 1，$\pi$ 介子和 K 介子的重子数为零。

**存在问题。**每一个配置 $\pi^- + p$、$K^0 + \Lambda^0$、$\pi^- + \pi^0 + \pi^0 + p$ 确定一个分道和分道空间 $\varphi^\alpha$，而 $\mathscr{H}_{as}$ 正是这些空间的直和(通常有无限多个分道)。可以说，有关 $\mathscr{H}_{as}$ 和 $\mathscr{H}$ 这两个空间的最极端的观点是在解析 $\mathcal{S}$——矩阵理论中所经常采用的观点[22]，即**所有物理实验实质上都是散射实验。于是所有信息都包含在 $\mathcal{S}$ 矩阵中，它是 $\mathscr{H}_{as}$ 的某种自身映射。至此已经足够了。**因此，不论是否可以找到描叙系统全部时间演化和在入射、出射渐近态之间"内插空间"$\mathscr{H}$，此问题在一个满意的可经受实验检验的散射理论中似乎不占什么重要的地位。

## 8.5 多道散射截面计算

### 8.5.1 动量空间基矢

1. 问题的提出

前面说过，一个多道散射轨道的入渐近和出渐近态分别由两个矢量表示。两个矢量中每一个分量都被看成渐近态在道 $\alpha$ 的分量。这两个矢量均属于渐近态空间 $\mathscr{H}_{as}$。多道散射过程就是通过幺正算符 $\mathcal{S}$ 将一个矢量映射为另一个矢量的映射过程。

正如同单道情况那样，用于表达实验截面的正是 $\mathcal{S}$ 的动量空间的矩阵元。因此必须首先讨论 $\mathscr{H}_{as}$ 的动量空间基矢。这个基矢将是单粒子 $|\boldsymbol{p}\rangle$、两粒子 $|\boldsymbol{p}_1, \boldsymbol{p}_2\rangle \equiv |\boldsymbol{p}, \boldsymbol{p}\rangle$ 的推广。为简单明了起见，仍采用以前的三粒子 $a$、$b$、$c$ 模型。

同时，由于 $\mathscr{H}_{as}$ 是由道空间 $\varphi^\alpha$ 的直和构成的，所以从对每个 $\varphi^\alpha$ 构造一个基来开始。

2. 0 道动量空间基

在 0 道中，$a$、$b$、$c$ 均自由运动，一般的渐近态由全部三个位置的一个任意波函数 $\chi(\boldsymbol{x}_a, \boldsymbol{x}_b, \boldsymbol{x}_c)$ 标志。相应基矢显然由三粒子的动量本征态给出：$|\boldsymbol{p}_a, \boldsymbol{p}_b, \boldsymbol{p}_c; 0\rangle \equiv |p; 0\rangle$(这里及以下均为非正规态矢)。波函数及归一化为(以下取 $\hbar = 1$)

$$\begin{cases} \langle x | p; 0\rangle = (2\pi)^{-9/2} \exp[\mathrm{i}(\boldsymbol{p}_a \cdot \boldsymbol{x}_a + \boldsymbol{p}_b \cdot \boldsymbol{x}_b + \boldsymbol{p}_c \cdot \boldsymbol{x}_c)] \\ \langle p', 0 | p; 0\rangle = \delta_3(\boldsymbol{p}'_a - \boldsymbol{p}_a)\delta_3(\boldsymbol{p}'_b - \boldsymbol{p}_b)\delta_3(\boldsymbol{p}'_c - \boldsymbol{p}_c) \equiv \delta_9(p' - p) \end{cases} \tag{8.54a}$$

这里基矢自然是 0 道的自由粒子 Hamilton 量的本征态矢

$$H^0 |p; 0\rangle = \left(\frac{p_a^2}{2m_a} + \frac{p_b^2}{2m_b} + \frac{p_c^2}{2m_c}\right) |p; 0\rangle = E_p^0 |p; 0\rangle \tag{8.54b}$$

---

㉒ 例如，Ziman J M. Elements of Advanced Quantum theory. Reprinted, 1980: 207; Eden R T, et al. The Analytic S Matrix. Cambridge University Press, Cambridge, 1966.

3.1 道动量空间基

1 道为 $a+(bc)$，渐近态由下面波函数规定

$$\chi(\boldsymbol{x}_a,\bar{\boldsymbol{x}}_{bc})\varphi_{(bc)}(\boldsymbol{x}_{bc})$$

这里 $\chi$ 是 $a$ 粒子及 $b,c$ 粒子(它俩被束缚在束缚态波函数 $\varphi_{(bc)}$ 中)的质心坐标的任意归一函数。由于 $\varphi_{(bc)}$ 已固定，这些函数可以被带有固定函数 $\varphi_{(bc)}(\boldsymbol{x}_{bc})$ 的关于 $\boldsymbol{x}_a$ 和 $\boldsymbol{x}_{bc}$ 为平面波的乘积的函数所撑开。也就是说，相应的基矢是

$$|\boldsymbol{p}_a,\boldsymbol{p}_{bc};1\rangle\equiv|p;1\rangle \tag{8.55a}$$

此基矢和下面波函数相对应

$$\begin{cases}\langle x|p;1\rangle=(2\pi)^{-3}\exp[\mathrm{i}(\boldsymbol{p}_a\cdot\boldsymbol{x}_a+\bar{\boldsymbol{p}}_{bc}\cdot\bar{\boldsymbol{x}}_{bc})]\varphi_{(bc)}(\boldsymbol{x}_{bc})\\ \langle p',1|p;1\rangle=\delta_3(\boldsymbol{p}'_a-\boldsymbol{p}_a)\delta_3(\bar{\boldsymbol{p}}'_{bc}-\bar{\boldsymbol{p}}_{bc})\equiv\delta_6(p'-p)\end{cases} \tag{8.55b}$$

这些矢量代表这样一些态，在这些态中，$a$ 粒子有动量 $\boldsymbol{p}_a$ 的运动，而 $b$ 与 $c$ 束缚在束缚态 $\varphi_{(bc)}$ 中，其质心以动量 $\bar{\boldsymbol{p}}_{(bc)}$ 运动。在写 $|p;1\rangle$ 时，其实并不需要特别规定出 $\varphi_{(bc)}$，因为这个信息已经包含在道 1 的标号中了。道 1 的渐近态的能量算符就是道 Hamilton量 $H^1$。矢量 $|p,1\rangle$ 自然是这个算符的本征态

$$H^1|p;1\rangle=\left(\frac{\boldsymbol{p}_a^2}{2m_a}+\frac{\bar{\boldsymbol{p}}_{bc}^2}{2M_{bc}}+E_{(bc)}\right)|p;1\rangle=E_p^1|p;1\rangle \tag{8.55c}$$

其中，$E_{(bc)}=\dfrac{\boldsymbol{p}_{bc}^2}{2\mu_{bc}}+V_{(bc)}$。这里 $E_{(bc)}$ 是束缚态 $(bc)$ 的内能。于是，非正规态矢 $|p,1\rangle$ 就代表了在道 1 中有确定能量 $E_{\underline{p}}^1$ 的入射态和出射态。其他道的动量表象基矢可用完全同样的办法构造，列表如表 8.2 所示。

**表 8.2**

| $\alpha$ | 道 | 波函数 $\langle\underline{x}\vert\underline{p},\alpha\rangle$ | 能量 $E_p^\alpha$ |
|---|---|---|---|
| 0 | $a+b+c$ | $(2\pi)^{-9/2}\exp[\mathrm{i}(\boldsymbol{p}_a\cdot\boldsymbol{x}_a+\boldsymbol{p}_b\cdot\boldsymbol{x}_b+\boldsymbol{p}_c\cdot\boldsymbol{x}_c)]$ | $\dfrac{p_a^2}{2m_a}+\dfrac{p_b^2}{2m_b}+\dfrac{p_c^2}{2m_c}$ |
| 1 | $a+(bc)$ | $(2\pi)^{-3}\exp[\mathrm{i}(\boldsymbol{p}_a\cdot\boldsymbol{x}_a+\bar{\boldsymbol{p}}_{bc}\cdot\bar{\boldsymbol{x}}_{bc})]\varphi_{(bc)}(\boldsymbol{x}_{bc})$ | $\dfrac{p_a^2}{2m_a}+\dfrac{\bar{p}_{bc}^2}{2M_{bc}}+E_{(bc)}$ |
| 2 | $a+(bc)^*$ | $(2\pi)^{-3}\exp[\mathrm{i}(\boldsymbol{p}_a\cdot\boldsymbol{x}_a+\bar{\boldsymbol{p}}_{bc}\cdot\bar{\boldsymbol{x}}_{bc})]\varphi_{(bc)^*}(\boldsymbol{x}_{bc})$ | $\dfrac{p_a^2}{2m_a}+\dfrac{\bar{p}_{bc}^2}{2M_{bc}}+E_{(bc)^*}$ |
| 3 | $b+(ac)$ | $(2\pi)^{-3}\exp[\mathrm{i}(\boldsymbol{p}_b\cdot\boldsymbol{x}_b+\bar{\boldsymbol{p}}_{ac}\cdot\bar{\boldsymbol{x}}_{ac})]\varphi_{(ac)}(\boldsymbol{x}_{ac})$ | $\dfrac{p_b^2}{2m_b}+\dfrac{\bar{p}_{ac}^2}{2M_{ac}}+E_{(ac)}$ |

在一般 $N$ 个粒子问题中，$\varphi^\alpha$ 子空间中相应基矢的构造完全类似，从略。只需指出，由于道 $\alpha$ 一般地有 $n_\alpha$ 个自由运动碎片，相应基矢有 $|p,\alpha\rangle$ 的形式，$p$ 标记这些碎片的 $n_\alpha$ 个动量，即 $3n_\alpha$ 个量。$|\underline{p},\alpha\rangle$ 则表示排除了系统质心运动，所以 $\underline{p}$ 表示 $\alpha$ 道的 $(n_\alpha-1)$ 个“自由”“碎片”的相对动量。$H$、$H^\alpha$ 也是相对运动部分。只当其中一个碎

片无限重而系统质心为静止时，$\underline{p}$ 才是($n_\alpha-1$)个较轻碎片的实际动量，而 $H$、$H^\alpha$ 才是它们的 Hamilton 量和分道 Hamilton 量。

4. $\mathscr{H}_{as}$的动量基矢

由于 $\mathscr{H}_{as}$是直和 $\mathscr{H}_{as}=\varphi^0\oplus\cdots\oplus\varphi^n$，可以用组合 $\varphi^0,\cdots,\varphi^n$ 的任何正交基的办法得到 $\mathscr{H}_{as}$的一个正交基。特别地，$|p,\alpha\rangle$是 $\varphi^\alpha$ 的一个(非正规的)正交基，于是以下矢量组就是 $\mathscr{H}_{as}$的所要的动量基

$$\{0,\cdots,0,|p,\alpha\rangle,0,\cdots,0\},\quad (\alpha=0,\cdots,n,\forall p) \tag{8.56a}$$

(由于 $H_{as}$是 $\varphi^\alpha$ 的外直和，故基也是分量的形式)。需要注意，为了撑开 $\mathscr{H}_{as}$，这里必须包括全部道的全部动量。上面的这个(固定 $\alpha$、$p$)基矢代表了完全属于道 $\alpha$ 的具有动量 $p$ 的一个渐近态。由于上面记号十分冗繁，将其简记为$|p,\alpha\rangle$，即

$$\{0,\cdots,0,|p,\alpha\rangle,0,\cdots,0\}\equiv|p,\alpha\rangle \tag{8.56b}$$

也就是说，用同样的记号表示 $\varphi^\alpha$ 的基矢($\mathscr{H}$中)和 $\mathscr{H}_{as}$的基矢(它由在第 $\alpha$ 个位置为$|p,\alpha\rangle$，其他处位置为 0 的矢量序列构成)。(于是，$\mathscr{H}_{as}$中的一般态矢＜一般渐近矢＞可表为“$\mathscr{H}_{as}$中一般动量态矢”的“展开式”。而“$\mathscr{H}_{as}$中的一般动量态矢”是 $\varphi^\alpha$ 中的$|p,\alpha\rangle$的外直和)。实际中用的是哪一种是清楚的不会造成混乱。利用上述记号，$\mathscr{H}_{as}$的基矢的正交归一性即为

$$\langle p',\alpha'|p,\alpha\rangle=\delta_{\alpha'\alpha}\delta(p'-p) \tag{8.56c}$$

此处 $\delta$ 函数为 $3n_\alpha$ 重的，不同 $\alpha$ 时 $p$ 的个数及内容可能不同。$\delta_{\alpha'\alpha}$因子反映了分别属于不同道的两个矢量的(即 $\mathscr{H}_{as}$的)正交性。

5. 向有角动量情况的推广

上面考虑的均是粒子无自旋、束缚态无轨道角动量的情况。但朝向有自旋和轨道角动量的情况推广是直接了当的。假定，在三粒子模型中，$a$ 粒子有自旋 $s$，态($bc$)有轨道角动量 1(例如，想象 $a$ 是电子，($bc$)是氢原子的 2p 态——尽管为了简单，假定 $b$、$c$ 无自旋)。于是考虑一个(入或出)渐近态，在态中 $a$ 和($bc$)自由地运动。这时，$a$ 粒子的自旋指向及($bc$)的轨道角动量的指向可以有各种可能的取向。很自然地，可以把这些不同取向看成是在同一分道中“自旋”的不同取向。于是把 $a$ 及($bc$)的所有自由态记作道 1，相应的动量本征态为

$$|\boldsymbol{p}_a,\bar{\boldsymbol{p}}_{bc},m_a,m_{bc};1\rangle$$

这里 $m_a$ 是 $a$ 粒子自旋的 $z$ 分量，$m_{bc}$是($bc$)的轨道角动量的 $z$ 分量。相应波函数为

$$(2\pi)^{-3}\exp[\mathrm{i}(\boldsymbol{p}_a\cdot\boldsymbol{x}_a+\bar{\boldsymbol{p}}_{bc}\cdot\bar{\boldsymbol{x}}_{bc})]\chi_{m_a}\varphi(\boldsymbol{x}_{bc})Y_{l,m_{bc}}(\boldsymbol{n}_{bc})$$

这里 $\chi_{m_a}$是 $a$ 粒子的对应的旋量，后两个因子分别是($bc$)束缚态的径向及角波函数。

假定碎片带自旋(内禀的或轨道的)只是稍稍增加了记号的复杂性，并无别的什么。为简明起见，下面讨论假定所有道的碎片均无角动量。

## 8.5.2 $\boldsymbol{S}$ 矩阵元、能量守恒及壳上 $\boldsymbol{T}$ 矩阵

1. $\boldsymbol{S}$ 矩阵的矩阵元

利用上面动量基矢将 $\boldsymbol{S}$ 算符化为矩阵，其矩阵元为

$$\langle p',\alpha'|\boldsymbol{S}|p,\alpha\rangle$$

全部矩阵元知识等价于 $\boldsymbol{S}$ 知识。相应地，算符方程

$$\boldsymbol{S}^{+}\boldsymbol{S}=1$$

变成矩阵方程

$$\sum_{\alpha''}\int \mathrm{d}p''\langle p',\alpha' \mid \boldsymbol{S}^{+} \mid p'',\alpha''\rangle\langle p'',\alpha'' \mid \boldsymbol{S} \mid p,\alpha\rangle = \delta_{\alpha'\alpha}\delta(p'-p) \tag{8.57}$$

2. $\boldsymbol{S}$ 矩阵与 $\Omega_{\pm}^{\alpha}$ 的对易关系——$\boldsymbol{S}$ 矩阵能量守恒问题（Ⅰ）

可以证明有如下对易关系

$$\boxed{\begin{cases} H\Omega_{\pm}^{\alpha}=\Omega_{\pm}^{\alpha}H^{\alpha} & (\text{在 } \varphi^{\alpha} \text{ 上}) \\ \Omega_{\pm}^{\alpha+}H=H^{\alpha}\Omega_{\pm}^{\alpha+} & (\text{在 } \boldsymbol{\mathcal{R}}_{\pm}^{\alpha} \text{ 上}) \end{cases}} \tag{8.58}$$

**证：** 按 $\Omega_{\pm}^{\alpha}$ 的定义，有(式(8.54a)以来均取 $\hbar=1$)

$$\begin{aligned} \mathrm{e}^{\mathrm{i}H\tau}\Omega_{\pm}^{\alpha} &= \mathrm{e}^{\mathrm{i}H\tau}\lim_{t\to\mp\infty}(\mathrm{e}^{\mathrm{i}Ht}\mathrm{e}^{-\mathrm{i}H^{\alpha}t}) = \lim_{t\to\mp\infty}(\mathrm{e}^{\mathrm{i}H(t+\tau)}\mathrm{e}^{-\mathrm{i}H^{\alpha}t}) \\ &= \lim_{t'\to\mp\infty}(\mathrm{e}^{\mathrm{i}Ht'}\mathrm{e}^{-\mathrm{i}H^{\alpha}t'})\mathrm{e}^{\mathrm{i}H^{\alpha}\tau} = \Omega_{\pm}^{\alpha}\mathrm{e}^{\mathrm{i}H^{\alpha}\tau} \end{aligned}$$

两边对 $\tau$ 微商后令 $\tau=0$，即得

$$H\Omega_{\pm}^{\alpha}=\Omega_{\pm}^{\alpha}H^{\alpha}$$

对它进行厄米（利用 $\Omega_{\pm}^{\alpha}$ 的厄米算符定义式——内积等式，亦可严格地予以证明）即得

$$\Omega_{\pm}^{\alpha+}H=H^{\alpha}\Omega_{\pm}^{\alpha+}$$

证毕。

另外，由于 $\Omega_{\pm}^{\alpha}$ 是等距算符，故有

$$\Omega_{\pm}^{\alpha+}\Omega_{\pm}^{\alpha}=1$$

于是对上面的第一个表达式左乘以 $\Omega_{\pm}^{\alpha+}$，得

$$\boxed{\Omega_{\pm}^{\alpha+}H\Omega_{\pm}^{\alpha}=H^{\alpha}} \tag{8.59}$$

由此式知，**若 $H^{\alpha}$ 与 $H$ 的谱不同(比如，$H$ 有束缚态，$H^{\alpha}$ 无)，则 $\Omega_{\pm}^{\alpha}$ 一定不是幺正的，这与单道情况完全一样。**

3. $\boldsymbol{S}$ 矩阵元能量守恒——$\boldsymbol{S}$ 矩阵能量守恒问题（Ⅱ）

考虑初态和终态能量为 $E_{p}^{\alpha}$、$E_{p'}^{\alpha'}$（记作 $E$、$E'$）的 $\boldsymbol{S}$ 矩阵元 $\langle p',\alpha'|\boldsymbol{S}|p,\alpha\rangle$：

$$\langle p',\alpha'|\boldsymbol{S}|p,\alpha\rangle=\langle p',\alpha'|\Omega_{-}^{\alpha'+}\Omega_{+}^{\alpha}|p,\alpha\rangle$$

注意两点：①$\langle p,\alpha|$ 的简写记法；②$\Omega_{\pm}$ 的定义，即得等号。由此得

$$E\langle p',\alpha'|\boldsymbol{S}|p,\alpha\rangle=\langle p',\alpha'|\Omega_{-}^{\alpha'+}\Omega_{+}^{\alpha}H^{\alpha}|p,\alpha\rangle=\langle p',\alpha'|\Omega_{-}^{\alpha'+}H\Omega_{+}^{\alpha}|p,\alpha\rangle$$

$$=\langle p',\alpha'|H^{\alpha'}\Omega_-^{\alpha'+}\Omega_+^{\alpha}|p,\alpha\rangle=E'\langle p',\alpha'|\Omega_-^{\alpha'+}\Omega_+^{\alpha}|p,\alpha\rangle$$
$$=E'\langle p',\alpha'|\boldsymbol{S}|p,\alpha\rangle$$

或

$$(E_p^{\alpha}-E_{p'}^{\alpha'})\langle p',\alpha'|\boldsymbol{S}|p,\alpha\rangle=0$$

于是，**除非初、末态的能量相等，否则$\langle \boldsymbol{p}',\boldsymbol{\alpha}'|\boldsymbol{S}|\boldsymbol{p},\boldsymbol{\alpha}\rangle=\mathbf{0}$。也就是说，$\boldsymbol{S}$使能量守恒。它的矩阵元包含了所期望的因子$\boldsymbol{\delta}(\boldsymbol{E}_p^{\alpha}-\boldsymbol{E}_{p'}^{\alpha''})$。简单地说，$\boldsymbol{S}$不改变渐近态的能量。**

4. $\boldsymbol{S}$与$\mathscr{H}_{as}$中 Hamilton 量$H_{as}$对易——$\boldsymbol{S}$矩阵能量守恒问题(Ⅲ)

模仿单道情况，定义态空间$\mathscr{H}_{as}$上的 Hamilton 量算符$H_{as}$，

$$H_{as}|p,\alpha\rangle=E_p^{\alpha}|p,\alpha\rangle \tag{8.60}$$

这个算符是对所有渐近态的能量算符(这里简记符号$|p,\alpha\rangle$是$\mathscr{H}_{as}$的，而不只是$\varphi^{\alpha}$的；于是$\mathscr{H}_{as}$可看成所有道的 Hamilton 量的矩阵的直和)。下面，由于$\mathscr{H}_{as}$中的任一矢量均可表为$|p,\alpha\rangle(\in\varphi^{\alpha})$展式的外直和，而$\mathscr{H}_{as}$也可以看成各个道的能量算子的直和，故只需取一个道的$|p,\alpha\rangle(\in\mathscr{H}_{as})$说明即可。现在有

$$SH_{as}|p,\alpha\rangle=SE_p^{\alpha}|p,\alpha\rangle=E_p^{\alpha}S|p,\alpha\rangle$$

注意到，由于$\boldsymbol{S}$不改变渐近态的能量，所以$\boldsymbol{S}|p,\alpha\rangle$尽管可能为另一道的$|p',\alpha'\rangle(\in\mathscr{H}_{as})$。但它们仍为$\mathscr{H}_{as}$的本征值为$E_p^{\alpha}$的本征态，即有

$$H_{as}(\boldsymbol{S}|p,\alpha\rangle)=E_p^{\alpha}(\boldsymbol{S}|p,\alpha\rangle) \tag{8.61}$$

结合前式，得

$$[\boldsymbol{S},H_{as}]=0 \tag{8.62}$$

5. $\boldsymbol{S}$矩阵的总动量守恒问题

除上述使能量守恒之外，**$\boldsymbol{S}$也使总动量守恒。**这是因为，**全部势能都仅包含粒子的相对坐标，系统是平移不变的。而这意味着$\boldsymbol{S}$和总动量算符$\bar{\boldsymbol{p}}=\sum_i \boldsymbol{p}_i$对易，**于是$\boldsymbol{S}$对动量基矢的矩阵元包含了一个因子$\delta_3(\bar{\boldsymbol{p}}'-\bar{\boldsymbol{p}})$($\mathscr{H}$在平移操作下不变→在希尔伯特空间中$\boldsymbol{S}$与平移算符可对易→$\boldsymbol{S}$与平移算符的生成元——总动量算符可对易→若态是$\bar{\boldsymbol{p}}$本征态，则经$\boldsymbol{S}$作用后仍是$\bar{\boldsymbol{p}}$的同一本征值的本征态)。

事实上，可以进一步研究：取多粒子 Jacobi 坐标，就能分离出一个独立变数——整体的质心位置$\bar{\boldsymbol{x}}$，而其余则为适当选择的$3(N-1)$个相对坐标。于是将$\mathscr{H}$($\mathscr{H}_{as}$也类似)空间作直积分解$\mathscr{H}=\mathscr{H}_{cm}\otimes\mathscr{H}_{rel}$。这里，如同两粒子情况，$\mathscr{H}_{cm}$描述整体质心的运动，而$\mathscr{H}_{rel}$则是粒子的相对运动。而 Hamilton 量则为

$$\mathscr{H}=\mathscr{H}_{cm}\otimes\mathscr{H}_{rel} \tag{8.63a}$$

这里$H_{cm}=\bar{p}^2/2M$，$M$是系统的总质量。

与此对应，正如两粒子情况，$\boldsymbol{S}$算符可分解为

$$\boldsymbol{S}=I_{cm}\otimes S_{rel} \tag{8.63b}$$

算符$S_{rel}$描述相对运动，可以直接从 Hamilton 量$H_{rel}$及$H_{rel}^{\alpha}$得到。如同单道情况，全

部物理信息都包含在 $S_{\rm rel}$ 中。接下去的多数的分析均是针对 $S_{\rm rel}$ 进行的，但为了和自旋符号相区别，下面仍用 $\mathcal{S}$ 来标记它。

返回到 $\mathcal{S}$ 的矩阵元，立即看到，它们可以写成

$$\langle p',\alpha'|\mathcal{S}|p,\alpha\rangle=\delta_3(\bar{\boldsymbol{p}}'-\bar{\boldsymbol{p}})\times\text{剩下部分} \tag{8.64}$$

剩下部分仅依赖于相对动量。

6. 壳上 $T$ 矩阵

现在组合上面关于能量和动量守恒的结果。如同单道那样，分离出不散射的项，将 $\mathcal{S}$ 记为 $\mathcal{S}=1+\mathcal{T}$。于是，$\mathcal{T}$ 是总能量和总角动量守恒的散射部分。矩阵元写为

$$\langle p',\alpha'|\mathcal{S}|p,\alpha\rangle=\delta_{\alpha'\alpha}\delta(p'-p)-2\pi\mathrm{i}\delta(E'-E)\delta_3(\bar{\boldsymbol{p}}'-\bar{\boldsymbol{p}})t(\underline{p}',\alpha'\leftarrow\underline{p},\alpha) \tag{8.65}$$

**注意**：①一般说来，第二项中的 $E,E',\underline{p},\underline{p}',\bar{\boldsymbol{p}},\bar{\boldsymbol{p}}'$ 均是在不同道 $\alpha$、$\alpha'$ 中取的；②第一项是当 $\mathcal{S}=1$ 时所得，当 $\alpha\neq\alpha'$ 时此项为零，而当 $\alpha=\alpha'$ 时，因子 $\delta(p'-p)$ 中包含了 $\delta_3(\bar{\boldsymbol{p}}'-\bar{\boldsymbol{p}})$ 这一质心总动量项；③**与正规态矢下 $\mathcal{S}$ 矩阵元相比，由于 $|p,\alpha\rangle$ 等非正规态矢有量纲，此处非正规态矢 $\mathcal{S}$ 矩阵元的第二项中多了因子 $\delta_3(\bar{\boldsymbol{p}}'-\bar{\boldsymbol{p}})$。**

这里 $\underline{p}'$、$\underline{p}$ 代表末、初态中的"相对"动量。注意，这里"壳上"$T$ 矩阵 $t(\underline{p}',\alpha'\leftarrow\underline{p},\alpha)$ 只依赖于一组的初、末"相对"动量。它仅在能量壳上 $E'=E$ 有定义，也就是说，仅对符合能量守恒的那些 $\underline{p}$、$\underline{p}'$ 有定义。当然，它可以直接从相对运动算符 $S$ 计算。矩阵元有一个与上式类似的分解，只是没有 $\delta_3(\bar{\boldsymbol{p}}'-\bar{\boldsymbol{p}})$ 因子。

上面式子的分解和单道情形很相似。第一项是不发生散射的 $\mathcal{S}$ 矩阵，这使全部动量及道码不变。第二项代表实际散射：它保持总能量和总动量不变，但一般地却改变相对动量和道码。

7. 道阈能与道结构

$\mathcal{S}$ 矩阵仅联系于相同能量的态这一事实导致 $\mathcal{S}$ 矩阵的一个重要限制：**$\mathcal{S}$ 矩阵的道结构**。为说明这个概念，返回到前面三粒子模型。

可以认为，在 $\langle\underline{p}',\alpha'|\mathcal{S}|\underline{p},\alpha\rangle$ 或 $t(\underline{p}',\alpha'\leftarrow\underline{p},\alpha)$ 中，分立的道码 $\alpha$、$\alpha'$ 可以看成在"道空间"中一个矩阵的行和列，而它的每个元素是动量 $\underline{p}$、$\underline{p}'$ 的函数（这根源于 $\mathcal{H}_{\rm as}$ 是 $\varphi^{\alpha}$ 的外直和及 $(\mathcal{S})_{\alpha'\alpha}=\Omega_{-}^{\alpha'+}\Omega_{+}^{\alpha}$ 是算子矩阵元。这里，将其转成函数矩阵元〈矩阵元的矩阵元〉）。

例如，在三粒子模型中，有一个4行4列的16个（多元）函数组成的矩阵。然而，在某一特定的能量上，这个矩阵的维数可能低于4。为确定起见，限于质心系（也就是说，这里只讨论相对运动的 $\mathcal{S}$ 矩阵），并设想能量由一个大的负值开始增加。

在一个给定道里，所有状态的能量都不低于这个分道的阈能。对低于最低阈能 $E_{(bc)}$ 的能量，在任何分道中都没有态，于是也就没有 $\mathcal{S}$ 矩阵（因而也就不存在任何散射态）。

| $\alpha$ | 1 | 2 | 3 | 0 |
|---|---|---|---|---|
| 道 | $a+(bc)$ | $a+(bc)^*$ | $b+(ac)$ | $a+b+c$ |
| 阈 | $E_{(bc)}<0$ | $E_{(bc)^*}<0$ | $E_{(ac)}<0$ | 0 |

当能量增加进入 $E_{(bc)}\leqslant E<E_{(bc)^*}$ 区间时，道 1 中有态，其他分道仍无态。于是对这个能量区间而言，$\boldsymbol{S}$ 矩阵是一个 1×1"道空间"的矩阵 $\langle \boldsymbol{p}';1|\boldsymbol{S}|\boldsymbol{p};1\rangle$，它有许多单道 $\boldsymbol{S}$ 矩阵的特性。比如，如果选道 1 子空间里的角动量基矢并假定转动不变，就有

$$\langle E',l',m';1|\boldsymbol{S}|E,l,m;1\rangle=\delta(E'-E)\delta_{l'l}\delta_{m'm}\mathrm{e}^{2\mathrm{i}\delta_l(E)}$$
$$(E_{(bc)}\leqslant E<E_{(bc)^*}) \tag{8.66}$$

此处无自旋，$\boldsymbol{S}$ 与 $\boldsymbol{L}$ 可交换→角动量基是 $\boldsymbol{S}$ 的本征矢→$\boldsymbol{S}$ 对 $l,m$ 为对角→按 Eckart 定理，剩下的约化矩阵元与 $m$ 无关(只与 $E,l$ 有关)→考虑到 $\boldsymbol{S}$ 的幺正性→约化矩阵元为幺模相因子(也见第 2 章)。这里相移 $\delta_l(E)$是实的。

继续增加能量到下个区间 $E_{(bc)^*}\leqslant E<E_{(ac)}$，在道 1 和道 2 中有态，在其他道中仍无态。于是 $\boldsymbol{S}$ 矩阵变成一个 2×2"道空间"矩阵

$$\begin{pmatrix}\langle \boldsymbol{p}';1|\boldsymbol{S}|\boldsymbol{p},1\rangle,\langle \boldsymbol{p}';1|\boldsymbol{S}|\boldsymbol{p},2\rangle\\ \langle \boldsymbol{p}';2|\boldsymbol{S}|\boldsymbol{p},1\rangle,\langle \boldsymbol{p}';2|\boldsymbol{S}|\boldsymbol{p},2\rangle\end{pmatrix} \tag{8.67}$$

很清楚，随着能量增加，每超过一个道阈，相应的道就开放，而 $\boldsymbol{S}$ 矩阵就增加一维。最终，当 $E\geqslant0$ 时，所有道全部开放，$\boldsymbol{S}$ 矩阵就有它的全部的 4×4 的样子。

这里需要指出，任何两体道(如 1,2,3 道)的相对运动都由一个单一的动量所确定：两个碎片的相对动量。于是，只要开放的仅限于各种两体道，那么，每个矩阵元 $\langle \underline{p}';\alpha'|\boldsymbol{S}|\underline{p},\alpha\rangle$实际上只由两个动量 $\boldsymbol{p}',\boldsymbol{p}$ 所标记。(虽然"道空间"维数可能为3×3，但其中的每个元素的初、末态分别只用一个动量即够。)在这种能量区间里，多道散射 $\boldsymbol{S}$ 矩阵比单道 $\boldsymbol{S}$ 矩阵复杂，仅在于多道 $\boldsymbol{S}$ 有不止一个的矩阵元而已。但是，一旦三体或多体分道开放，则相应矩阵元要依赖于几个动量变数，于是情况将急剧复杂化。

### 8.5.3 多道散射截面计算

**首先，计算散射概率。**为了将可观察的截面能用在壳上 $T$ 矩阵表示出来，要先计算散射概率。由于实验事实，现在有兴趣的几乎所有过程都是两体的初态，所以局限于讨论入态为 $\alpha$ 道的两体态，出态为 $\alpha'$道的 $n'$体态。比如，同前面的三粒子模型，则相当于可以考虑下面过程中的任一个：

$$a+(bc)\longrightarrow\begin{cases}a+(bc)\\ a+(bc)^*\\ b+(ac)\\ a+b+c\end{cases}$$

这里,前三个出射道为两体末态,最后一个出射道是三体末态(对所有出射情况,入射道都只考虑为两体初态,这是实践中绝大多数情况)。为简单起见,只考虑相对运动,在 CM 框架中工作,取 $\varphi^{\alpha}$ 中的一个初态 $|\varphi\rangle$,它由两个初始粒子的相对动量 $\boldsymbol{p}$ 所决定的动量空间波函数 $\varphi(\boldsymbol{p})$ 所确定(认真地说,所考虑的两粒子的波包形式为 $\varphi_1(\boldsymbol{p}_1)\varphi_2(\boldsymbol{p}_2)$。但如前面两粒子散射所说,考虑相对运动的一个波包 $\varphi(\boldsymbol{p})$ 得到同样结果。特别是像 e-H,则 $\varphi(\boldsymbol{p})$ 实际上便是轻的入射粒子的波函数)。一般地说,$\varphi(\boldsymbol{p})$ 相当多的集中于入射动量平均值附近。相应的入渐近态为

$$\langle\boldsymbol{\Psi}_{\text{in}}| = |\Phi\rangle = \{0,\cdots,0,|\varphi\rangle,0,\cdots,0\} \tag{8.68}$$

这里,$|\varphi\rangle$ 位于第 $\alpha$ 个位置。

现在计算如下过程的概率:具有在道 $\alpha$ 中的给定的入态 $\langle\boldsymbol{\Psi}_{\text{in}}| = |\Phi\rangle$,末态粒子在 $\alpha'$ 道中观察到。它们的动量位于这个道相对动量的 $(3n'-3)$ 维空间中规定的某个体积内。若考虑末态的 $\underline{p}'$ 在 $\mathrm{d}\,\underline{p}'$ 的无穷小范围内,则由于 $|\boldsymbol{\Psi}_{\text{out}}\rangle = \boldsymbol{S}|\Phi\rangle$,这概率就是

$$\begin{aligned} P(\mathrm{d}\,\underline{p}',\alpha'\leftarrow\varphi,\alpha) &= |\langle\underline{p}',\alpha'|\boldsymbol{\Psi}_{\text{out}}\rangle|^2\mathrm{d}\,\underline{p}' \\ &= |\langle\underline{p}',\alpha'|\boldsymbol{S}|\Phi\rangle|^2\mathrm{d}\,\underline{p}' \end{aligned} \tag{8.69a}$$

**注意**:这里 $\mathrm{d}\,\underline{p}'$ 是 $\alpha'$ 道相对运动动量空间 $(3n'-3$ 维$)$ 中一个无穷小体积元。这结果显然是单道的推广,意思是 $|\boldsymbol{\Psi}_{\text{out}}\rangle$ 向 $|\underline{p}',\alpha'\rangle$ 投影。如果考虑的是末态动量空间中某个有限体积 $\Delta'$,则相应的概率可由上面概率对 $\Delta'$ 积分得到

$$P(\Delta',\alpha'\leftarrow\varphi,\alpha) = \int_{\Delta'}\mathrm{d}\,\underline{p}'\,|\langle\underline{p}',\alpha'|\boldsymbol{S}|\Phi\rangle|^2 \tag{8.69b}$$

原则上,$\Delta'$ 可以是末态动量空间中任意体积。以后将举些例子说明在实践中如何方便地选择 $\Delta'$。这里只指出:如果末态是个两体道,则 $\underline{p}'$ 简化为一个单一的动量 $\boldsymbol{p}'$(末态两粒子的相对动量)。于是 $\Delta'$ 的自然选择是围绕某个固定方向的一个立体角元所确定的圆锥体。

**散射截面计算之一——道散射截面的一般公式。**完全如同单道情况,入射波函数 $\varphi(\boldsymbol{p})$ 细节是不知道的。事实上也不必明显地将 $\varphi(\boldsymbol{p})$ 形状随机化。因为散射截面和入态波函数形状无关。

**定理 只要 $\boldsymbol{\varphi}(\boldsymbol{p})$ 够好地集中在其平均动量 $\boldsymbol{p}$ 附近,并重复实验许多次,以使瞄准参数随机化,则散射截面结果与 $\boldsymbol{\varphi}(\boldsymbol{p})$ 的形状无关。**

**证:** 在如此做的时候,在 $\alpha'$ 道内动量在 $\Delta'$ 内的被测粒子总数是

$$\begin{aligned} N_{sc}(\Delta',\alpha') &= \sum_i P(\Delta',\alpha'\leftarrow\varphi_{\boldsymbol{\rho}_i},\alpha) \\ &= n_{\text{inc}}\int\mathrm{d}^2\rho P(\Delta',\alpha'\leftarrow\varphi_{\boldsymbol{\rho}},\alpha) = n_{\text{inc}}\sigma(\Delta',\alpha'\leftarrow\varphi,\alpha) \end{aligned}$$

这里位移矢量 $\boldsymbol{\rho}$ 垂直于平均入射动量,$\varphi_{\boldsymbol{\rho}}$ 表示将波包 $\varphi$ 平移 $\boldsymbol{\rho}$ 后的新波包(将波包 $\varphi(\boldsymbol{p})$ 沿垂直其 $\boldsymbol{p}$ 的方向横向随机平移 $\boldsymbol{\rho}$ 距离)。所以

$$\varphi_\rho(\boldsymbol{p}) = \mathrm{e}^{-\mathrm{i}\boldsymbol{\rho}\cdot\boldsymbol{p}/\hbar}\varphi(\boldsymbol{p})$$

$\varphi(\boldsymbol{p})$前的因子是位形空间中的位置平移变换所对应的在 Hilbert 空间中(动量态矢空间)的算符。

第一个等式后的求和号是对重复实验求和,$i$ 可看成是实验的序号。第二个等号是当瞄准参数完全随机分布时,对第一个等式的具体化,其中的 $n_{\rm inc}$ 为流强(波包/(秒·厘米$^2$)),$N_{\rm sc}$为单位时间内观测到的粒子总数)。第三个等式可直接按截面 $\sigma$ 的经典概念来理解:靶截面是靶的那样一部分面积,瞄准在该面积内的入射波包将发生正在检测的事件。于是截面

$$\sigma(\Delta',\alpha' \leftarrow \varphi,\alpha) = \int \mathrm{d}^2\rho P(\Delta',\alpha' \leftarrow \varphi_{\boldsymbol{\rho}},\alpha) \tag{8.70}$$

很清楚,这就是靶将入射波包 $\varphi$ 散射到道 $\alpha'$的体积 $\Delta'$ 中去的有效截面。为计算这些截面,先改写一下 $\boldsymbol{S}$ 的矩阵元。

$$\langle \underline{p}',\alpha' \mid \boldsymbol{S} \mid \Phi_{\boldsymbol{\rho}}\rangle = \int \mathrm{d}^3 p \langle \underline{p}',\alpha' \mid \boldsymbol{S} \mid \boldsymbol{p},\alpha\rangle \mathrm{e}^{-\mathrm{i}\boldsymbol{\rho}\cdot\boldsymbol{p}}\varphi(\boldsymbol{p}) \tag{8.71}$$

这里利用了态矢$|\Phi_{\boldsymbol{\rho}}\rangle$是$|\Phi\rangle$的平移 $\boldsymbol{\rho}$,波函数相应乘以 $\mathrm{e}^{-\mathrm{i}\boldsymbol{\rho}\cdot\boldsymbol{p}/\hbar}$。在矩阵元中,插入入射 $\alpha$ 道的基矢完备组,并注意入射到按照设定的两体道,只有一个相对动量矢量 $\boldsymbol{p}$。接着,将 $\boldsymbol{S}$矩阵的矩阵元(积分号下)代以在壳上的 $T$ 矩阵矩阵元 $t(\underline{p}',\alpha' \leftarrow \underline{p},\alpha)$——这要求,对弹性散射 $\alpha=\alpha'$而言,必须避免正前方的方向;对非弹性散射这个限制不必要——这样便使 $\boldsymbol{S}$的第一项为零,以致可用 $T$ 代替 $\boldsymbol{S}$。这给出

$$\langle \underline{p}',\alpha' \mid \boldsymbol{S} \mid \Phi_{\rho}\rangle = -2\pi\mathrm{i}\int \mathrm{d}^3 p\delta(E'-E)t(\underline{p}',\alpha' \leftarrow \boldsymbol{p},\alpha)\mathrm{e}^{-\mathrm{i}\boldsymbol{\rho}\cdot\boldsymbol{p}}\varphi(\boldsymbol{p})$$

于是上面截面表达式为

$$\sigma(\Delta',\alpha' \leftarrow \varphi,\alpha) = \int \mathrm{d}^2\rho \int_{\Delta'} \mathrm{d}\,\underline{p}' \mid \langle \underline{p}',\alpha' \mid \boldsymbol{S} \mid \Phi_{\boldsymbol{\rho}}\rangle \mid^2$$

$$= \int \mathrm{d}\,\underline{p}' \iint \mathrm{d}^3 p \mathrm{d}^3 p_1 \langle \underline{p}',\alpha' \mid \boldsymbol{S} \mid \boldsymbol{p},\alpha\rangle \langle \underline{p}',\alpha' \mid \boldsymbol{S} \mid \boldsymbol{p}_1,\alpha\rangle^* \varphi(\boldsymbol{p})\varphi^*(\boldsymbol{p}_1)\int \mathrm{d}^2\rho \mathrm{e}^{-\mathrm{i}\boldsymbol{\rho}\cdot(\boldsymbol{p}-\boldsymbol{p}_1)}$$

$$= (2\pi)^2 \int \mathrm{d}\,\underline{p}' \iint \mathrm{d}^3 p \mathrm{d}^3 p_1 \langle \underline{p}',\alpha' \mid \boldsymbol{S} \mid \boldsymbol{p},\alpha\rangle \langle \underline{p}',\alpha' \mid \boldsymbol{S} \mid \boldsymbol{p}_1,\alpha\rangle^* \varphi(\boldsymbol{p})\varphi^*(\boldsymbol{p}_1)\delta_2(\boldsymbol{p}_{\perp}-\boldsymbol{p}_{1\perp})$$

$$= (2\pi)^4 \int_{\Delta'} \mathrm{d}\,\underline{p}' \iint \mathrm{d}^3 p \mathrm{d}^3 p_1 \delta(E'-E)\delta(E'-E_1)t(\underline{p}',\alpha' \leftarrow \boldsymbol{p},\alpha)$$

$$\cdot t^*(\underline{p}',\alpha' \leftarrow \boldsymbol{p},\alpha)\varphi(\boldsymbol{p})\varphi^*(\boldsymbol{p}_1)\delta_2(\boldsymbol{p}_{\perp}-\boldsymbol{p}_{1\perp})$$

这里 $\boldsymbol{p}(\boldsymbol{p}_1)$是入射波包 $\varphi$ 中可能包含的动量,它相对平均值有一小的偏离;而 $\boldsymbol{\rho}\perp$平均动量,故 $\boldsymbol{p}_{\perp}(\boldsymbol{p}_{1\perp})$为垂直入射波包平均动量方向波包可能具有的动量分量。而

$$\delta(E'-E)\delta(E'-E_1) = \delta(E'-E)\delta(E-E_1)$$

这种情况下有

$$\delta(E-E_1) = 2m\delta(p^2-p_1^2) = 2m\delta(p_{11}^2-p_{1\ \ 11}^2)$$

$$= 2m\left\{\frac{1}{2p_{11}}\delta(p_{11}-p_{1\ \ 11}) - \frac{1}{2p_{11}}\delta(p_{11}+p_{1\,11})\right\}$$

**注意**,这里考虑的是入射 $\alpha$ 道两粒子的相对运动,所以 $m$ 是 $\alpha$ 道两粒子的折合质量。第二步等式是考虑到 $\delta_2(\boldsymbol{p}_\perp-\boldsymbol{p}_{1\perp})$ 的存在。由于 $\varphi(\boldsymbol{p})$ 足够集中,使得大括号里的第二项为零。于是有

$$\delta_2(\boldsymbol{p}_\perp-\boldsymbol{p}_{1\perp})\delta(E-E_1)=\frac{m}{p_\parallel}\delta(\boldsymbol{p}-\boldsymbol{p}_1)$$

将此式代入上式对 $\boldsymbol{p}_1$ 积分,得

$$\begin{aligned}&\sigma(\Delta',\alpha'\leftarrow\varphi,\alpha)\\&=(2\pi)^4 m\int_{\Delta'}\mathrm{d}\,\underline{p'}\int\mathrm{d}^3 p\,\frac{1}{p_{11}}\delta(E'-E)\,|\,t(\underline{p'},\alpha'\leftarrow\boldsymbol{p},\alpha)\,|^2\,|\,\varphi(\boldsymbol{p})\,|^2\end{aligned}$$

**由于入射波包 $\varphi(p)$ 相当好地集中于平均值(将来仍记作 $p$)附近。于是,作为对 $\varphi(p)$ 归一积分的 $\mathrm{d}^3 p$ 积分就此消失,最后便得到散射截面与入射波包 $\varphi(p)$ 形状无关的答案如下**

$$\boxed{\sigma(\Delta',\alpha'\leftarrow\boldsymbol{p},\alpha)=(2\pi)^4\,\frac{m}{p}\int_{\Delta'}\mathrm{d}\,\underline{p'}\delta(E'-E)\,|\,t(\underline{p'},\alpha'\leftarrow\boldsymbol{p},\alpha)\,|^2}\tag{8.72}$$

证毕。

习题 8.7　为获得截面计算及行为的粗略概念,可令式(8.72)中 $t=$ 常数,对 $\sigma$ 进行计算,称为"相空间计算"。

截面公式(8.72)所表达的截面含义在 $\sigma$ 宗量中已指明了。只需再次指出:① $\underline{p'}$ 是出射 $\alpha'$ 道在分离质心动量后的、Jacobi 坐标下的 $(n_{\alpha'}-1)$ 个相对动量矢量;② $m$ 为入射 $\alpha$ 道(已设为两体道)的两粒子折合质量;③ $p$ 为 $\alpha$ 道入射波包的相对动量值。

**散射截面计算之二——末道为两体道的情况。**上面公式最简单的应用是对任一两体末道(比如,三粒子模型前三个道中任何一个)。这时,末态的相对动量 $\underline{p'}$ 简化为 $\boldsymbol{p}'$,体积 $\Delta'$ 是一个三维(动量)空间的体积。由于能量守恒,当然对 $p'$ 的数值没有兴趣(这不是说 $p'=p$),感兴趣的最小体积 $\Delta'$ 是由无穷小立体角 $\mathrm{d}\Omega$ 所确定的锥体。这时上面截面公式变为

$$\begin{aligned}&\sigma(\mathrm{d}\Omega,\alpha'\leftarrow\varphi,\alpha)\\&=(2\pi)^4\,\frac{m}{p}\mathrm{d}\Omega\int_0^\infty p'^2\,\mathrm{d}p'\delta\left(\frac{p'^2}{2m'}+W_{\alpha'}-\frac{p^2}{2m}-W_\alpha\right)|\,t(\boldsymbol{p}',\alpha'\leftarrow\boldsymbol{p},\alpha)\,|^2\end{aligned}$$

这里,在两体道 $\alpha$(及 $\alpha'$)中,能量 $E_\alpha=\dfrac{p^2}{2m}+W_\alpha$,这里 $W_\alpha$ 表示 $\alpha$ 道的阈能(见后面表列的数值,代表 $\alpha$ 道中处于束缚态的碎片的总内能),而 $m$、$m'$ 分别为 $\alpha$ 及 $\alpha'$ 的折合质量。将上式左右两边改写或积分:将积分号下 $\delta$ 中 $\dfrac{1}{2m'}$ 颠倒抽出、积分转成对 $p'^2$ 积分,即得 $\alpha$、$\alpha'$ 均为两体道的微分散射截面($[t]=\dfrac{\mathrm{cm}}{m}$):

$$\boxed{\frac{\mathrm{d}\sigma}{\mathrm{d}\Omega}(\boldsymbol{p}',\alpha'\leftarrow\boldsymbol{p},\alpha)=(2\pi)^4 mm'\frac{p'}{p}\,|\,t(\boldsymbol{p}',\alpha'\leftarrow\boldsymbol{p},\alpha)\,|^2}\tag{8.73}$$

这里，$p'$值要符合能量守恒：$p'=\left(\frac{m'}{m}p^2-2m'W_{\alpha'}+2m'W_\alpha\right)^{1/2}$。对于弹性散射情况，$\alpha'=\alpha$，上面公式简化为㉓

$$\boxed{\frac{\mathrm{d}\sigma}{\mathrm{d}\Omega}(\boldsymbol{p}',\alpha\leftarrow\boldsymbol{p},\alpha)=(2\pi)^4m^2\left|t(\boldsymbol{p}',\alpha\leftarrow\boldsymbol{p},\alpha)\right|^2} \tag{8.74}$$

这个公式形式和单道的完全一样。

对于非弹性情况，$\alpha\neq\alpha'$，前面公式不同于后面(弹性)公式在于两点：折合质量$m$、$m'$可能不同，初、末态相对动量可能不同。前一点如$a+(bc)\to b+(ac)$，即重排散射；后一点如$a+(bc)\to a+(bc)^*$，这时$p'=[p^2-2m(E_{(bc)^*}-E_{(bc)})]^{1/2}$。显然，这些地方都是(和单道不同的)多道散射的特征之处。

类似于单道情况，**定义散射振幅为**($[f]=\mathrm{cm}$)

$$\boxed{f(\boldsymbol{p}',\alpha'\leftarrow\boldsymbol{p},\alpha)\equiv-(2\pi)^2(mm')^{1/2}t(\boldsymbol{p}',\alpha'\leftarrow\boldsymbol{p},\alpha)} \tag{8.75a}$$

**则对任何初、末态为两体的散射过程，分道散射截面可以表示为**

$$\boxed{\frac{\mathrm{d}\sigma}{\mathrm{d}\Omega}(\boldsymbol{p}',\alpha'\leftarrow\boldsymbol{p},\alpha)=\frac{p'}{p}\left|f(\boldsymbol{p}',\alpha'\leftarrow\boldsymbol{p},\alpha)\right|^2} \tag{8.75b}$$

**散射截面计算之三——末道为多粒子的情况。**在把前面一般公式(8.70)、(8.72)用于末态有两个以上粒子的过程前，必须先决定：怎样合理选择末态动量空间中体积$\Delta'$。

为确定起见，简要讨论如下末态为三体的过程

$$a+(bc)\to a+b+c$$

为简明，假定粒子$c$十分重。比如，可以考虑如下的电离过程

$$\mathrm{e}+\mathrm{H}\to\mathrm{e}+\mathrm{e}+\mathrm{p}$$

对于这样系统，$\alpha'$道两个相对动量就简化为两个较轻粒子$a$，$b$的"实际的"动量$\boldsymbol{p}_a$，$\boldsymbol{p}_b$。现在必须决定这两个最终动量的什么性质将对观测有用处。比如，可以测量由$\mathrm{d}E_b\mathrm{d}\Omega_b$决定的无穷小体积内飞出的$b$粒子数目以及在$\mathrm{d}\Omega_a$方向飞出的$a$粒子数目。然而，由于能量守恒，$a$粒子的能量必须一定。于是，在这种情况下，最小的有兴趣的体积$\Delta'$为：$\boldsymbol{p}_b$固定于由$\mathrm{d}\Omega_b$和$\mathrm{d}E_b$所决定的无穷小体积内，但$\boldsymbol{p}_a$在由任何$\mathrm{d}\Omega_a$所决定的无穷小圆锥内。(在质心系中，由于作用与反作用相等⇒各粒子动量变化大体相当，大粒子对能量的取走可以忽略，但对动量的取走不可以忽略。对三粒子情况，9个自变数，4个方程，还剩5个独立变数，分给$\mathrm{d}\Omega_a\mathrm{d}\Omega_b\mathrm{d}E_b$)。对于这样的体积，有

---

㉓ 注意此处是自然单位制，$[|t|]=L^2$，$[m]=L^{-1}$。如和普通式相比较，只要对此处$\mathrm{d}\sigma/\mathrm{d}\Omega$添加$\hbar^2$即可。Roman书中为$\frac{\mathrm{d}\sigma}{\mathrm{d}\Omega}=\frac{2\pi}{\hbar}\frac{1}{I_0}\rho(E)|T|^2=\frac{2\pi}{\hbar}\frac{Vm}{p}\frac{Vp^2m}{h^3p}|T|^2=\frac{(2\pi)^2}{h^4}V^2m^2|T|^2$。于是$|t|^2=\left|\frac{V}{(2\pi\hbar)^3}T\right|^2$。这是末态箱归一$\frac{1}{\sqrt{V}}\mathrm{e}^{\mathrm{i}\boldsymbol{p}\cdot\boldsymbol{x}/\hbar}$和$\delta$归一$(2\pi\hbar)^{-3/2}\mathrm{e}^{\mathrm{i}\boldsymbol{p}\cdot\boldsymbol{x}/\hbar}$差别所致。

$$\sigma(\mathrm{d}\Omega_a,\mathrm{d}\Omega_b,\mathrm{d}E_b,\alpha'\leftarrow\boldsymbol{p},\alpha)=\frac{\mathrm{d}^3\sigma}{\mathrm{d}\Omega_a\mathrm{d}\Omega_b\mathrm{d}E_b}\mathrm{d}\Omega_a\mathrm{d}\Omega_b\mathrm{d}E_b \tag{8.76}$$

对于非相对论情况，一般有 $p^2\mathrm{d}p=m\sqrt{2mE}\,\mathrm{d}E$[24] 或 $\mathrm{d}^3p=m\sqrt{2mE}\,\mathrm{d}E\mathrm{d}\Omega$，所以

$$\int_{\Delta'}\mathrm{d}\,\underline{p'}=\int_{E_a}m_b\sqrt{2m_bE_b}\,\mathrm{d}E_b\mathrm{d}\Omega_b\cdot m_a\sqrt{2m_aE_a}\,\mathrm{d}E_a\mathrm{d}\Omega_a \tag{8.77}$$

这里，由于 $\mathrm{d}E_b\mathrm{d}\Omega_b\mathrm{d}\Omega_a$ 已选定了自己的无穷小范围，故 $\Delta'$ 积分只对 $E_a$ 进行。然而，由于能量守恒，$p_a(E_a)$ 已被固定(这已体现在积分号下的 $\delta(E'-E)$ 中)。于是，对一般公式(8.72)中 $E_a$ 积分，注意公式中积分号外 $m$ 为 $m_a$，结果得到

$$\boxed{\frac{\mathrm{d}^3\sigma}{\mathrm{d}\Omega_a\mathrm{d}\Omega_b\mathrm{d}E_b}=(2\pi)^4\frac{m_a^2m_bp_ap_b}{p}\left|t(\boldsymbol{p}_a,\boldsymbol{p}_b,\alpha'\leftarrow\boldsymbol{p},\alpha)\right|^2} \tag{8.78}$$

这里 $p_a$ 值由能量守恒根据 $p$、$p_b$(及 $\alpha$、$\alpha'$ 阈能)决定，即

$$\frac{p_a^2}{2m_a}+\frac{p_b^2}{2m_b}+W_{\alpha'}=\frac{p^2}{2m_a}+W_\alpha$$

当然，推导过程中一直假定 $c$ 粒子很重。

这个微分截面 $\frac{\mathrm{d}^3\sigma}{\mathrm{d}\Omega_a\mathrm{d}\Omega_b\mathrm{d}E_b}$ 代表了对三体末态所能进行的最详细的测量。更方便一些的是进行比现在要简略一些的测量。比如，可以测量散射粒子 $a$ 的方向，而完全忽略散射粒子 $b$。这相应于取 $\Delta'$ 为：对于 $\boldsymbol{p}_a$ 的一个小圆锥 $\mathrm{d}\Omega_a$，再乘以 $\boldsymbol{p}_b$ 的允许数值和其全立体角。这等于在上式中对 $\Omega_b$、$E_b$ 积分，从而给出 $\frac{\mathrm{d}\sigma}{\mathrm{d}\Omega_a(\boldsymbol{p}_a,\alpha'\leftarrow\boldsymbol{p},\alpha)}$。另一种也常见的选择是，只监测散射粒子 $b$ 的能量 $E_b$，而完全忽略 $a$、$b$ 的两个方向。相应截面 $\frac{\mathrm{d}\sigma}{E_b}$ 可由上式对全部 $\Omega_a$、$\Omega_b$ 积分得到，并给出散射粒子 $b$ 的能谱。

**散射截面计算之四——道总截面和总截面计算。**如果取 $\alpha'$ 道的整个动量空间作为 $\Delta'$，就得到散射进 $\alpha'$ 道的总截面

$$\boxed{\sigma(\alpha'\leftarrow\boldsymbol{p},\alpha)=(2\pi)^4\frac{m}{p}\int\mathrm{d}\,\underline{p'}\delta(E'-E)\left|t(\underline{p'},\alpha'\leftarrow\boldsymbol{p},\alpha)\right|^2} \tag{8.79}$$

特别地，当 $\alpha'=\alpha$，这就是总弹性散射截面。而如果对全部末道 $\alpha'$ 求和，就得到总截面

$$\boxed{\begin{aligned}\sigma(\boldsymbol{p},\alpha)&=\sum_{\alpha'}\sigma(\alpha'\leftarrow\boldsymbol{p},\alpha)\\&=(2\pi)^4\frac{m}{p}\sum_{\alpha'}\int_{\alpha'\text{道}}\mathrm{d}\,\underline{p'}\delta(E'-E)\left|t(\underline{p'},\alpha'\leftarrow\boldsymbol{p},\alpha)\right|^2\end{aligned}} \tag{8.80}$$

此式如果限制在 $\alpha'\neq\alpha$ 内求和，即得非弹性散射总截面。

---

[24] 注意，按式(8.36b)，不论相对论性或非相对论性情况，都有 $\mathrm{d}E=v\mathrm{d}p$。

# 第 9 章　多道散射理论(Ⅱ)

## 9.1　多道散射理论的定态框架

第 8 章在时间相关框架下,从时间演化观点,按照实际碰撞的进程阐述了碰撞理论。该框架的中心内容是 $\boldsymbol{S}$ 矩阵和壳上 T 矩阵。现在开始,从定态观点,即在时间无关框架下,再次阐述碰撞理论,目的是为给定的相互作用提供一种实际计算 T 矩阵的手段。所以定态框架在原子分子物理和原子核物理中受到关注。首先叙述单道定态框架,然后再过渡到多道情况。附录 $D$ 是本章理论在冷原子 *Feshbach* 共振散射问题上的应用。

### 9.1.1　单道散射 Lippmann-Schwinger 方程,自由 Green 函数算符

简述单道情况。设系统全相互作用 Hamilton 量 $H$ 与时间无关,并可以分拆为两部分(本章为求与 Green 函数 $G^0$ 相一致,已将 $H_0$ 记作 $H^0$)

$$H=H^0+V, \quad H^0|\varphi_i\rangle=E_i|\varphi_i\rangle, \quad \forall\ (E_i,|\varphi_i\rangle) \tag{9.1}$$

$H$ 应当包括初、末态出现的自由及束缚态中全部粒子,以及它们之间全部可能的相互作用。$H^0$ 称为已知参考系,因为它的全部本征值、本征矢量都设定为已知的。

这里再次强调指出,**量子"力学"的散射理论主要特征是碰撞前后所有种类粒子数(除去光子)分别守恒。但是,由于存在重新组合和分裂等多种碰撞类型,一般而言,$H$ 按式(9.1)的划分对入射道与出射道可能不同:**

$$\boxed{H=(H^0+V)_{\text{in}}=(H^0+V)_{\text{out}}} \tag{9.2}$$

如前所述,**这里不能像量子场论那样,对入、出射道取同一个 $H^0$。因为在粒子数守恒的量子力学范畴内,如果散射前后取同一个 $H^0$,就等于限制散射理论只考虑弹性散射。或准确些说,只考虑了同一"安置道"情况。一般而言,无论对入射道和出射道,两个 $H^0$ 分别是 $t\to\pm\infty$ 时 $H$ 中应当保留的那一部分(全体自由粒子的动能以及所有束缚态内部相互作用能),而 $V$ 则是由于彼此远离而应当消失的那一部分相互作用能。** 下面为叙述简洁,在不会导致误会时,略去入、出射道 $H^0$ 的差别。

现在任务是寻找全相互作用 $H$ 的总能量为 $E_i$ 的定态本征矢量

$$H|\psi_i\rangle=E_i|\psi_i\rangle \tag{9.3a}$$

假定"接通 $V$"不移动 $H^0$ 的连续态与断续态之间的分界(通过能量的重新定义,总可以将此分界点取为零)。从而,在不计及束缚态的连续谱区域中,$|\varphi_i\rangle$ 和 $|\psi_i\rangle$ 间将一

一对应,即当 $V\to 0$ 时,$|\psi_i\rangle\to|\varphi_i\rangle$和$|\psi_f\rangle\to|\varphi_f\rangle$。将上面方程改写一下

$$\begin{cases}(E_i-H^0)|\psi_i\rangle=V|\psi_i\rangle\\(E_i-H^0)|\varphi_i\rangle=0\end{cases}\tag{9.3b}$$

这两个方程决定"全相互作用"态矢$|\psi_i\rangle$。在求解过程中涉及逆算符$(E_i-H^0)^{-1}$,这是一个奇性算符。但可注意到,$H^0$ 本征值是实的,所以算符$(E_i-H^0\pm\mathrm{i}\varepsilon)(\varepsilon>0)$无零本征值。因此,算符$(E_i-H^0\pm\mathrm{i}\varepsilon)^{-1}$无奇性,可以用它来替换$(E_i-H^0)^{-1}$作用,避免在运算中出现奇性。于是,定义**"自由 Green 函数算符"**

$$\boxed{G_\pm^0(E_i)=\lim_{\varepsilon\to 0^+}(E_i-H^0\pm\mathrm{i}\varepsilon)^{-1},\quad \varepsilon>0}\tag{9.4}$$

**全部计算过程采用无奇性算符$(E_i-H^0\pm\mathrm{i}\varepsilon)^{-1}$进行,待计算完成后,再取极限$\varepsilon\to 0^+$。**详见下面叙述。**由于此时有$\pm\varepsilon$两种做法,所以对应 $H^0$ 的每一个本征值为 $E_i$ 的本征态$|\varphi_i\rangle$,可得两个全相互作用态矢**

$$|\psi_i^\pm\rangle=|\varphi_i\rangle+G_\pm^0(E_i)V|\psi_i^\pm\rangle\tag{9.5}$$

**此方程称为"Lippmann-Schwinger 方程"。其中,关于待求态$|\psi_i^\pm\rangle$,方程为隐式的;作为散射初条件引入的态$|\varphi_i\rangle$常称为渐近自由态,又称为"裸态"。此方程在散射理论定态框架中处于中心地位。注意第二项前有$\varepsilon\to 0^+$取极限运算。**

由式(9.5)推导过程逆回去即知,**态矢序列$\{|\psi_i^\pm\rangle\}$是 $H$ 的两套源自自由态矢序列$\{|\varphi_i\rangle\}$的定态解**

$$\boxed{H|\psi_i^\pm\rangle=E_i|\psi_i^\pm\rangle}\tag{9.6}$$

详细些说,**式(9.5)和式(9.6)表明,定态解$\{|\psi_i^+\rangle\}$是源自渐近自由态$\{|\varphi_i\rangle\}$、并在相互作用 $V$ 和入态自由 Green 函数算符 $G_+^0(E_i)$作用下,经演化而得的 $H$ 的本征态;$\{|\psi_i^-\rangle\}$则是在相互作用 $V$ 和出态自由 Green 函数算符 $G_-^0(E_i)$作用下,经演化而归结于渐近自由态$\{|\varphi_i\rangle\}$的 $H$ 的本征态。它俩分别称为全相互作用的入态或出态,统称为"穿衣态"。其中本征值 $E_i$ 一般为连续变化。**其实,如其将态矢等式的 L-S 方程看成对应同一个$|\varphi_i\rangle$的两个定态解$|\psi_i^\pm\rangle$的表达式,不如看成这些解的含蓄的定义。显然,根据式(9.6)并利用$|\psi_i^\pm\rangle=\Omega_\pm|\varphi_i\rangle$,可以简单地再次证明单道情况的式(8.50)等式 $H\Omega_\pm=\Omega_\pm H^0$。

习题 9.1　由 L-S 方程(9.5)导出式(9.6)$H|\psi_i^\pm\rangle=E_i|\psi_i^\pm\rangle$。

**自由 Green 函数算符的几点讨论:**

**第一,应当说明,这里所说的"自由"是相对的,不是绝对的。只是针对没有相互作用 $V$ 而言,并非真正的自由 Hamilton 量(它是全体参与散射粒子动能算符之和),因为此时 $H^0$ 中可能含有部分粒子间的相互作用,以便形成它们的束缚态。以下所有"自由"词义常类似如此,不再指明。**

**第二,时间表述下的因果律体现为要求正确的时序——结果或影响不能出现在原因之前。可以证明,这等价于此处取$+\mathrm{i}\varepsilon$的规定。**因为按 $H^0$ 的时间 Green 函数

定义，有

$$(\mathrm{i}\hbar\partial_t - H^0)G_+^0(t-t') = \delta(t-t') \tag{9.7a}$$

代入检验可知方程解为

$$G_+^0(t-t') = \frac{1}{\mathrm{i}\hbar}\theta(t-t')\mathrm{e}^{-\mathrm{i}H^0(t-t')/\hbar} \tag{9.7b}$$

此处阶跃函数体现了对时间顺序（$t>t'$）的因果性要求。**然而，$G_+^0(t-t')$ 与 $G_+^0(E+\mathrm{i}0^+)\equiv(E-H^0+\mathrm{i}\varepsilon)^{-1}$ 实际上是 Fourier 变换对，即有关系式**

$$\boxed{G_+^0(t-t') = \frac{1}{2\pi\hbar}\int_{-\infty}^{\infty}\mathrm{d}E\,\mathrm{e}^{-\mathrm{i}E(t-t')/\hbar}\frac{1}{E-H^0+\mathrm{i}\varepsilon}} \tag{9.7c}$$

可以直接计算右边积分表明此式等号成立。当$(t-t')<0$ 时，可添加复 $E$ 平面的上半个圆周，构成闭回路，在这半个圆中被积函数解析，积分为零；而当$(t-t')>0$ 时，可取复 $E$ 平面下半个圆周，在这个半圆形闭回路中，被积函数有极点 $E=H^0-\mathrm{i}\varepsilon$，取留数并乘以 $-2\pi\mathrm{i}$ 即得式(9.7b)。**于是，式(9.7c)两边表明，因果律的上述两种提法此时是相当的。**

**第三，在由 $H^0$ 本征矢量撑开的 Hilbert 空间中，这两个自由 Green 函数算符 $(E-H^0\pm\mathrm{i}\varepsilon)^{-1}$ 是两个与 $H^0$ 相关联的、本征值和本征矢量都已知的、正规的算符(但不表明取极限后不出奇性)，从而可以写成谱表示形式**

$$\boxed{\frac{1}{E_i-H^0\pm\mathrm{i}\varepsilon} = \sum_n |n\rangle\frac{1}{E_i-E_n\pm\mathrm{i}\varepsilon}\langle n|} \tag{9.8}$$

其中正值小量 $\varepsilon$ 的数值并不重要，因为待全部计算完毕之后，要令其趋于零并取极限。自由 Green 函数算符在坐标表象中的矩阵元即为“自由 Green 函数 $G_+^0(E,\boldsymbol{x}'-\boldsymbol{x})$”，即

$$\boxed{\begin{cases}(E-H^0+\mathrm{i}\varepsilon)G_+^0(E,\boldsymbol{x}'-\boldsymbol{x}) = \delta(\boldsymbol{x}-\boldsymbol{x}')\\ G_+^0(E,\boldsymbol{x}'-\boldsymbol{x}) = \left\langle \boldsymbol{x}'\left|\dfrac{1}{E-H^0+\mathrm{i}\varepsilon}\right|\boldsymbol{x}\right\rangle\end{cases}} \tag{9.9a}$$

显然，利用 Dirac 符号等式 $\langle\boldsymbol{x}|\hat{\boldsymbol{P}} = -\mathrm{i}\hbar\partial_x\langle\boldsymbol{x}|$，即可由第二式得到第一式。

**第四，Green 函数算符的量纲是$[\mathrm{E}]^{-1}$；作为它在坐标表象中矩阵元的 Green 函数的量纲是$[\mathrm{EV}]^{-1}$。这是因为 3 维坐标基矢有$[\mathrm{V}]^{-1/2}$ 量纲**[25]。

显然，**态矢等式 L-S 方程(9.5)，向坐标表象投影后(此时完备性一般包括对连续标号积分和对断续标号求和)，即转化为非齐次积分方程。**特例是势散射，式(9.5)简

---

[25] 注意，分立基矢无量纲，而连续基矢则常有量纲. 比如(方括号表示取量纲)，

$$[|\boldsymbol{x}\rangle]=\mathrm{cm}^{-1/2},[|\boldsymbol{r}\rangle]=\mathrm{cm}^{-3/2},[||\boldsymbol{r}\rangle]=\mathrm{cm}^{-3/2},[|\boldsymbol{p}\rangle]=p^{-3/2},[\langle\boldsymbol{r}|\boldsymbol{p}\rangle]=\hbar^{-3/2},[\langle\boldsymbol{r}|\boldsymbol{k}\rangle]=0$$

第 3 式是坐标表象基矢在取球坐标时的径向部分。第 2、第 3 两式量纲相同的原因是幅角积分无量纲。另外，Green 函数有不同定义. 如 Sakurai. 量子力学. 381 页，为式(9.8)右边再乘以因子 $\hbar^2/2m$，于是量纲为 $\mathrm{cm}^{-1}$。

化为势散射基本积分方程

$$\begin{cases} G_+^0(E, \boldsymbol{x}-\boldsymbol{x}') = -\dfrac{2m}{\hbar^2}\dfrac{\exp\{\mathrm{i}k|\boldsymbol{x}-\boldsymbol{x}'|\}}{4\pi|\boldsymbol{x}-\boldsymbol{x}'|}, \quad k=\sqrt{\dfrac{2mE}{\hbar^2}} \\ \langle \boldsymbol{x} \mid \psi_i^+\rangle \equiv \psi_i^+(\boldsymbol{x}) = \varphi_i(\boldsymbol{x}) - \dfrac{2m}{\hbar^2}\displaystyle\int \mathrm{d}\boldsymbol{x}' \dfrac{\exp(\mathrm{i}k|\boldsymbol{x}-\boldsymbol{x}'|)}{4\pi|\boldsymbol{x}-\boldsymbol{x}'|} V(\boldsymbol{x}')\psi_i^+(\boldsymbol{x}') \end{cases} \tag{9.9b}$$

习题 9.2 势散射时 $H=H^0+V(\boldsymbol{x}), H^0=-\frac{\hbar^2}{2m}\Delta, E_i=\frac{\hbar^2k^2}{2m}$。计算势散射下自由 Green 函数(式(9.9a)特例)以及势散射基本积分方程(9.9b)。

### 9.1.2 定态框架的单道 $T$ 算符及 $T_{fi}$ 计算

由散射矩阵 $\boldsymbol{S}$ 与跃迁矩阵 $\boldsymbol{T}$ 的矩阵元之间关系式(8.25),

$$\langle f|\boldsymbol{S}-I|i\rangle \equiv \langle f|\boldsymbol{T}|i\rangle = -2\pi\mathrm{i}\delta(E_f-E_i)\langle f|T|i\rangle$$

其中,壳上 $T$ 矩阵的矩阵元按式(8.21)得

$$\boxed{\begin{aligned}\langle f \mid T \mid i\rangle = \langle f \mid V \mid i\rangle &+ \sum_m \frac{\langle f \mid V \mid m\rangle\langle m \mid V \mid i\rangle}{E_i - E_m + \mathrm{i}\varepsilon} \\ &+ \sum_{mn} \frac{\langle f \mid V \mid m\rangle\langle m \mid V \mid n\rangle\langle n \mid V \mid i\rangle}{(E_i-E_m+\mathrm{i}\varepsilon_1)(E_i-E_n+\mathrm{i}\varepsilon_2)} + \cdots\end{aligned}} \tag{9.10}$$

这表明,Fermi **黄金规则是此处级数表达式的一阶近似——用第一项$\langle f|V|i\rangle$替代了整个$\langle f|T|i\rangle$**。这个展开式就是跃迁概率幅相对于自由初、末态的微扰展开式。此时除了对 $V$ 的各种矩阵元计算外,还有对变数(若为连续变量的话)$m,n,\cdots$求留数。

现在进一步研究 $T$ 矩阵的算符展开式。由 $T$ 矩阵元展开式很容易给出 $T$ 算符展开式,办法是对第二项及以后各项继续作变换。比如,对第二项,利用算符$(E_i-H^0+\mathrm{i}\varepsilon)^{-1}$的谱表示

$$\boxed{\frac{1}{E_i - H^0 + \mathrm{i}\varepsilon} = \sum_m \mid m\rangle \frac{1}{E_i - E_m + \mathrm{i}\varepsilon}\langle m \mid} \tag{9.11}$$

所以

$$\sum_m \frac{\langle f \mid V \mid m\rangle\langle m \mid V \mid i\rangle}{E_i - E_m + \mathrm{i}\varepsilon} = \left\langle f \middle| V \frac{1}{E_i - H^0 + \mathrm{i}\varepsilon} V \middle| i \right\rangle \tag{9.12}$$

各阶计算类似。汇总之后,可将式(9.10)改写为

$$\boxed{\begin{aligned}\langle f|T|i\rangle = \langle f|V|i\rangle + \langle f|V \frac{1}{E_i-H^0+\mathrm{i}\varepsilon}V|i\rangle + \langle f|V \frac{1}{E_i-H^0+\mathrm{i}\varepsilon_1} \\ \cdot V \frac{1}{E_i-H^0+\mathrm{i}\varepsilon_2}V|i\rangle + \cdots\end{aligned}} \tag{9.13}$$

习题 9.3 仍由式(9.10)出发,但不用谱表示公式求得式(9.13)。

由于初末态是任意的,略写 $E_i$ 脚标并将初、末态拿去,即转成矩阵等式

$$\boxed{T=V+V\frac{1}{E-H^0+\mathrm{i}\varepsilon}V+V\frac{1}{E-H^0+\mathrm{i}\varepsilon_1}V\frac{1}{E-H^0+\mathrm{i}\varepsilon_2}V+\cdots} \tag{9.14}$$

其实，利用自由 Green 函数算符，可将方程(9.14)表示成为如下紧凑表达式的迭代展开

$$\boxed{T=V+VG^0_{(\pm)}(E)T} \tag{9.15}$$

关于式(9.14)和式(9.15)，再次提醒两点：**其一，涉及入射和出射安置道不相同的碰撞反应，必须对($H^0$,$H^i$)作不同的划分。第二，和前面所有公式一样，第二项前有$\varepsilon\to0^+$并取极限的运算符号。**

### 9.1.3 单道 L-S 方程的一些变形，全 Green 函数算符

将$|\psi_i^+\rangle$的 L-S 方程(9.5)左乘以 $V$，再将算符 $T$ 方程(9.15)右乘以$|\varphi_i\rangle$，得到

$$\begin{cases}V|\psi_i^+\rangle=V|\varphi_i\rangle+V\dfrac{1}{E_i-H^0+\mathrm{i}\varepsilon}V|\psi_i^+\rangle\\[2ex] T|\varphi_i\rangle=V|\varphi_i\rangle+V\dfrac{1}{E_i-H^0+\mathrm{i}\varepsilon}T|\varphi_i\rangle\end{cases} \tag{9.16}$$

将两个方程相减，即得

$$\left(V\frac{1}{E_i-H^0+\mathrm{i}\varepsilon}-I\right)(V|\psi_i^+\rangle-T|\varphi_i\rangle)=0$$

算符 $V$ 与算符 $E_i-H^0+\mathrm{i}\varepsilon$ 彼此无关，不可能相消。所以，和态矢无关的左边小括号不可能为零，由此得到重要关系式

$$\boxed{T|\varphi_i\rangle=V|\psi_i^+\rangle} \tag{9.17}$$

式(9.17)表现了“**$T$ 算符的作用”：$T$ 对渐近自由入态$|\varphi_i\rangle$的作用等效于 $V$ 对全相互作用出射态$|\psi_i^+\rangle$的作用。比较两个框架时，$|\varphi_i\rangle$和$|\psi_i^+\rangle$相互对应的同时，$T$ 和 $V$ 相互对应。**也可以换一种观点，将下式右边作为矩阵元，再次定义在定态框架中的算符 $T$

$$\boxed{T_{fi}\equiv\langle\varphi_f|T|\varphi_i\rangle=(\varphi_f,V\psi_i^+)} \tag{9.18}$$

认真地说，对于重组反应，等号右边这个内积并不是通常由同一 Hamilton 量 Hilbert 空间与对偶空间的左右矢标积，而是不同 Hamilton 量($H^0$,$H$) Hilbert 空间与对偶空间左右矢标积。为表示与 Dirac 内积符号的区别，这里使用了圆括号。

**引入算符 $T$ 后，可将 L-S 方程(9.5)的$|\psi_i^+\rangle$改写为**

$$\boxed{|\psi_i^+\rangle=|\varphi_i\rangle+\frac{1}{E_i-H^0+\mathrm{i}\varepsilon}T|\varphi_i\rangle} \tag{9.19}$$

**注意，此方程就待求态$|\psi_i^+\rangle$而言是显式的，右边只含自由态矢。一旦已知 $T$ 矩阵，利用这个方程就能方便地从$|\varphi_i\rangle$计算出$|\psi_i^+\rangle$。比如，若采用 $T$ 矩阵的展开式，就可以得到$|\psi_i^+\rangle$的级数展开式。**

此外,用$(E_i-H^0+\mathrm{i}\varepsilon)$乘$|\psi_i^+\rangle$的 L-S 方程,得

$$(E_i-H^0+\mathrm{i}\varepsilon)|\psi_i^+\rangle=\mathrm{i}\varepsilon|\varphi_i\rangle+V|\psi_i^+\rangle$$

将右边第二项移至左边并入 $H^0$ 成为全相互作用 Hamilton 量 $H$,得

$$(E_i-H+\mathrm{i}\varepsilon)|\psi_i^+\rangle=\mathrm{i}\varepsilon|\varphi_i\rangle \tag{9.20}$$

习题 9.4　如果将 $H|\psi_i^+\rangle=E_i|\psi_i^+\rangle$代入方程(9.20),似乎得到$|\psi_i^+\rangle=|\varphi_i\rangle$,是否矛盾?

**由式(9.20),虽然算符$(E-H+\mathrm{i}\varepsilon)$的本征值和本征矢量不知道,但它肯定无零本征值(至少虚部$\neq0$, $\forall E$),理论上应当可以定义其逆算符。**

**定义　"全 Green 函数算符"为**

$$\boxed{G_\pm(E)\equiv\lim_{\varepsilon\to0^+}(E-H\pm\mathrm{i}\varepsilon)^{-1},\quad \varepsilon>0} \tag{9.21}$$

**所以有**

$$\boxed{|\psi_i^+\rangle=\frac{\mathrm{i}\varepsilon}{E_i-H+\mathrm{i}\varepsilon}|\varphi_i\rangle=\mathrm{i}\varepsilon G_+(E_i)|\varphi_i\rangle} \tag{9.22a}$$

**此方程有个特点,如果由此方程出发去定义 $\mathcal{S}$ 矩阵和研究散射问题,只要给定初态即可,不必假定 $H$ 必须能够分解为 $H^0$ 及 $V$。鉴于全部散射描述必须顾及因果律的时序要求,于是和自由 Green 函数算符一样,全 Green 函数算符应取$+\mathrm{i}\varepsilon$规定,即全相互作用散射入态是由渐近自由入态经相互作用演化而来。这根源于因果律的普适性,与相互作用形式无关。**

还可以将式(9.22a)写为另一个等价形式。为此注意有

$$\frac{\mathrm{i}\varepsilon}{E_i-H+\mathrm{i}\varepsilon}=1-\frac{E_i-H}{E_i-H+\mathrm{i}\varepsilon}$$

以及 $H|\varphi_i\rangle=(H^0+V)|\varphi_i\rangle=E_i|\varphi_i\rangle+V|\varphi_i\rangle$。对$|\psi_i^-\rangle$也类似,于是得到

$$\boxed{|\psi_i^\pm\rangle=|\varphi_i\rangle+\frac{1}{E_i-H\pm\mathrm{i}\varepsilon}V|\varphi_i\rangle=|\varphi_i\rangle+G_\pm(E_i)V|\varphi_i\rangle} \tag{9.22b}$$

值得指出的是,**式(9.22a)和式(9.22b)除了具有理论分析意义之外,不要对它们实际用途产生奢望:表面上看,它们是关于$|\psi_i^\pm\rangle$的显式解,似乎已经得到了 L-S 方程(9.5)的紧凑的形式解。但实际计算中用途并不那么大。问题在于:①全 Green 函数算符 $G(E\pm\mathrm{i}0^+)=(E-H\pm\mathrm{i}\varepsilon)^{-1}$的本征值和本征矢量是未知的,所以它的作用的具体含义并不清楚;②从另一方面说,全相互作用态$|\psi_i^\pm\rangle$的性质更是未知的,无法基于它们对任意态(如后面所跟的 $V|\varphi_i\rangle$)展开作近似计算。**

习题 9.5　求证:跃迁矩阵元 $T_{fi}=(\varphi_f,V\psi_i^+)=(\psi_f^-,V\varphi_i)$。

习题 9.6　找出下面计算错在哪里:

$$\begin{aligned}\frac{1}{E_a-H+\mathrm{i}\eta}V|\varphi_a\rangle&=\frac{1}{E_a-H+\mathrm{i}\eta}(H-H^0)|\varphi_a\rangle=\frac{1}{E_a-H+\mathrm{i}\eta}(H-E_a)|\varphi_a\rangle\\&=(H-E_a)\frac{1}{E_a-H+\mathrm{i}\eta}|\varphi_a\rangle=-|\varphi_a\rangle\quad\to|\psi_a^+\rangle=0?\end{aligned}$$

**总之，时间无关框架的单道散射由以下等价表示中任一个给出**

$$t(\boldsymbol{p}'\leftarrow\boldsymbol{p})=\langle\boldsymbol{p}'|T(E_p+\mathrm{i}0^+)|\boldsymbol{p}\rangle=\langle\boldsymbol{p}'|V|\boldsymbol{p}+\rangle=\langle\boldsymbol{p}'-|V|\boldsymbol{p}\rangle \tag{9.23}$$

**这里算符 $T(z)$ 和两个态矢 $|\boldsymbol{p}\pm\rangle$ 是由 L-S 方程以 $G^0(z)$ 的形式给出。L-S 方程提供了实质上等效的途径去找到真正有兴趣的壳上 $T$ 矩阵。**

### 9.1.4 单道定态波函数 $\langle \underline{x}|\underline{k}\pm\rangle$ 的分波展开

现在针对较简单的中心势情况考察散射定态波函数的一些性质。讨论只限于入射道为两体的散射，它们是唯一有实践意义的散射过程。考察发现，只需要对相互作用 $V=V(r,\boldsymbol{s}_1,\boldsymbol{s}_2)$ 作很宽松的限制，无需知道细节，就可以对定态波函数 $\langle \underline{x}|\underline{k}\pm\rangle$ 作某些普遍分析，得出重要结果。虽然这些限制还不能说得十分确切，但大体说是：**除有限个间断点外 $V$ 是连续的，$V\xrightarrow{r\to\infty}0$ 比较快，$H$ 能谱有下限（量子系统稳定性要求如此。于是吸引势在原点的奇性小于 $r^{-3/2}$）**[26]。对两体的入射道，$\underline{k}$，$\underline{x}$ 都是相对量，入射粒子 $E_i=\hbar^2k^2/2m$。L-S 方程(9.5)为

$$|\boldsymbol{k}+\rangle=|\boldsymbol{k}\rangle+\int \mathrm{d}\boldsymbol{r}'G^0_{\pm}(E_i)V|\boldsymbol{r}'\rangle\langle\boldsymbol{r}'|\boldsymbol{k}+\rangle \tag{9.24}$$

**令 $|\omega_i\rangle$，$|\omega_f\rangle$ 是自旋初、末态，假设 $V$ 和 $H^0$ 中的变数分配能使下面分离成立（比如，自旋算符只集中在 $V$ 里，而 $H^0$ 不含自旋算符），则有**

$$\langle\boldsymbol{r},f|G^0_{\pm}(E_i)V|\boldsymbol{r}',i\rangle=G^0_{\pm}(\boldsymbol{r},\boldsymbol{r}';k)\langle\omega_f|V(r',\boldsymbol{s}_1,\boldsymbol{s}_2)|\omega_i\rangle\equiv G^0_{\pm}(\boldsymbol{r},\boldsymbol{r}';k)V_{f\leftarrow i}(\boldsymbol{r}')$$

思考题　分析：在一些什么情况下这种分离可成立。

于是在坐标表象中式(9.24)成为

$$\boxed{\langle\boldsymbol{r}|\boldsymbol{k}+\rangle=\langle\boldsymbol{r}|\boldsymbol{k}\rangle\delta_{fi}+\int\mathrm{d}\boldsymbol{r}'G^0_{\pm}(\boldsymbol{r},\boldsymbol{r}';k)V_{f\leftarrow i}(\boldsymbol{r}')\langle\boldsymbol{r}'|\boldsymbol{k}|\rangle} \tag{9.25}$$

对 $H^0=\boldsymbol{p}^2/2m$ 最简单情况，Green 函数 $G^0_{\pm}(\boldsymbol{r},\boldsymbol{r}';k)$ 已在式(9.9)明确算出。相应式(9.25)简化为带自旋作用的式(9.9)积分方程。**但现在入射道 $H^0$ 中可能有势函数（甚至存在束缚态），所以 $G^0_{\pm}$ 不一定像式(9.9)那样按自由传播决定。由于是中心场散射，散射解与幅角 $\varphi$ 无关，可进行简明的分波展开。**为此取球坐标基 $|\boldsymbol{r}\rangle=|r\rangle|\theta\varphi\rangle$[27]。注意波函数作球面分波展开中，第 $lm$ 分波的径向分量应理解为

---

[26] 见 Bohm A. Quantum Mechanics. 1979：379. 其实，这个要求是苛刻了，参见附录 C，III。

[27] 除注意脚注①之外，还有（正能区，$E$ 连续变化）

$$\langle\boldsymbol{r}|\boldsymbol{r}'\rangle=\langle r|r'\rangle\langle\theta\varphi|\theta'\varphi'\rangle=\frac{1}{r^2\sin\theta}\delta(r-r')\delta(\theta-\theta')\delta(\varphi-\varphi')$$

$$\langle r|r'\rangle=\sum_{lm}\int\mathrm{d}E\langle r|Elm\rangle\langle r'|Elm\rangle^*=\frac{1}{r^2}\delta(r-r')$$

$$\langle\theta\varphi|\theta'\varphi'\rangle=\sum_{lm}\langle\theta\varphi|lm\rangle\langle lm|\theta'\varphi'\rangle=\sum_{lm}Y_{lm}(\theta\varphi)Y^*_{lm}(\theta'\varphi')=\frac{1}{\sin\theta}\delta(\theta-\theta')\delta(\varphi-\varphi')$$

$$\int Y^*_{lm}(\theta\varphi)\Psi(r\theta\varphi)\sin^2\theta\mathrm{d}\theta\mathrm{d}\varphi=\int\langle lm\mid\theta\varphi\rangle\sin^2\theta\mathrm{d}\theta\mathrm{d}\varphi\langle r\theta\varphi\mid\Psi\rangle\equiv\langle r\mid\Psi\rangle_{lm}$$

它显然是$|\boldsymbol{r}|=r$的函数。下面设定(与$\varphi$无关)任意态矢$|\Psi\rangle$的展开式为

$$\boxed{\langle r\mid\Psi\rangle=\sum_{l=0}(2l+1)i^l\langle r\mid\Psi\rangle_l P_l(\cos\theta)}\tag{9.26}$$

注意展开式因为不含$m$而出现$(2l+1)$乘子。将式(9.25)两边按此作球面分波展开,并插入连续能区的完备性关系$\sum_{lm}\int\mathrm{d}E\mid Elm\rangle\langle Elm\mid=I$。

习题 9.7　证明正能区轨道角动量本征态有下面两个投影公式

$$\begin{cases}\langle\boldsymbol{k}|Elm\rangle=\dfrac{\hbar}{\sqrt{mk}}\delta\left(E-\dfrac{\hbar^2k^2}{2m}\right)Y_{lm}(\boldsymbol{e}_k)\\[2ex]\langle\boldsymbol{r}|Elm\rangle=\dfrac{i^l}{\hbar}\sqrt{\dfrac{2mk}{\pi}}j_l(kr)Y_{lm}(\boldsymbol{e}_r)\end{cases}$$

取第$l$分波的径向波函数(注意量纲为一,参见脚注①、④),可得

$$\boxed{\langle r\mid k+\rangle_l=\delta_{fi}\langle r\mid k\rangle_l+\int\mathrm{d}E'r'^2\mathrm{d}r'\frac{\langle r\mid E'l\rangle\langle E'l\mid r'\rangle}{E_i-E'+\mathrm{i}0}V_{fi}(r')\langle r'\mid k+\rangle_l}\tag{9.27}$$

已知公式$\mathrm{e}^{ikr\cos\theta}=\sum_{l=0}(2l+1)i^lj_l(kr)P_l(\cos\theta)$。为使入射平面波$\langle r|k\boldsymbol{e}_z\rangle$的分波展开系数$\langle r|k\rangle_l$满足径向归一化条件(目的是便于构造它们的完备性条件,插入计算 Green 函数),令入射平面波为$\langle\boldsymbol{r}|k\boldsymbol{e}_z\rangle=\sqrt{\dfrac{2}{\pi}}\mathrm{e}^{ikr\cos\theta}$。将其代入展开式(9.26)即得第$l$分波的径向系数为$\langle r|k\rangle_l=\sqrt{\dfrac{2}{\pi}}j_l(kr)$,它们能够满足径向归一化条件㉘。注意

$$\begin{aligned}G_l^k(r,r')&=\int_0^\infty\mathrm{d}E'\frac{\langle r\mid E'\rangle_l\langle r'\mid E'\rangle_l^*}{E-E'+\mathrm{i}0}=\frac{2m}{\hbar^2}\int_0^\infty k'^2\mathrm{d}k'\frac{\langle r\mid k'\rangle_l\langle r'\mid k'\rangle_l^*}{k^2-k'^2+\mathrm{i}0}\\&=\frac{4m}{\pi\hbar^2}\int_0^\infty k'^2\mathrm{d}k'\frac{j_l(k'r)j_l(k'r')}{k^2-k'^2+\mathrm{i}0}=\frac{2m}{\pi\hbar^2}\int_{-\infty}^\infty k'^2\mathrm{d}k'\frac{j_l(k'r)j_l(k'r')}{k^2-k'^2+\mathrm{i}0}\end{aligned}$$

围道积分给出此 Green 函数为

$$\boxed{G_l^k(r,r')=\frac{-\mathrm{i}2mk}{\hbar^2}\begin{cases}j_l(kr)h_l(kr')&(r'>r)\\j_l(kr')h_l(kr)&(r'<r)\end{cases}}\tag{9.28}$$

---

㉘　此表达式已符合正确的径向归一化条件。因为利用公式

$$\int_0^\infty r^2\mathrm{d}rj_l(kr)j_l(k'r)=\frac{\pi}{2k^2}\delta(k-k')\rightarrow\int_0^\infty k^2\mathrm{d}kj_l(kr)j_l(kr')=\frac{\pi}{2r^2}\delta(r-r')$$

可知,$\langle r|k\rangle$已经满足正确的径向归一化要求

$$\langle r\mid r'\rangle=\int_0^\infty k^2\mathrm{d}k\langle r\mid k\rangle\langle k\mid r'\rangle=\frac{2}{\pi}\int_0^\infty k^2\mathrm{d}kj_l(kr)j_l(kr')=\frac{1}{r^2}\delta(r-r')$$

习题 9.8 用围道积分计算式(9.28)。

$$\frac{1}{\pi}\int_{-\infty}^{\infty} k'^2 \mathrm{d}k' \frac{j_l(k'r)j_l(k'r')}{k^2-k'^2+\mathrm{i}0} = \begin{cases} -\mathrm{i}kj_l(kr)h_l(kr') & (r'>r) \\ -\mathrm{i}kj_l(kr')h_l(kr) & (r'<r) \end{cases}$$

$h_l(z)=j_l(z)+in_l(z)$是第一类球 Hankel 函数。取实际情况 $r>r'$,有

$$\boxed{\sqrt{\frac{\pi}{2}}\langle r\mid k+\rangle_l = \delta_{fi}j_l(kr) - \frac{\mathrm{i}2mk}{\hbar^2}h_l(kr)\int r'^2 j_l(kr')V(r')_{fi}\sqrt{\frac{\pi}{2}}\langle r'\mid k+\rangle_l \mathrm{d}r'} \tag{9.29}$$

注意,此式右边入射项已经对应 $\mathrm{e}^{\mathrm{i}kr\cos\theta}$的展开(如果 $V_{fi}=0$,积分项消失,右边将是平面波 $\mathrm{e}^{\mathrm{i}kr\cos\theta}$的第 $l$ 阶球面分波振幅)。于是右边第二项当 $r\to\infty$时,$\mathrm{e}^{\mathrm{i}kr}/r$ 因子前面系数就应该是散射振幅的球面 $l$ 分波成分 $f_l(k)$。注意

$$h_l(kr)\xrightarrow{r\to\infty}\frac{(-i)^{l+1}}{kr}\mathrm{e}^{\mathrm{i}kr},\quad j_l(kr)\xrightarrow{r\to\infty}\frac{(-i)^l}{2\mathrm{i}kr}(\mathrm{e}^{\mathrm{i}kr}-(-1)^l\mathrm{e}^{-\mathrm{i}kr}),$$

对于弹性散射 $\delta_{fi}=\langle\omega_f|\omega_i\rangle=1$,由此即得 $f_l(k)$:

$$\boxed{\begin{cases}\sqrt{\frac{\pi}{2}}\langle r\mid k+\rangle_l \xrightarrow{r\to\infty}\left\{\frac{(-\mathrm{i})^l}{2\mathrm{i}kr}[\mathrm{e}^{\mathrm{i}kr}-(-1)^l\mathrm{e}^{-\mathrm{i}kr}]+(-\mathrm{i})^l f_l(k)\frac{\mathrm{e}^{\mathrm{i}kr}}{r}\right\} \\ f_l(k)=-\frac{\sqrt{2\pi}m}{\hbar^2}\int r'^2 j_l(kr')V(r')_{fi}\langle r'\mid k+\rangle_l \mathrm{d}r'\end{cases}} \tag{9.30}$$

习题 9.9 展开推导散射振幅的球面 $l$ 分波系数 $f_l(k)$公式(9.30)。

再考虑到[29]

$$\begin{aligned} f(k\boldsymbol{e}_r\leftarrow k\boldsymbol{e}_z)=f(\theta) &= \sum_{l=0}^{\infty}\frac{2l+1}{2\mathrm{i}k}(\boldsymbol{S}_l(k)-1)P_l(\cos\theta) \\ &\equiv \sum_{l=0}^{\infty}(2l+1)f_l(k)P_l(\cos\theta) \end{aligned} \tag{9.31}$$

可知 $f_l(k)=\frac{1}{2\mathrm{i}k}[\boldsymbol{S}_l(k)-1]$。因此又可以写成

$$\boxed{\sqrt{\frac{\pi}{2}}\langle r|k+\rangle_l\xrightarrow{r\to\infty}\frac{1}{2\mathrm{i}k}\left\{\boldsymbol{S}_l(k)\frac{\mathrm{e}^{\mathrm{i}kr}}{r}-(-1)^l\frac{\mathrm{e}^{-\mathrm{i}kr}}{r}\right\}} \tag{9.32}$$

于是,**分波散射矩阵 $\boldsymbol{S}_l(k)$是$\langle r|k+\rangle_l$ 中渐近出射球面波的系数。**对于弹性散射,$\boldsymbol{S}$ 矩阵的幺正性使 $\boldsymbol{S}_l(k)$满足条件$|\boldsymbol{S}_l(k)|^2=1$,这导致 $\boldsymbol{S}_l(k)=\mathrm{e}^{2\mathrm{i}\delta_l(k)}$。$\delta_l(k)$是 $l$ 分波相移。通常由 $\delta_l(k)$即得分波截面和总截面。应当指出,$\boldsymbol{S}_l(k)$在复 $k$ 平面上的解析性质内容十分丰富,许多性质并不依赖于相互作用的具体细节。有关束缚态的内

---

[29] 张永德.量子力学(第四版).北京:科学出版社,2016,第 10 章.

容在 9.5 节中论述，其余可见文献[30]。

### 9.1.5　多道散射 L-S 方程

现在将上面单道定态散射理论推广到多道情况。例如，对于重组散射过程

$$(ab)+(cd)\rightarrow(ac)+(bd)$$

$$\text{散射之前}\quad\begin{cases}H^0=H_{ab}+H_{cd}=(T_{ab}+V_{ab})+(T_{cd}+V_{cd})\\V=V_{ac}+V_{ad}+V_{bc}+V_{bd}\end{cases}\tag{9.33a}$$

$$\text{散射之后}\quad\begin{cases}H^{0\prime}=H_{ac}+H_{bd}=(T_{ac}+V_{ac})+(T_{bd}+V_{bd})\\V'=V_{ab}+V_{ad}+V_{cb}+V_{cd}\end{cases}\tag{9.33b}$$

$$\text{初态}|i\rangle=|ab\rangle|cd\rangle,\text{末态}|f\rangle=|ac\rangle|bd\rangle\tag{9.33c}$$

$$H^0|i\rangle=(E_{ab}+E_{cd})|i\rangle,\quad H^{0\prime}|f\rangle=(E_{ac}+E_{bd})|f\rangle$$

这里 $H=H^0+V=H^{0\prime}+V'$，$E_i=E_{ab}+E_{cd}+\Delta E_i$；$E_f=E_{ac}+E_{bd}+\Delta E_f$。$\Delta E_i$，$\Delta E_f$ 分别是入射、出射渐近自由态中各“碎片粒子”的总机械动能。这时，为了描述不同道中各自的自由演化，将单一自由 Hamilton 量 $H^0$ 代以一组自由道 Hamilton 量 $H^{\alpha(0)}\equiv H^\alpha$，并且每个出态和入态都要附上道码。相应地，用两组 $T^{\beta\alpha}(z)$算符代替单个 $T$ 算符，它们每一个对应于一对出道和入道 $\alpha$、$\beta$。

散射中渐近自由出、入射态通常是动量本征态，可合理地假设有$|\varphi_{i,f}\rangle\rightarrow|\boldsymbol{p}_{i,f}\rangle$。考虑到分道的道码，应以一组定态$|\underline{p},\alpha\rangle$代替原来定态$|\varphi_{i,f}\rangle$。和第 8 章多道叙述相同，这里$|\underline{p},\alpha\rangle$已经采用 Jacobi 坐标[31]并排除了系统质心运动。所以 $\underline{p}$ 表示 $\alpha$ 道的$(n_\alpha-1)$个“自由”“碎片”的相对动量。$H$、$H^\alpha$ 也是相对运动部分。只当其中一个碎片无限重而系统质心为静止时，$\underline{p}$ 才是$(n_\alpha-1)$个较轻碎片的实际动量。

从上面 $t(p',\beta\leftarrow\underline{p},\alpha)$矩阵元公式可知，态$|\underline{p},\alpha\pm\rangle$的知识就意味着壳上 $T$ 矩阵的知识。**这里$|\underline{p},\alpha+\rangle$和$|\psi_i^+\rangle$的差别只在于：前者来源于非正规的渐近自由态$|\boldsymbol{p}\rangle$，所以不能满足渐近条件，只有被“抹成”正规态后才满足**[32]。粗略些说，$|\boldsymbol{p}+\rangle$是 $t=0$ 时刻全相互作用的这样的实际态，这个态来源于渐近自由平面波入态$|\boldsymbol{p}\rangle$；**准确些说，相应于归一化入射波包$|\varphi\rangle$的在 $t=0$ 的实际态$|\varphi+\rangle$对于$|\boldsymbol{p}+\rangle$的展式和$|\varphi\rangle$对平面波$|\boldsymbol{p}\rangle$的展式完全相同。对$|\underline{p},\alpha-\rangle$和$|\psi_i^-\rangle$分析类似。**于是散射理论文献中很大一部分是关于计算$|\underline{p},\alpha\pm\rangle$的。

---

[30] Taylor J R. Scattering Theory. John Wiley & Sons, Inc., 1972: 212; Bohm A. Quantum Mechanics. XVIII. 5, 1979: 418; Scadron M D. Advanced Quantum Theory, and Its Applications Through Feynman Diagrams. Springer-Verlag New York Inc., 1979: 142.

[31] Jacobi 坐标定义见上章脚注[16]。

[32] 参见对式(8.2)的讨论. 也见 Taylor J R. Scattering Theory. John Wiley & Sons, Inc., 1972: 167。

和单道式(9.23b)相对应,**现在有表达式**

$$\boxed{|\underline{p},\alpha\pm\rangle=|\underline{p},\alpha\rangle+G(E\pm \mathrm{i}0^+)V^\alpha|\underline{p},\alpha\rangle} \tag{9.34a}$$

如前所说,**虽然表达式(9.34a)关于态$|\underline{p},\alpha\pm\rangle$是显式的,但它要求知道全 Green 函数算符 $G(z)$,这就要求知道全 Hamilton 量 Schrödinger 方程的本征值和本征函数,因此很少直接使用。**和单道情况相同,关于$|\underline{p},\alpha\pm\rangle$的式(9.34a)也可以转换成由一些自由 Green 函数算符表示的隐式方程。由于自由 Hamilton 量方程的本征值和本征函数一般较易求知,于是求解这种隐式方程反而要更简便一些。下面寻求隐式L-S方程。

与单道散射只有一个自由 Hamilton 量 $H^0$ 和一个自由 Green 函数算符$G^0(z)=(z-H^0)^{-1}$不同,多道散射存在不同道的自由 Hamilton 量 $H^\alpha$,分别描述不同道中的自由运动。相应地,必须定义:**各个分道自由 Green 函数算符为**

$$\boxed{G^\alpha(z)=(z-H^\alpha)^{-1}} \tag{9.35}$$

如同单道情况,这里 $z$ 是含有小虚部的复数,并在相关计算后取极限。下面为导出隐式多道 L-S 方程,将全 Green 函数算符按自由 Green 函数算符展开。这时经常用到如下算符恒等式

$$\frac{1}{A\pm B}=\frac{1}{A}\mp\frac{1}{A}B\,\frac{1}{A\pm B}=\frac{1}{A}\sum_{n=0}^{\infty}\left(\mp B\,\frac{1}{A}\right)^n=\sum_{n=0}\left(\mp\frac{1}{A}B\right)^n\frac{1}{A}$$

上式只涉及有限展开部分是恒等运算,只要求有关逆算符存在;如果涉及无穷迭代展开,还要考虑对 $BA^{-1}$(或 $A\ -1B$)展开收敛问题。

习题 9.10　证明上述算符恒等式。

令此算符恒等式中 $A+B=z-H$,$A=z-H^\alpha$,$B=-V^\alpha$,即得

$$\boxed{G(z)=G^\alpha(z)+G^\alpha(z)V^\alpha G(z)} \tag{9.36a}$$

将此方程作迭代展开,得

$$\boxed{G(z)=G^\alpha(z)+G^\alpha(z)V^\alpha G^\alpha(z)+(G^\alpha(z)V^\alpha)^2G^\alpha(z)+\cdots} \tag{9.36b}$$

式(9.36)是算符形式的 Dyson **方程**。另一方面,将式(9.34a)左乘以 $G^\alpha V^\alpha$,将所得等式右方向右抽出 $V^\alpha|\underline{p},\alpha\rangle$,再用式(9.36a),即得**另一 L-S 方程**

$$\boxed{G^\alpha(E\pm \mathrm{i}0)V^\alpha|\underline{p},\alpha\pm\rangle=G(E\pm \mathrm{i}0)V^\alpha|\underline{p},\alpha\rangle} \tag{9.34b}$$

其实此处右边即为式(9.34a)右边第二项,**即得常见的 L-S 方程**

$$\boxed{|\underline{p},\alpha\pm\rangle=|\underline{p},\alpha\rangle+G^\alpha(E\pm \mathrm{i}0)V^\alpha|\underline{p},\alpha\pm\rangle} \tag{9.34c}$$

**再对此式作迭代展开,又可得**

$$\boxed{|\underline{p},\alpha;\pm\rangle=\{I+G^\alpha V^\alpha+(G^\alpha V^\alpha)^2+\cdots\}|\underline{p},\alpha\rangle} \tag{9.34d}$$

继续算下去,有

$$|\underline{p},\alpha;\pm\rangle=\frac{1}{1-G^{\alpha}V^{\alpha}}|\underline{p},\alpha\rangle=[1-(z-H^{\alpha})^{-1}V^{\alpha}]^{-1}|\underline{p},\alpha\rangle$$
$$=\{(z-H^{\alpha})^{-1}[z-H^{\alpha}-V^{\alpha}]\}^{-1}|\underline{p},\alpha\rangle$$
$$=G(E+\mathrm{i}0^{+})(E\pm\mathrm{i}0-H^{\alpha})|\underline{p},\alpha\rangle$$

注意 $H^{\alpha}|\underline{p},\alpha\rangle=E|\underline{p},\alpha\rangle$,**还可以得到 L-S 方程的第三种表达式**

$$\boxed{|\underline{p},\alpha;\pm\rangle=\mathrm{i}0^{+}G(E+\mathrm{i}0^{+})|\underline{p},\alpha\rangle}\tag{9.34e}$$

**式(9.36a)~式(9.36e)5 个方程就是多道散射的态矢 L-S 方程的不同表达形式。这些方程彼此有明显差别,但理论上相互沟通、相互等价,在定态框架散射理论中处于中心地位。而式(9.36a)和式(9.36b)两个方程则是多道散射 Green 函数算符的 Dyson 方程。仅就这两类方程的关系而言,L-S 方程所求的是态矢,与初态有关;而 Dyson 方程所求的是(未知数更多的)矩阵,但却不依赖于初条件。因而 Dyson 方程便于作一般性的理论分析。**这些方程有着丰富的内容,下节还将叙述,这里先作些简单的讨论。

**首先**,式(9.34c)是两个关于全相互作用散射定态的态矢方程,将其转入坐标表象就得到波函数的两个非齐次积分方程。求解方法有两种途径:①若 $H^{\alpha}$ 算符已知,将 $|\underline{p},\alpha\pm\rangle$,$|\underline{p},\alpha\rangle$ 按 $H^{\alpha}$ 本征态展开,代入方程对这些本征态和位势作标积,最后求解系数的代数联立方程组;②若 $V^{\alpha}$ 足够小,可以用微扰展开式(9.34d)求得近似解。一般说来,$H^{\alpha}$ 总比 $H$ 容易计算些,所以 L-S 方程的式(9.34c)要比式(9.34a)和式(9.34e)易于处理一些。

**其次**,假如全相互作用 $H$ 的本征值本征矢量可解,当然也可以将式(9.34a)和式(9.34e)的各有关量按这组本征矢量展开求解。总之,计算稳定散射态有以上三种途径。

**其三**,应当强调指出,多道散射 L-S 方程处理显然要比单道的困难得多。比如,有些困难是,右边的 Green 函数算符是道 Green 函数算符 $G^{\alpha}(z)=(z-H^{\alpha})^{-1}$,除开(全部粒子是自由的)0 道外,$H^{\alpha}$ 总是含有某些位势,相应的 Green 函数算符 $G^{\alpha}$ 一般也就难于被精确地计算(与此成为对照,单道理论中 $G^{0}$ 是完全清楚的)。另一个不太明显,然而却更为深刻的困难是:单道方程是(或能转化成)一个非奇异的积分方程,而多道方程一般是高度奇异的。这使得理论研究和方程的实际使用都十分困难。应当指出,对这些方程的严格研究已经取得一些有意义的进展[33]。

### 9.1.6 定态框架理论计算实例

定态框架上述各种 L-S 方程,理论性较强,计算起来较复杂。为了具体说明如何

---

[33] Fadeev L D. Mathematical Aspects of the Three—Body Problem in Quantum Scattering Theory. Isreal Program for Scientific Translation, Jerusalem, 1965.

应用定态框架散射理论,附录 D 中第 3,4,5 三节给出一个具体算例。说明如何运用 L-S 方程计算 B-E 凝聚原子系统的 Feshbach 闭道共振散射,一直到将计算结果与实验观测相比较。

## 9.2 两种框架的关联,分道 Møller 算符 $\Omega^{\alpha}_{\pm}$

### 9.2.1 分道 $T$ 算符

**现在的核心思想是:对同一散射过程 $|\underline{p},\alpha\rangle\to|\underline{p}',\beta\rangle$,依照定态框架观点看待,过程的概率幅应当等于两个全相互作用出、入定态的内积;而依照含时框架观点看待,应当等于相应的 $\boldsymbol{S}$ 矩阵元。于是应当有**

$$\boxed{(\underline{p}',\beta-|\underline{p},\alpha+)=\langle\underline{p}',\beta|\boldsymbol{S}|\underline{p},\alpha\rangle} \tag{9.37}$$

**这正是两个框架相互关联的核心内容。注意左边内积涉及两个不同 Hamilton 量的不同 Hilbert 空间本征态的标积,是 Dirac 内积符号的推广,所以用圆括号表示。不过,以后如不产生问题,将略去这种区分。**将式(9.34a)两式相减,得

$$|\underline{p},\alpha+\rangle=|\underline{p},\alpha-\rangle+[G(E+\mathrm{i}0^+)-G(E-\mathrm{i}0^+)]V^{\alpha}|\underline{p},\alpha\rangle$$

代入式(9.37)右边,得

$$\begin{aligned}\langle\underline{p}',\beta|\boldsymbol{S}|\underline{p},\alpha\rangle&=\delta_{\beta\alpha}\delta(\underline{p}'-\underline{p})+\langle\underline{p}',\beta-|(G(E+\mathrm{i}0^+)-G(E-\mathrm{i}0^+))V^{\alpha}|\underline{p},\alpha\rangle\\&=\delta_{\beta\alpha}\delta(\underline{p}'-\underline{p})+\left(\frac{1}{E-E'+\mathrm{i}0^+}-\frac{1}{E-E'-\mathrm{i}0^+}\right)\langle\underline{p}',\beta-|V^{\alpha}|\underline{p},\alpha\rangle\end{aligned}$$

第二步等号是因为,$\langle\underline{p}',\beta-|$是全 Hamilton 量 $H$ 本征态,本征值为 $E'=E^{\beta}_{\underline{p}'}$。接着,利用第 8 章式(8.21)一阶修正计算中所用的取极限手续

$$\left(\frac{1}{E-E'+\mathrm{i}0^+}-\frac{1}{E-E'-\mathrm{i}0^+}\right)=-2\pi\mathrm{i}\delta(E-E') \tag{9.38}$$

习题 9.11 证明式(9.38)。

将式(9.38)代入上式,最后可得

$$\langle\underline{p}',\beta|\boldsymbol{S}|\underline{p},\alpha\rangle=\delta_{\beta\alpha}\delta(\underline{p}'-\underline{p})-2\pi\mathrm{i}\delta(E-E')\langle\underline{p}',\beta-|V^{\alpha}|\underline{p},\alpha\rangle \tag{9.39}$$

与壳上 $T$ 矩阵的矩阵元展开式相比较,得到

$$\boxed{t(\underline{p}',\beta\leftarrow\underline{p},\alpha)=\langle\underline{p}',\beta-|V^{\alpha}|\underline{p},\alpha\rangle} \tag{9.40a}$$

类似地,用$\langle\underline{p}',\beta+|$来重写左矢$\langle\underline{p}',\beta-|$,便得到另一等价结果

$$\boxed{t(\underline{p}',\beta\leftarrow\underline{p},\alpha)=\langle\underline{p}',\beta|V^{\beta}|\underline{p},\alpha+\rangle} \tag{9.40b}$$

习题 9.12 证明跃迁振幅的"出射"版式:$t(\underline{p}',\beta\leftarrow\underline{p},\alpha)=\langle\underline{p}',\beta|V^{\beta}|\underline{p},\alpha+\rangle$。

**式(9.40)是两个跃迁振幅表达式,是单道结果在多道情况下的翻版。**含有入射 $\alpha$ 道散射势 $V^{\alpha}$ 的式(9.40a)称为**"入射"版式**;含有出射 $\beta$ 道散射势 $V^{\beta}$ 的式(9.40b)

称为**"出射"版式**。

可以证明，**采用全** Green **函数算符**，$T$ **矩阵可表示为**

$$\boxed{T^{\beta\alpha}(z)=V^{\alpha}+V^{\beta}G(z)V^{\alpha}} \tag{9.41a}$$

**证：** 从 $T$ 算符矩阵元的"入射"版式(9.40a)出发。显然，只要将这个含有全相互作用出射态$\langle \underline{p}',\beta-|$的矩阵元替换为由两个渐近自由态夹积的矩阵元即可。为此利用

$$\langle \underline{p}',\beta-|=\langle \underline{p}',\beta|+\langle \underline{p}',\beta|V^{\beta}G(E'+\mathrm{i}0)$$

将此式代入式(9.40a)中，注意散射过程能量守恒，$E(E^{\alpha}_{\underline{p}})=E'(E^{\beta}_{\underline{p}'})$，得

$$t(\underline{p}',\beta\leftarrow\underline{p},\alpha)=\langle \underline{p}',\beta|(V^{\alpha}+V^{\beta}G(E'+\mathrm{i}0)V^{\alpha})|\underline{p},\alpha\rangle$$

另一方面按 $T$ 算符定义，应有

$$t(\underline{p}',\beta\leftarrow\underline{p},\alpha)=\langle \underline{p}',\beta|T^{\beta\alpha}(E'+\mathrm{i}0)|\underline{p},\alpha\rangle \tag{9.40c}$$

两相比较，由于两个夹积态矢是任意的，即得式(9.41a)。**表明从 $\alpha$ 道向 $\beta$ 道跃迁的 $T$ 算符是具有双重标号的一组算符，由相应算符 $T^{\beta\alpha}(z)$ 在自由态$|\underline{p}',\beta\rangle$和$|\underline{p},\alpha\rangle$之间的矩阵元所给出。** $T^{\beta\alpha}(z)$中第一项是入射 $\alpha$ 道的相互作用，与出射 $\beta$ 道无关。 证毕。

### 9.2.2 分道 $T$ 算符的几点讨论

**首先，虽然 $T^{\beta\alpha}(z)$ 由两个道码标记，其实并没有如道码排列数那么多个 $T$ 算符。** 因为，如果两个道 $\alpha_1,\alpha_2$ 同属一个安置道，则有相同的道 Hamilton 量 $H^{\alpha_1}=H^{\alpha_2}$，从而有相同的散射势 $V^{\alpha_1}=V^{\alpha_2}$。于是，**若 $\beta$ 和 $\beta'$ ($\alpha$ 和 $\alpha'$) 均属于同一个安置道，即入(出)射道均为同一种分组，则对应的 $T^{\beta\alpha}$、$T^{\beta'\alpha'}$ 两个 $T$ 算符相同。**

**其次，** $T^{\beta\alpha}(z)$表达式(9.41a)的一个特点是在道码 $\alpha$ 和 $\beta$ 之间有明显的不对称。式中第一项是 $V^{\alpha}$ 而不是 $V^{\beta}$，似乎理由并不明显。事实上，假如采用 $T$ 矩阵的"出射"版式$\langle \underline{p}',\beta|V^{\beta}|\underline{p},\alpha+\rangle$，即式(9.40b)，将得到 $t(\underline{p}',\beta\leftarrow\underline{p},\alpha)$ 的类似表达式，但其中 $T$ 算符却为

$$\boxed{\widetilde{T}^{\beta\alpha}(z)=V^{\beta}+V^{\beta}G(z)V^{\alpha}} \tag{9.41b}$$

如果道 $\alpha$、道 $\beta$ 有不同的分组，则 $H^{\alpha}$、$H^{\beta}$ 不同，所以 $V^{\alpha}\neq V^{\beta}$。**于是一般说来，两个 $T$ 算符 $T^{\beta\alpha}$、$\widetilde{T}^{\beta\alpha}(z)$是不同的。** 谁正确呢？答案是：**考虑到式(9.39)中能量守恒因子，两者给出 $T$ 矩阵的矩阵元相同，**

$$\begin{aligned}\langle \underline{p}',\beta|(T^{\beta\alpha}-\widetilde{T}^{\beta\alpha})|\underline{p},\alpha\rangle&=\langle \underline{p}',\beta|(V^{\alpha}-V^{\beta})|\underline{p},\alpha\rangle\\&=-\langle \underline{p}',\beta|(H^{\alpha}-H^{\beta})|\underline{p},\alpha\rangle=-(E'-E)\langle \underline{p}',\beta|\underline{p},\alpha\rangle\end{aligned}$$

这里 $H^{\alpha}+V^{\alpha}=H^{\beta}+V^{\beta}=H$，所以 $V^{\alpha}-V^{\beta}=-(H^{\alpha}-H^{\beta})$。**此差值在能量壳上为零。也就是说，算符 $T^{\beta\alpha}$ 和 $\widetilde{T}^{\beta\alpha}$ 虽然相差 $(V^{\beta}-V^{\alpha})$，但两者给出同样的散射振幅。** 所以没有必要区分它们。为确定起见，以后只用 $T^{\beta\alpha}$，不用 $\widetilde{T}^{\beta\alpha}$。

习题 9.13 利用跃迁振幅的"出射"版式式(9.40b)推导式(9.41b)。

**其三,**如所预期,$T^{\beta\alpha}$可以表示成为一个隐式 L-S 方程。为此对 $T^{\beta\alpha}$ 的式(9.41a)左乘以 $G^{\beta}(z)$,考虑到式(9.36a),即得等式

$$\boxed{G^{\beta}(z)T^{\beta\alpha}(z)=G(z)V^{\alpha}} \tag{9.41c}$$

再将此等式代回 $T^{\beta\alpha}$ 表达式(9.41a),替换掉该式第二项中的 $G(z)V^{\alpha}$,得

$$\boxed{T^{\beta\alpha}(z)=V^{\alpha}+V^{\beta}G^{\beta}(z)T^{\beta\alpha}(z)} \tag{9.41d}$$

**4 个方程(式(9.41a)～式(9.41d))就是 $T$ 算符的 L-S 方程的不同表述。它们和全相互作用出(入)态矢 $|\underline{p},\alpha\pm\rangle$ 的 L-S 方程相对应。**

**其四,**注意 $t(\underline{p}',\beta\leftarrow\underline{p},\alpha)=\langle\underline{p}',\beta|T^{\beta\alpha}|\underline{p},\alpha\rangle$,从跃迁矩阵元式(9.40a)中抹去任意右矢,使其成为左矢等式,从式(9.40b)中抹去任意左矢,使其成为右矢等式,总之可得

$$T^{\beta\alpha}(E+\mathrm{i}0^{+})|\underline{p},\alpha\rangle=V^{\beta}|\underline{p},\alpha,+\rangle\leftrightarrow\langle\underline{p}',\beta|T^{\beta\alpha}(E-\mathrm{i}0^{+})=\langle\underline{p}',\beta,-|V^{\alpha} \tag{9.42}$$

由于 $T^{\beta\alpha}(z)$并非厄米算符,注意其极限取值:如果 $T^{\beta\alpha}$ 向右取值 $E+\mathrm{i}0^{+}$ 之时,经厄米后向左作用时它将取值 $E-\mathrm{i}0^{+}$。

习题 9.14 导出方程(9.42)。

习题 9.15 考虑壳上条件,由 $T$ 算符 L-S 方程(9.41d)反推出态矢 L-S 方程。

以上叙述连同演化框架中的表示式,提供了解决壳上 $T$ 矩阵的两种等效方法。前面曾经指出过,虽然在大多数文献的实际计算中经常采用稳定散射态工作,但在理论的严密讨论中,用 $T$ 算符工作有其优点。

### 9.2.3 分道 Møller 算符 $\Omega_{\pm}^{\alpha}$ 的定义

作为单道情况的推广,**多道散射的道 Møller 算符 $\Omega_{\pm}^{\alpha}$ 定义为**

$$\boxed{\Omega_{\pm}^{\alpha}=\lim_{t\to\mp\infty}\mathrm{e}^{\mathrm{i}Ht/\hbar}\mathrm{e}^{-\mathrm{i}H^{\alpha}t/\hbar}} \tag{9.43}$$

考虑 $\alpha$ 道子空间 $\varphi^{\alpha}$ 中一个(可归一化的)正规态矢 $|\varphi\rangle$,有

$$\Omega_{\pm}^{\alpha}|\varphi\rangle=\lim_{t\to\mp\infty}\mathrm{e}^{\mathrm{i}Ht/\hbar}\mathrm{e}^{-\mathrm{i}H^{\alpha}t/\hbar}|\varphi\rangle=|\varphi\rangle+\frac{\mathrm{i}}{\hbar}\int_{0}^{\mp\infty}\mathrm{d}t\,\mathrm{e}^{\mathrm{i}Ht/\hbar}V^{\alpha}\mathrm{e}^{-\mathrm{i}H^{\alpha}t/\hbar}|\varphi\rangle$$

第二个等式是对极限号内算符中的 $t$ 微商,再对 $t$ 积分,令 $t\to\mp\infty$(由于收敛,这是合法的)即得。这里 $V^{\alpha}$ 是 $\alpha$ 道的散射势,它由道 $\alpha$ 中连接自由运动的不同碎片间位势的和组成,是 $\alpha$ 道不同碎片间因演化而彼此分开时变得不重要的那一部分位势。如果 $V^{\alpha}=0$,$\alpha$ 道的一个渐近入射态将不遭受散射。

上面积分对任何正规态矢是收敛的,但对非正规态矢则不一定。但如果插入带 $\varepsilon\to0^{+}$ 的衰减因子 $\mathrm{e}^{\pm\varepsilon t}$,便可以归一化,等式也就成立。于是,添加衰减因子后,上式就能用于非正规态矢 $|\underline{p},\alpha\rangle$,即有

$$\Omega_{\pm}^{\alpha}|\underline{p},\alpha\rangle=|\underline{p},\alpha\rangle+\lim_{\varepsilon\to0^{+}}\frac{\mathrm{i}}{\hbar}\int_{0}^{\mp\infty}\mathrm{d}t\,\mathrm{e}^{\pm\varepsilon t}\mathrm{e}^{\mathrm{i}Ht/\hbar}V^{\alpha}\mathrm{e}^{-\mathrm{i}H^{\alpha}t/\hbar}|\underline{p},\alpha\rangle$$

由于$|\underline{p},\alpha\rangle$是 $H^{\alpha}$ 的本征态,对应能量 $E=E_p^{\alpha}$,故有

$$\Omega_{\pm}^{\alpha}\ |\ \underline{p},\alpha\rangle = |\ \underline{p},\alpha\rangle + \lim_{\varepsilon\to 0^+}\frac{\mathrm{i}}{\hbar}\int_0^{\mp\infty}\mathrm{d}t\mathrm{e}^{-\mathrm{i}(E\pm\mathrm{i}\varepsilon-H)t/\hbar}V^{\alpha}\ |\ \underline{p},\alpha\rangle \tag{9.44}$$

## 9.2.4　$\Omega_{\pm}^{\alpha}$ 与$|\underline{p},\alpha\pm\rangle$的关系

**首先**,考察在时演框架中如何看待态$|\underline{p},\alpha\pm\rangle$的含义。与单道情况下定态$|\boldsymbol{p}\pm\rangle$被定义成为 $\Omega_{\pm}|\boldsymbol{p}\rangle$这一事实相对应,此时由式(9.37)并结合上节叙述,可以确定:**多道散射的定态解如用道 Møller 算符来表示应为**

$$|\underline{p},\alpha\pm\rangle=\Omega_{\pm}^{\alpha}|\underline{p},\alpha\rangle \tag{9.45}$$

这由下面式(9.52a)推导可以确认。于是,**假定序列**$\{|\underline{p},\alpha\rangle\}$**是完备的,由式(9.45)就可以形式地解出分道 Møller 算符**

$$\Omega_{\pm}^{\alpha}=\sum_{p}\ |\ \underline{p},\alpha\pm\rangle\langle\underline{p},\alpha\ |=\sum_{p}\frac{\pm\mathrm{i}\varepsilon}{E_i-H\pm\mathrm{i}\varepsilon}\ |\ \underline{p},\alpha\rangle\langle\underline{p},\alpha\ | \tag{9.46}$$

这再次表明,Møller **算符是渐近自由态与全相互作用散射定态之间一对一映射算符。当然,这是有条件的**(详见 9.5.5 节)。

**式(9.43)~式(9.46)各式充分表明了 Møller 算符的"桥梁作用":它们将参考系统 $H^0$ 的原本自由的"裸"态,将相互作用以足够缓慢的方式加入,最终使之成为"穿衣"态,即全相互作用散射系统 $H=H^0+H^i$ 的真实散射入态和出态。换句话说,入射** $\alpha$ **道的** Møller **算符** $\Omega_{+}^{\alpha}$ **是散射定态的一种变换算符,它将系统** $\alpha$ **道的入射渐近自由态**$|\underline{p},\alpha\rangle$**,以足够缓慢的方式变换成** $t=0$ **时刻全相互作用入射定态。类似地,出射** $\beta$ **道的** Møller **算符** $(\Omega_{-}^{\beta})^{+}$ **也是散射定态的一种变换算符,它将** $t=0$ **时刻系统全相互作用出射定态,以足够缓慢的方式变换成出射渐近自由态**$|\underline{p},\beta\rangle$**。而它俩的串接作用就等于对两个渐近自由态的散射变换——散射算符** $\boldsymbol{S}$**。**

与此同时,也可以把碰撞全过程描写成为:

**在** $t=-\infty$**,相互作用关闭,系统处于"裸"自由态**$|\varphi_i,\alpha\rangle=|\Phi(-\infty),\alpha\rangle$**;在时间区间**$(-\infty,0)$**中,相互作用以绝热方式缓慢加入,到** $t=0$ **时刻相互作用达到"全强度","裸"态被"穿上衣服",转变成真实的散射入态**$|\Phi_i^{+}(0),\alpha\rangle\equiv U(0,-\infty,\alpha)|\Phi(-\infty),\alpha\rangle$**;在**$(0,t_s)$**某个时间段内,发生散射跃迁**$|\Phi^{+}{}_i(0),\alpha\rangle\rightarrow|\Phi^{-}(t_s),\beta\rangle$**:** $U(t_s,0,\beta\leftarrow\alpha)|\Phi_i^{+}(0),\alpha\rangle=|\Phi^{-}(t_s),\beta\rangle$**,将入射态转变为出射态。接下去,在**$(t_s,+\infty)$**时域中,相互作用再以绝热方式逐渐撤除,出射态被"脱下衣服",**$|\Phi^{-}(t_s),\beta\rangle\rightarrow|\varphi_f,\beta\rangle=U(+\infty,t_s,\beta)|\Phi^{-}(t_s),\beta\rangle$**,变成另一个自由态**[34]**。**

---

[34] 其实,这里态矢上的负号按因果律要求均应是正号,只当取厄米成为 bra 时才为负号。

**其次**，现在表明，由 $\Omega_{\pm}^{\alpha}$ 出发也可导出 $|\underline{p},\alpha\pm\rangle$ 的 L-S 方程。这时

$$|\underline{p},\alpha\pm\rangle=|\underline{p},\alpha\rangle+\lim_{\varepsilon\to0^+}\frac{\mathrm{i}}{\hbar}\int_0^{\mp\infty}\mathrm{d}t\mathrm{e}^{-\mathrm{i}(E\pm\mathrm{i}\varepsilon-H)t/\hbar}V^{\alpha}\;|\underline{p},\alpha\rangle$$

若 $V^{\alpha}$ 不含时，利用非对称 $\delta$ 函数 $\delta_{\pm}(x)$ 公式㉟

$$\delta_{\pm}(x)\equiv\lim_{|\eta|\to0^+}\frac{1}{\pi}\int_0^{\pm\infty}\mathrm{e}^{\pm\mathrm{i}\xi(x\pm\mathrm{i}|\eta|)}\mathrm{d}\xi=\frac{\pm\mathrm{i}}{\pi}\frac{1}{x\pm\mathrm{i}0^+}\tag{9.47}$$

可将上式积出，导致全 Green 函数算符 $G(z)$。即有(略写极限符号)

$$|\underline{p},\alpha\pm\rangle=|\underline{p},\alpha\rangle+G(E\pm\mathrm{i}0^+)V^{\alpha}|\underline{p},\alpha\rangle$$

这正是前节已知结果。利用式(9.41c)也可以将此式转成 $\Omega_{+}^{\alpha}$ 表达式

$$\boxed{\Omega_{+}^{\alpha}=I+G_{+}^{\beta}(E+\mathrm{i}0^+)T^{\beta\alpha}(E+\mathrm{i}0^+)}\tag{9.48}$$

**其三**，按式(9.45)看待式(9.42) $T^{\beta\alpha}(E+\mathrm{i}0^+)|\underline{p},\alpha\rangle=V^{\beta}|\underline{p},\alpha,+\rangle$，并考虑到 $|\underline{p},\alpha\rangle$ 的任意性，可将态矢除去，即得

$$\boxed{T^{\beta\alpha}(E+\mathrm{i}0^+)=V^{\beta}\Omega_{+}^{\alpha}}\tag{9.49}$$

对于多道情况，除了此式代替单道 $T(E+\mathrm{i}0^+)=V\Omega_+$ 之外，还有

$$H\Omega_{\pm}=\Omega_{\pm}H^0\to H\Omega_{\pm}^{\alpha}=\Omega_{\pm}^{\alpha}H^{\alpha}\tag{9.50}$$

$$\boldsymbol{S}H^0=H^0\boldsymbol{S}\to\boldsymbol{S}H^{\alpha}=H^{\beta}\boldsymbol{S}\quad(\text{当 }\boldsymbol{S}=(\Omega_{-}^{\beta})^{+}\Omega_{+}^{\alpha})\tag{9.51}$$

习题 9.16 证明式(9.49) $V^{\beta}\Omega_{+}^{\alpha}=T^{\beta\alpha}$。

习题 9.17 用不同于证明式(8.58)的方法，证明单道 Møller 算符有 $H\Omega^{(\pm)}=\Omega^{(\pm)}H^0$，以及 $SH^0=H^0S$。

习题 9.18 用不同于证明式(8.58)的方法，证明多道情况有 $H\Omega_{\pm}^{\alpha}=\Omega_{\pm}^{\alpha}H^{\alpha}$；以及当 $\boldsymbol{S}=(\Omega_{-}^{\beta})^{+}\Omega_{+}^{\alpha}$ 时，有 $\boldsymbol{S}H^{\alpha}=H^{\beta}\boldsymbol{S}$。

## 9.2.5 $|\psi_i^{\pm},\alpha\rangle$ 与 $|\varphi_i,\alpha\rangle$ 的“穿衣关系”

由式(9.6)和习题 9.1 知道，$|\psi_i^{\pm},\alpha\rangle$ **是由** $|\varphi_i,\alpha\rangle$ **在势** $V^{\alpha}$ **作用下演化而来的、满足全相互作用** Hamilton **量定态方程** $H|\psi_i^{\pm},\alpha\rangle=E_i|\psi_i^{\pm},\alpha\rangle$ **的两个解。对每一个** $|\varphi_i,\alpha\rangle$ **都有两个** $|\psi_i^{+},\alpha\rangle$ **和** $|\psi_i^{-},\alpha\rangle$ **与之对应。**下面进一步阐述 $|\psi_i^{\pm},\alpha\rangle$ 与 $|\varphi_i,\alpha\rangle$ 的对应关系。

换个角度确认，**从时演框架态矢** $|\varphi_i,\alpha\rangle$ **到定态框架态矢** $|\psi_i^{\pm},\alpha\rangle$ **的对应关系——常称为“穿衣关系”**(dressing relation)。时演框架下态矢演化为

---

㉟ 这里 $\delta_{\pm}(x)=\delta(x)\pm\frac{\mathrm{i}}{\pi}P\frac{1}{x}$。也就是说，含 $\delta_{\pm}(x)$ 函数的积分可按下面规则计算：

$$\int_{-\infty}^{+\infty}f(x)\delta_{\pm}(x)\mathrm{d}x=f(0)\pm\frac{\mathrm{i}}{\pi}P\int_{-\infty}^{+\infty}f(x)\frac{\mathrm{d}x}{x}$$

$P$ 表示取主值积分。注意 $\delta_+(x)+\delta_-(x)=2\delta(x)$，$\delta_-(x)=\delta_+(-x)=\delta_+^*(x)$，结合式(9.38)。详见脚注⑤文献中附录一。

$$U(0,-\infty)|\varphi_i,\alpha\rangle = \sum_{n=0}^{\infty} U^{(n)}(0,-\infty)|\varphi_i,\alpha\rangle$$
$$= \sum_{n=0}^{\infty}\left(\frac{-\mathrm{i}}{\hbar}\right)^n \int_{-\infty}^{0}\mathrm{d}t_1\int_{-\infty}^{t_1}\mathrm{d}t_2\cdots\int_{-\infty}^{t_{n-1}}\mathrm{d}t_n H_I^i(t_1)\cdots H_I^i(t_n)|\varphi_i,\alpha\rangle$$
$$= |\varphi_i,\alpha\rangle + \left(\frac{-\mathrm{i}}{\hbar}\right)\int_{-\infty}^{0}\mathrm{d}t_1\left(\mathrm{e}^{\mathrm{i}H^\alpha t_1/\hbar}V^\alpha \mathrm{e}^{\varepsilon t_1/\hbar}\mathrm{e}^{-\mathrm{i}H^\alpha t_1/\hbar}\right)|\varphi_i,\alpha\rangle$$
$$+\left(\frac{-\mathrm{i}}{\hbar}\right)^2\int_{-\infty}^{0}\mathrm{d}t_1\left(\mathrm{e}^{\mathrm{i}H^\alpha t_1/\hbar}V^\alpha \mathrm{e}^{\varepsilon t_1/\hbar}\mathrm{e}^{-\mathrm{i}H^\alpha t_1/\hbar}\right)$$
$$\cdot\int_{-\infty}^{t_1}\mathrm{d}t_2\left(\mathrm{e}^{\mathrm{i}H^\alpha t_2/\hbar}V^\alpha \mathrm{e}^{\varepsilon' t_2/\hbar}\mathrm{e}^{-\mathrm{i}H^\alpha t_2/\hbar}\right)|\varphi_i,\alpha\rangle+\cdots$$
$$= |\varphi_i,\alpha\rangle + \frac{1}{E_i-H^\alpha+\mathrm{i}\varepsilon}V^\alpha|\varphi_i,\alpha\rangle + \frac{1}{E_i-H^\alpha+\mathrm{i}\varepsilon_1}$$
$$V^\alpha\frac{1}{E_i-H^\alpha+\mathrm{i}\varepsilon_2}V^\alpha|\varphi_i,\alpha\rangle+\cdots$$
$$= |\varphi_i,\alpha\rangle + \frac{1}{E_i-H^\alpha+\mathrm{i}\varepsilon}V^\alpha\ |\psi_i^+(0),\alpha\rangle_I$$

此结果与$|\psi_i^+,\alpha\rangle$的 L-S 方程(9.5)相同,于是再次得到

$$\boxed{U(0,-\infty,\alpha)|\varphi_i,\alpha\rangle = |\psi_i^+,\alpha\rangle} \tag{9.52a}$$

同样有

$$\boxed{|\psi_f^-,\beta\rangle = U(0,+\infty,\beta)|\varphi_f,\beta\rangle} \quad 或 \quad \boxed{\langle\psi_f^-,\beta| = \langle\varphi_f,\beta|U(\beta,+\infty,0)} \tag{9.52b}$$

于是可知,$|\psi_i^\pm,\alpha\rangle$**物理意义就是系统从遥远过去的**$|\varphi_i,\alpha\rangle$**足够缓慢演化而来,到** $t=0$ **时刻系统的实际定态。于是,按定态全相互作用方程,至少在原理上,**$|\psi_i^\pm,\alpha\rangle$**可以直接由** $H$ **决定,而不是必须将** $H$ **区分为** $H^\alpha$ **和** $V^\alpha$**。这从方程(9.34e)也可以知道。但是,实际上往往是只有区分才能用逐级微扰办法求解这两个态。**

如果 $V^\alpha$ 为小量,以致能够合理地期望展开式收敛,可以应用迭代展开办法得到用 $H^\alpha,V^\alpha,|\varphi_i,\alpha\rangle$表示的$|\psi_i^\pm,\alpha\rangle$

$$\boxed{|\psi_i^\pm,\alpha\rangle = \left\{1+\frac{1}{E_i-H^\alpha\pm\mathrm{i}\varepsilon}V^\alpha + \frac{1}{E_i-H^\alpha\pm\mathrm{i}\varepsilon_1}V^\alpha\ \frac{1}{E_i-H^\alpha\pm\mathrm{i}\varepsilon_2}V^\alpha+\cdots\right\}|\varphi_i,\alpha\rangle} \tag{9.53}$$

**这就是以入射渐近自由态表示全相互作用散射定态的 Born 级数。向坐标表象投影即得散射定态波函数的多重积分级数方程。**

习题 9.19 用计算检验式(9.53)右矢展开式向坐标表象投影即得势散射中散射波函数的各阶 Born 近似展开级数。

### 9.2.6 Møller 算符作用小结

Møller **算符作用总计有三:其一,理论上沟通两个框架;其二,表达重组反应;其三,便于微扰计算。**

**其一,理论上沟通两种框架。**当散射是$|\varphi_i,\alpha\rangle\rightarrow|\varphi_f,\beta\rangle$时,跃迁矩阵元为下述表

达式

$$\boxed{S_{f\beta,i\alpha}\equiv\langle\varphi_f,\beta|(\Omega_-^{\beta})^+\Omega_+^{\alpha}|\varphi_i,\alpha\rangle=\langle\psi_{f\beta}^-|\psi_{i\alpha}^+\rangle}\tag{9.54}$$

**这里涉及两个不同框架下的表示。两种表示涉及两个不同 Hamilton 量撑开的两个 Hilbert 空间的标积,各自使用 Dirac 的内积括号。此式是说,$S$ 矩阵在两个指定自由态之间的矩阵元,等于由这两个态按定态 L-S 方程的全相互作用下解得的入射、出射定态之间的标积。从而,散射跃迁概率便有两种看法:随时间演化的非定态看法——中间表达式;与时间无关的定态看法——右边表达式。**

由上面分析可知:**时间演化框架中渐近自由态 $|\varphi_i,\alpha\rangle\to|\varphi_f,\beta\rangle$ 的跃迁过程与定态框架中全相互作用入出态 $|\psi_i^+,\alpha\rangle\to|\psi_f^-,\beta\rangle$ 的跃迁过程相对应,概率相等。**

**证:首先**,过程相应。若 $|\psi_i^+,\alpha\rangle\to|\psi_f^-,\beta\rangle$,则

$$\begin{aligned}S_{\beta\leftarrow\alpha}|\varphi_i,\alpha\rangle&=(\Omega_-^{\beta})^+\Omega_+^{\alpha}|\varphi_i,\alpha\rangle\\&=(\Omega_-^{\beta})^+|\psi_i^+,\alpha\rangle\to(\Omega_-^{\beta})^+|\psi_f^-,\beta\rangle=(\Omega_-^{\beta})^+\Omega_-^{\beta}|\varphi_f,\beta\rangle=|\varphi_f,\beta\rangle\end{aligned}$$

**其次**,概率相等。在一般的出射态 $|\psi_f^-,\beta\rangle=\sum\limits_n c_n|\psi_n^-,\beta\rangle$ 中找到任一特殊出射态 $|u_f^-,\beta\rangle$ 的概率为 $|c_f|^2=|\langle u_f^-,\psi_f^-\rangle|^2$;与此相对应,在一般的渐近自由出射态 $|\varphi_f,\beta\rangle=\sum\limits_n d_n|\varphi_n,\beta\rangle$ 中找到渐近自由态 $|u_f,\beta\rangle$ 的概率为

$$|d_f|^2=|\langle u_f,\varphi_f\rangle|^2=|\langle u_f,(\Omega_-^{\beta})^+\psi_f^-\rangle|^2=|\langle\Omega_-^{\beta}u_f,\psi_f^-\rangle|^2=|\langle u_f^-,\psi_f^-\rangle|^2=|c_f|^2$$

这表明 Møller **算符的作用之一:简洁地表示了两种框架并行不悖。按照两者等价性,完全有根据以一个较为简单的参考系统 $H^0$ 的 $|\varphi_i\rangle\to|\varphi_f\rangle$ 的 $S$ 矩阵矩阵元取代真实系统 $H$ 的 $|\psi_i^+\rangle\to|\psi_f^-\rangle$ 跃迁过程。也就是说,有充分根据将散射过程处理成为(将分道记为矩阵的行与列)**

$$\boxed{|\varphi_f,\beta\rangle_{t\to+\infty}=S_{f\beta,i\alpha}|\varphi_i,\alpha\rangle_{t\to-\infty},\quad S_{f\beta,i\alpha}\equiv\langle\varphi_f,\beta|(\Omega_-^{\beta})^+\Omega_+^{\alpha}|\varphi_i,\alpha\rangle=\langle\psi_{f\beta}^-|\psi_{i\alpha}^+\rangle}\tag{9.55}$$

**沟通两个框架所需公式为式(9.45)、式(9.46)、式(9.48)、式(9.49)和式(9.54)。**

**其二,表达重组反应。**Møller **算符另一作用为描述重组反应提供必要的基础。对于重组反应,"参考系统 $H^0$"必须区分入射和出射。这时 $S$ 分割为入态和出态作用的乘积,即 $S=\Omega_-^+\Omega_+$。鉴于** Hamilton **量 $H$ 在入态和出态的分解不同,依照不同分解写出不同的** L-S **方程,分别计算 $\Omega_+$ 和 $\Omega_-$。**

假设入射道 $\alpha$,出射道 $\beta$,$H=(H^{\alpha}+V^{\alpha})_{\text{in}}=(H^{\beta}+V^{\beta})_{\text{out}}$,则有

$$\boxed{|\underline{p},\alpha+\rangle=\Omega_+^{\alpha}|\underline{p},\alpha\rangle,\quad|\underline{p}',\beta-\rangle=\Omega_-^{\beta}|\underline{p}',\beta\rangle}\tag{9.56a}$$

其中

$$\boxed{\begin{cases}\Omega_+^{\alpha}=\left\{1+\dfrac{1}{E_i-H^{\alpha}+\mathrm{i}\varepsilon_1}V^{\alpha}+\dfrac{1}{E_i-H^{\alpha}+\mathrm{i}\varepsilon_1}V^{\alpha}\dfrac{1}{E_i-H^{\alpha}+\mathrm{i}\varepsilon_2}V^{\alpha}+\cdots\right\}\\\Omega_-^{\beta}=\left\{1+\dfrac{1}{E_i-H^{\beta}-\mathrm{i}\varepsilon_1}V^{\beta}+\dfrac{1}{E_i-H^{\beta}-\mathrm{i}\varepsilon_1}V^{\beta}\dfrac{1}{E_i-H^{\beta}-\mathrm{i}\varepsilon_2}V^{\beta}+\cdots\right\}\end{cases}}\tag{9.56b}$$

于是得到

$$\boxed{t((\underline{p}',\beta)\leftarrow(\underline{p},\alpha))=\langle\underline{p}',\beta-|\underline{p},\alpha+\rangle=\langle\underline{p}',\beta|(\Omega_{-}^{\beta})^{+}\Omega_{+}^{\alpha}|\underline{p},\alpha\rangle}\tag{9.56c}$$

**其三,便于作微扰计算。**式(9.52)结合式(9.43)提供了通过求解 $\Omega_{\pm}^{\alpha}$ 来求解态矢 L-S 方程的方法。当然,为此要先解出确定算符 $U(0,\pm\infty)$ 的积分方程。对许多情况,解此积分方程比解 $|\psi_{\pm}^{\alpha}\rangle$ 或 $T$ 的积分方程要简单些。这可以参见前后所叙述的 $S$ 矩阵的微扰计算。

## 9.3　时空变换的不变性

### 9.3.1　空间转动不变性

在 2.1 节基础上,现在继续讲述空间转动算符对多道散射系统的作用。已知空间转动变换对系统的作用由转动算符给出

$$R(\boldsymbol{\alpha})=\exp\{-\mathrm{i}\boldsymbol{\alpha}\cdot\boldsymbol{J}/\hbar\},\quad \boldsymbol{J}=\boldsymbol{L}+\boldsymbol{S}=\boldsymbol{L}+\boldsymbol{s}_1+\boldsymbol{s}_2$$

此幺正算符的生成元 $\boldsymbol{J}$ 为系统的总角动量。对复合粒子(碎片),其自旋角动量规定为该碎片的总角动量(合成自旋、束缚态轨道角动量、甚至是合成的总角动量等)。转动算符对动量基矢的作用为

$$R\mid\boldsymbol{p},\xi\rangle=R\mid\boldsymbol{p}\rangle\otimes\mid\xi\rangle=\mid\boldsymbol{p}_R\rangle\otimes\sum_{\xi'}\mid\xi'\rangle\langle\xi'\mid R_s\mid\xi\rangle=\sum_{\xi'}\mid\boldsymbol{p}_R,\xi'\rangle\langle\xi'\mid R_s\mid\xi\rangle\tag{9.57}$$

而对角动量基矢的作用为

$$\begin{aligned}&R\mid E,l,s,j,m\rangle\\&=\sum_{m_l,m_s}\sum_{m'_l,m'_s}\langle E,l,m'_l\mid R_l\mid E,l,m_l\rangle\langle s,m'_s\mid R_s\mid s,m_s\rangle\langle lsm_lm_s\mid jm\rangle\mid E,l,m'_l\rangle\otimes\mid s,m'_s\rangle\end{aligned}\tag{9.58}$$

如果系统动力学是转动不变的,即系统 Hamilton 量在 $R_3$ 下不变,或者说成是 $R(\boldsymbol{\alpha})$ 和 $H$ 及 $H^{\alpha}$ 对易[12],于是有 $R(\boldsymbol{\alpha})$ 和 $\Omega_{\pm}^{\alpha}$ 对易,

$$R(\boldsymbol{\alpha})\Omega_{\pm}^{\alpha}=R(\boldsymbol{\alpha})\lim_{t\to\mp\infty}\mathrm{e}^{\mathrm{i}Ht/\hbar}\mathrm{e}^{-\mathrm{i}H^{\alpha}t/\hbar}=\lim_{t\to\mp\infty}\mathrm{e}^{\mathrm{i}Ht/\hbar}\mathrm{e}^{-\mathrm{i}H^{\alpha}t/\hbar}R(\boldsymbol{\alpha})\Rightarrow$$

$$\boxed{R(\boldsymbol{\alpha})\Omega_{\pm}^{\alpha}=\Omega_{\pm}^{\alpha}R(\boldsymbol{\alpha})}\tag{9.59}$$

从而 $\boldsymbol{S}$ 与 $R$ 可对易

$$\boxed{\boldsymbol{S}=R^{+}\boldsymbol{S}R}\tag{9.60a}$$

---

⑫ 有时为了处理方便,将系统的一部分看成"外部",并将其"固定"。这时,对系统其余部分的转动就不一定不变。例如,电子从固定晶格上的散射,就不是任意转动不变的。

若将质心系分离 $\mathcal{S}=I_{CM}\otimes S_{sel}$，对于描述相对运动部分，仍然有

$$S_{sel}=R^+S_{rel}R \tag{9.60b}$$

下面将相对运动，散射算符 $S_{sel}$ 简记作 $S$。于是，如果系统总角动量守恒，将有如下等式成立

$$\boxed{\begin{cases}\langle \boldsymbol{p},\xi;\alpha'|S|\boldsymbol{p},\xi;\alpha\rangle=\langle \boldsymbol{p}',\xi';\alpha'|R^+SR|\boldsymbol{p},\xi;\alpha\rangle\\ \quad\langle E',l',s',j',m';\alpha|S|E,l,s,j,m;\alpha\rangle\\ =\langle E',l',s',j',m';\alpha'|R^+SR|E,l,s,j,m;\alpha\rangle\end{cases}} \tag{9.61}$$

下面区分几种情况分别研究这两个公式：

**第一，单道、有自旋情况，动量基。**设两个自旋 $s_1,s_2$ 粒子，合自旋为 $s$。现在研究基本自旋态 $|\xi\rangle$ 是 $s_3$ 的本征态这一特殊情况，取动量基矢进行研究。这时 $\xi=(s,m_s)$（或是 $\xi=(m_1,m_2)$），于是考虑以下过程

$$\langle \boldsymbol{p}',s',m'_s|S|\boldsymbol{p},s,m_s\rangle$$

这时，绕 $z$ 轴（$\boldsymbol{p}$ 方向）转动不变性导致散射振幅（概率）与 $\varphi$ 角无关的结论⑬：设 $\boldsymbol{p}'$ 方位角为 $(\theta,\varphi)$，设计一个绕 $z$ 轴的转动，它将 $\boldsymbol{p}'\rightarrow\boldsymbol{p}''$，而 $\boldsymbol{p}''$ 的方位角为 $(\theta,0)$，这转动为 $R(-\varphi\boldsymbol{e}_z)$，于是

$$R(-\varphi\boldsymbol{e}_z)|\boldsymbol{p}',s',m'\rangle=|\boldsymbol{p}'',s',m'\rangle e^{im'\varphi}$$

而这时 $R(-\varphi\boldsymbol{e}_z)|\boldsymbol{p},s,m\rangle=|\boldsymbol{p},s,m\rangle e^{im\varphi}$，所以

$$\begin{aligned}\langle \boldsymbol{p}',s',m'|S|\boldsymbol{p},s,m\rangle&=\langle \boldsymbol{p}',s',m'|R^+SR|\boldsymbol{p},s,m\rangle\\&=e^{i(m-m')\varphi}\langle \boldsymbol{p}'',s',m'|S|\boldsymbol{p},s,m\rangle\end{aligned}$$

与此相应，就得到结论：**散射振幅有等式**

$$f_{s'm',sm}(E,\theta,\varphi)=e^{i(m-m')\varphi}f_{s'm',sm}(E,\theta,0) \tag{9.62}$$

**于是，$[(2s_1+1)(2s_2+1)]^2$ 个散射振幅计算都简化为同数目的 $(E,\theta)$ 函数计算。**这里 $s,m$ 是 $s_1,s_2$ 的合自旋，取值总数为 $(2s_1+1)(2s_2+1)$。举例说明：1/2 自旋-0 自旋两个粒子散射。这时旋量空间是 2 维的，基矢为 $|+\rangle$、$|-\rangle$，散射振幅矩阵 $F(\boldsymbol{p}'\leftarrow\boldsymbol{p})$ 的 4 个矩阵元为 $f_{++},f_{+-},f_{-+},f_{--}$。其中 $f_{+-},f_{-+}$ 是“自旋翻转”振幅，$f_{++},f_{--}$ 是“自旋不翻转”振幅。沿 $z$ 固定 $\boldsymbol{p}$，则 $F(\boldsymbol{p}'\leftarrow\boldsymbol{p})$ 可写为 $F(E、\theta、\varphi)$，而转动不变性判断说

$$\boxed{F(E,\theta,\varphi)=\begin{pmatrix}a(E,\theta) & b(E,\theta)e^{-i\varphi}\\ c(E,\theta)e^{i\varphi} & d(E,\theta)\end{pmatrix}} \tag{9.63}$$

于是散射完全由 4 个关于 $E$、$\theta$ 的复函数所决定。至此，转动不变性不能再进一步告诉这 4 个函数的信息了。

---

⑬ 注意，此处“与 $\varphi$ 无关”是入道、出道自旋态为 $s_3$ 的本征态，即对应 $F$ 中一个对角矩阵元的情况。否则一般是有关的，见下面 $F$ 表达式。

**第二,单道、有自旋情况,角动量基。**考察相对运动散射算符在 $J^2$、$J_3$ 本征矢量基中的矩阵元。这时,合成 $\boldsymbol{S}=\boldsymbol{s}_1+\boldsymbol{s}_2$ 后无耦合基矢为 $|E,l,s,m_l,m_S\rangle=|E,l,m_l\rangle\otimes|s,m_S\rangle$。L-S 耦合给出

$$|E,l,s,j,m\rangle=\sum_{m_l,m_S}|E,l,s,m_l,m_S\rangle\langle E,l,s,m_l,m_S|j,m\rangle$$

由于已设定系统动力学转动不变,$S$ 和 $R(\boldsymbol{\alpha})$ 的无穷小算子 $\boldsymbol{J}$ 可交换,从而 $S$ 与 $J^2$、$J_3$ 可交换。所以在角动量基中 $S$ 是对角的

$$\langle E',l',s',j',m'|S|E,l,s,j,m\rangle=\delta(E'-E)\delta_{j'j}\delta_{m'm}S^j_{l's',ls}(E) \tag{9.64}$$

这根据 $R_3$ 群的荷载不可约表示的基底正交性定理,结合 $S$ 在 $R_3$ 下不变也可得出,且同时得出 $S^j_{l's',ls}(E)$ 与 $m$、$m'$ 无关[⑭]。此时 $S$ 矩阵是矩阵元以初态对 $(l,s)$ 作列标、末态对 $(l',s')$ 作行标的矩阵 $S^j(E)$,维数等于合成给定 $j$ 的不同对 $(l,s)$ 的对数。这时,由于转动不变性只保证了 $j,m$ 不变,不保证合成同一个 $j,m$ 的不同对 $(l,s)$ 的不变。也就是说,在此散射中,从这一对 $(l,s)$ 可以变到另一对 $(l',s')$——只要合成的 $j$ 相同。

**第三,多道、无自旋情况,动量基。**假定所有粒子和它们的束缚态都无自旋。转动对道基矢 $|\underline{p},\alpha\rangle$ 的影响为

$$R|\underline{p},\alpha\rangle=|\underline{p_R},\alpha\rangle$$

这里 $\underline{p_R}$ 表示转动全部的相对动量 $\underline{p}$,于是转动不变性为

$$\langle\underline{p'},\alpha'|S|\underline{p},\alpha\rangle=\langle\underline{p'},\alpha'|R^+SR|\underline{p},\alpha\rangle=\langle\underline{p'_R},\alpha'|S|\underline{p_R},\alpha\rangle$$

而这就意味着有

$$\langle\underline{p'},\alpha'|T|\underline{p},\alpha\rangle=\langle\underline{p'_R},\alpha'|T|\underline{p_R},\alpha\rangle \tag{9.65a}$$

或

$$t(\underline{p'},\alpha'\leftarrow\underline{p},\alpha)=t(\underline{p'_R},\alpha'\leftarrow\underline{p_R},\alpha) \tag{9.65b}$$

**第四,多道、无自旋情况,角动量基(Ⅰ)。**考察转动不变性的最简单办法是在角动量基中工作。此外,如果能量是只有两体道开放并假定所有碎片无自旋,就很简单了。

这时,每个道中(相对运动的)角动量基就简化为轨道角动量基 $|E,l,m;\alpha\rangle$。转动不变就意味着

$$\langle E',l',m';\alpha'|S|E,l,m;\alpha\rangle=\delta(E'-E)\delta_{l'l}\delta_{m'm}S^l_{\alpha'\alpha}(E) \tag{9.66}$$

理由同上说法。也就是说,给定 $E,l$ 的散射由"道空间"中的 $n\times n$ 矩阵 $S^l(E)$ 所确定。这里 $n$ 是在 $E$ 下所开放的(两体)道数目。

---

⑭　$S^j_{l's',ls}(E)$ 与 $m,m'$ 无关这一点还可以如下证明:由于 $S$ 与 $\boldsymbol{L}$ 对易,故与 $L_\pm$ 对易,所以有 $L_-SL_+=SL_-L_+$。取此方程的任一个矩阵元,得 $\langle\cdots m+1|S|\cdots m+1\rangle=\langle\cdots m|S|\cdots m\rangle$。

下面来求现在的多道分波散射振幅表达式(设出道也为两体道)

$$\begin{cases}\langle \boldsymbol{p}',\alpha'|S|\boldsymbol{p},\alpha\rangle=\delta_{\alpha'\alpha}\delta(\boldsymbol{p}'-\boldsymbol{p})-2\pi\mathrm{i}\delta(E'-E)\delta_3(\boldsymbol{p}'-\boldsymbol{p})t(\boldsymbol{p}',\alpha'\leftarrow\boldsymbol{p},\alpha)\\ f(\boldsymbol{p}',\alpha'\leftarrow\boldsymbol{p},\alpha)=-(2\pi)^2(m'm)^{1/2}t(\boldsymbol{p}',\alpha'\leftarrow\boldsymbol{p},\alpha)\end{cases}$$

从两边消去质心动量守恒因子,得

$$\boxed{\langle \boldsymbol{p}',\alpha'|S-1|\boldsymbol{p},\alpha\rangle=\frac{\mathrm{i}}{2\pi\sqrt{mm'}}\delta(E'-E)f(\boldsymbol{p}',\alpha'\leftarrow\boldsymbol{p},\alpha)}\tag{9.67}$$

另外,利用上面(转动不变)$S$ 矩阵元计算等式左边,有

$$\begin{aligned}&\langle \boldsymbol{p}',\alpha'|S-1|\boldsymbol{p},\alpha\rangle\\ =&\sum_{\alpha''\alpha'''lml'm'}\iint \mathrm{d}E''\mathrm{d}E'''\langle \boldsymbol{p}',\alpha'|E'',l,m,\alpha''\rangle\langle E'',l,m,\alpha''|S-1|E''',l',m';\alpha'''\rangle\\ &\cdot\langle E''',l',m';\alpha'''|\boldsymbol{p},\alpha\rangle\\ =&\sum_{\alpha''\alpha'''lml'm'}\iint \mathrm{d}E''\mathrm{d}E'''\langle \boldsymbol{p}',\alpha'|E'',l,m,\alpha''\rangle\langle \boldsymbol{p},\alpha|E''',l',m';\alpha'''\rangle^*\ [S^l_{\alpha''\alpha'''}(E'')-\delta_{\alpha''\alpha'''}]\\ &\cdot\delta(E''-E''')\delta_{ll'}\delta_{mm'}\\ =&\sum_{lm}\int \mathrm{d}E''\cdot\frac{1}{\sqrt{m''p'}}\delta(E''-E_{p'})Y_{lm}(\boldsymbol{e}_{p'})\cdot\frac{1}{\sqrt{m'''p}}\delta(E''-E_p)Y^*_{lm}(\boldsymbol{e}_p)(S^l_{\alpha'\alpha}-\delta_{\alpha'\alpha})\delta_{\alpha'\alpha}\end{aligned}$$

这步利用了$\langle \boldsymbol{p},\alpha|E,l,m,\beta\rangle=\dfrac{1}{\sqrt{mp}}\delta(E-E_p)Y_{lm}(\boldsymbol{e}_p)\delta_{\alpha\beta}$。其中 $m''$、$m'''$分别为 $\alpha''$、$\alpha'''$ 道的两体折合质量。继续变换

$$\begin{aligned}&=\sum_{lm}\frac{1}{\sqrt{mm'}}\frac{1}{\sqrt{pp'}}\delta(E_p-E_{p'})[S^l_{\alpha'\alpha}(E)-\delta_{\alpha'\alpha}]Y_{lm}(\boldsymbol{e}_{p'})Y^*_{lm}(\boldsymbol{e}_p)\\ &=\sum_{l}\frac{1}{\sqrt{mm'}}\frac{1}{\sqrt{pp'}}\delta(E_p-E_{p'})[S^l_{\alpha'\alpha}(E)-\delta_{\alpha'\alpha}]\frac{2l+1}{4\pi}P_l(\cos\theta)\end{aligned}$$

这里 $\cos\theta=\boldsymbol{e}_{p'}\cdot\boldsymbol{e}_p$, $\sum\limits_{m=-l}^{+l}Y_{lm}(\boldsymbol{e}_1)Y^*_{lm}(\boldsymbol{e}_2)=\dfrac{2l+1}{4\pi}P_l(\boldsymbol{e}_1\cdot\boldsymbol{e}_2)$。于是,式(9.67)为

$$\begin{aligned}&\frac{\mathrm{i}}{2\pi}\frac{1}{\sqrt{mm'}}\delta(E-E')f(\boldsymbol{p}',\alpha'\leftarrow\boldsymbol{p},\alpha)\\ &=\sum_l\frac{2l+1}{4\pi}\frac{1}{\sqrt{mm'}}\frac{1}{\sqrt{pp'}}\delta(E-E')(S^l_{\alpha'\alpha}-\delta_{\alpha'\alpha})P_l(\cos\theta)\end{aligned}$$

比较两边,最后即得(注意在质心系)

$$\boxed{\begin{cases}f(\boldsymbol{p}',\alpha'\leftarrow\boldsymbol{p},\alpha)=\sum\limits_{l=0}^{\infty}(2l+1)f^l_{\alpha'\alpha}(E)P_l(\cos\theta)\\ f^l_{\alpha'\alpha}(E)=\dfrac{1}{2\mathrm{i}\sqrt{pp'}}[S^l_{\alpha'\alpha}(E)-\delta_{\alpha'\alpha}]\end{cases}}\tag{9.68}$$

**此式就是多道散射分波展开,$f^l_{\alpha'\alpha}(E)$为多道散射分波振幅。**$p$、$p'$分别是 $\alpha$、$\alpha'$ 道相对动量,$E$ 为总能量。设 $W_\alpha$ 为 $\alpha$ 道阈能,则有

$$p_\alpha = \sqrt{2m_\alpha (E - W_\alpha)}$$

**第五，两体多道、无自旋情况，角动量基(Ⅱ)。**现在讨论 $S$ 矩阵的幺正性。对只开放两体道且动力学为转动不变的情况，$S$ 矩阵的幺正性将对道空间中矩阵元有所要求。下面对其进行研究。

**$S$ 的幺正性意味着 $n\times n$ 矩阵 $S^l(E)$ 是个幺正矩阵。这个矩阵的维数将依赖于能量。**讨论一下作为能量函数的幺正方程。设能量从最低弹性阈能 $W_1$ 开始($\delta_l=0$ 对应坐标原点)，这时 $S^l(E)$是一维幺正矩阵。于是

$$S_{11}^l(E) = e^{2i\delta_l(E)} \quad (W_1 \leqslant E < W_2) \tag{9.69a}$$

这里 $\delta_l$ 是实数。由分波振幅定义式(9.68)可知，在 $E$ 增加到第一个非弹性阈能 $W_2$ 之前，$p_1 f_{11}^l(E)$均在半径为$\frac{1}{2}$. 圆心在$\frac{i}{2}$的由原点出发的圆弧上

$$p_1 f_{11}^l(E) = \frac{-i}{2}(e^{2i\delta_l(E)} - 1) \tag{9.69b}$$

而自 $W_2$ 开始，$S^l(E)$变成 2×2 幺正矩阵。一般地说，当 $E$ 高于 $W_n$(仍假定是个双体道阈)时，$S^l(E)$变为 $n\times n$ 阶幺正矩阵，满足

$$\boxed{S^{l+}(E)S^l(E) = 1} \tag{9.70}$$

取矩阵方程(9.70)的(1,1)矩阵元，即考虑 $\alpha=1\to\alpha'=1$ 散射，有

$$|S_{11}^l|^2 + |S_{21}^l|^2 + \cdots + |S_{n1}^l|^2 = 1 \tag{9.71a}$$

于是很清楚，一旦有任何非弹性现象出现，则原先的弹性矩阵元 $S_{11}^l$ 的模值就必须是 $|S_{11}^l|<1$，或

$$S_{11}^l(E) = \varepsilon_l(E) e^{2i\delta_l(E)} = e^{2i\eta_l(E)} \tag{9.71b}$$

这里 $\delta_l(E)$仍旧是实的，但 $\varepsilon_l$ 是非弹性因子，$0\leqslant\varepsilon_l<1$。而 $\eta_l(E)$为(正虚部的)复数。这时就说，**非弹性强迫“相移”$\eta_l$ 有一个正的虚部。结果是，弹性分波振幅转入单位圆内运动。**

这种现象是容易理解的：$|S_{11}^l|^2$ **是道 1 中出射通量与入射通量之比(当入射束是道 1 中的纯 $l$ 波时)。当只有道 1 开放时，这个比值为 1，但一旦其他竞争道开启，它就必须要小于 1。**

显然可取式(9.70)任何$(\alpha,1)$矩阵元，结果是每个矩阵元 $S_{\alpha'\alpha}^l$ 的模都小于 1。特别地，对任何弹性散射 $\alpha\to\alpha$，$p_\alpha f_{\alpha\alpha}^l$ 必须位于单位圆内。但仅第一个振幅 $f_{11}^l$ 具有纯粹的弹性能区；其他 $\alpha\neq 1$ 的 $f_{\alpha\alpha}^l$，由于能量已经高于第一非弹性阈能，竞争道一直存在，无纯粹的弹性能区。

一旦三体道打开，情况就变得十分复杂。三体道的相对运动基矢可用 6 个参量来标记：虽然 3 个 $\boldsymbol{p}$，但 Jacobi 坐标消去质心 $\bar{\boldsymbol{p}}$，剩下 2 个相对 $\boldsymbol{p}$，共 6 个；也可以表示为$|E,l,m,E',l',m'\rangle$。这种道通常只对具体情况作局部讨论，一般性讨论很繁杂，这里从略。

### 9.3.2 空间反演不变性

**首先**,简单回顾一下单道散射的宇称算符和空间反演不变性。

$$P|\boldsymbol{p},\xi\rangle=|-\boldsymbol{p},\xi\rangle$$
$$P|E,l,s,j,m\rangle=(-1)^l|E,l,s,j,m\rangle$$

在考虑 $\boldsymbol{L},\boldsymbol{S}$ 耦合时,用无耦合基矢或耦合基矢均可。此处宇称算符的作用略去了粒子内禀宇称,否则应为 $P|\boldsymbol{p}\rangle=(-1)^\eta|-\boldsymbol{p}\rangle$。对单粒子(或可化为单粒子问题的两体)问题可以如此,因为能将因子 $(-1)^\eta$ 吸收入 $P$ 的定义中。但对多粒子和粒子可以产生、湮没等情况,必须考虑粒子的内禀宇称。第二个方程是说,耦合表象角动量基是宇称算符本征值为 $(-1)^l$ 的本征态。

若系统具有空间反演不变性($V(\boldsymbol{r})=V(-\boldsymbol{r})$),意味着 $P$ 与 $H$ 可交换,导致系统宇称守恒。于是 $S=P^+SP$,即($P|\varphi\rangle=|\varphi_P\rangle$)

$$\boxed{\langle\varphi'|S|\varphi\rangle=\langle\varphi'_P|S|\varphi_P\rangle} \tag{9.72}$$

特别地 $\langle\boldsymbol{p}'|S|\boldsymbol{p}\rangle=\langle-\boldsymbol{p}'|S|-\boldsymbol{p}\rangle$。

于是,假如 $|\varphi'\rangle$ 与 $|\varphi\rangle$ 都是宇称的本征态,而宇称又不同,则宇称守恒使得 $S$ 在两个不同宇称态之间的矩阵元为零。由下面动量基的矩阵元,可得散射振幅关系式

$$\boxed{f(\boldsymbol{p}'\leftarrow\boldsymbol{p})=f(-\boldsymbol{p}'\leftarrow-\boldsymbol{p})} \quad \text{(空间反演不变)} \tag{9.73}$$

由此可知,**两个无自旋粒子系统,若空间转动不变将自动导致空间反演也不变。**这是因为,绕与 $\boldsymbol{p},\boldsymbol{p}'$ 均垂直的方向转 $\pi$ 角,将使 $\boldsymbol{p}\to-\boldsymbol{p},\boldsymbol{p}'\to-\boldsymbol{p}'$,于是转动不变即意味着振幅的上面关系。然而必须强调,一般情况下,转动不变和反演不变是完全独立的。

**其次,单道、有自旋,角动量基。**若系统动力学是 $P$ 不变的,$S$ 在不同宇称的态之间的矩阵元为零。但这时由于

$$P|E,l,s,j,m\rangle=(-1)^l|E,l,s,j,m\rangle$$

于是若 $l'-l=$ 奇数,则 $S$ 在 $l$ 和 $l'$ 两个基矢间的矩阵元为零。特别地,若系统在 $R$、$P$ 下都不变,则

$$S^j_{l's',ls}(E)=0,\quad \text{对于 } l'-l=\text{奇数} \tag{9.74}$$

于是 $S^j(E)$ 有将近半数的矩阵元不用计算。举例如下:$\left(s_1=\dfrac{1}{2}\right)-(s_2=0)$散射。由于只有一个粒子有自旋 $s_1$,只需将 $s_1$ 与 $l$ 耦合去给出 $j$,对每个给定的 $j$,有两个可能的 $l=j\pm\dfrac{1}{2}$。于是,由前面叙述可知:转动不变性意味着对每个 $j$,散射由 $2\times2$ 的一个矩阵 $S^j(E)$ 所确定。因为这两个 $l$ 相差 1,$P$ 不变性意味着 $S^j$ 的两个非对角元素为零。也就是说,$S^j$ 是一个对角化的幺正矩阵,

$$S^j(E)=\begin{pmatrix} e^{2i\delta^j_+} & 0 \\ 0 & e^{2i\delta^j_-} \end{pmatrix} \begin{matrix} \leftarrow l=j+\frac{1}{2} \\ \leftarrow l=j-\frac{1}{2} \end{matrix} \tag{9.75}$$

由于对角矩阵也肯定是对称的，**在 $R$ 和 $P$ 下不变性就意味着在 $T$ 下不变性**(参看后面的 $R$ 和 $T$ 下不变意味着 $S^j$ 是对称的)。显然，之所以如此是因为 $S^j$ 是 2 维的。一般说来，$P$ 和 $T$ 各自是独立的。

习题 9.20　两个 $s=\frac{1}{2}$ 全同粒子散射时，若宇称守恒，则在它们自旋单态和自旋三重态间的跃迁是禁戒的。

**再三，单道、有自旋，动量基。**若系统动力学是 $P$、$R$ 不变的，来看看在动量基中 $S$ 的矩阵元(和上面的 $S^j$ 相比，是同一个 $S$ 在两套不同的基中的矩阵元，注意区别)。考虑自旋为半整数的粒子从自旋为零粒子上的散射。这里，接式(9.61)后面叙述。取 $\boldsymbol{p}$ 沿 $z$ 轴，$\boldsymbol{p}'$ 在 $x$-$z$ 面内与 $\boldsymbol{p}$ 夹角为 $\theta$。取 $\boldsymbol{e}_y$ 反演(对 $x$-$z$ 平面反演)$M_y$：$M_y=R(\pi\boldsymbol{e}_y)P$。由于系统动力学具有 $R$、$P$ 不变性，所以对 $M_y$ 变换不变。于是有(注意这里 $s$ 值不变，故可以从基矢中略去其量子数)

$$\begin{aligned}\langle\boldsymbol{p}',m'|S|\boldsymbol{p},m\rangle&=\langle\boldsymbol{p}',m'|M_y^+SM_y|\boldsymbol{p},-m\rangle\\&=(-1)^{(S-m')+(S-m)}\langle\boldsymbol{p}',-m'|S|\boldsymbol{p},-m\rangle\\&=(-1)^{m'-m}\langle\boldsymbol{p}',-m'|S|\boldsymbol{p},-m\rangle\end{aligned}$$

第二个等号是因为 $R(\pi\boldsymbol{e}_y)|m\rangle=(-1)^{s-m}|-m\rangle$，所以

$$R(\pi\boldsymbol{e}_y)|\boldsymbol{p},m\rangle=(-1)^{s-m}|-\boldsymbol{p},-m\rangle$$

因为 $\boldsymbol{p}$ 在 $z$ 轴上，$\boldsymbol{p}$ 反号→再经宇称作用又变回来为 $\boldsymbol{p}$；第三个等号是因为 $s-m'=$ 整数，所以在$(-1)$指数上加 $-2(s-m')$ 为不变，故得。由 $m=\pm\frac{1}{2}$ 的选取可得

$$f_{++}=f_{--},\quad f_{+-}=-f_{-+} \tag{9.76}$$

或 $a=d,b=-c$。于是，在动量基中，$(s=\frac{1}{2})-(s=0)$ 散射，在 $R$、$P$ 不变下，散射振幅矩阵 $F$ 为

$$\boxed{F(E,\theta,\varphi)=\begin{pmatrix} a(E,\theta) & b(E,\theta)e^{-i\varphi} \\ -b(E,\theta)e^{i\varphi} & a(E,\theta)\end{pmatrix}} \tag{9.77}$$

由此可知，对于有确定自旋的散射过程，截面会依赖于方位角 $\varphi$。例如，入射束沿 $x$ 轴横向极化，自旋波函数为 $\chi=\frac{1}{\sqrt{2}}\begin{pmatrix}1\\1\end{pmatrix}$，极化不变的散射截面为

$$\boxed{\frac{d\sigma}{d\Omega}(\boldsymbol{p}',\chi\leftarrow\boldsymbol{p},\chi)=|\chi^+F\chi|^2=|a|^2-2(\mathrm{Im}ab^*)\sin\varphi+|b|^2\sin^2\varphi} \tag{9.78}$$

这和无自旋的散射不同(转动不变即截面与 $\varphi$ 无关)。原因在于：有自旋粒子的任何

横向极化都确定了方位角的一个优先方向——这在无自旋情况下是不会出现的。

可是另一方面,有自旋粒子的非极化截面却应当与 $\varphi$ 无关。因为这时也没有优先的方位角方向。这时

$$\boxed{\begin{aligned}\frac{\mathrm{d}\sigma}{\mathrm{d}\Omega}(\boldsymbol{p}'\leftarrow\boldsymbol{p})&=\frac{1}{2}\{|f_{++}|^2+|f_{+-}|^2+|f_{-+}|^2+|f_{--}|^2\}\\&=|a(E,\theta)|^2+|b(E,\theta)|^2\end{aligned}} \tag{9.79}$$

**入射自旋非极化需要"求平均",出射自旋不监测应当"极化求和"。详细些说,**

$$\begin{cases}\dfrac{\mathrm{d}\sigma}{\mathrm{d}\Omega}(\boldsymbol{p}',\xi'\leftarrow\boldsymbol{p})=\dfrac{1}{(2s_1+1)(2s_2+1)}\displaystyle\sum_{\xi}\dfrac{\mathrm{d}\sigma}{\mathrm{d}\Omega}(\boldsymbol{p}',\xi'\leftarrow\boldsymbol{p},\xi)\\ \dfrac{\mathrm{d}\sigma}{\mathrm{d}\Omega}(\boldsymbol{p}'\leftarrow\boldsymbol{p},\xi)=\displaystyle\sum_{\xi'}\dfrac{\mathrm{d}\sigma}{\mathrm{d}\Omega}(\boldsymbol{p}',\xi'\leftarrow\boldsymbol{p},\xi)\\ \dfrac{\mathrm{d}\sigma}{\mathrm{d}\Omega}(\boldsymbol{p}'\leftarrow\boldsymbol{p})=\dfrac{1}{(2s_1+1)(2s_2+1)}\displaystyle\sum_{\xi\xi'}\dfrac{\mathrm{d}\sigma}{\mathrm{d}\Omega}(\boldsymbol{p}',\xi'\leftarrow\boldsymbol{p},\xi)\end{cases} \tag{9.80}$$

这里,第一式是入射束的自旋非极化,第二式是不区分出射束的自旋,第三式是入射自旋非极化,出射自旋不探测。于是对 $\left(s=\dfrac{1}{2}\right)$-$(s=0)$ 散射,非极化截面便为式(9.79)。其中用了极化截面

$$\boxed{\frac{\mathrm{d}\sigma}{\mathrm{d}\Omega}(\boldsymbol{p}',\chi'\leftarrow\boldsymbol{p},\chi)=|\chi'^{+}F(\boldsymbol{p}'\leftarrow\boldsymbol{p})\chi|^2} \tag{9.81}$$

同时给出 $F(\boldsymbol{p}'\leftarrow\boldsymbol{p})$ 的另一解释:设入射粒子为归一的自旋态 $\chi^{\text{in}}$,则

$$\chi^{\text{out}}=F(\boldsymbol{p}'\leftarrow\boldsymbol{p})\chi^{\text{in}},\quad \frac{\mathrm{d}\sigma}{\mathrm{d}\Omega}(\boldsymbol{p}',\chi'\leftarrow\boldsymbol{p},\chi)=|\chi'^{+}\chi^{\text{out}}|^2 \tag{9.82}$$

表明 $\chi^{\text{out}}$ 即是当粒子以 $(\boldsymbol{p},\chi^{\text{in}})$ 入射、以 $\boldsymbol{p}'$ 动量出射的实际的(未归一)自旋态。不能保证归一的原因是,以 $(\boldsymbol{p},\chi^{\text{in}})$ 入射时,只有一部分概率取 $\boldsymbol{p}'$,实际是

$$\|\chi^{\text{out}}\|^2=\frac{\mathrm{d}\sigma}{\mathrm{d}\Omega}(\boldsymbol{p}'\leftarrow\boldsymbol{p},\chi^{\text{in}})\text{(出射自旋不监测)}$$

### 9.3.3 时间反演不变性,微观可逆性定理

微观可逆性定理。如果系统动力学是时间反演不变的 $[H,T]=0$[15],

$$T\mathrm{e}^{\mathrm{i}Ht/\hbar}=\mathrm{e}^{-\mathrm{i}Ht/\hbar}T$$

由此知

$$T\Omega_{\pm}=T[\lim_{t\to\mp\infty}\mathrm{e}^{\mathrm{i}Ht/\hbar}\mathrm{e}^{-\mathrm{i}H^0t/\hbar}]=[\lim_{t\to\mp\infty}\mathrm{e}^{-\mathrm{i}Ht/\hbar}\mathrm{e}^{\mathrm{i}H^0t/\hbar}]T=\Omega_{\mp}T$$

$$\boxed{\Omega_{\pm}=T^{+}\Omega_{\mp}T} \tag{9.83}$$

---

[15] 对无自旋粒子,这个要求简单地归结为 $V$ 是实的。通常这总是满足的,但也有时不满足:第一,存在外磁场;第二,复势的散射理论。显然,后者这种破坏是模型对散射势所作的唯象性简化假设造成的。

**于是,$T$ 对 Møller 算符作用是使 $\Omega_+$、$\Omega_-$ 交换。**

这时有 $TS=T\Omega_-^+\Omega_+=\Omega_+^+T\Omega_+=\Omega_+^+\Omega_-T=S^+T$。即

$$\boxed{S=T^+S^+T} \tag{9.84}$$

也就是说,**若系统动力学 $T$ 反演不变,$T$ 将使 $S$ 改变为 $S^+$。**取此算符方程矩阵元(为免除反线性算符的不确定性,用更严格的数学记号)为

$$\langle\psi,S\varphi\rangle=\langle\psi,T^+S^+T\varphi\rangle=\langle T\psi,S^+T\varphi\rangle^*=\langle S\psi^{(T)},\varphi^{(T)}\rangle^*$$

**得到体现散射过程动力学时间反演不变性的"微观可逆性定理",**

$$\boxed{\langle\psi|S|\varphi\rangle=\langle\varphi^{(T)}|S|\psi^{(T)}\rangle} \tag{9.85a}$$

**此等式将两个本质不同的散射过程的散射振幅联结起来,又称"倒易定理",有时还称"细致平衡定理"**[16]。此结果说明:$T$ **不变性意味着** $S_{fi}=S_{i'f'}$,$T_{fi}=T_{i'f'}$,$\omega_{f\leftarrow i}=\omega_{i'\leftarrow f'}$。**即直接过程($\psi\leftarrow\varphi$)跃迁概率 $P(\psi\leftarrow\varphi)$ 等于具有逆时间参量的逆过程($\varphi^{(T)}\leftarrow\psi^{(T)}$)(将原来过程初、终态的地位和时间都反过来)的跃迁概率 $P(\varphi^{(T)}\leftarrow\psi^{(T)}$)。**

为表述简单,取单粒子散射情况。将上面 $T$ 反演不变结果写入动量表象。已知对动量基的作用为

$$\Pi|\boldsymbol{p},s,m_s\rangle=(-1)^{s-m_s}|-\boldsymbol{p},s,-m_s\rangle \tag{9.86a}$$

对角动量基的作用为

$$\Pi|E,l,s,j,m\rangle\equiv|(E,l,s,j,m)^{(\Pi)}\rangle=(-1)^{j-m}|E,l,s,j,-m\rangle$$
$$\langle(E,l,s,j,m)^{(\Pi)}|=(-1)^{j-m}\langle E,l,s,j,-m|=(-1)^{-j+m}\langle E,l,s,j,-m| \tag{9.86b}$$

习题 9.21 推导式(9.86b)。

有了这些表达式,加上相关算符在时间反演下的行为,就可以计算在时间反演下,散射矩阵元和散射振幅之间的下述等式

$$\langle\boldsymbol{p}'|S|\boldsymbol{p}\rangle=\langle-\boldsymbol{p}|S|-\boldsymbol{p}'\rangle\rightarrow f(\boldsymbol{p}'\leftarrow\boldsymbol{p})=f(-\boldsymbol{p}\leftarrow-\boldsymbol{p}')$$

如同宇称守恒情况那样,此式结果也可以从转动不变性得到[17]。于是,假如散射粒子均无自旋,则时反不变性意味着

$$\langle\underline{p}',\alpha'|S|\underline{p},\alpha\rangle=\langle-\underline{p},\alpha|S|-\underline{p}',\alpha'\rangle$$

式(9.85)的特点是:**它把两个本质不同过程 $\alpha'\leftarrow\alpha$ 和 $\alpha\leftarrow\alpha'$ 的散射振幅联系起来。**这里关于 $\boldsymbol{S}$ 矩阵元的两个公式被称为**"微观可逆性原理""倒易定理""精细平衡原理"**。但要注意两点:**其一,**这些术语的准确含义有些混乱。比如,术语"精细平衡"

---

[16] 名词"细致平衡定理"容易混淆,见下。其实它早已用于互逆过程($b_j\leftarrow a_i$)和($a_i\leftarrow b_j$)的概率等式上。批评亦见 Tayor J R. Scattering Theory. John Wiley,1972:354 注⑥。

[17] 固定力心散射,动量模长不变。用两个转动操作即证得转动不变性,见 Tayor J R. 书 85 页和该页注释⑤;亦见朗道. 量子力学. 下册. 259,368,369 页。需要强调指出,此处不表明,这两个不变性(空间反演和时间反演)是不独立的。一般情况,两者当然彼此独立。

并不合适。因为历史上这个名词已经被用于$(\psi\leftarrow\varphi)$和$(\varphi\leftarrow\psi)$过程的概率等式上了。一般说来，**前两个过程间的关系与现在$(\psi\leftarrow\varphi)$和$(\varphi^{(\Pi)}\leftarrow\psi^{(\Pi)})$的矩阵元等式关系是两种完全不同的判断**（当然，在某些情况下两种结果是相关的。比如，要是系统全部粒子均无自旋并且空间反射$P$不变，可将$-\boldsymbol{p}$、$-\boldsymbol{p}'$代以$\boldsymbol{p}$、$\boldsymbol{p}'$。于是$P\Pi$不变性意味$\langle \underline{p}',\alpha'|S|\underline{p},\alpha\rangle=\langle \underline{p},\alpha|S|\underline{p}',\alpha'\rangle$，而这已等价于精细平衡了）。**其二，特别是，系统具有时间反演不变对称性的式(9.85)并不意味系统所有动力学演化过程总是可逆的，更不意味损及时间的过去-未来区分的绝对性**[18]！**所以，称"微观可逆性定理"容易引起误解。总之，为避免造成这些混乱，直接称$\mathcal{S}$矩阵元等式(9.85)为"时间反演不变性"较为合适。**

**单道、有自旋情况，角动量基。**这时如存在$\Pi$不变性，取式(9.85)在角动量基中的矩阵元，有

$$S_{E',l',s',j',m'\leftarrow E,l,s,j,m}=(-1)^{(j'-j)-(m'-m)}S_{E,l,s,j,-m\leftarrow E',l',s',j',-m'} \tag{9.87}$$

如果这时再假定有转动不变性（总计有$T$、$R$不变性），则据前面公式还要求$(E,j,m)=(E',j',m')$（否则该矩阵元为零），并且矩阵元与$m$无关为$S^j_{l's',ls}(E)$。将此结论施于上面等式(9.87)两边，得

$$\boxed{S^j_{l's',ls}(E)=S^j_{ls,l's'}(E)} \tag{9.88}$$

于是得到结论：**如果单道有自旋散射的动力学是$R$、$T$不变的，则$S$矩阵不仅简化为$S^j(E)$矩阵，而且矩阵是对称的。**

**最后阐述散射过程中对时间反演不变性的实验检验。**有很多实验工作，利用上面的"时间反演不变性"等式，检验各种过程中各种相互作用的时间反演不变性。这里指出下面正反两个过程[19]：

$$p+{}^{25}\mathrm{Mg}\leftrightarrows d+{}^{24}\mathrm{Mg}$$

自旋：　1/2　5/2　1　0

记4个粒子自旋的第三分量分别为$m_1$、$m_2$、$m_3$、$m_4$。假定引起反应的动力学是时间反演不变的，则在取定质心系后，$\underline{p}\to\boldsymbol{p}$，$\underline{p}'\to\boldsymbol{p}'$。取带自旋的动量表象基矢，跃迁过程的$S$矩阵元应满足式(9.85)，

$$\langle \boldsymbol{p}',m_3,m_4|S|\boldsymbol{p},m_1,m_2\rangle=\langle -\boldsymbol{p},-m_1,-m_2|S|-\boldsymbol{p},-m_3,-m_4\rangle \tag{9.89a}$$

转成散射振幅等式（注意反应为正逆关系，$f\to t$的式(8.75a)质量因子消去）：

$$f_{\rightarrow}(\boldsymbol{p}',m_3,m_4\leftarrow\boldsymbol{p},m_1,m_2)=f_{\leftarrow}(-\boldsymbol{p},m_1,m_2\leftarrow-\boldsymbol{p}',-m_3,-m_4) \tag{9.89b}$$

为免于写出道的号码，引入$\leftrightarrows$表示两个反应的方向。根据式(8.75b)，将上式左边模平方乘以$p'/p$，即得相应的微分截面

[18] 张永德. 量子菜根谭——量子理论专题分析(第Ⅲ版). 北京：清华大学出版社，2016，第14讲.

[19] Bodansky D, et. al. PRL，1966，17：589.

$$\boxed{\frac{\mathrm{d}\sigma}{\mathrm{d}\Omega}(\boldsymbol{p}',\alpha'\leftarrow\boldsymbol{p},\alpha)=\frac{p'}{p}\left|f(\boldsymbol{p}',\alpha'\leftarrow\boldsymbol{p},\alpha)\right|^2} \tag{9.90}$$

如果对所有 4 个 $m_i$ 的全部可能值求和,则得到$(2s_1+1)(2s_2+1)$倍的$(\boldsymbol{p}'\leftarrow\boldsymbol{p})$非极化截面(记住,求非极化截面要"对末态自旋求和,对初态自旋求平均")。等式右边反应同样如此。最后,由于转动不变性(注意在动量基内),非极化截面仅依赖于能量和$(\widehat{\boldsymbol{p}\boldsymbol{p}'})$,而不依赖于 $\varphi$。由于对入射流强归一之后在某立体角内总的非极化计数正比于该处的微分截面,从而将上面 $f$ 等式转化为$\frac{\mathrm{d}\sigma}{\mathrm{d}\Omega}$等式,即得非极化总计数的关系式

$$\boxed{(2s_1+1)(2s_2+1)\frac{p}{p'}N_{\rightarrow}(E,\theta)=(2s_3+1)(2s_4+1)\frac{p'}{p}N_{\leftarrow}(E,\theta)} \tag{9.91}$$

这表明,**如果 $p+{}^{25}\mathrm{Mg}\leftrightarrows d+{}^{24}\mathrm{Mg}$ 反应中的相互作用是转动和时间反演不变的,则除了依赖于自旋和动量的正比因子之外(显然,此因子不影响角分布,因为它与 $\theta$ 无关),对这两个过程的非极化"角分布"在所有能量和角度上都应当是相同的。**

习题 9.22　自旋$\frac{1}{2}-\frac{1}{2}$散射。设转动不变,讨论 $S^j(E)$矩阵的形成,考察在 $P$、$T$、$P+T$ 下的附加结果。注意独立振幅个数随对称性加强而减少。

Bodansky 等的实验采用未极化质子束和氘束分别入射到${}^{25}\mathrm{Mg}$ 和${}^{24}\mathrm{Mg}$ 上,两个入射束都是从串级 Van der Graaf 加速器中发出。对两过程将能量调节到在质心系中两个道的总能量相等(对质子束～15Mev,对氘束～10Mev):$\frac{\bar{p}_1^2}{2m_1}+\frac{\bar{p}_2^2}{2m_2}+W_{12}=\frac{\bar{p}_3^2}{2m_3}+\frac{\bar{p}_4^2}{2m_4}+W_{34}$,这里的 $\bar{p}_i$ 是质心系中 $i$ 粒子的动量绝对值。为了避免绝对截面测量的困难,他们在几种能量下,在两个固定角度($\theta\approx30°,\theta\approx120°$)上测出这两个过程的比值 $N(E,\theta_2)/N(E,\theta_1)$。这样,各种正比因子就从上式中消除了,比值为

$$\boxed{\frac{N_{\rightarrow}(E,\theta_2)}{N_{\rightarrow}(E,\theta_1)}=\frac{N_{\leftarrow}(E,\theta_2)}{N_{\leftarrow}(E,\theta_1)}} \tag{9.92}$$

由于 $R$ 下不变性已经得到很好的证实,所以只要 $T$ 反演成立,上式便成立。结果表明:**实验在 0.4%的实验不确定性内证实了时间反演不变性。**

## 9.4　多道散射 Born 近似与扭曲波近似

### 9.4.1　多道弹性散射的 Born 近似

**首先阐述多道散射下的** Born **近似。**散射问题中的重组反应,只要超过 2 体,都不能严格求解,只能借助各种近似方法。**散射计算中最基本的近似方法就是** Born **近**

**似。此近似可用定态和 $T$ 算符两种途径去实现**[20]。比如,按定态框架,假定散射势很小,略去 L-S 方程第二项,有

$$|\underline{p}',\beta-\rangle\approx|\underline{p}',\beta\rangle \tag{9.93}$$

于是在入射版以及出射版下的一阶 Born 近似为

$$\boxed{\begin{cases}t(\underline{p}',\beta\leftarrow\underline{p},\alpha)\approx\langle\underline{p}',\beta|V^{\alpha}|\underline{p},\alpha\rangle\\ t(\underline{p}',\beta\leftarrow\underline{p},\alpha)\approx\langle\underline{p}',\beta|V^{\beta}|\underline{p},\alpha\rangle\end{cases}} \tag{9.94}$$

按前面证明,两者在壳上是相等的。

从态矢 L-S 方程(9.34d)看,这里 Born 近似显然是取了 $G^{\beta}(E+\mathrm{i}0)V^{\beta}$ 无穷幂级数的第一项。所以自然期望:**$V^{\beta}$ 越弱或能量 $E$ 越高$\left(\text{因为 } G^{\beta}(z)=(z-H^{\beta})^{-1}\right)$,近似就越好。鉴于多道 Born 级数的收敛性很少得到严格证明,所以这里简单地认定:在适当场合的 Born 近似能够给出满意结果**(发现在原子物理中绝大多数情况是如此)。

应当指出,多道 Born 级数明显复杂于单道 Born 级数。这只要注意,**多道 Born 级数是分道势 $V^{\beta}$ 的级数,而并非是整个势 $V$ 的级数。这时假设分道势 $V^{\beta}$ 弱并不等于整个势 $V$ 弱(如果整个势 $V$ 弱,则所有束缚态都将消失,各分道之间的差异也就消失,就没有多个分道了)。**

**在束缚态上的弹性散射。**为了解释 Born 近似的一般特征,研究一个最简单模型:入射态 $a+(bc)$(分道号为道 1),$c$ 无限重,并暂时假定只有 $V_{ab}$、$V_{bc}$,无 $V_{ac}$(容易加上,见后)。

假定只研究道 1 的弹性散射:$a+(bc)\to a+(bc)$。这时 Hamilton 量为 $H^{1}=\dfrac{p_a^2}{2m_a}+\dfrac{p_b^2}{2m_b}+V_{bc}$,散射势为 $V^{1}=V_{ab}$,渐近态 $|\boldsymbol{p},1\rangle$ 波函数为(以下取 $\hbar=1$)

$$\langle\boldsymbol{x}_a,\boldsymbol{x}_b|\boldsymbol{p},1\rangle=(2\pi)^{-3/2}\mathrm{e}^{\mathrm{i}\boldsymbol{p}\cdot\boldsymbol{x}_a}\varphi_1(\boldsymbol{x}_b) \tag{9.95}$$

这里 $\varphi_1$ 为$(bc)$束缚态波函数。在 Born 近似下,弹性散射壳上 $T$ 矩阵为

$$\begin{aligned}t(\boldsymbol{p}',1\leftarrow\boldsymbol{p},1)&=\langle\boldsymbol{p}',1|V^{1}|\boldsymbol{p},1\rangle\\&=(2\pi)^{-3}\iint\mathrm{d}\boldsymbol{x}_a\mathrm{d}\boldsymbol{x}_b\mathrm{e}^{-\mathrm{i}\boldsymbol{p}'\cdot\boldsymbol{x}_a}\varphi_1(\boldsymbol{x}_b)^{*}V_{ab}(\boldsymbol{x}_a-\boldsymbol{x}_b)\mathrm{e}^{\mathrm{i}\boldsymbol{p}\cdot\boldsymbol{x}_a}\varphi_1(\boldsymbol{x}_b)\\&=(2\pi)^{-3}\int\mathrm{d}^3x_a\mathrm{e}^{-\mathrm{i}\boldsymbol{q}\cdot\boldsymbol{x}_a}\left(\int\mathrm{d}^3x_bV_{ab}(\boldsymbol{x}_a-\boldsymbol{x}_b)|\varphi_1(\boldsymbol{x}_b)|^2\right)\end{aligned}$$

即

$$\boxed{t(\boldsymbol{p}',1\leftarrow\boldsymbol{p},1)=(2\pi)^{-3}\int\mathrm{d}^3x_a\mathrm{e}^{-\mathrm{i}\boldsymbol{q}\cdot\boldsymbol{x}_a}\overline{V}(\boldsymbol{x}_a)} \tag{9.96}$$

---

[20] 参见 Taylor J R. Scattering Theory: The Quantum Theory on Nonrelativistic Collisions. John Wiley & Sons, Inc., 1972.

其中 $\boldsymbol{q}=\boldsymbol{p}'-\boldsymbol{p}$;这时,弹性就弹在两个 $\varphi$ 相等(均为 $\varphi_1$)上。这个表达式和以平均位势($V_{bc}$对 $\varphi_1(\boldsymbol{x}_b)$态平均)散射的单道 Born 近似有完全相同的形式。这就是说,如果采用多道 Born 近似来计算电子——原子弹性散射振幅,则会得到与单道 Born 近似相同的结果,只要将原子当成一个静态的电荷分布就可以了。

**束缚态上的弹性散射(续)——形状因子。**将上面矩阵元换一种方法计算:取 $\boldsymbol{x}_a=\boldsymbol{x}+\boldsymbol{x}_b$,变换

$$\boxed{\begin{cases} t(\boldsymbol{p}',1\leftarrow\boldsymbol{p},1)=(2\pi)^{-3}\int \mathrm{d}^3x\mathrm{e}^{-\mathrm{i}\boldsymbol{q}\cdot\boldsymbol{x}}V_{ab}(\boldsymbol{x})\left[\int \mathrm{d}^3x_b\mathrm{e}^{-\mathrm{i}\boldsymbol{q}\cdot\boldsymbol{x}_b}\,|\varphi_1(\boldsymbol{x}_b)|^2\right] \\ \qquad\qquad\qquad =t(\boldsymbol{p}'\leftarrow\boldsymbol{p})|_b\cdot g_1(\boldsymbol{q}) \\ g_1(\boldsymbol{q})=\int \mathrm{d}^3x_b\mathrm{e}^{-\mathrm{i}\boldsymbol{q}\cdot\boldsymbol{x}_b}\,|\varphi_1(\boldsymbol{x}_b)|^2 \end{cases}} \tag{9.97}$$

**这就是说,在 Born 近似下,$a$ 从束缚 $b$ 上的弹性散射如同一个固定靶 $b$ 上的散射,只需要乘一个函数 $g_1(\boldsymbol{q})$就可以了。**函数 $g_1(\boldsymbol{q})$是 $b$ 所处态的概率分布的 Fourier 变换,称为"弹性形状因子"。

**形状因子概念在复合粒子碰撞中占据重要的地位。只要本来是按某个分布扩展开的散射体(现在为($bc$)"原子"),将其近似代替为固定点的粒子,就会出现形状因子。**$g_1(\boldsymbol{q})$的测量可以给出这个分布的信息。比如,发现质子的电荷并不集中于一个点,e-p 形状因子的测量就给出质子内部电荷分布的信息。

由于前进方向($\boldsymbol{q}=0$)的 $g_1(0)=1$,于是可见,邻近向前(小角散射)方向上,从束缚靶上的散射正像从一个固定点靶上的散射。这是可以预料的,**小角散射时,瞄准距离比较大,散射结果对靶内部结构依赖不灵敏。所以,为了得到靶内部结构的较多信息,必须测量大动量传递的散射。也就是说,采用高能大角度散射。**

鉴于形状因子很重要,应当强调指明,**上式所定义的形状因子只是在 Born 近似下的。**一般说来,精确的概率幅并不如此简单,实际概率幅和 $b$ 固定概率幅都分别依赖于 $\boldsymbol{p}$ 和 $\boldsymbol{p}'$两者,而不只是 $\boldsymbol{q}=\boldsymbol{p}'-\boldsymbol{p}$。于是,作为两者的商所定义的形状因子 $g_1$ 就不再能够写成 $g_1(\boldsymbol{q})$形式。

最后,很容易把上面讨论推广到入射的 $a$ 和 $b$ 及"核"$c$ 都有相互作用的情况去。这时道 1 的散射势为 $V'=V_{ab}+V_{ac}$,代入 $t$ 公式中得两项。所以,在 Born 近似下,弹性散射振幅是从每个位势分别得到的弹性散射振幅之和。由于 $c$ 固定,$c$ 粒子态矢的模方(概率分布)为 $\delta$ 函数,即

$$\langle\varphi_1(\boldsymbol{x}_c)|\varphi_1(\boldsymbol{x}_c)\rangle=|\varphi_1(\boldsymbol{x}_c)|^2=\delta(\boldsymbol{x}_c)$$

相应的形状因子为 1。故

$$\boxed{t(\boldsymbol{p}',1\leftarrow\boldsymbol{p},1)=t_b(\boldsymbol{p}'\leftarrow\boldsymbol{p})|_b\cdot g_1(\boldsymbol{q})+t_c(\boldsymbol{p}'\leftarrow\boldsymbol{p})|_c} \tag{9.98}$$

### 9.4.2　多道非弹性散射的 Born 近似——靶粒子激发

**将 Born 近似用到最简单的非弹性过程——靶粒子被激发。**比如,按常用模型

$a+(bc)\to a+(bc)^*$，即从道 1→道 2 散射。此反应的壳上 $T$ 矩阵元为

$$t(\boldsymbol{p}',2\leftarrow\boldsymbol{p},1)=\langle\boldsymbol{p}',2-|V^1|\boldsymbol{p},1\rangle\approx\langle\boldsymbol{p}',2|V^1|\boldsymbol{p},1\rangle$$

$$=\iint\frac{\mathrm{d}^3x_a\mathrm{d}^3x_b}{(2\pi)^3}\mathrm{e}^{-\mathrm{i}\boldsymbol{p}'\cdot\boldsymbol{x}_a}\varphi_2(\boldsymbol{x}_b)^*\ [V_{ab}(\boldsymbol{x}_{ab})+V_{ac}(\boldsymbol{x}_{ac})]\mathrm{e}^{\mathrm{i}\boldsymbol{p}\cdot\boldsymbol{x}_a}\varphi_1(\boldsymbol{x}_b)$$

这里 $\varphi_1(\boldsymbol{x}_b)$，$\varphi_2(\boldsymbol{x}_b)$ 是复合粒子 $(bc)$、$(bc)^*$ 初末态波函数。由于 $\varphi_1$、$\varphi_2$ 正交，联系粒子 $a$ 和核 $c$ 位势 $V_{ac}$ 的贡献（由于 $\boldsymbol{x}_b$ 积分）为零。可以预计：**如果不是由于 $V_{bc}$，则粒子 $a$ 飞过时，显然不产生任何激发。**

$$\boxed{t(\boldsymbol{p}',2\leftarrow\boldsymbol{p},1)\approx\iint\frac{\mathrm{d}^3x_a\mathrm{d}^3x_b}{(2\pi)^3}\mathrm{e}^{-\mathrm{i}\boldsymbol{p}'\cdot\boldsymbol{x}_a+\mathrm{i}\boldsymbol{p}\cdot\boldsymbol{x}_a}V_{ab}(\boldsymbol{x}_{ab})\varphi_2^*(\boldsymbol{x}_b)\varphi_1(\boldsymbol{x}_b)}\tag{9.99}$$

**由此式可以引入"非弹性散射形状因子"。**为此将此处 $t$ 公式改写为

$$\boxed{\begin{cases}t(\boldsymbol{p}',2\leftarrow\boldsymbol{p},1)=\displaystyle\int\frac{\mathrm{d}^3x}{\sqrt{(2\pi)^3}}\mathrm{e}^{-\mathrm{i}\boldsymbol{q}\cdot\boldsymbol{x}}V_{ab}(\boldsymbol{x})\left[\int\frac{\mathrm{d}^3x_b}{\sqrt{(2\pi)^3}}\mathrm{e}^{-\mathrm{i}\boldsymbol{q}\cdot\boldsymbol{x}_b}\varphi_2^*(\boldsymbol{x}_b)\varphi_1(\boldsymbol{x}_b)\right]\\ \qquad\equiv t(\boldsymbol{p}'\leftarrow\boldsymbol{p})|_b\cdot g_2(\boldsymbol{q})\\ g_2(\boldsymbol{q})=\displaystyle\int\frac{\mathrm{d}^3x_b}{\sqrt{(2\pi)^3}}\mathrm{e}^{-\mathrm{i}\boldsymbol{q}\cdot\boldsymbol{x}_b}\varphi_2^*(\boldsymbol{x}_b)\varphi_1(\boldsymbol{x}_b)\end{cases}}\tag{9.100}$$

**$g_2(\boldsymbol{q})$ 称为"非弹性形状因子"，并且正是乘积 $\varphi_2^*\varphi_1$ 的 Fourier 变换。**一般说来，靶有几个能级就有几个不同的形状因子。比如，$1\to n$，$g_n=\int\mathrm{e}^{-\mathrm{i}\boldsymbol{q}\cdot\boldsymbol{x}}\varphi_n^*\varphi_1$；更一般说，应写为 $g_{n'n}$，这相应于靶初态在 $n$，被激发（或退激发）到 $n'$。

由于过程是非弹性的，$p'\neq p$，$p'^2=p^2-2m(E_2-E_1)$。这里 $(E_2-E_1)$ 是末态 $(bc)^*$ 的激发能。于是上式中的第一个因子 $t(\boldsymbol{p}'\leftarrow\boldsymbol{p})|_b$ **就是在 Born 近似下能量壳外的弹性 $T$ 矩阵。**通过这个例子说明：**一个多道过程的在壳上振幅常可以近似地表示为某个相关的两体过程的在壳外振幅。**

### 9.4.3 例算：电子在氢原子上散射导致激发跃迁 1s→2p

为叙述方便，作一些简化假设：**这两个电子是可分辨的（也就是说，忽略任何不相容原理的效应）、忽略全部自旋、核无限重因而不动。所有这些近似在 Born 近似很成立的能区中都可以证明是相对不重要的。**标记靶原子的一般态为 $n,l,m$ 三个量子数。首先计算靶由基态 $|100\rangle$ 向任一能态 $|nlm\rangle$ 的激发跃迁概率幅。

散射势 $V_1$ 由入射 $e$ 和核之间的引吸势和两 $e$ 之间的排斥势组成。这两个 Coulomb势中，只有两 $e$ 之间的排斥势能引起激发，于是相应的散射振幅按式(8.75a)定义为

$$f(\boldsymbol{p}',nlm\leftarrow\boldsymbol{p},100)=-(2\pi)^2mt(\boldsymbol{p}',nlm\leftarrow\boldsymbol{p},100)$$

用一阶 Born 近似，继续有等式

$$\approx-(2\pi)^2m\langle\boldsymbol{p}',nlm|V_1|\boldsymbol{p},100\rangle$$

$$= -\frac{m}{2\pi}\iint d^3x_a d^3x_b \cdot e^{-i\boldsymbol{p}'\cdot\boldsymbol{x}_a}\varphi^*_{nlm}(\boldsymbol{x}_b)\frac{e^2}{|\boldsymbol{x}_a-\boldsymbol{x}_b|}e^{i\boldsymbol{p}\cdot\boldsymbol{x}_a}\varphi_{100}(\boldsymbol{x}_b)$$

此处最后等号是根据上面叙述。令 $\boldsymbol{x}=\boldsymbol{x}_a-\boldsymbol{x}_b,\boldsymbol{x}_b\equiv\boldsymbol{x}'$，解出 $\boldsymbol{x}_a$，继续等于

$$= -\frac{me^2}{2\pi}\int d^3x\,\frac{e^{-i\boldsymbol{q}\cdot\boldsymbol{x}}}{r}\int d^3x' e^{-i\boldsymbol{q}\cdot\boldsymbol{x}'}\varphi^*_{nlm}(\boldsymbol{x}')\varphi_{100}(\boldsymbol{x}')$$

这里，$\boldsymbol{q}(\boldsymbol{p})$为波矢量的改变(或波矢量本身)。第二重积分就是非弹性形状因子；第一重积分遇到通常和 Coulomb 势相联系的发散。如采用正确的手续并用阻尼(乘以 $e^{-r/\rho}$积分，再令 $\rho\to\infty$)，容易算出

$$\lim_{\rho\to\infty}\int d^3x\cdot\frac{1}{r}e^{-i\boldsymbol{q}\cdot\boldsymbol{x}-r/\rho}=\frac{4\pi}{q}\lim_{\rho\to\infty}\int_0^\infty \sin qr\cdot e^{-r/\rho}dr=\frac{4\pi}{q}\lim_{\rho\to\infty}\frac{\rho^2 q}{1+\rho^2q^2}=\frac{4\pi}{\boldsymbol{q}^2}\tag{9.101}$$

于是得到

$$f(\boldsymbol{p}',nlm\leftarrow\boldsymbol{p},100)=\frac{-2}{a_0\boldsymbol{q}^2}\int d^3x\cdot e^{-i\boldsymbol{q}\cdot\boldsymbol{x}}\varphi^*_{nlm}(\boldsymbol{x})\cdot\varphi_{100}(\boldsymbol{x})$$

这里 $a_0=\hbar^2/me^2$ 为 Bohr 半径。束缚态波函数 $\varphi_{nlm}(\boldsymbol{x})=c\,\frac{1}{r}y_{nr}(r)Y_{lm}(\boldsymbol{e}_x)$。此积分可将 $e^{-i\boldsymbol{q}\cdot\boldsymbol{x}}$展开后作计算。这里

$$e^{-i\boldsymbol{q}\cdot\boldsymbol{x}}=4\pi\sum_{l=0}^{\infty}\sum_{m=-l}^{l}i^l j_l(qr)Y^*_{lm}(\boldsymbol{e}_q)Y_{lm}(\boldsymbol{e}_x)$$

此处 $j_l(qr)=\sqrt{\frac{\pi}{2kr}}J_{l+1/2}(kr)$是球 Bessel 函数。特别地，激发是 1s→2p 时

$$\boxed{f(\boldsymbol{p}',21m\leftarrow\boldsymbol{p},100)=aI(qa)Y^*_{1m}(\boldsymbol{e}_q)}\tag{9.102}$$

这里 $aI(qa)$是个量纲为一的径向积分，至于三个关于 $\boldsymbol{e}_x$ 的角函数——三个球谐函数，一个是 $Y_{00}(\boldsymbol{e}_x)$为 1。另两个中的一个为 $Y^*_{10}(\boldsymbol{e}_x)$与 $e^{-i\boldsymbol{q}\cdot\boldsymbol{x}}$中展式中的 $Y_{lm}(\boldsymbol{e}_x)$对 $d\Omega_x$ 积分正交归一剩下一项，最后只剩下展式里的 $Y^*_{1m}(\boldsymbol{e}_q)$(它不经受积分)。于是微分截面为

$$\boxed{\frac{d\sigma}{d\Omega}(\boldsymbol{p}',21m\leftarrow\boldsymbol{p},100)=|f(\boldsymbol{p}',21m\leftarrow\boldsymbol{p},100)|^2}\tag{9.103}$$

注意(对原子物理来说)由于 Born 近似要求高能，故已略去 $p'/p$。

在实践中，既不直接测量末态磁量子数 $m$ 也不测量末态 $\boldsymbol{p}'$。这个 1s→2p 的激发截面测量是借助于紧接着的 2p→1s 跃迁所发射的光子计数来度量的。于是感兴趣的截面是

$$\begin{aligned}\sigma(2p\leftarrow 1s)&=\int d\Omega_{p'}\sum_m\frac{d\sigma}{d\Omega}(\boldsymbol{p}',21m\leftarrow\boldsymbol{p},100)\\&=\int d\Omega_{p'}\sum_m a^2|I(qa)|^2Y_{1m}(\boldsymbol{e}_q)Y^*_{1m}(\boldsymbol{e}_q)\\&=\left(\frac{2l+1}{4\pi}\right)_{l=1}\int d\Omega_{p'}a^2|I|^2\end{aligned}$$

即

$$\boxed{\sigma(2\mathrm{p}\leftarrow 1\mathrm{s})=\frac{3a_0^2}{4\pi}\int \mathrm{d}\Omega_{p'}\left|I(qa)\right|^2} \tag{9.104}$$

完成这个对 $\boldsymbol{p}'$方位角(取 $\boldsymbol{p}$ 为 $z$ 轴,则 $q=|\boldsymbol{p}'-\boldsymbol{p}|$ 与 $\boldsymbol{e}_{p'}$ 有关)积分,最后可得截面作为入射动量的函数。计算结果在大约高于 100eV 后与实验符合。

这个例子是通常使用多道 Born 近似的一个典型情况——**能量不低、主要过程是电磁作用(如原子物理的那些过程)。在核物理和高能物理中,通常强相互作用是重要的,Born 近似几乎总是不可靠的。对于这些 Born 近似失效的地方,需要采用扭曲波近似在内的一些改进技术。**

习题 9.23　计算电子在氢原子上的激发散射,使氢原子由(100)→(200)跃迁。

其他例子参见文献[21]。

### 9.4.4　多道扭曲波 Born 近似

多道散射理论,尤其是多种相互作用同时存在时的重新组合反应,不但实际计算十分繁杂,而且很难保证计算结果有合理的精确度。更何况,Born 近似成立的条件(散射作用对入射波的改变较小)在核反应中很难被满足。所以核反应中直接采用 Born 近似最多只能作些数量级估计,不能用作定量计算。但仔细分析入射粒子与靶核相互作用可以发现,**相互作用能够分成两部分:一部分是(包括 Coulomb 场在内)平均场的作用。它们可以引起入射波很大的改变,但却不导致核反应;另一部分则是引起核反应的剩余相互作用,但不一定很强。因此,如果能够正确处理平均场对波函数的扭曲,然后再在一阶近似下处理引起核反应的作用,就可能获得较好的近似。将此观点普遍地概括为,散射过程涉及两种位势:其一很强或容易处理,必须或可以作严格处理;其二很难处理或很弱,只能并可以作微扰处理。这就是"扭曲波 Born 近似"(distorted wave Born's approximation, DWBA)[22]。它是对一类"双位势"情况散射理论框架的一种简化。**

设系统 $H$ 有碰撞反应($\varphi_f^\beta\leftarrow\varphi_i^\alpha$),入(出)射道双位势为

$$\begin{cases} H=H^\alpha+V_1^\alpha+V_2^\alpha, & H^\alpha|\varphi_i^\alpha\rangle=E_i^\alpha|\varphi_i^\alpha\rangle \\ H=H^\beta+V_1^\beta+V_2^\beta, & H^\beta|\varphi_i^\beta\rangle=E_i^\beta|\varphi_i^\beta\rangle \end{cases} \tag{9.105}$$

这里 $H^\alpha$ 是入射 $\alpha$ 道中包含所有子系统在内的自由 Hamilton 量,初、末态是它的本征函数;$H^\beta$ 类似。$V_1$ **由于其强或容易处理,不宜于近似并能够精确处理的相互作**

---

[21] Landau L D. 非相对论量子力学(下). 北京:高等教育出版社,1981:399-401.

[22] Watson K M. Phys. Rev., 1952, 88: 1163; Gell-Mann M, Goldberger M L. Phys. Rev., 1953, 91: 398; Taylor J R. Scattering Theory. John Wiley & Sons, Inc., 1972: 418; 胡济民. 原子核理论. 第二卷. 北京:原子能出版社,1987:25.

**用;而 $V_2$ 由于其难于处理或很弱,不得不并能够作微扰近似处理的相互作用。** $T$ 矩阵精确的表达式,按出射版和入射版它分别为

$$T_{fi}=\langle\varphi_f^\beta|T_{\beta\alpha}|\varphi_i^\alpha\rangle=\begin{cases}(\varphi_f^\beta|(V_1^\beta+V_2^\beta)|\psi_i^\alpha,+)\\(\psi_f^\beta,-|(V_1^\alpha+V_2^\alpha)|\varphi_i^\alpha)\end{cases}\tag{9.106}$$

应用 L-S 方程将每个自由态和真实态连接起来

$$\begin{cases}|\psi_{k\pm}^\gamma\rangle=|\varphi_k^\gamma\rangle+\dfrac{1}{E_k-H^\gamma\pm\mathrm{i}\varepsilon}(V_1^\gamma+V_2^\gamma)|\psi_k^\gamma,\pm\rangle\\(H^\gamma+V_1^\gamma+V_2^\gamma)|\psi_k^\gamma,\pm\rangle=E_i^\gamma|\psi_k^\gamma,\pm\rangle;\quad\gamma=\alpha,\beta\end{cases}\tag{9.107}$$

这里 $k=i,f$。将近似求得的式(9.107)解代入式(9.106)得出跃迁矩阵元,即得相应截面。**但 $V_1$ 很强、$V_2$ 又复杂,于是取决于 $(V_1+V_2)$ 的 $|\psi_i^\gamma,\pm\rangle$ 方程(9.107)少数阶近似不能给出较好结果,并且计算困难。**

现在利用上面关于 $V_1^\gamma$、$V_2^\gamma$ 的假设,拟定如下近似计算方法。首先,为便于作近似,变换一下 $T_{fi}$。假设 $V_1^\gamma$ 较简单,以致下面出、入态积分方程能够精确解。至少,能够在较高精度上知道解 $|\chi_f^\gamma,\pm\rangle$

$$\begin{cases}|\chi_f^\gamma,\pm\rangle=|\varphi_f^\gamma\rangle+\dfrac{1}{E_f^\gamma-H^\gamma\pm\mathrm{i}\varepsilon}V_1^\gamma|\chi_f^\gamma,\pm\rangle\\(H^\gamma+V_1^\gamma)|\chi_f^\gamma,\pm\rangle=E_f^\gamma|\chi_f^\gamma,\pm\rangle\end{cases}\tag{9.108}$$

区分两种情况:**第一,散射情况。**这时 $\alpha=\beta$,由此得出 $|\varphi_f\rangle$,代入 $T_{fi}$ 出射版公式,简单计算即得散射的“Watson 公式”:

$$\boxed{T_{fi}=\langle\chi_f,-|V_2|\psi_i,+\rangle+\langle\chi_f,-|V_1|\varphi_i\rangle}\tag{9.109a}$$

第二项也可以等量代换为 $\langle\varphi_f|V_1|\chi_i,+\rangle$。

习题 9.24 导出式(9.109a)。

**第二,重组反应情况。**由式(9.108)得 $|\varphi_f^\gamma\rangle$,代入 $T_{fi}$ 出射版公式得

$$T_{fi}=\langle\chi_f^\beta,-|(V_1^\beta+V_2^\beta)|\psi_i^\alpha,+\rangle-\langle\chi_f^\beta,-|V_1^\beta\frac{1}{E_f^\beta-H^\beta+\mathrm{i}\varepsilon}(V_1^\beta+V_2^\beta)|\psi_i^\alpha,+\rangle$$

回忆起等式

$$|\psi_i^\alpha,+\rangle=\frac{1}{E_f^\beta-H^\beta+\mathrm{i}\varepsilon}(V_1^\beta+V_2^\beta)|\psi_i^\alpha,+\rangle+|\lambda_{\perp\beta}\rangle$$

这里,态 $|\lambda_{\perp\beta}\rangle=\{1-G^\beta(V^\beta-V^1)\}|\boldsymbol{p},1\rangle$ 垂直于 $\beta$ 道子空间。

习题 9.25 对重组反应 $a+(bc)_1\to b+(ac)_\beta$ 证明上面等式.

将其插入上式,得

$$T_{fi}=\langle\chi_f^\beta,-|(V_1^\beta+V_2^\beta)|\psi_i^\alpha,+\rangle-\langle\chi_f^\beta,-|V_1^\beta|\psi_i^\alpha,+\rangle-\langle\chi_f^\beta,-|V_1^\beta|\lambda_{\perp\beta}\rangle$$

由于选择 $V_1^\beta$ 不产生重排反应,第 3 项为零,**给出重组反应的“Watson 公式”:**

$$\boxed{T_{fi}=\langle\chi_f^\beta,-|V_2^\beta|\psi_i^\alpha,+\rangle}\tag{9.109b}$$

**式(9.109a)和式(9.109b)讨论:①两式形式虽然简单却是精确公式,并未使用展**

开近似。式(9.109a)表明已经将两个位势的作用基本上分开了。对于核反应截面，L-S 方程(9.107)的第 1 项为零，导致式(9.109a)第 2 项为零，遂归结为式(9.109b)。②式(9.109a)右边第 1 项包含了$\psi_i^+$，所以式(9.109a)和式(9.109b)一样不能用来计算。第 1 项通过 $\chi_f^-$ 和$\psi_i^+$ 间接受到 $V_1^\alpha$ 的影响(所以即使为下面所说，第 2 项为零，只剩第 1 项，跃迁矩阵仍和 $V_1^\alpha$ 有关)；③右边第 2 项与 $V_2^\alpha$ 无关，代表 $V_1^\alpha$ 对散射矩阵元的贡献，可以按式(9.108)和式(9.105)单独计算。特别是，当 $V_2^\alpha=0$ 只有 $V_1^\alpha$ 时，此项即为反应矩阵元的精确形式；④对上面提到的例子，第 2 项都为零：在轫致辐射中，$V_1^\alpha$ 为 Coulomb 力(或核力)作用，$\chi_f^-$ 包含了一个光子而 $\varphi_i$ 里没有。在氘核的介子分解中，$V_1^\alpha$ 为两核子势，$\varphi_i$ 中有一个介子而 $\chi_f^-$ 中没有。对原子或核子的光电效应，第 2 项也消失。也就是说，不论是通过 $V_1^\alpha$，还是不通过 $V_1^\alpha$ 进行相互作用的粒子，它们在初、末态中不平衡，第 2 项都将为零。

下面对 Watson 公式(9.109)作微扰展开。这时需要处理的只是$|\psi_i^\alpha,+\rangle$。通常对$|\psi_i^\alpha,+\rangle$作 Born 级数展开总是采用 $H^\alpha$ 的$|\varphi_i^\alpha\rangle$，微扰作用是$(V_1^\alpha+V_2^\alpha)$。但现在此种展开式有问题：(难于处理的)$V_2^\alpha$ 与(很大的)$V_1^\alpha$ 叠加在一起，不易得到好的近似。现在，利用$|\chi_i^\alpha,\pm\rangle$已精确知道的条件，将$|\chi_i^\alpha,\pm\rangle$理解为由$|\varphi_i^\alpha\rangle$经 $V_1^\alpha$ 扭曲的入(出)射波。将$|\psi_i^\alpha,+\rangle$展开为$|\chi_i^\alpha,\pm\rangle$(而不是$|\varphi_i^\alpha\rangle$)的展式。为此，利用$|\psi_i^\alpha,+\rangle$，$|\chi_i^\alpha,+\rangle$的已解出形式的 L-S 方程

$$\begin{cases}|\psi_i^\alpha,+\rangle=|\varphi_i^\alpha\rangle+\dfrac{1}{E_i-H^\alpha-V_1^\alpha-V_2^\alpha+\mathrm{i}\varepsilon}(V_1^\alpha+V_2^\alpha)|\varphi_i^\alpha\rangle\\[2ex]|\chi_i^\alpha,+\rangle=|\varphi_i^\alpha\rangle+\dfrac{1}{E_i-H^\alpha-V_1^\alpha+\mathrm{i}\varepsilon}V_1^\alpha|\varphi_i^\alpha\rangle\end{cases}$$

相减得

$$|\psi_i^\alpha,+\rangle-|\chi_i^\alpha,+\rangle=\left\{\frac{1}{E_i-H^\alpha-V_1^\alpha-V_2^\alpha+\mathrm{i}\varepsilon}(V_1^\alpha+V_2^\alpha)-\frac{1}{E_i-H^\alpha-V_1^\alpha+\mathrm{i}\varepsilon}V_1^\alpha\right\}|\varphi_i^\alpha\rangle$$

由算符恒等式$\dfrac{1}{A+B}=\dfrac{1}{A}\left(1-B\dfrac{1}{A+B}\right)$，得

$$\frac{1}{E_i-H^\alpha-V_1^\alpha+\mathrm{i}\varepsilon}=\frac{1}{E_i-H^\alpha-V_1^\alpha-V_2^\alpha+\mathrm{i}\varepsilon}\left(1-V_2^\alpha\frac{1}{E_i-H^\alpha-V_1^\alpha+\mathrm{i}\varepsilon}\right)$$

代入上式，得

$$\begin{aligned}|\psi_i^\alpha,+\rangle-|\chi_i^\alpha,+\rangle&=\frac{1}{E_i-H^\alpha-V_1^\alpha-V_2^\alpha+\mathrm{i}\varepsilon}V_2^\alpha|\varphi_2^\alpha\rangle\\&\quad+\frac{1}{E_i-H^\alpha-V_1^\alpha-V_2^\alpha+\mathrm{i}\varepsilon}V_2^\alpha\frac{1}{E_i-H^\alpha-V_1^\alpha+\mathrm{i}\varepsilon}V_1^\alpha|\varphi_i^\alpha\rangle\\&=\left\{\frac{1}{E_i-H^\alpha-V_1^\alpha-V_2^\alpha+\mathrm{i}\varepsilon}V_2^\alpha|\varphi_i^\alpha\rangle\right.\\&\quad\left.+\frac{1}{E_i-H^\alpha-V_1^\alpha-V_2^\alpha+\mathrm{i}\varepsilon}V_2^\alpha(|\chi_i^\alpha,+\rangle-|\varphi_i^\alpha\rangle)\right\}\end{aligned}$$

所以得到

$$\boxed{|\psi_i^\alpha,+\rangle=|\chi_i^\alpha,+\rangle+\frac{1}{E_i-H^\alpha-V_1^\alpha-V_2^\alpha+\mathrm{i}\varepsilon}V_2^\alpha|\chi_i^\alpha,+\rangle} \tag{9.110}$$

**现在可以对此式作 Born 级数展开了——这正是扭曲波 Born 级数展开。**为此重复使用上面算符恒等式,得

$$\frac{1}{E_i-H^\alpha-V_1^\alpha-V_2^\alpha+\mathrm{i}\varepsilon}=\frac{1}{E_i-H^\alpha-V_1^\alpha+\mathrm{i}\varepsilon}+\frac{1}{E_i-H^\alpha-V_1^\alpha+\mathrm{i}\varepsilon}V_2^\alpha\frac{1}{E_i-H^\alpha-V_1^\alpha+\mathrm{i}\varepsilon}+\cdots$$

代入 $|\psi_i^\alpha,+\rangle$ 表达式,得到 $|\psi_i^\alpha,+\rangle$ 用 $|\chi_i^\alpha,+\rangle$ 所作的 Born 级数展开式

$$\begin{aligned}|\psi_i^\alpha,+\rangle=&|\chi_i^\alpha,+\rangle+\frac{1}{E_i-H^\alpha-V_1^\alpha+\mathrm{i}\varepsilon}V_2^\alpha|\chi_i^\alpha,+\rangle\\&+\frac{1}{E_i-H^\alpha-V_1^\alpha+\mathrm{i}\varepsilon}V_2^\alpha\frac{1}{E_i-H^\alpha-V_1^\alpha+\mathrm{i}\varepsilon}V_2^\alpha|\chi_i^\alpha,+\rangle+\cdots\end{aligned} \tag{9.111}$$

此展开式是对 $V_2^\alpha$ 的幂级数。将式(9.111)代入式(9.109a),即得所求展开

$$\boxed{\begin{aligned}T_{fi}=&\left\{\langle\chi_f^\alpha,-|V_2^\alpha|\chi_i^\alpha,+\rangle+\langle\chi_f^\alpha,-|V_2^\alpha\frac{1}{E_i-H^\alpha-V_1^\alpha+\mathrm{i}\varepsilon}V_2^\alpha|\chi_i^\alpha,+\rangle+\cdots\right\}\\&+\langle\varphi_f^\alpha|V_1^\alpha|\chi_f^\alpha,+\rangle\end{aligned}} \tag{9.112}$$

**这里,大括号外面项已精确(到所有阶)计及了由 $V_1^\alpha$ 所引起的相互作用效应,大括号内各项则以微扰级数形式给出了 $V_2^\alpha$ 的各阶效应。当然,情况并不完全干净利落,大括号中所有项都依赖于 $V_1^\alpha$。所以说,$V_2^\alpha$ 的效应经受 $V_1^\alpha$ 的扭曲影响。扭曲作用具体表现在 $|\varphi_i\rangle\to|\chi_i^\pm\rangle$ 上。如果右边大括号中只取第 1 项,即以 $|\chi_i^\alpha,+\rangle$ 替代 $|\psi_i^\alpha,+\rangle$,就称为"扭曲波 Born 近似"。**

**应用扭曲波近似的双位势散射的情况很多。粒子在 Coulomb 力和核力综合影响下的散射;$\beta$ 衰变;强 Coulomb 场韧致辐射;核子-核子碰撞的介子产生;介子引起氘核分解;原子光电效应、原子核光电效应等。**下面是三个说明上面方法的例子:

**例 1 考虑母核 $A_1$ 到子核 $A_2$ 的 β 衰变过程:**$A_1\to A_2+e^++\nu_e$。此过程由两个完全不同的相互作用所控制:β 衰变反应由弱作用(称为 $V_2^\alpha$)所引起,它虽然有复杂结构但却很弱,容许作一阶近似。但是,除弱作用外,末态里也存在着(在 $e^+$ 和 $A_2$ 之间)Coulomb 作用(称为 $V_1^\alpha$),它比导致衰变反应的 $V_2^\alpha$ 要强很多。如果一并都在最低阶近似下计算,对 Coulomb 作用处理是不合理的。另一方面,Coulomb 作用可以严格处理,得到紧凑解。**于是选 $V_1^\alpha$ 为 Coulomb 作用,$V_2^\alpha$ 为弱作用。**

**例 2 韧致辐射。**此过程由两个不同的相互作用所控制:$V_1^\alpha$ 是入射带电粒子与原子核之间 Coulomb 作用,能精确处理,而 $V_2^\alpha$ 则是带电粒子与光子(量子电磁场)的相互作用。按上面叙述,此例可基于 $H^\alpha+V_1^\alpha$ 本征态作微扰处理。

**例 3** $\pi^+ + \mathrm{d} \to 2\mathrm{p}$。设核子-核子作用是 $V_1^\alpha$，$\pi^+$-N 作用是 $V_2^\alpha$。略有差别的是，这时初态不像前面的 $|\chi_i^\alpha, \pm\rangle$，而是一个自由 $\pi^+$ 介子和氘核束缚态的直积。后者满足如下齐次积分方程(参考下面导致式(9.115)的叙述)

$$|\chi_\alpha\rangle = \frac{1}{E_\alpha - H^\alpha + \mathrm{i}\varepsilon} V_1^\alpha |\chi_\alpha\rangle$$

介子坐标包含在 $H^\alpha$ 的动能算符中。此积分方程解是氘核质心平面波和氘核束缚态波函数的乘积，即满足

$$(H^\alpha + V_1^\alpha)|\chi_\alpha\rangle = E_\alpha |\chi_\alpha\rangle$$

这里 $H^\alpha$ 是 $\pi^+$，$d$(N+N)三个粒子的自由 Hamilton 量，$V_1^\alpha$ 是 $d$ 内 N-N 相互作用。末道是两个出射质子的平面波态。将 $|\chi_\alpha\rangle$ 作为渐近自由态，代入下面 L-S 方程

$$\begin{cases} |\psi_\alpha^+\rangle = |\chi_\alpha\rangle + \dfrac{1}{E_\alpha - H + \mathrm{i}\varepsilon} V_2^\alpha |\chi_\alpha\rangle \\ |\psi_\beta^-\rangle = |\varphi_\beta\rangle + \dfrac{1}{E_\beta - H - \mathrm{i}\varepsilon}(V_1^\alpha + V_2^\alpha)|\varphi_\beta\rangle \end{cases} \tag{9.113}$$

这里 $|\varphi_\beta\rangle$ 是两个质子的平面波态，是 $H^\alpha$ 的一个本征态。于是，从初态构形到终态构形的跃迁 $\boldsymbol{S}$ 矩阵元为：$\boldsymbol{S}_{\beta\alpha} = (\psi_\beta^-, \psi_\alpha^+)$。

## 9.5 束缚态与散射理论的完备性、正交性和幺正性

### 9.5.1 多道散射形成束缚定态的分析，Levinson 定理

**一般说来，并不是任何散射系统都存在束缚态，这要看碰撞粒子的相互作用性质和它们内部结构而定。**比如，两个正电子散射就没有(习题 8.1)。现在从定态观点讨论散射形成束缚态问题。**讨论只限于两体入射道的中心场势散射情况。**为了简明，假定靶粒子是几个粒子的任一束缚态，入射粒子是诸如电子、质子、中子(由于所考虑的散射能量较低，忽略核子强作用夸克结构)等简单粒子。这时 Schrödinger 方程能量本征值必定是分立的负值。作球面分波展开，**散射形成束缚态的讨论应将方程(9.29)变数 $k$ 延拓为虚数 $k = \frac{\mathrm{i}\sqrt{2m|E|}}{\hbar} \equiv \mathrm{i}b$ 进行。如果存在束缚态，就等于要求下式有随 $r$ 快速衰减解**[㉓]

$$\langle r|\mathrm{i}b+\rangle_l = \delta_{fi}\sqrt{\frac{2}{\pi}} j_l(\mathrm{i}br) + \frac{2mb}{\hbar^2}\int_0^\infty r'^2 \begin{pmatrix} j_l(\mathrm{i}br)h_l(\mathrm{i}br') \\ j_l(\mathrm{i}br')h_l(\mathrm{i}br) \end{pmatrix} V(r')_{fi} \langle r'|\mathrm{i}b+\rangle_l \mathrm{d}r' \tag{9.114}$$

**上式参见式(9.28)和式(9.29)。此时 $\langle r|\mathrm{i}b+\rangle_l$ 作为束缚态波函数的分波成分，必定**

---

㉓ 注意，计算 Green 函数过程不因 $k$ 为虚数而改变，留数积分只要取向下半圆回路即可。

比任何$\frac{1}{r^n}$衰减得更快(因为任意阶$\frac{1}{r^n}$算符在其中的径向平均都应收敛),也就是说,随$r$呈负指数衰减。再假定$V(r')_{fi}$也衰减得不慢。由于

$$|j_l(z)|\leqslant \text{const}\left(\frac{|z|}{1+|z|}\right)^{l+1}\mathrm{e}^{|\mathrm{Im}z|};\quad |h_l(z)|\leqslant \text{const}\left(\frac{|z|}{1+|z|}\right)^{-l}\mathrm{e}^{-\mathrm{Im}z}$$

第 2 项随$r$收敛,但第 1 项入射波随$r$发散。因此,束缚态存在必定对应于$b$取一些分立的特定值,它们是在虚动量正半轴上函数$\langle r|\mathrm{i}b+\rangle_l$的极点$b_n$($n=1,2,\cdots$,$E_n=-\frac{b_n^2\hbar^2}{2m}$)。在这些极点$b_n$附近,考虑等式两边都有函数$\langle r|\mathrm{i}b+\rangle_l$,可以略去右边第 1 项,得

$$\boxed{\langle r|\mathrm{i}b_n+\rangle_l=\frac{2mb_n}{\hbar^2}h_l(\mathrm{i}b_nr)\int_0^\infty r'^2j_l(\mathrm{i}b_nr')V(r')_{fi}\langle r'|\mathrm{i}b_n+\rangle_l\mathrm{d}r'} \tag{9.115}$$

这个齐次积分方程说明,在散射形成束缚态时,除能量数值外,初始条件内容对所形成的束缚态性质并不重要。这些对应于散射矩阵第$l$阶分波振幅$S_l(k)$极点的局域态常称为为"角动量$l$的弹丸-靶束缚态",相应的本征值就称为这种束缚态的能级[24]。

**Levinson 定理** 非相对论球对称势散射中,每个球面分波的束缚态数和分波相移有如下关系

$$\boxed{[\delta_l(0)-\delta_l(\infty)]=\pi n_{B,l}} \tag{9.116}$$

这里$n_{B,l}$是轨道角动量为$l$的束缚态数。

习题 9.26 证明 Levinson 定理。

### 9.5.2 三组态矢序列的正交性

可以证明:两组全相互作用态$|\psi_i^\pm\rangle$序列均是正交态序列

$$\boxed{\begin{cases}\langle\psi_i^+|\psi_j^+\rangle=\langle\varphi_i|\varphi_j\rangle=\delta_{ij}\\ \langle\psi_i^-|\psi_j^-\rangle=\langle\varphi_i|\varphi_j\rangle=\delta_{ij}\end{cases}} \tag{9.117}$$

也就是说,对应于参考系能谱连续区中的每一个态$|\varphi_i\rangle$,由 L-S 方程可以得到真实问题的一对解。并且,如同参考系中不同$|\varphi_i\rangle$之间正交归一那样,这两组态在各自序列内也是正交归一的。但注意,这里并没有说它们各自总是完备的。

习题 9.27 证明式(9.117)。

其实,可以更一般地证明有如下正交定理。

**正交定理** 设$|B\rangle$是全部$N$个粒子的任意束缚态,并令

$$|\psi\rangle=\Omega_+^\alpha|\psi_{\text{in}}\rangle$$

---

[24] 反之不一定,即复变函数$S_l(k)$在正半虚轴上的极点不一定都对应束缚态。即便对势散射情况,当势并不足够快衰减时,在动量虚轴的正半轴上,此分波振幅就会出现一些不对应束缚态的极点。

$$|\psi'\rangle = \Omega_{+}^{\alpha'} |\psi'_{\text{in}}\rangle$$

**这里$|\psi_{\text{in}}\rangle \in \varphi^{\alpha}$，$|\psi'_{\text{in}}\rangle \in \varphi^{\alpha'}$，$\alpha \neq \alpha'$。则**

$$\langle B|\psi'\rangle = \langle B|\psi\rangle = \langle \psi'|\psi\rangle = 0 \tag{9.118a}$$

**类似情况对$\Omega_{-}$亦成立。**

也可以将上面正交定理改换一种提法：

**若定义$\mathcal{R}_{+}^{\alpha}$是来源于入射道$\alpha$的全部态的子空间，而$R_{-}^{\alpha}$是将终止于出道$\alpha$的全部态的子空间，则定理可提为**

$$\mathcal{B} \perp \mathcal{R}_{+}^{\alpha} \perp \mathcal{R}_{+}^{\alpha'} \quad (\forall \alpha, \alpha'; \alpha \neq \alpha')$$

**并且类似地还有**

$$\mathcal{B} \perp \mathcal{R}_{-}^{\alpha} \perp \mathcal{R}_{-}^{\alpha'} \quad (\forall \alpha, \alpha'; \alpha \neq \alpha') \tag{9.118b}$$

在证明之前先说明两点：①这里并没有说$\mathcal{R}_{+}^{\alpha} \perp \mathcal{R}_{-}^{\alpha'}$。事实上，若果然如此，则来源于入射道$\alpha$的轨道决不可能终止在出射道$\alpha'$上，也就是说非弹性过程$(\alpha' \leftarrow \alpha)$是不可能的；②这里$\mathcal{R}_{+}^{\alpha}$与$\varphi^{\alpha}$虽然同属于$\mathcal{H}$，但其实是不同的。前者是由后者（无所考虑相互作用态的集合）发展而来的散射系统的实际态（有全相互作用态的集合）。$\mathcal{R}_{-}^{\alpha}$与$\varphi^{\alpha}$的关系类同。下面证明此定理。

**证：** 以入射道为例，证明分两部分：首先往证，所有束缚态与所有散射态正交。由于$U(t)$的幺正性，有（对$|B\rangle \in \mathcal{B}$，$|\psi\rangle \in \mathcal{R}_{+}^{\alpha}$）

$$\langle B|\psi\rangle = \langle B|U^{+}(t)U(t)|\psi\rangle$$

注意左边与$t$无关，右边由于$U(t)$的幺正性，也与$t$无关。由于$\langle B|$是$N$个粒子的束缚态，是定态，因而

$$\langle B|U^{+}(t) = e^{iE_B t/\hbar}\langle B|$$

所以

$$\langle B|\psi\rangle = e^{iE_B t/\hbar}\langle B|U(t)|\psi\rangle$$

当$t \to -\infty$时，有（渐近条件）

$$U(t)|\psi\rangle \to U^{\alpha}(t)|\psi_{\text{in}}\rangle, \quad (|\psi_{\text{in}}\rangle \in \varphi^{\alpha})$$

于是，当$t \to -\infty$时有

$$\begin{aligned}\langle B|\psi\rangle &= e^{iE_B t/\hbar}\langle B|U(t)|\psi\rangle \\ &\to e^{iE_B t/\hbar}\langle B|U^{\alpha}(t)|\psi_{\text{in}}\rangle\end{aligned}$$

由于$U^{\alpha}(t)$对$\alpha$道$n_{\alpha}$个碎片（不包括每个碎片内部状态）自由粒子波包有弥散作用，即这$n_{\alpha}$个碎片以$t^{-3/2}$向全空间弥散。对任何固定点或固定的区域，其波函数均以$t^{-3/2}$下降。可是$\langle B|$是全部$N$个粒子的束缚态，局限于一个区域，因此它们标积随时间增加必收敛于零，即

$$\langle B|U^{\alpha}(t)|\psi_{\text{in}}\rangle \xrightarrow{t \to -\infty} 0$$

然而等式左边是与$t$无关的，这就说明

$$\langle B|\psi\rangle=0$$

其次往证,由不同入射道来的两个实际态矢正交。同前面相似,$\langle\psi'|\psi\rangle$与时间无关,有

$$\langle\psi'|\psi\rangle=\langle\psi'|\mathrm{e}^{\mathrm{i}Ht/\hbar}\mathrm{e}^{-\mathrm{i}Ht/\hbar}|\psi\rangle\xrightarrow{t\to-\infty}\langle\psi'_{\mathrm{in}}|\mathrm{e}^{\mathrm{i}H^{\alpha'}t/\hbar}\mathrm{e}^{-\mathrm{i}H^{\alpha}t/\hbar}|\psi_{\mathrm{in}}\rangle$$

分两种情况考虑,第一,所考虑的$\alpha$、$\alpha'$有相同的粒子分组,不同的仅是碎片的内部状态(即同属于一个安置道),比如,$a+(bc)$和$a+(bc)^*$,在这种情况下,$H^{\alpha'}=H^{\alpha}$,右边标积归结为$\langle\psi'_{\mathrm{in}}|\psi_{\mathrm{in}}\rangle$。这个标积是零,因为其中所包含的两个束缚态波函数$\varphi_{(bc)}$、$\varphi_{(bc)^*}$正交;第二,道$\alpha$、$\alpha'$由不同的分组,比如$a+(bc)$、$b+(ac)$,这时,当$t$足够大时,从第一个道看$a$仍与$c$束缚着,于是,这两个渐近态的交叠标积必收敛于零(与前相同:弥散的波包与束缚的波包的交叠,当$|t|\to\infty$时,当然$\to 0$)。从而上面右边的标积必收敛于零。而原先的标积本不依赖于$t$,现在$t$足够大时,趋于这个趋于零的值。因而本身一定要等于零。总之,$\langle\psi'|\psi\rangle$正交的物理原因是,不论道$\alpha$、$\alpha'$是否属于同一个安置道,只要道不同,则当$t$足够负时,$U(t)|\psi\rangle$、$U(t)|\psi'\rangle$呈现出完全不同的态,因此正交。但又因为两个矢量的标积是时间独立的,因此它必须在所有时间里都为零。特别地,在$t=0$时为零,也就是说$\langle\psi'|\psi\rangle=0$。至于两个将发展成不同出道的态正交,以及它们与束缚态正交的证明和上面完全相同。 证毕。

当然,不难将上面采用正规态矢的叙述改成用非正规态矢$|\underline{p},\alpha\pm\rangle$和$|\underline{p},\alpha\rangle$的语言,而式(9.117)中的$\delta_{ij}$替换为$\delta(\underline{p}_i-\underline{p}_j)$等。这里从略。

### 9.5.3 束缚态存在与散射理论的渐近完备性

一般说来,散射态常是一个叠加态(包括相应于渐近自由为叠加态的散射态)。但显然,系统全部状态并不总都是散射态,因为一般也许还存在全部$N$个粒子的束缚态。但可以合理地期望,**全体散射态和束缚态应当撑开$N$个粒子全部状态空间$\mathscr{H}$。如果某个散射理论使这个期望成立,就说该理论是渐近完备的。下面将这种思想表达得准确些:**

**定义** **$\mathscr{B}$是由全部$N$个粒子束缚态撑开的子空间,$\mathscr{R}$为正交于全部束缚态的态空间。$\mathscr{R}_{\pm}^{\alpha}$是那些来源于(将发展为)$\alpha$道渐近自由态的所有态矢组成的子空间(注意$\Omega_{\pm}^{\alpha}$的 domain 是$\varphi^{\alpha}$,其 range 是$\mathscr{R}_{\pm}^{\alpha}$)。于是可以将$\mathscr{H}$写成如下直和**

$$\boxed{\mathscr{H}=\mathscr{B}\oplus\mathscr{R}}\tag{9.119a}$$

应当可以预期,第一,子空间$\mathscr{R}$正好是由那些态矢$|\psi\rangle$所组成,这些$|\psi\rangle$当$t\to-\infty$时有如上的一般渐近行为;第二,这些态矢将不同于那些当$t\to+\infty$时有如上渐近行为的态矢。任一散射态可写为一般散射轨道的渐近叠加$|\psi\rangle=\Omega_{+}^{0}|\psi_{\mathrm{in}}^{0}\rangle+\cdots+\Omega_{+}^{n}|\psi_{\mathrm{in}}^{n}\rangle$形式(式(8.45a)),是从每个正交子空间来的一些矢量的和。详细见附录C式(C.7)。于是,**假如$\mathscr{R}$中每个矢量均能如此表示,并且反过来,每个如此表示的矢**

量又都在 $\mathcal{R}$ 内，则 $\mathcal{R}$ 必定是如下直和

$$\boxed{\mathcal{R}=\mathcal{R}_{+}^{0}\oplus\cdots\oplus\mathcal{R}_{+}^{n}} \tag{9.119b}$$

类似地，如果 $\mathcal{R}$ 中的每一个矢量均可表示为出射渐近形式，反之亦如是，则 $\mathcal{R}$ 就是子空间 $\mathcal{R}_{-}^{0},\cdots,\mathcal{R}_{-}^{n}$ 的直和，即

$$\boxed{\mathcal{R}=\mathcal{R}_{-}^{0}\oplus\cdots\oplus\mathcal{R}_{-}^{n}} \tag{9.119c}$$

应该强调指出，子空间 $\mathcal{R}_{+}^{\alpha}$ 与 $\mathcal{R}_{-}^{\alpha}$ 一般并不相等。实际上，如果相等，则从 $\alpha$ 道来的每一轨道必定只能演化成同样的出射道 $\alpha$。也就是说，非弹性过程不能发生。非弹性过程可以发生这一观察到的事实意味着每个 $\mathcal{R}_{+}^{\alpha}$ 交叠几个 $\mathcal{R}_{-}^{\beta}$，反之亦是。此处分析可以概括地提为：

**渐近完备性定义** 如果

$$\boxed{\begin{cases}\mathcal{H}=\mathcal{B}\oplus\mathcal{R}\\ \mathcal{R}=\mathcal{R}_{+}^{0}\oplus\cdots\oplus\mathcal{R}_{+}^{n}=\mathcal{R}_{-}^{0}\oplus\cdots\oplus\mathcal{R}_{-}^{n}\end{cases}} \tag{9.119d}$$

**就称这个多道散射理论是渐近完备的㉕。**

**式(9.119d)表示这样一个事实：每个散射态既可以被写成一些态的叠加，这些态中每一个都来源于某个确定的入射道 $\alpha$；也可以被写成另一些态的叠加，它们中的每一个都将发展成某个确定的出射道 $\alpha$。这意味着每一散射轨道都有分别表示入射、出射渐近行为的两套序列。**

**总之，$N$ 粒子系统的所有可能状态的空间 $\mathcal{H}$ 能够被分解为两个正交的部分 $\mathcal{H}=\mathcal{B}\oplus\mathcal{R}$。在 $\mathcal{B}$ 中的任一态，全部 $N$ 个粒子在任何时刻均保持为局域状态。$\mathcal{R}$ 中的态称为散射态，每个散射态，当 $t\to\pm\infty$ 时，粒子将被分解成两个或多个碎片。任何散射轨道的入射渐近和出射渐近都可以处于 $\alpha=0,\cdots,n$ 的各个道内，一般为这些道的叠加。如果 $|\psi_{\text{in}}\rangle\in\varphi^{\alpha}$，则 $|\psi\rangle=\Omega_{+}^{\alpha}\,|\psi_{\text{in}}\rangle$（或类似 $|\psi\rangle=\Omega_{-}^{\alpha}\,|\psi_{\text{out}}\rangle$，$|\psi_{\text{out}}^{\alpha}\rangle\in\varphi^{\alpha}$）是系统在 $t=0$ 时的一个实际状态。**

**束缚态存在与完备性条件。**假如散射系统 $H$ 存在束缚态 $\{|\psi_B^{\alpha}\rangle,E_{B,\alpha}<0\}$，则根据以前讨论，它们对应的能量应当低于任何散射入态和出态 $|\psi_E^{\pm},\alpha\rangle$。同样，假定参考系统 $H^0$ 存在束缚态㉖为 $\{|\varphi_B^{\beta}\rangle,E_{B,\beta}^{0}<0\}$，它们对应的能量也应当低于该散射道的任何渐近自由态 $|\varphi_E,\beta\rangle$。于是按厄米算符本征态的正交定理，应当有

$$\langle\psi_B^{\alpha}|\psi_E^{\pm},\alpha\rangle=0,\quad \langle\varphi_B^{\beta}|\varphi_E,\beta\rangle=0 \tag{9.120}$$

这样，原来只考虑 $\{|\psi_E^{\pm}\}$ 和 $\{|\varphi_E\}$ 的**三个完备性条件便扩充成为**

---

㉕ 带有适当位势的三粒子系统的渐近完备性由 Faddeev(1965)所证明，由 Hepp(1969)将之推广到 $N$ 体情况。证明很复杂，本书只限于假设（物理上肯定是合理的）所考虑的多粒子系统是渐近完备的。

㉖ Bohm A. Quantum Mechanics. Springer，1979：386，XVII. 5；Scadron M D. Advanced Quantum Theory. Springer-Verlag New York Inc.，1979：140.

$$\boxed{\begin{cases}|\text{in}\rangle=\{|\psi_E^+,\alpha\rangle,|\psi_B^\alpha\rangle\}\\ \sum_E|\psi_E^+,\alpha\rangle\langle\psi_E^+,\alpha|+B=I\end{cases};\begin{cases}|\text{out}\rangle=\{|\psi_E^-,\alpha\rangle,|\psi_B^\alpha\rangle\}\\ \sum_E|\psi_E^-,\alpha\rangle\langle\psi_E^-,\alpha|+B=I\end{cases};\begin{cases}|\text{bare}\rangle=\{|\varphi_E,\beta\rangle,\ \varphi_B^\beta\rangle\}\\ \sum_E|\varphi_E,\beta\rangle\langle\varphi_E,\beta|+B_0=I\end{cases}}$$

(9.121)

**这里** $B=\sum|\psi_B^\alpha\rangle\langle\psi_B^\alpha|$ **是向碰撞系统** $H$ **束缚态子空间的投影算符。而** $B_0=\sum|\varphi_B^\beta\rangle\langle\varphi_B^\beta|$ **是向参考系** $H^0$ **束缚态子空间的投影算符。**这里已假设出、入态条件的选取对 $H$ 束缚态没有影响,即 $B^+=B^-=B$。

### 9.5.4　束缚态存在与散射矩阵 $\boldsymbol{S}$ 的幺正性

**线性算符极化分解定理(见附录 B):任一算符 $Q$ 若能作极化分解,充要条件是它的指标数为零**[27]。

现在,渐近自由入射态和出射态均为正能量,**表明 $\boldsymbol{S}$ 和 $\boldsymbol{S}^+$ 都将湮没各自参考系 $H^0$ 的负能束缚态。假定这两个束缚态空间的维数相等,$\boldsymbol{S}$ 的指数为零。这时可用此定理求得散射矩阵 $\boldsymbol{S}$ 的极化分解如下**

$$\boxed{\boldsymbol{S}=(\boldsymbol{S}+B^0)(I-B^0)} \tag{9.122}$$

因子$(\boldsymbol{S}+B^0)$是从 $\boldsymbol{S}$ 中抽出的幺正部分;因子$(I-B^0)$是 $\boldsymbol{S}$ 的厄米部分(湮没参考系 $H^0$ 束缚态的正是这个厄米部分)。也就是说,因为 $B^0(I-B^0)=0$ 和 $\boldsymbol{S}B^0=0$,**当 $H^0$ 存在束缚态时,若要散射矩阵保持幺正性,表达概率守恒,就应添加体现 $H^0$ 束缚态基矢幺正变换的项**

$$\boldsymbol{S}\to\boldsymbol{S}+B^0 \tag{9.123}$$

这里 $B^0$ 代表定理中幺正因子 $U=D+E$ 内束缚态基矢变换 $E$ 部分。$E$ 前可以施加 $H^0$ 束缚态子空间不同基矢组间的任意幺正变换。**式(9.122)表明,仅当不考虑参考系 $H^0$ 束缚态时,$\boldsymbol{S}$ 矩阵才是幺正的。也就是说,一般应当为**

$$\boldsymbol{S}\boldsymbol{S}^+=\boldsymbol{S}^+\boldsymbol{S}=1-B^0 \tag{9.124}$$

**证:**

$$\begin{cases}1=(\boldsymbol{S}+B^0)(\boldsymbol{S}+B^0)^+=\boldsymbol{S}\boldsymbol{S}^++B^0\to\boldsymbol{S}\boldsymbol{S}^+=1-B^0\\ 1=(\boldsymbol{S}+B^0)^+(\boldsymbol{S}+B^0)=\boldsymbol{S}^+\boldsymbol{S}+B^0\to\boldsymbol{S}^+\boldsymbol{S}=1-B^0\end{cases}$$

**其实,当入射总能量高于参考系 $H^0$ 的所有束缚态能量时,由于能量守恒定律的约束,$\boldsymbol{S}$ 矩阵的非幺正性在实验中并不会表现出来。**

习题 9.28　证明 $\ker(\Lambda)=\ker(\Lambda^+\Lambda)$。

习题 9.29　证明:当 $P^{-1}$ 和 $Q^{-1}$ 存在时,$\text{index}(P\Lambda Q)=\text{index}\Lambda$。

习题 9.30　按附录 B 极化分解定理求得极化分解表达式(9.122)。

---

[27] Atiyah M F, Singer I M. Ann. Math., 1968, 87: 484.

习题 9.31 用 $\Omega_\pm\Omega_\pm^\dagger=1-B$ 和 $\Omega_\pm^\dagger\Omega_\pm=1-B^0$，再证式(9.124)：$\boldsymbol{S}\boldsymbol{S}^+=1-B^0$，$\boldsymbol{S}^+\boldsymbol{S}=1-B^0$。

### 9.5.5 束缚态存在与 Møller 算符的幺正性

**碰撞时，渐近自由的入射态总是限于正能量连续区内，所以即便某分道参考系 $H^0$ 有束缚态，由于该分道的束缚态能量低于该道所有渐近自由入射态 $|\varphi_E,\alpha\rangle$ 能量，因而与它们正交。所以只要局限于正能量连续区内工作，就仿佛参考系 $H^0$ 并无束缚态似的，可以认为有完备性关系 $\sum_E|\varphi_E,\alpha\rangle\langle\varphi_E,\alpha|=1$。**由此即可解出 Møller 算符为

$$\boxed{\Omega_\pm^\alpha=\sum_E|\psi_E^\pm,\alpha\rangle\langle\varphi_E,\alpha|;\quad \Omega_\pm^{\alpha+}=\sum_E|\varphi_E,\alpha\rangle\langle\psi_E^\pm,\alpha|}\tag{9.125}$$

**这两个表达式只要限于连续区内使用，就能保证结果的正确性。**但下面在考虑 $\Omega_\pm$ 幺正性问题时，仍作普遍考虑，认为 $H^0$ 有束缚态。

如 $H^0$ 和 $H$ 均存在束缚态，应将式(9.125)看成 $\Omega_\pm$ 的定义，得

$$\boxed{\begin{cases}\Omega_\pm\,\Omega_\pm^\dagger=\sum_{ij}|\psi_i^\mp\rangle\langle\varphi_i|\varphi_j\rangle\langle\psi_j^\mp|=\sum_i|\psi_i^\mp\rangle\langle\psi_i^\mp|=1-\sum_\alpha|\psi_\alpha^{\pm B}\rangle\langle\psi_\alpha^{\pm B}|=1-B\\ \Omega_\pm^\dagger\,\Omega_\pm=\sum_{ij}|\varphi_i\rangle\langle\psi_i^\mp|\psi_j^\mp\rangle\langle\varphi_j|=\sum_i|\varphi_i\rangle\langle\varphi_i|=1-\sum_\beta|\varphi_\beta^B\rangle\langle\varphi_\beta^B|=1-B^0\end{cases}}\tag{9.126}$$

这时可得结论：**若要 $\Omega_\pm\equiv U(0,\mp\infty)$ 为幺正的，当且仅当 $H^0$ 和 $H$ 均无束缚态存在。如果 $H^0$ 或 $H$ 中有束缚态存在，则 $\Omega_+$ 只是右或左等距的(isometric)。于是，在相互作用绘景中，包含无限自变量的时间演化算符，其幺正性可能是有条件的。这和有限自变量时间演化算符的幺正性是无条件的结论明显不同。**

# 第 10 章　近似计算方法

## 10.1　均匀磁场原子能级分裂计算

### 10.1.1　基本方程，守恒量准表象（“好量子数子空间”）展开求解法

1. 基本方程与求解方法分析

从无电磁场 Schrödinger 方程出发，利用最小电磁耦合原理引进电磁势，将 4 维导数转为协变导数$\partial_\mu \to D_\mu = \partial_\mu - \mathrm{i}\frac{q}{\hbar c}A_\mu(x)$，就得到电磁场下的 Schrödinger 方程

$$\mathrm{i}\hbar\frac{\partial\psi}{\partial t} = \left[\frac{1}{2\mu}\left(-\mathrm{i}\hbar\,\nabla - \frac{q}{c}\boldsymbol{A}\right)^2 + V + q\varphi\right]\psi \tag{10.1}$$

如果电磁场不十分强，可以略去含$\boldsymbol{A}^2$ 的非线性项。再添加考虑自旋效应的旋—轨耦合、自旋磁矩对外磁场取向能两项，即得均匀外磁场中原子的 Hamilton 量

$$\boxed{H = H_0 + \xi(r)\boldsymbol{L}\cdot\boldsymbol{S} + \frac{eB}{2\mu c}(L_z + 2S_z)} \tag{10.2}$$

依据量子力学求解典型思路：首先找出给定 Hamilton 量的全部守恒量，接着将问题向这些守恒量好量子数取特定值子空间投影分解，在这些子空间内分别计算。然后按问题初、边条件要求将各部分计算组合拼装。现在(10.2)式表明，除能量外，$L^2$、$S^2$ 及 $J_z$ 守恒，但$[J^2, S_z] \neq 0$，$J^2$ 不守恒，$j$ 不是好量子数($j = l \pm 1/2$ 取两个可能值)。系统好量子数为 $nlsm_j$。于是问题简化分解为(这些好量子数取确定值的)各个子空间中相对独立的计算。下面表明，这些既约化定态计算能够以统一方式处理 Zeeman 效应、反常 Zeeman 效应、Paschen-Back 效应的能级分裂和量子态分化现象。以前这些效应是在不同微扰近似下分别计算①。应当指明，这些守恒量共同本征函数族不一定完备，可能只构成一个不完备的“准表象”，Hamilton 量可能还需要作一个较低维数的对角化。

详细些说，式(10.2)中旋-轨耦合项因子$\xi(r)$含有 $r^{-3}$，但其实这并不导致与旋-轨耦合效应有关的 Landau 坍缩。因为对 s 态此项不存在，而 $l$ 态波函数在零点附近正比 $r^l$，于是包含坐标原点的态平均积分不会发散，所以$\xi(r)$的径向奇性本身并不造成 $H$ 定态求解的困难，困难来自含 $\xi(r)$项造成径向和角度方向难于变量分离。

---

① 代数叙述见 Yu S X，Rauch H，Zhang Y D. Phys. Rev. A，1995，52(4)：2585. 直接求解见张永德等. 大学物理，1997，16(12).

下面分析此事。注意 $H_0$ 中势能 $V$ 和旋-轨耦合项的 $\xi(r)$ 都只是径向半径 $r$ 函数，而且 $\boldsymbol{L}\cdot\boldsymbol{S}$ 和总角动量 $\boldsymbol{J}$ 对易，因此方程(10.2)前面两项($H_0$ 及 $\xi(r)\boldsymbol{L}\cdot\boldsymbol{S}$)具有空间转动不变性，只与好量子数 $nl$ 有关(注意 $j=l\pm 1/2$ 并不固定)。**现在定态求解计算只限于在某一不变子空间($nlsm_j$)内进行，可以设定定态解能够分解为空间转动不变和可变两部分乘积 $|\psi_{nlm_j}(r,\theta,\varphi)\rangle=|R_{nl}(r)\rangle\otimes|\chi_{nlm_j}(\theta,\varphi)\rangle$。**将变量分离后的定态方程(10.2)往径向 $\langle R_{nl}(r)|$ 投影。这等于限定：以下全部计算只在不变子空间内进行。于是**首先，可用相应本征值 $E_{nl}$(鉴于计算困难，可由实验确定)替代第一项 $H_0$；接着，由于在这些计算中 $\xi(r)$ 函数形状保持不变。可用平均值 $\xi_{nl}\equiv\langle nl|\xi(r)|nl\rangle$ 替代。在此背景下，进行关于磁场导致能级移动和分裂的全部计算。也就是说，下面磁场使能级移动分裂的全部计算并不受第二步投影平均的影响。**即有

$$\left[H_0+\xi(r)\boldsymbol{L}\cdot\boldsymbol{S}+\frac{eB}{2\mu c}(L_z+2S_z)\right]|\psi_{nlm_j}(r,\theta,\varphi)\rangle=E|\psi_{nlm_j}(r,\theta,\varphi)\rangle \quad\Rightarrow$$

$$\left[E_{nl}+\langle R_{nl}(r)|\xi(r)|R_{nl}(r)\rangle\boldsymbol{L}\cdot\boldsymbol{S}+\frac{eB}{2\mu c}(L_z+2S_z)\right]|\chi_{nlm_j}(\theta,\varphi)\rangle=E_{nlm_j}|\chi_{nlm_j}(\theta,\varphi)\rangle$$

这里 $E_{nl}$ 可直接由实验给定。记 $\xi_{nl}\hbar^2=\alpha,\dfrac{eB\hbar}{2\mu c}=\beta$(量纲均为能量 $\boldsymbol{L}$ 和 $\boldsymbol{S}$ 量纲为一)，即得

$$\boxed{H=E_{nl}+\alpha\boldsymbol{L}\cdot\boldsymbol{S}+\beta(L_z+2S_z)} \tag{10.3a}$$

式(10.3a)是本节论述的出发点，实际上，这里只是在搁置径向求解下，全面求解了任意强度磁场下系统全部能移分裂以及态矢 $|\chi_{nlm_j}(\theta,\varphi)\rangle$ 表示。

2. 求解

引入轨道和自旋升降算符 $L_\pm=L_x\pm\mathrm{i}L_y,S_\pm=\frac{1}{2}(\sigma_x\pm\mathrm{i}\sigma_y)\equiv\sigma_\pm$，将 $H$ 改写

$$\boldsymbol{L}\cdot\boldsymbol{S}=\frac{1}{2}\boldsymbol{L}\cdot\boldsymbol{\sigma}=\frac{1}{2}L_z\sigma_z+\frac{1}{2}(L_-\sigma_++L_+\sigma_-);\quad \sigma_+=\begin{pmatrix}0&1\\0&0\end{pmatrix},\sigma_-=\begin{pmatrix}0&0\\1&0\end{pmatrix}$$

$$\boxed{H=E_{nl}+\beta L_z+\left(\frac{\alpha}{2}L_z+\beta\right)\sigma_z+\frac{\alpha}{2}(L_-\sigma_++L_+\sigma_-)} \tag{10.3b}$$

于是定态 Schrödinger 方程为

$$\boxed{\begin{pmatrix}E_{nl}+\beta L_z+\left(\dfrac{\alpha}{2}L_z+\beta\right) & \dfrac{\alpha}{2}L_-\\ \dfrac{\alpha}{2}L_+ & E_{nl}+\beta L_z-\left(\dfrac{\alpha}{2}L_z+\beta\right)\end{pmatrix}|\chi_{nlm_j}\rangle=E_{nlm_j}|\chi_{nlm_j}\rangle} \tag{10.3c}$$

注意，态 $|\chi_{nlm_j}\rangle$ 中 $m_j$ 为守恒量子数，可取为某一固定值，但 $j=l\pm1/2$ 并不固定，所以 $|\chi_{nlm_j}\rangle$ 一般是耦合表象(或无耦合表象)基矢的叠加态。用无耦合表象基矢 $\{|nlm_l\rangle,\forall\, nlm_l\}$ 表示即为(给定 $m_j$ 可选 $m_l$，使得 $m_j=m_l+1/2$[②])

② 讨论表明，如果对给定 $m_j$ 选定新的 $m_l$，使 $m_j=m_l-1/2$，结果不变。

$$|\chi_{nlm_j}\rangle=\begin{pmatrix}c_1|nl,m_j-1/2\rangle\\c_2|nl,m_j+1/2\rangle\end{pmatrix}=\begin{pmatrix}c_1|nl,m\rangle\\c_2|nl,m+1\rangle\end{pmatrix}\quad(m=-(l+1),-l,\cdots,l)\tag{10.4a}$$

这里 $c_1,c_2$ 为两个待定系数,若其中一个为零,即为某个无耦合基矢。显然,**由于 $m_j$ 取值范围要遍历全部无耦合基,此处 $m$ 类似于但不同于磁量子数**:平行耦合 $j=l+1/2$时,$m_j$ 遍取的数目 $2(l+1/2)+1=(2l+2)$大于通常 $m$ 遍取的数目 $(2l+1)$,**以致式(10.4a)的表达需要变数 $m$ 多取一个数值** $m=-(l+1)$。而当$m_j=-(l+1/2)$,$m=-(l+1)$取最低值时,式(10.4a)上分量的无耦合基$|nl,-(l+1)\rangle$不存在,该分量系数必须为零;而当 $m_j=l+1/2$,$m=l$ 取最高值时,式(10.4a)下分量无耦合基$|nl,l+1\rangle$不存在,该分量系数必须为零。下面将会表明,**对应这两种情况的系数确实为零。**将式(10.4a)代入方程(10.3c),得到特征方程为

$$\begin{cases}\left[\left(\beta+\dfrac{\alpha}{2}\right)\left(m_j-\dfrac{1}{2}\right)+\beta+E_{nl}-E_{nlm_j}\right]c_1+\dfrac{\alpha}{2}\sqrt{l(l+1)-\left(m_j-\dfrac{1}{2}\right)\left(m_j+\dfrac{1}{2}\right)}\,c_2=0\\\dfrac{\alpha}{2}\sqrt{l(l+1)-\left(m_j-\dfrac{1}{2}\right)\left(m_j+\dfrac{1}{2}\right)}\,c_1+\left[\left(\beta-\dfrac{\alpha}{2}\right)\left(m_j+\dfrac{1}{2}\right)-\beta+E_{nl}-E_{nlm_j}\right]c_2=0\end{cases}$$

令此代数联立方程行列式为零,得到**系统能谱的表达式**

$$\boxed{E_{nlm_j}^{(\pm)}=E_{nl}+m_j\beta-\frac{\alpha}{4}\pm\frac{1}{2}\sqrt{\alpha^2\left(l+\frac{1}{2}\right)^2+2\alpha\beta m_j+\beta^2}}\tag{10.4b}$$

由此又得到**归一化系数 $c_1,c_2$ 表达式**($c_1^2+c_2^2=1$)

$$E_{nlm_j}^{(+)}:\quad\begin{cases}c_1^{(+)}=\sqrt{\dfrac{1}{2}+\dfrac{\alpha m_j+\beta}{2\sqrt{\alpha^2(l+1/2)^2+2\alpha\beta m_j+\beta^2}}}\\c_2^{(+)}=\sqrt{\dfrac{1}{2}-\dfrac{\alpha m_j+\beta}{2\sqrt{\alpha^2(l+1/2)^2+2\alpha\beta m_j+\beta^2}}}\end{cases}\tag{10.5a}$$

$$E_{nlm_j}^{(-)}:\quad\begin{cases}c_1^{(-)}=-c_2^{(+)}\\c_2^{(-)}=c_1^{(+)}\end{cases}\tag{10.5b}$$

最后,**无耦合表象$\{|nl,m\rangle,\forall n,l,m\}$中,给定量子数$(nlm_j)$的定态解为**

$$\boxed{\begin{cases}|\chi_{nlm_j}^{(+)}(t)\rangle=\begin{pmatrix}c_1^{(+)}|nl,m_j-\dfrac{1}{2}\rangle\\c_2^{(+)}|nl,m_j+\dfrac{1}{2}\rangle\end{pmatrix}\mathrm{e}^{-\mathrm{i}E^{(+)}t/\hbar}\\|\chi_{nlm_j}^{(-)}(t)\rangle=\begin{pmatrix}c_1^{(-)}|nl,m_j-\dfrac{1}{2}\rangle\\c_2^{(-)}|nl,m_j+\dfrac{1}{2}\rangle\end{pmatrix}\mathrm{e}^{-\mathrm{i}E^{(-)}t/\hbar}\end{cases}}\tag{10.6}$$

**这里强调 3 点:其一,**现在式(10.4a)已经选定 $m_j$ 和 $m$ 的关系为 $m_j=m+1/2$。**注意在 $m_j$ 最大和最小两个端点 $m_j=\pm(l+1/2)$处,求解和能量选取应当保证解表达式中不正确的无耦合基矢不会出现。**这由下面两点来保证:①由系数表达式(10.5)算出

相应系数为零;②按此条件选取正能解或负能解;**其二**,注意,式(10.4)和式(10.5)中,不论 $m_j,\alpha,\beta$ 取值如何,量 $[\alpha^2\ (l+1/2)^2+2\alpha\beta m_j+\beta^2]$ 总为正值,所以规定能量和系数公式中此量开根总取正根;**其三**,一般而言,各条能级分类是:选定平行反平行耦合之后,接着再按 $m_j$ 进一步划分,这对应于选定能量 $E_{nlm_j}^{(\pm)}$ 正负之后,接着按 $m_j$ 进一步划分。所以一般说来,式(10.4)和式(10.5)正负 $E_{nlm_j}^{(\pm)}$ 解分别对应于旋-轨平行与反平行耦合。但 $m_j=-(l+1/2)$ 能级除外,它依赖于 $(\beta-\alpha(l+1/2))$ 的正负数值取自 $E^{(-)}$ 解或 $E^{(+)}$ 解。具体见下面各点,特别是第 6 点分析。

### 10.1.2 能级分裂效应统一分析:正常 Zeeman 效应、反常 Zeeman 效应和 Paschen-Back 效应

下面按照磁场强弱以及有无自旋,区分 6 种情况进行全面讨论。

1. *无外磁场 $\beta=0$,有自旋 $\alpha\neq0$*

**只考虑电子旋-轨耦合造成的谱线精细分裂。此时 $J^2$ 和 $H$ 对易,量子数 $j$ 守恒。**上面正负能解 $E_{nlm_j}^{(\pm)}$ 的式(10.4b)简化为③

$$E_{nlm_j}^{(+)}=E_{nl}+\frac{l}{2}\alpha\left(j=l+\frac{1}{2}\right);\quad E_{nlm_j}^{(-)}=E_{nl}-\frac{(l+1)}{2}\alpha\quad\left(j=l-\frac{1}{2}\right)\tag{10.7a}$$

这时能量 $E^{(\pm)}$ 的"±"号分别对应于旋-轨平行反平行耦合 $j=l\pm1/2$。这一点也可以用 $j=l\pm\dfrac{1}{2}$ 代入表达式 $\boldsymbol{L}\cdot\boldsymbol{S}=\dfrac{1}{2}[j(j+1)-l(l+1)-s(s+1)]$ 直接验证。态展开系数式(10.5)简化为

$$\begin{cases}c_1^{(+)}=\sqrt{\dfrac{l+m_j+1/2}{2l+1}}\\ c_2^{(+)}=\sqrt{\dfrac{l-m_j+1/2}{2l+1}}\end{cases},\quad\begin{cases}c_1^{(-)}=-\sqrt{\dfrac{l-m_j+1/2}{2l+1}}\\ c_2^{(-)}=\sqrt{\dfrac{l+m_j+1/2}{2l+1}}\end{cases}\tag{10.7b}$$

**此式表明,系数退化为耦合表象基矢 $|nljm_j\rangle$ 在无耦合表象的展开系数。$j=l\pm\dfrac{1}{2}$ 两个能级分别有 $m_j$ 的 $2j+1$ 重简并。**比如,旋-轨平行耦合中 $m_j=l+1/2$ 解固然取"$E^{(+)}$"。因为这时解的下分量无耦合基 $|nl,(l+1)\rangle$ 不存在,要求相应系数为零。由式(10.7b),这只有正能解系数能满足;而另一端 $m_j=-(l+1/2)$ 解也取"$E^{(+)}$"。因为这时解的上分量无耦合基 $|nl,-(l+1)\rangle$ 不存在,要求相应系数为零。**这只有正能解系数满足,"$E^{(-)}$"解系数不满足(这不同于第 6 条强磁场下取 $E^{(-)}$ 解)。**实例是钠黄光,旋-轨耦合使 3p 能级分裂为 $(3^2P_{3/2},3^2P_{1/2})$,上能级对应 $3^2P_{3/2}$。电偶极跃迁看到两条谱线 $({}^2P_{3/2}\rightarrow{}^2S_{1/2},\lambda_2=5890\text{Å};{}^2P_{1/2}\rightarrow{}^2S_{1/2},\lambda_1=5896\text{Å})$。

---

③ $|s\rangle$ 态旋-轨耦合计算不能套用式(10.7a)仍有双重分裂$(0,-\alpha/2)$!其实 $\langle s|\boldsymbol{L}\cdot\boldsymbol{S}|s\rangle=0$. $|s\rangle$ 态能级既无分裂也无移动,可等效令 $\alpha=0$。

2. 反常 Zeeman 效应：外磁场很弱 $\alpha\gg\beta$，有自旋 $\alpha\neq0$

**这是弱磁场下考虑自旋分裂的反常 Zeeman 效应。旋-轨耦合能大于 $\boldsymbol{L}$ 及 $\boldsymbol{S}$ 的磁场取向能。**将式(10.4b)对 $\beta$ 展开，保留到 $\beta$ 一阶项

$$E_{nlm_j}^{(+)}=E_{nl}+\frac{l}{2}\alpha+\frac{2l+2}{2l+1}m_j\beta\quad\left(j=l+\frac{1}{2}\right);\quad E_{nlm_j}^{(-)}=E_{nl}-\frac{l+1}{2}\alpha+\frac{2l}{2l+1}m_j\beta\quad\left(j=l-\frac{1}{2}\right)$$

此式表明，**弱磁场解除了量子数 $m_j$ 简并，$E^{(\pm)}$ 解继续和 $j=l\pm1/2$ 对应。**应当指出，此处含 $\beta$ 项按以往计算是在第①条 $\beta=0$ 结果基础上，取耦合基 $|nljm_j\rangle$ 对外磁场附加能作一阶微扰计算，所得含 $\beta$ 项的表达式为

$$\langle jm_j|\beta(J_z+S_z)|jm_j\rangle=\beta g m_j,\quad g=1+\frac{j(j+1)-l(l+1)+s(s+1)}{2j(j+1)}$$

计算中用到公式

$$\langle jm_j|\sigma_z|jm_j\rangle=m_j/j\quad(j=l+1/2);\quad\langle jm_j|\sigma_z|jm_j\rangle=-m_j/(j+1)\quad(j=l-1/2)$$

显然，两种计算结果相同。

举例说明还是这条钠黄光。**首先**，3s 电子 $^2S_{1/2}$ 能级（$l=0$，s 态 $\alpha=0$，$g=2$），无所谓平行反平行耦合。磁场使能级分裂为两条：

$$\left(m_j=\frac{1}{2},l=m=0,m_S=\frac{1}{2}\right):\begin{pmatrix}|nl,m\rangle=|30,0\rangle\\0\end{pmatrix},\quad E^{(+)}=E_{30}+\beta$$

$$\left(m_j=\frac{-1}{2},l=m=0,m_S=\frac{-1}{2}\right):\begin{pmatrix}0\\|nl,m\rangle=|30,0\rangle\end{pmatrix},\quad E^{(-)}=E_{30}-\beta$$

这里 $m_j=-1/2$ 能级的上分量系数应当为零，按式(10.5a)($\alpha=0$)应取 $E^{(-)}$ 解。

**其次**，3p 电子旋-轨反平行耦合 $^2P_{1/2}$ 能级。应选 $E^{(-)}$ 解，再按 $m_j=\pm1/2$ 取值分裂为 2 条（由无耦合基表象看，简并度均为 2，下面类似，不再指出）：

$$\left(j=l-\frac{1}{2}=\frac{1}{2},m_j=\frac{1}{2}\right):\begin{pmatrix}-\sqrt{1/3}\,|31,0\rangle\\\sqrt{2/3}\,|31,1\rangle\end{pmatrix},\quad E_{31,1/2}^{(-)}=E_{31}-\alpha+\frac{1}{3}\beta$$

$$\left(j=l-\frac{1}{2}=\frac{1}{2},m_j=\frac{-1}{2}\right):\begin{pmatrix}-\sqrt{2/3}\,|31,-1\rangle\\\sqrt{1/3}\,|31,0\rangle\end{pmatrix},\quad E_{31,-1/2}^{(-)}=E_{31}-\alpha-\frac{1}{3}\beta$$

由电偶极跃迁选择定则（$\Delta l=\pm1,\Delta m=0,\pm1$），注意 $\Delta m_S=0$ 以及状态有简并，$^2P_{1/2}\to{}^2S_{1/2}$ 谱线分裂为 4 条；跃迁如图 10.1 所示。

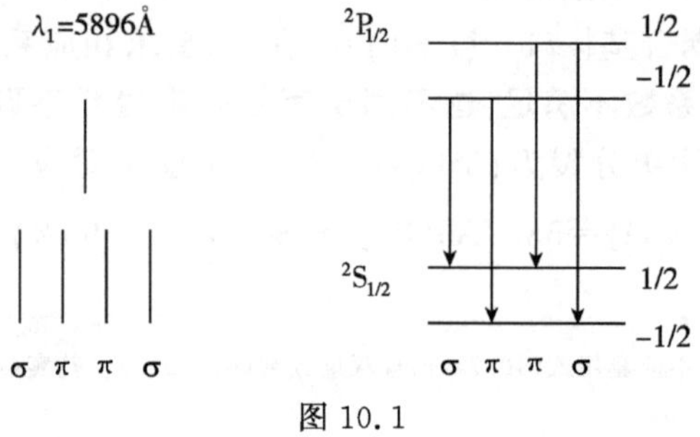


图 10.1

**再次**,3p 电子旋-轨平行耦合 $^2P_{3/2}$ 能级。选 $E^{(+)}$ 解,再按 $m_j=\pm 3/2,\pm 1/2$ 取值,能级分裂为 4 条:

$$\left(m_j=\frac{3}{2},m=1,m_S=\frac{1}{2}\right):\begin{pmatrix}|31,1\rangle\\0\end{pmatrix},\quad E^{(+)}_{31,3/2}=E_{31}+\frac{1}{2}\alpha+2\beta$$

$$\left(m_j=\frac{1}{2},\begin{pmatrix}m=0,m_S=\dfrac{1}{2}\\ m=1,m_S=\dfrac{-1}{2}\end{pmatrix}\right):\begin{pmatrix}\sqrt{2/3}\,|31,0\rangle\\ \sqrt{1/3}\,|31,1\rangle\end{pmatrix},\quad E^{(+)}_{31,1/2}=E_{31}+\frac{1}{2}\alpha+\frac{2}{3}\beta$$

$$\left(m_j=\frac{-1}{2},\begin{pmatrix}m=-1,m_S=\dfrac{1}{2}\\ m=0,m_S=\dfrac{-1}{2}\end{pmatrix}\right):\begin{pmatrix}\sqrt{1/3}\,|31,-1\rangle\\ \sqrt{2/3}\,|31,0\rangle\end{pmatrix},\quad E^{(+)}_{31,-1/2}=E_{31}+\frac{1}{2}\alpha-\frac{2}{3}\beta$$

$$\left(m_j=-\frac{3}{2},m=-1,m_S=-\frac{1}{2}\right):\begin{pmatrix}0\\|31,-1\rangle\end{pmatrix},\quad E^{(+)}_{31,-3/2}=E_{31}+\frac{1}{2}\alpha-2\beta$$

按跃迁选择定则(注意 $\Delta m_S=0$),$^2P_{3/2}\rightarrow{}^2S_{1/2}$ 谱线分裂为 6 条。**注意:$j$ 为半整数,$m_j$ 取值$(2j+1)$是偶数。反常 Zeeman 效应能级跃迁时谱线分裂为偶数条,不像正常 Zeeman 效应为奇数条。**其中,$\Delta m=\pm 1$ 为左右圆偏光 $\sigma$,$\Delta m=0$ 为线偏光 $\pi$。跃迁如图 10.2 所示.

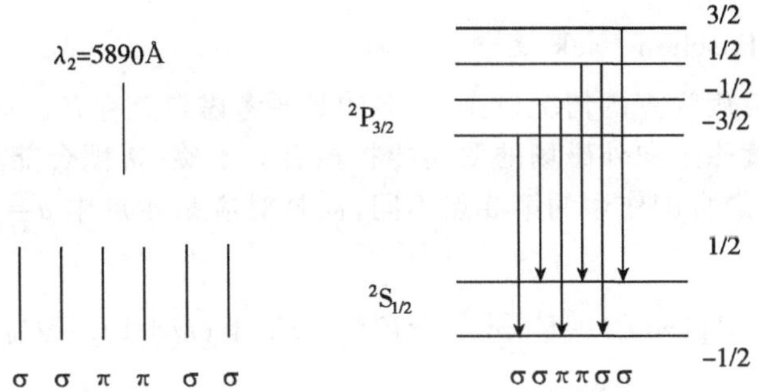


图 10.2

3. 正常 Zeeman 效应:外磁场中总自旋为零的原子

**这时方程(10.3a)中涉及自旋的项都消失,只有 $\beta L_z$ 项。$L^2$ 和 $L_z$ 守恒,$l$、$m$ 成为好量子数,系统能谱及定态解退化为无耦合基展开**

$$(H_0+\beta L_z)\,|nlm\rangle=E_{nlm}\,|nlm\rangle$$

计算简化成为(这时 $m$ 就是磁量子数,已不存在 $-(l+1)$ 取值)

$$\begin{cases}E_{nlm}=E_{nl}+m\beta\\ |\chi\rangle=|nlm\rangle e^{-iE_{nlm}t/\hbar}\end{cases}\quad(m=-l,\cdots,l)$$

这种情况相应于,原子内壳层填满而最外壳层有两个价电子并且反平行耦合,原子处于 $^1S_0$ 基态,如仲氦、铍、镁、锌等。这时若两个电子中一个由 s 态激发到 p 态并维持总自旋为零，原子态成为$^1P_1$，原子总角动量等于轨道角动量。**磁场中原有能级对磁量子数 $m_l$ 的简并解除，一条能级等间距分裂为奇数条，间距为 $\frac{eB}{2\mu c}\hbar=\omega_L\hbar$。**

磁场使能级分裂后，再经偶极跃迁，便产生谱线分裂。按偶极选择定则，谱线沿垂直 $\boldsymbol{B}$ 方向观察为三分裂，沿平行 $\boldsymbol{B}$ 方向观察为二分裂。

4. 较强磁场下有自旋的 Zeeman 效应

**这时 $\beta\gg\alpha$，仍为 $J_z$ 守恒，而 $J^2$ 并不守恒。**将 $E^{(\pm)}$ 对 $\alpha$ 展开，保留到 $\alpha$ 一阶项，得

$$E^{(\pm)}=E_{nl}+\begin{cases}\left(m_j+\frac{1}{2}\right)\beta+\frac{1}{2}\left(m_j-\frac{1}{2}\right)\alpha\\\left(m_j-\frac{1}{2}\right)\beta-\frac{1}{2}\left(m_j+\frac{1}{2}\right)\alpha\end{cases}$$

**表明量子数 $m_j$ 简并解除。**注意，平行耦合中 $m_j$ 最大$(l+1/2)$时取 $E^{(+)}$ 解，但平行耦合中 $m_j$ 最小值$-(l+1/2)$时取 $E^{(-)}$ 解（见第 6 条）。这里含 $\alpha$ 项公式，按通常叙述是在 $\alpha=0$ 基础上取无耦合表象，对旋-轨耦合效应作一阶微扰计算

$$\begin{cases}\langle m_j-\frac{1}{2},\frac{1}{2}|\alpha(\boldsymbol{L}\cdot\boldsymbol{S})|m_j-\frac{1}{2},\frac{1}{2}\rangle=\frac{1}{2}\left(m_j-\frac{1}{2}\right)\alpha & \left(j=l+\frac{1}{2}\right)\\\langle m_j+\frac{1}{2},-\frac{1}{2}|\alpha(\boldsymbol{L}\cdot\boldsymbol{S})|m_j+\frac{1}{2},-\frac{1}{2}\rangle=-\frac{1}{2}\left(m_j+\frac{1}{2}\right)\alpha & \left(j=l-\frac{1}{2}\right)\end{cases}$$

与此处计算结果相同。

5. 强磁场下 Paschen-Back 效应

鉴于原子总自旋为零的情况较少，更多的是要考虑自旋存在。如果磁场很强，电子轨道磁矩和自旋磁矩向外磁场的取向能将显著大于旋-轨耦合能，**略去旋-轨耦合能**，这和完全不考虑自旋作用的第 3 点不同，而是对应第 4 点中 $\alpha=0$ 的情况。**转入无耦合表象求解**

$$[E_{nl}+(L_z+\sigma_z)\beta]|mm_s\rangle=E|mm_s\rangle\rightarrow E^{(\pm)}=E_{nl}+(m\pm1)\beta=E_{nl}+\left(m_j\pm\frac{1}{2}\right)\beta$$

**这时，$m_j$，$m$，$m_s$ 都是好量子数。**

**注意 4 点：**①对于平行耦合的下端点 $m_j=-(l+1/2)$，态已知为$\begin{pmatrix}0\\|nl,-l\rangle\end{pmatrix}$。但现在是强磁场情况，系数决定它的能量取 $E^{(-)}$ 解（而非 $E^{(+)}$ 解，分析见第 6 点，具体是下面能级 5）；②反平行耦合 $j=1/2$，规定了 $m_j$ 取值范围 $m_j=\pm1/2$，对应 $E^{(-)}$ 另两个解，一条简并在能级 3 上，另一条为能级 4；③现在是无耦合基，系数由式(10.5)求得，不可用耦合基式(10.7b)；④**对于 s 态电子，显然有**

$$E_{nm}^{(\pm)}=E_{nl}+\begin{pmatrix}(m_j+1/2)\beta\\(m_j-1/2)\beta\end{pmatrix}=\begin{pmatrix}E_{nlm}^{(+)}=E_{nl}+(1/2+1/2)\beta=E_{nl}+\beta\\E_{nlm}^{(-)}=E_{nl}+(-1/2-1/2)\beta=E_{nl}-\beta\end{pmatrix}$$

例子还是钠黄光($\lambda=5893$ Å)。**强磁场下钠外层价电子 3p 的 6 个能态分裂后经过简并，成为 5 个能级(注意本条已设 $\alpha=0$)**

能级 1　$E^{(+)}=2\beta: m_j=\dfrac{3}{2},\begin{pmatrix}|31,1\rangle\\0\end{pmatrix}=|m=1,m_s=\dfrac{1}{2}\rangle$

能级 2　$E^{(+)}=\beta: m_j=\dfrac{1}{2},\begin{pmatrix}|31,0\rangle\\0\end{pmatrix}=|m=0,m_s=\dfrac{1}{2}\rangle$

能级 3　$E^{(\pm)}=0: E^{(+)}=0,m_j=\dfrac{-1}{2}:\begin{pmatrix}|31,-1\rangle\\0\end{pmatrix}=|m=-1,m_s=\dfrac{1}{2}\rangle$

$$E^{(-)}=0,m_j=\frac{1}{2}:\begin{pmatrix}0\\|31,1\rangle\end{pmatrix}=|m=1,m_s=\frac{-1}{2}\rangle$$

由能级按无耦合基看是两个 $m_j=\pm1/2$ 的 $E^{(\pm)}$ 能态构成 2 维简并子空间；

能级 4　$E^{(-)}=-\beta: m_j=\dfrac{-1}{2},\begin{pmatrix}0\\|31,0\rangle\end{pmatrix}=|m=0,m_s=\dfrac{-1}{2}\rangle$

能级 5　$E^{(-)}=-2\beta: m_j=\dfrac{-3}{2},\begin{pmatrix}0\\|31,-1\rangle\end{pmatrix}=|m=-1,m_s=\dfrac{-1}{2}\rangle$

**三个 $E^{(+)}$ 解和 $E^{(-)}=-2\beta$ 解是平行耦合，两个 $E^{(-)}$ 为反平行耦合。按系数式(10.5)($\alpha=0$)，能级 $E^{(-)}$ 只有下分量，自旋只能取 $-1/2$。**

注意，现在是钠黄光 3p 电子在强场无 $\alpha$ 的情况，这和第 2 条弱场有 $\alpha$ 颇不相不同。6 个能态含义和它们分裂能移可以相互比较对照。

由此处 3p 能级分裂成 5 条，加上前面第 2 点 3s 分裂成 2 条能级：$\begin{pmatrix}|30,0\rangle\\0\end{pmatrix}$，$\Delta E^{(+)}=\beta$ 和 $\begin{pmatrix}0\\|30,0\rangle\end{pmatrix}$，$\Delta E^{(-)}=-\beta$。再考虑到偶极跃迁选择定则，特别是 $\Delta m_S=0$ 约束，电子 3p→3s 跃迁最终还是只产生三条谱线(包括从能级 3 两个态跃到 s 态 $E^{(\pm)}$ 的两条)，**谱线基本特征未受自旋磁矩取向影响，和正常 Zeeman 效应相同**，如图 10.3所示。

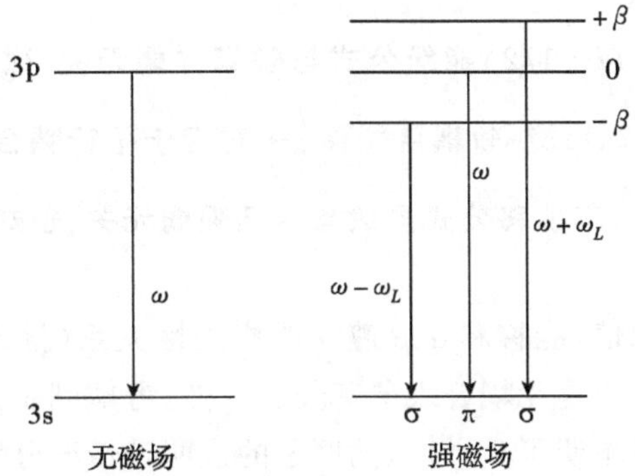


图 10.3

注意,这时磁场很强,谱线分裂间距$\beta$远大于第2点谱线分裂间距$\beta$。

6. 一般磁场强度下,$m_j=l+1/2$和$m_j=-(l+1/2)$能级求解

**首先,考虑$m_j=l+1/2(m=l)$。式(10.5)必须自洽地给出下分量系数为零**(同时上分量系数必定为1)。事实正是如此:系数分母开根为$\alpha(l+1/2)+\beta$,于是有$c_1^{(+)}=1,c_2^{(+)}=0$。**表明此时应当选取$E^{(+)}$解,不能取$E^{(-)}$解。**式(10.5)和式(10.4)式分别给出

$$\begin{cases}|\chi_{nl,m_j=l+\frac{1}{2}}\rangle=|nl,m=l\rangle|m_s=\dfrac{1}{2}\rangle=\begin{pmatrix}|nl,l\rangle\\0\end{pmatrix}\\ E_{nl,m_j=l+\frac{1}{2}}^{(+)}=E_{nl}+\dfrac{l}{2}\alpha+(l+1)\beta\end{cases}$$

**其次,考虑$m_j=-(l+1/2)(m=-(l+1))$。式(10.5)必须自洽地给出上分量系数为零。这里应当区分两种情况讨论:①磁场很弱$(\beta-\alpha(l+1/2))<0$。**这时系数分母根号开根的正根为$\alpha(l+1/2)-\beta$,于是有$c_1^{(+)}=0$,应当取$E^{(+)}$解。式(10.5)和式(10.4)分别给出

$$\begin{cases}|\chi_{nl,m_j=-(l+\frac{1}{2})}\rangle=|nl,m=-l\rangle|m_s=-\dfrac{1}{2}\rangle=\begin{pmatrix}0\\|nl,-l\rangle\end{pmatrix}\\ E_{nl,m_j=-(l+\frac{1}{2})}^{(+)}=E_{nl}+\dfrac{l}{2}\alpha-(l+1)\beta\end{cases}$$

**②磁场很强$(\beta-\alpha(l+1/2))>0$。这时系数分母根号开根的正根为$(\beta-\alpha(l+1/2))>0$,应当取(给出$c_1^{(-)}=0$的)$E^{(-)}$解,不再能取($c_1^{(+)}=1$的)$E^{(+)}$解。**由此,式(10.5)和式(10.4)分别给出

$$\begin{cases}|\chi_{nl,m_j=-(l+\frac{1}{2})}\rangle=|nl,m=-l\rangle|m_s=-\dfrac{1}{2}\rangle=\begin{pmatrix}0\\|nl,-l\rangle\end{pmatrix}\\ E_{nl,m_j=-(l+\frac{1}{2})}^{(-)}=E_{nl}+\dfrac{l}{2}\alpha-(l+1)\beta\end{cases}$$

**两种情况表明,$m_j=\pm(l+1/2)$能级公式与磁场强弱无关,磁场所导致的最大能移为$\pm(l+1)\beta$;按式(10.7a),旋-轨耦合能移$\dfrac{l}{2}\alpha$对应于平行耦合。总之,$m_j$取值最小的解仍然属于平行耦合,其能移公式虽然与磁场强弱无关,但却按磁场强弱分别取自$E^{(-)}$解或$E^{(+)}$解。**

只有这两种特殊取值,能移和$\alpha$、$\beta$遵守严格线性关系(就式(10.2)而论)。这时的解既是耦合表象基矢也是无耦合表象基矢。显然,考虑到$\alpha,\beta$含义,这两种情况附加能公式的物理意义简单明了。举例,钠原子的这两种情况分别为$m_j=\pm3/2$,都属于$^2P_{3/2}$平行耦合。

## 10.2 变分法近似

对 Schrödinger 方程实施定态微扰论近似计算需要一个前提：系统 Hamilton 量能够分解为已经知道其解的部分 $H_0$ 和一个小项 $H'$，即 $H=H_0+H'$。否则定态微扰方法将难于使用。下面介绍的变分方法不需要作此划分，并适用于变量不能分离时 Schrödinger 方程的数值求解。方法适用于近似确定系统的基态能级或最低能级，给出该数值的上限。若采用逐级进行办法，方法也可用于激发态。下面甚至用它来证明系统本征函数族的完备性。

### 10.2.1 变分极值定理

变分方法便于求平均值泛函数的极小值。鉴于能量平均值 $\bar{E}$ 对试探波函数 $\varphi(\boldsymbol{r},\alpha)$（$\alpha$ 为某个或某些待定参数）的依赖是二次型形式，若 $\varphi$ 具有一阶小量的可能误差，由它所导致的 $\bar{E}$ 的误差将会是二阶小量。也就是说，对能量的近似程度比起波函数的近似程度会好一些。

**变分极值定理　在约束条件$\int\varphi^*(\boldsymbol{r})\varphi(\boldsymbol{r})\mathrm{d}\boldsymbol{r}=1$下，由泛函数**

$$\boxed{\bar{E}[\varphi]=\int\varphi^*(\boldsymbol{r})H\varphi(\boldsymbol{r})\mathrm{d}\boldsymbol{r}=0} \tag{10.8}$$

**的极值变分 $\delta\bar{E}=0$ 可以导出定态** Schrödinger **方程** $H\varphi-\lambda\varphi=0$。

**证：** 这里能量平均值 $\bar{E}[\varphi]$是函数 $\varphi(\boldsymbol{r})$的附有归一化约束条件的泛函数。按通常办法引入 Lagrange 乘子 $\lambda$ 来考虑这个条件变分问题，有

$$\delta\left\{\int\varphi^*H\varphi\mathrm{d}\boldsymbol{r}-\lambda\int\varphi^*\varphi\mathrm{d}\boldsymbol{r}\right\}=0$$

即

$$\int\delta\varphi^*H\varphi\mathrm{d}v+\int\varphi^*H\delta\varphi\mathrm{d}v-\lambda\int\varphi^*\delta\varphi\mathrm{d}v-\lambda\int\delta\varphi^*\varphi\mathrm{d}v=0$$

$$\int\delta\varphi^*(H-\lambda)\varphi\mathrm{d}v+\int\varphi^*(H-\lambda)\delta\varphi\mathrm{d}v=0$$

$$\int\delta\varphi^*(H-\lambda)\varphi\mathrm{d}v+\int[(H-\lambda)\varphi]^*\delta\varphi\mathrm{d}v=0$$

$$\int\delta\varphi^*(H-\lambda)\varphi\mathrm{d}v+\left\{\int\delta\varphi^*[(H-\lambda)\varphi]\mathrm{d}v\right\}^*=0$$

假设变分 $\delta\varphi^*$ 为任意的，于是可选为 $\varepsilon\delta(\boldsymbol{r}-\boldsymbol{r}')$，$\varepsilon$ 为任意小量。由此即得

$$H\varphi-\lambda\varphi=0$$

正是 $E=\lambda$ 的 Schrödinger 方程（参见下面式(10.19)证明）。这说明，**完全自由变分的结果，由变分方法所得归一化约束泛函 $\bar{E}$ 的极值解必是 $H$ 的最小本征值。**

然而，在变分法的实际计算过程中，总是采用某一类型的、含待定参数的试探波函数 $\varphi(\boldsymbol{r},\alpha)$。计算出的平均值 $\bar{E}(\alpha)$ 是这些参数的函数，再对所含参数求导并令结果为零：$\left.\frac{\partial \bar{E}(\alpha)}{\partial \alpha}\right|_{\alpha=\alpha_0}=0$，由此可得参数 $\alpha=\alpha_0$ 值，再代回 $\bar{E}(\alpha)$ 中，即得泛函达极小值时的 $\bar{E}(\alpha_0)$ 值。也就是说，实际计算中，变分法总是在某一类函数集合中相对的自由变分，由此所求得满足 $\delta\bar{E}=0$ 的变分极小值 $\bar{E}$，一般将是局域极小值，不一定就是系统的基态能量。也就是说，变分法一般给出的是基态能量的上限。这也可以将 $\varphi(\boldsymbol{r},\alpha)$ 按 $H$ 本征函数族展开来说明

$$\begin{cases}\varphi(\boldsymbol{r},\alpha)=\sum\limits_n c_n(\alpha)\psi_n(\boldsymbol{r})\\[2ex] \bar{E}(\alpha)=\dfrac{\sum\limits_{n=0}|c_n(\alpha)|^2E_n}{\sum\limits_{n=0}|c_n(\alpha)|^2}\end{cases}\tag{10.9}$$

假设能谱为 $(E_0\leqslant E_1\leqslant\cdots)$，则有

$$\bar{E}(\alpha)\geqslant E_0\tag{10.10}$$

显然，试探波函数的选择很重要。当所取试探波函数集合（按照参数变化）能够包容基态波函数 $\psi_0(\boldsymbol{r})$ 时，所得 $\bar{E}$ 一定等于基态能量 $E_0$。如试探波函数集合不包容，所得解将是能量本征态的叠加态，所得最小值 $\bar{E}$ 将是高于 $E_0$ 的局域极小。实际计算中，算出 $\bar{E}$ 的数值越小，结果越准确。通常，只要试探波函数能较好地逼近基态波函数 $\psi_0(\boldsymbol{r})$，$\bar{E}$ 就很接近于基态能量。

### 10.2.2 应用：无限维 $L_2$ 空间分立谱 $H$ 完备性的 Courant-Hilbert 定理

**基本思路是在状态空间的某个指定子空间中选取试探波函数。于是变分最小值解 $\bar{E}$ 将逼近甚至等于该子空间中能量最小值——该子空间某个最低激发能级。**这样一来，通过将变分方法逐次用到各级剩余子空间中，寻找当时的最低能态，可以证明一类 Hamilton 量是完备的，并表明变分方法有时也可以涉及激发态。

**定义 1　厄米算符 $H$ 有下限是说，对 $L_2$ 态空间中任意态矢 $|\varphi\rangle$，存在与 $|\varphi\rangle$ 无关的实常数 $a$，使不等式 $\{\langle\varphi|H|\varphi\rangle/\langle\varphi|\varphi\rangle\}>a$ 成立。即算符 $H$ 的下确界 $m=\alpha>-\infty$。**

**定义 2　厄米算符 $H$ 无上限是说，对任给一个充分大正数 $A$，总能在 $L_2$ 态空间中找到一个态矢 $|\Phi\rangle$，使不等式 $\{\langle\Phi|H|\Phi\rangle/\langle\Phi|\Phi\rangle\}>A$ 成立。即算符 $H$ 的上确界 $M\to+\infty$。**

Courant-Hilbert **定理　如果一个分立谱厄米算符 $H$ 有下限而无上限，则它的本征函数族 $\{|\psi_n(x)\rangle\}$ 就 $L_2$ 态空间 $\mathscr{H}$ 而言是完备的。即对此空间中任意可归一化物理态 $|A\rangle\in\mathscr{H}(\langle A|A\rangle=1)$，下面展开式在均方逼近意义上成立**

$$|A\rangle = \sum_{n=0}^{\infty} c_n |\psi_n\rangle;\quad c_m = \langle\psi_m|A\rangle;\quad \sum_{n=0}^{\infty}|c_n|^2 = 1 \tag{10.11}$$

**证：** 参见 Kato[④]，柯朗-希伯尔特 [⑤]；也见后来的李政道[⑥]第 8～10 页。下面所给证明已将脚注⑤证明中所用实参数 $\varepsilon$ 推广为复数。设 $H$ 的分立谱已按其数值依序排列，直至无穷。不失一般性，设 $H$ 最小本征值为零 $E_0=0$。归一化本征函数族为

$$\{|\psi_n(x)\rangle; n=0,1,2,\cdots,\infty; E_0=0\leqslant E_1\leqslant\cdots<E_\infty=\infty\}。$$

为证明展开式均方收敛，考虑此任意物理态与右边展式有限项和之差的"余态"

$$|R_N\rangle \equiv |A\rangle - \left\{\sum_{n=0}^{N} c_n|\psi_n\rangle\right\};\quad c_m = \langle\psi_m|A\rangle \tag{10.12}$$

现只须证明当 $N\to\infty$ 时余态模长 $\langle R_N|R_N\rangle \xrightarrow{N\to\infty} 0$ 即可。

按余态定义，其模长及 Hamilton 量平均值分别为

$$\langle R_N|R_N\rangle = 1-\sum_{n=0}^{N}|c_n|^2 \equiv m_N;\quad \langle R_N|H|R_N\rangle = \langle A|H|A\rangle - \sum_{n=0}^{N}E_n|c_n|^2 \tag{10.13}$$

一方面，设态空间 $\mathscr{H}$ 中任意态为 $|\varphi^{(0)}\rangle\in\mathscr{H}$（当然 $|\psi_0\rangle\in\mathscr{H}$），又设 $E$ 和 $|u_0\rangle$ 是比值泛函 $\langle\varphi^{(0)}|H|\varphi^{(0)}\rangle/\langle\varphi^{(0)}|\varphi^{(0)}\rangle$ 的变分解，即为此泛函达极小时的能量和态矢。这时此泛函的变分为零。于是有

$$\langle u_0|H|u_0\rangle = E\langle u_0|u_0\rangle \tag{10.14a}$$

$$\langle\varphi^{(0)}|H|\varphi^{(0)}\rangle \geqslant E\langle\varphi^{(0)}|\varphi^{(0)}\rangle \tag{10.14b}$$

现往证此变分解即为定态微分方程解：设 $\varepsilon$ 为任意复常数，有

$$(\langle u_0|+\varepsilon^*\langle\varphi^{(0)}|)H(|u_0\rangle+\varepsilon|\varphi^{(0)}\rangle) \geqslant E(\langle u_0|+\varepsilon^*\langle\varphi^{(0)}|)(|u_0\rangle+\varepsilon|\varphi^{(0)}\rangle)$$

得

$$\begin{aligned}&\{\varepsilon^*(\langle\varphi^{(0)}|H|u_0\rangle - E\langle\varphi^{(0)}|u_0\rangle)\\&+\varepsilon(\langle u_0|H|\varphi^{(0)}\rangle - E\langle u_0|\varphi^{(0)}\rangle) + |\varepsilon|^2(\langle\varphi^{(0)}|H|\varphi^{(0)}\rangle - E\langle\varphi^{(0)}|\varphi^{(0)}\rangle)\}\geqslant 0\end{aligned}$$

注意 $\varepsilon$ 实部和虚部可以独立取任意值，因此得

$$\{\langle\varphi^{(0)}|H|u_0\rangle - E\langle\varphi^{(0)}|u_0\rangle\} = 0$$

由于 $|\varphi^{(0)}\rangle$ 是 $\mathscr{H}$ 中任意态，于是得 $E=E_0$ 和 $|u_0\rangle = |\psi_0\rangle$。即在全 $\mathscr{H}$ 中变分极小值的解等同于以下定态微分方程的最低能量解

---

④ Kato T. Fundamental Properties of Hamiltonian Operators of Schrödinger Type. Transactions of the American Mathematical Society, 1951, 70(2): 195-211, 205; Hormander L. Linear Functional Analysis. Theorem3. 2.12, 94, Lectures Fall Term 1988, University of Lund.

⑤ 柯朗 R，希伯尔特 D. 数学物理方法(I). 北京：科学出版社，1958：306-8，325-9.

⑥ 李政道. 粒子物理与场论. 山东：科学技术出版社，1996：9.

$$H|\psi_0\rangle = E_0|\psi_0\rangle \tag{10.15}$$

接着在 $\mathscr{H}$ 内与 $|\psi_0\rangle$ 相垂直的子空间 $\mathscr{H}^{(1)}$ 中重复上面证明：设 $|\varphi^{(1)}\rangle$，$|u_1\rangle\in\mathscr{H}^{(1)}$，这里 $|\varphi^{(1)}\rangle$ 为此子空间内任一态矢，$|u_1\rangle$ 和 $E$ 是使泛函

$$\langle\varphi^{(1)}|\hat{H}|\varphi^{(1)}\rangle/\langle\varphi^{(1)}|\varphi^{(1)}\rangle$$

达极值的变分解。类似可证，此变分解是下面微分方程的最小能量解

$$H|u_1\rangle = E|u_1\rangle \quad 且 \quad \langle\psi_0|u_1\rangle = 0 \tag{10.16}$$

于是可记：$E=E_1$，$|u_1\rangle=|\psi_1\rangle$。注意，由于极小值 $E_1$ 所取自的空间是极小值 $E_0$ 所取自空间的子集，因此有 $E_0\leqslant E_1$。

此过程可以继续下去。所以可将此 Hamilton 量的谱，按变分极小值解所属正交子空间的顺序排列。按照设定它直至无穷

$$\boxed{0=E_0\leqslant E_1\leqslant\cdots\leqslant E_\infty=\infty} \tag{10.17}$$

另一方面，由余态定义知道：$|R_N\rangle$ 和 $|\psi_i\rangle$，$i=0,1,\cdots,N$ 正交。于是，由这种关于极小值和子空间顺序的分析可知

$$E_N\leqslant\frac{\langle R_N|H|R_N\rangle}{\langle R_N|R_N\rangle} \tag{10.18}$$

注意 $\langle R_N|\hat{H}|R_N\rangle$ 有界。这是因为余态模长不小于零

$$\langle R_N \mid R_N\rangle = 1-\sum_{n=0}^{N}|c_n|^2 = m_N \geqslant 0$$

所以有 $\sum\limits_{n=0}^{N}|c_n|^2\leqslant 1$（对任意 $N$），因此

$$\langle R_N \mid H \mid R_N\rangle = \langle A \mid H \mid A\rangle - \sum_{n=0}^{N}E_n|c_n|^2 \leqslant \langle A \mid H \mid A\rangle$$

结合式(10.18)，对充分大 $E_N$ 有

$$\langle R_N|R_N\rangle\leqslant\frac{1}{E_N}\langle R_N|H|R_N\rangle\leqslant\frac{1}{E_N}\langle A|H|A\rangle\xrightarrow{N\to\infty}0 \tag{10.19}$$

因余态模长趋于零，展开式有限项和的模平方将无限逼近被展开态的模平方，即展开式(10.11)在均方逼近意义上成立。　　证毕。

**应当指出，其实此处结果也可以用于连续能谱区。因为总可以设定箱归一体积 $V$ 足够大，将能谱分立化。C-H 定理很重要，有着广泛的应用，部分内容可见附录 C。比如，那里将此定理结果应用于中心场径向波函数完备性的判断，以及中心场径向波坍缩的考察，都简明扼要地给出了相关判据。**

### 10.2.3　简单讨论

变分方法的优缺点。优点是，它无需假定所研究的势能是个微扰；如果调节参数很少，数值计算很容易，甚至解析计算也可能。缺点是，它主要用于基态，若用于激发

态则难于正确圈定试探解的范围；方法通常只能给出本征值的上限，而且实践中难于估算误差；调节参数多时，寻找极小值和求解计算工作量迅速增大。

习题 10.1 一质量为 $m$ 的粒子被势 $V(r)=-V_0 e^{-r/a}$ 所束缚。其中 $mV_0a^2=4\hbar^2/3$。试用变分法并取试探波函数 $e^{-\lambda r}$，求出最低能量本征值的一个好的上限。

习题 10.2 用变分法求解氦的基态能量。

## 10.3 WKB 近似

WKB 近似由 Wentzel，Kramers，Brillouin 所拟定。方法也称半(准)经典近似，最初用于求解量子力学问题[7]。方法后来得到广泛的发展和应用，成为求解一类线性微分方程的近似计算方法。最初方法要旨在于，由微观量子问题向经典过渡的考察表明[8]，**当粒子动量和空间特征尺度(如自由程等)乘积很大，以致有**

$$\boxed{\frac{\lambda_{de}}{l}=\frac{\hbar}{pl}\ll 1} \tag{10.20}$$

**或者，与 $\lambda_{de}$(或波包尺寸)相比较势场变化很平缓，则量子力学结论在抹平高阶振荡的量子涨落后，将趋向于经典结论。这时就能用半经典近似方法，求解此类问题的本征值，并用 Planck 常数 $\hbar$ 的渐近展开式前几项近似地一致逼近所求波函数。**它成功地应用于求解 $\alpha$-粒子衰变[9]、电子冷发射[10]、介子原子[11]等广泛问题。

**方法适用于这样一类单变量线性微分方程，它们的最高阶导数乘有一个小参数。当这个小常数消失时，微分方程的阶数将突然改变。于是这个小参数趋于零的行为将使微分方程微扰近似解在全区间上越来越快速变化，最终导致解函数的整体崩溃。因此难以看清如何构造(对精确解的)整体的渐近近似。这时 WKB 近似方法是得到这类微分方程全局性近似解的最佳途径。**

从量子力学范围的实践来看，它只适用于 Schrödinger 方程的一维情况或方程可分离变数情况，所以下面只讨论一维 WKB 方法。

### 10.3.1 WKB 渐近展开

一维(包括中心场径向方程)Schrödinger 方程为

$$\hbar^2\frac{d^2u(x)}{dx^2}+2m[E-V(x)]u(x)=0 \tag{10.21}$$

---

⑦ 三人于 1926 年提出。但略早一些，Jeffreys H 也提过一种类似方法。所以有时又称 JWKB 方法。

⑧ 向经典过渡问题详见本书附录 A。

⑨ Preston M A. Physics of the Nucleus. Addison-Wesley，Reading，MA，1962.

⑩ Bohm D. Quantum Theory. Prentice-Hall，Englewood Cliffs，1951.

⑪ Kaufmann W B. Am. J. Phys.，1977，45：735.

这里区分两种情况：$V(x)<E$，$V(x)>E$。分别令

$$\begin{cases} K(x)=\sqrt{2m[E-V(x)]}=mv, & E>V(x) \\ X(x)=\sqrt{2m[V(x)-E]}, & V(x)>E \end{cases} \tag{10.22}$$

第一式中 $v$ 是($x$ 点处的)经典速度。两种情况可以概括写成($\hbar\to\varepsilon$)

$$\boxed{\varepsilon^2 u''=Q(x)u,\quad Q(x)=-K^2(x)\text{或}X^2(x)\neq 0,\quad \varepsilon\to 0} \tag{10.23}$$

对 $\varepsilon$ 很小的情况，寻找下述解

$$\boxed{u(x)=A(x)\exp\{\mathrm{i}S(x)/\varepsilon\},\quad \varepsilon\to 0}$$

这里振幅 $A(x)$，位相 $S(x)$ 都是实函数。但就推导近似展开解来说，实际操作中振幅和位相如此分开的表达形式不很合用。因为 $A(x)$、$S(x)$ 都是 $\varepsilon$ 的隐函数。最好是将函数 $A(x)$、$S(x)$ 对 $\varepsilon$ 的依赖关系都展开，再将两个展开级数合并成单一指数幂级数。这种展开形式可以设定为(注意还应配上定态时间因子 $\mathrm{e}^{-\mathrm{i}Et/\hbar}$)

$$\boxed{u(x)\approx\exp\left\{\frac{1}{\varepsilon}\sum_{n=0}^{\infty}\varepsilon^n S_n(x)\right\}=\exp\left\{\frac{S_0(x)}{\varepsilon}+S_1(x)+\varepsilon S_2(x)+\cdots\right\},\quad \varepsilon\to 0} \tag{10.24}$$

**此式是一种渐近展开(见下面适用条件分析)，称为 WKB 近似，级数称为 WKB 级数。**一般说来，考虑到函数 $Q(x)$ 可能有一个甚至多个零点、在定义域内可能有虚数或实数的改变、其形式也不一定保证能形成束缚态；再加上问题的初条件、边条件的各色各样，所以现在的计算概括了很广泛的一类问题。另外，注意这里使用了渐近记号"≈"而不是等号"="，其缘故下面进行解释。

逐阶 WKB 近似就是逐阶求解展开式中各阶 $S_n(x)$ 的函数形式。对式(10.24)微商，得($\varepsilon\to 0$)

$$u'\approx\left(\frac{1}{\varepsilon}\sum_{n=0}^{\infty}\varepsilon^n S'_n\right)\exp\left(\frac{1}{\varepsilon}\sum_{n=0}^{\infty}\varepsilon^n S_n\right)$$

$$u''\approx\left\{\frac{1}{\varepsilon^2}\left(\sum_{n=0}^{\infty}\varepsilon^n S'_n\right)^2+\frac{1}{\varepsilon}\sum_{n=0}^{\infty}\varepsilon^n S''_n\right\}\exp\left(\frac{1}{\varepsilon}\sum_{n=0}^{\infty}\varepsilon^n S_n\right)$$

将这两个表达式代入式(10.23)，即得

$$\boxed{S'^2_0+2\varepsilon S'_0 S'_1+\varepsilon S''_0+\cdots=Q(x)} \tag{10.25}$$

等式左边领头项是第一项 $S'^2_0$ 项，利用主要项平衡方法，可知此项必定和等式右边的 $Q(x)$ 同量级。比较 $\varepsilon$ 的幂次，并令同幂次项相等，即得确定 $S_n(x)$ 的系列方程。它们为

$$S'^2_0=Q(x);2S'_0 S'_1+S''_0=0;\cdots;2S'_0 S'_n+S''_{n-1}+\sum_{j=1}^{n-1}S'_j S'_{n-j}=0 \tag{10.26}$$

对这些方程求积分得到各阶 $S_n(x)$，代入式(10.23)，就得到 WKB 的逐阶近似解。

若限于二阶近似(称为物理光学近似),只需求前两个 $S_0(x)$,$S_1(x)$:$u(x)\approx e^{S_0(x)/\varepsilon+S_1(x)}$ $(\varepsilon\to 0)$。积分结果为

$$\boxed{S_0(x)=\pm\int^x \sqrt{Q(x')}\,\mathrm{d}x',\quad S_1(x)=-\frac{1}{4}\ln Q(x)} \tag{10.27}$$

注意 $S_0$ 有正负两个解,组合式(10.27)两种情况,得到 Schrödinger 方程(10.23)的一对近似解。于是通解便是$(\varepsilon\to 0)$

$$\boxed{u(x)\approx Q(x)^{-1/4}\left\{c_1\exp\left[\frac{1}{\varepsilon}\int_a^x \sqrt{Q(x')}\,\mathrm{d}x'\right]+c_2\exp\left[-\frac{1}{\varepsilon}\int_a^x \sqrt{Q(x')}\,\mathrm{d}x'\right]\right\}} \tag{10.28}$$

这里 $c_1$,$c_2$ 是两个待定常数,按物理情况由初条件或边条件确定。积分下限 $a$ 任意规定。当 $E>V$ 时,$\sqrt{Q(x)}=\mathrm{i}K(x)$是振荡解;当 $E<V$ 时,$\sqrt{Q(x)}=X(x)$是正负指数解。式(10.28)是 Schrödinger 方程(10.23)最低阶 WKB 近似解,它和精确解的差异在 $Q(x)\neq 0$ 的区间内为 $\varepsilon$ 量级。在 $V$ 等于常数并小于 $E$ 的情况下,式(10.28)两项分别简化为相对传播的平面波。

更精确的 WKB 近似可以从 WKB 级数更高阶项来构造。接下来的两项利用式(10.26)的第三个方程,类似求解即得

$$\boxed{S_2(x)=\pm\frac{1}{8}\int^x \frac{1}{Q^{3/2}}\left(Q''-\frac{5\,(Q')^2}{4Q}\right)\mathrm{d}x',\quad S_3(x)=-\frac{1}{16Q^2}\left(Q''+\frac{5\,(Q')^2}{4Q}\right)} \tag{10.29}$$

关于高阶 WKB 近似(B-O(1978))及其他讨论从略,可见文献[12]。

## 10.3.2 适用条件

WKB 方法是一个奇性微扰理论,展开是一种渐近展开。展开式(10.24)的奇性表现在两个方面:其一,指数中含 $1/\varepsilon$ 项。在不计 $S_0(x)\equiv 0$ 平庸情况下,这意味着,现在使用的是比以前广义幂级数展开更为普遍的 Laurent 级数展开;其二,一般情况下,级数 $\sum\varepsilon^n S_n(x)$是发散的,只是一种渐近展开。就是说,如果级数取有限项,则总可以找到一个相应的小的 $\varepsilon$ 数值,使这个有限项的和与真值之差小于事先任给的小量。具体些说,一般只取一项或两项,而 $\hbar$ 又可以相对认为足够小(其余项就很

---

[12] Bohm D. Quantum Theory, Prentice Hall Inc., 1954,第 12 章;Bender C M, Orszag S A. Advanced Mathematical Methods for Scientists and Engineers. McGRAW-Hill Book Company, 1978,第 10 章,534 页(注意此书所用基本方程与 Schrödinger 方程有一复数共轭差别);Holstein B R. Topics in Advanced Quantum Mechanics. Addison-Wesley, 1992: 209;WKB 近似的路径积分形式见 Kleinert H. Path Integrals in Quantum Mechanics, Statistics and Polymer Physics. World Scientific, 1990: 160;Sakita B. Quantum Theory of Many-Variable Systems and Fields. World Scientific, 1985: 108.

**小)，它就能在指定区间内给出函数 $u(x)$ 一个很好的一致逼近的近似。但如果取更多项之和，展开式就可能反而离开真值并开始发散。这也就是使用渐近记号“≈”，而不用等号“=”的缘故。**

为了(在全部给定的 $x$ 区间内)近似展开式(10.24)成立，**必须要求级数 $\sum \varepsilon^{n-1} S_n(x)$ 在 $\varepsilon\to 0$ 时是一个(对区间内所有 $x$)均匀一致的渐近 $\varepsilon$ 级数。这要求下面渐近不等关系对区间内所有 $x$ 都均匀一致成立。即**

$$\boxed{\begin{gathered}\frac{1}{\varepsilon}|S_0(x)|\gg|S_1(x)|\gg\varepsilon|S_2(x)|\gg\cdots\gg\varepsilon^{n-1}|S_n(x)|\gg\varepsilon^n|S_{n+1}(x)|\\(\varepsilon\to 0,\forall x)\end{gathered}}\tag{10.30a}$$

**这些条件等价于要求每一个函数 $S_{n+1}(x)/S_n(x)$ $(n=0,1,2,\cdots)$ 都是此区间上的有界函数。**然而，单是条件式(10.30a)还不足以保证在 $\varepsilon^{N-1}S_N(x)$ 处截断的 WKB 级数 $\exp\left\{\sum_{n=0}^{N}\varepsilon^{n-1}S_n(x)\right\}$ 就是方程精确解 $u(x)$ 的一个好的近似，**还必须要求舍弃项中的领头项对区间内所有 $x$ 都远小于 1：**

$$\boxed{\varepsilon^N|S_{N+1}(x)|\ll 1\quad(\varepsilon\to 0,\forall x)}\tag{10.30b}$$

假如这个关系也成立，就有

$$\exp\{\varepsilon^N S_{N+1}(x)\}=1+O[\varepsilon^N S_{N+1}(x)]\quad(\varepsilon\to 0)$$

于是 $u(x)$ 和 WKB 级数之间的相对误差就不大

$$\frac{u(x)-\exp\left\{\dfrac{1}{\varepsilon}\sum_{n=0}^{N}\varepsilon^n S_n(x)\right\}}{u(x)}\sim\varepsilon^N S_{N+1}(x)\quad(\varepsilon\to 0,\forall x)$$

**总之，WKB 近似的有效条件是式(10.30a)和式(10.30b)两个不等式同时满足。**

换一种稍为粗略但图像明晰的说法。若要 WKB 近似方法有效，式(10.26)第一项在数值上应当很大于第二、第三两项，即应当有

$$|S_0'^2|\gg 2\hbar|S_0'S_1'|\gg\hbar|S_0''|\quad(\forall x,\hbar\to 0)$$

利用 $|S_0'(x)^2|=|Q(x)|=2m[E-V(x)]$ $(E>V)$，于是可得

$$\boxed{\frac{2[E-V(x)]}{|\mathrm{d}V/\mathrm{d}x|}\sim\frac{\hbar}{\sqrt{2m[E-V(x)]}}\equiv\lambda}\tag{10.31}$$

这是说，**与粒子波长 $\lambda$ 相比，势场变化很平缓。设势场(有明显变化的)特征长度为 $l$，即有 $l\ll\lambda$。或者说，准经典近似图像在粒子短波长极限下才可靠。**

### 10.3.3　转向点邻域分析

WKB 近似解式(10.23)，**除了是渐近的有效之外，由于含有因子 $Q(x)^{-1/4}$，在**

**经典运动的转向点 $x=x_i$：$Q(x_i)=0$，$i=1,2,\cdots$及附近几个波长范围内将会失效。物理上这是说，在点 $x_i$ 附近，粒子经典运动速度很小，$\lambdabar$长度（或模长）很大，破坏了方法的有效条件式(10.30)或式(10.31)。这时需要设法连接转向点两侧的，离转向点几个波长之外的 WKB 振荡解和指数解，以便导出相应条件件。**具体分为三个步骤：①将$V(x)$在转向点邻域展开，保留到最低阶 $cx$；②在转向点邻域内求解此近似 Schrödinger 方程，此时解为 Airy 函数 $A_i(\xi)$；③将所得解和已知 WKB 解渐近相连，以便定出解中叠加系数 $c_1,c_2$，或导出与 $Q(x)$相关的本征条件。详细见脚注⑫文献（特别是 Bender，Orszag 1978 和 Holstein 1992）。

### 10.3.4 例算

**例算1 势垒隧道穿透。**设势垒 $V(x)$变化很平缓，即 $l\sim\lambdabar$；并且 $x\to\pm\infty$时 $V(x)$很快趋于零；第二区 $A<x<B$ 是经典不容许区域，粒子能量在此区内低于势垒。此问题有两个转向点 $A<B$：$E=V(x_A)=V(x_B)$。由式(10.28)立即得到第二区的两个解（略写 $e^{-iEt/\hbar}$）

$$u(x)\approx\beta_{1,2}\left\{2m[V(x)-E]\right\}^{-1/4}\exp\left[\pm\frac{1}{\hbar}\int_a^x\sqrt{2m[V(x')-E]}\,dx'-\frac{iEt}{\hbar}\right]$$

第一区有两个渐近解 $\alpha_{1,2}\exp\{\pm i\sqrt{2mE}x/\hbar\}$，$x\to-\infty$；第三区有一个渐近解 $\gamma\exp\{i\sqrt{2mE}x/\hbar\}$，$x\to+\infty$。求出转向点附近的近似解，在渐近（$x\to\pm\infty$）情况下组合并平滑连接这些解，即得 WKB 近似波函数。

**但如果只求透射系数 $T$，它定义为区域Ⅰ和Ⅲ中向右传播的渐近解比值的模平方。**注意以下几点：转向点是微分方程的解析点，所以解在该处连续可微；在($A^+\leftarrow x, x\to B^-$)处，奇性因子 $Q(x)^{-1/4}$是同阶无穷大，比值时可消去；WKB 近似要求势垒宽度为 $L_{AB}>l\sim\lambdabar$，此时解指数上积分数值很大，可略去负指数项。总之得出，透射系数 $T$ 与在转向点邻域的精确处理无关。于是比值的模平方即为

$$\boxed{T=\left|\frac{u(B)}{u(A)}\right|^2\approx\exp\left[-\frac{2}{\hbar}\int_A^B\sqrt{2m[V(x')-E]}\,dx'\right]\quad(\hbar\to0)}\tag{10.32}$$

这显然是透射系数 $T$ 通常表达式向非矩形势垒的推广。

式(10.32)可用于 α 粒子衰变。（当 $r<$核半径 $R$ 时，核力吸引势远强于 Coulomb 排斥势）假设：随 $r$ 增加，势垒左半边上升主要是由于（抵消 Coulomb 排斥势后的）核力势，势垒右半边下降是由于 Coulomb 排斥势占了主导作用。当 $r>R$ 时 $V(r)=ZZ'e^2/r$，$Z$ 是衰变终核原子序数，$Z'=2$ 是 α 粒子原子序数。积分下限为$A\approx R$，上限为 $B\approx ZZ'e^2/E$。于是指数上的积分为

$$\frac{1}{\hbar}\int_A^B\sqrt{2m[V(r)-E]}\,dr=\frac{1}{\hbar}\sqrt{\frac{m}{2E}}\left\{\left[\pi-2-2\sin^{-1}\sqrt{\frac{E}{ZZ'e^2/R}}\right]ZZ'e^2+2ER\right\}$$

如果设定 $R\leqslant10^{-12}$ cm，对于量级很宽范围（$\tau\sim(10^{-21}\sim10^3\text{s})$）内的半衰期，此表达

式所给出的 $E$-$Z$ 关系与观测关系很好地符合。

注意，若式(10.32)用于中心场径向束缚态解时，一般说来，$V(r)$中应当包含离心势$\frac{l(l+1)\hbar^2}{2\mu r^2}$项。

**例算2　双阱位势WKB近似计算。**令 $V(x)=\frac{m\omega^2}{8a^2}(x^2-a^2)^2$，两个阱底对称位于 $x=\pm a$，中间有凸起势垒。定态Schrödinger方程为

$$\left\{-\frac{\hbar^2}{2m}\frac{\mathrm{d}^2}{\mathrm{d}x^2}+V(x)\right\}\psi=E\psi \tag{10.33a}$$

现用WKB近似计算波函数和能级。令

$$\psi=e^{S/\hbar},\quad S=S_0+\hbar S_1+\cdots,\quad E=e_0+\hbar e_1+\cdots \tag{10.33b}$$

现在稍有不同的是，将式(10.25)中 $Q(x)$ 也作展开并按 $\hbar$ 量级比较，得

$$-\frac{1}{2m}(S'_0)^2+V(x)=e_0,\ -\frac{1}{2m}S''_0-\frac{1}{m}S'_0S'_1=e_1,\cdots \tag{10.33c}$$

第一个方程是Hamilton-Jacobi方程，$S'_0\equiv\frac{\mathrm{d}S_0}{\mathrm{d}x}=p(t)=\pm m\dot{x}(t)$⑬，即有

$$-(m\dot{x}(t))^2+2mV(x(t))=2me_0 \tag{10.33d}$$

对于基态 $e_0=0$，此一阶非线性微分方程的经典解为

$$x_G(t-\tau)=\pm a\,\mathrm{th}(\omega(t-\tau)/2) \tag{10.33e}$$

注意 $x_G(t=\pm\infty)=\pm a$，粒子位于双阱底部；$x_G(t=\tau)=0$，任意常数 $\tau$ 记录粒子处在垒顶的时刻(将来可用作解的分类，此处暂令 $\tau=0$)。由$\frac{\mathrm{d}S_0}{\mathrm{d}x}$对 $x$ 积分，再转化为对 $t$ 积分，可得

$$S_0(x_G(t))=\pm m\int_0^t(\dot{x}_G(t'))^2\mathrm{d}t'+\text{const.}$$

再由式(10.33c)第二式解出 $S_1'(x(t))$，并对 $x$ 积分，又得

$$\begin{aligned}S_1(x_G(t))&=-\frac{1}{2}\ln|S'_0(x_G(t))|-me_1\int_0^{x(t)}\frac{\mathrm{d}x'}{S_0'(x')}+\text{const.}\\&=-\ln\sqrt{m|\dot{x}_G(t)|}\mp e_1t+\text{const.}\end{aligned}$$

将求出的 $S_0(x_G(t))$，$S_1(x_G(t))$代入$\psi$表达式，即得WKB近似波函数

$$\psi_{\mathrm{WKB}}^{(\pm)}(x_G(t))=\frac{C}{\sqrt{m|\dot{x}_G(t)|}}\exp\left\{\pm\frac{1}{\hbar}\left[\int_0^t m\dot{x}_G^2(t')\mathrm{d}t'-Et\right]\right\},\quad E=\hbar e_1 \tag{10.34a}$$

注意 $x_G(-t)=-x_G(t)$，$\psi_{\mathrm{WKB}}^{(+)}(x)=\psi_{\mathrm{WKB}}^{(-)}(-x)$。由于位势是空间反演对称的，基态波函数也应是空间反演对称的。于是基态波函数应为

$$\psi_{\mathrm{WKB}}(x)=\psi_{\mathrm{WKB}}^{(+)}(x)+\psi_{\mathrm{WKB}}^{(-)}(x) \tag{10.34b}$$

---

⑬　有关Hamilton-Jacobi方程问题见本书附录A。

注意此处指数是对 $t$ 积分(而不是对 $x$ 积分),这就可以理解式(10.34)结果,它与式(10.28)结果其实一致。但现在求出了 $x_G(t)$ 的式(10.33e)。

当 $\omega t\gg 1$ 时,粒子在阱底 $x_G(t)\sim\pm a$ 附近。在阱底附近,式(10.33a)转化为谐振子方程

$$\left\{-\frac{\hbar^2}{2m}\frac{\mathrm{d}^2}{\mathrm{d}y^2}+\frac{1}{2}m\omega^2y^2\right\}\psi=E\psi,\quad |y|=|x-a|\ll a$$

由此按谐振子状态微扰展开,可写成 $\psi=\psi_0+\psi_1$。令 $E=\left(\frac{1}{2}+\delta e\right)\hbar\omega$ 并有

$$\begin{cases}\left(-\dfrac{\hbar^2}{2m}\dfrac{\mathrm{d}^2}{\mathrm{d}y^2}+\dfrac{1}{2}m\omega^2y^2\right)\psi_0=\dfrac{\hbar\omega}{2}\psi_0\\ \left(-\dfrac{\hbar^2}{2m}\dfrac{\mathrm{d}^2}{\mathrm{d}y^2}+\dfrac{1}{2}m\omega^2y^2\right)(\psi_0+\psi_1)=\left(\dfrac{1}{2}+\delta e\right)\hbar\omega(\psi_0+\psi_1)\end{cases}$$

略去高一阶的近似项 $\delta e\hbar\omega\cdot\psi_1$,即得

$$\begin{cases}\left(-\dfrac{\hbar^2}{2m}\dfrac{\mathrm{d}^2}{\mathrm{d}y^2}+\dfrac{1}{2}m\omega^2y^2-\dfrac{1}{2}\hbar\omega\right)\psi_0=0\\ \left(-\dfrac{\hbar^2}{2m}\dfrac{\mathrm{d}^2}{\mathrm{d}y^2}+\dfrac{1}{2}m\omega^2y^2-\dfrac{1}{2}\hbar\omega\right)\psi_1=\delta e\hbar\omega\,\psi_0\end{cases}$$

由此即可采用 $\psi_0,\psi_1$ 的 Wronskian 行列式来表示能移(记 $\frac{\mathrm{d}}{\mathrm{d}y}\equiv\mathrm{d}_y$)

$$\delta e=-\frac{\hbar}{2m\omega}\frac{\psi_0\mathrm{d}_y\psi_1-\psi_1\mathrm{d}_y\psi_0}{\int_{-\infty}^{y}[\psi_0(y')]^2\mathrm{d}y'}\tag{10.35a}$$

实际上,式(10.34b)正是体现了现在微扰展开。因为(Gaussian 分布形式的)$\psi_{\mathrm{WKB}}^{(+)}(x)$ 正体现为谐振子基态 $\psi_0\sim\mathrm{e}^{-\frac{m\omega}{2\hbar}y^2}$;而 $\psi_{\mathrm{WKB}}^{(-)}(x)$ 则体现为 $\psi_1$。由此可知,式(10.35a)可以表达成为

$$\frac{\psi_0\mathrm{d}_y\psi_1-\psi_1\mathrm{d}_y\psi_0}{\int_{-\infty}^{y}[\psi_0(y')]^2\mathrm{d}y'}\approx\frac{\psi_{\mathrm{WKB}}^{(+)}\mathrm{d}_y\psi_{\mathrm{WKB}}^{(-)}-\psi_{\mathrm{WKB}}^{(-)}\mathrm{d}_y\psi_{\mathrm{WKB}}^{(+)}}{\int_{-\infty}^{\infty}[\psi_{\mathrm{WKB}}^{(+)}(y)]^2\mathrm{d}y}\tag{10.35b}$$

由于实现匹配区域 $(m\omega y^2/2\hbar)\gg 1$ 远大于 $\psi_{\mathrm{WKB}}^{(+)}(y)$ 集中区域,可取分母中积分上限为无穷。作经典解($x(t)=x_G(t)$,$x\sim\pm a$)附近小变分,有

$$\int_0^t m\dot{x}^2(t')\mathrm{d}t'=\int_0^t m\dot{x}(t')\mathrm{d}x(t')-\int_0^{a+y}\sqrt{2m\frac{m\omega^2}{8a^2}(x^2-a^2)^2}\,\mathrm{d}x\approx\frac{S_C}{2}-\frac{m\omega y^2}{2}$$

这里 $S_C=m\omega a^2$。关于正负根解问题,考虑到 $-x_G(t)=x_G(-t)$,还有

$$\begin{cases}t\to\infty: y\to-2a\mathrm{e}^{-\omega t};\ m\dot{x}_G\to 2m\omega a\mathrm{e}^{-\omega t}\equiv K\mathrm{e}^{-\omega t};\ \dfrac{1}{\sqrt{m|\dot{x}_G|}}\to\dfrac{\mathrm{e}^{\omega t/2}}{\sqrt{K}}\\ t\to-\infty: y\to-2a;\ m\dot{x}_G\to-2m\omega a\mathrm{e}^{\omega t}=-\dfrac{m^2\omega^2y^2}{K}\mathrm{e}^{\omega t};\ \dfrac{1}{\sqrt{m|\dot{x}_G|}}\to\dfrac{\sqrt{K}\mathrm{e}^{-\omega t/2}}{m\omega y}\end{cases}$$

即得(不计高阶小项 $-\hbar^2/m^2\omega y^3$ 误差,$\psi_{\mathrm{WKB}}^{(-)}$ 是上面振子方程的渐近解)

$$\psi_{\rm WKB}^{(+)}=\frac{C}{\sqrt{K}}e^{\frac{S_C}{2\hbar}}e^{-\frac{m\omega}{2\hbar}y^2},\quad \psi_{\rm WKB}^{(-)}\approx\frac{C\sqrt{K}}{m\omega y}e^{-\frac{S_C}{2\hbar}}e^{\frac{m\omega}{2\hbar}y^2}$$

这里 $C$ 是带量纲的归一化常数。将它们代入式(10.35a)和式(10.35b)，即得

$$\delta e=2a\sqrt{\frac{m\omega}{\pi\hbar}}\,e^{-S_C/\hbar}\tag{10.35c}$$

作为对照，此问题也可以用路径积分形式的瞬子 WKB 求解，结果相同(见脚注⑫中 Sakita(1985))。

最后应当注意，按附录 A 分析，WKB 近似并不适用于超低温 B-E 凝聚以及超高密度中子星白矮星等问题。

习题 10.3 对初值 $u(0)=A,u'(0)=B$，求解 $\varepsilon^2u''=Q(x)u,Q(x)\neq0,\varepsilon\to0$。

习题 10.4 进一步了解 WKB 近似计算请见脚注⑫文献 Bender and Orszag: Advanced Mathematical Methods for Scientists and Engineers。第 10 章有大量相关计算和例题可供参考。

## 10.4 绝热近似理论

自从 1928 年建立量子绝热理论⑭以来，绝热近似思想得到了广泛的应用和发展⑮，很多量子力学教材中都有详尽的叙述⑯。近些年来，材料物理、人造微结构、量子调控、量子信息等蓬勃发展。有关工作经常涉及可控微观或介观系统。于是激起人们对含时量子系统的量子绝热定理和绝热近似的兴趣。然而，**量子绝热近似条件的充分性近来却受到了质疑。质疑的主要观点是，现有的传统绝热近似条件并不能普遍地保证好的近似程度。也就是说，即使条件被满足，有时仍然不能得到自洽的、好的近似结果**⑰。鉴于这种局面，现在必要的任务是构建新的量子绝热理论，并在新理论的基础上搞清楚到底在什么样条件下系统的演化才能认为是绝热的。下面首先摘要叙述传统的绝热理论结论，然后叙述一个新的蕴含量子几何势的量子绝热理论。

---

⑭ Ehrenfest P. Ann. Phys. (Berlin) 1916, 51: 327; Born M, Fock V. Z Phys., 1928, 51: 165.

⑮ Landau L D. Phys. Z. Sowjetunion, 1932, 2: 46; Zener C. Proc. R. Soc. London, 1932, A 137: 696; Schwinger J. Phys. Rev. 1937, 51: 648; Kato T. J. Phys. Soc. Jpn. 1950, 5: 435; Gell-Mann M, Low F. Phys. Rev., 1951, 84: 350. Oreg J, et al. Phys. Rev. A 1984, 29: 690; Schiemann S, et al. Phys. Rev. Lett, 1993, 71: 3637; Pillet P, et al. Phys. Rev. A, 1993, 48: 845; Farhi E, et al. quant-ph/0001106; Childs A M, et al. Phys. Rev. A, 2002, 65: 012322.

⑯ Bohm D. 量子理论. 北京：商务印书馆，1982，第 20 章；Schiff L I. Quantum Mechanics. 3rd ed. McGraw Hill N. Y. 1968. 中文版，北京：人民教育出版社，1982，第 8 章；Messiah A. Quantum Mechanics. North-Holland, Amsterdam, 1962.

⑰ Marzlin K P, Sanders B C. Inconsistency in the Application of the Adiabatic Theorem. quant-ph/0405052; PRL, 2004, 93: 160408.

### 10.4.1 传统绝热理论摘要

**注意,绝热近似不是通常的微扰近似。它针对的不是变化量的限制,而是对变化速率的限制。绝热近似下,只要经过足够长的时间,系统 Hamilton 量的改变可以很大。**设 $E_m(0)$ 为系统初态能量,下面依据 $E_m(0)$ 量纲为一化:引入量纲时间 $\tau=E_m(0)t/\hbar$ 和量纲为一的 Hamilton 量 $h(\tau)=H(\tau)/E_m(0)$。传统绝热近似条件表示为(脚注⑯,Bohm)

$$\boxed{\frac{|\langle m(\tau)|\dot{h}(\tau)|n(\tau)\rangle|}{|e_m(\tau)-e_n(\tau)|^2}\ll 1,\quad \forall n(\neq m),\quad \tau\in[0,\tau_T]} \tag{10.36a}$$

或等价地

$$\boxed{\left|\frac{\langle m(\tau)|\dot{n}(\tau)\rangle}{e_m(\tau)-e_n(\tau)}\right|\ll 1,\quad \forall n(\neq m),\quad \tau\in[0,\tau_T]} \tag{10.36b}$$

这里,$e_n(\tau)$,$|n(\tau)\rangle$ 分别是 $h(\tau)$ 的分立无简并瞬时本征值和瞬时本征态。当绝热近似条件式(10.36a)成立时,将有下面**准定态方程**成立(对初条件 $E_m(0)$,$|m(0)\rangle$):

$$\boxed{h(\tau)|n(\tau)\rangle=e_n(\tau)|n(\tau)\rangle,\quad \forall n,\tau} \tag{10.37}$$

**传统绝热定理 一个无简并的、分立的、含时的量子系统 $h(\tau)$,在 $\tau_0$ 时刻将其制备在 $h(\tau_0)$ 的某个瞬时本征态 $|m(\tau_0)\rangle$ 上。只要 $h(\tau)$ 变化足够缓慢,使得绝热近似条件式(10.36)成立,这时系统的演化就可以认作是绝热演化。由此,在 $\tau_0$ 之后任一时刻 $\tau$,系统仍将以足够好的近似保持在当时 $h(\tau)$ 的瞬时本征态 $|m(\tau)\rangle$ 上。已取确定值的量纲为一量子数都是绝热不变量,演化中保持不变。即当 $h(\tau)$ 的能谱分立且无简并时,只要**

$$\boxed{|\langle n(\tau)|\dot{m}(\tau)\rangle|\ll|e_n(\tau)-e_m(\tau)|,\quad \forall n(\neq m)} \tag{10.38a}$$

**便有**

$$\boxed{|\psi_m(\tau)\rangle\approx|\psi_m^{\text{adi}}(\tau)\rangle\equiv\exp\left\{-\mathrm{i}\int_{\tau_0}^{\tau}e_m(\lambda)\mathrm{d}\lambda+\mathrm{i}\int_{\tau_0}^{\tau}\langle m(\lambda)|\dot{m}(\lambda)\rangle\mathrm{d}\lambda\right\}|m(\tau)\rangle} \tag{10.38b}$$

**显然,在略去跃迁($m\to\forall n(\neq m)$)近似下,$|\psi_m^{\text{adi}}(\tau)\rangle$ 将满足含时的和准定态的 Schrödinger 方程。**

针对这个传统理论,最近脚注⑰文献指出,**传统条件式(10.36)是不充分的。也就是说,满足这个常用的、标准的量子绝热条件,并不意味着按绝热定理就能够得到正确的结果。相反,有时会导致不自洽和不正确的结果。**其后有人指出该文推导有误。但文献[⑱]支持了脚注⑰文献的结论,再次指出传统量子绝热近似条件是不充分

⑱ Tong D M, et al. PRL, 2005, 95: 110407.

的。于是引发了一些争论，并出现一些新的绝热近似条件[19]。但是，这些新条件要么失之苛刻，偏于局限；要么与系统演化时间相关或是形式复杂，不便应用。**鉴于这种现状，下面从演化轨道和绝热轨道概念出发，采用“绝热 $U(1)$ 不变基”的变系数展开方法，构建一个新的蕴含量子几何势的量子绝热理论[20]，给出相应的近似绝热条件，探讨了量子几何势的概念。**

## 10.4.2 绝热 $U(1)$ 不变基

设定含时系统 $H(t)$ 的初态为 $|m(0)\rangle$。$m$ 是初态的无量纲量子数组，$E_m(0)$ 为初态能量。于是有

$$\begin{cases} \mathrm{i}\dfrac{\partial\,|\,\Phi_m(\tau)\rangle}{\partial\tau}=h(\tau)\,|\,\Phi_m(\tau)\rangle, \qquad |\,\Phi_m(\tau)\rangle|_{\tau=0}=|\,m(0)\rangle \\ |\,\Phi_m(\tau)\rangle = T\mathrm{e}^{-\mathrm{i}\int_0^\tau h(\lambda)\mathrm{d}\lambda}\,|\,m(0)\rangle \end{cases} \tag{10.39}$$

**下面称严格解 $|\Phi_m(\tau)\rangle$ 为系统的“动力学演化轨道”。**这里为了描述形象而借用了“轨道”一词。

**显然，不论 $h(\tau)$ 如何变化以及初态如何给定，只要将 $\tau$ 看成某种参数，总可以一般性求解准定态方程(10.37)，得到“绝热准定态解集合 $\{e_n(\tau)=E_n(\tau)/E_m(0),|n(\tau)\rangle,\forall n,\tau\}$”。根据 $h(\tau)$ 的厄米性，至少对有限维系统可以保证，集合全体在每个时刻都是正交归一完备的，构成系统 $h(\tau)$ 的绝热完备基，称为瞬时正交归一完备基。**

**当然，$|n(\tau)\rangle$ 不一定满足含时 Schrödinger 方程，所以不一定是系统的真实演化轨道。也就是说，即使初条件 $|n(0)\rangle$ 相同，$|n(\tau)\rangle$ 也不一定是动力学演化轨道 $|\Phi_n(\tau)\rangle$。**

按常理而言，**准定态方程(10.37)容许一个任意常数相因子的不确定性。于是，不同时刻就有不同相因子的不确定性。因此，在准定态过程 $[0,T]$ 中，绝热准定态解有任意含时相因子的不确定性**[21]。记矩阵元 $i\langle n(\tau)|\dot{k}(\tau)\rangle\equiv\beta_{nk}(\tau)$，显然它的对角元为实数。

**定义** 系统“绝热 $U(1)$ 不变基”(简称“绝热不变基”)为

$$\begin{cases} h(\tau)\,|\,\Phi_m^{\mathrm{adi}}(\tau)\rangle = e_m(\tau)\,|\,\Phi_m^{\mathrm{adi}}(\tau)\rangle;\ \forall m \\ |\,\Phi_m^{\mathrm{adi}}(\tau)\rangle = \mathrm{e}^{-\mathrm{i}\int_0^\tau e_m(\lambda)\mathrm{d}\lambda+\mathrm{i}\int_0^\tau \beta_{mm}(\lambda)\mathrm{d}\lambda}\,|\,m(\tau)\rangle \end{cases} \tag{10.40}$$

---

[19] Wu Z, et al. quant-ph/0411212; Ye M Y, et al. quant-ph/0509083; Duki S, et al. quant-ph/0510131; MacKenzie R, et al. quant-ph/0510024, Phys. Rev. A, 2006, 73: 042104; Vertesi T, Englman R. quant-ph/0411141. Phys. Lett. A, 2006, 353: 11; Comparat D. quant-ph/0607118; Tong D M, et al. PRL, 2007, 98: 150402.

[20] Wu J D, Zhao M S, Chen J L, et al. Phys. Rev. A, 2008, 77: 062114. 这里叙述对此文稍有改动。

[21] 正因为如此，Berry 以前的人们不重视绝热过程中所有含时相因子。直到 Berry 才发现其中蕴含有拓扑不变的具有物理效应的 Berry 相位。现在，因为给定了初始态 $|m(0)\rangle$(也就给定了它的相因子)，这就等于已经设定这类含时相因子的初始值为零。关于 Berry 相位问题，下面分析(以及附录 H)中还将说明。

这组解$\{|\Phi_m^{\text{adi}}(\tau)\rangle,\forall m\}$具有以下三个特点：

**其一，如同$\{|m(\tau)\rangle,\forall m\}$，$\{|\Phi_m^{\text{adi}}(\tau)\rangle,\forall m\}$全体集合每个时刻都是完备的，具有"等时完备性"。它们只是$h(\tau)$的绝热准定态解，一般不满足式(10.39)，不是此含时系统的严格的演化解$|\Phi_m(\tau)\rangle$。**

**其二，设$f(\tau)$是初值为零($f(0)=0$)的任意可微函数。当$|m(\tau)\rangle$经受$U(1)$含时相位变换$|m(\tau)\rangle\to e^{if(\tau)}|m(\tau)\rangle$时，$|\Phi_m^{\text{adi}}(\tau)\rangle$的形式保持不变。**

**证：** 设$|m(\tau)\rangle$经受变换$|m'(\tau)\rangle=e^{if(\tau)}|m(\tau)\rangle$。略去$|\Phi_m^{\text{adi}}(\tau)\rangle$中与$U(1)$变换无关的动力学相因子，只需保留$|\Phi_m^{\text{adi}}(\tau)\rangle$中与$|m(\tau)\rangle$有关的相因子。只要证明$e^{i\int_0^\tau\beta_{mm}d\lambda}|m(\tau)\rangle$在此变换下不变即可。有

$$\begin{aligned}\exp\left[i\int_0^\tau\beta'_{mm}(\lambda)d\lambda\right]|m'(\tau)\rangle&=\exp\left[-i\int_0^\tau\dot{f}(\lambda)d\lambda+i\int_0^\tau\beta_{mm}(\lambda)d\lambda\right]\exp(if(\tau))|m(\tau)\rangle\\&=\exp\left[i\int_0^\tau\beta_{mm}(\lambda)d\lambda\right]|m(\tau)\rangle\end{aligned}$$

证毕。

**这个$U(1)$变换不变性是个优美的性质。它不仅免除了以前认为的绝热准定态方程解有任意时间相因子的不确定性，下面还将表明，它自然地包含了Berry相位，而且引导出重要的量子几何势概念。**

**其三，假如准定态方程(10.37)某个解$|m(\tau)\rangle$的变化$|\dot{m}(\tau)\rangle\propto|m(\tau)\rangle$，即**

$$|m(\tau)\rangle=e^{-i\int_0^\tau\beta_{mm}(\lambda)d\lambda-i\Delta(\tau)}|m(0)\rangle\tag{10.41a}$$

**这里，函数$\Delta(\tau)$与$h(\tau)$和$|m(0)\rangle$有关。则相应的绝热不变基(乘以含时相因子)$e^{i\Delta(\tau)}|\Phi_m^{\text{adi}}(\tau)\rangle$将是系统严格的动力学演化解。**

**证：** 将$e^{i\Delta(\tau)}|\Phi_m^{\text{adi}}(\tau)\rangle$代入含时Schrödinger方程，整理后即得态矢等式

$$|\dot{m}(\tau)\rangle=-i(\beta_{mm}(\tau)+\dot{\Delta}(\tau))|m(\tau)\rangle\tag{10.41b}$$

积分得式(10.41a)。**这种情况下，系统演化过程是严格意义上的绝热过程，$e^{i\Delta(\tau)}|\Phi_m^{\text{adia}}(\tau)\rangle$就是系统的"绝热演化轨道"，演化中量纲为一量子数$m$严格不变。** 证毕。

事实上，式(10.41b)要求$|\dot{m}(\tau)\rangle\propto|m(\tau)\rangle$，说明准定态$|m(\tau)\rangle$总是沿着自己的方向变化。即时刻垂直其他所有准定态$\langle n(\tau)|\dot{m}(\tau)\rangle=0,\forall n\neq m$。**所以，式(10.41)是态矢$|\Phi_m^{\text{adi}}(\tau)\rangle$在由$\{|n(t)\rangle,\forall n\}$支撑的Hilbert空间作平行移动的条件——每个时刻态矢的变化量只在该时刻态矢本身方向(因归一化，变化量只是个相因子)，变化量向垂直态矢子空间的投影为零**(详见附录H，是式(H.11)的特殊情况)。**这也正是系统作绝热演化的充分条件。显然，演化中从不出现不同能级间跃迁的这种要求，只当演化持续时间区段内无能级交叉，或者$h(\tau)$中对$\tau$的依赖关系可以作为因子分离的情况才有可能。**对于磁场中自旋演化的Hamilton量，分离掉空间部分之后，即为后者。除此之外，严格保持量纲为一量子数不变的绝热演化似乎不多。下面称$\{|\Phi_m^{\text{adi}}(\tau)\rangle\}$为"绝热近似轨道"。

### 10.4.3 绝热不变基的变系数展开

**现在将含时演化解按绝热不变基作变系数展开，从而在绝热不变基的基础上建立一个新的绝热理论。**详细地说，由初态 $|m(0)\rangle$ 出发的某个演化态在态空间中将描绘出一条动力学演化轨道 $|\Phi_m(\tau)\rangle$，此演化轨道可能有时远离、有时接近、有时相交于绝热不变基集合 $\{|\Phi_n^{\mathrm{adi}}(\tau)\rangle, \forall n\}$ 中的某些轨道，表现出系统在不同绝热近似轨道之间的跃迁或振荡。与此相应，演化过程中可能出现系统一些量子数随时间变化或振荡。总之，**一般含时解是绝热近似解集合的变系数展开**（初条件 $c_m(0)=1$，$c_n(0)=0, \forall n\neq m$），

$$\begin{cases} |\Phi_m(\tau)\rangle = \sum_n c_n(\tau)\,|\Phi_n^{\mathrm{adi}}(\tau)\rangle = \sum_n c_n(\tau)\mathrm{e}^{-\mathrm{i}\int_0^\tau e_n(\eta)\mathrm{d}\eta - \int_0^\tau \langle n(\eta)|\dot{n}(\eta)\rangle \mathrm{d}\eta}\,|n(\tau)\rangle \\ |\Phi_m(\tau)\rangle|_{\tau=0} = |m(0)\rangle, \quad c_n(\tau) = \langle \Phi_n^{\mathrm{adi}}(\tau)|\Phi_m(\tau)\rangle \end{cases} \tag{10.42}$$

将式(10.42)代入 Schrödinger 方程，有

$$0 = \langle \Phi_n^{\mathrm{adi}}(\tau)|\left(\mathrm{i}\frac{\partial}{\partial\tau} - h\right)|\Phi_m(\tau)\rangle = \sum_k \langle \Phi_n^{\mathrm{adi}}(\tau)|\left(\mathrm{i}\frac{\partial}{\partial\tau} - h\right) c_k(\tau)\,|\Phi_k^{\mathrm{adi}}(\tau)\rangle$$

给出系数方程组为

$$\dot{c}_n(\tau) = \mathrm{i}\sum_{k\neq n} M(\tau)_{nk} c_k(\tau), \quad \forall n \tag{10.43}$$

这里，矩阵 $M(\tau)$ 的矩阵元（只有非对角矩阵元）在分离出动力学相因子，并且写明 $\gamma_{nk}(\tau)$ 的相因子之后，为（$\forall n\neq k$）

$$\begin{cases} M(\tau)_{nk} \equiv \left(\langle \Phi_n^{\mathrm{adi}}(\tau)|\,\mathrm{i}\frac{\partial}{\partial\tau}\,|\Phi_k^{\mathrm{adi}}(\tau)\rangle\right) = |\beta_{nk}(\tau)|\exp\{\mathrm{i}\theta_{nk}(\tau)\} \\ \theta_{nk}(\tau) = \int_0^\tau [e_n(\lambda) - e_k(\lambda)]\mathrm{d}\lambda + \mathrm{i}\int_0^\tau \delta_{nk}(\lambda)\mathrm{d}\lambda \\ \delta_{nk}(\lambda) = \frac{\mathrm{d}}{\mathrm{d}\lambda}\arg\beta_{nk}(\lambda) - [\beta_{nn}(\lambda) - \beta_{kk}(\lambda)] \end{cases} \tag{10.44}$$

求积此联立微分方程组并记作矩阵形式，得

$$\boldsymbol{C}(\tau) = \left(T\exp\left[\mathrm{i}\int_0^\tau \mathrm{d}\lambda M(\lambda)\right]\right)\boldsymbol{C}(0) \tag{10.45}$$

这里 $T$ 为时序算符。代入初条件 $c_m(0)=1, c_k(0)=0, \forall k\neq m$，相应于初始列矢量的转置为 $\boldsymbol{C}(0)^{\mathrm{T}} = (1 \quad 0 \quad \cdots \quad 0)$，最后求得展开系数为

$$c_k(\tau) = \left(T\exp\left[\mathrm{i}\int_0^\tau \mathrm{d}\lambda M(\lambda)\right]\right)_{km} \tag{10.46}$$

由式(10.45)，根据矩阵 $M(\tau)$ 的厄米性，可知演化中概率守恒

$$|c_m(\tau)|^2 + \sum_{k,\neq m} |c_k(\tau)|^2 = 1 \tag{10.47}$$

这表明现在考虑的含时系统并不是耗散系统。附带指出，式(10.44)～式(10.46)也再次表明，若式(10.41)满足，则相应的动力学过程是一个绝热过程。

### 10.4.4　新绝热条件

通常有兴趣的是，当式(10.41)不成立时，究竟在什么情况下可以将该动力学演化过程近似地认作绝热演化过程。下面给出一个具体标准，即普适的绝热条件。一般而言，对系统的一个动力学演化过程进行绝热近似，即将其认作保持在绝热近似轨道$|\Phi_m^{\text{adi}}(\tau)\rangle$上的一个绝热过程，其标准可用绝热保持概率$P_m$来度量

$$P_m(\tau)=1-\sum_{n,\neq m}|\langle\Phi_n^{\text{adi}}(\tau)|\Phi_m(\tau)\rangle|^2 \tag{10.48}$$

即

$$\boxed{P_m(\tau)=|c_m(\tau)|^2=\left|\left(T\exp\left[\mathrm{i}\int_0^\tau \mathrm{d}\lambda M(\lambda)\right]\right)_{mm}\right|^2} \tag{10.49}$$

物理上是说，动力学演化轨道，除了向相同初条件的一根绝热近似轨道($|\Phi_m^{\text{adi}}(\tau)\rangle$)跃迁之外，向其他绝热近似轨道跃迁的总概率可以忽略。也就是说，绝热近似成立的充要条件是

$$P_m(\tau)\to 1 \tag{10.50}$$

数学上，表现为式(10.49)矩阵对角元$(\ )_{mm}$模长接近于1。

还可以用系数比值方法再次求解$P_l(\tau)$。办法是将式(10.43)两边除以$c_n(\tau)$并进行积分，求得隐函数的表示形式

$$c_n(\tau)=\prod_{k\neq n}\exp\left\{\mathrm{i}\int_0^\tau \mathrm{d}\lambda M(\lambda)_{nk}\frac{c_k(\lambda)}{c_n(\lambda)}\right\},\quad \forall n \tag{10.51}$$

此方程组便于用迭代法求解。令$n=m$并将式(10.49)代入，即得系统保持在绝热轨道$|\Phi_m^{\text{adia}}(\tau)\rangle$的概率为

$$P_m(\tau)=\prod_{k\neq m}\left|\exp\left\{\mathrm{i}\int_0^\tau \mathrm{d}\lambda\frac{\left(T\exp\left[\mathrm{i}\int_0^\lambda \mathrm{d}\eta M(\eta)\right]\right)_{km}}{\left(T\exp\left[\mathrm{i}\int_0^\lambda \mathrm{d}\eta M(\eta)\right]\right)_{mm}}M_{mk}(\lambda)\right\}\right|^2 \tag{10.52}$$

由此可得：绝热演化的充要判别条件是指数和的实部足够小，即

$$\boxed{\mathrm{Re}\left\{\mathrm{i}\sum_{k\neq m}\int_0^\tau \mathrm{d}\lambda\frac{\left(T\exp\left[\mathrm{i}\int_0^\lambda \mathrm{d}\eta M(\eta)\right]\right)_{km}}{\left(T\exp\left[\mathrm{i}\int_0^\lambda \mathrm{d}\eta M(\eta)\right]\right)_{mm}}M_{mk}(\lambda)\right\}\to 0} \tag{10.53}$$

注意，此处系数比值方法对于含有量子态反转过程(在某些时刻$c_m=0$)不适用，因为量子态反转过程不可以视为绝热过程。

现在导出具体的绝热条件。重写系数$c_m(\tau)$表达式(10.43)

$$\boxed{\begin{cases}\dot{c}_m(\tau)=\mathrm{i}\sum\limits_{n\neq m}|\beta_{mn}(\tau)|\exp(\mathrm{i}\theta_{mn}(\tau))c_n(\tau)\\ \theta_{mn}(\tau)=\int_0^\tau(e_m(\eta)-e_n(\eta))\mathrm{d}\eta+\int_0^\tau\delta_{mn}(\lambda)\mathrm{d}\lambda\end{cases}} \tag{10.54}$$

自此以下的估值计算和所得结果类似于脚注⑯文献，只需要明确补上所忽略的与 $\beta_{nk}(\tau)$ 有关的相因子(它含有 Berry 相位!)即可。当绝热的准能级不简并(即 $e_m\neq e_n$)时，可以有

$$\begin{aligned}\langle m(\tau)|\dot{n}(\tau)\rangle&=\langle m(\tau)|\frac{\partial}{\partial\tau}\frac{h(\tau)}{e_n(\tau)}|n(\tau)\rangle\\&=e_n(\tau)\langle m(\tau)|\frac{\dot{h}(\tau)-\dot{e}_n(\tau)}{(e_n(\tau))^2}|n(\tau)\rangle+\frac{e_m(\tau)}{e_n(\tau)}\langle m(\tau)|\dot{n}(\tau)\rangle\end{aligned}$$

得到(下式对两条准能级为简并或有交叉的情况不成立)

$$\boxed{\langle m(\tau)|\dot{n}(\tau)\rangle=\frac{\langle m(\tau)|\dot{h}(\tau)|n(\tau)\rangle}{e_n(\tau)-e_m(\tau)}} \tag{10.55}$$

于是有

$$\dot{c}_m(\tau)=\mathrm{i}\sum_{n\neq m}\left|\frac{\langle m(\tau)|\dot{h}(\tau)|n(\tau)\rangle}{e_n(\tau)-e_m(\tau)}\right|\exp[\mathrm{i}\theta_{mn}(\tau)]c_n(\tau)$$

按设定，系统从初态 ($c_m(0)=1, c_n(0)=0, \forall n\neq m$) 出发作绝热变化，对演化时间积分。**绝热保持的充要条件是在绝热过程中 $|c_m(\tau)|\to 1$。由于概率守恒，这要求所有时刻其他态的系数都很小 $|c_n(\tau)|\ll 1(\forall n\neq m)$。**即有

$$\left|\int_0^\tau\left|\frac{\langle m(\eta)|\dot{h}(\eta)|n(\eta)\rangle}{e_n(\eta)-e_m(\eta)}\right|\mathrm{e}^{\mathrm{i}\theta_{mn}(\eta)}\mathrm{d}\eta\right|\ll 1,\quad\forall n\neq m$$

**注意**，绝热变化当然也要求系统 Hamilton 量是 $\tau$ 的足够缓慢变化的函数 $|\dot{h}(\tau)|\to 0$。对上式作分部积分，略去微分后更小的第二项，得到

$$\begin{aligned}&\left|\int_{\eta=0}^T\left|\frac{\langle m(\eta)|\dot{h}(\eta)|n(\eta)\rangle}{e_n(\eta)-e_m(\eta)}\right|\left(\frac{1}{\dot{\theta}_{mn}(\eta)}\right)\mathrm{d}\mathrm{e}^{\mathrm{i}\theta_{mn}(\eta)}\right|\\
&=\left|\left|\frac{\langle m(\eta)|\dot{h}(\eta)|n(\eta)\rangle}{e_n(\eta)-e_m(\eta)}\right|\left(\frac{\mathrm{e}^{\mathrm{i}\theta_{mn}(\eta)}}{\dot{\theta}_{mn}(\eta)}\right)\right|_{\eta=0}^{\eta=T}-\int_{\eta=0}^{\eta=T}\mathrm{e}^{\mathrm{i}\theta_{mn}}\mathrm{d}\left[\frac{1}{\dot{\theta}_{mn}}\left|\frac{\langle m(\eta)|\dot{h}(\eta)|n(\eta)\rangle}{e_n(\eta)-e_m(\eta)}\right|\right]\Bigg|\\
&\cong\left|\left(\left|\frac{\langle m(T)|\dot{h}(T)|n(T)\rangle}{e_n(T)-e_m(T)}\right|\right)\frac{\mathrm{e}^{\mathrm{i}\theta_{mn}(T)}}{\dot{\theta}_{mn}(T)}-\left(\left|\frac{\langle m(0)|\dot{h}(0)|n(0)\rangle}{e_n(0)-e_m(0)}\right|\right)\frac{\mathrm{e}^{\mathrm{i}\theta_{mn}(0)}}{\dot{\theta}_{mn}(0)}\right|\\
&\leqslant 2\left|\left(\left|\frac{\langle m(\eta')|\dot{h}(\eta')|n(\eta')\rangle}{e_n(\eta')-e_m(\eta')}\right|\right)\frac{1}{\dot{\theta}_{mn}(\eta')}\right|\ll 1\end{aligned}$$

这里 $\eta'$ 是演化区间内某一适当时刻，它令此函数值最大。将分子分母中的 $m\leftrightarrow n$ 对调并扔掉所出负号，即得新绝热条件

$$\boxed{\left|\frac{\langle n(\tau)|\dot{h}(\tau)|m(\tau)\rangle}{(e_n(\tau)-e_m(\tau))[(e_n(\tau)-e_m(\tau))+\delta_{mn}(\tau)]}\right|\ll 1,\quad\forall n\neq m} \tag{10.56a}$$

其中 $\delta_{nm}(\tau)$ 表达式为式(10.44)。式(10.56a)又记为

$$\boxed{\left|\frac{\langle n(\tau)|\dot{m}(\tau)\rangle}{(e_n(\tau)-e_m(\tau))+\delta_{nm}(\tau)}\right|\ll 1,\quad \forall\, n\neq m} \tag{10.56b}$$

**与传统绝热条件式(10.36b)相比,式(10.56)分母中多出 $\delta_{mn}(\tau)$ 项。此项称为量子几何势差。**下面分析表明,$\delta_{nm}(\tau)$ 项有着丰富的物理和几何内涵。很显然,如果在式(10.56)基础上添以适当的更严格的限制,将会给出关于绝热过程的充分判据,或者说,判断绝热过程的充分条件。

习题 10.5　论证:脚注⑱文献所提的变换不保持这里新绝热条件(10.56b)。于是该文质疑旧绝热近似条件不充分的问题对新条件不再出现。

### 10.4.5　几点重要分析

(1) **证明:量子几何势差 $\delta_{nm}(\tau)$ 是 $U(1)$ 规范变换不变量。**即在任意含时相位变换 $|n(\tau)\rangle\to|n'(\tau)\rangle=e^{if_n(\tau)}|n(\tau)\rangle$ 下,$\delta'_{nm}(\tau)=\delta_{nm}(\tau)$,按(10.44)有

$$\boxed{\frac{\mathrm{d}\arg\beta'_{nm}(\tau)}{\mathrm{d}\tau}+(\beta'_{mm}(\tau)-\beta'_{nn}(\tau))=\frac{\mathrm{d}\arg\beta_{nm}(\tau)}{\mathrm{d}\tau}+(\beta_{mm}(\tau)-\beta_{nn}(\tau))} \tag{10.57}$$

**证:**

$$\begin{aligned}
&\frac{\mathrm{d}}{\mathrm{d}\tau}\arg(\langle n'|\dot{m}'\rangle)+i(\langle m'|\dot{m}'\rangle-\langle n'|\dot{n}'\rangle)\\
&=\frac{\mathrm{d}}{\mathrm{d}\tau}\arg(\langle n|e^{-if_n(\tau)}e^{if_m(\tau)}|\dot{m}\rangle)+i(\langle m|\dot{m}\rangle-\langle n|\dot{n}\rangle)+i(i\dot{f}_m-i\dot{f}_n)\\
&=\frac{\mathrm{d}}{\mathrm{d}\tau}(\arg\langle n|\dot{m}\rangle)+\dot{f}_m-\dot{f}_n+i(\langle m|\dot{m}\rangle-\langle n|\dot{n}\rangle)-(\dot{f}_m-\dot{f}_n)\\
&=\frac{\mathrm{d}}{\mathrm{d}\tau}(\arg\langle n|\dot{m}\rangle)+i(\langle m|\dot{m}\rangle-\langle n|\dot{n}\rangle)
\end{aligned}$$

证毕。

这表明 $\delta_{nm}(\tau)$ 并不是一个随意的、不确定的、外部相因子。

(2) **进一步分析新条件。**为此将条件略加变形,令

$$z\equiv|\langle k(\tau)|\dot{m}(\tau)\rangle|e^{i\theta_{km}(\tau)},\quad z\equiv a+ib$$

则有 $e^{2i\theta_{km}}=z/z^*$,$2i\theta_{km}=\ln z-\ln z^*$。于是

$$2i\frac{\mathrm{d}\theta_{km}}{\mathrm{d}\tau}=\frac{1}{z}\frac{\mathrm{d}z}{\mathrm{d}\tau}-\frac{1}{z^*}\frac{\mathrm{d}z^*}{\mathrm{d}\tau}\to\frac{\mathrm{d}\theta_{km}}{\mathrm{d}\tau}=\frac{1}{2i|z|^2}\left(z^*\frac{\mathrm{d}z}{\mathrm{d}\tau}-z\frac{\mathrm{d}z^*}{\mathrm{d}\tau}\right)=\frac{1}{(a^2+b^2)}\begin{vmatrix}a & b\\ \frac{\mathrm{d}a}{\mathrm{d}\tau} & \frac{\mathrm{d}b}{\mathrm{d}\tau}\end{vmatrix}$$

这里 $\theta_{km}$ 见式(10.54)。由此,新条件式(10.56b)可以表述为

$$\boxed{\frac{1}{|z|}\left|\frac{\mathrm{d}\theta_{km}}{\mathrm{d}\tau}\right|\gg 1}\to\boxed{\frac{1}{(a^2+b^2)^{3/2}}\begin{vmatrix}a & b\\ \frac{\mathrm{d}a}{\mathrm{d}\tau} & \frac{\mathrm{d}b}{\mathrm{d}\tau}\end{vmatrix}\left(\equiv\frac{1}{\rho}\right)\gg 1} \tag{10.58a}$$

不等式左方是个类似于曲率的量[22]，可类比引入量纲为一的曲率半径 $\rho$。于是有

$$\left|\frac{\mathrm{d}\theta_{km}}{\mathrm{d}\tau}\right| = \left|e_k - e_m + \left(\frac{\mathrm{d}}{\mathrm{d}\tau}\arg(\langle k|m\rangle) - \mathrm{i}(\langle k|\dot{k}\rangle - \langle m|\dot{m}\rangle)\right)\right| \gg |\beta_{km}| \tag{10.58b}$$

变形后的条件表明，**(含量子几何势差的)新绝热条件要求"曲率 $\rho^{-1}$"要足够大。这应当理解为，在绝热过程中，从一个准定态跃迁到其他准定态需要克服由两个准定态的能级差与量子几何势差的代数和所构成的"曲率"阻碍。这个代数和数值越高，"曲率"越大，跃迁概率越小。**例如，习题 10.9 表明，二能级系统中 $\delta_{mn}(\tau)/2|\beta_{mn}|$ 恰是球面曲线测地曲率。

(3) **前面叙述可知，即使不对相因子 $\mathrm{e}^{\mathrm{i}\int_0^\tau \beta_{mm}(\lambda)\mathrm{d}\lambda}$ 的指数实行闭合回路积分，也不能将它们规定为零，不能"视而不见"。更不用说闭合回路积分后可能有 Berry 位相存在的情况(见下)。因此，一个态在演化中必须带上这个相因子，才能确保载有系统的全部物理信息。**下面继续上条之后，进一步分析新条件中分子 $\beta_{mk}(\tau)=\mathrm{i}\langle m(\tau)|\dot{k}(\tau)\rangle$ 的几何意义。由绝热演化式(10.40)，可令

$$U(\tau)\ |\ k(0)\rangle = \mathrm{e}^{-\mathrm{i}\int_0^\tau \omega_k(\lambda)\mathrm{d}\lambda}\ |\ k(\tau)\rangle, \quad \omega_k(\lambda) = e_k(\lambda) - \beta_{kk}(\lambda) \tag{10.59}$$

利用 $\{|k(\tau)\rangle, \forall k, \tau\}$ 的等时完备性[23]，可得

$$U(\tau) = \sum_k \mathrm{e}^{-\mathrm{i}\int_0^\tau \omega_k(\lambda)\mathrm{d}\lambda}\ |\ k(\tau)\rangle\langle k(0)\ |; \quad U^\dagger(\tau) = \sum_k \mathrm{e}^{\mathrm{i}\int_0^\tau \omega_k(\lambda)\mathrm{d}\lambda}\ |\ k(0)\rangle\langle k(\tau)\ |$$

$$\dot{U}(\tau) = -\mathrm{i}\sum_k \omega_k \mathrm{e}^{-\mathrm{i}\int_0^\tau \omega_k(\lambda)\mathrm{d}\lambda}\ |\ k(\tau)\rangle\langle k(0)\ | + \sum_k \mathrm{e}^{-\mathrm{i}\int_0^\tau \omega_k(\lambda)\mathrm{d}\lambda}\ |\ \dot{k}(\tau)\rangle\langle k(0)\ | \tag{10.60}$$

因为此处 $U(\tau)$ 将 $|k(0)\rangle$ 态绝热演化到 $|k(\tau)\rangle$ 态，由此引入含时的"**等效绝热** Hamilton **量** $h_{\mathrm{adi}}(\tau)$"：从 $U(\tau)$ 的时序指数乘积形式(习题 1.1)可得 $h_{\mathrm{adi}}(\tau)=\mathrm{i}\dot{U}(\tau)U^\dagger(\tau)$(注意这里时间和能量均量纲为一，见前)，由此得到一个厄米算符

$$\boxed{\Gamma(\tau) \equiv h_{\mathrm{adi}}(\tau) - h(\tau) = \sum_{k,m(m\neq k)} \beta_{mk}(\tau)\ |\ m(\tau)\rangle\langle k(\tau)\ |} \tag{10.61}$$

式(10.61)表明，**其实是差值 Hamilton 量 $\Gamma(\tau)$ 启动着从 $|k(\tau)\rangle \to |m(\tau)\rangle$ 的绝热轨道间的跃迁，相应的跃迁概率幅正是 $\beta_{mk}(\tau)$，即**

$$\boxed{\beta_{mk}(\tau) = \langle m(\tau)|\Gamma(\tau)|k(\tau)\rangle} \tag{10.62}$$

**总之，分子 $\beta_{mk}(\tau)$ 的几何意义是：刻画了系统 Hamilton 量 $h(\tau)$ 与等效绝热 Hamilton 量 $h_{\mathrm{adi}}(\tau)$ 的"距离"$\Gamma(\tau)$，度量了在 $\Gamma(\tau)$ 影响下绝热轨道之间跃迁的概率幅。**

---

[22] 华罗庚.高等数学引论.第一卷，第二分册.北京：科学出版社，1979：125.

[23] 注意现在的推导过程中，完备性是有保证的。因为对于大多数绝热过程，相应系统都属于有限维分立能谱系统。

## 10.4.6 例算与分析

现在举例说明传统绝热条件的不足以及量子几何势的作用。设系统 Hamilton 量为

$$h(\tau)=\omega_0\sigma_z+\omega_1[\sigma_x\cos(2\omega_2\tau)+\sigma_y\sin(2\omega_2\tau)] \tag{10.63a}$$

其中，$\omega_0,\omega_1,\omega_2$ 都是常数，两个能级为 $E_\pm=\pm\sqrt{\omega_0^2+\omega_1^2}$。适当选择相位后，两条绝热轨道为

$$\begin{cases}|\varphi_+(\tau)\rangle=|+,\tau\rangle=\cos\left(\dfrac{\theta}{2}\right)|0\rangle+e^{2i\omega_2\tau}\sin\left(\dfrac{\theta}{2}\right)|1\rangle\\ |\varphi_-(\tau)\rangle=|-,\tau\rangle=\sin\left(\dfrac{\theta}{2}\right)|0\rangle-e^{2i\omega_2\tau}\cos\left(\dfrac{\theta}{2}\right)|1\rangle\end{cases} \tag{10.63b}$$

其中，$\cos\theta=\omega_0/\sqrt{\omega_0^2+\omega_1^2}$。假定系统初态为 $|+,0\rangle$，系统的动力学演化轨道为

$$|\psi(\tau,0)\rangle=e^{-i\omega_2\sigma_z\tau}e^{-i[(\omega_0-\omega_2)\sigma_z+\omega_1\sigma_x]\tau}|+,0\rangle\equiv U(\tau,0)|+,0\rangle \tag{10.64}$$

简单计算可得，系统保持作为绝热过程的概率将是时间的函数，为

$$\begin{cases}P_+(\tau)=|\langle+,\tau|U(\tau,0)|+,0\rangle|^2=\cos^2(A\tau)+\sin^2(A\tau)\cos^2(\varphi-\theta)\\ P_-(\tau)=|\langle-,\tau|U(\tau,0)|+,0\rangle|^2=\sin^2(A\tau)-\sin^2(A\tau)\cos^2(\varphi-\theta)\end{cases} \tag{10.65}$$

其中，$\cos\varphi=(\omega_0-\omega_2)/A,\quad A=\sqrt{(\omega_0-\omega_2)^2+\omega_1^2}$。

现在来考察绝热轨道 $|\varphi_+(\tau)\rangle$。注意 $\langle\varphi_-|\dot\varphi_+\rangle=-i\omega_2\sin\theta$ 的相位不随时间变化，而量子几何势差为 $\delta_{+-}=2\omega_2\cos\theta$。于是新的绝热条件写为

$$|\omega_0^2+\omega_1^2-\omega_0\omega_2|\gg\omega_1\omega_2 \tag{10.66}$$

为便于下面分析，列出 $\tau$ 时刻动力学演化轨道和绝热轨道之间的保真度

$$F(\tau)=\sqrt{P_+(\tau)}=\sqrt{1-\sin^2(A\tau)\sin^2(\varphi-\theta)} \tag{10.67}$$

**分析** **如果选择 $\omega_0\gg\omega_1$ 且 $\omega_2\approx\omega_0$：**则传统绝热近似条件式(10.36) $\left|\dfrac{\langle\varphi_-|\dot\varphi_+\rangle}{E_+-E_-}\right|=\left|\dfrac{\omega_2\sin\theta}{2\sqrt{\omega_0^2+\omega_1^2}}\right|\ll1$ 显然被满足。但这种选择不满足现在新条件式(10.66)。值得注意的是，此时如果演化时间 $\tau$ 不短，则保真度 $F(\tau)\to\sqrt{1-\sin^2(A\tau)}$ 并不趋于 1。**所以，即便传统条件满足，原来认为系统是缓变的。但由于量子几何势的作用，绝热近似不一定是对系统的好的描述。另外，如果选择 $\omega_2\gg\omega_0\gg\omega_1$，则传统绝热近似条件不被满足，但此时量子几何势差远大于瞬时能量本征值差，这保证了现在新条件成立。而同时系统保真度为 $F(\tau)\to\sqrt{1-\sin^2\theta\sin^2(A\tau)}\approx1$。此处例子不但明显暴露出传统绝热条件的不足，更是进一步表明，即使系统瞬时能量差很小，以致传统绝热近似条件不被满足时，量子几何势差在一定情况下也可以保证系统绝热近似的有效性。**

## 10.4.7 量子几何势差与 Berry 相因子的关联

从前推导传统绝热条件时，将所有 $e^{i\int_0^\tau \beta_{kn}(\lambda)d\lambda}$ ($\forall k,n$) 这类相因子取定为零[24]。上面已经表明,这类相因子在绝热近似中不可忽略。因为,非对角相因子之差 $\delta_{nm}(\tau)$ 的结构是一个 $U(1)$ 规范变换不变量,在绝热近似中起着重要的作用。至于对角相因子,Berry 早已指出[25],当 Hamilton 量参数空间拓扑非平庸时,系统循环一周它的圈积分将不为零。对角相因子的圈积分也是一个 $U(1)$ 规范变换不变量。它们就是常称的 Berry 相因子(附录 H 第 H.4 节)。总之,规定这类相因子为零带来损失的不仅是可能存在的 Berry 相因子,而且有关绝热近似的物理信息,表现出来就是传统绝热条件的不足。新条件式(10.56)保留了它们的贡献。并且,$\delta_{nm}(\tau)$ 结构使新条件没有相因子变化的不确定性。

习题 10.6 证明:一维任意含时系统(如活动边界的一维无限深方阱——量子活塞)总有 $\beta_{mm}(\tau)=0$。于是,若要绝热不变基 $e^{i\Delta(\tau)}|\Phi_m^{adi}(\tau)\rangle$ 是系统的动力学演化解,就将导致更强要求 $\beta_{nm}(\tau)=0(\forall n)$,即 $|\dot{m}(\tau)\rangle=0$。也就是说,除非是定态问题,否则一维无简并系统的(不存在能级间跃迁的)绝热准定态解决不是动力学演化解。

习题 10.7 设一维量子活塞匀速向外拉开,计算绝热近似。

习题 10.8 对 $z$ 轴磁场中 1/2 自旋电子这个两能级系统,近似计算绝热保持概率 $P_m(\tau)$ 到二阶。

习题 10.9 根据空间曲线基本方程 Frenet-Serret 公式,对一般二能级系统 $h(\tau)=A(\tau)+B(\tau)\boldsymbol{n}(\tau)\cdot\boldsymbol{\sigma}$,$\boldsymbol{n}(\tau)=(\sin\theta(\tau)\cos\varphi(\tau),\sin\theta(\tau)\sin\varphi(\tau),\cos\theta(\tau))$,计算 $\rho=\dfrac{\delta_{mn}}{2|\beta_{mn}|}$。证实单位球面曲线的测地曲率 $\rho$ 的表达式为 $\rho=\left(\boldsymbol{r}\times\dfrac{d\boldsymbol{r}}{ds}\right)\cdot\dfrac{d^2\boldsymbol{r}}{ds^2}$,其中 $ds=|d\boldsymbol{r}|=\sqrt{\dot\theta^2+(\dot\varphi\sin\theta)^2}\,d\tau$。

习题 10.10 用绝热近似微扰论证明,一个 $\Lambda$ 型三能级 $E_a>E_c>E_b$ 原子,在双模光场($\nu_1=(E_a-E_b)/\hbar$,$\nu_2=(E_a-E_c)/\hbar$)的辐照下,

$$H=H_0+H_i=\sum_{i=a,b,c}\hbar\omega_i\,|i\rangle\langle i|-\frac{\hbar}{2}\{\Omega_{R1}e^{-i\varphi_1-i\nu_1 t}\,|a\rangle\langle b|+\Omega_{R2}e^{-i\varphi_2-i\nu_2 t}\,|a\rangle\langle c|\}+\text{h.c.}$$

若原子处于下面含时态上

$$|\psi(t)\rangle=(\Omega_{R2}(t)e^{-i\varphi_2}|b\rangle-\Omega_{R1}(t)e^{-i\varphi_1}|c\rangle)/\sqrt{\Omega_{R1}^2+\Omega_{R2}^2}$$

它对应本征值为零,将一直处在这个态上,不会向高激发态 $|a\rangle$ 跃迁。

习题 10.11 研究恒定磁场中的自旋进动系统。

---

[24] 见脚注⑯.席夫.量子力学.北京:人民教育出版社,1982:333.

[25] Berry M V. Quantum Phase Factors Accompanying Adiabatic Change. Proc. Roy. Soc. ,1984,A392:45. 当初,由于 Berry 文章发表中审稿者的延误,“Berry 位相”称呼已由 Berry 的朋友,数学家 Simon B 在 1983 年的文章中先期提出,Simon B. PRL,1983,51:2167.

习题 10.12 令 Hamilton 量为 $h=h_0+h_i=\frac{\omega_0}{2}\sigma_z+\frac{\omega(\tau)}{2}(\sigma_x\cos\omega_0\tau+\sigma_y\sin\omega_0\tau)$。分析绝热近似。

习题 10.13 研究含时线性势 $V(t)=F(t)x+G(t)p$ 作用下受迫振子问题。$F$,$G$ 是两个实函数。

习题 10.14 证明式(10.61)。

# 第 11 章 量子纠缠与混态动力学

## 引 言

系统 Hamilton 量显含时间，表明所考虑系统必定作为子系统从属于更大的系统。Hamilton 量含时正体现出大系统其余部分对此系统的影响。一般而言，系统也会对大系统其余部分有反作用并影响它们状态。甚至还会再反馈回来，又作用在此系统上。而且，这种来回反馈一般还会伴随时间延迟。

**为了简化——利用各种合理方法减少自由度，其一，最初级的近似是直接删去大系统其余部分的自由度，或者是作外场近似。**当子系统与大系统其余部分之间交换的物理量数值只占大系统相应量的很一小部分时，大系统的影响便可以当成外场来处理，或是略去反馈影响(至少可以将它们推迟到更高级近似中去)。**其二，进一步近似是：将这类反馈影响作适当的平均化处理。**比如，对其余自由度部分取迹，或处理成在等效势中运动等。**其三，如果相互影响明显，就需要再进一步的近似：自洽场方法，或有效Lagrange量方法**(见 7.4 节)等。显然，这类过程中反馈影响如果有时间延迟会极大地增加处理的复杂性。**其四，最后，如果相互影响很显著，就必须将双方合并作为初态，使用微扰展开作逐级近似。**

相互影响产生量子纠缠，再加上量子测量，这些都将导致混态(混态概念可见 1.2.1节，这里不再重复)。**本章主要叙述系统经历量子纠缠和局部观测所导致的混态的动力学。**

## 11.1 混态静力学，纠缠度与保真度

### 11.1.1 量子纠缠，纠缠度定义①

接下来应当消除一些关于量子纠缠的误解。虽然单体波函数不同自由度之间有时也有量子纠缠问题，但量子纠缠主要是针对多体量子态来说的。注意，量子纠缠是物理现象，并非数学表示恰当与否问题。

为简明起见，这里只讲述两体系统量子纠缠与纠缠度。设 $A$，$B$ 两个量子系统分属于可能处在不同地方的观测者。设定 $A$，$B$ 的 Hilbert 空间维数为有限，但可以不

---

① 以下叙述详见：张永德. 量子信息物理原理. 北京：科学出版社，2005，第 3，4 章.

相等。对于两体量子态有如下普遍提法:**对两体纯态,当且仅当** Schmidt **数大于** 1 **时,是纠缠态;对两体混态,按混态纠缠态定义,当且仅当不能表示为下面混态可分离态的形式**

$$\boxed{\rho_{AB} = \sum_i p_i \rho_A^{(i)} \otimes \rho_B^{(i)}; \quad \sum_i p_i = 1} \tag{11.1}$$

**时,是混态纠缠态。**式(11.1)的物理含义初看不十分清楚,其实它是说,不同 $i$ 分解下的 $A$ 和 $B$ 态的关联只是经典关联,在 $A$ 和 $B$ 态上添加任意相因子都不会改变这个态。另外,注意空间定域性在类空间隔关联测量时的表现,也可以明白。因为,如果条件 $i$ 下事件 $A$ 和 $B$ 相互独立,则必有条件概率的乘积分解

$$\boxed{P(AB|i)=P(A|i)P(B|i)} \tag{11.2}$$

可以证明,**式(11.1)与此式等价**[②]。

**定理 两体量子态的可分离性与类空间隔下关联测量的空间定域性是等价的。**

习题 11.1 证明此等价定理。

为了表示对纠缠程度的量度,引入**纠缠度**的概念。由于考察角度的不同,纠缠度定义有好几种,分别具有不同的用途,彼此也并不完全吻合。但是,作为表征系统量子特性的量子纠缠,其定量描述,不论如何定义,总应当满足一些共同的准则。它们是:

(1) **可分离态的纠缠度应当为零。**

(2) 对任一组份粒子进行的任何**局域幺正变换**(LU)不应改变纠缠度,也就是说,**凡 LU 操作等价的态,它们的纠缠度应当相同。**

(3) 有一大类操作称为**局域操作与经典通信**(LOCC)[③]。它们包括各参加方的各自所有局域操作(但不包括测量坍缩)以及彼此间的经典通信。这些通过交换信息设计各自局域操作是人们所有能够实现的、相互配合的局域性操作,所以又可称为**广义局域操作**。**LOCC 不应当改变纠缠度。**比如,在双方 LOCC 操作下,4 个 Bell 基显然可以彼此转换,它们的纠缠度应当相等。

(4) **直积态的纠缠度应当是可加的。**按理说,这条对不论纯态和混态的所有纠缠度定义同样都应遵守。但事实是对有些纠缠度定义,还未能证明满足这个张量积可加条件。甚至已经清楚,(由于存在束缚态)可提纯纠缠度对于某些混态并不遵守这一条件。

**目前,纠缠度共有 4 种定义:**

(1) **部分熵纠缠度**(the partial entropy of entanglement)。当两体量子态处于纯态 $|\psi\rangle_{AB}$ 时,部分熵纠缠度 $E_p(|\psi_{AB}\rangle)$ 定义为

---

② 此定理证明见脚注①文献,第五章,第 118 页.

③ LOCC: Local Operation & Classic Communication; LU: Local Unitary Operation.

$$\begin{cases} E_p(|\psi\rangle_{AB}) = S(\rho_A) \\ S(\rho_A) = -\mathrm{tr}^{(A)}(\rho_A \log\rho_A); \quad \rho_A = \mathrm{tr}^{(B)}\rho_{AB} \equiv \mathrm{tr}^{(B)}(|\psi\rangle_{AB}\langle\psi|) \end{cases} \tag{11.3}$$

这里 $S(\rho_A)$是 von Neumann 熵。由于对两个 qubit 的最大纠缠态——4 个 Bell 基可得

$$E_p = S(\rho_A) = S(\rho_B) = -\mathrm{tr}\left\{\frac{I}{2}\log\frac{I}{2}\right\} = 1; \quad I = \begin{pmatrix} 1 & 0 \\ 0 & 1 \end{pmatrix} \tag{11.4}$$

这里为方便起见，已将量子信息论中 von Neumann 熵定义的对数底数取成 2，从而将 Bell 基的纠缠度归一化为 1。

(2) **相对熵纠缠度**(the relative entropy of entanglement)。对两体量子态 $\rho_{AB}$，相对熵纠缠度 $E_r(\rho_{AB})$定义为：态 $\rho_{AB}$对于全体可分离态的相对熵的最小值[④]：

$$E_r(\rho_{AB}) = \min_{\sigma_{AB}\in D} S(\rho_{AB} \| \sigma_{AB}) \tag{11.5}$$

其中，$S(\rho_{AB} \| \sigma_{AB})$为态 $\rho_{AB}$相对于可分离态 $\sigma_{AB}$的相对熵

$$S(\rho_{AB} \| \sigma_{AB}) = \mathrm{tr}\{\rho_{AB}(\log\rho_{AB} - \log\sigma_{AB})\} \tag{11.6}$$

这里 $D$ 为所有两体可分离态的集合。如果用 $\sigma_{AB}^*$表示能使此处相对熵取最小值的可分离态，则态 $\rho_{AB}$相对熵纠缠度计算的关键是，找出能使相对熵达极小值的这个可分离态 $\sigma_{AB}^*$。由相对熵纠缠度的定义可以看出，它常难于计算，需用辅助定理的帮助。

(3) **形成纠缠度**(entanglement of formation)。对两体量子态 $\rho_{AB}$，形成纠缠度 $E_F(\rho_{AB})$的定义为

$$E_F(\rho_{AB}) = \min_{\{p_i, |\psi_i\rangle\}} \sum_i p_i E_p(|\psi_i\rangle_{AB}) \tag{11.7}$$

其中$\{p_i, |\psi_i\rangle_{AB}\}$是 $\rho_{AB}$的任一分解，即 $\rho_{AB} = \sum_i p_i |\psi_i\rangle_{AB}\langle\psi_i|$，而 $E_p(|\psi_i\rangle_{AB})$为 $|\psi_i\rangle_{AB}$的部分熵纠缠度。注意，这里 $\rho_{AB}$分解不一定是相互正交的，只要求$|\psi_i\rangle_{AB}$是此两体的归一化纯态。按式(11.7)定义，两体系统 $\rho_{AB}$的形成纠缠度是其所有可能分解的部分熵权重和的极小值。

(4) **可提纯纠缠度**(entanglement of distillation)。$N$ 份两体量子态 $\rho_{AB}$为 Alice 和 Bob 所共享，Alice 和 Bob 通过 LOCC 能得到 EPR 对的个数最多为 $k(N)$，可提纯纠缠度 $D(\rho_{AB})$定义为

$$D(\rho_{AB}) = \lim_{N\to\infty}\frac{k(N)}{N} \tag{11.8}$$

这里 LOCC 是 Alice 和 Bob 各自所作的局域测量与相互间的经典信息通信。如果限

④　Vedral V, et al. PRL, 1997, 78: 2275.

制信息传递的方向,则情况和定义会有所不同。注意,有的多粒子纠缠可提纯,有的则不可以。

最后指出,对两体纯态,以上不同纠缠度定义给出的纠缠度都是相等的,即唯一的。Popescu 和 Rohrlich 仿照热力学第二定律证明得出:对两体纯态,纠缠度只有一种,是唯一的[⑤]。他们的主要出发点是:在渐近可逆的 LOCC 作用下,纠缠度应该是不变的。但对于多体纯态和两体及多体混态,由各种定义算出的数值大小可能不等,并且它们大小的顺序也不固定,甚至难以引入合理的纠缠度定义。

### 11.1.2 量子纠缠判断

量子纠缠分析的内容十分丰富,有些仍在发展中。这里简略介绍其中关于纠缠判断方面的两个结论。其余详细参见脚注①文献的第 3~5 各章。

1. 两体态可分离性的部分转置正定判据——Peres 判据[⑥]

Peres **判据 两体双态系统密度矩阵 $\rho_{AB}$ 是可分离态的充要条件为:对其任一体作部分转置运算后所得矩阵 $\rho_{AB}^{T_A}$(或 $\rho_{AB}^{T_B}$)仍是半正定的,即仍然是个密度矩阵。**

**此判据又称** PPT(positive partial transposition)**判据。**其中,部分转置的含义是,比如对 $A$ 作部分转置 $T_A$ 为

$$
\begin{cases}
\rho_{AB} = {}_A\langle 0|\rho_{AB}|0\rangle_A\ |0\rangle_A\langle 0| + {}_A\langle 1|\rho_{AB}|1\rangle_A\ |1\rangle_A\langle 1| + {}_A\langle 0|\rho_{AB}|1\rangle_A\ |0\rangle_A\langle 1| \\
\qquad + {}_A\langle 1|\rho_{AB}|0\rangle_A\ |1\rangle_A\langle 0| \\
\rho_{AB}^{T_A} = {}_A\langle 0|\rho_{AB}|0\rangle_A\ |0\rangle_A\langle 0| + {}_A\langle 1|\rho_{AB}|1\rangle_A\ |1\rangle_A\langle 1| + {}_A\langle 0|\rho_{AB}|1\rangle_A\ |1\rangle_A\langle 0| \\
\qquad + {}_A\langle 1|\rho_{AB}|0\rangle_A\ |0\rangle_A\langle 1|
\end{cases}
\tag{11.9}
$$

显然,这等价于在前面展开式中作变换 $\sigma_y^A \to -\sigma_y^A$。这由 $\sigma_y^A = \begin{pmatrix} 0 & -\mathrm{i} \\ \mathrm{i} & 0 \end{pmatrix}_A$ 经转置出负号即知。

**证:** 这个判据的必要性是显然的,既然已设为可分离的

$$\rho_{AB} = \sum_i p_i \rho_A^i \otimes \rho_B^i$$

则经部分转置操作

$$\rho_{AB}^{T_B} = \sum_i p_i \rho_A^i \otimes (\rho_B^i)^{T_B}$$

必定仍然是一个密度矩阵,即仍然是半正定的、迹为 1 的厄米矩阵。而判据的充分性则按 16 个基的展开式讨论。

---

⑤ Popescu S, Rohrlich D. Phys. Rev. A, 1997, 56: R3319.

⑥ Peres A. PRL, 1996, 77: 1413.

2. 纠缠可分离判据⑦及应用

已经提出十多个关于两体量子态可分离性的判据。下面再介绍其中一个判据。因为它,第一,是充要的;第二,对多数情况不难操作;第三,对多体可分离态同样具有实用性。下面叙述这个判据。

前面说过,混态 $\rho_{AB}$ 的可分离性的定义是说它可以写成

$$\rho_{AB} = \sum_{i=1}^{r} p_i \mid \psi_i^A \varphi_i^B \rangle\langle \psi_i^A \varphi_i^B \mid \tag{11.10a}$$

其中 $\sum_{i=1}^{r} p_i = 1$, $p_i>0$,共 $r$ 个,$|\psi_i^A\rangle$ 和 $|\varphi_i^B\rangle$ 分别为 $A$ 和 $B$ 体系的归一化但不一定相互正交的态矢。虽然一般地说,总可以按标准程序将任一给定密度矩阵 $\rho_{AB}$ 分解为它的谱表示

$$\rho_{AB} = \sum_{i=1}^{k} \lambda_i \mid \Phi_i^{AB} \rangle\langle \Phi_i^{AB} \mid \tag{11.10b}$$

这里 $|\Phi_i^{AB}\rangle$ 为 $\rho_{AB}$ 的正交归一化本征态,$\lambda_i$ 为非零的本征值,设有 $k$ 个,$\sum_{i=1}^{k}\lambda_i = 1$,$\lambda_i>0$。由于式(11.10a)可能存在相互不正交态的项,项数可以多于正交分解的式(11.10b)项数,即容许有 $r\geqslant k$。一般而言,这些相互正交的本征态也常为两体纠缠态,不一定都是可分离的。因此,即便求出给定 $\rho_{AB}$ 的谱表示,也无法判断该 $\rho_{AB}$ 是否为可分离的。下面在给出可分离性的充要判据之前,先证明一个引理:

**引理　对于上面定义的可分离态 $\rho_{AB}$,存在 $r\times k\,(r\geqslant k)$ 的左幺正矩阵 $M_{r\times k}$,即**

$$M^{+}M = I_{k\times k} \tag{11.11a}$$

**使得**

$$\begin{pmatrix} \sqrt{p_1}\,|\psi_1^A\varphi_1^B\rangle \\ \sqrt{p_2}\,|\psi_2^A\varphi_2^B\rangle \\ \vdots \\ \sqrt{p_r}\,|\psi_r^A\varphi_r^B\rangle \end{pmatrix} = M_{r\times k} \begin{pmatrix} \sqrt{\lambda_1}\,|\Phi_1^{AB}\rangle \\ \sqrt{\lambda_2}\,|\Phi_2^{AB}\rangle \\ \vdots \\ \sqrt{\lambda_k}\,|\Phi_k^{AB}\rangle \end{pmatrix} \tag{11.11b}$$

**证:**　既然有式(11.10a)和式(11.10b),而 $\{|\Phi_i^{AB}\rangle\}$ 是 $\rho_{AB}$ 的正交归一且本征值非零的本征态,因此态矢 $\{|\psi_i^A\varphi_i^B\rangle\}$ 必然是 $\{|\Phi_i^{AB}\rangle\}$ 的线性叠加,即存在 $r\times k$ 的矩阵 $M$,使得有

$$\begin{pmatrix} \sqrt{p_1}\,|\psi_1^A\varphi_1^B\rangle \\ \sqrt{p_2}\,|\psi_2^A\varphi_2^B\rangle \\ \vdots \\ \sqrt{p_r}\,|\psi_r^A\varphi_r^B\rangle \end{pmatrix} = M_{r\times k} \begin{pmatrix} \sqrt{\lambda_1}\,|\Phi_1^{AB}\rangle \\ \sqrt{\lambda_2}\,|\Phi_2^{AB}\rangle \\ \vdots \\ \sqrt{\lambda_k}\,|\Phi_k^{AB}\rangle \end{pmatrix} \tag{11.12}$$

---

⑦ Wu S J, Chen X M, Zhang Y D. Phys. Lett. A, 2000, 275: 244.

于是

$$\rho_{AB}=\left(\sqrt{p_1}\,|\psi_1^A\varphi_1^B\rangle,\quad \sqrt{p_2}\,|\psi_2^A\varphi_2^B\rangle,\quad \cdots,\quad \sqrt{p_r}\,|\psi_r^A\varphi_r^B\rangle\right)\begin{pmatrix}\sqrt{p_1}\,\langle\psi_1^A\varphi_1^B|\\ \sqrt{p_2}\,\langle\psi_2^A\varphi_2^B|\\ \vdots\\ \sqrt{p_r}\,\langle\psi_r^A\varphi_r^B|\end{pmatrix}$$

$$=\left(\sqrt{\lambda_i}\,|\Phi_1^{AB}\rangle,\quad \sqrt{\lambda_2}\,|\Phi_2^{AB}\rangle,\quad \cdots,\quad \sqrt{\lambda_k}\,|\Phi_k^{AB}\rangle\right)\widetilde{M}\widetilde{M}^+\begin{pmatrix}\sqrt{\lambda_1}\,\langle\Phi_1^{AB}|\\ \sqrt{\lambda_2}\,\langle\Phi_2^{AB}|\\ \vdots\\ \sqrt{\lambda_k}\,\langle\Phi_k^{AB}|\end{pmatrix}$$

所以有

$$\rho_{AB}=\left(\sqrt{\lambda_i}\,|\Phi_1^{AB}\rangle,\quad \sqrt{\lambda_2}\,|\Phi_2^{AB}\rangle,\quad \cdots,\quad \sqrt{\lambda_k}\,|\Phi_k^{AB}\rangle\right)\begin{pmatrix}\sqrt{\lambda_1}\,\langle\Phi_1^{AB}|\\ \sqrt{\lambda_2}\,\langle\Phi_2^{AB}|\\ \vdots\\ \sqrt{\lambda_k}\,\langle\Phi_k^{AB}|\end{pmatrix}\tag{11.13}$$

因此得 $\widetilde{M}\widetilde{M}^+=I_{k\times k}$，即

$$M^+M=I_{k\times k}\tag{11.14}$$

以上证明了，对于按式(11.10a)和式(11.10b)展开的可分离态 $\rho_{AB}$，总存在满足式(11.11a)和式(11.11b)的左幺正的矩阵 $M_{r\times k}$。 证毕。

接着，记矩阵 $M$ 的第 $l$ 行($1\leqslant l\leqslant r$)为 $\boldsymbol{x}^l=(x_1^l,x_2^l,\cdots,x_k^l)$，并记

$$\boldsymbol{y}^l=(y_1^l,y_2^l,\cdots,y_k^l)=\left(\sqrt{\frac{\lambda_1}{p_l}}x_1^l,\sqrt{\frac{\lambda_2}{p_l}}x_2^l,\cdots,\sqrt{\frac{\lambda_k}{p_l}}x_h^l\right)\tag{11.15}$$

由式(11.11)得

$$|\psi_l^A\varphi_l^B\rangle=y_1^l\,|\Phi_1^{AB}\rangle+y_2^l\,|\Phi_2^{AB}\rangle+\cdots+y_k^l\,|\Phi_k^{AB}\rangle\tag{11.16}$$

其中向量 $\boldsymbol{y}^l$ 满足归一化条件 $|y_1^l|^2+|y_2^l|^2+\cdots+|y_k^l|^2=1$，不同向量 $\boldsymbol{y}^l$ 间互相独立。由于 $|\psi_l^A\varphi_l^B\rangle$ 态是可分离纯态，其部分熵为零。

基于引理及这个结论，就得到下面比较易于操作的两体量子态可分离性充要判据：

**可分离定理　任意两体量子态 $\rho_{AB}$ 为可分离的充分必要条件是如下方程**

$$\begin{cases}|\boldsymbol{\Psi}\rangle=y_1\,|\Phi_1^{AB}\rangle+y_2\,|\Phi_2^{AB}\rangle+\cdots+y_k\,|\Phi_k^{AB}\rangle\\ |y_1|^2+|y_2|^2+\cdots+|y_k|^2=1\\ S_A(|\boldsymbol{\Psi}\rangle)=0\quad(\text{或}\quad|\rho_A-I|=0)\end{cases}\tag{11.17}$$

**存在 $r(r\geqslant k)$ 个独立的解向量 $\{\boldsymbol{y}^1,\boldsymbol{y}^2,\cdots,\boldsymbol{y}^r\}$，并且存在一组正实数 $p_i\left(\sum_{i=1}^r p_i=1\right)$，使得矩阵 $\boldsymbol{M}$**

$$\boxed{M_{ij}=\sqrt{\frac{p_i}{\lambda_j}}y_j^i} \tag{11.18}$$

为左幺正 $M^+M=I_{k\times k}$。

这里说两个向量 $\boldsymbol{y}^1,\boldsymbol{y}^2$ 不同是指不存在非零因子 $K$ 使得关系式 $\boldsymbol{y}^1=K\boldsymbol{y}^2$ 成立，并非一定要相互正交。由式(11.16)知，总可取矩阵 $M$ 的第一列 $(y_1^l,l=1,\cdots,r)$ 为非负实数。态 $|\Psi\rangle$ 部分熵 $S_A(|\Psi\rangle)$ 中的 $\rho_A$ 为 $A$ 的约化密度矩阵。条件 $S_A(|\Psi\rangle)=0$ 和条件 $|\rho_A-I|=0$ 是等价的，这由 $\rho_A$ 半正定且迹为 1 可以直接看出。

如果 $\rho_{AB}$ 有很多非零本征值(即 $k$ 较大)，则方程(11.17)的求解比较烦琐，定理使用受到较大的限制；但对于 $\rho_{AB}$ 非零本征值较少时(即 $k$ 较小)，方程(11.17)的求解一般都比较简单，此时定理非常有用。如果非零本征值很多，则计算较繁。

关于纠缠态强壮度与纠缠结构定理等的进一步分析见脚注①文献。

### 11.1.3　Gauss 纠缠纯态的纠缠度计算

现在利用第 4 章量子变换理论来计算任意两体 Gauss 纠缠纯态的纠缠度。为了书写简单，以两模为例，可表示为

$$\boxed{|\psi\rangle_{12}=\mathrm{e}^{-\mathrm{i}\hat{H}(t)}|0\rangle_{12}} \tag{11.19}$$

其中 $\hat{H}(t)=\Lambda N(t)\Sigma_B\tilde{\Lambda},\Lambda=(a_1^+,a_2^+,a_1,a_2)$。利用量子变换理论，可以将这一纠缠态的密度矩阵写成如下的正规乘积形式，即

$$\boxed{\rho_{12}=A_0:\exp\left\{\frac{1}{2}\left[(a_1^+,a_1)M_1\begin{pmatrix}a_1^+\\a_1\end{pmatrix}+(a_2^+,a_2)M_2\begin{pmatrix}a_2^+\\a_2\end{pmatrix}+2(a_1^+,a_1)M_{12}\begin{pmatrix}a_2^+\\a_2\end{pmatrix}\right]\right\}:} \tag{11.20}$$

式中，$M_1,M_2$ 及 $M_{12}$ 均为对称矩阵，它们的一般形式为

$$M_1=\begin{pmatrix}\alpha & -1\\-1 & \alpha^*\end{pmatrix},\quad M_2=\begin{pmatrix}\beta & -1\\-1 & \beta^*\end{pmatrix},\quad M_{12}=\begin{pmatrix}\delta & 0\\0 & \delta^*\end{pmatrix} \tag{11.21}$$

其中，$\alpha,\beta,\delta$ 是三个任意复数。经过部分求迹后，可得约化密度矩阵为

$$\boxed{\rho_1=A\exp\left[\frac{1}{2}(a_1^+,a_1)N\Sigma_B\begin{pmatrix}a_1^+\\a_1\end{pmatrix}\right]} \tag{11.22}$$

式中，$N$ 为负厄米矩阵，可根据量子变换理论由式(11.21)求得，常数 $A$ 为归一化系数。由于式(11.22)已将约化密度矩阵写成一般的指数二次型形式，从而由两体纠缠纯态纠缠度的定义

$$E=-\mathrm{tr}\rho_1\ln\rho_1=-\mathrm{tr}\rho_2\ln\rho_2 \tag{11.23}$$

可得两体 Gauss 纠缠纯态纠缠度为⑧

---

⑧　逯怀新. 连续变量量子信息论的若干研究——量子变换理论的应用. 中国科学技术大学博士论文，2003；或见脚注①文献第 72，279 页.

$$\boxed{E=-\frac{1}{2}\left[\ln\left|\det(\mathrm{e}^{-N}-1)\right|+\mathrm{tr}\,\frac{N}{1-e^{N}}\right]} \tag{11.24}$$

此处纠缠度的计算再次表明量子变换理论是一个便利的数学工具。

习题 11.2 导出两体 Gauss 纠缠纯态纠缠度计算公式(11.24)。

### 11.1.4 Bures 保真度计算

保真度是描述(经过传输或操作后)输出量子态接近原先输入量子态的程度的一种度量，是量子信息论中一个非常重要的概念。近些年来有大量的相关研究计算。下面利用量子变换理论给出 Bures 保真度的一种简单计算方法。

Bures **保真度的定义**(脚注①文献第 254 页)

$$\boxed{F=\left(\mathrm{tr}\,\sqrt{\hat{\rho}_1^{\frac{1}{2}}\hat{\rho}_2\hat{\rho}_1^{\frac{1}{2}}}\right)^2} \tag{11.25}$$

其中，$\rho_1,\rho_2$ 是两个混态的密度矩阵。

对于由 $n$ 模二次型 Hamilton 量描述的热平衡态，其保真度定义式为

$$\boxed{F=Z(\beta_1)Z(\beta_2)\left(\mathrm{tr}\,\sqrt{\mathrm{e}^{-\frac{\beta_1}{2}\hat{H}_1}\mathrm{e}^{-\beta_2\hat{H}_2}e^{-\frac{\beta_1}{2}\hat{H}_1}}\right)^2} \tag{11.26}$$

其中

$$\boxed{\hat{H}_i=\hat{H}(N_i)=\frac{1}{2}\Lambda N_i\widetilde{\Lambda}=\frac{1}{2}\Lambda N'_i\Sigma\widetilde{\Lambda}\quad(i=1,2)} \tag{11.27}$$

式中，$N$ 为 $2n\times 2n$ 阶厄米矩阵，$N'=N\Sigma^{-1}$，$\Lambda=(a^+,\tilde{a})$，$\widetilde{\Lambda}$ 是 $\Lambda$ 的转置，$Z(\beta_i)=\dfrac{1}{\mathrm{tr}\,\mathrm{e}^{-\beta_i\hat{H}_i}}$ 是归一化因子。

为方便起见，令

$$U_1=\mathrm{e}^{-\frac{\beta_1}{2}\hat{H}_1},\quad U_2=\mathrm{e}^{-\beta_2\hat{H}_2} \tag{11.28}$$

由量子变换理论知

$$U_1\Lambda U_1^{-1}=\Lambda M_1=\Lambda\mathrm{e}^{-\frac{\beta_1}{2}N'_1},\quad U_2\Lambda U_2^{-1}=\Lambda M_2=\Lambda\mathrm{e}^{-\beta_2 N'_2} \tag{11.29}$$

所以有

$$U_1U_2U_1\Lambda\,(U_1U_2U_1)^{-1}=\Lambda(M_1M_2M_1)=\Lambda M \tag{11.30}$$

由此得

$$U_1U_2U_1=\exp\left[\frac{1}{2}\Lambda\ln M\Sigma\widetilde{\Lambda}\right]=\exp\left[\frac{1}{2}\Lambda\ln(M_1M_2M_1)\Sigma\widetilde{\Lambda}\right] \tag{11.31}$$

对诸如式(11.27)二次型，利用公式(4.45a)并考虑(4.39)，得

$$\mathrm{tr}\,\mathrm{e}^{-\beta_i\hat{H}_i}=\left|\det(\mathrm{e}^{\beta_i N'_i}-I)\right|^{-\frac{1}{2}} \tag{11.32}$$

可得

$$\mathrm{tr}\,\sqrt{U_1U_2U_1}=\left|\det\left(\frac{1}{\sqrt{\mathrm{e}^{-\frac{\beta_1 N'_1}{2}}\mathrm{e}^{-\beta_2 N'_2}\mathrm{e}^{-\frac{\beta_1 N'_1}{2}}}}-I\right)\right|^{-\frac{1}{2}}$$

$$=\left|\det\left(\frac{1}{\sqrt{e^{-\frac{\beta_1 N_1}{2}\Sigma^{-1}}e^{-\beta_2 N_2\Sigma^{-1}}e^{-\frac{\beta_1 N_1}{2}\Sigma^{-1}}}}-I\right)\right|^{-\frac{1}{2}} \tag{11.33}$$

最后得到与式(11.26)相应的保真度的解析表达式

$$F=Z(\beta_1)Z(\beta_2)\left(\mathrm{tr}\sqrt{e^{-\frac{\beta_1}{2}\hat{H}_1}e^{-\beta_2\hat{H}_2}e^{-\frac{\beta_1}{2}\hat{H}_1}}\right)^2$$

即

$$F=\frac{\left|\det(e^{\beta_1 N_1\Sigma^{-1}}-I)\det(e^{\beta_2 N_2\Sigma^{-1}}-I)\right|^{\frac{1}{2}}}{\left|\det\left(\frac{1}{\sqrt{e^{-\frac{\beta_1 N_1}{2}\Sigma^{-1}}e^{-\beta_2 N_2\Sigma^{-1}}e^{-\frac{\beta_1 N_1}{2}\Sigma^{-1}}}}-I\right)\right|} \tag{11.34}$$

于是,用量子变换理论简洁地推导出了 Bures 保真度的解析表达式。

## 11.2 混态动力学(Ⅰ)——超算符映射与 Kraus 方程

一个孤立的微观系统 $A$,描写其状态的一定是某个纯态。但如果考虑它和外界 $B$ 的相互影响,便会产生 $A$ 和 $B$ 状态之间的量子纠缠。这时,要么是根本无法将 $B$ 考虑进来,要么是人们对 $B$ 没有兴趣,为了简化对此复合问题 $A\oplus B$(或 $A\otimes B$)的研究,只能以统计平均的方式考虑到 $B$ 对 $A$ 的影响,在这种统计平均近似背景之下,再单独地研究子系统 $A$。显然,这是一种不得已而为之的、对子系统 $A$ 的局部性和统计性的研究。

**这种对子系统作局部观测和统计性研究,导致量子理论在以下三个方面的重大改变或者说发展:其一,产生了和纯态概念完全不同的混态概念;其二,纯态遵守 Schrödinger 方程,演化为幺正的;与此鲜明对照,混态演化方程通常称为主方程(master equation),演化一般不再是幺正和可逆的;其三,测量过程一般不再是正交投影,而是非正交投影。**由于在量子态描述、状态演化方程、测量坍缩三个重要问题上这些发展变化,量子理论表现出了崭新的面貌,进入一个更加接近实际、实施人为操控的崭新阶段。

本章涉及系统混态随时间的演化规律。如果将引起(作为列矢量的)量子纯态变换、演化或映射的操作称为算符,则描述混态密度算符换变、演化或映射的操作就应当称为**超算符**。下面讲述超算符映射的性质,研究混态密度算符演化规律——主方程及其求解。

### 11.2.1 密度矩阵演化的超算符映射

#### 1. 密度矩阵演化(Ⅰ)——时间演化方程

简略回顾一下孤立系的量子理论。设孤立量子系统的 Hamilton 量为 $H$,求密度矩阵的时间导数。将态矢 Schrödinger 方程转化为时间演化算符 $U(t)$ 的方程，即得密度矩阵演化方程 $\rho(t)=U(t)\rho(0)U^{+}(t)$，为量子 Liouville 方程

$$\boxed{i\hbar\frac{d\rho(t)}{dt}=[H(t),\rho(t)]} \tag{11.35}$$

如果 $H$ 不显含时间，可以形式上将此方程积分，即得

$$\begin{cases}\rho(t)=U(t)\rho(0)U^{-1}(t)\\ U(t)=e^{-iHt/\hbar}\end{cases} \tag{11.36a}$$

为了便于专致计算相互作用的影响，转入相互作用绘景。为此将 $H$ 中感兴趣的部分 $H_i$ 分出，即 $H=H_0+H_i$，接着作幺正变换 $U_0(t)=e^{iH_0t/\hbar}$，记

$$\rho_I(t)=U_0(t)\rho(t)U_0^{-1}(t) \tag{11.36b}$$

对此式求时间导数，即得

$$\boxed{\begin{cases}i\hbar\dfrac{d\rho_I(t)}{dt}=[H_i^{(I)}(t),\rho_I(t)]\\ H_i^{(I)}(t)=U_0(t)H_iU_0^{-1}(t)\end{cases}} \tag{11.37}$$

通常便是由此出发转入积分方程形式，用逐级叠代法近似求解。

2. 期望值的演化方程

已知对算符 $\Omega$，有 $\overline{\Omega}(t)=\mathrm{tr}\{\rho(t)\Omega\}$。于是

$$i\hbar\frac{\partial}{\partial t}\overline{\Omega}(t)=i\hbar\,\mathrm{tr}\left\{\rho(t)\frac{\partial\Omega(t)}{\partial t}\right\}+i\hbar\,\mathrm{tr}\left\{\frac{\partial\rho(t)}{\partial t}\Omega(t)\right\} \tag{11.38a}$$

由于

$$\mathrm{tr}\left\{\rho(t)\frac{\partial\Omega(t)}{\partial t}\right\}=\overline{\frac{\partial\Omega(t)}{\partial t}}$$

于是有

$$\boxed{i\hbar\frac{\partial}{\partial t}\overline{\Omega}(t)=i\hbar\overline{\frac{\partial\Omega(t)}{\partial t}}+\mathrm{tr}\{[H(t),\rho(t)]\Omega(t)\}} \tag{11.38b}$$

由此，当已知 $H(t)$，$\rho(t)$ 时，便可以计算算符 $\Omega$ 平均值随时间的变化。

3. 密度矩阵演化(Ⅱ)——超算符映射

上面是对孤立量子系统说的。若从信息论的角度，将量子系统 $A$ 与环境 $E$ 区分开，并且片面地(局部地)只是对 $A$ 观测，这时量子系统 $A$ 的密度矩阵 $\rho_A$ 将如何演化呢？

设环境处于基态 $|0\rangle_E$。由于系统 $A$ 与环境 $E$ 一般会有各种不可控制或无法精确考虑(甚或人为控制)的多因素相互作用，它们会造成 $A$ 的态与 $E$ 的态的量子纠缠，不可能指望 $A+E$ 这个孤立量子系统的时间演化算符 $U_{AE}(t)$ 可以因子分离，即 $U_{AE}(t)\neq U_A(t)\otimes U_E(t)$。这时若初态为 $\rho_A(0)\otimes|0\rangle_{EE}\langle 0|$，经 $t$ 时间演化之后，将

成为

$$\rho_{AE}(t)=U_{AE}(t)\{\rho_A(0)\otimes|0\rangle_{EE}\langle 0|\}U_{AE}^{+}(t) \tag{11.39}$$

为了统计性地消除环境影响，需要执行对环境的部分求迹，以得到子系统 $A$ 的约化密度矩阵 $\rho_A(t)$ 为

$$\begin{aligned}\rho_A(t) &= \mathrm{tr}_E\{U_{AE}(t)[\rho_A(0)\otimes|0\rangle_{EE}\langle 0|]U_{AE}^{+}(t)\} \\ &= \sum_\mu {}_E\langle\mu|\{U_{AE}(t)[\rho_A(0)\otimes|0\rangle_{EE}\langle 0|]U_{AE}^{+}(t)\}|\mu\rangle_E\end{aligned}$$

这里$\{|\mu\rangle_E\}$是环境 Hamilton 量 $H_E$ 的一组正交归一基。令

$$\boxed{{}_E\langle\mu|U_{AE}(t)|0\rangle_E=M_\mu(t)} \tag{11.40}$$

这里 $M_\mu(t)$ 是一组作用在子系统 $A$ 上的算符。它们表示在系统 $A$ 与环境 $E$ 相互作用下，环境 $E$ 由基态向$|\mu\rangle_E$ 的跳变对系统 $A$ 状态的影响。它们由演化算符$U_{AE}(t)$ 中的相互作用、环境 $E$ 的一组基$\{|\mu\rangle_E\}$以及所取基态$|0\rangle_E$ 所共同决定。利用式(11.40)定义，可以将 $A$ 任一初始混态 $\rho_A(0)$ 演化为 $\rho_A(t)$ 的过程表示为

$$\boxed{\rho_A(t)\equiv \$(\rho_A(0))=\sum_\mu M_\mu(t)\rho_A(0)M_\mu^{+}(t)} \tag{11.41}$$

这里，由 $U_{AE}(t)$ 的幺正性，立即可得

$$\begin{aligned}\sum_\mu M_\mu^{+}(t)M_\mu(t) &= \sum_\mu {}_E\langle 0|U_{AE}^{+}(t)|\mu\rangle_{EE}\langle\mu|U_{AE}(t)|0\rangle_E \\ &= {}_E\langle 0|U_{AE}^{+}(t)U_{AE}(t)|0\rangle_E = 1\end{aligned} \tag{11.42}$$

式(11.41)的时间演化定义了一个超算符 \$：它把子系统 $A$ 初始时刻密度矩阵$\rho_A(0)$线性地映射为 $t$ 时刻密度矩阵 $\rho_A(t)$。表达式(11.41)称为超算符 \$ 的算符求和表示，或称为超算符 \$ 的 Kraus 表示。确实，$\rho_A(t)$ 仍是密度矩阵，因为：

第一，$\rho_A(t)$ 是厄米的；

第二，$\rho_A(t)$ 是单位迹的

$$\begin{aligned}\mathrm{tr}_A\rho_A(t) &= \sum_\mu \mathrm{tr}_A\{M_\mu(t)\rho_A(0)M_\mu^{+}(t)\} \\ &= \sum_\mu \mathrm{tr}_A\{M_\mu^{+}(t)M_\mu(t)\rho_A(0)\} \\ &= \mathrm{tr}_A\Big\{\sum_\mu\{M_\mu^{+}(t)M_\mu(t)\}\rho_A(0)\Big\} \\ &= \mathrm{tr}_A\rho_A(0)=1\end{aligned}$$

第三，$\rho_A(t)$ 是半正定的：由于 $\rho_A(0)$ 是半正定的，即对 $A$ 的任意态$|\varphi\rangle_A$，有 ${}_A\langle\varphi|\rho_A(0)|\varphi\rangle_A\geqslant 0$，于是有

$${}_A\langle\varphi|\rho_A(t)|\varphi\rangle_A=\sum_\mu[{}_A\langle\varphi|M_\mu(t)]\rho_A(0)[M_\mu^{+}(t)|\varphi\rangle_A]\geqslant 0$$

这里可将 $M_\mu^{+}(t)|\varphi\rangle_A$ 看成 $A$ 的某个态。这三点表明，$\rho_A(t)$ 是一个密度矩阵。

超算符 \$ 是子系统密度矩阵的时间映射算符，它为密度矩阵的演化提供了一个

**普遍的描述。包括从纯态到混态的演化——退相干过程、混态到混态(甚至混态到基态——纯态衰变)的演化过程。**例如,退相干过程即为:如果 $ 求和表示算符 $M_\mu$ 中至少有两个是线性无关的,那么在 $U_{AE}$ 演化作用下,即使初态是 $A$ 的一个纯态,经过演化也会与 $E$ 发生纠缠(为此 $E$ 的态空间维数要大于 1),并在对 $E$ 取迹之后成为混态。除非环境 $E$ 态空间维数等于 1,或者算符序列 $\{M_\mu\}$ 中只有一个是独立的那些过程,否则总会存在上述不可逆的情况。也就是说,**这时系统 $\rho_A$ 演化一般不再是可逆的,超算符 $ 也就不一定总是幺正的。**

**$ 求和表示的特例是** von Neumann **正交投影测量和** POVM **广义测量。它们分别是**

$$
\begin{cases}\rho_A \to \rho'_A = \sum\limits_i E_i \rho_A E_i, & \sum\limits_i E_i = 1 \\ \rho_A \to \rho''_A = \sum\limits_\mu \sqrt{F_\mu}\rho_A \sqrt{F_\mu}, & \sum\limits_\mu F_\mu = 1\end{cases} \tag{11.43}
$$

### 11.2.2 超算符的性质,Kraus 定理

1. 超算符的几个性质

**由于超算符代表系统随时间的演化,可以乘起来串接着演化,但它们又是不可逆的。**于是,总结列举它有以下几个重要性质:

**所有超算符只构成动力学半群;**
**超算符必定保持内积,即必为等距算符;**
**超算符若可逆必为幺正,反之也是。**

最后一条和算符理论中"等距算符有逆算符必为幺正算符,反之也是"的论断相对应。关于"超算符为幺正算符的充要条件"也可以改换提法:一种是上面已经涉及的:

$\{M_\mu\}$ **中只有一个是线性独立的并且有逆存在** (11.44a)

另一种提法是

$M_\mu M_\nu^+ = C_{\mu\nu}$ **是常数,且** $\mathrm{tr}C=1$ (11.44b)

2. Kraus 定理

以上表明了,**大系统随时间幺正演化的结果,在子系统中一般表现为超算符的算符求和形式。现在反过来,证明下述论断:**

**设 $ 为子系统中对密度矩阵的某个映射。如果它满足以下 4 个条件:①线性的;②保持厄米性的;③保迹的;④完全正的,就必定可以将它表示为上述算符求和形式。这就是** Kraus **算符求和定理。**

证明此定理前,需要先解释第 4 条"**$ 是完全正的**"含义。它是:**"用添加另外任意子空间 $B$ 的办法,对空间 $A$ 进行直积推广时,算子 $\$_A$ 的推广 $\$_A \otimes I_B$ 仍然总保持**

**为正的"**。这条要求表面上看起来有点多余，但在物理上是合理的，只有在这样限制下的映射才能确保子系统密度矩阵映射后还是另一个密度矩阵。因为，当研究系统 $A$ 演化时，确实不能否定人们未觉察到的、与 $A$ 完全不耦合的、其他子系统 $B$ 的存在。这个要求正是说，当 $A$ 演化而 $B$ 不演化时，组合系统的任何初始密度矩阵仍旧演化为另一个密度矩阵。此外还要注意，一个算符是正的并不总能保证它是完全正的。比如，转置运算虽是正的但却不是完全正的(习题 11.3)。于是，这就明确宣示转置运算不在超算符映射之列。

**证：** 分两步[⑨]，**首先叙述"亲属态方法"**。

设伴随空间 $H_B$ 的维数不小于所研究空间的维数，即 $\dim H_B \geqslant \dim H_A = N$。已给定 $H_A$ 中任一算符 $M_A$。现在打算通过描述算符 $M_A \otimes I_B$ 如何对直积空间 $H_A \otimes H_B$ 中一个最大纠缠纯态的作用，来完全表征算符 $M_A$ 在 $H_A$ 中的作用。考虑最大纠缠态

$$|\psi\rangle_{AB} = \sum_{i=1}^{N} |i\rangle_A |i'\rangle_B \tag{11.45}$$

这里$\{|i\rangle_A\}$和$\{|i'\rangle_B\}$分别是 $H_A$ 和 $H_B$ 中的正交归一基，而$|\psi\rangle_{AB}$未归一。注意，从最大纠缠态$|\psi\rangle_{AB}$出发，用如下"部分内积"办法，总可以将 $H_A$ 中任一纯态 $|\varphi\rangle_A = \sum_i \alpha_i |i\rangle_A$ (求和项数$\leqslant N$)映射到 $H_B$ 中相应纯态

$$|\varphi\rangle_A = {}_B\langle\varphi^*|\psi\rangle_{AB}; \quad |\varphi^*\rangle_B = \sum_i \alpha_i^* |i'\rangle_B \tag{11.46}$$

通常称$|\varphi^*\rangle_B$为**指标态**(index state)，$|\varphi\rangle_A$是**亲属态**(relative state)。这里有映射

$$|\varphi\rangle_A \leftrightarrow |\varphi^*\rangle_B \tag{11.47}$$

这种映射显然是反线性的幺正映射——反幺正映射，并且一般可能只涉及 $H_B$ 某个子空间($n \geqslant N$)。将算符 $M_A \otimes I_B$ 作用在态$|\psi\rangle_{AB}$上给出

$$(M_A \otimes I_B)|\psi\rangle_{AB} = \sum_i M_A |i\rangle_A \otimes |i'\rangle_B$$

利用这种办法，可得算符 $M_A$ 对亲属态作用的下述表示

$$M_A |\varphi\rangle_A = {}_B\langle\varphi^*|(M_A \otimes I_B)|\psi\rangle_{AB} \tag{11.48}$$

这种亲属态方法可用以下说法来解释：通过 $H_A \otimes H_B$ 中对一个最大纠缠态进行测量，可以实现 $H_A$ 中的一个纯态系综——当 $H_B$ 中测量结果为$|\varphi^*\rangle_B$时，便在 $H_A$ 中制备了态$|\varphi\rangle_A$。由于 $A$ 和 $B$ 是两个可能处于不同地点的子系统，对这个两体最大纠缠态的操作，是先施加算符再制备态(式(11.48)右侧)，还是先制备态再施加算符(式(11.48)左侧)，只要是类空间隔就没有差别。这如同坍缩和关联坍缩的关系一样，并无绝对不变(即与观察者无关)的意义。

---

⑨ 证明取自 Schumacher B. quant-ph/9604023，Appendix A。

**其次**,将上述亲属态方法应用于满足题设 4 个条件的超算符 $\$_A$(注意不是用于算符,而是超算符)。由于 $\$_A$ 是完全正的,所以 $\$_A\otimes I_B$ 是正的。将 $\$_A\otimes I_B$ 作用于已知的最大纠缠态密度矩阵 $\rho_{AB}=\frac{1}{N}|\psi\rangle_{AB}\langle\psi|$,结果是 $H_A\otimes H_B$ 中的另一个密度矩阵 $\rho'_{AB}$。和通常密度矩阵一样,$\rho'_{AB}$ 可以展开为一个纯态系综,即

$$(\$_A\otimes I_B)\left(\frac{1}{N}|\psi\rangle_{AB}\langle\psi|\right)=\sum_\mu q_\mu|\Phi_\mu\rangle_{AB}\langle\Phi_\mu| \tag{11.49}$$

这里 $q_\mu>0$,$\sum_\mu q_\mu=1$,$\langle\Phi_\mu|\Phi_\mu\rangle=1$。于是,借助亲属态方法,有

$$\begin{aligned}\$_A(|\varphi\rangle_A\langle\varphi|)&=(\$_A\otimes I_B)[{}_B\langle\varphi^*|\psi\rangle_{AB}\langle\psi|\varphi^*\rangle_B]\\&={}_B\langle\varphi^*|(\$_A\otimes I_B)(|\psi\rangle_{AB}\langle\psi|)|\varphi^*\rangle_B\\&=N\sum_\mu q_{\mu\,B}\langle\varphi^*|\Phi_\mu\rangle_{AB}\langle\Phi_\mu|\varphi^*\rangle_B\\&\equiv\sum_\mu M_\mu|\varphi\rangle_A\langle\varphi|M_\mu^+\end{aligned} \tag{11.50}$$

由于 $\$$ 的作用,式(11.49)中 $|\Phi_\mu\rangle_{AB}$ 并不正比于最大纠缠态,所以 ${}_B\langle\varphi^*|\Phi_\mu\rangle_{AB}$ 一般也不再正比于 $|\varphi\rangle_A$,并和脚标 $\mu$ 有关。于是式(11.50)中的恒等号就定义了 $H_A$ 上的一个算符系列 $M_\mu$

$$M_\mu:|\varphi\rangle_A\to\sqrt{q_\mu N}\,{}_B\langle\varphi^*|\Phi_\mu\rangle_{AB}\equiv M_\mu|\varphi\rangle_A \tag{11.51}$$

于是可知:

(1) 由式(11.51),$M_\mu$ 关于 $|\varphi\rangle_A$ 为线性的(注意 $|\Phi_\mu\rangle_{AB}$ 与 $|\varphi\rangle_A$ 无关。尽管 $|\varphi\rangle_A\to|\varphi^*\rangle_B$ 是反线性的)。

(2) 由式(11.50),$\$_A(|\varphi\rangle_A\langle\varphi|)=\sum_\mu M_\mu|\varphi\rangle_A\langle\varphi|M_\mu^+$;$\forall\ |\varphi\rangle_A\in H_A$。

(3) 此时对任意混态 $\rho_A$ 有 $\$_A(\rho_A)=\sum_\mu M_\mu\rho_A M_\mu^+$;$\forall\rho_A\in H_A$。因为,任意 $\rho_A$ 可展开为一个纯态系综,而 $\$_A$ 又是线性的。于是

$$\rho_A=\sum_i p_i|\varphi_i\rangle_A\langle\varphi_i|$$

$$\Rightarrow\$_A(\rho_A)=\sum_i p_i\$(|\varphi_i\rangle_A\langle\varphi_i|)=\sum_i p_i M_\mu|\varphi_i\rangle_A\langle\varphi_i|M_\mu^+=\sum_\mu M_\mu\rho_A M_\mu^+$$

(4) $\sum_\mu M_\mu^+M_\mu=1$。因为 $\$_A$ 对任何 $\rho_A$ 是保迹的(这由原来假定 $\$_A$ 为超算符而来——只是当时不知它是否有求和表示)。

**简单总结以上论证:因为 $\$_A$ 是完全正的,$\$_A\otimes I_B$ 将 $H_A\otimes H_B$ 上的一个最大纠缠态的密度矩阵变为另一个密度矩阵。这个密度矩阵能表达成一个纯态系综。在 $H_A\otimes H_B$ 中这些纯态中的每个态都关联着(借助亲属态方法)算符求和表示中的每一项。**

**讨论:**

其实,借助上面亲属态构造方法,在超算符 $\$_A$ 的对最大纠缠纯态密度矩阵变换的系综表示(式(11.49))与其算符求和表示(式(11.50))之间可以建立起相互对应关系。

上面已经明确描述了,怎样从系综表示进行到算符求和表示。其实也能很清楚地逆向进行。如果

$$\$_A(|i\rangle_A\langle j|)=\sum_\mu M_\mu|i\rangle_A\langle j|M_\mu^+$$

$$\begin{aligned}(\$_A\otimes I_B)\left(\frac{1}{N}|\psi\rangle_{AB}\langle\psi|\right)&=(\$_A\otimes I_B)\frac{1}{N}\sum_{i,j}|i\rangle_A|i'\rangle_B\langle j'|_A\langle j|\\&=\sum_{i,j,\mu}M_\mu|i\rangle_A|i'\rangle_B\langle j'|_A\langle j|M_\mu^+\\&=\sum_\mu\sum_{i,j}(M_\mu|i\rangle_A|i'\rangle_B)({}_B\langle j'|_A\langle j|M_\mu^+)\\&=\sum_\mu q_\mu|\Phi_\mu\rangle_{AB}\langle\Phi_\mu|\end{aligned}$$

这就导出了相应的系综表示。这里$\sum_i M_\mu|i\rangle_A|i'\rangle_B\equiv\sqrt{q_\mu}|\Phi_\mu\rangle_{AB}$(由于所涉及的$\{|i\rangle_A\}$和$\{|i'\rangle_B\}$未见得将基矢全都用上了,所以它们不一定是完备的。于是此式只是对相应 $M_\mu$ 的定义。注意,$q_\mu$ 的数值也由左边决定)。

习题 11.3 定义:如果 $H_A$ 上一个算符 $\Omega_A$ 没有负本征值,就称其为正算符;如果将它推广成任何张量积 $\Omega_A\otimes I_B$ 的形式,也都不出现负本征值,就称它是完全正的算符。这里 $I_B$ 是某一任意 $B$ 系统状态空间中的单位算符。证明:$H_A$ 上的转置算符 $T_A:\rho_A\to\rho_A^{\mathrm{T}}$ 是个正算符,但不是一个完全正的算符。

## 11.3 混态动力学(Ⅱ)——Markov 近似与主方程

### 11.3.1 Markov 近似

**凡是所研究系统 $A$ 之外与 $A$ 有相互作用的全部自由度,统称之为环境 $E$。**这些被称为环境的自由度,有些是属于另一些系统的,但也可能属于 $A$ 本身而为人们不感兴趣或是难以计入的另外部分自由度。**如果 $E$ 自由度数目远大于 $A$ 的正对之进行研究的自由度数目,使得可以近似认为 $E$ 不受 $A$ 的影响,就可以将这种环境 $E$ 称之为热库 $R$。**

当系统 $A$ 在任一时刻状态 $\rho_A(t)$ 的变化 $\mathrm{d}\rho_A(t)/\mathrm{d}t$ 仅只决定于这一时刻系统状态 $\rho_A(t)$ 和同一时刻有关物理量 $\hat{A}_i(t)$,$(i=1,2,\cdots)$,才能存在某种微分方程描写系统的动力学演化过程(此处未考虑空间变数):

$$\boxed{\frac{\mathrm{d}\rho_A(t)}{\mathrm{d}t}=f(\rho_A(t),\hat{A}_i(t),\cdots)}\tag{11.52}$$

这里,算符 $\hat{A}_i$ 是一些 $A$ 自身原有的,以及 $A$ 和 $E$ 相互作用后经过对 $E$ 平均折算而出现的 $A$ 的某些算符。但要注意两点,**其一**,即使从大系统 $\mathscr{H}_A \otimes \mathscr{H}_E$ 来看总体动力学演化遵守微分方程——Schrödinger 方程,也不能保证 $\mathscr{H}_A$ 中 $\rho_A(t)$ 的演化可以用某个微分方程来描述。因为,一个处在与热库 $R$ 相互作用中的系统 $A$,其信息可以通过相互作用流向热库 $R$,但也必定有另一些信息从热库 $R$ 流向 $A$。双方信息的往返,从单纯观察 $A$ 的角度来看,就会引发系统 $A$ 的涨落,特别是引发 $A$ 的耗散。并且还出现一般说来不能以微分方程形式描写的系统的动力学演化过程。这是因为热库 $R$ 可以保留和记忆从 $A$ 流过来的信息,并在将来某个时刻再以某种形式反馈给 $A$ 并影响 $A$ 的继续演化。于是 $A$ 现在时刻状态会受到过去某些时刻 $A$ 和 $R$ 相互作用的影响。除非在信息反馈中,$R$ 的记忆与反馈时间尺度 $\tau_R$ 与 $A$ 演化时间尺度 $\tau_A$ 相比十分短暂,完全忽略热库记忆(累积)效应,设定 $R$ 对信息的衰减和反馈均是瞬时的,取最低阶 Markov **近似**。这样才有可能找到适当的微分方程描写 $A$ 的动力学演化过程。**其二**,同时,由于 $R$ 中还包含着系统 $A$ 本身被忽略掉的自由度。这种忽略就像是在时间轴上对系统的演化进行间隔采样,是一种抹去高频振荡的(或者说作高频过滤的)关于时间的粗粒化过程。这种近似采样成立要求粗粒化时间间隔 $\tau_{粗粒}$ 不仅远小于系统演化衰减的时间尺度 $\tau_A$,而且应当远大于热库记忆的时间尺度 $\tau_R$。于是,通常情况下,有效的描述应当满足[⑩]:

$$\tau_A \gg \tau_{粗粒} \gg \tau_R \tag{11.53}$$

这是下面推导和应用主方程时,应注意保证满足的制约条件。

## 11.3.2 主方程与混态演化

上面叙述说明,**在环境或热库影响下,给定初条件的子系统(也称开放系统)约化密度算符随时间演化规律由混态演化基本方程——主方程表达。一般地说,基本方程是不等时(按因果规律应当具有各种方式和程度的时间延迟反馈)的积分微分方程,在(完全忽略延迟反馈效应的)最低阶 Markov 近似下,简化为(等时的)微分方程。**

### 1. 主方程推导

子系统约化密度矩阵的演化方程,即主方程推导办法主要有:源自 1928 年 Pauli 工作的 Pauli-Zwanzig 方法、Louisell 方法,超算符方法。这些方法文献可见脚注①文献中第 131,161 页。其实 Louisell 法可以看成 Zwanzig 法的一种特殊情况,即投影算符为对热库的求迹运算,并加上 Markov 近似。下面按脚注⑩用最简单的**超算符方法——从 Kraus 表示导出主方程。**

---

⑩ Preskill J. Lecture Notes for Physics 229: Quantum Information and Computation. CIT, Sept. 1998: 116.

如果系统A为孤立系，幺正演化下其密度矩阵的时间演化为

$$\frac{\mathrm{d}\rho_A(t)}{\mathrm{d}t}=\mathrm{e}^{-\mathrm{i}Ht/\hbar}\rho_A(0)\mathrm{e}^{\mathrm{i}Ht/\hbar}$$

将它推广到Markov近似下开放系统的非幺正演化过程。这时假定

$$\frac{\mathrm{d}\rho_A(t)}{\mathrm{d}t}=\mathrm{tr}^{(E)}\{U_{EA}(t)\rho_A(0)\otimes\rho_E(0)U_{EA}^{+}(t)\}:\equiv\mathcal{L}(t)[\rho_A(0)] \tag{11.54}$$

这里，**线性超算符 $\mathcal{L}(t)$ 被称为** Lindblad **算符**(也见文献[11])。它将初始时刻的$\rho_A(0)$映射为 $t$ 时刻 $\rho_A(t)$ 的导数。如果要求它不仅是线性的，而且是完全正的、保迹的和强连续的，就可以从系统 $A$ 与环境 $E$ 相耦合的 Kraus 方程出发，来昭示它的作用。考虑 $0\to\mathrm{d}t$ 的演化，得

$$\begin{cases}\rho_A(\mathrm{d}t)\equiv\$(\rho_A(0))=\sum\limits_{\mu}M_\mu(\mathrm{d}t)\rho_A(0)M_\mu^{+}(\mathrm{d}t)\\ M_\mu(\mathrm{d}t)={}_E\langle\mu\mid U_{AE}(\mathrm{d}t)\mid 0\rangle_E;\end{cases} \tag{11.55}$$

令

$$\begin{cases}U_{AE}(\mathrm{d}t)=I_{AE}-\frac{\mathrm{i}}{\hbar}H\,\mathrm{d}t\\ M_0(\mathrm{d}t)={}_E\langle 0|U_{AE}(\mathrm{d}t)|0\rangle_E=I_A+\left(-\frac{\mathrm{i}}{\hbar}H_A+K_A\right)\mathrm{d}t\\ M_\mu(\mathrm{d}t)={}_E\langle\mu|U_{AE}(\mathrm{d}t)|0\rangle_E=-\mathrm{i}L_{A,\mu}\sqrt{\mathrm{d}t}\end{cases} \tag{11.56}$$

这里 $U(\mathrm{d}t)$ 中含 $\mathrm{d}t$ 部分的 $H=H_A+H_E+H_{AE}$ 是耦合系统的 Hamilton 量，$H_A$ 项是 $A$ 系统的 Hamilton 量。第二个方程的小实部 $K_A$ 表示相互作用 $H_{AE}$ 在经受环境 $E$ 基态平均后，环境对系统 $A$ 状态的耗散。也就是说，实部 $\mathrm{Re}\{M_0(\mathrm{d}t)\}=\mathrm{Re}\{{}_E\langle 0|U_{AE}(\mathrm{d}t)|0\rangle_E\}\neq I_A$ 表示，当环境由 $|0\rangle_E\to|0\rangle_E$ 的同时，系统 $A$ 并不仍然全部留在原来状态上，而是以一定概率(因相互作用纠缠而产生)向 $A$ 其他状态的跃迁。这种现象，单从对 $A$ 的观察而言，相当于是 $A$ 原来状态的一种耗散。式(11.56)中第三个方程是针对 $\mu>0$ 的，这是(不像 $M_0$ 的情况)环境状态有跃迁的一种中介过程。这里 $\sqrt{\mathrm{d}t}$ 表示是考虑到，Kraus 表示关于 $M_\mu$ 为双线性的。这从下面推导中可以看得清楚。将式(11.56)代入式(11.50)，得

$$\begin{aligned}\rho_A(\mathrm{d}t)&=M_0(\mathrm{d}t)\rho_A(0)M_0^{+}(\mathrm{d}t)+\sum_{\mu>0}M_\mu(\mathrm{d}t)\rho_A(0)M_\mu^{+}(\mathrm{d}t)\\&=\left[1+\left(-\frac{\mathrm{i}}{\hbar}H_A+K_A\right)\mathrm{d}t\right]\rho_A(0)\left[1+\left(\frac{\mathrm{i}}{\hbar}H_A+K_A\right)\mathrm{d}t\right]\\&\quad+\sum_{\mu>0}(-\mathrm{i}L_{A,\mu}\sqrt{\mathrm{d}t})\rho_A(0)(\mathrm{i}L_{A,\mu}^{+}\sqrt{\mathrm{d}t})\end{aligned}$$

---

[11] Nielsen M A, Chuang I L. Quantum Computation and Quantum information. Cambridge University Press, 2000: 386；以及上面脚注中文献。

$$\cong \rho_A(0)+\left(-\frac{\mathrm{i}}{\hbar}H_A+K_A\right)\rho_A(0)\mathrm{d}t+\rho_A(0)\left(\frac{\mathrm{i}}{\hbar}H_A+K_A\right)\mathrm{d}t$$
$$+\sum_{\mu>0}L_{A,\mu}\rho_A(0)L_{A,\mu}^{+}\mathrm{d}t$$

即

$$\left.\frac{\mathrm{d}\rho_A(t)}{\mathrm{d}t}\right|_{t=0}=\left(-\frac{\mathrm{i}}{\hbar}H_A+K_A\right)\rho_A(0)+\rho_A(0)\left(\frac{\mathrm{i}}{\hbar}H_A+K_A\right)+\sum_{\mu>0}L_{A,\mu}\rho_A(0)L_{A,\mu}^{+}$$

将此方程的时间原点改变为 $t$，得

$$\frac{\mathrm{d}\rho_A(t)}{\mathrm{d}t}=-\frac{\mathrm{i}}{\hbar}[H_A,\rho_A(t)]+K_A\rho_A(t)+\rho_A(t)K_A+\sum_{\mu>0}L_{A,\mu}\rho_A(t)L_{A,\mu}^{+} \tag{11.57}$$

为了求出 $K_A$ 与 $L_{A,\mu}$ 的关系，注意到

$$I_A=\sum_{\mu=0}M_\mu^{+}(\mathrm{d}t)M_\mu(\mathrm{d}t)$$
$$=\left[I_A+\left(\frac{\mathrm{i}}{\hbar}H_A+K_A\right)\mathrm{d}t\right]\left[I_A+\left(-\frac{\mathrm{i}}{\hbar}H_A+K_A\right)\mathrm{d}t\right]+\sum_{\mu>0}L_{A,\mu}^{+}L_{A,\mu}\mathrm{d}t$$
$$=I_A+2K_A\mathrm{d}t+\sum_{\mu>0}L_{A,\mu}^{+}L_{A,\mu}\mathrm{d}t$$

于是有

$$\boxed{K_A=-\frac{1}{2}\sum_{\mu>0}L_{A,\mu}^{+}L_{A,\mu}} \tag{11.58}$$

这里，**算符 $\{L_\mu\}$ 称为 Lindblad 算符或量子跳变算符。它们体现前面所说的，系统 $A$ 与环境 $E$ 相互作用导致的对 $A$ 状态的耗散部分。将式(11.58)代入式(11.57)，略去脚标 $A$，即得 Lindblad 方程**

$$\boxed{\frac{\mathrm{d}\rho(t)}{\mathrm{d}t}=-\frac{\mathrm{i}}{\hbar}[H,\rho(t)]+\sum_{\mu>0}\left\{L_\mu\rho(t)L_\mu^{+}-\frac{1}{2}L_\mu^{+}L_\mu\rho(t)-\frac{1}{2}\rho(t)L_\mu^{+}L_\mu\right\}} \tag{11.59}$$

**方程(11.59)是子系统(或开放系统)密度矩阵演化主方程的最常见形式。**注意，由于 $\rho(t)$ 是密度矩阵，$\rho(t+\mathrm{d}t)$ 也是密度矩阵。事实上，主方程中 $\mathrm{d}\rho/\mathrm{d}t$ 是厄米的，并且是保迹的 $\mathrm{tr}(\mathrm{d}\rho/\mathrm{d}t)=0$(注意求和号中第二、第三两项的作用)。这意味着计入耗散之后概率守恒。只有保持正定性这一条不明显。但从推导的出发点 Kraus 表示可以知道，只要 $\rho(0)$ 是正的，由式(11.59)决定的 $\rho(t)$ 也一定是正的。

2. 主方程物理分析

方程(11.59)在混态演化中的地位几乎接近于 Schrödinger 方程在纯态演化中的地位。其中第一项是通常的 Schrödinger 方程项，它生成幺正演化。其余项描述了系统和环境相互作用使系统经受的可能的跃迁、耗散和退相干。含有量子跳变算符 $\{L_\mu\}$ 的求和项共有三个：第一个求和中的每一项 $L_\mu\rho(t)L_\mu^{+}$ 诱导一种量子跃迁；后两项是为了在无跃迁情况下归一化所需要的，也就是说，是方程保迹所需要的。

在上面推导中，Markov 近似表现在方程(11.56)上。$A$ 系统 Kraus 求和中，表

示相互作用结果是环境从$|0\rangle_E \to |\mu\rangle_E$跃迁的$M_\mu$算符，已经近似转化为$A$系统的等时即瞬间的量子跳变算符$L_{A,\mu}$；$E$和$A$之间量子态纠缠也同时瞬间转化为$A$状态的耗散。因此，Kraus **求和方法与主方程方法——两种常用的关于混态变化的计算方法相比较**，Kraus **求和方法要更普遍些，因为它只涉及密度矩阵的改变而不是连续演化，并未使用** Markov **近似。**

## 11.4 混态动力学(Ⅲ)——主方程求解

### 11.4.1 求解方法介绍

1. 概述

主方程求解方法很多，看所研究问题的各种主方程的形式以及求解的具体目标而定。它们大体分为两类：**第一类**，各种$C$数等效方法。包括对稳态情况在粒子数表象中的$C$数方程法；求算符期望值的$C$数方程法；$P$表象、$Q$表象、Wigner 函数表象下 Fokker-Planck 方程方法等。这些方法的共同点和实质都是将算符方程转化为普通函数方程，或是算符的矩阵元方程，成为联立方程组，适当将其截断再代数方法求解。此类各种方法在量子光学和凝聚态物理中常有介绍，详细见文献⑫，这里不再转述。**第二类**，超算符方法和超算符 Lie 代数方法。超算符方法最初由文献⑬提出。对单模腔场中辐射场的主方程，若用 Liouville 空间方法求解，很难从已知初态求得密度算符的解析表达式，因此出现超算符求解方法。

2. "超算符"方法

单模腔场中辐射场的主方程为

$$\boxed{\dot\rho(t)=k(N_r+1)(2a\rho a^+-a^+a\rho-\rho a^+a)+kN_r(2a^+\rho a-aa^+\rho-\rho aa^+)} \tag{11.60}$$

为了解析地求解上式，可定义如下三个超算符

$$J_1\rho=2\gamma a\rho a^+,\quad J_2\rho=2\beta a^+\rho a,\quad L\rho=-(\gamma+\beta)(a^+a\rho+\rho a^+a) \tag{11.61}$$

式中的常数$\gamma=k(N_r+1)$，$\beta=kN_r$。由玻色算符的对易关系容易证明上面定义的超算符满足如下对易关系

$$\begin{cases}[J_2,J_1]\rho=\dfrac{4\beta\gamma}{\beta+\gamma}L\rho-4\beta\gamma\rho \\ [J_1,L]\rho=-2(\beta+\gamma)J_1\rho;\quad [J_2,L]\rho=2(\beta+\gamma)J_2\rho\end{cases} \tag{11.62}$$

于是式(11.60)可写成

$$\dot\rho(t)=(J_1+J_2+L-2\beta)\rho \tag{11.63}$$

---

⑫ Yang J, et al. Chin. Phys. Lett., 2003, 20: 796.

⑬ Arevalo-Aguilar L M, Moya-Cessa H. Quantum Semiclass. Opt., 1998, 10: 671.

此式的形式解为

$$\rho(t)=\exp(-2\beta t)\exp\{(J_1+J_2+L)t\}\rho(0) \tag{11.64}$$

可以分拆式(11.64),脚注⑬文献得出如下表达式

$$\rho(t)=\exp(-2\beta t)\exp[f_3(t)]\exp[f_2(t)J_2]\exp[f_0(t)L]\exp[f_1(t)J_1]\rho(0) \tag{11.65}$$

对此式微分并利用式(11.62)、式(11.63),可得式(11.65)中各系数函数所满足的微分方程

$$\begin{cases}\dfrac{df_0}{dt}+\dfrac{4\beta\gamma}{\beta+\gamma}f_2=1\\[2mm]\dfrac{df_1}{dt}=e^{-2(\beta+\gamma)f_0}\\[2mm]\dfrac{df_2}{dt}+2(\beta+\gamma)\dfrac{df_0}{dt}f_2+4\beta\gamma f_2^2=1\\[2mm]\dfrac{df_3}{dt}=4\beta\gamma f_2\end{cases}$$

解这组微分方程可得各系数为

$$\begin{cases}f_0=\dfrac{\gamma-\beta}{\gamma+\beta}t+\dfrac{1}{\gamma+\beta}\ln\left(\dfrac{\beta e^{2(\beta-\gamma)t}-\gamma}{\beta-\gamma}\right)\\[2mm]f_1=f_2=\dfrac{1}{2}\dfrac{e^{2(\beta-\gamma)t}-1}{\beta e^{2(\beta-\gamma)t}-\gamma}\\[2mm]f_3=2\beta t-\ln\dfrac{\beta e^{2(\beta-\gamma)t}-\gamma}{\beta-\gamma}\end{cases} \tag{11.66}$$

于是对于任意初态,将其代入式(11.65)后,利用式(11.66),即可得出 $\rho(t)$ 的解析表达式。

例如,取初态为相干态 $\rho(0)=|\alpha\rangle\langle\alpha|$,经过一些计算可得

$$\rho(t)=\frac{\exp\{-N(t)|\tilde{\alpha}(t)|^2\}}{1+N(t)}\sum_{n=0}^{\infty}\frac{1}{n!}\left(\frac{N(t)}{1+N(t)}\right)^n\cdot\sum_{k=0}^{\infty}\sum_{m=0}^{\infty}\binom{n}{k}\binom{n}{m}\sqrt{k!m!}\,\tilde{\alpha}^*(t)^{n-k}\tilde{\alpha}(t)^{n-m}\,|\tilde{\alpha}(t),k\rangle\langle\tilde{\alpha}(t),m|$$

其中

$$N(t)=N_r(1-e^{-2kt}),\quad \tilde{\alpha}(t)=\frac{\alpha e^{-kt}}{1+N(t)},\quad |\tilde{\alpha}(t),k\rangle=D[\tilde{\alpha}(t)]|k\rangle$$

这里 $D[\tilde{\alpha}(t)]$ 为位移算符。当 $t\to\infty$ 时,由于 $\tilde{\alpha}(t)\to 0$,$N(t)\to N_r$,所以 $\rho(t)$ 将变为热态,即

$$\rho(t\to\infty)=\frac{1}{1+N_r}\sum_{n=0}^{\infty}\left(\frac{N_r}{1+N_r}\right)^n|n\rangle\langle n| \tag{11.67}$$

由上面叙述可知,此方法优点是,依据初态便可以通过求解系数微分方程办法给

出 $\rho(t)$ 的解析表达式。

3."超算符 Lie 代数"方法

上面超算符方法有不足之处。这就是该方法未曾考查主方程中可能含有的 Lie 代数对称结构，当然也就没有融入 Lie 代数的对易关系考虑。其后果是：仍需求解联立的微分方程组来确定分拆系数函数。但在量子光学和量子信息论中许多主方程超算符具有这类结构。利用这些对称结构，发展了求解主方程的超算符 Lie 代数方法，无需求解微分方程组便可确定分拆系数函数。此方法可以求解一大类量子系统的主方程。下面叙述这一方法。

近些年来，以往创立的对算符的量子变换理论逐渐被应用到密度算符上，拓展成为各种超算符变换，发展成为用超算符 Lie 代数求解主方程的方法，即求解主方程的量子变换方法[⑭]。比如，当主方程中含有超算符的 $SU(1,1)$，$SU(2)$ 结构时，此类主方程可以用代数方法严格求解。

简略地说，将方程(11.59)转入相互作用图像，除去的第一项，仍借用原先记号，有

$$\boxed{\frac{\mathrm{d}\rho(t)}{\mathrm{d}t}=\sum_{\mu>0}\left\{L_\mu\rho(t)L_\mu^+-\frac{1}{2}L_\mu^+L_\mu\rho(t)-\frac{1}{2}\rho(t)L_\mu^+L_\mu\right\}} \tag{11.68}$$

如果此方程的结构中含有超算符的 $SU(1,1)$，$SU(2)$ 对称结构，即如果存在超算符 $K_\pm$，$K_0$，可以将右边量子跳变算符求和表示重新整理成为如下标准形式

$$\boxed{\begin{aligned}\frac{\mathrm{d}\rho(t)}{\mathrm{d}t}&=\sum_{\mu>0}\left(L_\mu\rho(t)L_\mu^+-\frac{1}{2}L_\mu^+L_\mu\rho(t)-\frac{1}{2}\rho(t)L_\mu^+L_\mu\right)\\&=[W_+K_++W_-K_-+W_0K_0]\rho(t)\end{aligned}} \tag{11.69a}$$

这里 $\{K_\pm,K_0\}$ 为超算符，它们满足如下对易关系

$$\boxed{[K_-,K_+]\rho(t)=2\varepsilon K_0\rho(t);\quad [K_0,K_\pm]\rho(t)=\pm K_\pm\rho(t)} \tag{11.69b}$$

当 $\varepsilon=+1$ 时，它们为 $SU(1,1)$ Lie 代数的超算符生成元；当 $\varepsilon=-1$ 时，为 $SU(2)$ 的超算符生成元。$W_\pm$，$W_0$ 是不显含时间的参数。

于是主方程便可以形式地积出来，表示成为

$$\boxed{\rho(t)=\exp\{(W_+K_++W_-K_-+W_0K_0)t\}\rho(0)} \tag{11.70}$$

现在的任务是分解式(11.70)中指数和形式的超算符，使其成为单项指数超算符连乘的形式，便于从 $\rho(0)$ 得到 $\rho(t)$ 的显式表达式。由于对易规则式(11.69b)是封闭的，按 Baker-hausdorff 公式容易验证有如下两种解：由降算符→升算符的乘积分解(升

---

⑭ 逯怀新. 连续变量量子信息论的若干研究——量子变换理论的应用. 中国科学技术大学博士学位论文，2003；Lu H X，Yang J，Zhang Y D，et al. PRA，2003，67：024101；Lu H X，Chen Z B，Zhang Y D. Mod. Phys. Lett.，2002，B16：595.

序乘积解);由升算符→降算符的乘积分解(降序乘积解)。

$$\exp\{(W_+K_+ + W_-K_- + W_0K_0)t\} = \exp(x_+(t)K_+)\exp(K_0\ln x_0(t))\exp(x_-(t)K_-) \tag{11.71a}$$

$$\exp\{(W_+K_+ + W_-K_- + W_0K_0)t\} = \exp(y_-(t)K_-)\exp(K_0\ln y_0(t))\exp(y_+(t)K_+) \tag{11.71b}$$

这里

$$(W_+t, W_-t, W_0t) \sim (x_+(t), x_-(t), x_0(t))$$
$$(W_+t, W_-t, W_0t) \sim (y_+(t), y_-(t), y_0(t))$$

两组系数之间关系可由式(11.69)确定。具体地说,根据 Lie 代数表示论,$SU(1,1)/SU(2)$超算符生成元 $K_\pm, K_0$ 可用$(2\times2)$矩阵来表示为

$$K_+ = \begin{pmatrix} 0 & 1 \\ 0 & 0 \end{pmatrix}, \quad K_- = \begin{pmatrix} 0 & 0 \\ -\varepsilon & 0 \end{pmatrix}, \quad K_0 = \frac{1}{2}\begin{pmatrix} 1 & 0 \\ 0 & -1 \end{pmatrix}$$

现用此$(2\times2)$表示展开式(11.71a)和式(11.71b)。首先,式(11.71a)和式(11.71b)左边均为

$$\exp\{(W_+K_+ + W_-K_- + W_0K_0)t\} = \exp\begin{pmatrix} \frac{1}{2}W_0t & W_+t \\ -\varepsilon W_-t & -\frac{1}{2}W_0t \end{pmatrix}$$
$$= \frac{\mathrm{sh}(\gamma t)}{\gamma t}\begin{pmatrix} \frac{1}{2}W_0t & W_+t \\ -\varepsilon W_-t & -\frac{1}{2}W_0t \end{pmatrix} + \mathrm{ch}(\gamma t)I$$
$$= \begin{pmatrix} \mathrm{ch}(\gamma t) + \frac{W_0}{2\gamma}\mathrm{sh}(\gamma t) & \frac{W_+}{\gamma}\mathrm{sh}(\gamma t) \\ -\varepsilon\frac{W_-}{\gamma}\mathrm{sh}(\gamma t) & \mathrm{ch}(\gamma t) - \frac{W_0}{2\gamma}\mathrm{sh}(\gamma t) \end{pmatrix}$$

中间参量 $\gamma = \sqrt{\frac{1}{4}W_0^2 - \varepsilon W_+W_-}$。右边则按升降两种顺序,分为两种结果

$$\begin{cases} e^{x_+(t)K_+}e^{K_0\ln x_0(t)}e^{x_-(t)K_-} = \dfrac{1}{\sqrt{x_0(t)}}\begin{pmatrix} x_0(t) - \varepsilon x_+(t)x_-(t) & x_+(t) \\ -\varepsilon x_-(t) & 1 \end{pmatrix} \\ e^{y_-(t)K_-}e^{K_0\ln y_0(t)}e^{y_+(t)K_+} = \sqrt{y_0(t)}\begin{pmatrix} 1 & y_+(t) \\ -\varepsilon y_-(t) & y_0(t)^{-1} - \varepsilon y_+(t)y_-(t) \end{pmatrix} \end{cases}$$

由此,上述两种分解式内的展开系数分别由下式决定[6]

$$\begin{pmatrix} \mathrm{ch}(\gamma t) + \frac{W_0}{2\gamma}\mathrm{sh}(\gamma t), & \frac{W_+}{\gamma}\mathrm{sh}(\gamma t) \\ -\varepsilon\frac{W_-}{\gamma}\mathrm{sh}(\gamma t), & \mathrm{ch}(\gamma t) - \frac{W_0}{2\gamma}\mathrm{sh}\gamma(t) \end{pmatrix}$$

$$
=\frac{1}{\sqrt{x_0(t)}}\begin{pmatrix} x_0(t)-\varepsilon x_+(t)x_-(t), & x_+(t) \\ -\varepsilon x_-(t), & 1 \end{pmatrix}
$$

$$
=\sqrt{y_0(t)}\begin{pmatrix} 1, & y_+(t) \\ -\varepsilon y_-(t), & y_0(t)^{-1}-\varepsilon y_+(t)y_-(t) \end{pmatrix} \tag{11.72a}
$$

令等式两边的矩阵元对应相等，即得时间相关的分解系数表达式。

最后，式(11.70)的解，既可以通过分解表示为升序乘积形式

$$
\rho(t)=\mathrm{e}^{x_+(t)K_+}\,\mathrm{e}^{K_0\ln x_0(t)}\,\mathrm{e}^{x_-(t)K_-}\rho(0) \tag{11.72b}
$$

也可以通过分解表示为降序乘积的形式

$$
\rho(t)=\mathrm{e}^{y_-(t)K_-}\,\mathrm{e}^{K_0\ln y_0(t)}\,\mathrm{e}^{y_+(t)K_+}\rho(0) \tag{11.72c}
$$

因此，当主方程具有这些对称结构时，利用式(11.71)和式(11.72)，便能普遍地解决它的含时解问题。当然，也许在得到式(11.69)这种标准形式之前，可能还需要预先作适当的变换，如同文献中和下面例解中所做的那样。

与脚注⑬文献方法相比，这里方法不但给出了这一类主方程解的一般表达式，而且无需求解微分方程即可得到系数。由于许多开放体系的主方程都可归结为这两类形式，方法具有一定的普遍性。

### 11.4.2　求解例算

#### 1. 简单主方程求解

**例 1　与电磁场相互作用的衰减振子问题。** 考虑谐振子 $H_0=\hbar\omega a^+a$，它和电磁场的相互作用为

$$
H'=\sum_i \lambda_i(ab_i^+ + a^+b_i) \tag{11.73}
$$

式(11.73)表明，谐振子跃迁(衰变)时吸收(发射)光量子。设速率为 $\Gamma$。对于量子数 $n$ 大于 1 的高激发态，可认为这些光子的跃迁(衰变)是各自独立的。而作为热库的电磁场为无相互作用多自由度系统 $\sum_i \hbar\omega_i b_i^+ b_i$。假定热库处于零度，于是振子可以级联的单光子辐射衰变直至基态，而振子不吸收光子。这时只有一对独立的量子跳变算符 $L_1=\sqrt{\Gamma}a$(及其厄米)。Lindblad 方程

$$
\boxed{\frac{\mathrm{d}\rho(t)}{\mathrm{d}t}=-\frac{\mathrm{i}}{\hbar}[H_0,\rho]+\Gamma\left\{a\rho a^+-\frac{1}{2}a^+a\rho-\frac{1}{2}\rho a^+a\right\}} \tag{11.74}
$$

这里量子跳变项表示振子发射光子而衰减。此处模型也可以理解为一个与电磁涨落真空态相耦合的两能级原子，于是原子由激发态自发辐射衰变到基态。这正是单个 qubit 退相干的三种基本模式中的 **“振幅阻尼模式”**。这一点由下面计算结果也可以知道。为化简方程(11.74)，转入相互作用绘景，以消去右边第 1 项。即作变换

$$\begin{cases}\rho_I(t)=\mathrm{e}^{\mathrm{i}H_0 t/\hbar}\rho(t)\mathrm{e}^{-\mathrm{i}H_0 t/\hbar}\\ a_I(t)=\mathrm{e}^{\mathrm{i}H_0 t/\hbar}a(t)\mathrm{e}^{-\mathrm{i}H_0 t/\hbar}\end{cases}\tag{11.75}$$

利用公式 $\exp(\gamma a^+a)f(a,a^+)\exp(-\gamma a^+a)=f(a\mathrm{e}^{-\gamma},a^+\mathrm{e}^{\gamma})$，得到

$$\frac{\mathrm{d}\rho_I(t)}{\mathrm{d}t}=\Gamma\left\{a_I\rho_I a_I^+-\frac{1}{2}a_I^+a_I\rho_I-\frac{1}{2}\rho_I a_I^+a_I\right\};\quad a_I(t)=a\mathrm{e}^{-\mathrm{i}\omega t}\tag{11.76a}$$

注意，这里算符 $(a,a^+)$ 本身不显含时间(如同 $x$ 和 $p$ 一样)。于是有

$$\frac{\mathrm{d}\rho_I}{\mathrm{d}t}=\Gamma\left\{a\rho_I a^+-\frac{1}{2}a^+a\rho_I-\frac{1}{2}\rho_I a^+a\right\}\tag{11.76b}$$

现在，求给定初值后光子占有数平均值 $\langle n\rangle$ 的变化。按式(11.76a)，

$$\begin{aligned}\frac{\mathrm{d}}{\mathrm{d}t}\langle n\rangle&=\frac{\mathrm{d}}{\mathrm{d}t}\langle a^+a\rangle=\mathrm{tr}\left(a^+a\frac{\mathrm{d}\rho_I}{\mathrm{d}t}\right)\\&=\Gamma\mathrm{tr}\left\{a^+aa\rho_I a^+-\frac{1}{2}a^+aa^+a\rho_I-\frac{1}{2}a^+a\rho_I a^+a\right\}\\&=\Gamma\mathrm{tr}\{a^+aa\rho_I a^+-a^+aa^+a\rho_I\}=\Gamma\mathrm{tr}\{a^+[a^+,a]a\rho_I\}\\&=-\Gamma\mathrm{tr}\{a^+a\rho_I\}=-\Gamma\langle n\rangle\end{aligned}\tag{11.77}$$

积分即得

$$\langle n(t)\rangle=\langle n(0)\rangle\exp(-\Gamma t)\tag{11.78}$$

**例 2 振子的位相衰减。**振子 $(a^+,a)$ 和热库 $(b_i^+,b_i,i=1,\cdots)$ 耦合问题。相互作用设为

$$H_I=\left(\sum_i\lambda_i b_i^+b_i\right)a^+a\tag{11.79}$$

只有一个 Lindblad 算符 $L_\mu=L_\mu^+=a^+a$，在相互作用绘景中主方程为

$$\boxed{\frac{\mathrm{d}\rho_I}{\mathrm{d}t}=\Gamma\left(a^+a\rho_I a^+a-\frac{1}{2}(a^+a)^2\rho_I-\frac{1}{2}\rho_I(a^+a)^2\right)}\tag{11.80}$$

这里常数 $\Gamma$ 解释为，当振子被单个量子占据时，热库光子被振子散射的散射率。如假定振子的占有量子数是 $n$，则散射率就是 $\Gamma n^2$。因子 $n^2$ 是由于振子在 $|n\rangle$ 态上时，这 $n$ 个量子对热库光子散射的散射振幅是相干叠加的，散射振幅将正比于 $n$，所以散射率就正比于 $n^2$ 了。

对于式(11.80)形式的主方程，很容易在粒子数表象中求解它：方程两边用振子的数态 $\langle n|$，$|m\rangle$ 夹积，并令 $\langle n|\rho_I|m\rangle=\rho_{nm}$，即得主方程的矩阵元形式为

$$\begin{aligned}\frac{\mathrm{d}\rho_{nm}}{\mathrm{d}t}&=\Gamma\left(nm-\frac{1}{2}n^2-\frac{1}{2}m^2\right)\rho_{nm}\\&=-\frac{\Gamma}{2}(n-m)^2\rho_{nm}\end{aligned}\tag{11.81}$$

对时间积分，即得

$$\rho_{nm}(t)=\rho_{nm}(0)\exp\left[-\frac{1}{2}(n-m)^2\Gamma t\right]\tag{11.82}$$

**模型讨论**:这是一个典型的"**相位退相干模式**"。凡是 $n\neq m$ 的非对角项,在足够长时间后都将衰减掉。只剩下全部对角项并保持为初始数值。现假定初始时刻制备了一个猫态

$$|Cat\rangle=\frac{1}{\sqrt{2}}(|n_1\rangle+|n_2\rangle);\quad \rho_{cat}(0)=\frac{1}{2}\{|n_1\rangle_A\langle n_1|+|n_2\rangle_A\langle n_2|+|n_1\rangle_A\langle n_2|+|n_2\rangle_A\langle n_1|\}\tag{11.83}$$

这是两个占有数本征态的相干叠加纯态。由于假定它是猫态,这两个占有数相差是很大的 $|n_1-n_2|\gg1$,于是演化结果,非对角项十分迅速地衰减掉了 $\exp\left(-\frac{1}{2}(n_1-n_2)^2\Gamma t\right)\to0$。

**由此可以解释"Schrödinger-Cat 佯谬"——人们从来看不到"死""活"两个状态相干叠加着的猫。那是因为:不仅由于猫本身是宏观物体,自由度十分巨大,量子纠缠庞杂;而且其"死"、"活"两个状态所涉及的自由度也十分巨大,量子纠缠的差别也十分巨大。因此,即便初始制备出了这种相干叠加态,按此处相位退相干模型计算结果,其退相干速度也将非常快速,以致就此问题进行实验观察是不切实际的。**

*2. 超算符求解例算*

**例 3 压缩热库情况下的阻尼谐振子。**这时主方程为

$$\begin{aligned}\dot{\rho}(t)=&\frac{r}{2}(N+1)(2a\rho a^+-a^+a\rho-\rho a^+a)+\frac{r}{2}N(2a^+\rho a-aa^+\rho-\rho aa^+)\\&+\frac{r}{2}M(2a^+\rho a^+-(a^+)^2\rho-\rho(a^+)^2)+\frac{r}{2}M^*(2a\rho a-a^2\rho-\rho a^2)\end{aligned}\tag{11.84}$$

式中,$N$ 是热库平均光子数,$r$ 是衰减速率,$M$ 是与压缩热库有关的参数。上式表面看来并不是所说的标准形式。需要通过适当的量子变换使其转化为所要的标准形式,以便暴露方程中隐含的超算符 Lie 代数结构。通常采用平移变换来消除主方程中的一次项,而用压缩变换消除含 $M,M^*$ 项。现在采用压缩算符

$$S(\zeta)=\exp\left(\frac{1}{2}(\zeta^*a^2-\zeta(a^+)^2)\right)$$

进行变换

$$a'\equiv S^+(\zeta)aS(\zeta),\quad \rho'\equiv S^+(\zeta)\rho S(\zeta)\tag{11.85}$$

这里 $\zeta$ 为不含时间的待定参数。简单计算可得

$$\begin{cases}a'=\mathrm{ch}(|\zeta|)a-\dfrac{\zeta}{|\zeta|}\mathrm{sh}(|\zeta|)a^+\\ a'^+=\mathrm{ch}(|\zeta|)a^+-\dfrac{\zeta}{|\zeta|}\mathrm{sh}(|\zeta|)a\end{cases}\tag{11.86}$$

将变换式(11.85)代入式(11.84)并注意式(11.86),简单整理即得

$$\dot{\rho}'(t)=\left[\alpha K_++\beta K_-+(\alpha+\beta)K_0+\frac{r}{2}\right]\rho'(t)\tag{11.87}$$

其中系数为

$$\begin{cases}\alpha = rN\mathrm{ch}(2|\zeta|) + r\mathrm{ch}^2(|\zeta|) - \dfrac{r}{2|\zeta|}\mathrm{sh}(2|\zeta|)(M\zeta^* + M^*\zeta) \\ \beta = rN\mathrm{ch}(2|\zeta|) + r\mathrm{sh}^2(|\zeta|) - \dfrac{r}{2|\zeta|}\mathrm{sh}(2|\zeta|)(M\zeta^* + M^*\zeta)\end{cases} \tag{11.88a}$$

让其中 $\zeta$ 由下式决定

$$\frac{|\zeta|}{\zeta}Mc\,\mathrm{th}(|\zeta|) + \frac{|\zeta|}{\zeta}M^*\,\mathrm{th}(|\zeta|) = 2N+1 \tag{11.88b}$$

于是定义如下超算符

$$\begin{cases}K_-\rho' = a^+\rho' a \\ K_+\rho' = a\rho' a^+ \\ K_0\rho' = -\dfrac{1}{2}(a^+a\rho' + \rho' a^+ a + \rho')\end{cases} \tag{11.89}$$

利用玻色对易关系可以证明,它们满足 $SU(1,1)$ Lie 代数对易关系,即

$$\begin{cases}[K_-, K_+]\rho' = 2K_0\rho' \\ [K_0, K_\pm]\rho' = \pm K_0\rho'\end{cases} \tag{11.90}$$

于是可以直接写出式(11.87)两种形式的解。比如,降序乘积解为

$$\rho'(t) = \mathrm{e}^{rt/2}\exp(y_-K_-)\exp(K_0\ln y_0)\exp(y_+K_+)\rho'(0) \tag{11.91a}$$

并有分解系数

$$y_- = \frac{\beta(\mathrm{e}^{-rt}-1)}{\beta\mathrm{e}^{-rt}-\alpha}, \quad y_+ = \frac{\alpha(\mathrm{e}^{-rt}-1)}{\beta\mathrm{e}^{-rt}-\alpha}, \quad y_0 = \left(\frac{\alpha\mathrm{e}^{rt/2} - \beta\mathrm{e}^{-rt/2}}{r}\right)^2 \tag{11.91b}$$

最后求得解为

$$\begin{aligned}\rho(t) &= S(\zeta)\rho'(t)S^+(\zeta) \\ &= \mathrm{e}^{rt/2}S(\zeta)\exp(y_-K_-)\exp(K_0\ln y_0)\exp(y_+K_+)S^+(\zeta)\rho(0)\end{aligned} \tag{11.92}$$

至此,再取定初态,即可将此计算进行到底。不失一般性,可取初态为压缩相干态,将计算继续做完。此处不再叙述。

**例 4 带驱动项的阻尼振子。**这时主方程为

$$\begin{aligned}\dot\rho(t) = &-\mathrm{i}[H_D, \rho] + \frac{r}{2}(N+1)(2a\rho a^+ - a^+a\rho - \rho a^+ a) \\ &+ \frac{r}{2}N(2a^+\rho a - aa^+\rho - \rho a a^+) \\ &+ \frac{r}{2}M(2a^+\rho a^+ - (a^+)^2\rho - \rho(a^+)^2) \\ &+ \frac{r}{2}M^*(2a\rho a - (a)^2\rho - \rho(a)^2)\end{aligned} \tag{11.93a}$$

这里线性驱动项 $H_D$ 为

$$H_D = \varepsilon(t)a^+ + \varepsilon^*(t)a \tag{11.93b}$$

为消去式(11.93a)的线性项,将其化为标准形式,可预先作简单平移变换

$$\rho'(t)=D^{+}(\alpha)\rho(t)D(\alpha),\quad D(\alpha)=\exp[\alpha(t)a^{+}-\alpha^{*}(t)a] \tag{11.94}$$

其中,$\alpha(t)$为待定参数。在此变换下,主方程成为

$$\begin{aligned}\dot{\rho}'=&\left(-\mathrm{i}\varepsilon-\frac{r}{2}\alpha-\dot{\alpha}\right)(a^{+}\rho'-\rho'a)-\left(-\mathrm{i}\varepsilon-\frac{r}{2}\alpha-\dot{\alpha}\right)^{*}(a\rho'-\rho'a^{+})\\&+\frac{r}{2}(N+1)(2a\rho'a^{+}-a^{+}a\rho'-\rho'a^{+}a)\\&+\frac{r}{2}N(2a^{+}\rho'a-aa^{+}\rho'-\rho'aa^{+})\\&+\frac{r}{2}M(2a^{+}\rho'a^{+}-(a^{+})^{2}\rho'-\rho'(a^{+})^{2})\\&+\frac{r}{2}M^{*}(2a\rho'a-(a)^{2}\rho'-\rho'(a)^{2})\end{aligned}$$

现在,选择函数$\alpha(t)$满足

$$\dot{\alpha}(t)+\frac{r}{2}\alpha(t)+\mathrm{i}\varepsilon=0 \tag{11.95}$$

则上面方程变为

$$\begin{aligned}\dot{\rho}'=&\frac{r}{2}(N+1)(2a\rho'a^{+}-a^{+}a\rho'-\rho'a^{+}a)\\&+\frac{r}{2}N(2a^{+}\rho'a-aa^{+}\rho'-\rho'aa^{+})\\&+\frac{r}{2}M(2a^{+}\rho'a^{+}-(a^{+})^{2}\rho'-\rho'(a^{+})^{2})\\&+\frac{r}{2}M^{*}(2a\rho'a-(a)^{2}\rho'-\rho'(a)^{2})\end{aligned} \tag{11.96}$$

接着按上面所说的求解程序,不难将计算进行下去。最后即得最一般阻尼谐振子的解。

**例5 热库中的两能级原子体系。**在相互作用图像中此时主方程为

$$\begin{aligned}\dot{\rho}(t)=&\frac{r}{2}(N+1)(2\sigma_{-}\rho\sigma_{+}-\sigma_{+}\sigma_{-}\rho-\rho\sigma_{+}\sigma_{-})\\&+\frac{r}{2}N(2\sigma_{+}\rho\sigma_{-}-\sigma_{-}\sigma_{+}\rho-\rho\sigma_{-}\sigma_{+})\end{aligned} \tag{11.97}$$

为求解此主方程,定义如下超算符

$$K_{-}\rho=\sigma_{-}\rho\sigma_{+},\quad K_{+}\rho=\sigma_{+}\rho\sigma_{-},\quad K_{0}\rho=\frac{1}{2}(\sigma_{+}\sigma_{-}\rho+\rho\sigma_{+}\sigma_{-}-\rho) \tag{11.98}$$

可以证明它们满足$SU(2)$ Lie代数对易关系,即

$$\begin{cases}[K_{-},K_{+}]\rho=-2K_{0}\rho\\[K_{0},K_{\pm}]\rho=\pm K_{\pm}\rho\end{cases} \tag{11.99}$$

于是,方程(11.97)可通过它们表示为标准形式

$$\begin{cases}\dot{\rho}(t)=\left\{\beta K_{+}+\alpha K_{-}+(\beta-\alpha)K_{0}-\dfrac{1}{2}(\alpha-\beta)\right\}\rho(t)\\ \alpha=r(N+1),\quad \beta=rN\end{cases}\tag{11.100}$$

所以可得此主方程密度算符的升序乘积解和降序乘积解

$$\begin{cases}\rho(t)=\exp\left(-\dfrac{1}{2}(\alpha+\beta)t\right)\exp(x_{+}K_{+})\exp(K_{0}\ln x_{0})\exp(x_{-}K_{-})\rho(0)\\ \rho(t)=\exp\left(-\dfrac{1}{2}(\alpha+\beta)t\right)\exp(y_{-}K_{-})\exp(K_{0}\ln y_{0})\exp(y_{+}K_{+})\rho(0)\end{cases}\tag{11.101}$$

其中系数为

$$\begin{cases}x_{0}=\left(\dfrac{\alpha e^{(\alpha+\beta)t/2}+\beta e^{-(\alpha+\beta)t/2}}{\alpha+\beta}\right)^{-2}\\ x_{+}=\dfrac{\beta(e^{(\alpha+\beta)t}-1)}{\alpha e^{(\alpha+\beta)t}+\beta};\quad x_{-}=\dfrac{\alpha(e^{(\alpha+\beta)t}-1)}{\alpha e^{(\alpha+\beta)t}+\beta}\\ y_{0}=\left(\dfrac{\beta e^{(\alpha+\beta)t/2}+\alpha e^{-(\alpha+\beta)t/2}}{\alpha+\beta}\right)^{2}\\ y_{+}=\dfrac{\beta(e^{(\alpha+\beta)t}-1)}{\beta e^{(\alpha+\beta)t}+\alpha};\quad y_{-}=\dfrac{\alpha(e^{(\alpha+\beta)t}-1)}{\beta e^{(\alpha+\beta)t}+\alpha}\end{cases}\tag{11.102}$$

**例 6 场与原子在热库中的主方程问题。**这时主方程为

$$\dot{\rho}(t)=\frac{r}{2}(2\sigma_{-}\rho\sigma_{+}-\sigma_{+}\sigma_{-}\rho-\rho\sigma_{+}\sigma_{-})+\frac{k}{2}(2a\rho a^{+}-a^{+}a\rho-\rho a^{+}a)\tag{11.103}$$

这里的开放系统是指辐射场与原子，$\rho$ 为辐射场与原子的密度算符。定义如下超算符

$$\begin{cases}K_{-}\rho=a^{+}\rho a,\quad K_{+}\rho=a\rho a^{+},\quad K_{0}\rho=-\dfrac{1}{2}(a^{+}a\rho+\rho a^{+}a+\rho)\\ J_{-}\rho=\sigma_{-}\rho\sigma_{+},\quad J_{+}\rho=\sigma_{+}\rho\sigma_{-},\quad J_{0}\rho=\dfrac{1}{2}(\sigma_{+}\sigma_{-}\rho+\rho\sigma_{+}\sigma_{-}-\rho)\end{cases}\tag{11.104}$$

可以检验$\{K_{\pm},K_{0}\}$，$\{J_{\pm},J_{0}\}$分别满足 $SU(1,1)$ 和 $SU(2)$ Lie 代数对易关系，并且$\{K_{\pm},K_{0}\}$和$\{J_{\pm},J_{0}\}$相互对易。所以解可写为

$$\rho(t)=\exp\left(\frac{(k-r)t}{2}\right)\exp[(J_{-}-J_{0})rt]\exp[(K_{+}+K_{0})kt]\rho(0)\tag{11.105}$$

然后再按上面分解办法对式(11.105)分解，便得到初值的解析解。

**例 7 减小或放大的非线性谐振子问题。**两个主方程分别为

$$\begin{cases}\dot{\rho}(t)=-i\chi[(a^{+}a)^{2},\rho]+\dfrac{r}{2}(N+1)(2a\rho a^{+}-a^{+}a\rho-\rho a^{+}a)\\ \qquad\qquad +\dfrac{r}{2}N(2a^{+}\rho a-aa^{+}\rho-\rho aa^{+})\\ \dot{\rho}(t)=-i\chi[(a^{+}a)^{2},\rho]+\dfrac{r}{2}(N+1)(2a^{+}\rho a-aa^{+}\rho-\rho aa^{+})\\ \qquad\qquad +\dfrac{r}{2}N(2a\rho a^{+}-a^{+}a\rho-\rho a^{+}a)\end{cases}\tag{11.106}$$

下面给出它们的解。为此定义如下超算符

$$\begin{cases}K_-\rho=a^+\rho a, \quad K_+\rho=a\rho a^+ \\ K_0\rho=-\dfrac{1}{2}(a^+a\rho+\rho a^+a+\rho) \\ K_3\rho=a^+a\rho-\rho a^+a\end{cases} \tag{11.107a}$$

容易检验它们满足以下对易关系

$$\begin{cases}[K_-,K_+]\rho=2K_0\rho, \quad [K_0,K_\pm]\rho=\pm K_\pm\rho \\ [K_3,K_\pm]=[K_3,K_0]=0\end{cases} \tag{11.107b}$$

于是方程(11.106)可改写为

$$\dot{\rho}(t)=\left(w_+K_++w_-K_-+w_0K_0+\mathrm{i}\chi K_3+\frac{r}{2}\right)\rho \tag{11.108}$$

注意,这里系数 $w_0=w_0(K_3)$ 是超算符 $K_3$ 的函数。总共有

$$w_+=r(N+1), \quad w_-=rN, \quad w_0=2rN+2\mathrm{i}\chi K_3+1 \tag{11.109}$$

虽然主方程(11.108)中的系数不是常数,但由于 $K_3$ 与 $K_\pm,K_0$ 都对易,因此解可写为

$$\rho(t)=\exp\{(w_+K_++w_-K_-+w_0K_0)t\}\exp(\mathrm{i}\chi K_3t)\rho(0) \tag{11.110}$$

利用前面方法即得升序乘积解和降序乘积解

$$\begin{aligned}\rho(t)&=\mathrm{e}^{rt/2+\mathrm{i}\chi K_3t}\exp[x_+(K_3,t)K_+]\exp[\ln x_0(K_3,t)K_0]\exp[x_-(K_3,t)K_-]\rho(0)\\ \rho(t)&=\mathrm{e}^{rt/2+\mathrm{i}\chi K_3t}\exp[y_-(K_3,t)K_-]\exp[\ln y_0(K_3,t)K_0]\exp[y_+(K_3,t)K_+]\rho(0)\end{aligned} \tag{11.111}$$

系数为

$$\begin{aligned}&x_\pm(K_3,t)=\frac{2w_\pm\,\mathrm{sh}\varphi}{2\varphi\mathrm{ch}\varphi-w_0\,\mathrm{sh}\varphi}, \quad x_0(K_3,t)=\left(\frac{2\varphi}{2\varphi\mathrm{ch}\varphi-w_0\,\mathrm{sh}\varphi}\right)^2\\ &y_\pm(K_3,t)=\frac{2w_\pm\,\mathrm{sh}\varphi}{2\varphi\mathrm{ch}\varphi+w_0\,\mathrm{sh}\varphi}, \quad y_0(K_3,t)=\left(\frac{2\varphi}{2\varphi\mathrm{ch}\varphi+w_0\,\mathrm{sh}\varphi}\right)^{-2}\\ &\varphi(K_3,t)=\left(\frac{1}{4}w_0^2-w_+w_-\right)^{1/2}t\end{aligned} \tag{11.112}$$

如设初态为相干态 $\rho(0)=|\alpha\rangle\langle\alpha|$,进一步计算表明这里的 Lie 代数方法仍具有很大的方便性。计算时只要注意到根据式(11.107a)有

$$\mathrm{e}^{f(K_3)}|\alpha\rangle\langle\alpha|=\mathrm{e}^{f(0)}|\alpha\rangle\langle\alpha|$$

这里 $f(K_3)$ 是超算符 $K_3$ 的任意含数。进一步计算可见脚注⑭文献。

由本节几个例算可知,阐述的超算符 Lie 代数方法确实具有较大的普遍性,而且其优点还在于能给出初条件下解的解析表达式。有了密度算符的解析表达式,就可以方便地研究量子态的非定域性动力学、纠缠特性、退相干过程等。

# 第 12 章　量子理论述评

## 12.1　量子理论内禀性质简介①

**描述微观粒子时空运动和相互转化的整个 QT 群体，它们基本的内禀属性是波粒二象性。由此基本属性引申出常见的概率解释、不确定性、量子化现象、相干叠加性、全同性等性质**②。实际上，除这些以外，QT 中还蕴含着丰富多彩的其他性质。它们是：**力学量的可观测性、力学量算符的完备性、QT 本质的非线性、QT 内在逻辑自洽性、测量坍缩的不可逆性、测量坍缩的或然性、量子纠缠性、QT 本质的空间非定域性、QT 本质的多粒子性、QT 中的因果性等 10 种性质**。再分析其实还有，比如 QT 中的奇性——包括算符的奇性和动力学演化中的奇性。如此多般性质，构成了 QT 的独特理论品味。它们婀娜多姿、精灵古怪、交织衍生、变换无穷，要么被人有意无意忽视，要么令人迷惘而不知所适。本节简要评述这 10 种性质。

### 12.1.1　力学量的"可观测性"与其算符本征函数族的"完备性"

1. "可观测性"是指力学量在实验中的"可观测性"和"可量度性"

具体地说，对于描述物体动力学性状的某个物理量，能够设计测量这个量的仪器，使得对任意输入的物理态，都可以对其进行关于这个量的测量。这就是这个量在物理实验中的可观察性和可量度性。它们既不是孙悟空的体重——不可观测的，也不是"糊里又糊涂"的爱情——不可度量的。

注意，**单个力学量及其函数(或多个力学量及其函数)并不总是时时处处可以直接观测的**。究其情况可以区分为三类：

**其一，力学量算符的物理性质造成的**。比如，质量不为零粒子的瞬时速度，只能按平均比值极限的思想，以有限区间的相继测量去近似逼近，本身是不可观测的。因为按不确定性关系，测量瞬时速度所需能量以及对被测态造成的扰动是无穷大。

**其二，对称性造成的**。比如，由于空间均匀性，人们所在的绝对位置坐标是不可以观测的。一般而言，可观测性与对称性相联系。系统的某种对称性造成系统某种力学量(或属性)的不可观测性。但是，如果该对称性由于某种原因破缺了，这就使原则上不可以观测的力学量(或属性)实际上可以观测。

---

① 详见张永德. 量子菜根谭(第Ⅲ版). 北京：清华大学出版社，2016. 有关各讲.

② 张永德. 量子力学(第四版). 第一章. 北京：科学出版社，2016. 第 1.2、6.3 节。

**其三,算符本征函数族不完备造成的。**这又区分为两种情况:①在物理态空间上该算符的本征函数族不完备(见下)。对于有限维空间,这种情况不存在;②算符的数学构造有缺陷。比如,当输入物理的数态$|8\rangle$时,无法对其观测力学量算符$\hat{\Omega}=1/(N-8)$的取值。

**反过来也类似,能够直接测量的东西并不总是物理的动力学量。时间可以测量,但不能算是一个力学量,没有相应的算符。无论在经典力学或量子力学中,时间只是经典的、单方向连续变化的参变量,无法对其进行量子化。**

**这里强调指出,说某个物理量在实验上具有可观察性和可量度性,只是表明:对任何量子态,统计观测该物理量时,必有客观确定的平均值,但未必为客观确定的单一数值!不论对单粒子或多粒子量子系统,态叠加原理和量子纠缠都否定这种简单化的联想。**

2."完备性"是指力学量算符的本征函数族的完备性

**"完备性"的内容是:当某个物理量算符的本征函数族能够对任意物理态(要求明确的一类函数),在均方逼近意义下作展开分解,就说这组本征函数族是完备的。**

**一个算符的完备性不仅和扩充了算符本身的构造有关,还密切依赖于它作用对象的范畴——定义域。**针对通常 Hilbert 空间 $L_2$ 函数类,保守的提法是:**紧致(完全连续)的自伴算符,它们本征函数族是完备的,谱是闭集合的纯点谱**[③]**。但 QT 实际使用的多数 Hamilton 量并非紧致自伴算符,需要拓宽考虑。**对任意势函数$V(\boldsymbol{r})$,$\hat{H}$的本征态族$\{\psi_n\}$是否为完备系,即此系统 Hamilton 量是否为自伴算符,这是一个尚未解决的数学问题。**何况,由于物理需要,QT 中引入了大量人造的非物理的非正规态矢。诸如$\delta$函数态、平面波、散射态、各色各样非局域态等,它们都不是平方可积的,极大地扩充了量子态 Hilbert 空间。算符定义域的扩大使得本就困难的完备性证明成为几乎不可能**[④]。

3. 可以阐明:"力学量的可观测性"与"算符本征函数族的完备性"两者物理上彼此等价(注④第 35、36、38、47 页)

**如果说可观测性是纯粹物理实验的概念,那么"完备性"就是一个地道的数学分析概念。**为什么这两种表面看来互不相干的提法在物理上是等价的呢?**按量子力学测量公设,一个完整的量子测量过程可以分解为三个阶段(见脚注②文献):测量过程的第一阶段称为"分解纠缠",**当某个被测态送入测量某一力学量的测量仪器后便产生输入态按被测力学量算符本征态进行分解,并经受测量仪器作用,与测量仪器的可区分态发生量子纠缠,成为纠缠态。**第二阶段称为"波包坍缩",**纠缠态因为测量而产

③ 斯米尔诺夫 В И. 高等数学教程. V-2. 北京:人民教育出版社,1979:442、461.

④ Dirac P A M. 量子力学原理. 北京:科学出版社,1965:36.

生波函数的坍缩,造成被测态的关联坍缩。**第三阶段称为"制备初态"**,这是测量坍缩后的被测态在新环境的新 Hamilton 量控制下进行新一轮演化。**如果某力学量 $A$ 是一个可以设计实验进行观测的量。也就是说,对任给的满足物理条件的状态$\psi(r)$,都能够对它测量 $A$ 的数值。于是这个任意的$\psi(r)$态必定能够经历测量过程的第一阶段,即必定能用算符 $\hat{A}$ 的本征函数族展开(与此同时和仪器相互作用而产生纠缠)。鉴于输入态$\psi(r)$是任意的,这就等价于要求 $\hat{A}$ 的本征函数族是完备的。反过来也可以说,如果某个 Hermite 算符的本征函数族不是完备的,原则上,它所对应的力学量就不是一个可观测的量。至少,就某些不能被展开的态而言是这样。**

**这表明,虽然两个概念分属完全不同领域,其实它们物理上彼此等价。**

Hamilton 量算符完备性证明的困难等于说原则上不能判定任意量子系统的能量是否可以观测。然而,物理学家的物理直觉使他们相信,任何量子系统的能量总是可以观测的(至少对不含时情况是如此),这使他们很容易忽视许多系统 Hamilton 量本征函数族是否完备的问题——涉及该系统是否有"资格"作为可观测物理系统,以及展开手续是否合法等问题。

4. 全部常见系统 Hamilton 量本征函数族是完备的

尽管如此,对这个困难问题的研究仍有一些进展。附录 C 几个完备性定理(特别是 10.2 节中证明的 C-H 定理)表明:**对一类相当普遍的、包含全部常见系统,可以证明它们 Hamilton 量本征函数族是完备的**[⑤]。在证明完备性时,允许(为完成证明也不得不如此)排除那些不能归一化的态矢。它们本就是人们为了描述方便而引入的理想化的、绝对化的概念,是自然界中并不存在的、非物理的东西。

也许考虑到算符完备性证明以及算符有界性和某些奇性(附录 B)等数学困难,Landau 说:"我们不追求论证的严格性,因为这种追求在理论物理中往往是自欺欺人[⑥]。"

### 12.1.2 QT 本质的非线性(详见脚注①文献第 12 讲)

首先有必要简略提一下关于 QT 非线性性质问题的争论。通常,Schrödinger 方程的线性形式,加上量子态叠加原理,这两点容易使人误以为:量子力学,甚至整个 QT 都是线性的。以为至少对非相对论量子力学,无论怎样处理相互作用,肯定是线性的。于是有人提出"非线性量子力学""非线性量子场论";将量子态叠加原理导致的 non-cloning 定理说成由于 QT 线性性质的结果,还将 QT 的困难归结为 QT 线性性质的缘故,等等。

---

⑤ 讨论详见附录 C 或脚注①文献。部分内容也见李政道.场论与粒子物理学.北京:科学出版社,1980,上册第 12 页.

⑥ 朗道,栗弗利茨.非相对论量子力学.英文第一版序言,北京:高等教育出版社,1980.

**这些观点都是仅仅从非相对论量子力学这个低能端的局部角度观察，未能从整个 QT 作全面综合考察，所产生的带有严重片面性的误解。虽然量子力学中 Schrödinger 方程的线性形式，QT 所遵守的态叠加原理又明确主张“渐近自由态空间”是线性的，但这些都不足以判定 QT 本身是个线性理论。**

可以简要地说清楚 QT 的非线性本质及其根源。**事实是，就整体而言，QT 本质上是高度非线性的理论。仅仅采用“低能近似”和“外场近似”后的非相对论量子力学这一低能端，示人以线性理论的面貌。这样说的根据有二：其一，(不论是相对论量子场论，还是考虑到粒子间相互作用的非相对论量子力学)QT 的基本运动方程组是非线性的；其二，QT 的基本游戏规则(量子化条件，即对易和反对易规则)也是非齐次二次型——非线性形式。例如，对最简单的旋量 QED，基本联立方程组是(取协变规范$\partial_\mu A_\mu=0$)**

$$\boxed{\begin{cases}\left(\gamma_\mu\partial_\mu+\dfrac{mc}{\hbar}\right)\psi=\dfrac{\mathrm{i}e}{\hbar c}\gamma_\mu\,\psi A_\mu\\[2mm] \Box A_\mu=-\mathrm{i}e\,\bar{\psi}\,\gamma_\mu\,\psi\end{cases}}\tag{12.1a}$$

**再加上量子“游戏”规则——场算符的等时对易规则——又是一组非齐次二次型的方程组**

$$\begin{cases}\{\psi_\alpha(\boldsymbol{x}t),\psi_\beta^+(\boldsymbol{x}'t)\}=\delta_{\alpha\beta}\delta(\boldsymbol{x}-\boldsymbol{x}');\ [A_\mu(\boldsymbol{x}t),\dot{A}_\nu(\boldsymbol{x}'t)]=\mathrm{i}\hbar\delta_{\mu\nu}\delta(\boldsymbol{x}-\boldsymbol{x}')\\ \{\psi_\alpha(\boldsymbol{x}t),\psi_\beta(\boldsymbol{x}'t)\}=\{\psi_\alpha^+(\boldsymbol{x}t),\psi_\beta^+(\boldsymbol{x}'t)\}=0\\ [A_\mu(\boldsymbol{x}t),A_\nu(\boldsymbol{x}'t)]=[\dot{A}_\mu(\boldsymbol{x}t),\dot{A}_\nu(\boldsymbol{x}'t)]=0\\ [\psi_\alpha(\boldsymbol{x}t),A_\mu(\boldsymbol{x}'t)]=\cdots=[\psi_\alpha^+(\boldsymbol{x}t),\dot{A}_\nu(\boldsymbol{x}'t)]=0\end{cases}\tag{12.1b}$$

**除平庸的自由场情况之外，相互作用量子场的联立方程组表明，相互作用顶点至少是三个相互作用量子场的定域乘积。因此，QT 明确显示：其一，凡是相互作用过程必定总是非线性过程；其二，只有在相互作用过程中，才会导致新粒子产生和旧粒子湮没，出现粒子间的相互转化。总之，粒子相互转化过程必定全部是各色各样的非线性过程。**

再换个角度说，本质上是高度非线性的 QT，**只在以下两种情况才简化成为线性理论。其一，略去相互作用，使理论成为自由粒子的平庸理论；其二，采用“低能近似”加上“外场近似”，近似处理粒子间的相互作用。其中，“低能近似”主要作用是删去反粒子的贡献，维持粒子数守恒，使 QT 成为一个低能自洽的力学理论；而“外场近似”则是将相互作用双方近似处理成为一方在另一方造成的“外场”中运动，使待求波函数不进入相互作用势的表达式。从而“外场近似”的实质是将动力学方程线性化——如同非相对论量子力学已作的那样。**例如，带电粒子对氢原子的 Coulomb 散射，非相对论量子力学“近似认定”：氢原子内束缚电子的电荷分布在入射电子散射过程中不随时间变形(不激发、不电离)。这样才能得到下面不含时的形式

$$V_{\text{eff}}(\boldsymbol{r})=-\frac{Ze^2}{r}+e^2\int\frac{\rho(\boldsymbol{r}')}{|\boldsymbol{r}-\boldsymbol{r}'|}\mathrm{d}\boldsymbol{r}' \tag{12.2}$$

此处有效势中束缚电子密度 $\rho(\boldsymbol{r}')=|\psi_{100}(\boldsymbol{r}')|^2$ 设定为不随时间变化的已知函数，成为稳定的有效“外场”。**这显然只当入射电子能量较低、瞄准距离较大时才正确。如果入射电子能量提高，就需要考虑相互作用对双方的影响，多道散射量子理论中已经预先为此构造好了相应的理论计算框架：将入射电子和氢原子双方三体一并归入渐近自由初态 $|(ep),e\rangle$，按散射矩阵 $S$ 的展开式计算。由于散射中存在各阶相互作用，导致弹性散射 $|(ep),e\rangle$、激发 $|(ep)^*,e\rangle$、电离 $|p,e,e\rangle$ 等。这时计算考虑了相互作用双方三体的相互影响、相互反馈，最后的因果关系必定是非线性的。也就是说，若要认真考虑粒子间相互作用对它们状态或内部结构产生的相互影响，即便在非相对论量子力学范围内，也一定是非线性过程。更不必说，涉及多体问题时，QT 经常构建各种等效理论来代替简单的外场近似。这使 QT 和谐地容纳了许多成功的非线性唯象模型。**例如，Ginzburg-Landau 方程

$$\frac{1}{2m^*}\left(-\mathrm{i}\hbar\nabla-\frac{e^*}{c}\boldsymbol{A}(\boldsymbol{x})\right)^2\psi(\boldsymbol{x})+\alpha\psi(\boldsymbol{x})+\beta|\psi(\boldsymbol{x})|^2\psi(\boldsymbol{x})=0 \tag{12.3}$$

以及 Gross-Pitaevski 方程

$$\mathrm{i}\hbar\frac{\partial\psi}{\partial t}=\frac{\hbar^2}{2m}\Delta\psi+V(\boldsymbol{x})\psi+\frac{4a\pi\hbar^2}{m}|\psi|^2\psi \tag{12.4}$$

等等。这些方程中的非线性项都是代表凝聚态物质粒子间的相互作用。

**注意，态叠加原理仅主张在渐近自由的态空间(不存在所考虑的相互作用，但可以有内部其他相互作用)具有线性叠加性质，远非主张量子态所有演化规律和运算规则都必须是线性的。即便在这个线性的渐近自由态空间中，按量子测量观点，QT 的全部两类观测量 $\langle A|\Omega|A\rangle$ 和 $|\langle B|S|A\rangle|^2$ 的观测结果，无论对 $|A\rangle$ 或是对 $|B\rangle$ 都是二次幂的，谈不上线性依赖！所以确切地说，线性性质的渐近自由空间的态叠加原理并不导致 QT 的线性性质！比如，相互作用所导致的量子态的演化，按多道散射理论各阶微扰展开计算(或是按场论中各阶 Feynman 图计算)，都是各阶非线性的。**

与此同时，QT 的困难也根本不是来源于“QT 的线性性质”，而是基于人们现在还不知道的深刻原因。QT 的情况完全不同于经典理论中的弹性力学和弹塑性断裂力学那样简单明了的承继关系。

**总之，除了自由粒子平庸理论外，只有在“低能近似”并同时作“外场近似”(有时还作“点电荷近似”)之下，QT 才简化成为通常 Schrödinger 方程所描述的线性理论——即便此时也和谐地包容了许多非线性等效理论。尽管全部 QT 的渐近自由状态空间——渐近入(出)态空间，由于不存在所考虑的相互作用，遵守态叠加原理，确实是一个线性空间。**

习题 12.1　为什么从严格意义上说，相互作用 QT 总是非线性的理论？

### 12.1.3 测量坍缩的或然性

(1) QT **中存在不是一种,而是两种基本过程:①U 过程——演化过程,幺正的、保持相干性的、决定论的,但并不总是可逆的**(见下面 Gauss 波包弥散);②*R* **过程——测量过程,投影的、切断相干性的、真正或然的,总是不可逆的。**

(2) **量子测量过程的一般特征。**除非被测态是所测力学量的本征态,否则在一个理想完整测量过程的三个阶段结束后,单次测量结果必定是所测力学量算符的本征态之一,并表现出:**或然性、不可逆性、非定域性、切断叠加态的叠加相干性、态坍缩的实质是演化时间和空间的坍缩**(Teleportation 和 Swapping 过程是空间的坍缩;Zeno 效应是演化时间的坍缩)[⑦]。其中,不可逆性在下条讨论,非定域性在第 8 条和下节讨论,坍缩——关联坍缩在第 9 条和第 3 节讨论。

(3) **根据以下 4 点理由,QT 是反对决定论描述的:①量子测量是 *R* 过程;②波粒二象性所导致的不确定关系;③波函数的概率性质;④多粒子量子纠缠造成的各种不确定性。**

(4) **对 QT 或然性的本源,以及它与经典或然性是否相同问题有两种本质不同的理解:其一,"表观的或然、经典的或然",如同掷钱币时出现字面和花面的或然。只不过起源于目前尚未知晓的隐变数随机取值;其二,"不存在隐变数的或然、是实质的或然"。**通常形象地区分这两种说法:**前者是经典或然——人类玩掷骰子;后者是量子或然——上帝玩掷骰子。**Einstein 等认为[⑧]:上帝是不玩掷骰子的。意思是只有人类才玩掷骰子,也就是说,或然性总是经典的,认真说其实全都是必然的。包括量子力学中的或然也如此,只是迄今人们还不知道这些隐变量是什么而已。这当然只是 Einstein 等对自然现象的一种理解、一种信念,究竟正确与否得由实验检验决定。**迄今有关 EPR 问题的十几个实验都支持 QT,反对"局域实在论",证实了 QT 是非定域理论。但并不能算是最后排斥了隐变数决定论。**因为最近工作[⑨]表明:含隐变数的非定域实在论——含隐变数的从而是决定论的、非定域的因果关联符合所有实验,并包容着"QT 的全部结果"。所以,**迄今所有实验仍然不能断定:QT 的或然是"本质的或然",还是"表观的或然"?"仍然不能说已经全面否定了 Einstein 的观点。**

---

⑦ Teleportation 和 Swapping 过程详见脚注⑩,第 9 章;Zeno effect 见脚注②,第 11 章。

⑧ Einstein A, Podolsky B, Rosen N. Can Quantum Mechanics Description of Physical Reality be Considered Complete? Phys. Rev., 1935, 47: 777; Halvorson H. The Einstein-Podolsky-Rosen State Maximally Violates Bell's Inequalities. quant-ph/0009007.

⑨ Chen Z B, Pan J W, Zhang Y D, et at. PRL, 2003, 90: 160408; Chen Z B, Pan J W, Hou G, et al. Maximal violation of Bell's inequalities for continuous variable systems. PRL, 2002, 88: 040406; Yu S X, Pan J W, Chen Z B, et al. Comprehensive Test of Entanglement for Two-Level Systems via the Indeterminacy Relationship. PRL, 2003, 91: 217903.

其实,由于主张隐变数决定论的人不能提供有关"隐变数"的性质、根源等任何信息,因此"隐变数"这种对量子或然现象的解释还够不上是实质性的挑战。只当能够提供相关信息,隐变数的说法才值得认真考虑。也许,QT 的或然性来源于和暗物质暗能量的作用,但迄今似乎还没有相关的理论计算和观测证据。

习题 12.2 叙述或然性的两种理解——表观的或然,本质的或然。

### 12.1.4 测量坍缩的不可逆性

Hawking 认为有 3 种时间箭头:**心理学箭头、热力学箭头、宇宙学箭头。**其实应当有第 4 种:QT **中不可逆过程的箭头,包括能谱无上限系统幺正演化不可逆性(如真空波包弥散),非幺正的测量坍缩投影。**

量子测量过程是符合热力学认为的不可逆过程是熵增加的过程。即便考虑到,由于能量限制,微观系统中参与过程的量子态数目有限的情况,结论依然如此。以最简单例子作为模型说明:设有两维系统,力学量 $A$ 有两个本征态$\{|a_1\rangle,|a_2\rangle\}$,力学量 $B$ 两个本征态$\{|b_1\rangle,|b_2\rangle\}$等。系统初态和 von Neumann 熵为

$$\begin{cases}\rho_0=x_0\rho(a_1)+(1-x_0)\rho(a_2)\\ S_0=-\mathrm{tr}(\rho_0\ln\rho_0)=H(x_0)\end{cases}\tag{12.5a}$$

设态$\{|a_1\rangle,|a_2\rangle\}$向态$\{|b_1\rangle,|b_2\rangle\}$分解概率(注意它们有互逆性和互补性)为

$$\begin{cases}|a_1\rangle\to|b_1\rangle: x_1\\ |a_1\rangle\to|b_2\rangle:(1-x_1)\end{cases}\quad\begin{cases}|a_2\rangle\to|b_1\rangle:(1-x_1)\\ |a_2\rangle\to|b_2\rangle: x_1\end{cases}\tag{12.5b}$$

于是,第一次测量力学量 $A$ 完毕,系统的状态成为

$$\begin{aligned}\rho_1&=x_0[x_1\rho(b_1)+(1-x_1)\rho(b_2)]+(1-x_0)[(1-x_1)\rho(b_1)+x_1\rho(b_2)]\\ &=[1-(x_0+x_1)+2x_0x_1]\rho(b_1)+[(x_0+x_1)-2x_0x_1]\rho(b_2)\end{aligned}$$

依次类推,经历对 $C,D,\cdots,G$ 共计 $n$ 次测量后,系统的状态成为

$$\boxed{\begin{aligned}\rho_n=&\Big[1-\sum_{i=0}^{n}x_i-(-2)\sum_{i\neq j}^{n}x_ix_j-(-2)^2\sum_{i\neq j\neq k}^{n}x_ix_jx_k+\cdots-(-2)^n\prod_{i=0}^{n}x_i\Big]\rho(g_1)\\ &+\Big[\sum_{i=0}^{n}x_i+(-2)\sum_{i\neq j}^{n}x_ix_j+(-2)^2\sum_{i\neq j\neq k}^{n}x_ix_jx_k+\cdots+(-2)^n\prod_{i=0}^{n}x_i\Big]\rho(g_2)\end{aligned}}\tag{12.6a}$$

这时系统的 von Neumann 熵变成

$$\boxed{S_0=H(x_0)\to S_n=H\left(\sum_{i=0}^{n}x_i-2\sum_{i\neq j}^{n}x_ix_j+(-2)^2\sum_{i\neq j\neq k}^{n}x_ix_jx_k+\cdots+(-2)^n\prod_{i=0}^{n}x_i\right)}\tag{12.6b}$$

可以检验,如果在任何一次测量中达到最大熵,比如 $x_4=1/2,S_4=1$,则此后不论 $x_5,x_6,\cdots,x_n$数值如何,总有 $S_5=S_6=\cdots=S_n=1$。于是,**一旦测量熵达到最大,即导致**

**热寂成为垃圾态，不再因后来的测量而改变。**结论是显然的：单位算符不论作什么样的正交分解，概率总是一半对一半。显然，任意维垃圾态对于任何正交测量都是稳定的。

值得强调指出，众所周知，**真空中 Gauss 波包的自由弥散过程是幺正的、有逆映射算符、是相干叠加的纯态、von Neumann 熵为零、是时间反演不变的（于是有$\psi(x,t)=\psi^*(x,-t)$关系）。但是，由于振幅弥散变化部分只与$t^2$有关，在时间反演$t\to -t$后，演化中波包仍然在弥散着，而不是在收窄增高着！于是物理上，"波包弥散"不但是不可逆的！也丝毫没有损及时间的过去一未来划分的绝对性！通常，人们容易理解混态波包自由弥散是不可逆的、熵增加过程，但却难于理解纯态 Gauss 波包自由弥散这种过程也是不可逆的物理过程。其实可以普遍地说，能谱无上限系统任何含时演化均无真正意义上的逆演化！**

因此，前面那段关于测量熵增加的分析也应当存在商榷的余地，要看从什么角度去考量：不从系综多次重复测量来看测量，**而从单个系统的单次测量来看，测量一个纯态，随机坍缩只是随机投影，结果仍然是某个纯态。单个微观系统在测量之前、之后总处于各色各样的纯态，从未处于混态，本就无所谓"熵"，更无所谓"熵"在测量后的增加。否则微观世界客观存在的无时无刻的无穷多自发测量，微观世界早就应该热寂了。另外，以前的经典和量子统计描述最后还是基于近独立子系的概率平均，未曾考虑相干性和长程量子纠缠对统计演化的影响。这都说明现有的描述方法有缺点——未能全面地、正确地反映 QT 的不可逆过程。**单就测量过程而言，**单次测量中的随机性、不可逆性、切断相干性和空间非定域性是量子测量过程中深邃的物理实在品性。**决非只是一些态矢投影和内积符号的形式运算。有人打算建立测量模型，将量子测量 $R$ 过程最终纳入某种按 Schrödinger 方程演化的 $U$ 过程来描述。以为这就可以从根本上消除量子力学中两个基本过程之一的 $R$ 过程。**其实，这类处理必然只是唯象的、形式主义的，决不可能揭示测量坍缩的物理本质和根源。所以说，迄今关于量子测量基本过程的阐述还很表面、远没有触及物理实质。**

习题 12.3　建立模型，计算测量中熵是如何在增加的。

习题 12.4　为什么微观世界迄今还没有达到热寂？

### 12.1.5　QT 本质的多粒子性

(1) 非相对论量子力学基本方程——Schrödinger 方程内蕴含着粒子数守恒律。这是由于低能近似下抛弃了（准确讲是分割开了正）反粒子解，导致在势场运动时粒子数守恒。**这使非相对论 QM 成为一种纯力学理论。**然而在全部 QT 中，粒子数守恒也只表现在低能场合而已。由于能量不够，非相对论 QM 使 QT 的多粒子性质无法展现。所以，**非相对论 QM 是逻辑要素相对自洽的量子力学理论。**

(2) QT **本质的多粒子性。其实，**QT **本质上是个多粒子理论。这可以从下面两个方面来理解：其一，相对论单粒子力学理论的困难（参见逻辑自洽性叙述）；其二，如果放**

**弃低能近似,认真考虑高能量下的相互作用,必将导致粒子产生、湮没和相互转化。**

正是由于相对论量子力学前提中的逻辑不自洽性,将它的基本方程解释作为单粒子力学运动方程(如同 Schrödinger 方程那样)将会导致许多根本性的困难和佯谬。表面上,这些困难和佯谬只显示该理论的缺点和不稳定性;**本质上,它们都是由于负能解的介入使单粒子力学理论的粒子流不守恒,从而自动地揭示出 QT 实质上是个多粒子的理论。也就是说,除平庸的自由粒子情况外,只要相互作用能量足够大和有关守恒律容许,多粒子的本性便会显露。**比如,当用迅变的高势垒将粒子定域化于 Compton 波长 $\lambda_C=\hbar/mc$ 尺度内时,负能解就变得突出,这时单粒子 QT 图像将不再适用。

**这种情况下,为了理论的发展,正确做法是脱出以往力学理论的传统约束,不再局限于研究粒子的空间运动,而是进一步考虑不同种类粒子间的转化。也就是说,解除粒子数守恒的约束,让理论发展到相对论性量子场论。在多粒子理论框架内,解决了相对论量子力学的第一个内在矛盾。这使基本运动方程获得了应有的稳定性并部分地改善了 QT 的自洽性。但量子场论依然采用了定域描述,第二个矛盾在场论中继续存在(并且更加凸显,更加激烈了)——QT 非定域性本质与所采用的定域描述方式之间的矛盾。**

习题 12.5　QT 的多粒子性质究竟表现在哪些地方?

### 12.1.6　量子纠缠性

量子纠缠详细见[10]。这里只对 QT 的量子纠缠本性补充一点分析。

1. 量子纠缠的物理本质

量子纠缠与“物理实在论”有矛盾。如前面所说,“定域实在论”内容包含两个要素:“物理实在论”和“相对论性定域因果律”。Bohm 不怀疑“定域因果律”,但怀疑其中的“物理实在论”。他认为[11],EPR 判据暗含了两个假定:①世界能正确地分解成一个个独立存在的“实在要素”;②每个要素在一个完备理论中应当对应有一个可量度的物理量。Bohm 怀疑在一定程度上是成立的。**因为“物理实在论”把任意量子态对物理量数值的占有方式简单化了。事实上,除了牛顿力学灌输的先入为主的成见之外,并不存在先验的理由要求未受扰动状态的力学量数值总是确定的。其实人类最先掌握的牛顿力学,也只是人类“人择原理”的结果。并无先验的理由说,最先知道的物理理论就是自然界中最基本的理论。**

现在通过一个例子来看看宏观世界的一个事实——**宏观的相互纠缠也会造成不确定。**设想一个“富翁财产继承案”:“财产”应当是个“物理的实在”,因为它有金钱

---

⑩ 张永德. 量子信息物理原理. 北京:科学出版社,2005. 第三、四、五章.

⑪ Bohm D. 量子理论. 侯德彭译. 北京:商务印书馆,1982.

(或相当的估定价值)这个可以精确确定的数量衡量它。因此,要是没有任何金钱进出干扰,每个人财产状况似乎应当具有物理的"实在性"。其实不然,假设一个富翁的财产有 1 亿元,他有两个穷儿子继承这份财产。在富翁还没有想到立遗嘱情况下,两个儿子的财产状况客观上就处于一种类似于纠缠态的状态:两人财产总和是确定的,但每人财产都依赖于对方确定而确定,各自都处于一种不确定的状态。这个例子说明,**即便在宏观世界里,客观"实在性"也并不简单地等价于客观"单值确定性"**!

**对量子纠缠本质的理解。**量子纠缠本质和精髓是以下各种角度理解的"综合":①从量子信息论角度,**纠缠本质是关联中的量子信息**;②从实验观测角度,**纠缠本质是"超空间"的关联坍缩**;③从理论分析角度,**纠缠与关联非定域性的等价性**;④从隐变数角度,两体系统存在(完全的)**纠缠的充要条件是:两粒子间不容许存在任意相对位相差而不改变系统的状态。**换一种等价提法,对两体系统的某个状态,如能存在一种表示,在这种表示下,在两粒子间引入任意相对位相差而不会改变这个状态,此状态必定是可分离的。此时也就必定能够容忍隐变数的定域经典理论。

2. 量子态的纠缠分析

多体量子纯态(也包括混态)的**"纠缠分析"内容包括:纠缠的基本模式;纠缠的层次与结构;各种类型纠缠度的定义以及它们之间的分析比较;纠缠与可分离的判别准则;在 LOCC 操作下纠缠转换;纠缠浓缩和纯化等。**有关文献十分丰富[⑫]。比如,度量纠缠程度的纠缠度,目前类型就有四种:对两体纯态用 von Neumann 熵来定义部分熵纠缠度、相对熵纠缠度(relative entropy entanglement)、形成纠缠度(entanglement of formation)、可提取纠缠度(entanglement of distillation)。同样,仅是可分离判别准则就有充分的、充要的以及实际操作性不好和稍好的等十几个。下面只叙述其中处于总体中枢地位的**"纠缠结构定理"**。

**定义**　**$N$ 个粒子系统第 $n$ 阶纠缠态 $W_n^N$ ($n\leqslant(N-1)$)是这样的 $N$ 个粒子纠缠态,它在连续经受最少为 $n$ 次单粒子求迹后,剩下的粒子态将是可分离态。**比如,$N$ 个粒子 GHZ 态为 $W_1^N$ 等。

**关于纠缠分析,可以合理地猜测存在如下一般性定理[⑬]:**

**纠缠结构定理**　**$N$ 个粒子系统纠缠结构的总体图像是:$N$ 个粒子所有可能的分组构形 $\boldsymbol{k}=\{N_1,\cdots,N_m\}\left(\sum_{i=1}^{m}N_i=N\right)$ 下,各分组内的各阶 $\{W_{n_i}^{N_i};i=1,\cdots,m\}$ 态。$N$ 个粒子系统的任意纠缠态都是这种一般结构的特殊实现。**

---

⑫ Preskill J. Lecture Notes for Physics 299: Quantum Information and Quantum Computation. CIT, Sept, 1998; Nielsen M A, Chuang I L. Quantum Computation and Quantum Information. Cambridge University Press, 2000. 或脚注⑩文献.

⑬ 脚注⑩文献,第 79 页。此定理只是猜测,未经证明。

3. 关于量子纠缠与“关联型空间非定域性”的联系和等价性问题见第 12.1.7 节和第 12.2 节。

### 12.1.7 QT 本质的空间非定域性[⑭]

1. EPR 佯谬与和 QT 的完备性及空间非定域性质

1935 年 Einstein 与 Podolsky 及 Rosen 共同发表了一篇重要文章[⑮]，对量子力学描述的完备性提出责难。后人称他们责难为“**EPR 佯谬**”。该文依据的核心思想是“**定域实在论**”。分析起来它包含两个观点：①**相对论性定域因果律观点。**如果两次测量(或一般地两个事件)之间的四维时空间隔是类空的，两个事件之间将不存在因果性关系。②**物理实在要素的观点。**任一可观测的物理量，作为物理实在的一个要素，它必定在客观上以确定的方式存在着。一个物理理论若是完备的，则所有可观测物理量必在其中都有反映，并且当系统未受扰动时在客观上就具有确定的数值。EPR 文章结论解释开来就是：QT **对单次测量结果只能作统计性预言，表明人们对量子测量过程认识和描述的不完备。**QT **不能给出对于微观系统的完备的描述。测量中所表现的不确定性是** QT **波函数描述不完备的表现。**

**总括起来，EPR 及他们后继者的观点是：①主张“Einstein 定域实在理论”——包含判断测量影响是否存在的必要条件的相对论性定域因果律，以及可观测量的客观确定性这两方面内容。②再就是主张 QT 中的或然性只是“人在玩掷骰子”，而“上帝是不玩掷骰子的。其实，EPR 主张是一种依循定域物理实在的信念，将 QT 纳入定域的经典统计理论的认知模式，并将 QT 的或然性以某种未知的隐变数来解释——这都是标准的经典物理的思维模式。”EPR 佯谬对 QT 描述不完备的责难，不但引发后来许多人猜测 QT 之外有隐变数存在，并且开启其后整个 Bell 不等式的研究路线。**

**与此针锋相对，QT 认为，如果 $A$ 和 $B$ 粒子共处于一种纠缠状态，则不论彼此相距多远，即便两个测量事件是类空间隔，但作为两个子系统各自已不独立，取值紧密关联，形成统一系统的一个统一状态。对 $A$ 的测量将影响，而不是“不会影响”$B$ 的取值。每个粒子具有的物理量数值都将依赖于对方取值而取值，客观上每个粒子就没有确定的数值。同时，不同的测量将带给态不同的坍缩，会得到不同的测量结果。更何况，三个被测量的算符彼此不对易，它们在客观上也不能同时具有确定的数值。**

---

⑭ 关于这个专题的总结评述见 Rev. Mod. Phys.，2014，86. 或参见脚注⑩文献，第 5 章。

⑮ Einstein A，Podolsky B，Rosen N. Can Quantum Mechanics description of physical reality be considered complete? Phys. Rev.，1935，47：777.

**迄今全部实验和理论分析结果[16]均已表明：①量子力学预言是正确的。波函数意义本身以及多体量子态量子纠缠确实使可观测量(即便不受干扰)在客观上就是不确定的。②否定了定域经典理论的合理性，但仍然无法否定量子力学之外的隐变数，特别是非定域的隐变数存在。**因为，假如存在某种尚未知道的"隐变量"，甚至是非定域的"隐变量"，还是可以解释量子测量结果的不确定性。换句话说，**还不清楚在测量坍缩中所显示的或然性的本质——是本性的还只是表观的(参见或然性叙述)。形象地说，还不能断定"上帝是玩还是不玩掷骰子"。总之，QT 是否为完备理论尚未定论。③自旋态构造以及自旋纠缠态测量坍缩都具有非定域性。迄今为止全部实验测量都明显支持 QT 的这种空间非定域性。QT 在纠缠态测量的坍缩与关联坍缩中所体现的空间非定域性质，显示与建立在相对论性定域因果律(作为衡量测量影响是否存在的必要条件)基础上的定域实在论相抵触(详见下面因果性叙述)。**

**考虑到隐变数存在与否尚未定论，实在论也就还没有被全盘否定。就目前而言，**EPR **佯谬中，成问题的只是在相对论性定域因果律笼罩之下的定域实在论**(定域因果律分析详见[17]或见下)。**可以谨慎地提为：迄今实验一直在否定定域形式下的实在论观点。**

这里，根本问题在于 Einstein 等未能理解：**第一，**QT 中自旋态的构造(以及纠缠态的测量坍缩与关联坍缩)是非定域的，这种非定域性已经将两个子系统联结成为一个不可分割的统一系统。事实上，测量之前两个子系统的自旋都相互依赖对方而处于客观上就是不确定的状态；**第二，**如果对同一个态进行不同的测量，将会造成不同的坍缩，就会得到不同的结果。

**总之，EPR 定域实在论的错误为：其一，要求微观粒子在任何状态下，它的可观测量都必须客观上是定域地确定的。他们难以接受量子态的测量坍缩以及关联坍缩结果客观上的不确定性。其二，反对 QT 的空间非定域性。对量子测量造成的坍缩持定域的解释。无法理解量子纠缠在关联坍缩中的非定域作用。其三，不理解同一量子态经受不同种类测量会有不同样的坍缩分解，显现不同的测量结果。**

习题 12.6 解说 EPR 佯谬的物理思想。从量子力学角度看，为什么它与实验不符合。

2. Bell 不等式

1964 年，Bell 从①Einstein 的定域实在论，②有隐变数存在这两点出发，推导出

---

⑯ 潘建伟等用 4 光子符合测量检验量子理论非定域性的实验(PRL，2001，86：4435)；以及赵志，潘建伟等 5 光子符合纠缠测量和开目标 Teleportation 实验：Experimental demonstration of five-photon entanglement and open-destination teleportation，Nature，2004：430. Chen Z B，Pan JW，Zhang Y D，et al. PRL，2003，90：160408. Chen Z B，Pan J W，Hou G，et al. PRL，2002，88：040406.

⑰ 脚注①文献；或见比约肯 J D，德雷尔 S D. 相对论量子场. 北京：科学出版社，1984：238，特别是第 292 页.

一个不等式[18]。不等式指出，基于隐变数和定域实在论的任何理论都会遵守这个不等式，而 QT 的有些预言却可以破坏这个不等式。

Bell 想法的关键是考虑 $A$ 和 $B$ 两处测量之间的关联。假定有某个隐变数理论，在这个理论中，测量结果将是决定论的，只是由于某些隐藏的自由度而表现为随机的。比如，对于一个自旋朝向 $z$ 轴的纯态 $|\uparrow_z\rangle$，一个"更深层次的隐变数理论"认为它应当为 $|\uparrow_z,\lambda\rangle$。这里 $\lambda$ 是一个不能为现时实验技术所控制的隐变数。不失一般性，可以假设 $0\leqslant\lambda\leqslant1$ 并按照人们目前尚未知道的某种概率分布 $\rho(\lambda)$ 在 $[0,1]$ 中取值。考虑 $A$、$B$ 两个粒子的自旋纠缠态

$$|\psi\rangle=\frac{1}{\sqrt{2}}(|\uparrow\rangle_A|\downarrow\rangle_B-|\downarrow\rangle_A|\uparrow\rangle_B)$$

Bell 得到了后来人们称为的"**Bell 不等式**"

$$\boxed{|P(\boldsymbol{a},\boldsymbol{b})-P(\boldsymbol{a},\boldsymbol{c})|\leqslant1+P(\boldsymbol{b},\boldsymbol{c})}\tag{12.7}$$

这里

$$P(\boldsymbol{a},\boldsymbol{b})=\int\mathrm{d}\lambda\rho(\lambda)A(\boldsymbol{a},\lambda)B(\boldsymbol{b},\lambda)\tag{12.8}$$

是 Alice 沿 $\boldsymbol{a}$ 方向测量她手中 $A$ 粒子的自旋，而在类空间隔上 Bob 沿 $\boldsymbol{b}$ 方向测量他手中 $B$ 粒子的自旋。设各自测量结果分别为 $A(\boldsymbol{a},\lambda)$（数值为 $+1$ 或 $-1$）和 $B(\boldsymbol{b},\lambda)$（$+1$ 或 $-1$）。将测量结果对应相乘。它是在 $A$、$B$ 两处的两个方向作关联测量后所得的结果——关联函数。假如对多个样品进行多次这样测量，所得平均结果应当是对随机变化隐变量 $\lambda$ 的积分平均。此不等式说明：**对于任何定域实在论的隐变数理论，在三组（$(\boldsymbol{a},\boldsymbol{b})$、$(\boldsymbol{a},\boldsymbol{c})$ 和 $(\boldsymbol{b},\boldsymbol{c})$）实验统计平均数据（$P(\boldsymbol{a},\boldsymbol{b})$，$P(\boldsymbol{a},\boldsymbol{c})$ 和 $P(\boldsymbol{b},\boldsymbol{c})$）之间，应当满足上面不等式。但 QT 却有可能破坏它。**

Bell 不等式容易用实验来检验。**迄今为止的十多个实验都明显地破坏 Bell 不等式，反对基于定域因果律和物理实在论上的定域实在论。实验明确支持 QT 的（经典理论难以理解的）空间非定域性质，没有发现测量坍缩中的随机性存在明显的隐变数根源。**

习题 12.7　证明：EPR 态是对 Bell 不等式造成最大破坏的态[19]。

习题 12.8　到目前为止，关于 Bell 不等式问题上，什么是实验支持了的？什么是还没能搞清楚的？

3. CHSH 不等式

Bell 不等式有多种著名的推广。其中最初一个是 **CHSH 不等式**（Clauser-Horne-

---

⑱ Bell J S. Physics，1964，1：195.

⑲ Halvorson H. The Einstein-Podolsky-Rosen State Maximally Violates Bell's Inequalities. quant-ph/0009007.

Shimony-Holt)[20]。CHSH **不等式在推广** Bell **不等式中，考虑到这类关联测量实验中的一些失误或误差因素。**比如，对 $A(B)$测量中仪器设备有时可能失效，这时按实验规定，仪器装置给出对 $A(B)$的测量值为零；再比如，制备出的 EPR 对可能不纯，因此同时沿同一方向测量 $A$ 和 $B$ 的自旋关联并不严格反向等。

这样，便只能得知

$$-1\leqslant A(\boldsymbol{a},\lambda)B(\boldsymbol{b},\lambda)\leqslant 1 \quad (\text{对任意 } \boldsymbol{a},\boldsymbol{b}) \tag{12.9}$$

而关联函数仍为式(12.8)。但只规定 $|A|,|B|\leqslant 1$。设 $\boldsymbol{a}$、$\boldsymbol{d}$ 和 $\boldsymbol{b}$、$\boldsymbol{c}$ 分别是 $A$ 和 $B$ 的两个任选测量方向。于是得到"CHSH **不等式**"

$$\boxed{|P(\boldsymbol{a},\boldsymbol{b})-P(\boldsymbol{a},\boldsymbol{c})|+|P(\boldsymbol{d},\boldsymbol{c})+P(\boldsymbol{d},\boldsymbol{b})|\leqslant 2} \tag{12.10}$$

这里并未假设体系的总自旋为零。如果体系总自旋为零，即理想的反向关联 $P(\boldsymbol{c},\boldsymbol{c})=-1$，并且选取特殊情况 $\boldsymbol{d}=\boldsymbol{c}$，就化简为 Bell 不等式。和 Bell 不等式相似，CHSH 不等式在量子力学中也极易受到破坏。

4. GHZ 定理

上面两节都是借助对各种不等式的破坏来揭示量子态的一种空间非定域性质——以后统称为"**关联非定域性**"(又称为"Bell 非定域性")。由于实验测量的关联函数均为态的平均值，所以破坏与否的论断都是以统计方式作出的。事实上也可以找到无不等式的 Bell 定理，使得人们可以用一种确定的、非统计的方式来揭示量子态的这种非定域性。下面介绍一些重要的"**无不等式的** Bell **定理**"。

GHZ **定理**[21] **对于三粒子** GHZ **态，存在一组相互对易的可观测量，对于这组力学量的测量，量子力学将以确定的、非统计的方式给出与经典定域实在论不相容的结果。**

**定理的意义：GHZ 定理是第一个无不等式的 Bell 定理。通过本征值的实验测量，它以等式的形式，以一种确定的方式、非统计性的方式暴露出量子力学与定域实在论之间不相容性。它揭示了三个 1/2 自旋粒子组成的 GHZ 态的一种量子纠缠性质——涉及三个观察者、含有两个独立时空间隔的一类空间非定域性。**

GHZ 定理的首次实验检验已经由潘建伟等用三光子极化纠缠 GHZ 态予以实现[22]。

5. Hardy 不等式

**注意上面** GHZ **定理未涉及两个粒子纠缠。此时是两个观察者、一个独立时空间隔。**1993 **年** Hardy **针对两粒子纠缠态提出了另一种无不等式但却是概率的** Bell **型定理。**其后，各种版本的 Hardy 定理陆续出现。下面介绍后来 Goldstein[23] 更简洁的提法：

---

[20] Clauser J F, Horne M A, Shimony A, et al. PRL, 1969, 23: 880；也见脚注④文献第 12 章.

[21] Pan J W. Quantum Teleportation and Multi-photon Entanglement. the dissertation for PhD. Institute for Experimental Physics, University of Vienna, 1998.

[22] Pan J W, et. al. Nature, 2000, 403: 515.

[23] Goldstein S. PRL, 1994, 72: 1951.

**Hardy 定理** **设两体正交归一基为($|\alpha\rangle_i$,$|\beta\rangle_i$,${}_i\langle\alpha|\beta\rangle_i=0$,$i=1,2$),有所谓 Hardy 态$|\psi\rangle_{12}=a\,|\alpha\rangle_1\,|\alpha\rangle_2+b\,|\beta\rangle_1\,|\alpha\rangle_2+c\,|\alpha\rangle_1\,|\beta\rangle_2\,(abc\neq0)$。对这个态,存在一组力学量,通过对这组力学量的测量,量子力学有非零的概率按无不等式形式给出与经典定域实在论不相容的结果。**

简要解释此定理的意思是:这组力学量共有 4 个,分别为

$$\boxed{U_i=|\beta\rangle_{ii}\langle\beta|\,;\quad \hat{W}_i=|\omega\rangle_{ii}\langle\omega|\,;\quad |\omega\rangle_i=\frac{(a\,|\alpha\rangle_i+d_i\,|\beta\rangle_i)}{\sqrt{|a|^2+|d_i|^2}};\quad i=1,2} \tag{12.11}$$

这里 $d_1=b$;$d_2=c$。对 1 和 2 同时测量这 4 个厄米算符所代表的力学量。量子力学给出:若 $abc\neq0$,则

$$\text{同时测量 } W_1 \text{ 和 } W_2\text{,同为零的概率不为零} \tag{12.12a}$$

但是,按经典的定域实在论来理解,

$$\text{同时测量 } W_1 \text{ 和 } W_2\text{,不能同时为零} \tag{12.12b}$$

**于是,此定理以"无不等式但却是(非零)概率的方式",暴露出量子力学与定域实在论之间的矛盾。**

习题 12.9 详细论证 Hardy 定理的全部计算。

6. Cabello 不等式[24]

在 GHZ 定理和 Hardy 定理基础上,Cabello 提出一个更为理想的无不等式 Bell 定理——Cabello 定理。它兼有两者优点:**在 Cabello 方案中使用的是两个 Bell 基,观测者只有两个(这与 Hardy 定理相同);而在实验中又以确定的方式暴露出量子力学与定域实在论之间的矛盾(这和 GHZ 定理相同)。**

**Cabello 定理** **对于由两个 Bell 基构成的最大纠缠态,存在一组力学量,对这组力学量的测量,量子力学将以确定的方式给出与经典定域实在论不相容的结果**[25]。

关于 QT 空间非定域性的评述见下面第 12.2 节。

习题 12.10 写出 Bell 不等式、CHSH 不等式、GHZ 定理、Hardy 定理、Cabello 定理,说明它们各自的特点,它们之间的共同点和不同点。

## 12.1.8 QT 中的因果性

1. 因果律

现在所称的科学其实是"西方近代科学"的简称。其主旋律为"逻辑演绎+实验

---

[24] Cabello A. PRL,2001,87:010403. 证明也参见脚注⑩第 108 页。

[25] Cabello 不等式及有关空间非定域性的一批实验验证已完成. Yang T,et al. quant-ph/0502085,后发表在 PRL;潘建伟等用 4 光子符合测量检验量子理论非定域性的实验(PRL,2001,86:4435);以及赵志、潘建伟等 5 光子符合纠缠测量和开目标 Teleportation 实验:Experimental demonstration of five-photon entanglement and open-destination teleportation,Nature,2004,430。

证实”,可以理解为遵循“逻辑实证主义”。**全部科学蕴含的逻辑要素有五:因果性、逻辑自洽性、客观普适性、可重复观测性、可量度性。而因果律位居五大要素之首。**

**因果律:凡有一因必有其果,凡有一果必有其因。两者遵从正确的时间顺序。**

宇宙万物运动变化表现出纷繁复杂的现象,它们中有些彼此有因果关联,有些则没有。找出它们之间怎样因果、如何关联是认知自然的中心任务。比如:弹一个琴键是“因”,发出一个乐音是“果”;播下一棵种子是“因”,长出一棵嫩芽是“果”;又比如:在微分方程固定条件下,如果将初条件看成“因”,则其解是“果”;等等。

整个科学都遵循因果律的要求,QT 当然也受此约束。**在 QT 中,测量是“因”,波包坍缩是“果”**;纯态演化 Schrödinger 方程初态$\psi(0)$是“因”,$t$ 时刻解$\psi(t)$是“果”(更准确分析见 12.3 节);Markovian 过程混态演化主方程中,$\rho(t)$,$L_\mu$ 是“因”,变化率 $\dot{\rho}(t)$是“果”。还有,按因果律约束,散射态只应当选择出射球面波$\exp[i(kr-\omega t)]$(而不是入射球面波 $\exp[i(kr+\omega t)]$),于是算符奇性运算或围道积分中便出现所谓“因果性边界条件”;使用推迟传播子(而丢弃超前传播子);基于因果性考虑的色散关系[26];等等。

2. 相对论性定域因果律

“姑苏城外寒山寺,夜半钟声到客船。”这表达了声速下的“定域因果律”。所以,**相对论性定域因果律是:“因果律+空间广延性+物理信息的传播速度不大于光速”。在 Lorentz 变换下,类时间隔保持时序。**

迄今为止全部物理场论,不论是经典的还是量子的,都遵守相对论性定域因果律,是定域因果场论。比如,对经典电磁场,定律要求电磁波以有限速度在空间或介质中传播。散射光波传播过程应当有

$$A(\boldsymbol{x},x_4=ict)=0,\quad |\boldsymbol{x}|>ct \tag{12.13}$$

在量子场论中,相对论性定域因果律表现也很明显。具体表现为,**场中两个类空间隔点处的实验测量互相不影响。这导致在此间隔内两处可观察量的定域密度算符必须对易**

$$\boxed{[\mathcal{P}(x_1),\mathcal{R}(x_2)]=0,\quad (x_1-x_2)^2>0} \tag{12.14}$$

**接着,将相对论性定域因果律的这个要求,转化为对基本场性质的要求:类空间隔两点玻色场算符对易,费米场算符反对易,即**

$$\boxed{[\psi(x_1),\psi(x_2)]_\pm=0,\quad (x_1-x_2)^2>0} \tag{12.15}$$

**这些条件显然影响传播子的解析性质,但却保证了量子场论满足相对论性定域因果律**[27]

---

㉖ 比约肯 J D,德雷尔 S D. 相对论量子场. 北京:科学出版社,1984:238,292.

㉗ 场量对易子的定域因果性要求转换到它们 *Fourier* 变换的解析性,即导致所谓色散关系。

**的要求,使量子场论成为相对论性因果场论**[28]。

3. 纠缠态坍缩与关联坍缩的因果性

对分开两地的纠缠态$\psi_{AB}$进行测量时,会出现坍缩与关联坍缩。这两件事之间的因果关系十分古怪。

一方面,QT 对此问题的通常回答是:**坍缩与关联坍缩两者是同时的、一体的、不存在谁因谁果的关系。**

另一方面,坍缩与关联坍缩性质的最近实验结果是:①**肯定了坍缩-关联坍缩的瞬时性。**文献[29]测量了从坍缩到关联坍缩的时延。结果是 $v_{\text{collapse}} \geqslant 10^7 c$。**即目前实验证实了坍缩与关联坍缩是同时发生的。**重大原则疑问出现了:从 Lorentz 变换观点看,**这个"同时性"是绝对的?还是相对的?不论是哪一种,后面因果观分析表明都有问题。因为这两个粒子毕竟是处在两个不同的空间点上!**②**肯定了坍缩与关联坍缩不存在因果关系。**文献[30]的实验结论为:**量子关联不能归结为定域因果律的因果关联!**所有检验 Bell 不等式的实验也都证明了这一点。③实验否定了多重等时性。文献[31]采用两个探测器,探测 Bell-型双光子纠缠态的关联。实验的关键是使它们如此相对运动,以致在每个探测器的随动系中看,都是自己这个探测器首先有结果输出。看看这时关联是否消失。实验结果是:这时关联性依然存在!

有人主张:**关联坍缩是非物理的(事物)。以此来规避其间因果性的讨论。然而,坍缩与关联坍缩真的不存在谁因谁果的关系吗?对实验结果如何解读?这都是有疑问的。**此问题的进一步分析见第 12.2 节空间非定域性评述。

关于 QT 因果观的评述见下面第 3 节。

### 12.1.9 QT 中的逻辑自洽性

对此问题的简述分析与评论见本章第 12.4 节。

## 12.2 量子理论空间非定域性评述

### 12.2.1 量子纠缠与"关联型空间非定域性"的等价性

(1) 一方面,**各种情况下的测量坍缩,都表现出空间非定域性。**这包括:自旋态

---

[28] 同上;依捷克森 C,祖柏尔 J B. 量子场论(上). 北京:科学出版社,331;Weinberg S. The Quantum Theory of Fields. Vol. 1,Cambridge University Press,1995:198.

[29] Zbinden H,Brendel J,Gisin N,et al. Phys. Rev. ,2001,A63:022111.

[30] 同上;Stefanov A,Zbinden H,Gisin N. Quantum Correlations with Spacelike Separated Beam Splitters in Motion:Experimental Test of Multisimultaneity. PRL,2002,88:120404.

[31] 同脚注[25]。

测量坍缩(包括自旋态描述本身)

$$|x+\rangle=\frac{1}{\sqrt{2}}\{|z+\rangle+|z-\rangle\}\rightarrow|z+\rangle \tag{12.16}$$

空间波函数的测量坍缩

$$\psi(x)\rightarrow\varphi(x) \tag{12.17}$$

广义杨氏双缝两择一的坍缩;对多体纠缠态作局域测量产生的坍缩与别处纠缠粒子的关联坍缩。比如,粒子 1 在北京,粒子 2 在广州的 Bell 基,

$$|\psi^+\rangle_{12}=\frac{1}{\sqrt{2}}(|\uparrow\rangle_1|\downarrow\rangle_2+|\downarrow\rangle_1|\uparrow\rangle_2) \tag{12.18}$$

测量粒子 1 使其状态发生坍缩,与此同时,粒子 2 的状态将发生关联坍缩。这些都表现为:**测量坍缩总是表现为非定域的过程。**

(2) 另一方面,计算也发现,**有时 Bell 路线的各种不等式和等式形式空间非定域性与量子纠缠并不显现单一的对应。**具体地说,某些态会出现量子纠缠度量和 Bell 非定域性度量之间的不一致。两者下限相同——没有纠缠就不会出现关联测量中的相关性。但两者上限有时不同:有这样一些态,它们对 Bell 不等式破坏最大,但其纠缠度却未达到最大。如

$$|\psi\rangle=\frac{1}{2}\{|00\rangle+|11\rangle+|22\rangle+|33\rangle\},\quad |\varphi\rangle=\frac{1}{\sqrt{2}}\{|00\rangle+|11\rangle\} \tag{12.19}$$

可以验证,它俩对 Bell 不等式都构成最大破坏,但其中 $|\varphi\rangle$ 态使 Gisin-Peres 方案中 Bell 空间非定域度 $K=1$ 达最大,但却未使两体纠缠度达最大[32]。

**其实,Bell 研究路线涉及的空间非定域性只是 QT 本身多种类型空间非定域性质中一种特定的类型——"关联非定域性"。这种空间非定域性与多粒子量子纠缠现象密切相关。这条研究路线主要通过对位于空间不同点的多体纠缠态作类空间隔的关联测量,暴露(与经典力学所理解的定域实在论不同的)QT 空间非定域性的一个方面。**沿这条路线的大量工作提出了大量具体的 Bell 算符,以及与之配套的量子态和关联测量方案,由此暴露出各式各样的关联非定域性。

**然而,**每一种 Bell 型算符、相关配套的态以及关联测量方案都是具体的算符、具体的态和具体的方案,难免带有各自的特殊性,存在着各自的局限性和片面性。因此,每一种具体的 Bell 非定域性研究都难以完整地体现 QT 的这种关联非定域性,也未必能全面显示被测量子态的量子纠缠性质,不一定能完备地显示给定态在关联测量意义下的空间非定域性质。于是,**依照具体的 Bell 算符、配套态及关联测量方案的不同,两者间的不等价性就常表现为最大空间非定域性与最大量子纠缠度的有时不同步。**

---

[32] 侯广.量子纠缠与非定域性及二者之间的联系.中国科技大学博士论文,2003,第 5.4 节.

**所以，全体可能 Bell 型不等式和等式的 Bell 方案的集合才能完整体现这种因纠缠而产生的空间非定域性——在类空间隔下多粒子关联测量中所表现的量子态的超空间关联**[33]**。追究这类非定域性的本质，它们来自微观粒子的内禀性质——波粒二象性；实验测量中则表现为坍缩与关联坍缩之间的一种奇妙的超空间关联。**基于这种情况，可以引入概念：**对给定的某个多体量子态，对"Bell 型算符＋相应的关联测量"的全体可能集合，所体现的空间非定域性称为一般关联测量意义下的"关联非定域性"——也可称为"纠缠非定域性"或"Bell 非定域性"。**

(3) **关联非定域性与量子纠缠是等价的。**下面具体证实两者之间的关联。**首先，**$A$，$B$ 两个子系统的任意可分离量子态通常定义为[34]

$$\boxed{\rho_{AB}=\sum_{C}P_{C}\rho_{A}^{C}\otimes\rho_{B}^{C},\quad \sum_{C}P_{C}=1} \tag{12.20}$$

此处按参量 $C$ 作非相干分解，$C$ 是与两个子系统都相关的某个物理量或事件。由此定义式可知，**两体量子态可分离性等价于在两体中任一体的态上添加任意相对相因子而不会改变这个态。所以式(12.20)体现出 $A$，$B$ 两体之间不存在能导致相干性的量子关联，只存在经典关联。**

**其次，**讨论类空间隔关联测量意义下的空间定域性。可以证明，关联非定域性与量子纠缠彼此等价：

**定理　对于多体量子系统，基于类空间隔下关联测量的空间定域性等价于量子态的可分离性。换句话说，关联型空间非定域性与量子纠缠本质上等价**[35]**。**

**证：**　只考虑两体情况，但论证方法对多体情况同样适用。所谓基于类空间隔下关联测量的空间定域性，含意是：**两个子系统 $A$ 和 $B$ 中各自发生的类空间隔的事件相互独立。这种独立性可以表达为条件概率的"概率的乘法定理"：两独事件之积的概率等于各自概率之积**[36]

$$\boxed{P(AB|C)=P(A|C)\cdot P(B|C)} \tag{12.21}$$

其中 $P(A|C)$，$P(B|C)$分别为出现事件$C$(与两个子系统都相关的某事件，是 $A$ 粒子的事件 $A$ 及 $B$ 粒子的事件 $B$ 的共同的"因")条件下事件 $A$ 或 $B$ 发生的概率，而 $P(AB|C)$则为事件$C$ 条件下 $A$ 和 $B$ 同时发生的概率。**式(12.21)思想可以表示为"类空间隔下不存在非定域的相关性"，或者说"类空间隔下的定域独立性"，其实这些都可以在已有的"相对论性定域因果律"的框架内表述。**显然，设 $\hat{A}$ 和 $\hat{B}$ 为两个子系统的两个任意算符，按式(12.21)，条件期望值也将满足下面分解关系

---

[33] "超空间关联"一词见脚注⑩中关于 teleportation 叙述。以及第 8,9 章。

[34] 见脚注⑩，第 3 章，51 页。

[35] 见脚注㉞，10。

[36] 陈希孺. 概率论与数理统计. 合肥：中国科学技术大学出版社，2002：28.

$$\boxed{E(\hat{A}\hat{B}|C)=E(\hat{A}|C)\cdot E(\hat{B}|C)} \tag{12.22}$$

设 $P_C$ 为事件 $C$ 发生的概率，$\hat{A}\hat{B}$ 期望值 $E(\hat{A}\hat{B})=\mathrm{tr}_{AB}(\rho_{AB}\hat{A}\hat{B})$ 又表示为

$$\begin{aligned}E(\hat{A}\hat{B}) &= \sum_C P_C E(\hat{A}\hat{B}|C) = \sum_C P_C E(\hat{A}|C)\cdot E(\hat{B}|C)\\ &= \sum_C P_C \mathrm{tr}_A(\rho_A^C\hat{A})\cdot \mathrm{tr}_B(\rho_B^C\hat{B}) = \sum_C P_C \mathrm{tr}_{AB}[\rho_A^C\otimes\rho_B^C\hat{A}\hat{B}]\\ &= \mathrm{tr}_{AB}\left\{\left[\sum_C P_C\rho_A^C\otimes\rho_B^C\right]\hat{A}\hat{B}\right\}\end{aligned} \tag{12.23}$$

考虑到算符 $\hat{A}\hat{B}$ 的任意性，就得到式(12.20)，即 $AB$ 两体系统量子态是可分离态的定义。这说明，**基于类空间隔下关联测量的空间定域性蕴含量子态的可分离性。注意推导可逆，于是，量子态的可分离性必定蕴含类空间隔关联测量的空间定域性。**

证毕。

既然由定理知道，量子态的可分离性与类空间隔下关联测量的空间定域性具有相同的本质，是共存共灭的。逆否过来也对。于是上述内容也可以换一种提法：**“关联型空间非定域性”有另一种定义：两体系统，在类空间隔下进行任一种关联测量时，都不存在条件概率的乘积分解，便称此两体系统具有(在类空间隔关联测量意义下的)“关联型空间非定域性”——简称为“关联非定域性”。**并且，此处定理的逆否定理可提为：

**两体系统量子态的纠缠性与其关联非定域性是共存共灭的。**

**证：** 反证法。如两体系统是可分离的，则所有条件概率都应可以乘积分解。现在按设定，有一种关联测量下，它们中有不可以乘积分解的，因此这个两体系统必存在关联型空间非定域性。反之亦是。

显然，“关联非定域性”这两种定义是等价的。**这也是上面称它们为纠缠非定域性的缘故。**

(4) **量子纠缠与 Bell 非定域性关系小结：**

① 任一具体 Bell 非定域性均有局限性。这种局限性来源于具体的 Bell 算符、关联测量方案和所选的态。

② 若两体量子态纠缠度为零，则任何关联测量都不可能发现任何非定域的效应。即两体可分离态等价于关联测量的定域性。

③ 关联非定域性和量子纠缠并不完全等价。比如，Bell **非定域性破坏最大态有时不一定是最大纠缠态。**

④ 两体系统状态只要存在一种分解，在这种分解中可以添加两体间任意相位差而不改变状态，则系统必定处于可分离态；反之，若两体系统状态恒不允许添加任意相位差而不改变状态，则两体系统必定不是可分离态。

⑤ 澄清一个如下误会：最近有文献提出“无纠缠的非局域性”。这种提法说，可

举例表明一组乘积态不能用 LOCC 来局域区分(原先举的例子是一组 9 个态,后又举的一组 16 个态)。这实际只是揭示了 LOCC 操作的局限性——这对量子信息论是有意义的,但并不涉及这里讨论的物理学意义上的空间非定域性。

### 12.2.2 Bell-CHSH-GHZ-Hardy-Cabello 路线评述

Bell 型非定域性与量子纠缠的关联分析。由以上叙述可知,自 EPR 佯谬文章以来,历经以 Bell 不等式,CHSH 不等式,GHZ 定理,Hardy 定理,Cabello 定理为代表的工作,长期吸纳了大量关于空间非定域性的研究工作,形成一条可称为 Bell 型理论的研究路线。这 40 多年中相关理论和实验都有很大的进展。不但提出了各色各样的判别准则,用于判断量子力学描述是否完备(其中主要的几个前面已作了扼要阐述),而且实验检验工作也有了众多的成果[37]。现在已很少有人怀疑在 QT 与定域实在论之间实验支持谁的问题了。

仔细分析可以发现,迄今沿着这条 Bell 研究路线的无数研究工作所提出的等式和不等式(各类判据),都存在以下共同的局限性:

(1) **对于检验区分纠缠态与可分离态而言,这些不等式或等式都不是充分而又必要的;**

(2) **只限于研究"Bell 非定域性"这一特定类型的非定域性;**

(3) **未能对这种非定域性的程度给出普适、定量、完善的度量;**

(4) **未能从理论上成功地给出隐变数究竟存在与否的判据;**

(5) **所有工作都回避了相对论定域因果律与这种非定域性之间究竟是否协调这个根本性的疑问。**

习题 12.11 QT 的空间非定域性质是一种什么性质?

习题 12.12 说明 Bell 不等式、CHSH 不等式、GHZ 定理、Hardy 定理、Cabello 定理所共有的局限性。

### 12.2.3 QT 空间非定域性评述

其实,QT 的空间非定域性的一般性质已经超出了上述"关联型空间非定域性"这一特殊类型的范围。

尽管和经典理论一样,整个 QT 仍然采用了定域描述方法,但 QT 最重要特征之一是:全面地表现出了各种奇妙的空间非定域性质,而且这些非定域性质已经并继续经受住了越来越多的实验检验。比如,如前所说,单粒子态不存在纠缠,但(在测量坍缩中)仍然表现出空间非定域性质。实际上,整个 QT 的空间非定域性问题有着更深

---

[37] Stefanov A, Zbinden H, Gisin N. Quantum Correlations with Spacelike Separated Beam Splitters in Motion: Experimental Test of Multisimultaneity. PRL, 2002, 88: 120404.

刻、更多样、更普遍的含意。

不可否认，QT 的空间非定域性质有着不同的物理根源：有的来自相互作用的内禀性质(非定域型相互作用。比如，某时空点的相互作用并不只和该点上各场量或它们导数有关)；有的来自系统拉氏量参数空间的拓扑性质；有的来自微观粒子内禀性质——波粒二象性；有的来自我们所处空间可能具有的整体拓扑性质(宇宙有限无界或无限无界的区别等)。正由于来源不同，种类不同，因而物理表现不同，显现范畴也不同：有些空间非定域性质体现在局部空间无法察觉而只依赖于空间整体拓扑性质的现象上(如各种拓扑相因子)；有的则在坍缩——关联坍缩上显示出一种超空间的关联现象(见 Teleportation 和 Swapping 实验)；有的仍然遵守相对论性定域因果律，有的则表现出令人困惑的与这个基本规律的不相容性[38]；等等。

**总之，整个 QT 都是穿着定域描述外衣的空间非定域理论[39]。这主要体现在以下 7 个方面：**

(1) Feynman **公设的本质是非定域的**：相因子 $e^{iS/\hbar}$ 沿各条空间路径等权叠加，由于是 4 重壳外积分，计算结果是全空间依赖的，实质是全空间非定域计算；

(2) **量子测量导致的状态坍缩都是非定域的**，无论是空间波函数坍缩或是自旋波函数坍缩。例如，"广义杨氏双缝"实验中相干叠加的两个态(两条缝、两条路径、两种极化、透射反射等)向两者之一的坍缩；

(3) **多粒子空间或自旋波函数的测量"坍缩-关联坍缩"；**

(4) **自旋态内禀性质是空间非定域的；**

(5) **所有本征值、平均值的决定方式是非定域的；**

(6) **本质上，微观粒子波粒二象性的内禀性质就和空间定域描述方式不相容。**这表现在：不确定性关系、全同性原理——全对称或全反对称的量子纠缠、不可能精确定位($\Delta x \geqslant \lambda_{\text{compton}}$)等；

(7) **相对论量子场论诸多发散凸显出 QT 空间非定域性质与所采用的定域描述方法之间的深刻矛盾。**

## 12.3 量子理论因果观评述

### 12.3.1 坍缩与关联坍缩的因果分析

前面已经指出，**有人主张关联坍缩是非物理的(事物)，以此来规避其间因果性的讨论。他们认为，信息是物理的，不传递信息的过程就不是物理的过程。由于** Bell

---

[38] 详见 12.3 节"因果律与定域因果律"叙述。

[39] 详见脚注①。

**基关联坍缩本身没有传递信息,所以是非物理的。**如果 Bob 不知道 Alice 广播的经典信息,就不知道 Alice 的测量结果,也就无法(在不破坏手中粒子状态情况下)知道自己手中粒子的状态,听起来似乎有道理。

甚至可以推导:如果 Bob 不听 Alice 广播,连 Alice 做过测量与否都不知道。设有一个纠缠态 $\rho_{AB}(0)$,其子系统 $A$ 和 $B$ 已经空间分开。设有仪器 $E$ 对 $A$ 作局域测量,测量持续时间 $\tau$,$A$ 在测量仪器中分解纠缠之后,取数据导致态坍缩之前,$B$ 状态为

$$\begin{aligned}\rho_B(\tau) &= \mathrm{tr}_{AE}\rho_{ABE}(\tau) = \mathrm{tr}_{AE}\{U_{AE}(\tau)\rho_{AB}(0)\otimes\rho_E(0)U_{AE}^{+}(\tau)\} \\ &= \mathrm{tr}_{AE}\{\rho_{AB}(0)\otimes\rho_E(0)U_{AE}^{+}(\tau)U_{AE}(\tau)\} \\ &= \mathrm{tr}_{AE}\{\rho_{AB}(0)\otimes\rho_E(0)\} = \rho_B(0)\end{aligned} \tag{12.24}$$

注意 $\rho_B$ 与 $\tau$ 无关。当 $A$ 取数据导致态坍缩之后,按 von Neumann 模型:

$$\begin{aligned}\rho_B^{\mathrm{Measur}}(\tau) &= \mathrm{tr}_{AE}\Big\{\sum_n E_n^{(A)}U_{AE}(\tau)\rho_{AB}(0)\otimes\rho_E(0)U_{AE}^{+}(\tau)E_n^{(A)}\Big\} \\ &= \mathrm{tr}_{AE}\{U_{AE}(\tau)\rho_{AB}(0)\otimes\rho_E(0)U_{AE}^{+}(\tau)\sum_n E_n^{(A)}E_n^{(A)}\} \\ &= \mathrm{tr}_{AE}\{U_{AE}(\tau)\rho_{AB}(0)\otimes\rho_E(0)U_{AE}^{+}(\tau)\} = \rho_B(0)\end{aligned} \tag{12.25}$$

这里注意 $E_n^2 = E_n$ 和 $\sum\limits_n E_n = 1$。即便用 POVM 的 $\sqrt{F_i}$($\sum\limits_i F_i = 1$)取代正交投影测量 $E_n$,结果仍然不变。由此推导可知:①**就统计平均意义而言,$A$ 方进行任何测量过程对 $B$ 状态没有影响;②在 $A$、$B$ 协商已确定测量方案的基础上,对 $A$ 做或没做单次测量,对 $B$ 的状态也没有影响。于是,$B$ 单凭自己对 $B$ 的测量,无法知道 $A$ 方做了什么样的测量,甚至也无法知道 $A$ 方做没做测量。于是有结论:量子系综统计测量信息必定遵守相对论性定域因果律,不存在瞬间传递的可能。**

**即便如此,至少,通过量子通道终究是传过去了什么"东西"!这"东西"应当是部分信息。否则,即便听到 Alice 广播,Bob 又能有什么作为?!**

实际上,即便经典物理学如此,量子统计平均意义上也如此,但就单次测量而言,$A$ 方实施怎样的测量方案,对 $B$ 状态是有影响的。因为如何测量 $A$,涉及 $B$ 向怎样的末态投影(但这并不影响 $B$ 的密度矩阵,即就统计平均而言对 $B$ 状态没有影响)。这意味着,量子涨落过程情况不一定是这样。**正如同下面分析 Feynman 公设中体现出的那样,量子涨落可以破坏定域因果律。这种在单次测量中瞬间被传递过去的"什么东西"并不遵守定域因果律!**

**总之,合理的是应当承认,"测量坍缩与关联坍缩"是客观存在的量子关联现象,是一种(迄今尚未完全了解的)可以区分因(有测量仪器在旁)果(无测量仪器在旁)地位的物理过程——其结果虽然 Bob 不能了解,但 Alice 已经知道!人们不能因为 Bob 不知道其内容就否定现象的客观的物理实在性。**

### 12.3.2 QT 因果观(I):与相对论性定域因果律不兼容

**关联坍缩与相对论(RT)性定域因果律矛盾分析:**一方面,QT 认为,坍缩与关联

坍缩是同一体系的同一事件，无所谓相对论的“类空、类时间隔”问题。但事实是，毕竟处在不同的空间点上，理应将坍缩与关联坍缩认作类空间隔，这会更具说服力。**另一方面，**QT认为，坍缩与关联坍缩不存在因果关系。但事实上，它俩之间应当存在因果关系：因为坍缩地点配置有测量仪器，而关联坍缩地点则没有——这件事是绝对的、与观察系无关。①**如果这种同时性是绝对的→将与**RT**矛盾：**RT认为，同时性是相对的。若是绝对的，坍缩与关联坍缩便可用作不同参照系之间绝对时钟的校正；②**如果这种同时性是相对的→也将与**RT**矛盾：**按RT，类空间隔先后时序可变，所以总会存在这样一类Lorentz参考系，在其中观察，无测量仪器在旁的关联坍缩时刻在前，有测量仪器在旁的测量坍缩时刻反而在后面。它俩时序的颠倒难以接受！

**再分析**Feynman**公设。可以按照遵守与不遵守相对论性定域因果律将全部路径区分为两类。注意，后者是稠密的，而前者(体现经典动力学解的经典路径及其附近)测度几乎为零。也就是说，**Feynman**公设中包含着大量不遵守定域因果律的体现明显波动涨落的路径。这些量子涨落成分与**RT**有着深刻的矛盾：其一，**传播子$U(\boldsymbol{r},t;\boldsymbol{r}_0,t_0)$等于对全部路径的相因子等权求和

$$U(\boldsymbol{r},t;\boldsymbol{r}_0,t_0)=\int \mathrm{D}\boldsymbol{r}(\tau)\exp\left\{\frac{\mathrm{i}}{\hbar}\int_{t_0}^{t}L(\dot{\boldsymbol{r}}(\tau),\boldsymbol{r}(\tau),\tau)\mathrm{d}\tau\right\} \tag{12.26}$$

由于相邻两重积分的时间间隔$\varepsilon\to 0$，而每重积分内空间变数又是独立取值，**除一条经典路径(以及较为邻近且变化平缓的路径)之外，几乎所有量子涨落路径都违背相对论性定域因果律。但叠加的最后结果遵守该定律——系综平均结果是正常的；其二，**也许有人怀疑，上面叙述仅仅适用于非相对论情况——这时可以认定相互作用是瞬间传递的，于是可以避免定域因果性问题。**但其实**Feynman**公设并不回避高速相对论性情况**[40]**，况且已经广泛表述为近代量子场论的形式。处于理论重要位置的生成泛函虽然是对场量的泛函积分(而不是对时空变数的泛函积分)，但生成泛函积分内(处于核心地位的)指数上**Lagrange**量密度对时空变数积分却是**4**重独立的壳外积分(量子涨落相因子正是由它们所提供)。**同样以最简单的旋量QED为例，此耦合系统的Green函数生成泛函为($l_{\mathrm{eff}}$为系统的有效Lagrange量密度)

$$\begin{cases}Z[\bar{\eta},\eta,J_\mu]=\dfrac{1}{N}\displaystyle\int\left[\mathrm{D}\psi\,\mathrm{D}\bar{\psi}\prod_{\mu}DA_\mu\right]\exp\left\{\mathrm{i}\int\mathrm{d}^4x\left[l_{\mathrm{eff}}+\bar{\eta}\psi+\bar{\psi}\eta+J_\mu A_\mu\right]\right\}\\ l_{\mathrm{eff}}(x)=-\bar{\psi}(x)(\gamma\cdot\partial+m)\psi(x)-\dfrac{1}{4}(F_{\mu\nu}(x))^2-\dfrac{1}{2\zeta}(\partial_\mu A_\mu(x))^2\\ \qquad\qquad+\mathrm{i}e\bar{\psi}(x)\gamma_\mu A_\mu(x)\psi(x)\end{cases} \tag{12.27}$$

这里添加的任意可微函数$\eta,\bar{\eta},J_\mu$分别为Fermi性外源和Bose性矢量外源，$l_{\mathrm{eff}}$中含$\zeta$

---

[40] Feynman R P, Hibbs A R. Quantum mechanics and Path Integrals. McGraw-Hill Book Company, 1965: 35, 38, 39, 102, 103, 139, 262-265.

的项是由协变规范约束 $\delta$ 泛函转换而来。**现在,如果用时空变数的路径积分观点来看待这个 4 重壳外积分,将积分求和各项分解,并按时间顺序连接成一条条前进的折线路径,就可以再次证实上面的分析。何况,在被积函数引入各类规范约束条件的同时,从未引入排除光锥外区域的定域因果性的约束条件!** 其三,Bjorken 和 Drell 说[41]:"**建筑在时空平移不变性和 Lorentz 不变性、存在唯一的基态——真空态和很好定义了的入出态的完全谱、假定理论是定域的、具有微观因果性原理……所有这些都是很基本的概念,不到最后不得已我们是不愿意放弃它们的。**"其实这表明,人们已经开始思考放弃定域因果性原理的问题了。

**总之,上述分析表明,QT 因果观的第一个要点是:必须按遵守相对论性定域因果律与否,将因果关联区分为两类。至少在关联测量和量子涨落过程中,存在与相对论性定域因果律不兼容的因果关联。**

### 12.3.3 QT 因果观(Ⅱ):绝对的因果关系只归属于不可逆过程

"因"和"果"表达两件事物的一种关联。应区分两种情况:

**绝对的因与果——所有不可逆过程。因是果的绝对的因,果是因的绝对的果。时序必为固定。** 种子与发芽;敲击与发声,等等。

**相对的因与果——所有可逆过程。** 虽然时间有先后,甚至逻辑关系有前后,只要过程可逆,就只表示相对的因果关联,不表示真正的、绝对的因果关系。论述角度改变,因果位置可以对换。比如,倘若 $H$ 本征值有上限,则 $-H$ 也可以视作 Hamilton 量,于是 $|\psi(0)\rangle \leftrightarrow |\psi(t)\rangle$ 就能够互相演化[42]。

由于 Lorentz 变换下,类空间隔时序可变以及可逆过程演化与逆演化、时间反演不变体系的上下时刻的态、一组公设与(等价的)另一组公设互推等,这些都说明:**可逆过程其实只存在平等关联、并无真正的因果继承。** 调侃而形象的比喻是"**庄周梦蝴蝶**":

**不知周之梦为蝴蝶欤,蝴蝶之梦为周欤?!**

只是不同表象而已。所以,QT 因果观的**第二个要点是:因果关系与不可逆过程紧密相联。严格地说,因果概念和因果律只用于不可逆过程。** 但文献[43]论述正与此相反。它认为因果律只存在于 $U$ 过程,而 $R$ 过程中不存在因果律(其意指不存在决定论式因果律——本书作者注,否则就没有了整个 QT!)。其实,这是受 Laplace 决定论束缚而产生的误解——将因果律狭隘机械地理解为微分方程初条件和解的关系,从而只限于将因果关系理解为(针对可逆过程的)因果关联。

---

[41] 比约肯 J D,德雷尔 S D. 相对论量子场(下册). 北京:科学出版社,1984:238,292.

[42] 详见张永德. 量子菜根谭(第Ⅲ版). 北京:清华大学出版社,2016,第 14 讲.

[43] 梅西亚 A. 量子力学. 第一卷. 北京:科学出版社,1986:161-164.

### 12.3.4 QT的因果观(Ⅲ):不可逆过程也可以是熵不增加的幺正演化过程

注意,由前面真空中自由波包弥散事例可知,**演化的幺正性并不保证过程是可逆的——如果系统能谱无上限的话;过程的时间反演不变性并不等价于过程的可逆性。就是说,量子力学事例表明:不可逆过程可以是幺正演化过程,可以是** von Neumann **熵不变过程,并且具有时间反演不变性。详见脚注①文献第** 14 **讲。**

**本节小结** 归纳以上4点论述,总而言之:

QT**与因果律相容。但**QT**并不完全遵守相对论性定域因果律:按**QT**理解,因果关联应当区分为遵守与不遵守定域因果律两类。而实质性的因果关系只存在于不可逆过程。除测量投影过程之外,不可逆过程也可以是幺正演化过程、具有时间反演不变性、熵不增加。而且最重要的是,**QT**与相对论性定域因果律原则上不相容**[44]**。至少,在量子涨落过程,或是纠缠态测量的坍缩与关联坍缩过程中是如此。**但话得说回来,诚如他们所强调的:**相对论性定域因果律是奠定整个物理学的少数几个基本原则之一。**

## 12.4 量子理论先天不足、逻辑矛盾和困难评述

### 12.4.1 QT的先天不足(Ⅰ):对测量过程描述的唯象性

自然界中往往越是基础的问题,越是难于搞清楚的东西。数论的素数分布是如此,基本粒子的质量谱也如此,许多基本物理常数数值(特别是量纲为一常数)也如此。QT也不例外,越是基础的问题,越是没有搞清楚的东西。其中头一个就是"**量子测量有关问题**"。

关于量子测量,目前认知情况是,仅仅笼统地认为它是一个物理"过程",唯象地知道它的一头(输入)和一尾(输出)。中间许多内容都"不甚了了"。虽然有 von Neumann 模型等测量模型,但那真的也只是模型而已。尤其是很多工作想把测量过程拉入 Schrödinger 方程描述的轨道,实质是将 $R$ 过程"驯化"归结于 $U$ 过程。这显然是"小瞧了"测量过程的深邃,低估了量子理论遇到的困难。这里决定性需要的是突破以前所有观念约束的想象力。

测量中究竟存在哪些难于理解的困难呢?它们是:(除非是本征测量)量子测量必定要对态产生干扰,使它坍缩和关联坍缩。问题几乎全出在这里。坍缩中表现出许多精灵古怪的性质。比如,坍缩的或然性究竟是实质的还是表观的、坍缩的不可逆性、坍缩所表现的空间非定域性、甚至测量还会使演化过程推迟(量子 Zeno 效应)!

---

[44] 见脚注[42],也参见 Bell J S. Speakable and unspeakable in quantum mechanics, Cambridge University Press, 1987:55,100.

再就是,关联坍缩与定域因果律解释如何协调,等等。**正是这些问题的存在,使 QT 的基础呈现出一种令人产生无所适从和神秘感的模糊。**

## 12.4.2 QT 的先天不足(Ⅱ):对跃迁转化过程描述的唯象性

QT 中下一个没有搞清楚的东西是“**状态跃迁**”。这关系粒子“产生”和“死亡”的“过程”。通常,在 QT 中,多数情况是借助虚过程来解释的,并且能够(即便是微扰近似)计算出最后结果。然而,和测量“过程”类似,QT **从来没能给出有关量子态转变过程的翔实的物理图像:量子状态究竟是如何跃迁的?粒子究竟是怎样“死亡”和“产生”的?QT 从来缺乏对这些过程的具体而物理的描述。**

## 12.4.3 QT 中的内在逻辑矛盾及引发的困难[45]

上面本着对 QT 开放式思考,指出 QT 的两个先天不足,下面继续如此。现在分析 QT 中的内在逻辑矛盾及引发的困难。

(1) QT **中的两个基本逻辑矛盾**。宏观整体的分析 QT 会发现,QT **的理论群体蕴含两个基本逻辑矛盾:其一,**前面分析已经表明,**微观粒子波粒二象的基本性质与相对论性定域因果律矛盾。它集中体现在** Feynman **公设上。**可以认为,QT 和广义相对论难于协调——引力量子化不成功的物理根源即在于此。**其二,QT 的空间非定域性质与定域描述方式的矛盾。微观粒子波粒二象性根本上是反对定域描述方式的。特别是高能量下粒子产生与定域描述方式的矛盾。**

(2) 具体地说,**首先分析非相对论量子力学(NRQM)的内在逻辑自洽性。**概括而言,NRQM **前提含有** 4 **条逻辑要素:①非相对论性“低能量”**——粒子运动所涉及的势能和动能远低于粒子的静止能量;**②传统“力学”理论范畴**——只考虑粒子在力(势场)作用下在时空中运动,不考虑粒子产生、湮没、不同种类粒子之间的转化;**③运动中保持“粒子数守恒”**(只要系统不和外界交换粒子);**④“定域描述”**——这意味在理论上可以将粒子定域描述到几何点的精度。与所有 QT 比较,**撇开** NRQM **在多大范围内和多精确程度上与实验符合问题不谈,单纯考察理论内在逻辑自洽性来说,即就前提中是否蕴含思辨性矛盾而言,这** 4 **条逻辑要素是相互兼容的。**NRQM **是一个内在逻辑自洽的理论。**比如,由于不考虑新粒子产生,并认定光速无穷大而使 compton 波长 $\lambda=\hbar/mc$ 为零,使定域描述成为合法,并在认定 $\Delta x\to 0$ 中保持相互自洽。彻底的定域描述代价是 $\Delta p\to\infty$。即便约定不考虑产生新粒子,这也将使能量越出事先约定的低能范围。所以实际上彻底的定域描述方式不适合于整个 QT。但由于非相对论量子力学能量已予先约定,这一矛盾并不引起实际问题。因为 NRQM 可以“认定”:**在它的定域描述中,粒子位置“点”在精度上的含义不会使** $\Delta p$ **超出非相**

---

[45] 此节内容最好衔接在第 6 章最后。

**对论能量范围。这种“认定”当然有损 NRQM 关于定域描述的理论精度,但却无损理论的内在逻辑自洽性**[46]。

(3) **相对论量子力学内在逻辑自洽性分析。相对论量子力学前提中暗含着两种矛盾:其一,相对论性高能量与(量子的、单粒子的)传统意义上的力学理论之间的矛盾;其二,相对论性高能量(以及新全同粒子的产生)与定域描述方式之间的矛盾。**

事实上,由于微观粒子波粒二象性,主要是波动性,本来就难于说清将粒子位置定域化到 de Broglie 波一个波长之内。因为波的本质是振动的空间延展。可以谈论空间某点处某物理量的振动;但不能一般地说某空间点上的波。最局域的提法也只能是定域于一个波长范围。更不用说现在是能够产生新粒子的高能量。设想放开能量限制,当测定位置的精度达到粒子 Compton 波长的尺度,按不确定性关系,测量所投入的能量将足以产生新的全同粒子,新旧全同粒子的位置不可分辨。**物理上,Compton 波长尺度以下,粒子的位置概念将失去意义**[47]**。所以,定域描述方式和粒子波动性及允许粒子转化从来都是不兼容的。**

第 6 章已经表明,相对论量子力学理论,究其内在逻辑而言是不自洽的。以常见的两个相对论量子力学方程为例。由经典相对论质能关系经一次量子化成为算符方程,将其作用到概率幅函数 $\varphi(x)$ 上,便直接得到描述零自旋粒子的自由 Klein-Gordon 方程

$$(\partial_\mu^2-\chi^2)\varphi(x)=0$$

再将此方程的算符直接开根,按 Frobenius 定理[48]可以推知 Dirac 代数最低维不可约表示是 4 维,由此可确定算符方程。将其作用到相应 4 分量旋量波函数 $\psi(x)$ 上,便得到 1/2 自旋粒子的自由 Dirac 方程

$$(\gamma_\mu\partial_\mu+\chi)\psi(x)=0$$

与 Schrödinger 方程代表的 NRQM 处境比较,这两个方程代表的 RQM 的遭遇并不好。除了前述的 RQM 本身蕴含内在逻辑矛盾是不自洽的之外,还得加上这两个基本逻辑矛盾。**所以,在相对论性高能量下,若将 RQM 作为(量子的、单粒子的)传统意义上的力学理论,将更加暴露两个方程的缺陷。正因为如此,除极少数求解事例外,不必像对待 Schrödinger 方程那样,广泛求解各种位势下相对论方程的单粒子波函数,特别是对强场或是势场变化剧烈的时候,结果的正确性是不被保证的。**

这里,正确的下一步是转向多粒子量子场理论:将相对论性的力学方程经二次量子化转换为多粒子系统的量子场方程,构建出**不保证粒子数守恒的相对论性量子场论**。两个场方程描述了全同多粒子系统的动力学演化,精确地解释了氢原子光谱超精细结构辐射修正、电子反常磁矩、自发辐射等问题——这些都是单粒子 RQM 所不

---

[46] Feshbach H, Villars F. Rev. Mod. Phys., 1958, 30: 24. 或脚注①。

[47] 卢里 D. 粒子与场. 董明得等译. 北京:科学出版社, 1981: 127, 134-137; 比约肯 J D, 德雷尔 S D. 相对论量子力学(上册). 北京:科学出版社, 1984: 42-46.

[48] Roman P. Advanced Quantum Theory. Addison-Wesley Publishing Company, 697.

能解释的。**当两个场方程摆脱了粒子数守恒束缚,就进一步描述了相互作用导致的0自旋和1/2自旋场量子产生、湮没和转化的崭新而丰富的物理现象。**

1985年S. Weinberg在英国剑桥大学纪念Dirac逝世一周年报告会上说[49]:"Dirac在电子论上的伟大作品就是想通过将Schrödinger波动方程作相对论性推广而把量子力学与狭义相对论统一起来。我看当今已普遍放弃了这个观点。目前大多数人都认为,**我们不能将相对论与量子力学统一起来,而只能与量子场论统一起来。**但是他的美丽的方程却成了每一位物理学家武库的一部分;它保存下来了,而且会永远保存下去。"

**总而言之,相对论量子力学不能算是一个独立、稳定、自洽的单粒子QT。严肃地说,将它作为预备知识纳入量子场论框架,视其基本方程为全同多粒子系统的量子场方程才是合适的。**

(4) **相对论量子场论内在逻辑自洽性分析。其实,相对论与量子场论仍然不能逻辑自洽地统一起来。相对论量子场论的内在逻辑仍然不自洽:即便量子场论消除了相对论量子力学的力学局限性——通过破除力学理论框架,解除粒子数守恒约束,消解了力学局限的矛盾。但量子场论依然承袭着定域描述方式以及相对论定域因果律与微观粒子本性不兼容这两个基本矛盾。**

微观粒子本性与定域因果律的矛盾前面已经说过,现在就微观粒子本性与定域描述的矛盾再多说几句。**定域描述意味着有权超越$\lambda_C$精度谈论精确到几何点处的场量子和场量。但前面Klein佯谬中已经谈过,从观念上看,按照微观粒子波粒二象性的本性,特别是微观粒子的波动性,人们本来就无权超越Compton波长的精度,以"位于空间某几何点"的方式谈论粒子的空间定位!但是,量子场论在依旧采用定域描述方法的同时,却又涉及高能量并且还集中研究粒子的产生和转化。所以这个逻辑矛盾在量子场理论中更显著地被激化了,时时出现在整个理论中!**换句话说,QT**本质是个空间非定域的理论,现在解除粒子数守恒约束,进入场论范畴,理论的多粒子本性将立刻和更多地暴露定域描述方式的局限性,使场论计算中频繁出现各类发散。**有些发散可以在重整化名义下予以吸收;有些则不能。虽然现在趋于认为一个正确的场论不一定必须是可重整的[50],但至少早已公认,**发散的根源来自现在所采用的定域描述方法。**事实上,人们一直在尝试各种非定域的描述方案,只是迄今仍未出现公认的成功。

**总之,不论在QT的哪个层次上,内在逻辑矛盾所带来的困难都是原则性的、根本性的。除自由粒子平庸理论之外,只有低能非相对论近似下得到的非相对论量子力学,内在逻辑是相对完整而自洽的。**

习题12.13 综合分析NRQM,RQM,RQF的内在逻辑自洽性。

---

[49] Weinberg S于1985年在英国剑桥大学举行的纪念Dirac逝世一周年报告会上的讲演《物理学的最终定律》.第一推动丛书,第三集,李培廉译.长沙:湖南科学技术出版社,2003:40.

[50] Weinberg S. The Quantum Theory of Fields, Vol. 1. Cambridge University Press, 1995:518.

# 附录A 量子和经典的对应与过渡(纲要)

宏观世界是建立在微观世界基础上的。所以,宏观世界的经典力学和微观世界的量子力学当然可以贯通和过渡。**就本质而言,经典力学植根于宏观质点的粒子性质;量子力学则植根于微观粒子的波粒二象性质。从经典力学向量子力学的过渡通常称为(第)一次量子化,简称量子化;而从量子力学向经典力学的过渡称为向经典趋近。量子化的方法区分为两大类:正则量子化和路径积分量子化。量子化的物理实质是如何在粒子性描述背景中引入 de Broglie 波波动性;从量子力学向经典力学过渡则是对 de Broglie 波取极短波长近似,物理实质是清除 de Broglie 波的波动性。**具体物理分析见下面第 A.4 节。

显然,这些对应与过渡内容丰富,表现在许多场合,多样形式,多种标准,多个层次。本附录仅提供一个纲要。

## A.1 量子和经典的对应与过渡(之一)——正则量子化

### A.1.1 同一时空背景导致同一组守恒律

首先要看到,经典系统和量子系统两者看似差别很大,**其实宇宙本质是量子的,所有经典系统都只是量子系统的特殊情况。何况两者共处同一时空之中,两者的时空运动与时空基本性质之间的相互制约也就相同。其中,两者系统的时空运动受到时空基本性质的制约也就相同。由这种相同制约所导致的运动守恒定律——能量守恒、动量守恒、角动量守恒定律也就相同。**这就是为什么从经典物理学转到量子力学时,尽管物理概念和理论框架发生了天翻地覆的变化,但这三个守恒定律却能安然无恙地、几乎原封不动地贯穿下来的物理根源①。

人们所处时空具有如下基本性质②:**如果没有外界干扰和影响,单就时空本身禀性而言,时间永远正向均匀流逝着;空间是均匀无边界的;空间每处都是各向同性的。**

---

① 张永德.量子力学(第四版).北京:科学出版社,2016,第六章.

② 此处量子理论的时空和广义相对论中渐近平直时空本质相同,是绝对的,可以当成孤立系的定义。但其实,依照有相互作用量子理论的渐近自由时空观点,自由仅就不存在所考虑相互作用而言,是相对的,无绝对的自由——即便不存在任何相互作用的裸粒子,也存在自身作用,通过将周围时空极化扭曲,成为物理粒子。真空是物质的最低能态,存在涨落和极化。绝对的无物质存在的平直时空框架是不存在的。如同广义相对论中与物质运动无关的绝对的抽象的平直时空框架并不存在一样。

所以,无论是经典系统或量子系统,只要可以近似看成没有外来干扰影响的孤立系统,就应当能够依据理论推导出:从时间均匀流逝性导出能量守恒定律,从空间均匀性导出动量守恒定律,从空间各向同性导出角动量守恒定律。这些分析对经典力学和量子力学都是相同的。下面列举结果,详细推导参见脚注①。

时间均匀性要求孤立量子系统 Hamilton 量时间平移(下面假设为推迟)不变,即不显含 $t$,导致能量守恒:

$$\begin{cases} U_{\delta t}:\psi(t-\delta t)=U_{\delta t}\psi(t)\Rightarrow U_{\delta t}=\exp\{\mathrm{i}H\delta t/\hbar\} \\ U_{\delta t}HU_{\delta t}^{-1}=H\Rightarrow[H,H]=0 \end{cases} \tag{A.1}$$

空间均匀性要求孤立量子体系 $H$ 空间平移不变,导致动量守恒:设 $U_{\delta r}$ 为空间平移算符,得

$$\begin{cases} U_{\delta r}:\psi(\boldsymbol{r}-\delta\boldsymbol{r},t)=U_{\delta r}\psi(\boldsymbol{r},t)\Rightarrow U_{\delta r}=\mathrm{e}^{-\frac{\mathrm{i}}{\hbar}\delta\boldsymbol{r}\cdot\boldsymbol{p}} \\ U_{\delta r}HU_{\delta r}^{-1}=H\Rightarrow[\boldsymbol{p},H]=0 \end{cases} \tag{A.2}$$

空间各向同性要求孤立量子体系 $H$ 空间旋转不变,导致角动量守恒:设 $B_{\delta\varphi n}$ 为空间绕 $\boldsymbol{n}(|\boldsymbol{n}|=1)$ 方向转无限小角 $\delta\varphi$ 的旋转算符:

$$\begin{cases} U_{\delta\varphi n}:\psi(\boldsymbol{r}-\delta\boldsymbol{r},t)=U_{\delta r}\psi(\boldsymbol{r},t)\Rightarrow U_{\delta\varphi n}=\mathrm{e}^{-\frac{\mathrm{i}}{\hbar}\delta\varphi(\boldsymbol{n}\cdot\boldsymbol{L})}, \quad \delta\boldsymbol{r}_i=(\boldsymbol{n}\times\boldsymbol{r}_i)\delta\varphi \\ U_{\delta\varphi n}HU_{\delta\varphi n}^{-1}=H\Rightarrow[\boldsymbol{L},H]=0 \end{cases} \tag{A.3}$$

### A.1.2 正则框架下 Poisson 括号、运动方程的一次量子化——正则量子化(Ⅰ)

**其一,基本对易规则——经典 Poisson 括号与量子 Poisson 括号的类比过渡。**

**定理** 两个力学量函数 $A$ 和 $B$ 的经典 Poisson 括号 $\{A,B\}_{CP}\equiv\sum_r\left\{\frac{\partial A}{\partial q_r}\frac{\partial B}{\partial p_r}-\frac{\partial B}{\partial q_r}\frac{\partial A}{\partial p_r}\right\}$ 与正则坐标 $(q_r,p_s)$ 的选择无关,这保证了 Poisson 括号是完全定义了的。

**证:** 见下面第 4 条,也见脚注③。

于是,对经典力学有

$$\{q_r,q_s\}_{CP}=0,\quad \{p_r,p_s\}_{CP}=0,\quad \{q_r,p_s\}_{CP}=\delta_{rs} \tag{A.4}$$

当经典 Poisson 括号 $\{A,B\}_{CP}$ 向量子过渡时,将 $A$、$B$ 看成不可对易的算符。**可以设定量子系统正则变量之间的量子 Poisson 括号 $[A,B]_{QP}$,结果应与经典的对应相同,即应当也有**

$$[q_r,q_s]_{QP}=0,\quad [p_r,p_s]_{QP}=0,\quad [q_r,p_s]_{QP}=\delta_{rs} \tag{A.5a}$$

并且令

$$[A,B]_{QP}\equiv\frac{1}{\mathrm{i}\hbar}(AB-BA) \tag{A.5b}$$

---

③ Dirac P M. 量子力学原理. 北京:科学出版社,1965:86-89.

(A. 5a,b)**表达了正则变量** $q_r$、$p_s$ **之间的非对易代数性质,是基本的量子条件,是量子“游戏”的基本规则。**为使理论与实验相符合,取 $\hbar$ 为 Planck 常数,具有 $q_r$ 与 $p_s$ 乘积即作用量的量纲。而当 $\hbar$ 可以忽略时,它们变成了可对易的,应当返回到经典力学,即要求与经典 Poisson 括号有相同的性质。由此知道应有

$$\lim_{\hbar\to 0}[A,B]_{QP}=\{A,B\}_{CP} \tag{A. 6}$$

**此极限等式是经典与量子过渡渠道之一,**证明见脚注①书第 2 章。

**其二,**Heisenberg **力学量运动方程的类比过渡。**经典力学中 Hamilton 正则方程为

$$\frac{\mathrm{d}q_r}{\mathrm{d}t}=\frac{\partial H}{\partial p_r},\quad \frac{\mathrm{d}p_r}{\mathrm{d}t}=-\frac{\partial H}{\partial q_r}\quad (r=1,2,\cdots,n) \tag{A. 7}$$

其中,$q_r$、$p_r$ 分别是正则坐标和正则动量,$n$ 为系统自由度数目,$H=H(q,p)$。于是,对不显含 $t$ 的任意 $q$、$p$ 的函数 $\Omega$,有

$$\frac{\mathrm{d}\Omega}{\mathrm{d}t}=\sum_r\left\{\frac{\partial\Omega}{\partial q_r}\frac{\mathrm{d}q_r}{\mathrm{d}t}+\frac{\partial\Omega}{\partial p_r}\frac{\mathrm{d}p_r}{\mathrm{d}t}\right\}=\sum_r\left\{\frac{\partial\Omega}{\partial q_r}\frac{\partial H}{\partial p_r}-\frac{\partial\Omega}{\partial p_r}\frac{\partial H}{\partial q_r}\right\}\equiv\{\Omega,H\}_{CP} \tag{A. 8}$$

于是,**如果力学量** $\Omega(q,p)$ **不显含** $t$,**并且与** Hamilton **量的** Poisson **括号为零,则** $\Omega(q,p)$**就是个运动积分即是恒量。**

这可以照搬到量子力学中来:按正则量子化规则,应当有

$$\frac{\mathrm{d}\hat{\Omega}}{\mathrm{d}t}=[\hat{\Omega},\hat{H}]_{QP} \tag{A. 9}$$

这就是量子力学系统力学量 $\Omega_{\mathrm{H}}$ 的 Heisenberg 运动方程。当 $\Omega_{\mathrm{H}}$ 和 $H$ 对易,即 $\Omega_{\mathrm{H}}$ 的量子 Poisson 括号为零时,$\Omega_{\mathrm{H}}$ 在运动中守恒。

**以上两点构成正则量子化的主要内容,也就是** Heisenberg **发现的从经典力学向量子力学过渡的一次量子化公设:首先,将经典力学纳入正则形式,转成用经典** Poisson **括号和正则方程表示;然后,按正则量子化公设,将力学量转成算符,引入量子** Poisson **括号,即完成第一次量子化,从经典力学转入量子力学的** Heisenberg **图像。**

### A.1.3　正则变换(切变换)与幺正变换类比——正则量子化(Ⅱ)

**在量子理论中,**Heisenberg **力学变量随时间的变化,可以看成幺正变换的连续作用;幺正变换构成一个群;幺正变换不改变量子条件,代数关系及** Heisenberg **运动方程的形式。**

**在经典力学中,力学变量随时间的变化,可以看成正则变换的连续作用;正则变换构成一个群;正则变换不改变泊松括号和正则方程的形式。**

设有将正则变量 $(q,P)$ 变为不一定正则的变量 $q'(q,P)$,$P'(q,P)$ 的一般变换,其结果为

$$\begin{cases}\dfrac{\mathrm{d}q'}{\mathrm{d}t}=\{q',P'\}_{(q,P)}\dfrac{\partial H}{\partial P'}\\ \dfrac{\mathrm{d}P'}{\mathrm{d}t}=-\{q',P'\}_{(q,P)}\dfrac{\partial H}{\partial q'}\\ \{A,B\}_{(q,P)}=\{q',P'\}_{(q,P)}\{A,B\}_{(q',P')}\end{cases} \tag{A. 10}$$

这里为书写简明,略写了经典 Poisson 括号的脚标 $CP$、多变量求和号以及括号自变量的脚标标注。于是可知:①若定义新变量 $q',P'$ 满足 $\{q',P'\}_{(q,P)}=1$ 为正则变量,则新变量下正则方程形式不变;②反之,若定义新变量 $q',P'$ 使正则方程形式不变,则新变数必满足 $\{q',P'\}_{(q,P)}=1$。故这两点均可作为正则(切)变换的定义;③泊松括号在正则变换下不变,即总有 $\{A,B\}_{(q,P)}=\{A,B\}_{(q',P')}$;④正则变换构成变换群。表明**经典正则变换和量子幺正变换在各自理论中起的作用类似,自然成为前面从经典到量子过渡的桥梁,即正则量子化的数学基础。**

### A.1.4 经典作用量函数的量子类比——正则量子化(Ⅲ)

**经典力学体系作用量泛函** $S$ **由** Lagrangian $L\equiv T-V$ **表示为**

$$S[q(t)]=\int_{t_0}^{t}L(q(\tau),\dot{q}(\tau),\tau)\mathrm{d}\tau \tag{A.11a}$$

同时,Hamilton **量变分原理主张:在给定时间间隔** $t_0\to t$ **内,实际运动轨迹将使作用量泛函变分取驻值,**

$$\delta S=\delta\int_{t_0}^{t}L\mathrm{d}\tau=0 \tag{A.11b}$$

**由此可导出** Lagrange **运动方程,表明两种提法等价。另外,还可以证明,从这个变分原理也可以直接得到** Hamilton **方程。**

**证:** 按 Legendre 变换,Lagrangian 和 Hamiltonian 有如下关联

$$L(q_i,\dot{q}_i,t)=\sum_{i=1}^{n}p_i(q_i,\dot{q}_i,t)\dot{q}_i-H(q_i,p_i(q_i,\dot{q}_i,t),t)=L(q_i,p_i,t)$$

这里为节省符号,自变数变换后的 Lagrangian 仍用 $L$ 标记。将此 $L$ 表达式代入 $S$ 泛函积分内,经过复合泛函的变分运算,可得

$$\sum_{i=1}^{n}\int_{t_0}^{t}\left[-\left(\dot{p}_i+\frac{\partial H}{\partial q_i}\right)\delta q_i+\left(\dot{q}_i-\frac{\partial H}{\partial p_i}\right)\delta p_i\right]\mathrm{d}t=0$$

到此常犯的错误是:分别令 $\delta q_i,\delta p_i$ 前面两个系数为零,即得结果。其实,变分 $\delta p_i$ 并不独立,不可如此④。但按 Legendre 变换,有

$$p_i\equiv\frac{\partial L(q_j,\dot{q}_j,t)}{\partial\dot{q}_i}\to\dot{q}_j=\dot{q}_j(q_k,p_k,t)\Rightarrow$$

---

④ 吴大猷先生在其古典动力学(北京:科学出版社,1983:201)中强调指出的这个意见无疑是正确的。但如果不遵从,硬是将$(q_i,p_i)$看成相空间中独立的正则变量对,变分各自独立,也会得到正确结果。这实际是在提醒人们:经 Legendre 变换所引入的正则变量对,在从经典力学到量子力学的正则量子化过渡中,将显示出相互的独立性,不能同时测准的互补性!于是有理由认为:不仅正则量子化过程就是引入粒子波动性的过程,而且动量的独立性也随之凸显。所以,吴先生分析和强调的观点仅针对只有粒子性的牛顿力学而言。这时单粒子任何给定运动在相空间中的轨迹都是一根根曲线。但在量子理论中,按波动性所导致的不确定性关系,相空间是按 $h^3$ 体积粗粒化的,不是致密的,没有点的概念,根本不存在任何运动轨迹曲线。

$$L(q_j,p_j,t)=\sum_{j=1}^{n}p_j\dot{q}_j(q_k,p_k,t)-H(q_j,\dot{q}_j(q_k,p_k,t),t)\Rightarrow$$

$$\frac{\partial L}{\partial p_i}=\dot{q}_i(q_k,p_k,t)+\sum_{j=1}^{n}p_j\frac{\partial\dot{q}_j(q_k,p_k,t)}{\partial p_i}-\frac{\partial H}{\partial p_i}=\dot{q}_i(q_k,p_k,t)+\frac{\partial L}{\partial p_i}-\frac{\partial H}{\partial p_i}\Rightarrow$$

$$\dot{q}_i(q_k,p_k,t)=\frac{\partial H}{\partial p_i}$$

说明积分号内第二个小括号为零,按 $\delta q_i$ 任意性,即得正则方程

$$\dot{p}_i=-\frac{\partial H}{\partial q_i};\quad \dot{q}_i=\frac{\partial H}{\partial p_i}$$

证毕。

现在,取一个有经典类比的量子系统,令

$$\langle q't|qt_0\rangle\equiv\langle q'|\mathrm{e}^{-\mathrm{i}\hat{H}(t-t_0)/\hbar}|q\rangle\equiv\mathrm{e}^{\mathrm{i}S/\hbar}\tag{A.12a}$$

此式定义了 $q'$、$q$ 的复值函数 $S$。代入 Schrödinger 方程,利用

$$\langle q'|\hat{p}=-\mathrm{i}\hbar\frac{\partial}{\partial q'}\langle q'|,\quad \hat{p}|q\rangle=\mathrm{i}\hbar\frac{\partial}{\partial q}|q\rangle$$

略去含 $\hbar$ 项,即得两个经典 Hamilton-Jacobi 方程⑤

$$\left\{-\frac{\partial S}{\partial t}=H_{\mathrm{Class}}\left(q'_i,\frac{\partial S}{\partial q'_i}\right),p'_i=\frac{\partial S}{\partial q'_i}\right\}\quad 和\quad\left\{\frac{\partial S}{\partial t_0}=H_{\mathrm{Class}}\left(q_i,-\frac{\partial S}{\partial q_i}\right),p_i=-\frac{\partial S}{\partial q_i}\right\}$$

其中,$H_{\mathrm{Class}}$是 Hamilton 量 $\hat{H}$ 的经典对应。这两个方程的解是时间间隔 $t_0$ 到 $t$ 的经典力学的作用量函数,这由对其求导也可以知道

$$\frac{\mathrm{d}S}{\mathrm{d}t}=\sum_{i=1}^{n}\dot{q}_i\frac{\partial S}{\partial q_i}+\frac{\partial S}{\partial t}=L\Rightarrow S=\int_{t_0}^{t}L(\tau)\mathrm{d}\tau\tag{A.12b}$$

这样,$\langle q't|qt_0\rangle\equiv\mathrm{e}^{\mathrm{i}S/\hbar}$**定义的函数 $S(q't,qt_0)$ 是此处经典作用量函数 $S$ 的量子类比。在 $\hbar\to0$ 极限下 $S(q't,qt_0)$ 即等于经典作用量函数 $S$。**

### A.1.5　量子力学 $\hbar\to0$ 时向经典正则方程的过渡

设将 $n$ 个全同微观粒子的波函数按照振幅和相位分解为

$$\boldsymbol{\psi}(\boldsymbol{q},t)=A(\boldsymbol{q},t)\mathrm{e}^{\mathrm{i}S(\boldsymbol{q},t)/\hbar},\quad \boldsymbol{q}=\{\boldsymbol{q}_1,\cdots,\boldsymbol{q}_n\}\tag{A.13}$$

这里 $A$ 和 $S$ 均是 $\{q_k,t\}$ 实函数。由于它们描述微观尺度上的波动,按宏观尺度来看,它们变化十分迅速。Schrödinger 方程为

$$\mathrm{i}\hbar\frac{\partial}{\partial t}A\mathrm{e}^{\mathrm{i}S/\hbar}=H(q_k,p_k)A\mathrm{e}^{\mathrm{i}S/\hbar},\quad H(q_k,p_k)=\sum_{k=1}^{n}\frac{\boldsymbol{p}_k^2}{2m}+V(\boldsymbol{q})$$

因 $p_k=-\mathrm{i}\hbar\partial/\partial q_k$,故 $\mathrm{e}^{-\mathrm{i}S/\hbar}p_k\mathrm{e}^{\mathrm{i}S/\hbar}=p_k+\dfrac{\partial S}{\partial q_k}$,变换 $\mathrm{e}^{-\mathrm{i}S/\hbar}$不改变 $H$ 结构

---

⑤ 参见例如,吴大猷. 古典动力学. 北京:科学出版社,1983:251. Hamilton-Jacobi 方程为

$$H\left(x_i,\frac{\partial S}{\partial x_i}\right)+\frac{\partial S}{\partial t}=0,\quad \frac{\partial S}{\partial x_i}=p_i$$

$$\left\{\mathrm{i}\hbar\frac{\partial A}{\partial t}-A\frac{\partial S}{\partial t}\right\}=\left[\frac{1}{2m}\sum_{k=1}^{n}\left(p_k+\frac{\partial S}{\partial q_k}\right)^2+V(\boldsymbol{q})\right]A\equiv H\left(q_k,p_k+\frac{\partial S}{\partial q_k}\right)A$$

假定 $\hbar$ 很小,可以略去含 $\hbar$ 最高幂次 $\hbar^2$ 的项。分开上式实部和虚部,虚部均含 $\hbar$ 一次幂,从两边消去。于是得到

$$\begin{cases}-\dfrac{\partial S}{\partial t}=\dfrac{1}{2m}\displaystyle\sum_{k=1}^{n}\left(\frac{\partial S}{\partial q_k}\right)^2+V(\boldsymbol{q})\\ \dfrac{\partial A}{\partial t}=-\dfrac{A}{2m}\displaystyle\sum_{k=1}^{n}\frac{\partial^2 S}{\partial q_k^2}-\frac{1}{m}\sum_{k=1}^{n}\frac{\partial S}{\partial q_k}\cdot\frac{\partial A}{\partial q_k}\end{cases}$$

记经典量 $\dfrac{\partial S}{\partial q_k}\equiv P_k$,将近似后的经典 Hamilton 量记为 $H_{\text{Class}}$。对第二个方程乘以 $2A$,最后得

$$\begin{cases}\dfrac{\partial S}{\partial t}+\dfrac{1}{2m}\displaystyle\sum_{k=1}^{n}\left(\frac{\partial S}{\partial q_k}\right)^2+V(\boldsymbol{q})\equiv\frac{\partial S}{\partial t}+H_{\text{Class}}(q_k,P_k)=0\\ \dfrac{\partial(A^2)}{\partial t}+\displaystyle\sum_{k=1}^{n}\frac{\partial}{\partial q_k}\left(A^2\frac{P_k}{m}\right)=0\end{cases}\tag{A.14}$$

这两个方程就是当 $\hbar\to0$ 并保留到 $\hbar$ 一次幂项时波函数极限所遵守的方程。其中 $\{P_k,\forall k\}$ 是粒子动量,$A^2$ 是粒子密度。第一个方程就是经典作用量 $S$ 的 Hamilton-Jacobi 方程,由经典 Hamilton $H_{\text{Class}}$ 决定。由于 $\nabla_k S=\boldsymbol{P}_k$ 是 $k$ 粒子动量,第二个方程是粒子流守恒的连续性方程。

从上面独立正则变数 $\{q_k,P_k,\forall k\}$ 表示,易得正则方程

$$\frac{\partial H_{\text{class}}(q_j,P_j)}{\partial P_k}=\frac{\partial}{\partial P_k}\left\{\frac{1}{2m}\sum_{j=1}^{n}P_j^2+V(\boldsymbol{q})\right\}=\frac{P_k}{m}=\frac{\mathrm{d}q_k}{\mathrm{d}t}$$

$$\frac{\mathrm{d}P_k}{\mathrm{d}t}=\frac{\mathrm{d}}{\mathrm{d}t}\frac{\partial S}{\partial q_k}=\frac{\partial^2 S}{\partial t\partial q_k}+\sum_i\frac{\partial^2 S}{\partial q_i\partial q_k}\frac{\mathrm{d}q_i}{\mathrm{d}t}$$

$$=-\frac{\partial}{\partial q_k}H_{\text{Class}}(q_j,P_j)+\sum_i\frac{\partial P_k}{\partial q_i}\frac{\partial H_{\text{Class}}(q_j,P_j)}{\partial P_i}=-\frac{\partial H_{\text{Class}}(q_j,P_j)}{\partial q_k}$$

这里,第一行和最后一行等号是根据 $P$ 与 $q$ 无关⑥。有

$$\frac{\mathrm{d}P_k}{\mathrm{d}t}=-\frac{\partial H_{\text{Class}}(q_i,P_j)}{\partial q_k},\quad\frac{\mathrm{d}q_k}{\mathrm{d}t}=\frac{\partial H_{\text{Class}}(q_i,P_j)}{\partial P_k},\quad\forall i,j,k=1,\cdots,n\tag{A.15}$$

表明:$\hbar\to0$ **时微观粒子运动将会趋于经典的正则方程运动。**

## A.2 量子和经典的对应与过渡(之二)——路径积分量子化

Feynman **依据上面** Dirac **作用量思想,并在** Young **双缝实验中概率幅路径的启**

---

⑥ 脚注③文献 126 页.详细见脚注④。

示下建立起路径积分量子化。它的推广形式在后继理论中广泛使用。

首先是传播子概念,即坐标表象中 Green 函数。由于

$$|\psi(t)\rangle = T\exp\left\{-\frac{\mathrm{i}}{\hbar}\int_{t_0}^{t}\mathrm{d}\tau\hat{H}(\tau)\right\}|\psi(t_0)\rangle = U(t;t_0)|\psi(t_0)\rangle \tag{A.16}$$

将此右矢等式向坐标表象投影,即得对态矢演化的表述

$$\begin{cases}\psi(\boldsymbol{r},t) = \int\mathrm{d}\boldsymbol{r}_0 K(\boldsymbol{r}t;\boldsymbol{r}_0t_0)\psi(\boldsymbol{r}_0,t_0)\\ K(\boldsymbol{r}t;\boldsymbol{r}_0t_0) \equiv \langle\boldsymbol{r}|U(t;t_0)|\boldsymbol{r}_0\rangle\end{cases} \tag{A.17}$$

这里积分核为传播子。

其次,$t_0\to t$ 演化过程的传播子思想实际可以划分为无穷多步。因为,任何体系的演化总归都是 step by step,每步都类同如此。在演化中各个等分时刻插入坐标基矢完备性关系

$$t_i:\int\mathrm{d}\boldsymbol{r}_i\,|\boldsymbol{r}_i\rangle\langle\boldsymbol{r}_i| = I,\quad\forall i \tag{A.18}$$

即可得到(不同时刻态矢的内积是广义上的内积,用圆括号标记)

$$\psi(\boldsymbol{r},t) = \lim_{\substack{n\to\infty\\ \Delta t\to 0}}\int\cdots\int(\boldsymbol{r}t|\boldsymbol{r}_{n-1}t_{n-1})\mathrm{d}\boldsymbol{r}_{n-1}\langle\boldsymbol{r}_{n-1}t_{n-1}|\cdots|\boldsymbol{r}_it_i\rangle\mathrm{d}\boldsymbol{r}_i\langle\boldsymbol{r}_it_i|\cdots|\boldsymbol{r}_0t_0\rangle\mathrm{d}\boldsymbol{r}_0\langle\boldsymbol{r}_0t_0|\psi\rangle \tag{A.19}$$

显然,不同时刻完备性关系中的空间变数 $\boldsymbol{r}_i$ 相互独立,所以任意相邻时刻的空间路径区段依然是任意的。但注意 $\varepsilon\to 0$ 时应当有

$$\lim_{\varepsilon\to 0}(\boldsymbol{r}_{i+1},t_i+\varepsilon|\boldsymbol{r}_i,t_i) = \delta(\boldsymbol{r}_{i+1}-\boldsymbol{r}_i) \tag{A.20}$$

最后,路径积分量子化的核心是 Feynman 公设[⑦],它是路径积分理论框架的基础。公设主张:对任意相互作用量子系统,画出连接$(\boldsymbol{r}_0t_0)$和$(\boldsymbol{r}t)$$(t>t_0)$的全部路径;针对每条路径折线 $\boldsymbol{r}(t)$,算出作用量 $S=\int_{t_0}^{t}\mathrm{d}\tau L(\boldsymbol{r}(\tau))$ 和相因子 $\mathrm{e}^{\mathrm{i}S/\hbar}$;传播子 $K(\boldsymbol{r}t;\boldsymbol{r}_0t_0)$ 等于全部路径贡献相因子 $\mathrm{e}^{\mathrm{i}S/\hbar}$ 的等权叠加。即有

$$\begin{aligned}K(\boldsymbol{r}t;\boldsymbol{r}_0t_0) &= N\sum_{\text{all of paths}}\exp\left(\frac{\mathrm{i}}{\hbar}S\right)\\ &= \lim_{\substack{\varepsilon\to 0\\ n\to\infty}}\frac{1}{A^3}\int\cdots\int\exp\left\{\frac{\mathrm{i}\varepsilon}{\hbar}\sum_{i=0}^{n-1}L\left(\frac{\boldsymbol{r}_{i+1}+\boldsymbol{r}_i}{2},\frac{\boldsymbol{r}_{i+1}-\boldsymbol{r}_i}{\varepsilon},\frac{t_{i+1}+t_i}{2}\right)\right\}\frac{\mathrm{d}\boldsymbol{r}_1}{A^3}\cdots\frac{\mathrm{d}\boldsymbol{r}_{n-1}}{A^3}\end{aligned} \tag{A.21}$$

这里 $N$ 是归一化因子,选择它使下面极限成立

$$\lim_{t\to t_0^+}K(\boldsymbol{r}t;\boldsymbol{r}_0t_0) = \delta(\boldsymbol{r}-\boldsymbol{r}_0) \tag{A.22}$$

---

⑦ 费曼 R P,希布斯 A R. 量子力学与路径积分. 北京:科学出版社,1986. 张永德. 量子力学(第四版). 北京:科学出版社,2016,第5章.

这里,对式(A.8)可以如下理解:由于

$$(\boldsymbol{r}_{i+1}t_{i+1}\,|\,\boldsymbol{r}_it_i)=\int \mathrm{d}\boldsymbol{p}_i\langle\boldsymbol{r}_{i+1}\mid \mathrm{e}^{-\frac{\mathrm{i}\varepsilon}{\hbar}H\left(\frac{r_i+r_{i+1}}{2},p,\frac{t_i+t_{i+1}}{2}\right)}\mid\boldsymbol{p}_i\rangle\langle\boldsymbol{p}_i\mid\boldsymbol{r}_i\rangle$$
$$=\int \mathrm{d}\boldsymbol{p}_i\mathrm{e}^{-\frac{\mathrm{i}\varepsilon}{\hbar}H\left(\frac{r_i+r_{i+1}}{2},p_j,\frac{t_i+t_{i+1}}{2}\right)}\langle\boldsymbol{r}_{i+1}\mid\boldsymbol{p}_i\rangle\langle\boldsymbol{p}_i\mid\boldsymbol{r}_i\rangle$$
$$=\int\frac{\mathrm{d}\boldsymbol{p}_i}{(2\pi\hbar)^3}\exp\left\{\frac{\mathrm{i}\varepsilon}{\hbar}\left[\frac{\boldsymbol{p}_i\cdot(\boldsymbol{r}_{i+1}-\boldsymbol{r}_i)}{\varepsilon}-H\left(\frac{\boldsymbol{r}_i+\boldsymbol{r}_{i+1}}{2},\boldsymbol{p}_i,\frac{t_{i+1}+t_i}{2}\right)\right]\right\}$$

当 $H$ 中算符 $\boldsymbol{p}$ 为二次幂形式时,$\boldsymbol{p}_i$ 积分可以积出,得到

$$\int\frac{\mathrm{d}\boldsymbol{p}_i}{(2\pi\hbar)^3}\mathrm{e}^{\frac{\mathrm{i}}{\hbar}\boldsymbol{p}_i\cdot(\boldsymbol{r}_{i+1}-\boldsymbol{r}_i)-\frac{\mathrm{i}}{\hbar}\varepsilon\frac{\boldsymbol{p}_i^2}{2m}}=\frac{1}{A^3}\exp\left\{\frac{\mathrm{i}\varepsilon}{\hbar}\frac{m}{2}\left(\frac{\boldsymbol{r}_{i+1}-\boldsymbol{r}_i}{\varepsilon}\right)^2\right\},\quad \frac{1}{A}=\sqrt{\frac{m}{2\pi\hbar\mathrm{i}\varepsilon}}\tag{A.23}$$

利用此式结果,就有

$$(\boldsymbol{r}_{i+1}t_{i+1}\,|\,\boldsymbol{r}_it_i)=\frac{1}{A^3}\exp\left\{\frac{\mathrm{i}\varepsilon}{\hbar}L\left(\frac{\boldsymbol{r}_{i+1}+\boldsymbol{r}_i}{2},\frac{\boldsymbol{r}_{i+1}-\boldsymbol{r}_i}{\varepsilon},\frac{t_{i+1}+t_i}{2}\right)\right\}\tag{A.24}$$

注意式(A.19)的连乘并取极限,这就导致对全体路径积分的思想。

**定义　无穷重泛函(路径)积分(积分测度量纲为体积倒数)**

$$\lim_{\substack{n\to\infty\\ \varepsilon\to0}}\int\cdots\int\frac{\mathrm{d}\boldsymbol{q}_n(t_n)}{A^3}\cdots\frac{\mathrm{d}\boldsymbol{q}_1(t_1)}{A^3}\frac{1}{A^3}\equiv\int\mathrm{D}\boldsymbol{q}(\tau);\quad A=\sqrt{\frac{\mathrm{i}2\pi\hbar\varepsilon}{m}}\tag{A.25}$$

**这里代替积分自变量一个个数值的是一条条路径函数 $\boldsymbol{q}(\tau)$,积分对全体可能路径求和。利用泛函积分表示,可以将传播子和波函数简明地记作**⑧

$$\psi(\boldsymbol{r},t)=\int\mathrm{d}\boldsymbol{r}_0K(\boldsymbol{r}t;\boldsymbol{r}_0t_0)\psi(\boldsymbol{r}_0,t_0)$$

$$K(\boldsymbol{r},t;\boldsymbol{r}_0,t_0)=\lim_{\substack{\varepsilon\to0\\ n\to\infty}}\frac{1}{A^3}\int\cdots\int\exp\left\{\frac{\mathrm{i}\varepsilon}{\hbar}\sum_{i=0}^{n-1}L\left(\frac{\boldsymbol{r}_{i+1}+\boldsymbol{r}_i}{2},\frac{\boldsymbol{r}_{i+1}-\boldsymbol{r}_i}{\varepsilon},\frac{t_{i+1}+t_i}{2}\right)\right\}\frac{\mathrm{d}\boldsymbol{r}_1}{A^3}\cdots\frac{\mathrm{d}\boldsymbol{r}_{n-1}}{A^3}$$
$$=\int\exp\left\{\frac{\mathrm{i}}{\hbar}S\right\}\mathrm{D}\boldsymbol{r}(\tau),\quad S=\int_{t_0}^{t}\mathrm{d}\tau L(\boldsymbol{r}(\tau),\dot{\boldsymbol{r}}(\tau),\tau)\tag{A.26}$$

**于是,由给定的经典作用量,通过泛函(路径)积分形式转入量子理论,算出量子振幅。这就是路径积分量子化。**

## A.3　量子和经典的对应与过渡(之三)——量子统计与经典统计

### A.3.1　全同粒子体系的量子与经典统计分布

#### 1. 全同 Boson 和全同 Fermion 的分布权重函数

考虑由大量近独立全同粒子构成的体系。记体系总能量为 $E$,粒子总数 $N$,每个

⑧　一般来说,对约束系统用 Lagrange 量更为方便。对于指数上动量不是二次型形式的一般情况,使用 Lagrange量或作用量相因子的泛函积分表示,严格地说,尚未有明确的数学定义。这时的泛函积分应当被视为是个基本物理公设。

粒子的能级和简并度分别为$\{\varepsilon_i, d_i\}$,每个能级$\varepsilon_i$上占有的粒子数为$n_i$。于是有

$$\sum_i n_i = N, \quad \sum_i n_i\varepsilon_i = E \tag{A.27}$$

**这里统计规则是:任一能级中的每个态上 Boson 占有数目无限制,但 Fermion 子至多占有一个。**按此规则下面给出,当$n_i$个粒子占据在第$\varepsilon_i$能级的$d_i$个简并态上时,不同占据分布的数目。

Boson **分布的** Bose-Einstein **统计**:虽然全同 Boson 不可分辨,但每个态上可以占据任意数目。$n_i$个 Boson 分布在第$\varepsilon_i$能级$d_i$个态的不同分布数目为

$$W_i^{\mathrm{BE}} = \binom{d_i+n_i-1}{n_i} = \frac{(d_i+n_i-1)!}{n_i!\ (d_i-1)!} \quad (d_i \geqslant 1) \tag{A.28a}$$

对给定分布$\boldsymbol{n}$的总数目为

$$W^{\mathrm{BE}}(\boldsymbol{n}) = \prod_i W_i^{\mathrm{BE}} \tag{A.28b}$$

Fermion **分布的** Fermi-Dirac **统计**:全同粒子不可分辨,并且每一个态上只能占据一个粒子,在第$\varepsilon_i$能级的$d_i$个态上占据$n_i$个粒子的不同分布的数目等于从$d_i$个元素中抽取$n_i$个元素的组合数。$n_i$个 Fermion 分布在第$\varepsilon_i$能级$d_i$个态上的不同分布数目为

$$W_i^{\mathrm{FD}} = \binom{d_i}{n_i} = \frac{d_i!}{n_i!\ (d_i-n_i)!} \quad (d_i \geqslant n_i) \tag{A.29a}$$

给定分布$\boldsymbol{n}$情况下的总数目为

$$W^{\mathrm{FD}}(\boldsymbol{n}) = \prod_i W_i^{\mathrm{FD}} \tag{A.29b}$$

这里$\boldsymbol{n} \equiv \{n_1, n_2, n_3, \cdots, n_m\}$为体系中的$N$个粒子对$m$个能级的占据数的一个分布。

**经典粒子分布的** Boltzmann **统计:经典粒子既可以分辨,也可以处在同一个态上。**于是,每一个粒子都有$d_i$种占据方式,现有$n_i$个粒子,所以不同分布的数目为

$$W_i^{\mathrm{Boltz}} = (d_i)^{n_i} \tag{A.30a}$$

对给定$\boldsymbol{n}$的总数为

$$W^{\mathrm{Boltz}}(\boldsymbol{n}) = \frac{N!}{n_1!n_2!\cdots n_m!}\prod_{i=1}^{m}(d_i)^{n_i} \tag{A.30b}$$

这里,因子$N!/(n_1!\ n_2!\ \cdots n_m!)$是在取定占有数分布为某个$\boldsymbol{n}$的条件下,$N$个可分辨粒子分配于$m$个能级的不同分配数目。

上面结果是针对某一给定占有数分布$\boldsymbol{n}$的。于是这些$W$数值就表示体系此时具有的不同状态数,也就正比于体系以这种分布出现的概率,即正比于分布函数的统计权重。

2. 粒子数的统计分布

**现在寻找这样一种各个能级上的粒子数分布$\{n_i\} \equiv \boldsymbol{n}$,使得在总粒子数和总能**

**量为一定的条件下,这种分布能让体系达到统计上的平衡,即令权重 $W(\boldsymbol{n})$ 达到最大。这种分布将最可能实现,所以称为"最可几分布"。按此原则有**

$$\boxed{W(\boldsymbol{n})=\text{Max},\quad \begin{cases}\sum\limits_i n_i=N\\ \sum\limits_i n_i\varepsilon_i=E\end{cases}}\tag{A.31}$$

通常求解带约束条件的极值方程的办法是 Lagrange **乘子法**。为此引入两个 Lagrange 乘子 $\alpha$ 和 $\beta$,按照变分极值条件,有

$$\boxed{\delta\{W(\boldsymbol{n})-\alpha N-\beta E\}=0}\tag{A.32}$$

这里变分是对 $\boldsymbol{n}$ 中各个 $n_i$ 进行的。下面推导中注意实践中总有 $d_i>n_i\gg1$。鉴于大自变数时对数函数呈单调上升形式,为计算方便,下面在寻求 $W(\boldsymbol{n})$ 条件极值时,将其替换为 $\ln W(\boldsymbol{n})$。并且当 $n_i$ 很大时可以用斯特林公式

$$n!=\sqrt{2\pi}\,n^{(n+1/2)}\mathrm{e}^{-n}$$

对于 Bose-Einstein 统计情况,由于

$$\begin{aligned}\ln W^{\mathrm{BE}}(\boldsymbol{n})&=\sum_i\ln\frac{(d_i+n_i-1)!}{n_i!(d_i-1)!}\\&\approx\sum_i\ln\frac{(2\pi)^{-1/2}\ (d_i+n_i-1)^{d_i+n_i-1/2}\mathrm{e}^{-d_i-n_i+1}}{n_i^{n_i+1/2}\mathrm{e}^{-n_i}\ (d_i-1)^{d_i-1/2}\mathrm{e}^{-d_i+1}}\\&\approx\sum_i\left\{\ln\frac{1}{\sqrt{2\pi}}-d_i\ln d_i-n_i\ln n_i+(d_i+n_i)\ln(d_i+n_i)\right\}\end{aligned}$$

得

$$\delta\Big[\ln W^{\mathrm{BE}}(\boldsymbol{n})-\beta\sum_i\varepsilon_i n_i-\alpha\sum_i n_i\Big]=\sum_i\delta n_i\Big[\ln\frac{d_i+n_i}{n_i}-\beta\varepsilon_i-\alpha\Big]$$

最大值的存在要求上式左边方括号中的量为零

$$\frac{d_i+n_i}{n_i}=\mathrm{e}^{\beta\varepsilon_i+\alpha}\Rightarrow\langle n_i\rangle_{\mathrm{BE}}=\frac{d_i}{\mathrm{e}^{\beta\varepsilon_i+\alpha}-1}$$

将此式和下面 Planck **黑体辐射公式**相比较

$$\bar{\varepsilon}=\frac{\hbar\omega}{\exp(\hbar\omega/k_{\mathrm{B}}T)-1}$$

即知 $\beta=1/k_{\mathrm{B}}T$(根据高温下 Fermi-Dirac 分布和 Bose-Einstein 分布趋于相同可知此结果也适用于下面 Fermi-Dirac 分布)。再根据下面经典 Boltzmann 分布的分析,可以再次认定,乘子 $\alpha$、$\beta$ 和体系温度 $T$ 及化学势 $\mu$ 的关系为:$\beta=1/k_{\mathrm{B}}T$ 和 $\alpha=-\frac{\mu}{k_{\mathrm{B}}T}=-\beta\mu$,并且由 $E$ 和 $N$ 的表达式所决定,即

$$E=E(\mu,T),\quad N=N(\mu,T)$$

于是 $E$ 和 $N$ 是 $\mu$ 和 $T$ 的函数,相应地,化学势 $\mu$ 也可以认为是粒子数 $N$ 和温度 $T$

的函数$\mu=\mu(N,T)$。最后得到,能量为$\varepsilon_i$的单粒子态上 Boson 的平均占据数——Bose-Einstein 统计分布

$$\boxed{\langle n_i \rangle_{\mathrm{BE}}=\frac{d_i}{\exp[(\varepsilon_i-\mu)/k_{\mathrm{B}}T]-1}} \tag{A.33}$$

由此表达式可以看出,化学势$\mu$应当小于任何能级$\varepsilon$,否则有些占据数成为负值,这是没意义的。事实上,当$\mu$与最低能级$\varepsilon_0$相等时,相应的占有数变得很大,出现 Bose-Einstein **凝聚现象**。

**对于 Fermi-Dirac 统计情况**,由于

$$\begin{aligned}\ln W^{\mathrm{FD}}(\boldsymbol{n}) &= \sum_i \ln \frac{d_i!}{n_i!(d_i-n_i)!} \\ &\approx \sum_i \ln \frac{(2\pi)^{-1/2} d_i^{d_i+1/2} \mathrm{e}^{-d_i}}{n_i^{n_i+1/2}\mathrm{e}^{-n_i}\ (d_i-n_i)^{d_i-n_i+1/2}\mathrm{e}^{-d_i+n_i}} \\ &\approx \sum_i \left\{\ln\frac{1}{\sqrt{2\pi}} + d_i\ln d_i - n_i\ln n_i - (d_i-n_i)\ln(d_i-n_i)\right\}\end{aligned}$$

得

$$\delta\left[\ln W^{\mathrm{FD}}(\boldsymbol{n}) - \beta\sum_i \varepsilon_i n_i - \alpha\sum_i n_i\right] = \sum_i \delta n_i \left[\ln\frac{d_i-n_i}{n_i} - \beta\varepsilon_i - \alpha\right]$$

最大值的存在要求左边方括号中的量为零

$$\frac{d_i-n_i}{n_i}=\mathrm{e}^{\beta\varepsilon_i+\alpha} \Rightarrow \langle n_i\rangle_{\mathrm{FD}}=\frac{d_i}{\mathrm{e}^{\beta\varepsilon_i+\alpha}+1}$$

按照上面对 Bose-Einstein 分布和下面对 Boltzmann 分布的分析,此处的 Lagrange 乘子$\alpha$和$\beta$可以认定为

$$\beta=\frac{1}{k_{\mathrm{B}}T},\quad \alpha=-\frac{\mu}{k_{\mathrm{B}}T}=\beta\mu$$

最后得到,能量为$\varepsilon_i$的单粒子态上 Fermion 的平均占据数——Fermi-Dirac **统计分布**

$$\boxed{\langle n_i \rangle_{\mathrm{FD}}=\frac{d_i}{\exp[(\varepsilon_i-\mu)/k_{\mathrm{B}}T]+1}} \tag{A.34}$$

当温度$T$趋于零时,粒子将向低能态聚集,但由于 Pauli **不相容原理**,这些粒子并不能处于相同的量子态上,而是从最低能态开始由下往上依序占据。事实上,这时$\mu\approx\varepsilon_{\mathrm{F}}$由粒子数密度决定。这时对$\varepsilon<\varepsilon_{\mathrm{F}}$,$<n_\varepsilon>=1$;而当$\varepsilon>\varepsilon_{\mathrm{F}}$时,$<n_\varepsilon>=0$。

**对于** Boltzmann **统计情况**,由于

$$\begin{aligned}\ln W^{\mathrm{Boltz}}(\boldsymbol{n}) &= \ln(N!) + \sum_i \ln\left(\frac{d_i^{n_i}}{n_i!}\right) = \ln(N!) + \sum_i \{n_i\ln d_i - \ln(n_i!)\} \\ &\approx \ln(N!) + \sum_i \{n_i\ln d_i - \ln\sqrt{2\pi} - n_i\ln n_i + n_i\}\end{aligned}$$

得

$$\frac{\partial}{\partial n_i}\ln W^{\text{Boltz}}(\boldsymbol{n}) = \ln d_i - \ln n_i - 1 + 1 = \ln \frac{d_i}{n_i}$$

于是变分原理给出

$$\delta\left[\ln W^{\text{Boltz}}(\boldsymbol{n}) - \beta\sum_i \varepsilon_i n_i - \alpha\sum_i n_i\right] = \sum_i \delta n_i\left[\ln\frac{d_i}{n_i} - \beta\varepsilon_i - \alpha\right]$$

于是有

$$\frac{d_i}{n_i} = \mathrm{e}^{\beta\varepsilon_i + \alpha} \Rightarrow \langle n_i\rangle_B = d_i e^{-\beta\varepsilon_i - \alpha}$$

显然应当有 $\beta = 1/k_B T$ 和 $\alpha = -\mu\beta$。最后得到经典 Boltzmann 统计分布

$$\boxed{\langle n_i\rangle_{\text{Boltz}} = d_i \exp[-(\varepsilon_i - \mu)/k_B T]} \tag{A.35}$$

这里,Boltzmann 常数 $k_B = 8.62\times 10^{-11}$ MeV/K。

### A.3.2 量子统计与经典统计评述——两者相通与相异

**就公设而论,经典统计与量子统计有相通之处,也有各自特殊之处。相通之处是演化计算中各态历经公设与各态等权公设;特殊之处,除了动力学方程不同之外,经典统计的对象不具有波动性,于是也就不具有与波动性相联系的相干性,也不考虑自旋效应;但量子统计具有粒子全同性所造成的相干性以及与自旋有关的统计特性——Pauli 定理,表现在许多方面。**

对于量子统计应当附加指出两点:**其一,**除非初边条件或其他原因所限,**凡不能被排除的态一定都以等概率出现。此公设以各种形式表现在理论的各个方面**(比如,部分取迹计算,泛函积分中全体路径等权叠加,等效 Lagrangian 定义等);**其二,**不同能级非相干叠加公设物理根源是 $\hbar$ 太小(比起能量乘以测量所用时间)。对于将来超精密快速测量未必能有此公设⑨。

## A.4 宏观量子现象与量子多体效应对传统对应原理提法的改进

### A.4.1 传统对应原理的提法

提法上,传统对应原理只是一个大体的概念范围。各人意思虽然都是在说"宏观世界是建立在微观世界基础上",但由于各人持有角度,针对场合不同,在过渡标准和侧重上有同有异,对原理提法也有所不同,并无明确统一的提法。下面只作一个不完全的简略概括。

**首先,**Bohr **表述:**大量子数极限下,量子力学体系行为渐近趋同于经典力学体系

⑨ 张永德. 量子菜根谭(第 3 版). 北京:清华大学出版社,2016,第 18 讲.

行为[⑩]。比如,谐振子、重力场中粒子,当 $n\to\infty$ 并抹平振荡细节,概率描述便过渡向对应的宏观体系。

**其次,**Ehrenfest **表述:**从 Schrödinger 方程出发,微观粒子在平均意义上遵从牛顿第二定律(但这只限于力场满足 $\langle \boldsymbol{F}(\boldsymbol{r}t)\rangle = \boldsymbol{F}(\langle(\boldsymbol{r}t)\rangle)$ 条件的情况[⑪]。

**其三,**Planck-Landau **表述:**如前面 I. 3 所述,$\hbar\to 0$ 时在波函数的振幅和位相中计及到 $\hbar$ 的一次方项,它们均服从经典力学规律。

### A.4.2 量子多体效应对传统对应原理提法的否定

**然而,物理学发展史实并未遵从这些简单的论证。自量子力学建立迄今,出现许多宏观量子现象!** 诸如,Josephson 结与量子干涉器件、超导电性、超流动性、Bose-Einstein 凝聚、整数和分数量子 Hall 效应、Nano 结构,以及天体上的中子星、白矮星等。虽然可以认为它们都属于 $\hbar\to 0$ 的大量子数、大粒子数、宏观尺寸场合,但它们的行为却并未遵守对应原理过渡到经典体系,而表现出异于经典体系的"**宏观量子效应**",甚至构成"**宏观量子力学**"[⑫]。

面对上述大量宏观量子现象事实,人们不难接受:**实际上,对应原理的上述提法并不普遍成立,不能再当成原理。**姑且不论定性的 Bohr 思想以及局限性明显的 Ehrenfest 定理证明,人们会疑惑:Planck、Landau 等的推导论证怎么有时是不成立的?

**问题不出在数学推导上,而是物理论述中存在着疏失:**

**其一,推导论证中显然没有考虑电子自旋和自旋耦合造成的量子纠缠和空间关联效应。**现在知道,这会酿造出大量宏观量子效应。但鉴于历史原因,对此不应苛求。

**其二,**即便不谈电子自旋,重要疏失还在于,**他们将过渡标准简单地取作 $\hbar\to 0$,与此同时,推导只限于单粒子** Schrödinger **方程范围。于是两人计算的主要局限性在于只研究单体** Schrödinger **方程过渡,没有考虑多体量子效应,出现本质上是量子多体效应的宏观量子现象。**下面两节简单提及,详见[⑬]。

### A.4.3 超高密度的宏观物体——量子多体效应分析(之一)

上述推导不适用于天体引力坍缩导致的粒子超高密度的量子效应。例如,在中子星内部,引力坍缩使星体密度增大到核密度的程度,使粒子间距 $l(\sim 10^{-14}\,\text{cm})$ 十

---

⑩ Bohr N. Collected Works. ed. by J. Nielsen, North-Holland, 1976, 3.

⑪ Ehrenfest 定理论证见脚注①文献,第二章。

⑫ Leggett A J. Quantum Mechanics at Macroscopic Level. Elsevier Science Publisher B. V., 1987.

⑬ 张永德. 量子菜根谭(第Ⅲ版). 北京:清华大学出版社,2016,第 16 讲.

分小：

$$(l\to 0) \quad \Rightarrow \quad \frac{\lambda_{de}}{l}=\frac{h}{mvl}\geqslant\frac{h}{mcl}\geqslant 13 \tag{A.36}$$

面对如此情况，尽管中子星粒子数和尺度是宏观的，但基于中子的波动性和全同性，在它们空间波函数深度纠缠、相干叠加之下（且不谈自旋波函数的量子纠缠），还能指望它们遵从经典粒子统计性质，具有宏观体系行为吗?!

**所以，相邻全同粒子波函数发生交叠，出现与 de Broglie 波波动性相关的量子纠缠，产生空间相干性，导致宏观量子现象。**

### A.4.4 Bose-Einstein 凝聚相变的定性半定量估算——量子多体效应分析）之二）

对于相互作用很强但力程很短的超冷稀薄气体，散射过程完全由散射长度 $a$ 表征。当 $k_F a\geqslant 1$ 时，散射长度大于粒子间的间距 $l$，再大于原子间相互作用力程 $L$，即

$$a\gg l\gg L \tag{A.37}$$

构成弱相互作用气体。超冷全同雾状碱金属原子的 Bose-Einstein 凝聚现象就是这时出现的，与相互作用势细节无关，只与原子 de Broglie 波波动性有关，带有一定普适形式的相变。相变使得超低温气体从近独立自由分散状态转向凝聚状态。

在低于转变温度 $T_C$ 附近的温度 $T$，引入热 de Broglie 波长 $\lambda_T=\sqrt{\frac{2\pi\hbar^2}{mkT}}$，计算可得[14]

$$\rho(T)\lambda_T^3=2.612, \quad \lambda_T=\sqrt{\frac{2\pi\hbar^2}{mkT}} \tag{A.38}$$

实际上，在 B-E 凝聚相变点附近，电子热 de Broglie 波长 $\lambda_T$ 已超过粒子间平均距离

$$\frac{\lambda_T^3}{l^3}=\rho(T)\lambda_T^3=2.612\to\frac{\lambda_T}{l}=1.377 \tag{A.39}$$

**由此得知，超低温 $T\to 0$ 下，电子的波动性极大增强。表现为电子的热 de Broglie 波长 $\lambda_T$ 极大增长，甚至超过电子之间的平均距离 $\lambda_T>l$。**这时即便按量子数、系统粒子数或有效空间尺度衡量可以认为 $\hbar\to 0$，**但相邻电子波函数的相干叠加和量子纠缠增强，空间相干性增强。这时，碱金属不同原子的价电子 de Broglie 波波包发交叠纠缠，产生 Bose-Einstein 凝聚相变。总之，超低温下电子增强着的多体量子纠缠和纠缠模式是导致物态各种相变的根本原因，出现量子多体效应，造成宏观量子现象。**

### A.4.5 对应原理的正确提法

综上所述，传统对应原理的提法局限于 $\hbar\to 0$ 和单体 Schrödinger 方程过渡。它

---

⑭ 见上面脚注⑬。

们都不确切,所以有时成功,有时失效。考虑到宏观量子多体效应,应当予以修正。**准确的标准应当是:无量纲的相对 de Broglie 波波长能否取"极短波长近似"**

$$\boxed{\frac{\lambda_{de}}{l}=\frac{\hbar}{mvl}\rightarrow 0} \tag{A.40}$$

**这时,作为极短波长近似结果,体系中所有微观粒子的波动性和彼此纠缠相干性全部消失,体系成了只具有粒子性的经典粒子集合。描述此体系的多体量子力学便过渡到宏观体系的 Newton 力学。**

**简单地说,量子力学与经典力学的关系有一个粗略的经典类比:Maxwell 电磁波理论与几何光学的关系。Maxwell 理论取电磁波极短波长近似导致几何光学⑮,类似地,量子力学取 de Broglie 波极短波长近似下,排除波幅相干叠加的波动性,导致经典力学。**

---

⑮ 玻恩 M,沃耳夫 E. 光学原理. 北京:科学出版社,1978,第三章.

# 附录 B　量子力学算符简论

一般说来，一类数学要素与另一类数学要素之间的关联定义为映射。在量子理论中，通常遇到的映射按类型区分有 4 种：数到数的映射，映射方式称为函数；函数到数的映射，映射方式称为泛函数；函数到函数的映射，映射方式称为算符；算符到算符的映射，映射方式称为超算符。本附录只介绍算符的数学理论。由于相关内容宽广，著作浩瀚，即便有关 QT 的算符理论，专著也很多。学物理的人往往难于在较短时间内掌握。这里以一种简明实用而不够严密的方式集中讲述与 QT 有关的算符数学。进一步了解请参看相关文献。

## B.1　常见的几种算符，定义与基本性质

算符 $\hat{A}$ 是 $\mathscr{H}$ 中态矢 $|\psi\rangle$ 到 $\mathscr{H}'$ 中态矢 $|\psi'\rangle$ 的一种映射方式：

$$\begin{cases}\hat{A}|\psi\rangle=|\psi'\rangle, \quad |\psi\rangle\in\mathscr{H}; \quad |\psi'\rangle\in\mathscr{H}' \\ \text{Domain}D(\hat{A})\in\mathscr{H}; \quad \text{Range}R(\hat{A})\in\mathscr{H}'\end{cases} \tag{B.1}$$

算符 $\hat{A}$ 的定义域 $D(\hat{A})$ 含于算符作用空间 $\mathscr{H}$，$\hat{A}$ 的映射区域 $R(\hat{A})$ 含于映射空间 $\mathscr{H}'$。一般说来，同属一个算符 $\hat{A}$，$D(\hat{A})$ 与 $R(\hat{A})$ 不一定相同，$\mathscr{H}$ 与 $\mathscr{H}'$ 也不一定相同。算符 $\hat{A}$ 也可能不是在整个态空间 $\mathscr{H}$ 上都有定义。例如，算符 $\hat{x}$，$\hat{x}|\psi\rangle=|\psi'\rangle$。现在 $\psi'(x)-x\psi(x)$，于是只对 $L_2(R^3)$ 中满足

$$\int x^2\ |\psi(x)|^2\mathrm{d}x<\infty$$

那些函数 $\psi(x)$ 才组成算符 $\hat{x}$ 的定义域 $D(\hat{x})$。

如果对任意两个 $|\psi\rangle$，$|\varphi\rangle\in D(\hat{A})$，存在对应的两个态矢 $\hat{A}|\psi\rangle$，$\hat{A}|\varphi\rangle\in R(\hat{A})$，使得对两个任意复常数 $\alpha$，$\beta$，总有下式成立

$$\hat{A}\{\alpha|\psi\rangle+\beta|\varphi\rangle\}=\alpha\{\hat{A}|\psi\rangle\}+\beta\{\hat{A}|\varphi\rangle\} \tag{B.2}$$

称 $\hat{A}$ 为将 $D(\hat{A})\in\mathscr{H}$ 中态矢映射到 $R(\hat{A})\in\mathscr{H}'$ 中态矢的一个线性算符。$QT$ 中的算符，除时间反演算符外，都是线性算符。以下叙述略去算符顶上的尖符号。

### B.1.1　有界算符

**定义**　如果对任何 $|\psi\rangle\in D(A)$，存在一个正数 $c$，使得

$$\boxed{\|A|\psi\rangle\|\leqslant c\sqrt{\langle\psi|\psi\rangle}\equiv c\,\||\psi\rangle\|} \tag{B.3}$$

则称算符 $A$ 为有界算符。注意此式右端对应 $|\psi\rangle$ 的范数是在 $\mathscr{H}$ 中取的，左端对应

$|\psi'\rangle$的范数是在 $\mathscr{H}$ 中取的。使上面不等式恒成立的全体正数 $c$ 中最小的正数 $c_{\min}=n_A$,称为算符 $A$ 的范数 $n_A$。

### B.1.2 厄米共轭算符

**定义 对于定义在 $\mathscr{H}$ 上的任一给定线性有界算符 $A$,总存在另一个算符 $A^+$,使得对 $\mathscr{H}$ 中任何两个态矢 $\boldsymbol{x},\boldsymbol{y}$,都有**

$$\boxed{(\boldsymbol{x},A\boldsymbol{y})=(A^+\boldsymbol{x},\boldsymbol{y}),\quad \forall\, \boldsymbol{x},\boldsymbol{y}\in\mathscr{H}} \tag{B.4}$$

**称 $A^+$ 为 $A$ 的厄米共轭算符。**

式(B.4)的由来是,设任意固定态矢 $\boldsymbol{x}$,左边即为 $\boldsymbol{y}$ 的复数线性泛函。在 $\mathscr{H}$ 中必存在另一态矢 $\boldsymbol{x}'$,它与 $\boldsymbol{y}$ 内积等于这个泛函,即总有 $(\boldsymbol{x},A\boldsymbol{y})=(\boldsymbol{x}',\boldsymbol{y})$。现定义算符 $A^+:\boldsymbol{x}\rightarrow\boldsymbol{x}'$,即 $(A^+\boldsymbol{x},\boldsymbol{y})\equiv(\boldsymbol{x}',\boldsymbol{y})$,得此式①。

显然,(1) 厄米共轭是相互的,即有 $(A^+)^+\equiv A^{++}=A$:

$$(A^{++}\boldsymbol{a},\boldsymbol{b})=(\boldsymbol{a},A^+\boldsymbol{b})=\overline{(A^+\boldsymbol{b},\boldsymbol{a})}=\overline{(\boldsymbol{b},A\boldsymbol{a})}=(A\boldsymbol{a},\boldsymbol{b})$$

(2) 可证 $(AB)^+=B^+A^+$:

$$((AB)^+\boldsymbol{a},\boldsymbol{b})=(\boldsymbol{a},AB\boldsymbol{b})=(A^+\boldsymbol{a},B\boldsymbol{b})=(B^+A^+\boldsymbol{a},\boldsymbol{b})$$

(3) 设 $\alpha^*$ 是对复数 $\alpha$ 取复数共轭,有

$$(\alpha A)^+=\alpha^*A^+,\quad (A+B)^+=A^++B^+$$

(4) 厄米共轭算符范数等于原来算符范数,即 $n_{A^+}=n_A$。于是,若 $A$ 有界,$A^+$ 也有界。

(5) 若取 Hilbert 空间某个表示,则 $A^+$ 成为某个矩阵,这时 $A^+$ 与 $A$ 关系更明确地表现在矩阵元的关系上——转置共轭:$(A^+)_{ij}=(A)^*_{ji}$。若 $\mathscr{H}$ 为实空间,$A^+=A^{\mathrm{T}}$ 是 $A$ 的转置矩阵。

(6) 若用 Dirac 符号表示 $A$ 与 $A^+$ 的关系,则为:若 $A|\psi\rangle=|\varphi\rangle$,则 $\langle\psi|A^+=\langle\varphi|$;而 $\langle\varphi|A=(A^+|\varphi\rangle)^+=(|A^+\varphi\rangle)^+=\langle A^+\varphi|$。于是有

$$\boxed{\langle\varphi|,A|\psi\rangle=\langle\psi|,A^+|\varphi\rangle^*} \tag{B.5}$$

(7) 可将其推广,即若 $A$ 从 $\mathscr{H}$ 到 $\mathscr{H}'$,即 $|\psi\rangle\in\mathscr{H}$,$|\varphi\rangle\in\mathscr{H}'$,则亦可如此定义,而 $A^+$ 将 $\mathscr{H}'$ 映射到 $\mathscr{H}$。

### B.1.3 对称算符——厄米算符;自伴算符——自共轭算符②

**定义 如果对任意矢量 $\boldsymbol{x},\boldsymbol{y}\in D(A)$,算符 $A$ 总能使下面等式成立**

---

① 斯米尔诺夫 В И. 高等数学教程,V-2,北京:人民教育出版社,1979:427. 但那里定义式为

$$(\hat{A}\boldsymbol{x},\boldsymbol{y})=(\boldsymbol{x},\hat{A}^+\boldsymbol{y})$$

② 斯米尔诺夫 В И. 高等数学教程,V-1,V-2,第 435 页、第 351 页、第 461 页. Weidmann J. Linear Operators in Hilbert Spaces. Springer-Verlag,1980:72,57.

$$\boxed{(\boldsymbol{x}, A\boldsymbol{y}) = (A\boldsymbol{x}, \boldsymbol{y})} \tag{B.6}$$

称 $A$ 为厄米算符。

**定义** 稠定的算符 $A$ 如果是厄米算符,称其为对称算符(symmetric operator)。

**定义** 稠定的算符 $A$ 如果有 $A^+=A$,称其为自共轭算符(self-adjoint operator),又称为自伴算符。

注意两点:①这里三个定义,特别是"厄米算符"定义,都是数学术语,不等于物理术语中的"厄米算符";②一般说,对称算符不一定满足 $A^+=A$,所以不一定是自伴算符;但自伴算符必是对称算符。然而,由于归一化物理态矢空间的稠密性不成问题,即 $D(A)$ 是稠密的。所以物理上这两个定义并无实际差别,不必区分数学术语中的对称算符和自伴算符。

习题 B.1 证明算符 $A$ 是自共轭的充要条件是 $(A\boldsymbol{x}, \boldsymbol{x})$ 对任意态矢都是实的。

习题 B.2 证明厄米算符的积 $AB$ 是厄米算符的充要条件是 $A$ 与 $B$ 可交换。

**定义** 自共轭算符 $A$ 如果存在下确界与上确界,记为 $m, M$:

$$\begin{cases} m = \inf\limits_{\|x\|=1} (A\boldsymbol{x}, \boldsymbol{x}); \quad M = \sup\limits_{\|x\|=1} (A\boldsymbol{x}, \boldsymbol{x}) \\ m \leqslant (A\boldsymbol{x}, \boldsymbol{x}) \leqslant M, \quad \forall \boldsymbol{x} (\|\boldsymbol{x}\| = 1) \in \mathscr{H} \end{cases} \tag{B.7}$$

**定义** 如果 $m \geqslant 0$,自共轭算符称为非负的(简称为正的),即相应的二次泛函 $(A\boldsymbol{x}, \boldsymbol{x}) \geqslant 0$。

**定理** 如果算符 $A$ 是自共轭的,则 $A^2$ 是正算符。如果 $A$ 是任意线性算符,则 $AA^+$ 和 $A^+A$ 是自共轭的正算符。

**证:** 第一个结论直接由公式

$$(A^2\boldsymbol{x}, \boldsymbol{x}) = (A\boldsymbol{x}, A\boldsymbol{x}) = \|A\boldsymbol{x}\|^2 \geqslant 0$$

得出。而第二个结论由下面公式得出

$$\begin{cases} (AA^+\boldsymbol{x}, \boldsymbol{x}) = (A^+\boldsymbol{x}, A^+\boldsymbol{x}) = \|A^+\boldsymbol{x}\|^2 \geqslant 0 \\ (A^+A\boldsymbol{x}, \boldsymbol{x}) = (A\boldsymbol{x}, A\boldsymbol{x}) = \|A\boldsymbol{x}\|^2 \geqslant 0 \end{cases}$$

证毕。

关于 QT 中力学量算符应当选"自伴算符"还是"厄米算符"的问题。由于自伴算符的本征态是完备的,而数学中所称的"厄米算符"(对称算符)并不保证这条。依据测量公设,力学量的可观测性要求相应算符本征函数族是完备的。因此,QT 算符公设原则上应当要求与力学量相应的算符是自伴算符(自共轭算符),而不是数学中的(宽松于自伴算符的)厄米算符。但下面除明确说清之外,依 QT 习惯,仍将自伴算符说成为厄米算符。

### B.1.4 逆算符

**定义** 线性算符 $A$ 具有有界逆算符 $B$,是指 $B$ 在整个 $\mathscr{H}$ 上有定义,并且满足

$$AB = BA = I \tag{B.8}$$

**这时简单记 $B = A^{-1}$，并且 $D(A) = R(A) = \mathscr{H}$。这就是通常狭义上的逆算符。显然，逆总是相互的 $(A^{-1})^{-1} = A$。**

注意，**无限维空间中算符的逆算符情况比有限维的复杂得多。即便存在逆算符，也区分为左逆算符、右逆算符、逆算符三种情况**：①若 $BA|\psi\rangle = |\psi\rangle$，$\forall\ |\psi\rangle \in \mathscr{H}$，称 $B$ 为 $A$ 的左逆算符；②若 $\langle\psi|AC = \langle\psi|$，$\forall\ \langle\psi| \in \mathscr{H}^{+}$（$\mathscr{H}$ 的对偶空间），称 $C$ 为 $A$ 的右逆算符；③若 $A$ 既有左逆算符，也有右逆算符，则称为有逆算符。

**定理 1　若 $A$ 至少有一个左逆 $B$（即 $BA = I$）与至少一个右逆 $C$（即 $AC = I$），则只有一个左逆，也只有一个右逆，并且它们相等。也就是说 $A$ 存在有界逆算符 $A^{-1}$。**

**定理 2③　若 $A$ 存在唯一的左逆，则右逆也存在；若存在唯一的右逆，则左逆也存在。在这两种情况下的左逆与右逆都是唯一的，并且它们相重合。**

**证**　先证定理 2。设有唯一的左逆，即 $BA = I$。左乘以 $A$，得 $ABA = A$ 或 $(AB - I)A = 0$。此等式右边的零表示零算符。两端都加上 $BA = I$，可得 $(AB - I + B)A = I$。但依条件 $B$ 是唯一的左逆，所以 $AB - I + B = B$，从而 $AB = I$，即 $B$ 也是右逆。　证毕。

再证定理 1：按题设 $BA = I$ 和 $AC = I$。则由这两个式子分别右乘 $C$ 和左乘 $B$，得到 $BAC = C$ 和 $BAC = B$。将两式相减，得 $B = C$。　证毕。

**定理 3　逆算符 $A^{-1}$ 存在的充要条件是：若 $A|\psi\rangle = 0$ 则必须 $|\psi\rangle = 0$。或等价叙述为：存在正数 $c > 0$，使任意矢量均满足 $\| A|\psi\rangle \| \geqslant c \| |\psi\rangle \|$ $\left(\text{或} \| A^{+}\boldsymbol{a} \| \geqslant c \| \boldsymbol{a} \|\right)$。**

注意，定理 3 涉及的是态矢本身等于零，这不同于下面第 B.6 节中，等距算符性质涉及的态矢模长等于零。而且，此定理的后一提法更清楚说明，还要求 $\| A^{+}\boldsymbol{a} \| \geqslant c \| \boldsymbol{a} \|$。从前一提法推导后一提法：对全部 $\| \boldsymbol{a} \| > 0$ 的 $\boldsymbol{a}$ 集合，均有 $\| A\boldsymbol{a} \| > 0$。对此集合中每一个 $\boldsymbol{a}$，对应一个 $c_a > 0$（它们必定都是正的，因为 $A^{+}A$ 为正的厄米算符 $\langle \boldsymbol{a}|A^{+}A|\boldsymbol{a}\rangle \geqslant 0$，$\forall\ \boldsymbol{a}$，既然题设不等于零，就必有 $\langle \boldsymbol{a}|A^{+}A|\boldsymbol{a}\rangle > 0$，即 $\| A\boldsymbol{a} \| > 0$）。取这些 $c_a$ 中最小值作为 $c$ 即得后面结论。对 $A^{+}$ 论证类似。

*习题 B.3　证明逆算符的定理 3。*

再指出，如果 $A$ 有两个相异的左逆（右逆）算符 $B$ 和 $C$，则 $A$ 一定有无穷多个左逆算符（右逆算符）。事实上，如果 $BA = I$ 及 $CA = I$，容易证明，对于任意数 $a$，算符 $B + a(C - B)$ 也是 $A$ 的左逆：

$$(B + aC - aB)A = BA + aCA - aBA = I + aI - aI = I$$

**总之，关于逆算符存在以下四种情形，可以利用厄米算符 $A^{+}A$ 与 $AA^{+}$ 的下界大于或等于零来判别它们（括号内是充分必要判别条件）④：**

---

③ 这两个定理见斯米尔诺夫 В И. 高等数学教程，V-2，北京：人民教育出版社，1979 年：434，435.

④ 同上，V-2，第 435，436 页。

(1) 存在唯一的左逆与右逆($m(A^+A)>0, m(AA^+)>0$);

(2) 既不存在左逆又不存在右逆($m(A^+A)=0, m(AA^+)=0$);

(3) 有无穷多个左逆但无右逆($m(A^+A)>0, m(AA^+)=0$);

(4) 有无穷多个右逆但无左逆($m(A^+A)=0, m(AA^+)>0$)。

**一般说来,$D(A)\neq R(A)\neq \mathscr{H}$。现在情况下,只要$D(A)$中的不同态矢能够映射到$R(A)$中不同态矢,成一对一映射,即可定义逆算符[⑤] $A^{-1}$。注意,$A$、$A^{-1}$的$D$和$R$是相反的。应当指出,在全空间无逆算符的算符,却可能在某个子空间中有"局域性的"逆算符。**

**按算符的谱理论,一个没有零本征值的算符一定存在逆算符。**

## B.1.5 等距算符

**定义 一个定义在$\mathscr{H}$上的线性有界算符是等距的(isometric),假如对$\mathscr{H}$的任一矢量$|\psi\rangle$,映射总能保持其模长(范数)不变**

$$\boxed{\| A|\psi\rangle \| = \| |\psi\rangle \|} \tag{B.9a}$$

**换句话说,对任何一对矢量$|\psi\rangle$,$|\varphi\rangle\in\mathscr{H}$,映射总能保持它们内积不变,**

$$\boxed{\langle\psi|A^+ \cdot A|\varphi\rangle=\langle\psi|\varphi\rangle} \tag{B.9b}$$

式(B.9a)定义亦见 Taylor,14 页。式(B.9b)是这样得到的:在式(B.9a)中,分别令$|X\rangle=|P\rangle+|Q\rangle$、$|P\rangle+i|Q\rangle$,代入消去一些项之后,得两方程,将第一方程乘以$i$与第二方程相加,即得这第二个定义。

习题 B.4 由式(B.9a)导出式(B.9b)。

**注意:①等距算符是幺正算符的推广,不一定是幺正的。等距算符总是有界算符;②假如一个有界线性算符是等距的,只要求其满足$A^+A=I$,但未要求$AA^+=I$;③等距算符已有左逆。于是它要么有无穷多个左逆而无右逆;要么只有一个左逆和一个右逆,而成为幺正算符。也就是说,等距算符一旦有右逆,即有普通意义下的逆[⑥];④由式(B.9b)可知,有限维下的等距算子就是幺正算子,$A^+A=1\Rightarrow AA^+=1$。**

**等距映射要求$D(A)=\mathscr{H}$,并未要求$R(A)=\mathscr{H}$!** 一般说$R(A)\neq\mathscr{H}$。所以 QT 散射理论中,通常给等距算符以稍微扩充的定义,使其在两个不同 Hamilton 量所定义的不同的态空间之间执行保持范数的映射[⑦]:

**一个线性有界算符$A$的$D(A)$是$\mathscr{H}$,$R(A)$是$\mathscr{H}'$,如果映射中保持矢量的模长**

---

⑤ 这意味已将上述逆算符定义略加扩充了。参见 Taylor J R. Scattering Theory: The Quantum Theory on Nonrelativistic Collisions. John Wiley & Sons, Inc., 1972:12. 斯米尔诺夫 B И. 高等数学教程。V-2,435。

⑥ 脚注③文献,V-2,第 434,435 页,定理 1,2。

⑦ Taylor J R. Scattering Theory: The Quantum Theory on Nonrelativistic Collisions. John Wiley & Sons, Inc., 1972:333.

**不变，则称 $A$ 为等距算符(从 $\mathscr{H}$ 到 $\mathscr{H}'$ 的等距映射)。**

**例 1** 设 $\boldsymbol{x}_k\,(k=1,2,\cdots)$ 是 $\mathscr{H}$ 中正交归一完备基，于是空间 $\mathscr{H}$ 中任一矢量都可以用它们展开 $\boldsymbol{y}=\sum\limits_{k=1} c_k\boldsymbol{x}_k$。现定义算符 $A$ 实施如下变换

$$A:\boldsymbol{y}=\sum_{k=1} c_k\boldsymbol{x}_k \to A\boldsymbol{y}=\sum_{k=1} c_k\boldsymbol{x}_{k+1}$$

显然算符 $A$ 是线性的，并且有

$$\| A\boldsymbol{y}\| = \|\boldsymbol{y}\| = \sum_{k=1} |c_k|^2$$

于是 $A$ 是等距算符，它把 $\mathscr{H}$ 映射到与 $\boldsymbol{X}_1$ 正交的子空间上。也就是说，$D(A)=\mathscr{H}$，而 $R(A)$ 是 $\mathscr{H}$ 中一个与 $\boldsymbol{x}_1$ 相垂直的子空间。

**例 2** 设 $\{|0\rangle,|1\rangle,\cdots\}$ 是无限维 $\mathscr{H}$ 的正交归一基，定义 $\Omega$ 为如下映射

$$\Omega|n\rangle=|n+1\rangle \quad (n=0,1,\cdots)$$

和上例类似，这样的 $\Omega$ 也是等距算符。$\Omega$ 的 $D(\Omega)$ 是整个 $\mathscr{H}$，而 $R(A)$ 则是 $\mathscr{H}$ 中与 $|0\rangle$ 正交的子空间，$\Omega$ 是等距的但不是幺正的。

### B.1.6 等距算符(续)

由于等距算符毕竟有 $\|A\psi\|=\|\psi\|$，故矢量 $A|\psi\rangle$ 的模不能为零，除非 $|\psi\rangle$ 的模为零。所以 $A$ 是一对一的映射，可以有广义的“逆算符”。只不过它的逆算符并不定义在整个 $\mathscr{H}$ 上(甚至可能不归属于同一空间，如 QT 散射理论中所见)。比如，例 1 中 $\Omega$ 的逆算符 $\Omega^{-1}$ 对基矢 $|0\rangle$ 就没有定义。

**等距算符 $A$ 的逆算符 $A^{-1}$ 与共轭算符 $A^+$ 之间有如下简单关系**

$$\boxed{A^+=\begin{cases}A^{-1}, & 在\,R(A)\,上\\ 0, & 在\,R^{\perp}(A)\,上\end{cases}} \tag{B.10}$$

**与此同时，$A^{-1}$ 在此子空间 $R^{\perp}(A)$ 中无定义。**

**证：** 由于 $A$ 是等距算符，$A^+A=I$，即

$$A^+(A|\psi\rangle)=|\psi\rangle, \quad \forall\,|\psi\rangle\in D(A)=\mathscr{H}$$

若记 $A|\psi\rangle\equiv|\varphi\rangle$，上式即为 $A^+|\varphi\rangle=|\psi\rangle$，也即

$$A^+|\varphi\rangle=A^{-1}|\varphi\rangle, \quad \forall\,|\varphi\rangle\in R(A)$$

另一方面，假设 $|\varphi'\rangle$ 不属于 $R(A)$，而属于正交于它的 $R^{\perp}(A)$，则有

$$0=\langle\varphi'|\varphi\rangle=\langle\varphi'|,A|\psi\rangle, \quad \forall\,|\psi\rangle\in\mathscr{H}$$

再考虑到标积的性质和 $A^+$ 的定义，对上式取厄米共轭，得到

$$\{\langle\varphi'|,A|\psi\rangle\}^*=\{\langle A^+\varphi'|,|\psi\rangle\}^*=\langle\psi|,|A^+\varphi'\rangle=\langle\psi|,A^+|\varphi'\rangle=0, \quad \forall\,|\psi\rangle\in\mathscr{H}$$

这说明，态矢 $A^+|\varphi'\rangle$ 和所有态矢 $\forall\,|\psi\rangle\in\mathscr{H}$ 的内积都为零。于是应当有

$$A^+|\varphi'\rangle=0, \quad \forall\,|\varphi'\rangle\in R^{\perp}(A)$$

也即在 $R^{\perp}(A)$ 上 $A^+=0$。 证毕。

例如,上面$|n\rangle \to |n+1\rangle$映射的等距算符$\Omega|n\rangle=|n+1\rangle$及其厄米共轭

$$\Omega=a^{+}\frac{1}{\sqrt{N+1}},\quad \Omega^{+}=\frac{1}{\sqrt{N+1}}a \tag{B.11}$$

显然,算符$\Omega^{+}$是$\Omega$的左逆算符

$$\Omega^{+}\Omega=\frac{1}{\sqrt{N+1}}aa^{+}\frac{1}{\sqrt{N+1}}=\frac{1}{\sqrt{N+1}}\sqrt{N+1}\sqrt{N+1}\frac{1}{\sqrt{N+1}}=1$$

但此$\Omega^{+}$只在$R(\Omega)=\{|1\rangle,|2\rangle,\cdots\}$上可作为$\Omega$的逆算符;在子空间$R^{\perp}(\Omega)=\{|0\rangle\}$中,由于$a|0\rangle=0$,实际得$\Omega^{+}|0\rangle=0$。但此时下面运算

$$\frac{1}{\sqrt{N+1}}a\neq a\frac{1}{\sqrt{N}},\quad R^{\perp}(\Omega)=\{|0\rangle\}$$

不合法,因为右边分母为零。在此子空间上(而$\Omega^{-1}|0\rangle$则无定义)

$$\Omega^{+}=\frac{1}{\sqrt{N+1}}a=0,\quad R^{\perp}(\Omega)=\{|0\rangle\}$$

采用并矢描述,可清楚地将这两个算符以及左右乘积关系表示出来

$$\begin{cases}\Omega=\sum\limits_{n=0}^{\infty}|n+1\rangle\langle n|;\quad \Omega^{+}=\sum\limits_{n=0}^{\infty}|n\rangle\langle n+1| \\ \Omega^{+}\Omega=\sum\limits_{n=0}^{\infty}|n\rangle\langle n|=I;\quad \Omega\Omega^{+}==\sum\limits_{n=0}^{\infty}|n+1\rangle\langle n+1|=I-|0\rangle\langle 0|\end{cases} \tag{B.12}$$

### B.1.7 幺正算符

**定理 一个线性有界算符$A$,假如满足以下四条之一:**

**(1) 其共轭算符$A^{+}$是它在通常意义下的逆:$A^{+}A=AA^{+}=I$;**

**(2) 是有了右逆的等距算符;**

**(3) 是$D(A)=R(A)=\mathscr{H}$的等距算符;**

**(4) 它的相似变换能将任意厄米算子仍旧变换为厄米算子;则$A$是个幺正算符⑧。**

**证:** 只证明(4)的提法,其余作为习题。首先注意,由于存在相似变换,可以假定$A$存在严格意义下的逆。有$\Omega_A=A\Omega A^{-1}$,即

$$\Omega_A A=A\Omega$$

按题设$\Omega_A$和$\Omega$都是厄米的。上式左乘$A^{+}$,以及厄米后右乘$A$,分别得

$$A^{+}\Omega_A A=A^{+}A\Omega,\quad A^{+}\Omega_A A=\Omega A^{+}A$$

所以

$$[A^{+}A,\Omega]=0$$

---

⑧ 部分叙述见斯米尔诺夫 B И. 高等数学教程,V-2,第465页。

即 $A^+A$ 与定义在 $\mathscr{H}$ 上的任何厄米算符 $\Omega$ 可对易。鉴于任何定义在 $H$ 上的线性算符 $\Omega$ 总可以分解为两个厄米算符 $A$ 与 $B$ 的复数和

$$\Omega=A+\mathrm{i}B, \quad A=\frac{1}{2}(\Omega+\Omega^+), \quad B=\frac{1}{2\mathrm{i}}(\Omega-\Omega^+) \tag{B. 13}$$

从而,$A^+A$ 与任何定义在 $\mathscr{H}$ 上的线性算符可对易。所以 $A^+A$ 必定是个 $c$ 数。由于它共轭等于自己,显然还是个实数。并且还是个正数(因为对任给的归一化态 $|P\rangle$,有 $0<\| A|P\rangle \|^2=\langle P|A^+A|P\rangle=A^+A\langle P|P\rangle=A^+A$)。无损于 $A$ 变换的普遍性,可假定 $A^+A=1$。同样地,将 $\Omega_A A=A\Omega$ 右乘 $A^+$、以及将其厄米后左乘 $A$,分别得(注意按假设 $D(A)=R(A)=\mathscr{H}$)

$$\Omega_A AA^+=A\Omega A^+, \quad AA^+\Omega_A=A\Omega A^+$$

所以

$$[AA^+,\Omega_A]=0$$

类似又可得 $AA^+=1$。总之有 $A^+A=AA^+=1$,所以 $A$ 是幺正的。 证毕。

附带指出,通常反幺正算符是反线性的幺正算符的简称。详见⑨。

习题 B.5 证明前三个定义相互等价。

习题 B.6 列举幺正算符的诸多性质。

习题 B.7 理解为什么 Møller 算符 $\Omega_\pm$ 一般只是等距的而非幺正的?

习题 B.8 仿照 $\Omega=a^+/\sqrt{N+1}$,举出几个是等距而非幺正算符例子。特别是$R^\perp(\Omega)$空间维数是2维以上的情况。

## B.1.8 投影算符

设 $\mathscr{H}$ 可分解为两个正交互补子空间 $L\oplus M=\mathscr{H}$,则任意态 $|\psi\rangle\in\mathscr{H}$ 必有唯一的正交分解⑩:

$$|\psi\rangle=|a\rangle_L+|b\rangle_M, \quad |a\rangle_L\in L, \quad |b\rangle_M\in M \tag{B. 14}$$

习题 B.9 证明式(B.14)分解的唯一性。

**定义 投影算符 $P_L$ 为向 $L$ 实施映射 $P_L|\psi\rangle=|a\rangle_L\ (\forall\ |\psi\rangle\in\mathscr{H})$。**

**定理1 若两个子空间 $L$ 与 $M$ 为正交互补子空间 $L\oplus M=\mathscr{H}$,则**

$$\boxed{I_{\mathscr{H}}=P_L+P_M} \tag{B. 15}$$

**证:** 由任一态矢在这两个正交互补子空间上分解式的唯一性即得。

显然,按投影算符定义,必有 $P_L^2=P_L$。还有,投影算符 $P_L$ 必是自共轭算符。因为

$$(P_L\boldsymbol{a},\boldsymbol{b})=(P_L\boldsymbol{a},P_L\boldsymbol{b}+P_M\boldsymbol{b})=(P_L\boldsymbol{a},P_L\boldsymbol{b})=(P_L\boldsymbol{a}+P_M\boldsymbol{a},P_L\boldsymbol{b})=(\boldsymbol{a},P_L\boldsymbol{b})。$$

---

⑨ 张永德. 量子力学. 北京:科学出版社,2016,附录六:《时间反演算符》.

⑩ 脚注③文献,V-2,第420页。

**定理 2 若 $A$ 是满足 $A^2=A$ 的自共轭算符,则 $A$ 是向子空间 $L\in\mathscr{H}$ 投影的投影算符 $P_L$,而 $L$ 是当 $|\psi\rangle$ 遍历 $\mathscr{H}$ 时由态矢 $|\varphi\rangle=A|\psi\rangle$ 组成的。**

**定理 3 投影算符 $P_L$ 是正算符。**

**证:** 由投影算符定义直接得出

$$(P_L\boldsymbol{a},\boldsymbol{a})=(P_L^2\boldsymbol{a},\boldsymbol{a})=(P_L\boldsymbol{a},P_L\boldsymbol{a})=\|P_L\boldsymbol{a}\|^2\geqslant 0$$

若 $L$ 是整个 $\mathscr{H}$,则 $P_L=I$。若 $L$ 仅由零元素组成,则 $P_L$ 是零算符。在一般情况下 $\|P_L|\psi\rangle\|\leqslant\||\psi\rangle\|$,等号是当且仅当 $|\psi\rangle\in L$ 时成立。若 $P_L$ 不是零算符,则 $\|P_L\|=1$(最大范数)。也就是说,仅就子空间 $L$ 而言,投影算符 $P_L$ 是范数等于 1 的自共轭算符。

**定理 4 投影算符 $P_L$ 与 $P_M$ 相互正交($P_LP_M=P_MP_L=0$)的充要条件是子空间 $L$ 与 $M$ 相互正交。**

**定理 5 算符和 $P_L+P_M$ 是投影算符的充要条件是子空间 $L$ 与 $M$ 相互正交。若这条件满足,则 $P_L+P_M$ 是向 $L\oplus M$ 上的投影算符。**

其余定理见⑪。

习题 B.10 证明:如 $A$ 为厄米的,则 $A^2$ 是正算符。结合动能算符。

习题 B.11 证明:如 $A$ 为任意线性算符,则 $AA^+$ 和 $A^+A$ 均是厄米正算符。

## B.2 态矢和算符的极限与收敛,弱收敛与强收敛

### B.2.1 QT 中常涉及依赖于连续参数 $\alpha$ 的态矢 $|\psi(\alpha)\rangle$ 及其极限问题

例如,散射理论中与时间相关态矢 $|\psi_t\rangle$,及其当 $t\to\pm\infty$ 时的极限问题。

**定义 当且仅当**

$$\|\psi_t-\psi\|\xrightarrow{t\to\infty}0 \tag{B.16}$$

**说 $t\to\infty$ 时态矢 $|\psi_t\rangle$ 收敛到极限态矢 $|\psi\rangle$。定义明确规定,态矢是按模长收敛的:$\|\psi_t\|\to\|\psi\|$。这是因为**

$$\left.\begin{array}{r}\|\psi_t-\psi\|\to 0\\ \|\psi_t-\psi\|\geqslant|(\|\psi_t\|-\|\psi\|)|\end{array}\right\}\to\{\|\psi_t\|\to\|\psi\|\} \tag{B.17}$$

**于是,按 Schwarz 不等式,只要 $t$ 取得足够大,对任何可归一化态矢 $\langle\varphi|$,总可以使 $|\langle\varphi|\psi_t\rangle|$ 和 $|\langle\varphi|\psi\rangle|$ 之间的差小于任一指定的小数 $\varepsilon>0$,**

$$|\langle\varphi|\psi_t\rangle-\langle\varphi|\psi\rangle|=|\langle\varphi|(|\psi_t\rangle-|\psi\rangle)|\leqslant\|\varphi\|\cdot\|\psi_t-\psi\|=\|\psi_t-\psi\|\xrightarrow{t\to\infty}0 \tag{B.18}$$

**这就意味着,在任何测量坍缩过程中,所得任何概率的差别都将趋于零。$|\psi_t\rangle$、$|\psi\rangle$ 变得**

⑪ 脚注③文献,V-2,第 474—478 页。

**在实验上无法区分了。于是,由式(B.16)能得到式(B.18),但反过来不一定,见下。**

### B.2.2 Cauchy 判据

实践中,使用上式判别$|\psi_t\rangle$是否收敛不很方便,因为需要知道极限$|\psi\rangle$,否则就不知道差的模长是否趋于零。在 Hilbert 空间态矢中,存在类似于复变函数序列的"Cauchy 判据"⑫:

**态矢$|\psi_t\rangle$有极限,当且仅当$\|\psi_t-\psi_{t'}\|\to 0\ (t,t'\to\infty)$**

举例:对$|\psi_t\rangle=\int_0^t \mathrm{d}\tau\,|\varphi_\tau\rangle$形式,按 Cauchy 判据,若要收敛只要求

$$\left\|\int_t^{t'}\mathrm{d}\tau\,|\varphi_\tau\rangle\right\|\xrightarrow{t,t'\to\infty}0 \tag{B.19}$$

即可。进而,根据三角形不等式$\|\psi+\varphi\|\leqslant\|\psi\|+\|\varphi\|$,有$\left\|\int\mathrm{d}\tau\cdots\right\|\leqslant\int\mathrm{d}\tau\|\cdots\|$。只需$\int_t^{t'}\mathrm{d}\tau\|\varphi_\tau\|\xrightarrow{t,t'\to\infty}0$就够了。而这又只要$\int_0^\infty\mathrm{d}\tau\|\varphi_\tau\|<\infty$就充分了。

### B.2.3 态矢的强收敛与弱收敛

关于无限维空间态矢收敛问题,必须注意:**态矢收敛和它所有分量(对所有$|\varphi\rangle$的投影$\langle\varphi|\psi_t\rangle$)收敛并不等价。说明白点,在无穷维空间中,矢量的无穷多个分量全都趋于零也不等于矢量本身就趋于零!这里,态矢收敛一定导致任一给定方向的分量收敛。但逆结论不成立**(显然,在有限维空间中结论是可逆的)。换句话又可以说,**虽然对任何固定的$|\varphi\rangle$,$\langle\varphi|\psi_t\rangle$都有极限,而$|\psi_t\rangle$矢量本身可以没有极限。**

例如,设自由波包初态为$|\eta\rangle$,则$|\psi_t\rangle=\mathrm{e}^{-\mathrm{i}H^0t/\hbar}|\eta\rangle$($H^0=\boldsymbol{p}^2/2m$)描述一个自由运动波包的演化。它在任何点$\boldsymbol{x}$的波函数$\langle\boldsymbol{x}|\psi_t\rangle$——即$|\psi_t\rangle$在坐标轴$|\boldsymbol{x}\rangle$方向的分量最终趋于零($t$较大时,$\langle\boldsymbol{x}|\psi_t\rangle$将大致按$t^{-3/2}$弥散)。推广一点说,取$\langle\varphi|$也为高斯波包,则容易看出,当$t\to\infty$时$\langle\varphi|\psi_t\rangle$也将按此$\to 0$。这个结论对有限个高斯波包也成立,而任何$L^2(R^3)$函数总可以用高斯波包之和给以任意好的近似。于是在$|\psi_t\rangle$和任意$|\varphi\rangle$之间的交叠$\langle\varphi|\psi_t\rangle$最终也趋于零

$$\boxed{\langle\varphi|\psi_t\rangle\xrightarrow{t\to\infty}0,\quad\forall\,|\varphi\rangle} \tag{B.20}$$

但是,$\|\psi_t\|=\|\eta\|=1$,态矢本身并不趋于零!

**通常称态矢模长收敛式(B.16)为态矢强收敛;而它的任意投影分量收敛式(B.18)为弱收敛。强收敛必弱收敛,反之不真。**详见脚注⑫文献。

习题 B.12 用自由波包弥散来解释态矢强收敛与弱收敛的概念。

⑫ 类比于泛函分析中的 Riesz-Fisher 定理,见索伯列夫 C Л. 泛函分析在数学物理中的应用. 北京:科学出版社,1959 年. 强收敛 P. 11;弱收敛 P. 26。也见斯米尔诺夫 B И. 高等数学教程,第五卷第一、二分册. 北京:人民教育出版社,1979:336,有例子.

### B.2.4 算符的极限[13]

**定义 如果对每个矢量 $|\psi\rangle$，矢量 $A_t|\psi\rangle$ 都有极限**

$$\boxed{A_t|\psi\rangle \xrightarrow{t\to\infty} |\varphi\rangle \equiv A|\psi\rangle} \tag{B.21a}$$

**称算符 $A_t$ 有一个极限 $A$。显然，由此定义的 $A$ 是个线性算符。通常记**

$$A_t \to A \quad 或 \quad A = \lim_{t\to\infty} A_t \tag{B.21b}$$

算符序列收敛区分为三种情况[14]：

(1) **算符序列 $A_n$“依范数收敛”于 $A$。定义为：$\|A-A_n\| \to 0$。**

这时由不等式 $\|A_n\| \leqslant \|A\| + \|A_n - A\|$ 可推出 $\|A_n\|$ $(n=1,2,\cdots)$ 有界。

(2) **算符序列 $A_n$“一致收敛”或“强收敛”于 $A$。**

**定义** 对态空间中的任一态矢 $|X\rangle$，若 $A_n|X\rangle$ 一致收敛于 $A|X\rangle$，即称算符序列 $A_n$ 一致收敛于算符 $A$。

**注意，算符的“强收敛”更强于式(B.16)定义的态矢“模长收敛”。因为态矢模长收敛并未要求对所有分量一致收敛，甚至还容许态矢有限个分量不收敛。**

(3) 算符序列 $A_n$“弱收敛”于 $A$。由于 $|X_n\rangle \xrightarrow{\text{weak}} |X\rangle$，则有 $A|X_n\rangle \xrightarrow{\text{weak}} A|X\rangle$。

**定义 如果 $A_n\boldsymbol{X} \xrightarrow{\text{weak}} A\boldsymbol{X}$，则称 $A_n$ 弱收敛于 $A$。**

处理算符极限时要很小心。许多看起来显然是对的结论，其实都是错的。比如，如果 $A_t \to A$，并不一定意味着 $A_t^+ \to A^+$；再比如，再加上 $B_t \to B$，也并不总是有 $A_tB_t \to AB$；还比如，Møller **算符 $\Omega_\pm$ 是由幺正算符取 $t\to\mp\infty$ 极限而得，但一般说 $\Omega_\pm$ 不是幺正的，而是等距的 $\|\Omega\psi\| = \lim\limits_{t\to\pm\infty}\|U_t\psi\| = \|\psi\|$，有 $\Omega^+\Omega=1$ 但并没有 $\Omega\Omega^+=1$；**等等。

习题 B.13 若 $U_t$ 是幺正算符，并趋向极限 $\Omega$(即 $U_t|\psi\rangle = \Omega|\psi\rangle$ 对所有 $|\psi\rangle$)，则 $\Omega$ 是等距算符。

习题 B.14 算符序列的一致收敛(即强收敛)和函数序列的一致收敛，两者概念在本质上是否完全相同？

## B.3 算符奇异性问题初步处理

### B.3.1 Fock 空间尴尬局面及应对原则

**可证 Fock 空间产生、湮没及数算符 $a^+, a, a^+a$ 都不是有界算符。**

---

[13] 同上，第 350-352、444-446 页。

[14] 同上，第 335-352 页. 索伯列夫 C Л. 泛函分析在数学物理中的应用. 北京：科学出版社，1959.

**证：** 以 Fock 空间中如下态矢为例

$$|f\rangle = \frac{1}{\sqrt{N}}\sum_{n=1}^{\infty}\frac{1}{n}|n\rangle;\quad N=\sum_{n=1}^{\infty}\frac{1}{n^2}=\frac{\pi^2}{6}<\infty \tag{B.22}$$

它可以归一，所以属于通常的 Hilbert 空间。但显然，它经这三个算符作用之后都不再能归一。也就是说，这三个算符都把本来属于 Hilbert 空间的某些态矢映射出了 Hilbert 空间。由于有界算符应当限定于 Hilbert 空间自身到自身的映射，因此这三个算符都不能算是有界算符。

于是，在 QT 中，若一定要仅限于使用有界算符，则这些常用算符就应被排除，Fock 空间的全部运算都得停止。面对 Fock 空间如此尴尬局面，可采用下面两条原则应对。

**第一，扩大容许使用算符范围——引入"半有界算符"概念**[15]。容许使用这样一些算符，它们虽然不是有界算符，会将这种类型的态矢映射出态空间，但它们对 Fock 空间的全部基矢 $\{|n\rangle, n=0,1,2,\cdots\}$ 的作用还是正规的。可以称它们为半有界算符。按此定义，前面产生、湮没和粒子数算符都是半有界算符。除这类 $|f\rangle$ 态之外，这些算符在运算中还是正规的、无奇性的。

**第二，限制算符定义域** $D(A)$**。**在具体问题中，一般由于能量或其他量子数的限制，问题不会涉及全体态空间。这时，如果所用算符虽有奇性，或具有无界性，但只要它在问题所涉及的子空间中不出奇性就可以使用。随便举个例子，算子 $\Omega=1/(N-5)$ 是带奇性的，但只要问题中涉及的粒子数态小于 5，此奇性算符在此类问题中就可以使用。

## B.3.2 有零本征值算符的逆算符的格林函数处理

Hamilton 量算符常含有零本征值。比如，在定态问题求解时

$$\begin{cases} H|\psi\rangle=(H_0+V)|\psi\rangle=E|\psi\rangle\rightarrow(H_0-E)|\psi\rangle=-V|\psi\rangle \\ H_0|\varphi\rangle=E^{(0)}|\varphi\rangle \end{cases} \tag{B.23}$$

算符 $(H_0-E)$ 有零本征值，妨碍求它的逆算符，于是就妨碍求解定态 Schrödinger 方程。这时可将它改写为

$$(H_0-E)=\lim_{\varepsilon\to 0}(H_0-E\pm \mathrm{i}\varepsilon)$$

由于 $H_0$ 是厄米的，本征值都是实数，所以极限号内（有限 $\varepsilon>0$ 值）的算符已无零本征值，所以有逆算符。即可以合法地期望存在运算

$$\lim_{\varepsilon\to 0}(H_0-E\pm \mathrm{i}\varepsilon)^{-1}$$

于是按微分方程通解理论，此定态问题的通解可以写为

⑮ Zhang Y D, Tang Z. Il Nuovo Cimento, 1994, 109B, (4): 387.

$$\boxed{|\psi\rangle=|\varphi\rangle-\lim_{\varepsilon\to 0}\frac{1}{H_0-E\pm\mathrm{i}\varepsilon}V|\psi\rangle} \tag{B.24}$$

这里，第一项$|\varphi\rangle$是齐次方程（指$V=0$）$H_0|\varphi\rangle=E|\varphi\rangle$的通解。通解中所含参数由初条件（或等式两边同乘以$(H_0-E)$还原后仍保持等式成立）来决定。将上式向坐标表象投影，得

$$\boxed{\psi(\boldsymbol{x})=\varphi(\boldsymbol{x})-\lim_{\varepsilon\to 0}\langle\boldsymbol{x}|\frac{1}{H_0-E\pm\mathrm{i}\varepsilon}V|\psi\rangle} \tag{B.25}$$

在$V|\psi\rangle$左方插入坐标表象完备条件，用$\langle\boldsymbol{x}|\boldsymbol{p}=-\mathrm{i}\hbar\frac{\partial}{\partial\boldsymbol{x}}\langle\boldsymbol{x}|$，$\langle\boldsymbol{x}|\boldsymbol{x}=\boldsymbol{x}\langle\boldsymbol{x}|$得

$$\begin{aligned}\psi(\boldsymbol{x})&=\varphi(\boldsymbol{x})-\lim_{\varepsilon\to 0}\int\mathrm{d}^3x'\langle\boldsymbol{x}\mid\frac{1}{H_0(\boldsymbol{x},\boldsymbol{p})-E\pm\mathrm{i}\varepsilon}\mid\boldsymbol{x}'\rangle\langle\boldsymbol{x}'\mid V\mid\psi\rangle\\&=\varphi(\boldsymbol{x})-\lim_{\varepsilon\to 0}\int\mathrm{d}^3x'\left\{\frac{1}{H_0(\boldsymbol{x},-\mathrm{i}\hbar\partial/\partial\boldsymbol{x})-E\pm\mathrm{i}\varepsilon}\delta(\boldsymbol{x}-\boldsymbol{x}')\right\}V(\boldsymbol{x}')\psi(\boldsymbol{x}')\end{aligned}$$

即

$$\boxed{\psi(\boldsymbol{x})=\varphi(\boldsymbol{x})-\lim_{\varepsilon\to 0}\int\mathrm{d}^3x'G_\varepsilon^{(\pm)}(\boldsymbol{x},\boldsymbol{x}')V(\boldsymbol{x}')\psi(\boldsymbol{x}')} \tag{B.26}$$

这里$G_\varepsilon^{(\pm)}(\boldsymbol{x},\boldsymbol{x}')$是参考系统的 Green 函数

$$\boxed{\{H_0(\boldsymbol{x},-\mathrm{i}\hbar\partial_x)-E\pm\mathrm{i}\varepsilon\}G_\varepsilon^{(\pm)}(\boldsymbol{x},\boldsymbol{x}')=\delta(\boldsymbol{x}-\boldsymbol{x}')} \tag{B.27}$$

$\varepsilon=0$是逆算符的奇点。选取$\pm\mathrm{i}\varepsilon$的正负号，就是选取何种 Green 函数，这要由定域因果律（也称因果性条件）决定。

## B.4 算符指数定理和算符极化分解

### B.4.1 算符的核空间和算符指数

**定义 算符 $\Omega$ 核空间 ker($\Omega$)是全体零本征值态矢组成的子空间**

$$\boxed{\ker(\Omega)=\{|\Psi\rangle;\Omega|\Psi\rangle=0\}} \tag{B.28}$$

**核空间 ker($\Omega$)的维数记作 dimker($\Omega$)。**例如，玻色子湮没算符$b$的核空间$\ker(b)=\{|0\rangle;b|0\rangle=0\}$是一维的。而玻色子产生算符$b^+$的核空间是零维的；费米子湮没算符$f$的核空间$\ker(f)=\{|0\rangle;f|0\rangle=0\}$，费米子产生算符$f^+$核空间$\ker(f^+)=\{|1\rangle;f^+|1\rangle=0\}$；等等。

**定义 算符 $\Omega$ 的指数为**[16]

$$\boxed{\mathrm{index}\Omega=\dim\ker(\Omega)-\dim\ker(\Omega^+)} \tag{B.29}$$

---

[16] Atiyah M F, Singer I M. Ann. Math., 1968, 87: 484.

由于 $\ker(\Omega)=\ker(\Omega^+\Omega)$，$\ker(\Omega^+)=\ker(\Omega\Omega^+)$，于是又得到

$$\boxed{\mathrm{index}\Omega=\dim\ker(\Omega^+\Omega)-\dim\ker(\Omega\Omega^+)} \tag{B.30}$$

例如，玻色子湮没算符 $b$ 的指数为 1；而产生算符 $b^+$ 的指数为 $-1$；费米子湮没、产生算符的指数均是零；等等。

**算符指数具有相当普遍意义的拓扑不变性。这由下面定理说明：**

**算符指数定理　对于任意两个可逆算符 $P$ 和 $Q$，算符 $\Omega$ 的指数在它俩的夹乘变换下保持不变**

$$\boxed{\mathrm{index}(P\Omega Q)=\mathrm{index}(\Omega)} \tag{B.31}$$

**证：** 记 $P\Omega Q\equiv\Omega'$，并记 $\Omega$ 的核空间为 $\{|\psi\rangle;\Omega|\psi\rangle=0\}$。于是令 $Q^{-1}|\psi\rangle\equiv|\alpha\rangle$，则得到 $\Omega'$ 的核空间为 $\{|\alpha\rangle;\Omega'|\alpha\rangle=0\}$；对共轭算符 $(\Omega')^+=Q^+\Omega^+P^+$ 结果类似：若 $\Omega^+$ 的核空间为 $\{|\varphi\rangle;\Omega^+|\varphi\rangle=0\}$，则令 $(P^+)^{-1}|\varphi\rangle\equiv|\beta\rangle$，于是 $(\Omega')^+$ 的核空间就是 $\{|\beta\rangle;(\Omega')^+|\beta\rangle=0\}$。由于满秩变换作用下核空间维数不变，故在 $Q^{-1}$ 作用下 $\dim\{|\alpha\rangle\}=\dim\{|\psi\rangle\}$；同样，在满秩变换 $(P^+)^{-1}$ 作用下 $\dim\{|\beta\rangle\}=\dim\{|\varphi\rangle\}$。所以有

$$\mathrm{index}\Omega'=\dim\ker\Omega'-\dim\ker(\Omega')^+=\dim\ker\Omega-\dim\ker\Omega^+=\mathrm{index}\Omega$$

证毕。

如果 $\ker(\Omega)$ 和 $\ker(\Omega^+)$ 的维数相同，则 $\Omega$ 指数为零 $\mathrm{index}\Omega=0$。当 $\ker(\Omega)$ 和 $\ker(\Omega^+)$ 的维数均为可数无穷时，即认为 $\mathrm{index}\Omega=0$。

习题 B.15　显然 $\Lambda$ 的核空间必是 $\Lambda^+\Lambda$ 的核空间。往证 $\Lambda^+\Lambda$ 的核空间必是 $\Lambda$ 的核空间。

反证法：若有矢量 $|\varphi\rangle$，是算符 $\Lambda^+\Lambda$ 核空间的态矢，但却不是算符 $\Lambda$ 核空间的态矢，则必出现矛盾。因为有

$$\begin{cases}\Lambda^+\Lambda|\varphi\rangle=0\\ \Lambda|\varphi\rangle\neq 0\end{cases}$$

将 $|\varphi\rangle$ 取厄米，作用到第一式上，得

$$\langle\varphi|\Lambda^+\Lambda|\varphi\rangle=\|\Lambda|\varphi\rangle\|^2=0\rightarrow\Lambda|\varphi\rangle=0$$

这和第二式相矛盾。由此可得 $\ker(\Lambda)=\ker(\Lambda^+\Lambda)$。　证毕。

于是，关于任一算符的指数又有另一定义：

$$\mathrm{index}\Lambda=\dim\ker(\Lambda^+\Lambda)-\dim\ker(\Lambda\Lambda^+)$$

习题 B.16　证明：当 $P^{-1}$ 和 $Q^{-1}$ 存在时，有 $\dim\ker(P\Lambda Q)=\dim\ker\Lambda$。所以当然有 $\mathrm{index}(P\Lambda Q)=\mathrm{index}\Lambda$。

**证：** 若 $|\varphi_i\rangle$ 是 $\Lambda$ 核空间中任一矢量，即 $\Lambda|\varphi_i\rangle=0$。可令

$$Q^{-1}|\varphi_i\rangle\equiv|\varphi'_i\rangle\quad 或\quad Q|\varphi'_i\rangle=|\varphi_i\rangle$$

则 $|\varphi'_i\rangle$ 必是算符 $\Lambda'\equiv P\Lambda Q$ 的核空间中的矢量

$$\Lambda'|\varphi'_i\rangle=0$$

另一方面，若$|\varphi'_i\rangle$是$\Lambda'$核空间中任一矢量，即$\Lambda'|\varphi'_i\rangle=0$。则有

$$0=\Lambda'|\varphi'_i\rangle=P\Lambda Q|\varphi'_i\rangle\rightarrow\Lambda Q|\varphi'_i\rangle=0\rightarrow Q|\varphi'_i\rangle\in\Lambda\text{ker 空间}$$

即是$\Lambda$算符核空间中的矢量。总之，两个核空间矢量之间关系是一个满秩的、可逆的、单一对应的变换：$|\varphi_i\rangle=Q|\varphi'_i\rangle$或$|\varphi'_i\rangle=Q^{-1}|\varphi_i\rangle$。所以两者核空间的维数相同。接下去的简单论证便得到所要的结果。

## B.4.2 算符极化分解和指数定理

**定义 如果算符$\Omega$可以写成某个幺正算符$\varepsilon$和某个厄米算符$A$直积的形式，就说算符$\Omega$存在极化分解**

$$\Omega=\varepsilon A\quad(\text{或 }A\varepsilon)\tag{B.32}$$

**这里$\varepsilon^+=\varepsilon^{-1}$是幺正的，而$A=A^+$是厄米的。**

**算符极化分解定理 算符$\Omega$存在极化分解$\Omega=\varepsilon A$的充要条件是其指数为零。这时幺正算符$\varepsilon$和厄米算符$A$的表达式为**

$$\boxed{\begin{aligned}&A=\sqrt{\Omega^+\Omega},\quad \varepsilon=E+Y\\&E=\Omega A^{-1}(1-P_\Omega)\\&Y=\sum_i U\mid\psi_i\rangle\langle\varphi_i\mid\end{aligned}}\tag{B.33}$$

**这里，$\{|\varphi_i\rangle\}$，$\{|\psi_i\rangle\}$分别是$\Omega$和$\Omega^+$核空间的正交归一完备基，由于$\Omega$的指数为零，两个核空间的维数相同，这两套基的数目相等。$U$是$\Omega^+$核空间中任意幺正算符，因此，$Y$是$\ker(\Omega)$和$\ker(\Omega^+)$两套基矢间一对一映射算符。$P_\Omega$是向$\ker(\Omega)$的投影算符。**

**证：** 原先，文献[17]中已证明了条件的必要性：若$\Omega=\varepsilon A$，则必有

$$\begin{aligned}\text{index}(\Omega)&=\dim\ker(\Omega^+\Omega)-\dim\ker(\Omega\Omega^+)\\&=\dim\ker(A^2)-\dim\ker(\varepsilon A^2\varepsilon^+)=0\end{aligned}$$

现在证明条件的充分性。首先，注意到下面事实：

(1) 若$\Omega=\Omega^+$，又任意态$|\lambda\rangle$正交于$\ker(\Omega)$，则$f(\Omega)|\lambda\rangle$也正交于$\ker(\Omega)$。因为将$\ker(\Omega)$中的任一 bra 向$f(\Omega)|\lambda\rangle$作内积也必为零。

(2) 对任意态$|\psi\rangle$，$\Omega^+|\psi\rangle$必正交于$\ker(\Omega)$。因此由$E$定义$E=\Omega A^{-1}(1-P_\Omega)$和$E^+=(1-P_\Omega)A^{-1}\Omega^+$，可得

$$E^+E=(1-P_\Omega)\frac{1}{\sqrt{\Omega^+\Omega}}\Omega^+\Omega\frac{1}{\sqrt{\Omega^+\Omega}}(1-P_\Omega)=(1-P_\Omega)$$

$$EE^+=\Omega\frac{1}{\sqrt{\Omega^+\Omega}}(1-P_\Omega)\frac{1}{\sqrt{\Omega^+\Omega}}\Omega^+$$

---

⑰ Fujikawa K. Phys. Rev.，1995，A52：3299.

利用(1)和(2),并注意到 $\ker(\sqrt{\Omega^+\Omega})=\ker(\Omega)$,容易得到:对于任意态 $|\psi\rangle$,有 $P_\Omega\frac{1}{\sqrt{\Omega^+\Omega}}\Omega^+|\psi\rangle=0$,也就是 $P_\Omega\frac{1}{\sqrt{\Omega^+\Omega}}\Omega^+=0$。因此有 $EE^+=\Omega\frac{1}{\Omega^+\Omega}\Omega^+$。注意:此时不要轻易取逆,从而等于单位算符。因为 $\Omega,\Omega^+$ 可以各自存在同维数核空间,即零本征值空间。这时

$$\begin{cases}EE^+\Omega=\Omega\dfrac{1}{\Omega^+\Omega}\Omega^+\Omega=\Omega\\[2ex]\Omega^+EE^+=\Omega^+\Omega\dfrac{1}{\Omega^+\Omega}\Omega^+=\Omega^+\end{cases}$$

从这两个方程,根据 $\Omega^+P_{\Omega^+}=0$ 和 $(\Omega^+P_{\Omega^+})^+=P_{\Omega^+}\Omega=0$,即得 $EE^+=1-P_{\Omega^+}$。从定义可得

$$YA=\sum_i U|\psi_i\rangle\langle\varphi_i|\sqrt{\Omega^+\Omega}=0$$

$$EA=\Omega A^{-1}(1-P_\Omega)A$$

再利用(1)即得 $P_\Omega A=0$。具体地说,$A$ 向右作用到任一 ket 上均将其投影到与 $\ker(\Omega)$ 相垂直的子空间,再乘 $P_\Omega$ 即为零。因此 $EA=\Omega$,然后令 $\Omega=(E+Y)A\equiv\varepsilon A$。这就是说,$\Omega$ 能分解成 $\Omega=\varepsilon A$ 的形式。

接着,需要证明算符 $\varepsilon$ 的幺正性。有

$$\varepsilon\varepsilon^+=(E+Y)(E^++Y^+)=1-P_{\Omega^+}+YE^++EY^++YY^+$$

$$YE^+=EY^+=0$$

因为 $\mathrm{index}\Omega=0$,得到 $YY^+=P_{\Omega^+}$,因此 $\varepsilon\varepsilon^+=1$;类似可得:$\varepsilon^+\varepsilon=1$。总之,算符 $\Omega$ 有极化分解:$\Omega=\varepsilon A$,$\varepsilon$ 是幺正的,$A$ 是厄米的。 证毕。

**讨论:**(1) **$\sqrt{\Omega^+\Omega}$ 的厄米性问题。**按前面所说,$\Omega^+\Omega$ 是正算符,因此总能选择 $\sqrt{\Omega^+\Omega}$ 具有厄米性。比如,在正算符 $\Omega^+\Omega$ 谱表示为 $\Omega^+\Omega=\sum_n|\omega_n\rangle\omega_n\langle\omega_n|$,$(\omega_n\geqslant 0)$ 时,作为 $\sqrt{\Omega^+\Omega}$ 的谱表示,可以选择 $\sqrt{\Omega^+\Omega}=\sum_n|\omega_n\rangle\sqrt{\omega_n}\langle\omega_n|$,其中 $\sqrt{\omega_n}$ 规定取正根(如果计入正负号选取,则算符开根一般会有无穷多个解)。

(2) **$A^{-1}$ 的奇异性问题。**在上面所有含 $A^{-1}$ 的计算过程中,在 $A^{-1}$ 的左边总伴乘有 $(1-P_\Omega)$ 或是 $\Omega$,右边总伴乘着 $(1-P_\Omega)$ 或 $\Omega^+$,从而预先除去了态矢在 $\Omega$ 核空间中那部分。因此 $A^{-1}$ 无论向 bra 或向 ket 作用,它的奇性不会表现出来。这正是前面逆算符叙述时所强调的,一个在全空间无逆算符的算符,在某个子空间却可能有逆算符。

(3) **分解的唯一性问题。**如果不计较算符开根 $\sqrt{\Omega^+\Omega}$ 的多解性质(或如上约定它的谱表示),以及算符 $U$ 的任意性——不计及算符 $\Omega^+$ 核空间基矢选取的任意性,则这种分解形式是唯一的。

(4) **寻找相位算符问题。任意复数 $C$ 都有极化分解:$C=e^{i\theta}r$。然而,只有零指数**

**的算符才有极化分解。指数定理说明了，为什么人们一直没有得到令人满意的普适相位算符的原因——因为远不是每个算符的指数都等于零。现在，只要该算符的指数为零，由分解出的幺正算符 $\varepsilon$，就可以合法地定义适当的相位算符 $P$**

$$\boxed{\varepsilon=e^{iP}\text{或}P=-i\ln\varepsilon} \tag{B.34}$$

**例如，过去人们一直尝试寻找单模 Bose 场相位算符，想从 Boson 湮没算符的极化分解中得到这个相位算符，但从未得到满意的结果。这里根据文献**[18]**，进一步用指数定理解释了其中原因——因为 Boson 湮没算符的指数不为零，不能在全态矢空间作这种极化分解**

$$\text{index}(a)=\dim\ker(a)-\dim\ker(a^{+})=1$$

(5) **条件 $[\Omega\Omega^{+},\Omega^{+}\Omega]=0$ 的必要性问题。**算符 $\Omega$ 存在极化分解的条件除了 $\Omega$ 有零指数外，还要求 $[\Omega\Omega^{+},\Omega^{+}\Omega]=0$。现在从上面推导可以看出，这个条件并不必要。举个例子也可以看出来。例如，考虑算符

$$\Omega=(1+f)f^{+}/\sqrt{2} \tag{B.35a}$$

这里，$f$ 和 $f^{+}$ 分别是 Fermion 的湮没和产生算符。

$$\ker\Omega=\{|1\rangle\},\quad \ker\Omega^{+}=\{(|0\rangle-|1\rangle)/\sqrt{2}\} \tag{B.35b}$$

因此得到 $\text{index}\Omega=0$。按上面定理，算符 $\Omega$ 可以有极化分解。但另一方面，却有 $[\Omega\Omega^{+},\Omega^{+}\Omega]=\frac{1}{2}(f^{+}-f)\neq 0$。实际上，用上述步骤很容易得到

$$\begin{aligned}
&A=A^{+}=\sqrt{\Omega^{+}\Omega}=ff^{+}\\
&E=\Omega A^{-1}(1-P_{\Omega})=(1+f)f^{+}/\sqrt{2}\\
&Y=(1-f^{+})f/\sqrt{2}\\
&\varepsilon=E+Y=\exp\left\{i\frac{\pi}{2}\left[-1+\frac{1}{\sqrt{2}}(1-2f^{+}f+f+f^{+})\right]\right\}\\
&\Omega=(1+f)f^{+}/\sqrt{2}=\varepsilon A
\end{aligned} \tag{B.35c}$$

习题 B.17 求证式(B.35c)。

## B.5 相位算符和相位差算符

### B.5.1 单模 Fermion 的相位算符

单模 Fermion 指数为零，存在极化分解。利用定理容易得到

$$f=\varepsilon A,\quad A=f^{+}f,\quad \varepsilon=f+e^{2i\alpha}f^{+} \tag{B.36a}$$

相位算符由下面给出

$$P=-i\ln\varepsilon=\alpha+\frac{\pi}{2}-\frac{\pi}{2}(e^{i\alpha}f^{+}+e^{-i\alpha}f) \tag{B.36b}$$

---

⑱ Yu S X, Zhang Y D. J. Math. Phys., 1998, 39: 5260.

$P$ 的本征值是$\{\alpha,\alpha+\pi\}$,相应的本征态为

$$|\alpha\rangle=\frac{1}{\sqrt{2}}(e^{i\alpha}|1\rangle+|0\rangle),\quad |\alpha+\pi\rangle=\frac{1}{\sqrt{2}}(e^{i\alpha}|1\rangle-|0\rangle) \tag{B.36c}$$

### B.5.2 两模 Boson 的相位差算符

如上所说,单模 Boson 湮没算符指数不为 0,不能通过极化分解得到单模 Boson 相位算符。所以现在考虑两个 Boson 的相位差算符。

首先考虑算符 $\Omega=b_1^+b_2$。这里

$$\Omega=b_1^+b_2:\quad \begin{cases}\ker(b_1^+b_2)=\{|n,0\rangle,n=0,1,\cdots\}\\ \ker(b_2^+b_1)=\{|0,n\rangle,n=0,1,\cdots\}\end{cases} \tag{B.37a}$$

由于 $\mathrm{index}(b_1^+b_2)=0$,$b_1^+b_2$ 存在极化分解。用定理中的步骤,易得

$$\begin{aligned}A&=\sqrt{\Omega^+\Omega}=\sqrt{N_2(N_1+1)}\\ E&=\Omega A^{-1}(1-P_\Omega)\\ &=b_1^+b_2\frac{1}{\sqrt{N_2(N_1+1)}}(1-|0\rangle_{22}\langle 0|)=b_1^+\frac{1}{\sqrt{(N_1+1)(N_2+1)}}b_2\\ Y&=\sum_{n=0}^{\infty}e^{i\varphi_{12}(n)}|0\rangle_{11}\langle n|\otimes|n\rangle_{22}\langle 0|,\quad \varepsilon=E+Y\end{aligned} \tag{B.37b}$$

$\varphi_{12}(n)$是定义在非负整数集合上的任意实函数。$Y$ 要选取适当使得 $\varepsilon$ 与数算符 $N=N_1+N_2$是对易的。

**定义相位差算符 $P_{12}$ 为**

$$\boxed{\varepsilon=\exp(iP_{12})} \tag{B.38}$$

**应用** Hilbelt **空间** $H_{2b}$**的超级量子坐标变换,得到相位差算符** $P_{12}$**的本征值和本征态**[19]

$$\boxed{\begin{cases}\theta_{mn}=\dfrac{\varphi(n)+2m\pi}{n+1}\\ |\theta_{mn}\rangle=\dfrac{1}{\sqrt{N+1}}\displaystyle\sum_{k=0}^{n}e^{ik\theta_{mn}}|n-k,k\rangle,\quad n=0,1,\cdots,m=0,1\cdots,n\end{cases}} \tag{B.39}$$

$$\begin{aligned}P_{12}&=\sum_{n=0}^{\infty}\sum_{m=0}^{n}\theta_{mn}|\theta_{mn}\rangle\langle\theta_{mn}|\\ &=\frac{\varphi(N)+N\pi}{N+1}+\frac{2\pi}{N+1}\sum_{j=1}^{\infty}\left[\frac{\left(b_2^+\dfrac{1}{\sqrt{(N_1+1)(N_2+1)}}b_1\exp\left(i\dfrac{\varphi(N)}{N+1}\right)\right)^j}{\exp\left(i\dfrac{2j\pi}{N+1}\right)-1}+\mathrm{H.C.}\right]\end{aligned} \tag{B.40}$$

---

⑲ Yu S X. Phys. Rev. Lett.,1997,79:780.

### B.5.3 两模 Fermion 的相位差算符[20]

对于双模 Fermion 情况，可以按照极化分解定理(B.33)直接分解算符 $f_1^+ f_2$ 的办法构造相位差算符

$$\boxed{f_1^+ f_2 = \varepsilon A = \mathrm{e}^{\mathrm{i}P_{12}} A,\begin{cases} A = (1-N_1)N_2 \\ \varepsilon = f_1^+ f_2 + U_{12}(f_1 f_2 + f_2^+) \end{cases}} \tag{B.41}$$

这里 $U_{12}$ 是定义在核空间 $\ker(f_2^+ f_1)$ 中的任意幺正算符。

### B.5.4 Boson 和 Fermion 混合的相位差算符

同样，算符 $b^+ f$ 指数为零，存在极化分解，可以得到相位差算符

$$\Omega = b^+ f:\begin{cases} P_{bf} = \varphi(\Delta) + \dfrac{\pi}{2}(1 - \mathrm{e}^{-\mathrm{i}\varphi(\Delta)}\varepsilon_{bf}) \\ \varepsilon_{bf} = b^+ \dfrac{1}{\sqrt{b^+ b + 1}} f + \mathrm{e}^{2\mathrm{i}\varphi(\Delta)}\left(P_0 f + \dfrac{1}{\sqrt{b^+ b + 1}} b\right) f^+ \end{cases} \tag{B.42}$$

这里 $\Delta = b^+ b + f^+ f$，$\varphi$ 是一个任意实函数，$P_0$ 是 Bose 真空态投影算符。

---

[20] Yu S X, Zhang Y D. JMP, 1998, 39: 5260; S D Liu, et. al. Commun. Theor. Phys. (Beijing, China), 1999, 31: 391.

# 附录C 算符完备性的4个定理

## C.1 力学量算符本征函数族完备性的4个定理

本节叙述4个不同层次的算符本征函数族的完备性定理。

### C.1.1 有限维 $L_2$ 空间中算符完备性

**有限维完备性定理 一个线性算符 $A$ 如能满足某一有限最低阶代数方程**

$$\boxed{A^n+c_1A^{n-1}+c_2A^{n-2}+\cdots+c_n=0} \tag{C.1}$$

**这里 $\{c_1,c_2,\cdots,c_n\}$ 为常系数，则 $A$ 的本征函数族必是完备的。这里最低阶的意思是已除去了重根**①**。**

**讨论：**①注意此处 $A$ 不限于厄米矩阵，甚至可以是有零本征值的无逆矩阵。②由此，投影、宇称、自旋等算符具有完备性。③对于有完备组的算符可得它的唯一谱表示为：$A=\sum\limits_i|\alpha_i\rangle\alpha_i\langle\alpha_i|$。④此定理不可用于时间反演算符 $T$，尽管有 $T^2=I$。这是因为，$T$ 是反线性算符，它没有任何本征态和本征值。这可反证法。设有

$$T|\psi\rangle=\alpha|\psi\rangle$$

由于等式左边关于 $|\psi\rangle$ 是反线性的，而右边关于 $|\psi\rangle$ 则为线性的，此等式无解。

### C.1.2 无限维 $L_2$ 空间分立谱 $H$ 完备性(Ⅰ)——Courant-Hilbert 定理

**Courant-Hilbert 定理 如果一个分立谱厄米算符 $H$ 有下限而无上限，则它的本征函数族 $\{|\psi_n(x)\rangle\}$ 就 $L_2$ 态空间 $\mathscr{H}$ 而言是完备的。意即对此空间中任意可归一化物理态 $|A\rangle\in\mathscr{H}\left(\langle A|A\rangle=1\right)$，下面展开式在均方逼近的意义上成立**

$$|A\rangle=\sum_{n=0}^{\infty}\alpha_n|\psi_n\rangle;\quad \alpha_m=\langle\psi_m|A\rangle;\quad \sum_{n=0}^{\infty}|\alpha_n|^2=1 \tag{C.2}$$

此定理证明及详细解释见10.2节，变分方法。应用讨论见下。

### C.1.3 无限维 $L_2$ 空间分立谱 Hamilton 量完备性(Ⅱ)——Kato 定理

**定义 动量表象中绝对平方可积以及乘 $\boldsymbol{p}^4$ 后仍绝对平方可积**

$$\boxed{\int|F(\boldsymbol{p})|^2\mathrm{d}\boldsymbol{p}<+\infty;\quad \int\boldsymbol{p}^4|F(\boldsymbol{p})|^2\mathrm{d}\boldsymbol{p}<+\infty} \tag{C.3}$$

---

① Dirac P A M. 量子力学原理. 北京：科学出版社，1965：31.

**的动量波函数 $F(\boldsymbol{p})$ 全部集合(以及对应坐标波函数集合)称为区域 $D_T$。注意附录B关于对称算符(数学的厄米算符)的定义。**

**Kato 定理(1951) 设多体 Hamilton 量算符 $H=T+V$ 在 $L_2$ 中为对称算符,并且若其中势能算符 $V=V(\boldsymbol{r}_1,\boldsymbol{r}_2,\cdots,\boldsymbol{r}_s)$ 对所有下述类型的函数**

$$\boxed{\varphi(\boldsymbol{r})\equiv f(\boldsymbol{r}_1,\boldsymbol{r}_2,\cdots,\boldsymbol{r}_s)\exp\{-(1/2)(\boldsymbol{r}_1^2+\boldsymbol{r}_2^2+\cdots+\boldsymbol{r}_s^2)\}} \tag{C.4}$$

**作用后仍属于 $L_2$(即 $V\varphi(\boldsymbol{r})\in L_2$),则 $H$ 在定义域 $D_T$ 上是自伴的,本征函数族是完备的。即对任意可归一物理态 $|\Phi\rangle\left(\langle\Phi|\Phi\rangle=1;|\Phi\rangle\in D_T\right)$,在均方逼近意义下有如下展开式成立**

$$\boxed{|\Phi\rangle=\sum_{n=0}^{\infty}c_n|\psi_n\rangle+\int c(\alpha)|\psi(\alpha)\rangle\mathrm{d}\alpha;\quad c_m=\langle\psi_m|\Phi\rangle,c(\alpha)=\langle\psi(\alpha)|\Phi\rangle} \tag{C.5}$$

**证:** 见文献[②],此处略。

**Kato 定理讨论:**

(1) 注意 Kato 定理也只适用于通常的 Hilbert 空间——平方可积函数空间 $L_2$,不适用于 QT 的扩大的 Hilbert 空间。但 Kato 定理不要求能谱上限一定为无穷;能谱可以分立或连续;势函数也可以有一定限度的奇性。

(2) Kato 定理最简单的应用是表明了氢原子全部分立谱束缚态是 $L_2$ 空间的一个完备族,可用来展开任意平方可积物理波函数。这里并不包括分立谱的聚点 $E=0$ 处的解。注意,本质自伴(essentially self-adjoing)算符是说,如果算符 $H$ 的闭包(closure)算符是自伴的,就说算符 $H$ 是本质自伴的。

(3) 对一类普遍的多体势,只要存在两个非负常数 $C,R$,使得

$$\boxed{V(\boldsymbol{r}_1,\boldsymbol{r}_2,\cdots,\boldsymbol{r}_n)=V'(\boldsymbol{r}_1,\boldsymbol{r}_2,\cdots,\boldsymbol{r}_n)+\sum_{i=1}^{n}V_{0i}(\boldsymbol{r}_i)+\sum_{i<j}^{n}V_{ij}(\boldsymbol{r}_i-\boldsymbol{r}_j)}$$

$$\left(\begin{array}{c}|V'(\boldsymbol{r}_1,\boldsymbol{r}_2,\cdots,\boldsymbol{r}_n)|\leqslant C\\ \int_{r\leqslant R}|V_{ij}(x,y,z)|^2\mathrm{d}x\mathrm{d}y\mathrm{d}z\leqslant C^2\\ |V_{ij}(x,y,z)|\leqslant C\quad(r>R)\end{array}\right) \tag{C.6}$$

这里第一个不等式是针对 $V$ 中不可分离部分,则 Kato 定理一定成立。容易看出,多电子库仑势情况是满足这些条件的[③]。于是多电子原子全体束缚态解对 $L_2$ 空间也是完备的。甚至对势 $r^{-m}(m<3/2)$ 也如此。

---

② Kato T. Fundamental Properties of Hamiltonian Operators of Schrödinger Type. Transactions of the American Mathematical Society, 1951, 70(2): 195-211; Hormander L. Linear Functional Analysis, Theorem 3.2.12, p.94, Lectures Fall Term 1988, University of Lund.

③ Reed M, Simon B. Methods of Modern Mathematical Physics, Vol. I: Functional Analysis, 第304页; Vol. Ⅱ: Fourier Analysis, Self-Adjointness, 第167页, Elsevier(Singapore) Pte Ltd..

### C.1.4 扩大的 $L_2$ 空间混合谱 Hamilton 量完备性(Ⅲ)——Fadeev-Hepp 定理

众所周知,一个算符的完备性不仅和算符本身构造有关,还密切依赖于它作用对象的范围——定义域。对于通常 Hilbert 空间 $L_2$ 函数类,最保守的是紧致(完全连续)的自伴算符,它们本征函数族是完备的,谱是闭集合的纯点谱④。上面第2,3,两点都只适用于 $H$ 的定义域为 $L_2$ 的。但一方面,QT 涉及的 Hamilton 量多数并非紧致自伴算符,实际上使用的算符已拓宽。另一方面,由于物理描述需要,QT 又扩大了 Hilbert 空间,加进了大量非平方可积函数,即各种非正规态矢⑤。态空间的扩大也即算符 $H$ 定义域扩大。比如,对 e-p 系统,负能区只包含可归一的束缚态,若计及正能区,扩大的态空间将包括不可归一的各种非局域态。使用算符和定义域两个方面的扩大,不但要求完备性概念需要扩充,更是给本就困难的算符完备性证明带来难以逾越的困难。此时问题的数学不可能获得比较普遍的解决,目前甚至未能得到针对常见具体问题的 $H$ 的充要条件。

由无穷远处粒子能量分析可知,$H$ 分立谱束缚态和连续谱散射态的分界点为 $E=0$⑥。由 Kato 定理可知,在一定条件下能够将负能量束缚态完备性问题排除,只需研究对全体入(出)射的渐近自由态而言,全体散射态是否完备的问题。

**多道散射渐近自由态定义**　**$n$ 个粒子系统在多道散射中渐近入(出)态定义为:当 $t\to\mp\infty$ 时,全相互作用系统 $H$ 正能量实际态 $|\psi\rangle$ 所渐近趋近的自由态**

$$\begin{cases} e^{-iHt/\hbar}|\psi\rangle \xrightarrow{t\to-\infty} e^{-iH^0t/\hbar}|\psi_{in}^0\rangle + e^{-iH^1t/\hbar}|\psi_{in}^1\rangle + \cdots + e^{-iH^nt/\hbar}|\psi_{in}^n\rangle \\ e^{-iHt/\hbar}|\psi\rangle \xrightarrow{t\to+\infty} e^{-iH^0t/\hbar}|\psi_{out}^0\rangle + e^{-iH^1t/\hbar}|\psi_{out}^1\rangle + \cdots + e^{-iH^nt/\hbar}|\psi_{out}^n\rangle \end{cases} \tag{C.7}$$

**算符 $H^\alpha$ ($H^\beta$) 为 $\alpha$ 入($\beta$ 出)射道的道 Hamilton 量,$|\psi_{in}^\alpha\rangle$ ($|\psi_{out}^\beta\rangle$) 分别为 $\alpha$ 入($\beta$ 出)射道的渐近自由态。**

**多道散射态空间定义**　**由(向)第 $\alpha$ ($\beta$) 入(出)射道全体渐近自由态演化而来(去)的全相互作用系统的状态空间称为 $R_+^\alpha$ ($R_-^\beta$),全体子空间 $R_+^\alpha$ ($R_-^\beta$) 的直和空间 $R_+=R_+^0\oplus\cdots\oplus R_+^n$ ($R_-=R_-^0\oplus\cdots\oplus R_-^n$) 称为由(向)入(出)射态演化而来(去)的散射态空间。注意单个入射道和出射道之间并不一一对应(甚至 $R_+$ 和 $R_-$ 也不一定相等)。系统 $H$ 的全体束缚态空间则记为 $B$。由渐近完备性定义式(9.119d),有**

**Fadeev-Hepp 定理**(1965~1969)　**如果系统 Hamilton 量 $H=T+V$ 中,球对称的势函数满足**

(1) $r\to\infty$: $V(r)=O(r^{-3-\varepsilon})$;

(2) $r\to0$: $V(r)=O(r^{-3/2+\varepsilon})$　$\varepsilon>0$;　(C.8)

(3) $0<r<\infty$: $V(r)$ **除有限个有限阶跃间断点之外,连续。**

---

④ 斯米尔诺夫 B И. 高等数学教程, V-2, 北京: 人民教育出版社, 1979: 442, 461.

⑤ Dirac P A M. 量子力学原理. 北京: 科学出版社, 1965: 38, 47.

⑥ 朗道, 栗弗利茨. 非相对论量子力学. 北京: 高教出版社, 1980: 18.

**式(C.8)则可证这个多道散射理论是渐近完备的。**

**证明:**见文献⑦，或引证文献⑧。

Fadeev-Hepp **定理讨论:**

(1) 注意条件式(C.8)是充分的。其中第一条保证势在无穷限处可积;第二条保证势在奇点附近平方可积,它和式(C.6)中 $V_{ij}$ 的类似。显然,库仑势满足此条件。因此 e-p 系统全体散射态组成扩大 Hilbert 空间的一组渐近完备基。不过,即便简单如库仑势,散射态严格波函数表达式也较复杂,不便用作基矢。所以此处 e-p 系统全体散射态渐近完备性的结论只有纯理论意义。

(2) 对于解形式比较简明的各种一、二、三维有限无限深势阱散射问题,它们既有阱中粒子束缚态分立谱,也有能量高于阱深的入射粒子散射态连续谱,此时 C-H 定理、Kato 定理和 Fadeev-Hepp 定理相结合有着明显的实用价值。但要注意两点:其一,后者和前两者完备性含义是有差异的,后者有散射态并都对应于各类渐近自由态的问题;第二,对有限深势阱情况,注意其 $H$ 未必对所有物理波函数满足对称算符条件,不能对这些束缚态单独使用 Kato 定理,认为这些有限数目束缚态是完备的。但只要势阱函数满足 Fadeev-Hepp 定理条件,可以对这些束缚态加上全部散射态使用 Fadeev-Hepp 定理。

## C.2 C-H 定理应用(Ⅰ)——中心场径向波函数完备性分析

### C.2.1 下限问题

C-H 定理解决了一类分立谱 Hamilton 量本征函数族的完备性问题。当然,这个完备性只相对于可归一化态空间而言。量子系统总是要有基态的。否则由于扰动、特别是真空涨落的自发扰动,将会不断向下跃迁,系统不稳定,最终会坍缩掉。**所以一般不必担心下限问题,只要能谱分立且无上限,就可以引用这个定理。**

### C.2.2 C-H 定理的直接应用

C-H 定理表明了量子谐振子全体解集合是完备的(对 $x=(-\infty,+\infty)$ 上全体 $L_2$ 函数);另外,轨道角动量全体解集合也是完备集合(在单位球面上,即球谐函数展开);无限深方阱中波函数全体也是完备的——能展开定义在阱内、两端点及阱外为零、在阱内可微的任意 $L_2$ 函数等。

---

⑦ Ikebe T. Arch Ration, Mech. Anal., 1960, 5: 1; Faddeev L D. Mathematical Aspects of the Three-Body Problem in Quantum Scattering Theory. Israel Program for Scientific Translations, Jerusalem, 1965.

⑧ Taylor J R. Scattering Theory: The Quantum Theory on Nonrelativistic Collisions. John Wiley & Sons, Inc., 1972: 33.

## C.2.3　一维 C-H 定理

文献[9]在为类似定理讨论举例时，对一维情况要求$V(x)$有下限。但实际上，只要应用此处 C-H 定理，条件可放宽为：**允许 $V(x)$有奇点但平均值有下界。**于是有如下推理[10]：

**一维 C-H 定理**　**设一维 Hamilton 量 $H=p^2/2m+V(x)$中，$V(x)$在任意态中平均值有下界。即对任意单值、连续、可微(除有限个孤立点外)的平方可积函数$\psi(x)$存在一个不依赖于$\psi(x)$的常数$C$，使得**

$$\boxed{\bar{V}=\int\psi^*(x)V(x)\psi(x)\mathrm{d}x\geqslant C} \tag{C.9}$$

**则此 Hamilton 量的本征函数族是完备的。**

**证：** 只需证明此系统 Hamilton 量$H$有下界、无上界，然后应用前面 Courant-Hilbert 定理即可。事实上，$H$有下界。因为按定理条件，有

$$\langle H\rangle=\langle T\rangle+\langle V\rangle\geqslant\langle V\rangle\geqslant c$$

此式对任意态均成立。同时，$H$又是无上界的。因为，如果取$\psi(x)=\mathrm{e}^{-x^2/\lambda^2}$，显然它满足定理中所设的条件，并且

$$\langle T\rangle=\frac{\int_{-\infty}^{+\infty}\mathrm{e}^{-x^2/\lambda^2}\left(-\frac{\hbar^2}{2m}\frac{\mathrm{d}^2}{\mathrm{d}x^2}\right)\mathrm{e}^{-x^2/\lambda^2}\mathrm{d}x}{\int_{-\infty}^{+\Delta}\mathrm{e}^{-2x^2/\lambda^2}\mathrm{d}x}=\frac{\frac{1}{2}\sqrt{\frac{\pi}{2}}\frac{\hbar^2}{m\lambda}}{\sqrt{\frac{\pi}{2}}\lambda}=\frac{\hbar^2}{2m\lambda^2}$$

由于$\langle T\rangle\xrightarrow{\lambda\to 0}+\infty$，不论$\langle V\rangle$有无上界，$\langle H\rangle$无上界。　　证毕。

## C.2.4　中心场径向波函数的完备性问题

一维 C-H 定理有一个平庸的特例就是$V(x)$有下限$V_{\min}$[11]。这显然能导致$H$有下界无上界的结论。但是，更重要的是研究 Coulomb 势和其他奇性中心势情况。中心场$rR(r)=\chi(r)$的径向方程就像是在原先$V(r)$上添加了正的$r^{-2}$离心势的一维定态 Schrödinger 方程。此时$r=0$处势有奇点，需要另行考虑，现在用一维 C-H 定理则较为方便。注意到，中心场原点处存在波函数的自然边条件$\chi(r)\xrightarrow{r\to 0}0$[12]。于是，只要求$V(r)$加上离心势后，再结合这个自然边条件所导致的波函数的零点性质，综合作用保证积分数值有下限

$$\boxed{\int\left(V(r)+\frac{l(l+1)\hbar^2}{2\mu r^2}\right)|\chi(r)|^2\mathrm{d}r>C} \tag{C.10}$$

---

⑨　李政道.粒子物理与场论.山东：科学技术出版社，1996：10.

⑩　张永德.量子力学.北京：科学出版社.2016，第三章，定理1.

⑪　这就是李政道在《场论与粒子物理学》(上册，第13页例1)中的论断，现在它是此定理的一个特例。

⑫　见脚注⑩文献，第四章，中心场束缚态问题。

则此中心场问题全部解的完备性就能保证。显然，正值离心势的存在只会有利于下限的存在。但不论离心势存在与否，由于中心场原点处自然边条件 $\chi(r)=rR(r)\xrightarrow{r\to 0}0$ 的存在，对于负一阶的 Coulomb 势，不论其吸引电荷多强，积分在下限处都收敛。所以不存在 Coulomb 坍缩，而且库仑势波函数族(一般说包括正能量散射态)是完备的。

此外，作为一维 C-H 定理最简单特例是 $V(r)=0$。这相应于自由运动，$\chi(r)\xrightarrow{r\to 0}cr^{l+1}$。这时即使对 $l=0$ 的 s 波，积分值也有下限。集合 $\{\psi_{Elm}(r,\theta,\varphi)=N_{El}j_l(kr)Y_{lm}(\theta,\varphi),\forall Elm\}$ 所代表的自由粒子球面波是完备的。结论显然是众所周知的。

## C.3 C-H 定理应用(Ⅱ)——中心场径向波函数坍缩分析

当中心吸引势的奇性强到一定程度，有可能发生波函数几乎全部集中于中心原点，粒子最终落入力心，形不成定态。这就是中心场坍缩——也称“Landau 坠落”[13]。下面按 C-H 定理简洁说明这一问题。

中心场里关于 $rR(r)=\chi(r)$ 的径向方程就像是在原先 $V(r)$ 上添加了正的 $r^{-2}$ 离心势的一维定态 Schrödinger 方程。**按上面一维 C-H 定理，只要求 $V(r)$ 与离心势之和能够保证下面积分值有下限**

$$\boxed{\int\left(V(r)+\frac{l(l+1)\hbar^2}{2\mu r^2}\right)|\chi(r)|^2\mathrm{d}r>C} \tag{C.11}$$

**这些类型中心场的解集合都是完备的。当然也就不会发生物理态坍缩、相应波函数不能展开的奇性现象。**

显然，正数值离心势的存在只会有利于下限的存在。但即便 $l=0$ 离心势不存在，由于中心场原点自然边条件要求 $\chi(r)=rR(r)\xrightarrow{r\to 0}0$，于是对负一次幂的 Coulomb势，不论其吸引电荷多强，积分在下限处总会收敛。所以，Coulomb 场不存在坍缩问题。

**现在研究什么样的中心场会出现坍缩。**显然，径向解 $rR(r)=\chi(r)$ 具体形状依赖于势 $V(r)$ 的形状。从式(C.11)积分看出，只当 $V(r)$ 是负二次幂的吸引势 $V(r)=-\beta/r^2$，并且 $\beta$ 足够强，在小 $r$ 值处抵过离心势的影响，才会产生坍缩。由 $V(r)=-\beta/r^2$ 和离心势共同决定的中心场径向 $\chi(r)$ 方程为

$$\chi''+\left\{\frac{2\mu E}{\hbar^2}+\left(\frac{2\mu\beta}{\hbar^2}-l(l+1)\right)\frac{1}{r^2}\right\}\chi=0$$

---

⑬ 朗道，栗弗利茨. 非相对论量子力学(上). 35：140-143. 有关此问题的更广泛讨论见张永德《量子菜根谭》(第Ⅲ版)，北京：清华大学出版社，2016. 第 15 讲。

此方程解 $\chi(r)$ 在零点附近的行为是 $\chi(r)\xrightarrow{r\to 0}Cr^{\delta}$。$\delta$ 可根据此微分方程的指标方程 $(\delta(\delta-1)+p_{-1}\delta+q_{-2}=0)$ 来求出[14]。即

$$\delta^2-\delta+\left(\frac{2\mu\beta}{\hbar^2}-l(l+1)\right)=0 \quad\Rightarrow\quad \delta=\frac{1}{2}\left\{1\pm\sqrt{(2l+1)^2-\frac{8\mu\beta}{\hbar^2}}\right\}$$

于是,积分式(C.11)中被积函数在积分下限处的行为是

$$C^2\left(\frac{-\beta}{r^2}+\frac{l(l+1)\hbar^2}{2\mu r^2}\right)|r^{\delta}|^2=C^2\frac{\hbar^2}{2\mu}\left(l(l+1)-\frac{2\mu}{\hbar^2}\beta\right)r^{2\mathrm{Re}\delta-2}$$

由此可知,要想积分(C.11)在下限 $r=0$ 处收敛,则在此邻域被积函数幂次应当 $(2\mathrm{Re}\delta-2)>-1$,即 $2\mathrm{Re}\delta>1$。代入 $\delta$,导致下述**"不坍缩条件"**

$$\boxed{(2l+1)^2-\frac{8\mu\beta}{\hbar^2}>0 \quad\Rightarrow\quad \beta<\frac{\hbar^2}{8\mu}(2l+1)^2} \tag{C.12}$$

**由 $l=0$ 可得临界场条件——粒子开始落入力心的场强。这就是中心场波函数坍缩问题的结论。**问题讨论到此应当结束,其余不符合中心场自然边条件规定的讨论[15],都已经属于使量子力学理论不能自洽的非物理的讨论。

---

⑭ 用广义幂级数方法求解二阶线性微分方程时,涉及指标方程。参见张永德.量子力学(第四版).北京:科学出版社,2016,第 4 章,氢原子和三维谐振子求解,以及 4.3 节分析。

⑮ 这些讨论可见脚注⑬文献,142,143 页.

# 附录 D　超冷全同原子 Bose-Einstein 凝聚体的 Feshbach 共振散射计算

作为定态框架形式散射理论的一个重要应用，简要叙述碱金属原子 Bose-Einstein凝聚系统的 Feshbach 共振计算。由于相关内容十分丰富，本附录只涉及有关 Lippmann-Schwinger 方程的处理。

## D.1　低能势散射的共振现象

**低能散射下，碰撞粒子能量不足以克服角动量离心势垒，各向异性的高阶分波散射全部消失，只剩下 s 分波散射。径向渐近波函数为**

$$u_N(r)\xrightarrow{kr\to\infty}\sin(kr+\delta_0)/kr=[\exp(ikr+i\delta_0)-\exp(-ikr-i\delta_0)]/2ikr \tag{D.1}$$

$\delta_0$ 为 s 分波($l=0$)相移。出射态波函数 $\varphi_k(r,\theta)$分波展开中 s 分波为①：

$$\varphi_k(r,\theta)\big|_s\xrightarrow{kr\to\infty}\exp(i\delta_0)u_N(r) \tag{D.2}$$

记 $S_0=\exp(2i\delta_0)$，由式(D.1)可得入射和出射球面波的叠加为：

$$\varphi_0^{(+)}(r)=\exp(-ikr)/r-S_0\exp(ikr)/r=-2ik\exp(i\delta_0)u_N(r),\quad r\to\infty \tag{D.3}$$

**在原子阱凝聚体中，两个一价碱金属原子通过相互作用(分子势)结成束缚态。超低能量碰撞的渐近解 $u_N(r)$基本上与能量无关：这时 de Broglie 波长 $2\pi/k$ 大大超过原子间相互作用区域尺度 $L$。于是，当核间距离 $r$ 处于 $L<r<k^{-1}$ 区域内时，$ru(r)\sim(r-a)$，$a$ 为散射长度($\delta_0=-ka$)，渐近解和碰撞能量无关，只由单参数 $a$ 决定：**

$$u_N(r)\approx(kr+\delta_0)/kr=1+\delta_0/kr\approx1-a/r,\quad (L<r<k^{-1}) \tag{D.4}$$

**这里，对吸引力，$\delta_0>0$，$a$ 是负的；对排斥力，$\delta_0<0$，$a$ 是正的。**

**共振散射的理论解释为：在入射粒子某些能量 $E_k$ 处，入射粒子一靶粒子系统可以构成准束缚态。入射粒子被俘获而处于这类亚稳状态。这种准束缚态的存在是导致散射总截面突然增大的直接原因。**

$S$ 矩阵在角动量表象矩阵元为 $S_l(k)=\exp(2i\delta_l(k))=f_l^*(k)/f_l(k)$。

---

① 下面(2)式见：张永德. 量子力学，272. 即为该书$\psi$渐近展开式中第一项(l=0)。

$f_l(k)$为 Jost 函数 $f_l(k)=|f_l(k)|e^{-i\delta_l(k)}$[②]。$S_l(k)$在复平面$k=\sqrt{2mE}/\hbar$的物理叶上半平面 $\mathrm{Im}k>0$(对应推迟 Green 函数,出射球面波)的极点对应束缚态;在非物理叶下半平面 $\mathrm{Im}k<0$(对应超前 Green 函数,入射球面波)的极点可以解释作为共振。于是令

$$E_r=p_r^2/2m=E_R-\mathrm{i}\frac{\Gamma}{2} \tag{D.5}$$

取复值的物理含义为,对应准定态波函数的时间因子为

$$\exp(-\mathrm{i}Et/\hbar)=\exp(-\mathrm{i}E_Rt/\hbar)\exp(-\Gamma t/2\hbar) \tag{D.6}$$

因此,波函数模平方给出所有概率都按 $\exp(-\Gamma t/\hbar)$规律随时间衰减。特别是,发现入射粒子留在这个准稳定系统之内的概率按这个规律随时间衰减。靠近共振点,可将相移分解为背景相移和共振相移两部分

$$\begin{aligned}&f_l(E)\approx(\mathrm{d}f_l/\mathrm{d}E)_{E_r}(E-E_r);\\&\delta_l(E)=-\arg(\mathrm{d}f_l/\mathrm{d}E)_{E_r}-\arg(E-E_r)\equiv\delta_{l,\mathrm{backg}}+\delta_{l,\mathrm{reson}};\\&\delta_{l,\mathrm{reson}}=-\arg(E-E_{\mathrm{reson}})\end{aligned} \tag{D.7}$$

低能共振 $\delta_{\mathrm{backg}}$很小,由靠近 $E_R$ 的实轴点 $E\to$ 矢量 $E_{\mathrm{reson}}$的幅角得[③]:

$$|\sin\delta_l|\approx|\sin\delta_{l,\mathrm{reson}}|=\frac{\Gamma/2}{\sqrt{(E-E_R)^2+(\Gamma/2)^2}} \tag{D.8}$$

由此,分波截面为

$$\sigma_l(E)=\frac{4\pi(2l+1)}{k^2}\sin^2\delta_l(E)\propto\frac{(\Gamma/2)^2}{(E-E_R)^2+(\Gamma/2)^2} \tag{D.9}$$

式(D.9)就是著名的 Breit-Wigner 公式。对于低能散射,共振区内粒子 de Broglie 波波长远大于散射系统尺寸,只有 s 分波散射是重要的。

由式(D.7)—式(D.9)得到一个简单的总结性结论:本质上说,共振不是由于极点附近振幅数值大,而是由 $S_l(k)$相位迅速变化所引起。

共振散射中时间滞后问题。对于吸引势,出射分波位相被拉向散射中心,$\delta_0>0$。但它们随入射能量增加而减少。于是,对 $s$ 散射分波,滞后时间的量级为 $\tau_{\mathrm{reson}}\approx\frac{1}{v_0}\left|\frac{\mathrm{d}\delta_0}{\mathrm{d}k}\right|=\frac{a}{v_0}$。同时,设靶尺寸为 $b$,势散射时间延迟是 $\tau_{\mathrm{poten}}\approx b/v_0$。于是,准束缚态导致共振散射应有 $\tau_{\mathrm{reson}}\geqslant\tau_{\mathrm{poten}}$。

## D.2　超冷原子散射 Feshbach 共振物理分析

稀薄超冷原子 Bose-Einstein 凝聚的性质对散射长度数值极为敏感,尤其是在

---

② Taylor J R. 散射理论. 科学出版社,1987,204,231.

③ 同上,273,277,272—276。

Feshbach 共振[④]情况下。实验上更为重要的是，这种冷原子系统粒子间有效相互作用强度可以通过外磁场灵敏地调控。

超冷原子 Feshbach 共振涉及两体准束缚的中间态，所以又称作“闭道碰撞”，共振行为是由超精细相互作用所引起。开始时，两个碱金属原子的两个价电子自旋处于平行三重态，此系统处于连续的入射 P 道（开道），电子的空间分布就像是两个不可区分的 Fermions“相互回避”。这一般说降低了电子间的 Coulomb 斥力。但由于超精细相互作用与总自旋算符不对易，超精细相互作用翻转了两个价电子的总自旋状态，使系统转入自旋反平行的 M 道（闭道）。这时它们空间波函数的对称性质使它们“彼此不回避”，使静电排斥势能提高（来自翻转后两个电子自旋相互作用内能减少）。于是，和 P 道三重态位势相比，此时 Coulomb 斥力抬高了分子内两原子相互作用的“剩余 Coulomb 势”——van de Waals 势曲线抬升使势阱变浅并隆起出现势垒。有外磁场下，散射后半截的 M→P 转换过程中，附加能要增加 $\Delta=B[2\mu_e+\mu_N]$（$\mu_e$ 是电子磁矩，$\mu_N$ 是核磁矩），因此处于 M 道两个原子看到的连续谱要比 P 道时看到的连续谱高出 $\Delta$（注意，是谱高，不是现有态的能量变高。态能量不变），于是原子彼此囚禁，道 M 是封闭的。如果这时正好有一个分子束缚态 $\varphi_m(r)|S_{j'}\rangle$ 能级在附近（令分子束缚态能量与 P 道连续态能量之差为 $\varepsilon$——称为 Feshbach 共振失谐度 detuning，可正可负），碰撞原子就暂时处于自旋反平行势阱中，组成一个准束缚分子态 m（共振体 resonate）。这样一直等到超精细相互作用再次诱导这对原子，使它们自旋再翻转成为平行。就是说，第二次自旋翻转后，自旋平行的双原子系统看到的是较低的势阱，势垒消失，彼此分开没有问题，准分子拆开，使系统返回初始 P 道。假如 $\varepsilon=0$，即中间准束缚分子的能量等于 P 道能量，碰撞过程就处于共振中。改变外磁场实际上移动了 M 分子的和 P 道双原子的能量，于是就调控了失谐度，使原子相互作用靠近或远离共振。准分子的寿命，也就是原子在势阱中所处的时间等于自旋两次相继翻转的时间间隔。显然，它应当很大于两个碰撞原子直接穿过彼此势场的时间。

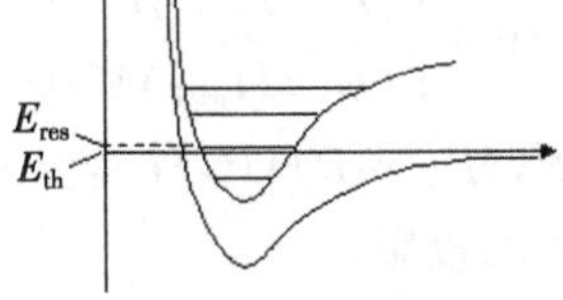


下面给出相关的 Hamilton 量。设外磁场 $\boldsymbol{B}=B\boldsymbol{z}$，电子自旋 $\boldsymbol{s}_i$，原子核自旋 $\boldsymbol{i}_i$。由于双原子超精细相互作用

$$V_{hf}=(a_{hf}/\hbar^2)[\boldsymbol{s}_1\cdot\boldsymbol{i}_1+\boldsymbol{s}_2\cdot\boldsymbol{i}_2] \tag{D.10}$$

和总自旋 $\boldsymbol{S}^2=(\boldsymbol{s}_1+\boldsymbol{s}_2)^2$ 不对易，因而超精细作用能够翻转系统的自旋状态，从三重态 P 道转为准分子自旋单态 M 道。

④ 最初是在核物理的中子散射研究里提出的：Feshbach H. Ann. Phys.，1962，19：287。

单原子 Hamilton 量[⑤]

$$H_{\text{spin1}}=\frac{a_{\text{hf}}}{\hbar^2}\boldsymbol{s}_1\cdot\boldsymbol{i}_1+\boldsymbol{B}\cdot\frac{(2\mu_{\text{e}}\boldsymbol{s}_1-\mu_{\text{N}}\boldsymbol{i}_1)}{\hbar},H_{\text{spin2}}=\frac{a_{\text{hf}}}{\hbar^2}\boldsymbol{s}_2\cdot\boldsymbol{i}_2+\boldsymbol{B}\cdot\frac{(2\mu_{\text{e}}\boldsymbol{s}_2-\mu_{\text{N}}\boldsymbol{i}_2)}{\hbar} \tag{D.11}$$

第一项含 $a_{\text{hf}}$是单原子超精细相互作用。**当每一个碱金属原子都处于特定自旋态时，两个碱金属原子系统一般处于单态和三重态的线性叠加态上。**将双原子超精细相互作用的自旋标量乘积写作总电子自旋和总核自旋($\boldsymbol{I}=\boldsymbol{i}_1+\boldsymbol{i}_2$)：

$$\begin{aligned}\boldsymbol{s}_1\cdot\boldsymbol{i}_1+\boldsymbol{s}_2\cdot\boldsymbol{i}_2&=[(\boldsymbol{s}_1+\boldsymbol{s}_2)\cdot(\boldsymbol{i}_1+\boldsymbol{i}_2)+(\boldsymbol{s}_1-\boldsymbol{s}_2)\cdot(\boldsymbol{i}_1-\boldsymbol{i}_2)]/2\\&=[\boldsymbol{S}\cdot\boldsymbol{I}+\boldsymbol{S}_{\text{d}}\cdot\boldsymbol{I}_{\text{d}}]/2\end{aligned} \tag{D.12}$$

**$\boldsymbol{S}_{\text{d}}$，$\boldsymbol{I}_{\text{d}}$ 分别表示“自旋差算符”。它们在交换脚标时反号，是反称的。它们只将量子数 $I$，$S$ 相差为1的量子态(单重态-三重态)耦合起来。总起来，碰撞中双原子系统自旋相关 Hamilton 量有如下形式：**

$$H_{\text{Spin}(1,2)}=\frac{a_{\text{hf}}}{2\hbar^2}\boldsymbol{S}\cdot\boldsymbol{I}+\boldsymbol{B}\cdot\frac{[2\mu_{\text{e}}\boldsymbol{S}-\mu_{\text{N}}\boldsymbol{I}]}{\hbar}+\sum_S V_S\hat{\Pi}_S+\frac{a_{\text{hf}}}{2\hbar^2}\boldsymbol{S}_{\text{d}}\cdot\boldsymbol{I}_{\text{d}} \tag{D.13}$$

这里 $\hat{V}=\sum\limits_S V_S(r)\hat{\Pi}_S$ 表示成双原子 Hamilton 量，其中投影算符 $\hat{\Pi}_S$ 是将原子间相互作用投影向总电子自旋 $S$ 为好量子数的态。即

$$H_{\text{Spin}(1,2)}=H^{(0)}_{\text{Spin}(1,2)}+\sum_S V_S\hat{\Pi}_S+\frac{a_{\text{hf}}}{2\hbar^2}\boldsymbol{S}_{\text{d}}\cdot\boldsymbol{I}_{\text{d}}\equiv H_0+\frac{a_{\text{hf}}}{2\hbar^2}\boldsymbol{S}_{\text{d}}\cdot\boldsymbol{I}_{\text{d}} \tag{D.14}$$

## D.3 Feshbach 共振理论[⑥]

引入相应的投影算符：$P$——由 Hilbert 空间向入射道子空间投影；$M$——由 Hilbert 空间向封闭道子空间投影。$P^2=P$，$M^2=M$，$MP=PM=0$，$P+M=I$。利用算符 $P$，$M$ 可以将此双原子系统 Schrödinger 方程全部散射定态解分拆为

$$(E-H)|\psi\rangle=0\Rightarrow\begin{cases}(E-H_{PP})P|\psi\rangle=H_{PM}M|\psi\rangle\\(E-H_{MM})M|\psi\rangle=H_{MP}P|\psi\rangle\end{cases} \tag{D.15}$$

这里 $H_{PM}=PHM$，$H_{MP}=MHP$，$H_{PP}=PHP$，$H_{MM}=MHM$。于是，由第二个方程解得向准束缚分子 Hilbert 子空间的投影

$$M|\psi\rangle=(E-H_{MM})^{-1}H_{MP}P|\psi\rangle$$

再将此方程代入第一个方程，得到

---

⑤ Pethick C J. et al., B—E Condensation in Dilute Gases. Cambridge Univ. Press, 2002, 133.

⑥ Timmermans E. et al., Feshbach resonances in atomic Bose-Einstein condensates. Physics Reports, 1999, 315: 199-230. Immanuel Bloch et al., Many-body physics with ultracold gases. Rev. Mod. Phys., 2008, 80: 885-964. Duinwe R A. et al., Atom-molecule coherence in Bose Gases. Physics Reports, 2004, 396: 115-195. Giorgini S. et al., Theory of ultracold atomic Fermi gases. Rev. Mod. Phys., 2008, 80: 1215-1274.

$$(E-H_{PP})P|\psi\rangle=H_{PM}(E-H_{MM})^{-1}H_{MP}P|\psi\rangle$$
$$\Rightarrow\begin{cases}(E-H_{\text{eff}})P|\psi\rangle=0\\ H_{\text{eff}}=H_{PP}+H_{PM}(E-H_{MM})^{-1}H_{MP}\end{cases}$$

这里 $H_{\text{eff}}$表达式显示，它对碰撞粒子的能量有很强的依赖。

更直接是从方程$(E-H_{PP})P|\psi\rangle=H_{PM}M|\psi\rangle$出发，采用出射波 Green 函数算符 $G_p^{(+)}(E)$：

$$G_p^{(+)}(E)=(E-H_{PP}+i\eta)^{-1} \tag{D.16}$$

记齐次方程解为$(E-H_{PP})P|\varphi_P^{(+)}\rangle=0$，则 Lippmann-Schwinger 方程为

$$P|\psi\rangle=|\varphi_p^{(+)}\rangle+G_p^{(+)}(E)H_{PM}M|\psi\rangle \tag{D.17}$$

这里，散射态渐近边条件$|\varphi_p^{(+)}\rangle$选作入射 $P$ 道和出射球面波的叠加态，

$$\lim_{r\to\infty}\langle r|\varphi_P^{(+)}\rangle=\exp(-ikr)/r-S\exp(ikr)/r$$

此处按(D.3)式最低阶 $S_0=\exp(2i\delta_0)$。将(D.17) 式代入 $M|\psi\rangle$方程，得

$$(E-H_{MM})M|\psi\rangle=H_{MP}|\varphi_p^{(+)}\rangle+H_{MP}G_p^{(+)}(E)H_{PM}M|\psi\rangle \tag{D.18}$$

最后，由此方程得出 $M|\psi\rangle$的形式解，

$$M|\psi\rangle=\frac{1}{E-H_{MM}-H_{MP}G_p^{(+)}(E)H_{PM}}H_{MP}|\varphi_p^{(+)}\rangle \tag{D.19}$$

再将此式代入 $P|\psi\rangle$的 Lippmann-Schwinger 方程，得到

$$\boxed{P|\psi\rangle=|\varphi_p^{(+)}\rangle+G_p^{(+)}(E)H_{PM}\frac{1}{E-H_{MM}-H_{MP}G_p^{(+)}(E)H_{PM}}H_{MP}|\varphi_p^{(+)}\rangle} \tag{D.20}$$

D.5 表明，$P|\psi\rangle$对核间距离 $r$ 的渐近依赖为表征低能碰撞的 $S$ 矩阵提供了 Feshbach 共振。

## D.4 共振宽度

实验观察到，**低能** Feshbach **共振是很窄的，各个峰在频率上彼此都很好地分开。**靠近单个峰 $m$(特定的转-振动量子数的中间分子态$|\varphi_m\rangle$)，可以简化上面表达式：**将算符替换为单能级的谱表示，**

$$\boxed{\frac{1}{E-H_{MM}-H_{MP}G_p^{(+)}(E)H_{PM}}\Rightarrow|\varphi_m\rangle\frac{1}{E-E_m+i\Gamma_m/2}\langle\varphi_m|} \tag{D.21}$$

注意，算符 $H_{MP}G_p^{(+)}(E)H_{PM}$不厄米，所以它的虚部不为零。显然有

$$\boxed{\begin{cases}E_m=\mathrm{Re}\langle\varphi_m|H_{MM}+H_{MP}G_p^{(+)}(E)H_{PM}|\varphi_m\rangle\\ \Gamma_m/2=-\mathrm{Im}\langle\varphi_m|H_{MP}G_p^{(+)}(E)H_{PM}|\varphi_m\rangle\end{cases}} \tag{D.22}$$

由于这些共振峰的连续态和分子态之间的耦合足够弱，可以根据微扰论精神按分子势的本征态来计算$|\varphi_m\rangle$，而 $E_m$ 则近似是其本征值。

特别地，对于实验观察共振峰来说，峰宽度的低能依赖关系是很重要的。下面详细地计算它。将 $\Gamma_m/2$ 公式中的出射波传播子 $G_p^{(+)}(E)$ 在连续态 $\{|\boldsymbol{k}\rangle,\forall\boldsymbol{k}\}$ 中展开，并且利用公式

$$\frac{1}{2}\left\{\frac{-f(\boldsymbol{k},m)}{E-E_k+i\eta}+\frac{f(\boldsymbol{k},m)}{E-E_k-i\eta}\right\}=\frac{1}{2}\frac{2i\eta f(\boldsymbol{k},m)}{(E-E_k)^2+\eta^2};\delta(x)=\lim_{\eta\to0}\frac{\eta}{\pi(x^2+\eta^2)}$$

于是得到

$$\Gamma_m/2=-\operatorname{Im}\left\{\sum_k\frac{|\langle\varphi_m\mid H_{MP}\mid\boldsymbol{k}\rangle|^2}{E-E_k+i\eta}\right\}=\pi\sum_k|\langle\varphi_m\mid H_{MP}\mid\boldsymbol{k}\rangle|^2\delta(E-E_k)\tag{D. 23}$$

注意，此处中间连续态 $|\boldsymbol{k}\rangle$ 是箱归一的渐近散射态 $\varphi_k$（这和式(9.27)中用球面波态不同）。设 $\Omega$ 是双原子系统所占据的宏观体积，于是在坐标空间中（注意(D.2)式）

$$\langle r|\boldsymbol{k}\rangle=\frac{\varphi_k(r)}{\sqrt{\Omega}}\approx\frac{[\exp(\mathrm{i}\boldsymbol{k}\cdot\boldsymbol{r})+f\exp(\mathrm{i}kr)/r]}{\sqrt{\Omega}}\xrightarrow[\text{s}-\text{wave}]{kr\to\infty}\frac{1}{\sqrt{\Omega}}\exp(\mathrm{i}\delta_0)u_{\mathrm{N}}(r)\tag{D. 24}$$

**在分子相互作用区内，在所感兴趣的超低温能量下下，矩阵元 $\langle\varphi_m|H_{MP}|\boldsymbol{k}\rangle$ 主要涉及连续态 $|\boldsymbol{k}\rangle$ 中的 s 波成分。**况且，低能 s 波的 $u_{\mathrm{N}}(r)$ 基本上不依赖于入射能量。使得 $\langle\varphi_m|H_{MP}|\boldsymbol{k}\rangle$ 不但不依赖于 $\boldsymbol{k}$ 的方向，而且也不依赖于它的数值。于是有

$$\begin{aligned}\langle\varphi_m\mid H_{MP}\mid\boldsymbol{k}\rangle&=\int\mathrm{d}^3r\langle\varphi_m\mid H_{MP}\mid\boldsymbol{r}\rangle\langle\boldsymbol{r}\mid\boldsymbol{k}\rangle\\&\approx\frac{\exp(\mathrm{i}\delta_0)}{\sqrt{\Omega}}\int\mathrm{d}^3r\varphi_m(r)H_{MP}u_{\mathrm{N}}(r)=\frac{\exp(\mathrm{i}\delta_0)}{\sqrt{\Omega}}\alpha\end{aligned}\tag{D. 25}$$

这里 $\alpha=\int\mathrm{d}^3r\varphi_m(r)H_{MP}u_{\mathrm{N}}(r)$，积分变数 $r$ 是两个原子核之间相对距离。**最终，共振峰宽度正比于 $\alpha^2$，以及相空间因子 $\sum_k\delta(E-E_k)/\Omega$ 为：**

$$\frac{\Gamma_m(E)}{2}=\pi\alpha^2\sum_k\frac{1}{\Omega}\delta(E-E_k)\approx\frac{\pi M\alpha^2}{\Omega\hbar^2k_E}\sum_k\delta(k-k_E)$$

这里 $\delta(E-E_k)=\delta\left(\frac{\hbar^2\boldsymbol{k}^2}{2M}-\frac{\hbar^2\boldsymbol{k}_E^2}{2M}\right)=\frac{M\delta(k-k_E)}{\hbar^2k_E}$（已丢弃负根）。在 $\Omega$ 内 $p\to p+\mathrm{d}p$ 区间中有两个原子，于是按相空间密度表达式，有

$$2=\mathrm{d}N=\frac{\Omega4\pi p^2\mathrm{d}p}{h^3}=\frac{\Omega4\pi\hbar^3k^2\mathrm{d}k}{(2\pi)^3\hbar^3}=\frac{\Omega k^2\mathrm{d}k}{2\pi^2}\Rightarrow\frac{1}{\Omega}=\frac{k^2\mathrm{d}k}{4\pi^2}$$

$$\frac{\Gamma_m(E)}{2}\approx\frac{\pi\alpha^2M}{4\pi^2\hbar^2k_E}\sum_k\delta(k-k_E)k^2\mathrm{d}k=\frac{\alpha^2Mk_E}{4\pi\hbar^2}\int\delta(k-k_E)\mathrm{d}k$$

$$\boxed{\therefore\Gamma_m(E)=\alpha^2\left(\frac{M}{2\pi\hbar^2}\right)k_E\quad\text{或}\quad\Gamma_m(E)=2\gamma k,\quad\gamma=\alpha^2\left(\frac{M}{4\pi\hbar^2}\right)}\tag{D. 26}$$

**这里 $\gamma$ 是约化宽度，与 $k$ 无关。注意，宽度 $\Gamma_m(E)$ 通过相空间因子依赖于碰撞粒子**

**能量** $E=\frac{\hbar^2k^2}{2M}$**。这个特征对超冷原子系统 Feshbach 共振十分重要。现在虽然相互作用耦合常数保持不变，但原子相对速度消失将导致** $k\to 0\Rightarrow \Gamma_m(E)\to 0$**。相应地，相移也线性地随** $k$ **消失。**

## D.5 散射矩阵

下面计算连续散射态 $P|\psi\rangle$。有

$$\begin{cases}P|\psi\rangle=|\varphi_P^{(+)}\rangle+G_P^{(+)}(E)H_{PM}|\varphi_m\rangle\dfrac{1}{E-E_m+i\Gamma_m/2}\langle\varphi_m|H_{MP}|\varphi_P^{(+)}\rangle\\ \varphi_P^{(+)}(r)=\exp(-\mathrm{i}kr)/r-\exp(2\mathrm{i}\delta_0)\exp(\mathrm{i}kr)/r\end{cases}\tag{D.27}$$

在低能区 $\delta_0=-ka$，$a$ 是散射长度。何况，由前面式(D.3) $\varphi_P^{(+)}(r)=-2\mathrm{i}k\exp(\mathrm{i}\delta_0)u_N(r)$，$u_N(r)$是 Schrödinger 方程的正规解，在分子势区域外有 $u_N(r)\approx 1-r/a$。

为了计算 $P|\psi\rangle$态坐标波函数的渐近形式，需要用 $G_P^{(+)}(E)$中 $s$ 分波成分的渐近表达式。按脚注①文献 p. 277(10.13)式，有

$$|\boldsymbol{\psi}(\boldsymbol{r},\boldsymbol{s}_1,\boldsymbol{s}_2)\rangle=\mathrm{e}^{\mathrm{i}kz}\,|\,\omega_i\rangle-\frac{1}{4\pi}\int\frac{\mathrm{e}^{\mathrm{i}k|\boldsymbol{r}-\boldsymbol{r}'|}}{|\boldsymbol{r}-\boldsymbol{r}'|}\frac{2m}{\hbar^2}V(\boldsymbol{r}',\boldsymbol{s}_1,\boldsymbol{s}_2)\,|\,\boldsymbol{\psi}(\boldsymbol{r}',\boldsymbol{s}_1,\boldsymbol{s}_2)\rangle\mathrm{d}r'$$

由此，低能散射 $G_P^{(+)}(E)$的 s 分波渐近式为($m\to$reduced mass $M/2$)：

$$[G_P^{(+)}(E;r,r')]_S\to-\left(\frac{M}{4\pi\hbar^2}\right)\frac{\exp(\mathrm{i}kr)}{r}u_N(r')\tag{D.28}$$

其实也可以不借助此公式。为理论上说得更为清楚，下面直接计算：

$$\begin{aligned}\langle\boldsymbol{r}\mid G_P^{(+)}(E)H_{PM}\mid\varphi_m\rangle&=\int\mathrm{d}^3r'\,\frac{d^3k'}{(2\pi)^3}\langle r\mid(E-H_{PP}+\mathrm{i}\eta)^{-1}\mid\boldsymbol{k}'\rangle\langle\boldsymbol{k}'\mid\boldsymbol{r}'\rangle\\&\quad\langle\boldsymbol{r}'\mid H_{PM}\mid\varphi_m\rangle\\&=\int\mathrm{d}^3r'\left\{\frac{2m}{\hbar^2}\int_0^\infty\frac{4\pi k'^2\mathrm{d}k'}{(2\pi)^3}\frac{\langle\boldsymbol{r}\mid\boldsymbol{k}'\rangle\langle\boldsymbol{k}'\mid\boldsymbol{r}'\rangle}{k^2-k'^2+\mathrm{i}\eta}\right\}\langle\boldsymbol{r}'\mid H_{PM}\mid\varphi_m\rangle\\&=\int\mathrm{d}^3r'\left\{\frac{m}{\hbar^2}\int_{-\infty}^\infty\frac{4\pi k'^2\mathrm{d}k'}{(2\pi)^3}\frac{\langle\boldsymbol{r}\mid\boldsymbol{k}'\rangle\langle\boldsymbol{k}'\mid\boldsymbol{r}'\rangle}{k^2-k'^2+\mathrm{i}\eta}\right\}\langle\boldsymbol{r}'\mid H_{PM}\mid\varphi_m\rangle\end{aligned}$$

算出这个围道积分并继续等下去：

$$\begin{aligned}&=\int\mathrm{d}^3r'\left\{\frac{m}{\hbar^2}\frac{4\pi}{(2\pi)^3}k^2\cdot 2\pi i\frac{\langle\boldsymbol{r}\mid\boldsymbol{k}\rangle\langle\boldsymbol{k}\mid\boldsymbol{r}'\rangle}{-2k}\right\}\langle\boldsymbol{r}'\mid H_{PM}\mid\varphi_m\rangle\\&\xrightarrow{\text{s 波}}\int\mathrm{d}^3r'\left\{\frac{-\mathrm{i}m}{2\pi\hbar^2}k\cdot\langle\boldsymbol{r}\mid\boldsymbol{k}\rangle_s\cdot\langle\boldsymbol{k}\mid\boldsymbol{r}'\rangle_s\right\}\langle\boldsymbol{r}'\mid H_{PM}\mid\varphi_m\rangle\\&=\int\mathrm{d}^3r'\left\{\frac{-\mathrm{i}m}{2\pi\hbar^2}k\cdot\frac{-\mathrm{i}\exp(\mathrm{i}kr)}{kr}\cdot\exp(\mathrm{i}\delta_0)u_N(r')\right\}\langle\boldsymbol{r}'\mid H_{PM}\mid\varphi_m\rangle\\&=-\frac{M}{4\pi\hbar^2}\frac{\exp(\mathrm{i}kr)}{r}\exp(\mathrm{i}\delta_0)\int\mathrm{d}^3r'u_N(r')H_{PM}\varphi_m(\boldsymbol{r}')\end{aligned}$$

于是

$$\langle \boldsymbol{r} \mid G_P^{(+)}(E) H_{PM} \mid \varphi_m \rangle = -\frac{M}{4\pi\hbar^2} \frac{\exp(ikr)}{r} \exp(i\delta_0)\alpha$$
$$\alpha = \int d^3 r \varphi_m(r) H_{MP} u_N(r) \tag{D. 29}$$

**在 $H$ 演化下，原子-分子的耦合转换 $P \Leftrightarrow M$ 由相继的两个彼此正交的过程 $H_{PM}+H_{MP}$ 共同组成。耦合转换由双原子精细相互作用用 $V_{hf}$ 所提供。表征共振的是显示此处道间耦合强度参数 $\alpha$，它是自旋矩阵元和正规三重态波函数与分子单态波函数交叠的乘积，或写作**

$$\alpha = \langle S_{f'} \mid V_{hf} \mid S_{in} \rangle \times \int d^3 r \varphi_m(\boldsymbol{r}) u_N(r) \tag{D. 30a}$$

或者由式(D. 14)，得

$$\alpha_{j,j',m} = \frac{a_{hf}}{2\hbar^2} \langle S_{f'} \mid S_d \cdot I_d \mid S_{in}; j \rangle \times \int d^3 r \varphi_m(\boldsymbol{r}) u_{N,j}(r) \tag{D. 30b}$$

注意径向波函数 $u_N(r)$，$\varphi_m(r)$ 均为实函数，又有

$$\begin{aligned}\langle \varphi_m \mid H_{MP} \mid \varphi_P^{(+)} \rangle &= -2ik\exp(i\delta_0) \int d^3 r \varphi_m(r) H_{MP} u_N(r) \\ &= -2ik\exp(i\delta_0) \int d^3 r u_N(r) H_{PM} \varphi_m(r) = -2ik\exp(i\delta_0)\alpha\end{aligned}$$

$$\begin{aligned}\langle \boldsymbol{r} | G_P^{(+)}(E) H_{PM} | \varphi_m \rangle \langle \varphi_m | H_{MP} | \varphi_P^{(+)} \rangle &= i\exp(2i\delta_0)\left(\frac{M}{4\pi\hbar^2}\right)\alpha^2 k \frac{\exp(ikr)}{r} \\ &= i\exp(2i\delta_0)\Gamma_m(E)\frac{\exp(ikr)}{r}\end{aligned} \tag{D. 31}$$

将式(D. 20) $P|\psi\rangle$ 向 $\langle r|$ 投影，最后得到散射态的径向渐近表达式：

$$\boxed{\langle r|P|\psi\rangle \approx \frac{\exp(-ikr)}{r} - \left[1 - \frac{i\Gamma_m(E)}{E-E_m+i\Gamma_m(E)/2}\right]\exp(2i\delta_0)\frac{\exp(ikr)}{r}} \tag{D. 32}$$

认出此式方括号与 $S$ 矩阵的关联，得到($\delta_0 = -ka$)

$$\boxed{S = \exp(-2ika)\left[1 - i\frac{\Gamma_m(E)}{E-E_m+i\Gamma_m(E)/2}\right]} \tag{D. 33}$$

注意，$S$ 矩阵是厄米的 $|S|=1$，因为不存在有损失的散射道。结果是用有效散射长度 $S=\exp(-2ia_{eff}k)$，$a_{eff}=a+a'$。即

$$\exp(-2ika') \equiv \left[1 - i\frac{\Gamma_m(E)}{E-E_m+i\Gamma_m(E)/2}\right] = \frac{E-E_m-i\Gamma_m(E)/2}{E-E_m+i\Gamma_m(E)/2} \tag{D. 34}$$

$$\boxed{a_{eff} = a + \frac{1}{k}\tan^{-1}\frac{\Gamma_m/2}{(E-E_m)}} \tag{D. 35}$$

**在凝聚体的合适超低能极限下**，$E$、$E_m \to 0$，$E-E_m \to -\varepsilon$。在这种极限下，可将上式按 $k$ 值的最低阶展开，注意 $\Gamma_m = 2\gamma k$，得

$$\boxed{\lim_{E\to 0} a_{\text{eff}}(E)=a+\frac{1}{2k}\frac{\Gamma_m}{(E-E_m)}=a+\frac{1}{2k}\frac{2\gamma k}{-\varepsilon}=a-\frac{\gamma}{\varepsilon}} \tag{D.36}$$

对于相互作用比较弱的多体系统，用散射长度 $a$ 描述，不如用相互作用强度描述更为方便。假如粒子间散射能够用 Born 近似，则"**散射振幅 $f(\theta,\varphi)$ 将正比于粒子间相互作用势 $V_{hf}(\boldsymbol{r},\boldsymbol{s}_1,\boldsymbol{s}_2)$ 中相应的 Fourier 分量**"。**而参数 $\lambda$ 就代表粒子间相互作用势的 Fourier 变换的零动量成分**。即(见脚注 1 文献，p. 278(10.15b)式、p. 285(10.30)式)，

$$f(\theta,\phi)_{fi}-\frac{M}{4\pi\hbar^2}\int \mathrm{e}^{-\mathrm{i}\boldsymbol{q}\cdot\boldsymbol{r}'}\langle\omega_f\mid V(\boldsymbol{r}',\boldsymbol{s}_1,\boldsymbol{s}_2)\mid\omega_i\rangle \mathrm{d}\boldsymbol{r}'\Rightarrow(\boldsymbol{q}=0)\Rightarrow$$

$$a=\frac{M}{4\pi\hbar^2}\left|\int\langle\omega_f\mid V(\boldsymbol{r}',\boldsymbol{s}_1,\boldsymbol{s}_2)\mid\omega_i\rangle \mathrm{d}\boldsymbol{r}'\right|\equiv\frac{M}{4\pi\hbar^2}\lambda$$

于是，$\lambda$ 和散射长度 $a$ 的关系是($\lambda$ 量纲是能量 $E$ 乘体积 $V$)

$$\boxed{\lambda=(4\pi\hbar^2/M)a} \tag{D.37}$$

注意，Born 近似不能用来描述低能双原子碰撞。这时，相互作用强度仍旧正比于散射长度，虽然后者必须更精确地由整个势散射问题来确定。由于气体密度较低，这允许引入等效强度 $\lambda_{\text{eff}}=(4\pi\hbar^2/M)a_{\text{eff}}$ 来描述低能双原子碰撞，于是

$$\lambda_{\text{eff}}=(4\pi\hbar^2/M)(a-\gamma/\varepsilon)=\lambda-(\alpha^2/\varepsilon) \tag{D.38}$$

此处用了约化宽度表达式 $\gamma=\alpha^2(M/4\pi\hbar^2)$。

**这时，磁场强度是实验的关键，控制着共振调谐。**令束缚道(闭道)势阱 $V_{\text{cl ch}}(r)$ 与散射道(开道)势阱 $V_{\text{op ch}}(r)$ 在 $r\to\infty$ 时之差为 $\Delta$：

$$\Delta=[E_{\text{closed channel}}(r)-E_{\text{open channel}}(r)]\,|_{r=\infty}=E_m+\varepsilon$$

这里 $E_m$ 为准束缚态的束缚能。当 $B=B_m$ 取共振值时，从入射道看，准束缚分子能量在入射原子连续能级线上，以致 $\Delta$ 等于束缚态的束缚能 $\Delta=E_m$。靠近共振处 $\Delta\approx E_m+(\partial\Delta/\partial B)[B-B_m]$。于是，

$$\varepsilon=\Delta-E_m\approx(\partial\Delta/\partial B)[B-B_m] \tag{D.39}$$

**由此，靠近共振处有效散射长度 $a_{\text{eff}}$(D.36)式成为**

$$a_{\text{eff}}=a\left[1-\frac{\delta B}{B-B_m}\right],\delta B=\frac{\gamma}{a(\partial\Delta/\partial B)} \tag{D.40}$$

**于是，有效散射长度对磁场强度的依赖关系是断续而发散的。**

# 附录 E　泛函变分与泛函导数

## E.1　泛函数，泛函变分和泛函导数

**泛函数是函数→数的一种映射。泛函数的依赖关系通常用方括号表示**

$$F[\varphi(\boldsymbol{x})] \tag{E.1}$$

**泛函 $F[\varphi(\boldsymbol{x})]$ 的特征是它不依赖于函数 $\varphi(\boldsymbol{x})$ 在任一特定点的值，而依赖于 $\varphi(\boldsymbol{x})$ 在其整个定义域之值，依赖于 $\varphi(\boldsymbol{x})$ 的整个形状。**而 $F[\varphi(\boldsymbol{x}),\phi(\boldsymbol{x}),\partial_i\varphi(\boldsymbol{x})]$，则依赖 $\varphi(\boldsymbol{x})$、$\phi(\boldsymbol{x})$、$\partial_i\varphi(\boldsymbol{x})$ 在整个三维空间的值。

现在让 $\varphi(\boldsymbol{x})$ 的值在每一点 $\boldsymbol{x}$ 有一无穷小变分 $\delta\varphi(\boldsymbol{x})$，按上段所说，泛函数 $F$ 的变分应当依赖每一点 $\boldsymbol{x}$ 上的变分的代数和。**用下面积分式定义泛函变分与泛函导数的积分关系**

$$\boxed{\delta F = F[\varphi+\delta\varphi]-F[\varphi] = \int \frac{\delta F[\varphi]}{\delta\varphi(\boldsymbol{x}')}\delta\varphi(\boldsymbol{x}')\mathrm{d}\boldsymbol{x}'} \tag{E.2}$$

这里，**按定义，$\dfrac{\delta F[\varphi]}{\delta\varphi(\boldsymbol{x}')}$ 是泛函数 $F[\varphi]$ 对于函数 $\varphi(\boldsymbol{x})$ 在点 $\boldsymbol{x}'$ 处的数值的泛函导数，表示泛函数 $F$ 对 $\varphi(\boldsymbol{x})$ 在点 $\boldsymbol{x}'$ 处的变化的敏感程度（变化率）。和这样说法相应，取一个特殊的变分 $\delta\varphi(\boldsymbol{x})=\varepsilon\delta(\boldsymbol{x}-\boldsymbol{x}')$ 代入上式，就得到泛函导数的另一种更直观的表示**

$$\boxed{\frac{\delta F[\varphi]}{\delta\varphi(\boldsymbol{x}')} = \lim_{\varepsilon\to 0}\frac{F[\varphi(\boldsymbol{x})+\varepsilon\delta(\boldsymbol{x}-\boldsymbol{x}')]-F[\varphi(\boldsymbol{x})]}{\varepsilon}}\text{①} \tag{E.3}$$

**可以证明式(E.2)和式(E.3)两式相互等价。**

**证：** 为表明两种定义的等价性，直接验算它们可以互推。由式(E.2)推得式(E.3)已不成问题。现从式(E.3)推得式(E.2)。即若已知式(E.3)，则乘以 $\delta\varphi(\boldsymbol{x}')$ 并对 $\boldsymbol{x}'$ 积分，应当得到

$$\int \frac{F[\varphi(\boldsymbol{x})+\varepsilon\delta(\boldsymbol{x}-\boldsymbol{x}')]-F[\varphi(\boldsymbol{x})]}{\varepsilon}\delta\varphi(\boldsymbol{x}')\mathrm{d}\boldsymbol{x}' = \int \frac{\delta F[\varphi]}{\delta\varphi(\boldsymbol{x}')}\delta\varphi(\boldsymbol{x}')\mathrm{d}\boldsymbol{x}'$$

为证此式，不失一般性，可设泛函数形式为 $F[\varphi(\boldsymbol{x})] = \int f(\varphi,\nabla\varphi)\mathrm{d}\boldsymbol{x}$，则

$$\text{左边} = \frac{1}{\varepsilon}\iint\{f(\varphi+\varepsilon\delta(\boldsymbol{x}-\boldsymbol{x}'),\nabla\varphi+\nabla\varepsilon\delta(\boldsymbol{x}-\boldsymbol{x}'))-f(\varphi,\nabla\varphi)\}_{\boldsymbol{x}}\delta\varphi(\boldsymbol{x}')\mathrm{d}\boldsymbol{x}\mathrm{d}\boldsymbol{x}'$$

---

① 或者，直接令 $\delta\varphi(\boldsymbol{x})=\delta(\boldsymbol{x}'-\boldsymbol{x})$，于是定义中便不必再除以 $\varepsilon$ 了。

$$= \iint \left\{ \frac{\partial f}{\partial \varphi} \delta(\boldsymbol{x} - \boldsymbol{x}') + \frac{\partial f}{\partial \nabla\varphi} \cdot \nabla\delta(\boldsymbol{x} - \boldsymbol{x}') \right\}_{\boldsymbol{x}} \delta\varphi(\boldsymbol{x}') \mathrm{d}\boldsymbol{x} \mathrm{d}\boldsymbol{x}'$$

$$= \iint \left\{ \frac{\partial f}{\partial \varphi} \delta(\boldsymbol{x} - \boldsymbol{x}') + \nabla\cdot \left( \frac{\partial f}{\partial \nabla\varphi} \delta(\boldsymbol{x} - \boldsymbol{x}') \right) - \left( \nabla\cdot \frac{\partial f}{\partial \nabla\varphi} \right) \delta(\boldsymbol{x} - \boldsymbol{x}') \right\}_{\boldsymbol{x}} \delta\varphi(\boldsymbol{x}') \mathrm{d}\boldsymbol{x} \mathrm{d}\boldsymbol{x}'$$

$$= \iint \left\{ \frac{\partial f}{\partial \varphi} - \nabla\left( \frac{\partial f}{\partial \nabla\varphi} \right) \right\}_{\boldsymbol{x}} \delta(\boldsymbol{x} - \boldsymbol{x}') \delta\varphi(\boldsymbol{x}') \mathrm{d}\boldsymbol{x} \mathrm{d}\boldsymbol{x}'$$

$$= \int \left\{ \frac{\partial f}{\partial \varphi} - \nabla\left( \frac{\partial f}{\partial \nabla\varphi} \right) \right\}_{\boldsymbol{x}} \delta\varphi(\boldsymbol{x}) \mathrm{d}\boldsymbol{x} = F[\varphi(\boldsymbol{x}) + \delta\varphi(\boldsymbol{x})] - F[\varphi(\boldsymbol{x})]$$ ②

最后一步等号两边正是 $F[\varphi(\boldsymbol{x}) + \delta\varphi(\boldsymbol{x})] - F[\varphi(\boldsymbol{x})] \equiv \int \frac{\delta F[\varphi]}{\delta\varphi(\boldsymbol{x})} \delta\varphi(\boldsymbol{x}) \mathrm{d}\boldsymbol{x}$。

## E.2　泛函数和泛函导数的物理意义

如果将(空间坐标函数的)轨道形状 $\vec{R}(\boldsymbol{x})$ 看成某个泛函数 $F[\vec{R}(\vec{X})]$ 的自变数，该泛函数 $F$ 可以是在(初始位置给定下)每根轨道上的运行时间。泛函数 $F$ 的极小值解就是运行时间最短的那根轨道，泛函数 $F$ 的极小值就是对应的最短时间。如果将 $\rho(\boldsymbol{x})$ 看成空间电荷密度，则 $\delta\rho(\boldsymbol{x}) = \varepsilon\delta(\boldsymbol{x} - \boldsymbol{y})$ 就是某瞬间在点 $\boldsymbol{y}$ 处产生总值为 $\varepsilon$ 的电荷。泛函数 $F[\rho]$ 便可以是空间某参考点处的 Coulomb 位势。而 $\frac{\delta F[\varphi]}{\delta\rho(\boldsymbol{y})}$ 表征由于 $\boldsymbol{y}$ 处出现单位电荷所引起的该参考点 Coulomb 位势的变化等。下面(除明示)一般不再标示自变数的维数。

## E.3　泛函导数的微分性质

(1) $\frac{\delta C}{\delta\varphi(x)} = 0$；　(E.4a)

(2) $\frac{\delta\{aF[\varphi] + bG[\varphi]\}}{\delta\varphi(x)} = a\frac{\delta F[\varphi]}{\delta\varphi(x)} + b\frac{\delta G[\varphi]}{\delta\varphi(x)}$；　(E.4b)

(3) $\frac{\delta\{F[\varphi]G[\varphi]\}}{\delta\varphi(x)} = \frac{\delta F[\varphi]}{\delta\varphi(x)} G[\varphi] + F[\varphi]\frac{\delta G[\varphi]}{\delta\varphi(x)}$。　(E.4c)

**证：**　按定义，一方面有

$$\delta\{F[\varphi]G[\varphi]\} = F[\varphi + \delta\varphi]G[\varphi + \delta\varphi] - F[\varphi]G[\varphi] = \int \frac{\delta\{F[\varphi]G[\varphi]\}}{\delta\varphi(x)} \delta\varphi(x) \mathrm{d}x$$

另一方面又有

② 推导中最后一步等号理解是：由 $F$ 设定形式，最后等号右边展开即得此步等式左边。

$$\begin{aligned}&F[\varphi+\delta\varphi]G[\varphi+\delta\varphi]-F[\varphi]G[\varphi]\\&=\left(\int\frac{\delta F[\varphi]}{\delta\varphi}\delta\varphi\mathrm{d}x+F[\varphi]\right)\left(\int\frac{\delta G[\varphi]}{\delta\varphi}\delta\varphi\mathrm{d}x+G[\varphi]\right)-F[\varphi]G[\varphi]\\&\cong\int\frac{\delta F[\varphi]}{\delta\varphi}\delta\varphi\mathrm{d}x\cdot G[\varphi]+F[\varphi]\cdot\int\frac{\delta G[\varphi]}{\delta\varphi}\delta\varphi\mathrm{d}x\end{aligned}$$

于是得

$$\int\frac{\delta\{F[\varphi]G[\varphi]\}}{\delta\varphi}\delta\varphi\mathrm{d}x=\int\left[\frac{\delta F[\varphi]}{\delta\varphi}G[\varphi]+F[\varphi]\frac{\delta G[\varphi]}{\delta\varphi}\right]\delta\varphi\mathrm{d}x$$

由于 $\delta\varphi$ 的任意性，故得

$$\frac{\delta\{F[\varphi]G[\varphi]\}}{\delta\varphi(x)}=\frac{\delta F[\varphi]}{\delta\varphi(x)}G[\varphi]+F[\varphi]\frac{\delta G[\varphi]}{\delta\varphi(x)}$$

(4) **复合泛函的泛函导数**

$$\boxed{\frac{\delta F[\eta[\varphi]]}{\delta\varphi(x)}=\int\frac{\delta F[\varphi]}{\delta\eta(x')}\frac{\delta\eta(x')}{\delta\varphi(x)}\mathrm{d}x'}\tag{E.5}$$

**证：** $$\int\frac{\delta F}{\delta\varphi(x)}\delta\varphi(x)\mathrm{d}x=\int\frac{\delta F}{\delta\eta(x')}\delta\eta(x')\mathrm{d}x'=\iint\frac{\delta F}{\delta\eta(x')}\frac{\delta\eta(x')}{\delta\varphi(x)}\delta\varphi(x)\mathrm{d}x\mathrm{d}x'$$

$$\Rightarrow\frac{\delta F[\eta[\varphi]]}{\delta\varphi(x)}=\int\frac{\delta F[\varphi]}{\delta\eta(x')}\frac{\delta\eta(x')}{\delta\varphi(x)}\mathrm{d}x'$$

这里，泛函变分 $\delta\eta(x')$ 的含义是：当 $\varphi(x)$ 改变 $\delta(x-x')$ 时 $\eta[\varphi]$ 的改变。

(5) **按泛函导数定义，有如下关系**($x$ 为四维矢量)

$$\boxed{\begin{cases}\dfrac{\delta\varphi_\sigma(x')}{\delta\varphi_\rho(x)}=\delta_{\sigma\rho}\delta(x-x')\\[2ex]\dfrac{\delta\partial'_\mu\varphi_\sigma(x')}{\delta\varphi_\rho(x)}=\delta_{\sigma\rho}\partial'_\mu\delta(x-x')\end{cases}}\tag{E.6}$$

**证：**不失一般性。可设 $\varphi_\sigma(x')=\sum\limits_\rho\int\delta_{\sigma\rho}\varphi_\rho(x'')\delta(x''-x')\mathrm{d}^4x''$。若固定 $x'$，此积分表示就是 $\varphi_\sigma(x'')$ 的线性泛函。按泛函导数定义得

$$\frac{\delta\varphi_\sigma(x')}{\delta\varphi_\rho(x)}=\int\delta_{\sigma\rho}\delta(x''-x)\delta(x''-x')\mathrm{d}^4x''=\delta_{\sigma\rho}\delta(x'-x)$$

类似地，泛函 $\partial'_\mu\varphi_\sigma(x')=\sum\limits_\rho\int\delta_{\sigma\rho}\delta(x''-x')\partial''_\mu\varphi_\rho(x'')\mathrm{d}^4x''$，令 $\varphi_\rho(x'')=\delta(x''-x)$，即得其泛函导数的该式。

## E.4　几种常见泛函的泛函导数计算

(1) **泛函为函数积分** $G[\varphi(x)]=\int f(\varphi(x))\mathrm{d}x$，**则泛函导数为**

$$\boxed{\frac{\delta G[\varphi(x)]}{\delta\varphi(x')}=\frac{\partial f(x')}{\partial\varphi(x')}}$$ ③

**证:**

$$\frac{\delta G[\varphi(x)]}{\delta\varphi(x')}=\int\{f(\varphi(x)+\delta(x-x'))-f(\varphi(x))\}\mathrm{d}x$$
$$=\int\frac{\partial f(x)}{\partial\varphi(x)}\delta(x-x')\mathrm{d}x=\frac{\partial f(x')}{\partial\varphi(x')}$$

(2) **泛函为函数导数积分** $G[\varphi(x)]=\int f\Big(\partial_\nu\varphi(x)\Big)\mathrm{d}x$，**有**

$$\boxed{\frac{\delta G[\varphi(x)]}{\delta\varphi(x')}=-\partial'_\mu\frac{\partial f(x')}{\partial(\partial'_\mu\varphi(x'))}}$$

**证:**

$$\frac{\delta G[\varphi(x)]}{\delta\varphi(x')}=\int\{f(\partial_\nu\varphi(x)+\partial_\nu\delta(x-x'))-f(\partial_\nu\varphi(x))\}\mathrm{d}x$$
$$=\int\frac{\partial f(x)}{\partial(\partial_\mu\varphi(x))}(\partial_\mu\delta(x-x'))\mathrm{d}x=-\partial'_\mu\frac{\partial f(x')}{\partial(\partial'_\mu\varphi(x'))}$$

(3) **泛函为普通函数形式** $G[\varphi(x)]=f\Big(\varphi(x)\Big)$，**有**

$$\frac{\delta G[\varphi(x)]}{\delta\varphi(x')}=\frac{\delta}{\delta\varphi(x')}\int f(\varphi(x''))\delta(x-x'')\mathrm{d}x''$$
$$=\int\{f(\varphi(x'')+\varepsilon\delta(x''-x'))-f(\varphi(x''))\}\frac{1}{\varepsilon}\delta(x-x'')\mathrm{d}x''$$
$$=\int\frac{\partial\{f(\varphi(x''))\}}{\partial\varphi(x'')}\delta(x''-x')\delta(x-x'')\mathrm{d}x''=\frac{\partial f(x)}{\partial\varphi(x)}\delta(x-x')$$

(4) **泛函为普通函数及其导数** $G[\varphi(x)]=f\Big(\varphi(x),\partial_\nu\varphi(x)\Big)$，**有**

$$\frac{\delta G[\varphi(x)]}{\delta\varphi(x')}=\frac{\delta}{\delta\varphi(x')}\int f(\varphi(x''),\partial''_\nu\varphi(x''))\delta(x-x'')\mathrm{d}x''$$
$$=\int\{f(\varphi(x'')+\varepsilon\delta(x''-x'),\partial''_\nu(\varphi(x'')+\varepsilon\delta(x''-x')))-f(\varphi(x''),\partial''_\nu\varphi(x''))\}$$
$$\cdot\frac{1}{\varepsilon}\delta(x-x'')\mathrm{d}x''$$
$$=\frac{\partial f(\varphi(x),\partial_\nu\varphi(x))}{\partial\varphi(x)}\delta(x-x')+\frac{\partial f(\varphi(x),\partial_\nu\varphi(x))}{\partial(\partial_\mu\varphi(x))}(\partial_\mu\delta(x-x'))$$ ④

**总结以上所述，得到下面两个一般公式：**

(1) **泛函为函数及其导数的积分** $G[\varphi]=\int f(\varphi,\partial_\nu\varphi)\mathrm{d}x$，

---

③ 此式具体应用见卢里 D. 粒子和场. 北京：科学出版社，1981：92.

④ 也见 Gitman D M, Tymtin I V. Quantization of Fields with Constraints. 63 页等；杨炳麟. 量子场论. 北京：科学出版社，第 64 页.

$$\boxed{\frac{\delta G[\varphi(x)]}{\delta\varphi(x')}=\frac{\partial f(x')}{\partial\varphi(x')}-\partial'_\mu\frac{\partial f(x')}{\partial(\partial'_\mu\varphi(x'))}} \tag{E.7}$$

(2) **泛函为函数及其导数的普通函数**(重复脚标求和,以下相同)$G[\varphi(x)]=f(\varphi(x),\partial_\nu\varphi(x))$,

$$\boxed{\frac{\delta G[\varphi(x)]}{\delta\varphi(x')}=\frac{\partial f(\varphi(x),\partial_\nu\varphi(x))}{\partial\varphi(x)}\delta(x-x')+\frac{\partial f(\varphi(x),\partial_\nu\varphi(x))}{\partial(\partial_\mu\varphi(x))}\partial_\mu\delta(x-x')} \tag{E.8}$$

对于后面函数结构情况,还可写为便于记忆理解的形式

$$\begin{aligned}A(x)\partial_\mu\delta(x-x') &= \int A(x'')\delta(x-x'')(\partial''_\mu\delta(x''-x'))\mathrm{d}x''\\ &= A(x'')\delta(x-x'')\delta(x''-x')\big|_{-\infty}^{+\infty}-\int\delta(x''-x')\partial''_\mu(A(x'')\delta(x-x''))\mathrm{d}x''\\ &=-\int\delta(x''-x')\partial''_\mu(A(x'')\delta(x-x''))\mathrm{d}x''=-\partial'_\mu(A(x')\delta(x-x'))\end{aligned}$$

为取得一致,必须假定

$$\partial'_\mu(A(x')\delta(x-x'))\equiv\partial'_\mu(A(x)\delta(x-x'))=A(x)\partial'_\mu\delta(x-x')=-A(x)\partial_\mu\delta(x-x')$$

即假定:$\partial_\mu^{(x)}(A(x)\delta(x-y))\equiv A(y)(\partial_\mu^{(x)}\delta(x-y))$。

## E.5　泛函导数计算举例

**例 1**　计算下面(对体积积分)泛函 $\lambda[\varphi]$ 的泛函导数

$$\lambda[\varphi]=\frac{\int\varphi^* H\varphi\mathrm{d}v}{\int\varphi^*\varphi\mathrm{d}v}$$

设 $\varphi$ 为复标量场,先令虚部不变,则有

$$\begin{aligned}\left.\frac{\delta\lambda[\varphi]}{\delta\varphi_1(\boldsymbol{x}_0)}\right|_{\varphi_2=\mathrm{const}} &= \frac{\int\varphi^*(H-\lambda)\varepsilon\delta(\boldsymbol{x}-\boldsymbol{x}_0)\mathrm{d}v+\int[\varepsilon\delta(\boldsymbol{x}-\boldsymbol{x}_0)]^*(H-\lambda)\varphi\mathrm{d}v}{\varepsilon\int\varphi^*\varphi\mathrm{d}v}\\ &=\frac{\{[(H-\lambda)\varphi]^*+(H-\lambda)\varphi\}_{\boldsymbol{x}=\boldsymbol{x}_0}}{\int\varphi^*\varphi\mathrm{d}\tau}\end{aligned}$$

类似地,对变分 $\delta\varphi_2=\frac{\varepsilon}{\mathrm{i}}\delta(\boldsymbol{x}-\boldsymbol{x}_0)$,得

$$\boxed{\left.\frac{\delta\lambda[\varphi]}{\delta\varphi_2(\boldsymbol{x}_0)}\right|_{\varphi_1=\mathrm{const}}=\frac{-\mathrm{i}\{[(H-\lambda)\varphi]^*+(H-\lambda)\varphi\}_{\boldsymbol{x}=\boldsymbol{x}_0}}{\int\varphi^*\varphi\mathrm{d}v}} \tag{E.9}$$

**例 2**　Lagrangian **泛函导数** $\dfrac{\delta L}{\delta\varphi_\sigma}$,$\dfrac{\delta L}{\delta\phi_\sigma}$⑤**,场运动方程**

设 $L$ 是系统 Lagrangian 密度,其体积积分是 Lagrangian $\mathcal{L}[\varphi]=\int L(\varphi,\partial_\mu\varphi)\mathrm{d}v$,于是有

$$\begin{aligned}\delta L&=\int\left\{\frac{\partial\mathcal{L}}{\partial\varphi_\sigma(\boldsymbol{x},t)}\delta\varphi_\sigma(\boldsymbol{x},t)+\frac{\partial\mathcal{L}}{\partial(\partial_\mu\varphi_\sigma(\boldsymbol{x},t))}\delta(\partial_\mu\varphi_\sigma(\boldsymbol{x},t))\right\}\mathrm{d}v\\&=\int\left\{\frac{\partial\mathcal{L}}{\partial\varphi_\sigma}\delta\varphi_\sigma+\partial_i\left(\frac{\partial\mathcal{L}}{\partial(\partial_i\varphi_\sigma)}\delta\varphi_\sigma\right)-\left(\partial_i\,\frac{\partial\mathcal{L}}{\partial(\partial_i\varphi_\sigma)}\right)\delta\varphi_\sigma+\frac{\partial\mathcal{L}}{\partial\phi_\sigma}\delta\phi_\sigma\right\}\mathrm{d}v\\&=\int\left\{\left[\frac{\partial\mathcal{L}}{\partial\varphi_\sigma}-\left(\partial_i\,\frac{\partial\mathcal{L}}{\partial(\partial_i\varphi_\sigma)}\right)\right]\delta\varphi_\sigma+\frac{\partial\mathcal{L}}{\partial\phi_\sigma}\delta\phi_\sigma\right\}\mathrm{d}v\end{aligned}$$

另一方面,按泛函导数定义式,有

$$\delta L=\int\left\{\frac{\delta L}{\delta\varphi_\sigma}\delta\varphi_\sigma+\frac{\delta L}{\delta\phi_\sigma}\delta\phi_\sigma\right\}\mathrm{d}v$$

两者相比较,即得场运动方程

$$\boxed{\begin{cases}\dfrac{\delta L(t)}{\delta\varphi_\sigma(\boldsymbol{x},t)}=\dfrac{\partial\mathcal{L}(\boldsymbol{x},t)}{\partial\varphi_\sigma(\boldsymbol{x},t)}-\partial_i\,\dfrac{\partial\mathcal{L}(\boldsymbol{x},t)}{\partial(\partial_i\varphi_\sigma(\boldsymbol{x},t))}\\[2ex]\dfrac{\delta L(t)}{\delta\phi_\sigma(\boldsymbol{x},t)}=\dfrac{\partial\mathcal{L}(\boldsymbol{x},t)}{\partial\phi_\sigma(\boldsymbol{x},t)}\end{cases}}\tag{E.10}$$

当 $F[\varphi(\boldsymbol{x})]=\int f(\varphi,\nabla\varphi)\mathrm{d}v$ 时,有 $\dfrac{\delta F[\varphi]}{\delta\varphi}=\left(\dfrac{\partial f}{\partial\varphi}-\nabla\left(\dfrac{\partial f}{\partial\nabla\varphi}\right)\right)(x)$。

**例 3**　还可以如下看待泛函导数。一方面,将泛函导数定义用于 Lagrangian $L(t)=L[\varphi(\boldsymbol{x},t),\phi(\boldsymbol{x},t)]$ 中的场量及其导数上。按式(E.2),有

$$\delta L(t)=\int\left(\frac{\delta L}{\delta\varphi}\delta\varphi+\frac{\delta L}{\delta\phi}\delta\phi\right)\mathrm{d}v$$

另一方面,在分立记号中有($\varphi_i(t)\equiv\varphi(\boldsymbol{x}_i,t)$)

$$\delta L(\varphi,\phi)=\sum_i\left(\frac{\partial L}{\partial\varphi_i}\delta\varphi_i+\frac{\partial L}{\partial\phi_i}\delta\phi_i\right)=\sum_i\left(\frac{1}{\delta v_i}\,\frac{\partial L}{\partial\varphi_i}\delta\varphi_i+\frac{1}{\delta v_i}\,\frac{\partial L}{\partial\phi_i}\delta\phi_i\right)\delta v_i$$

令上式是此式的连续极限,由于在不同点的变分互相独立,可得

$$\frac{\delta L}{\delta\varphi(\boldsymbol{x},t)}=\lim_{\delta v_i\to0}\frac{1}{\delta v_i}\frac{\partial L(t)}{\partial\varphi_i(t)},\quad\frac{\delta L}{\delta\phi(\boldsymbol{x},t)}=\lim_{\delta v_i\to0}\frac{1}{\delta v_i}\frac{\partial L(t)}{\partial\phi_i(t)}\tag{E.11}$$

其中,$\boldsymbol{x}$ 位于第 $i$ 个小盒中。这里还要除以 $\delta v_i$ 是因为泛函导数在乘以 $\delta\varphi$ 后还要 $\mathrm{d}v$ 积分,才得到 $\delta L$。这样,泛函导数 $\dfrac{\delta L}{\delta\varphi(\boldsymbol{x},t)}$ 实质上正比于 $L(t)$ 对 $\varphi$ 在 $\boldsymbol{x}$ 点的偏导数。

---

⑤　本来是相对论的四维形式,为何出现如此非协变的泛函导数——是由于哈密顿原理变分的非协变的缘故。对 $t$ 的积分只限于 $(t_1,t_2)$,但更主要的是 $L(t)$ 是个只对空间的积分,非 $(\boldsymbol{x},t)$ 对称。

# 附录 F　泛函积分数学分析

## F.1　泛函 Jacobi 计算

当泛函积分作变数变换时，将出现泛函 Jacobi，即算符行列式(7.51)。算符行列式计算方法很多，常见 4 种，简述如下①。

### F.1.1　动量空间展开法

设 $\hat{\Omega}$ 在动量空间为连续谱，即 $\langle k'|\hat{\Omega}|k\rangle \equiv \omega(k',k)=\omega(k)\delta(k'-k)$，则

$$\hat{\Omega} = \int \omega(k) \otimes | \vec{k} > d\vec{k} < \vec{k} |, \quad \hat{I} = \int | \vec{k}\rangle d\vec{k} < \vec{k} | \tag{F.1}$$

$\omega(k)$ 为 $n\times n$ 方阵，$\hat{I}$ 为动量空间中单位算符。$\hat{\Omega}$ 的行列式为

$$\det\hat{\Omega} = \exp\{\mathrm{trln}\hat{\Omega}\} = \exp\left\{S_p\int \mathrm{d}^4(kk')[\ln\omega(k)]\delta(k'-k)\right\}$$

这里多一重对 $\vec{k}(\vec{k}')$ 积分是考虑 $t_r$ 对动量空间求迹。而 $S_p$ 只是对 $\omega(k)$ 的有限维矩阵求迹运算。于是

$$\det\hat{\Omega} = \exp\left\{S_p\int \mathrm{d}^4k\ln\omega(k)\right\} \tag{F.2}$$

再进一步化简，设 $R$ 是使 $\omega(k)$ 对角化的满秩矩阵，则

$$S_p\ln\omega(k) = S_p\ln[R\omega(k)R^{-1}] = \sum_{i=1}^{n}\ln\omega_i = \ln(\omega_1\cdots\omega_n)$$

这里 $\omega_i$ 是 $\omega(k)$ 的 $n$ 个本征值(全部不为零，否则行列式等于零)。于是

$$\boxed{\det\hat{\Omega} = \exp\left\{\int \mathrm{d}^4k\ln[\det\omega(k)]\right\}} \tag{F.3}$$

### F.1.2　平方为常数算符化为指数方法

对于平方为普通函数的算符，可将其化为指数形式，再求其行列式。设 $\hat{\Omega}^2=(f(x,p))^2$(包括自逆算符，不包括投影算符)，有

$$\exp\left\{\mathrm{i}\alpha\frac{\hat{\Omega}}{f}\right\} = \cos\alpha + \mathrm{i}\frac{\hat{\Omega}}{f}\sin\alpha \tag{F.4a}$$

$\alpha$ 为待选参数，现令其为 $\alpha=\pi/2$，得

---

① 部分内容可参见杨炳麟. 量子场论. 北京：科学出版社，1986.

$$\hat{\Omega}=f\exp\left\{\mathrm{i}\,\frac{\pi}{2}\left(\frac{\hat{\Omega}}{f}-1\right)\right\} \tag{F.4b}$$

这种指数表示便于对 $\hat{\Omega}$ 取对数以求得行列式。此时 $\hat{\Omega}$ 对数求迹为

$$S_p\int \mathrm{d}^4 p\left\{\ln f+\mathrm{i}\,\frac{\pi}{2}\left(\frac{\hat{\Omega}}{f}-1\right)\right\}=n\int \mathrm{d}^4 p\ln f+\mathrm{i}\,\frac{\pi}{2}\int \mathrm{d}^4 p S_p\left(\frac{\hat{\Omega}}{f}-1\right) \tag{F.5}$$

这里 $n$ 是 $\hat{\Omega}$ 可能具有的有限维空间的维数，$S_p$ 是在此空间中求迹。

### F.1.3 Green 函数法

设动量空间中算符 $\hat{\Omega}$ 的 Green 函数方程及其矩阵元为

$$\hat{\Omega}\hat{S}_F=\hat{I}$$

$$\delta(k-k'')=\int \mathrm{d}^4 k'\Omega(k,k')S_F(k',k'')=\int \mathrm{d}^4 k'\Omega(k,k')\Omega^{-1}(k',k'') \tag{F.6}$$

尽管 $\hat{S}_F$ 可能还有另外内禀空间，但它是 $\vec{k}$ 空间的一个函数，于是就 $\vec{k}$ 空间而言，有

$$\hat{\Omega}^{-1}=S_F(k)\otimes\hat{I}$$

因此

$$\det\hat{\Omega}=\exp\{-\mathrm{tr}\ln(\hat{\Omega}^{-1})\}=\exp\{-\mathrm{tr}\ln[S_F(k)\otimes\hat{I}]\}=\exp\{-\mathrm{tr}[\ln(S_F(k))\otimes\hat{I}]\}$$

$S_p$ 是对 $\ln S_F(k)$ 有限维内禀空间求迹，即得

$$\det\hat{\Omega}=\exp\left\{-S_p\int \mathrm{d}^4 k\ln S_F(k)\right\} \tag{F.7}$$

### F.1.4 近似展开法

当 $\hat{\Omega}=\hat{I}+\hat{A}$，$\hat{A}$ 为无穷小算符，可用此方法。详见 7.2 节。

## F.2 泛函 δ 函数计算

### F.2.1 泛函 δ 函数定义

**第一种表达式**

$$\delta[\Omega]=\prod_x\delta(\Omega(x))=\int D\xi\cdot\exp\left\{\mathrm{i}\int \mathrm{d}^4 x\Omega(x)\xi(x)\right\} \tag{F.8}$$

**于是，当泛函积分中含有式(F.8)时，有**

$$\int \mathrm{D}\alpha\cdot F[\alpha]\cdot\delta[\alpha-\beta]=F[\beta] \tag{F.9}$$

**证：** 当被积泛函为 Gauss 型时

$$F[\varphi(x)]=\exp\left\{\frac{\mathrm{i}}{2}\int \mathrm{d}^4(xy)\varphi(x)K(x,y)\varphi(y)\right\}$$

可用直接计算来证明等式(F.9)。因为

$$\int D\varphi(x)\mathrm{e}^{\frac{\mathrm{i}}{2}\int d^4(xy)\varphi(x)K(x,y)\varphi(y)}\int D\xi(x)\mathrm{e}^{\mathrm{i}\int d^4x[\varphi(x)-\beta(x)]\xi(x)}$$

$$=\int D\xi(x)\mathrm{e}^{-\mathrm{i}\int d^4x\beta(x)\xi(x)}\int D\varphi(x)\mathrm{e}^{\frac{\mathrm{i}}{2}\int d^4(xy)\varphi(x)K(x,y)\varphi(y)+\mathrm{i}\int d^4x\varphi(x)\xi(x)}$$

相继完成对 $\varphi(x)$ 以及对 $\xi(x)$ 的非齐次泛函积分，继续有

$$=|\det\hat{K}|^{-1/2}\int D\xi(x)\mathrm{e}^{\frac{\mathrm{i}}{2}\int d^4(xy)\xi(x)(-K^{-1}(x,y))\xi(y)+\mathrm{i}\int d^4x(-\beta(x))\xi(x)}$$

$$=|\det\hat{K}|^{-1/2}\ |\det(-\hat{K}^{-1})|^{-1/2}\int D\xi(x)\mathrm{e}^{-\frac{\mathrm{i}}{2}\int d^4(xy)\beta(x)[-K^{-1}(x,y)]^{-1}\beta(y)}$$

$$=|\det\hat{K}|^{-1/2}\ |\det(-\hat{K}^{-1})|^{-1/2}\mathrm{e}^{\frac{\mathrm{i}}{2}\int d^4(xy)\beta(x)K(x,y)\beta(y)}$$

$$=\exp\left\{\frac{\mathrm{i}}{2}\int d^4(xy)\beta(x)K(x,y)\beta(y)\right\}=F[\beta(x)]$$

由此推导可以知道，泛函 $\delta$ 函数是偶函数。

**第二种表达式**

$$\boxed{\delta[F[\varphi]]\equiv\prod_x\delta(F[\varphi(x)])=\lim_{\varepsilon\to0}\exp\left\{\frac{-\mathrm{i}}{2\varepsilon}\int d^4x\ (F[\varphi(x)])^2\right\}}\qquad(\mathrm{F}.10)$$

**证：** 将 $\delta$ 函数的 Gauss 型表示推广为 Fresnel 型表示

$$\delta(x)=\lim_{b\to0}\frac{1}{\sqrt{\pi b}}\mathrm{e}^{-x^2/b}\to\delta(x)=\lim_{b\to0}\frac{\mathrm{e}^{\mathrm{i}\pi/4}}{\sqrt{\pi b}}\mathrm{e}^{-\mathrm{i}x^2/b}$$

于是

$$\delta[F[\varphi]]\equiv\prod_x\delta(F[\varphi(x)])\propto\lim_{b\to0}\exp\left\{\frac{-\mathrm{i}}{b}\sum_x(F[\varphi(x)])^2\right\}$$

这里已将 $\delta$ 函数中与 $\varphi(x)$ 无关的常数略去了。因为通常生成泛函分母中有归一化系数 $N$。于是继续等于

$$\lim_{\substack{b\to0\\ \Delta x\to0}}\exp\left\{\frac{-\mathrm{i}}{b(\Delta x)^4}\int d^4x\ (F[\varphi])^2\right\}=\lim_{\varepsilon\to0}\exp\left\{\frac{-\mathrm{i}}{2\varepsilon}\int d^4x\ (F[\varphi])^2\right\}$$

证毕。

式(F.10)也可以写为

$$\boxed{\begin{aligned}\delta[-M_{\alpha\beta}\varphi_\beta+\psi_\alpha]&=\prod_x\delta\left(-\int M_{\alpha\beta}(x,y)\varphi_\beta(y)d^4y+\psi_\alpha(x)\right)\\&=\lim_{\varepsilon\to0}\exp\left\{\frac{-\mathrm{i}}{2\varepsilon}\int d^4x\left[-\int M_{\alpha\beta}(x,y)\varphi_\beta(y)d^4y+\psi_\alpha(x)\right]^2\right\}\end{aligned}}$$

(F.11)

它在积分中的作用为

$$\int D\varphi\cdot\delta[F_\alpha[\varphi]]\cdot G[\varphi]=\int DF\cdot\left(\frac{DF_\alpha}{D\varphi}\right)^{-1}\delta[F_\alpha]\cdot G[\varphi]=G[\bar{\varphi}_\alpha]\left\{\left(\frac{DF_\alpha}{D\varphi}\right)\Bigg|_{\varphi=\bar{\varphi}}\right\}^{-1}$$

(F.12)

其中，$F_\alpha[\tilde{\varphi}_\alpha]=0$。比如，含有式(F.11)δ函数的泛函积分，有

$$\int D\varphi\cdot\delta[-\hat{M}_{\alpha\beta}\varphi_\beta+\psi_\alpha]\cdot G[\varphi_\gamma]=G[\tilde{\varphi}_\gamma] \tag{F.13}$$

其中，$\tilde{\varphi}_\gamma(y)$满足$\int d^4yM_{\alpha\gamma}(x,y)\tilde{\varphi}_\gamma(y)=\psi_\alpha(x)$。

## F.2.2 泛函δ函数的自变量变换

**首先，泛函δ函数为偶函数。即有**

$$\boxed{\delta[\varphi-\psi]=\delta[\psi-\varphi]} \tag{F.14}$$

当泛函积分里含有泛函δ函数，应用这个性质时，注意积分变数变号时，积分测度不变号。

**其次，设有函数到函数映射$\hat{M}\psi=\varphi$(如积分变换$\int d^4yM(x,y)\psi(y)=\varphi(x)$)，可证泛函δ函数的自变量变换如下**

$$\boxed{\delta[\psi-\hat{M}^{-1}\varphi]=|\det\hat{M}|\,\delta[\varphi-\hat{M}\psi]} \tag{F.15}$$

**证：** 记$F[\varphi]=F[\varphi[\psi]]\equiv G[\psi]$。按泛函δ函数定义，应当有

$$\begin{cases}\int D\varphi\delta[\varphi-\hat{M}\tilde{\psi}]F[\varphi]=F[\hat{M}\tilde{\psi}]\\ \int D\psi\,\delta[\psi-\hat{M}^{-1}\tilde{\varphi}]G[\psi]=G[\hat{M}^{-1}\tilde{\varphi}]\end{cases} \tag{F.16}$$

这里$\tilde{\psi}$，$\tilde{\varphi}$满足$\hat{M}\tilde{\psi}=\tilde{\varphi}$。由第二式出发，得

$$\begin{aligned}\int D\psi\delta[\psi-\hat{M}^{-1}\tilde{\varphi}]G[\psi]&=G[\hat{M}^{-1}\tilde{\varphi}]=F[\tilde{\varphi}]=\int D\varphi\delta[\varphi-\hat{M}\tilde{\psi}]F[\varphi]\\&=\int D\psi J\left(\frac{\delta\varphi}{\delta\psi}\right)\delta[\varphi-\hat{M}\tilde{\psi}]F[\varphi[\psi]]\\&=\int D\psi|\det\hat{M}|\delta[\varphi-\hat{M}\tilde{\psi}]G[\psi]\end{aligned}$$

比较头尾两种表示，设$G[\psi]$为任意泛函，即得式(F.15)。 证毕。

于是，结合泛函δ函数定义，有

$$\begin{aligned}&\prod_x\delta\left(\varphi(x)-\int C(x,y)\psi(y)d^4y\right)=\delta[\varphi-\hat{C}\psi]\\&=|\det\hat{C}|^{-1}\delta[\psi-\hat{C}^{-1}\varphi]=|\det\hat{C}|^{-1}\prod_x\delta\left(\psi(x)-\int C^{-1}(x,y)\varphi(y)d^4y\right)\\&=|\det\hat{C}|^{-1}\int D\eta\exp\left\{i\int d^4x\left(\int C^{-1}(x,y)\varphi(y)d^4y-\psi(x)\right)\eta(x)\right\}\end{aligned}$$

## F.2.3 例算

作为检验，将式(F.15)用于任意泛函$F[\varphi]$，有

$$F[\hat{C}\psi]=\int D\varphi F[\varphi]\delta[\varphi-\hat{C}\psi]=\int D\psi J\left(\frac{\delta\varphi}{\delta\psi}\right)F[\varphi[\psi]]\delta[\varphi-\hat{C}\psi]$$

$$= \int D\psi |\det\hat{C}| F[\varphi[\psi]]\delta[\varphi - \hat{C}\psi]$$

$$= \int D\psi F[\varphi[\psi]]\delta[\hat{C}^{-1}\varphi - \psi] = F[\varphi[\hat{C}^{-1}\varphi]]$$

$$= F[\hat{C}\hat{C}^{-1}\varphi] = F[\varphi]$$

显然,计算是自洽的。

## F.3 泛函积分的分部积分计算

**定理 若泛函积分** $I = \int D\varphi F[\varphi]G[\varphi]$ **存在,并满足**

$$\int D\varphi \frac{\delta}{\delta\varphi(x)}(F[\varphi]G[\varphi]) = 0$$

则有分部积分公式如下

$$\boxed{\int D\varphi \frac{\delta F[\varphi]}{\delta\varphi(x)}G[\varphi] = -\int D\varphi F[\varphi]\frac{\delta G[\varphi]}{\delta\varphi(x)}} \tag{F.17}$$

**证:** 左 $= \int D\varphi\left\{\frac{\delta(F[\varphi]G[\varphi])}{\delta\varphi(x)} - F[\varphi]\frac{\delta G[\varphi]}{\delta\varphi(x)}\right\} = -\int D\varphi F[\varphi]\frac{\delta G[\varphi]}{\delta\varphi(x)}$ 证毕。

## F.4 Gauss 型泛函积分计算

7.2.4 节已经证明式(7.57)——**齐次 Gauss 型泛函积分等式**

$$\int D\varphi(x)\exp\left\{-\frac{1}{2}\int d^4 x\varphi(x)\hat{K}\varphi(x)\right\} = \{\det\hat{K}\}^{-1/2}$$

由此进一步可得**非齐次情况的泛函积分等式**

$$\boxed{\begin{aligned}&\int D\varphi(x)\exp\left\{-\frac{1}{2}\int d^4(xx')\varphi(x)K(x,x')\varphi(x') + \int d^4 x\varphi(x)J(x)\right\}\\ &= \{\det\hat{K}\}^{-1/2}\exp\left\{\frac{1}{2}\int d^4(xx')J(x)K^{-1}(x,x')J(x')\right\}\end{aligned}} \tag{F.18}$$

证明此式前,先解释 $K^{-1}(x,x')$。**设** $\hat{K}(x)$ **是厄米算符,当其中质量有一小负虚部时,有逆算符即** Green **函数存在。定义算符** $\hat{K}(x)$ **的** Green **函数** $K^{-1}(x,x')$

$$\boxed{\hat{K}(x)K^{-1}(x,x') = \delta(x-x')} \tag{F.19a}$$

**并有**

$$\boxed{K^{-1}(x,x') = \frac{1}{\hat{K}(x)}\delta(x-x') = \int \frac{d^4 p}{(2\pi\hbar)^4}e^{ip(x-x')/\hbar}\frac{1}{\hat{K}(\partial_\mu^{(x)} \to ip_\mu)}} \tag{F.19b}$$

**如果 $\hat{K}(x)$ 是量子场的场方程算符，则 $K^{-1}(x,x')$ 就正比于该量子场的 Feynman 传播子(自由场 Green 函数)。**下面证明式(F.18)。

**证：** 作函数平移变换

$$\varphi(x)\to\Phi(x)=\varphi(x)-\int d^4x'K^{-1}(x,x')J(x') \tag{F.20}$$

可有

$$\begin{aligned}
&\frac{-1}{2}\int d^4x\Phi(x)\hat{K}(x)\Phi(x)\\
&=-\frac{1}{2}\int d^4x\varphi(x)\hat{K}(x)\varphi(x)+\frac{1}{2}\int d^4(xx')K^{-1}(x,x')J(x')\hat{K}(x)\varphi(x)\\
&\quad+\frac{1}{2}\int d^4(xx'')\varphi(x)\hat{K}(x)K^{-1}(x,x'')J(x'')\\
&\quad-\frac{1}{2}\int d^4(xx'x'')K^{-1}(x,x')J(x')\hat{K}(x)K^{-1}(x,x'')J(x'')\\
&=-\frac{1}{2}\int d^4x\varphi(x)\hat{K}(x)\varphi(x)+\frac{1}{2}\int d^4(xx')K^{-1}(x,x')J(x')\hat{K}(x)\varphi(x)\\
&\quad+\frac{1}{2}\int d^4x\varphi(x)J(x)-\frac{1}{2}\int d^4(xx')K^{-1}(x,x')J(x')J(x)
\end{aligned}$$

如果 $\hat{K}(x)$ 中含 $\partial_\mu^{(x)}$ 的二阶偏导数，则第二项可以分部积分两次，从而可知它与第三项相等。于是继续等于

$$=-\frac{1}{2}\int d^4x\varphi(x)\hat{K}(x)\varphi(x)+\int d^4x\varphi(x)J(x)-\frac{1}{2}\int d^4(xx')J(x)K^{-1}(x,x')J(x')$$

将此式第三项移至等号左边，取指数并对 $\varphi(x)$ ($\Phi(x)$) 作泛函积分，最后即得积分数值为

$$\begin{aligned}
&\int D\varphi(x)\exp\left\{-\frac{1}{2}\int d^4(xx')\varphi(x)K(x,x')\varphi(x')+\int d^4x\varphi(x)J(x)\right\}\\
&=\int D\Phi(x)\exp\left\{-\frac{1}{2}\int d^4x\Phi\hat{K}\Phi\right\}\cdot\exp\left\{\int d^4(xx')J(x)K^{-1}(x,x')J(x')\right\}\\
&=(\det\hat{K})^{-1/2}\exp\left\{\frac{1}{2}\int d^4(xx')J(x)K^{-1}(x,x')J(x')\right\}
\end{aligned}$$

证毕。

## F.5 泛函积分 Fourier 变换

### F.5.1 泛函 Fourier 变换定义

**定义：如果泛函积分**

$$Z[J]=\int D\varphi(x)F[\varphi]\exp\left\{i\int\varphi(x)J(x)dx\right\}$$

**存在，则称泛函** $Z[J]$ **为泛函** $F[\varphi]$ **的泛函 Fourier 变换。即，原泛函** $F[\varphi]\rightarrow$ **泛函 Fourier 变换→像泛函** $Z[J]$**。**

**具体说，其一，**$F[\varphi]$ **为 Gauss 型泛函（下式是式(F. 18)指数转为虚数形式）**

$$
\begin{aligned}
Z[J] &= \int D\varphi(x)\exp\left\{-\frac{i}{2}\int d^4(xx')\varphi(x)K(x,x')\varphi(x')+i\int d^4x\varphi(x)J(x)\right\} \\
&= |\det\hat{K}|^{-1/2}\exp\left\{\frac{i}{2}\int d^4(xx')J(x)K^{-1}(x,x')J(x')\right\} \qquad (F.21)
\end{aligned}
$$

**这里被积泛函是函数** $\varphi(x)$ **的 Gauss 型泛函** $F[\varphi]$**，而泛函积分结果是函数** $J(x)$ **的 Gauss 型泛函** $Z[J]$**。称泛函** $Z[J]\propto\exp\left\{-\frac{i}{2}\int J(x)K^{-1}(x-y)J(y)dxdy\right\}$ **是泛函** $F[\varphi]\propto\exp\left\{i\int\frac{1}{2}\varphi(x)K(x-y)\varphi(y)dxdy\right\}$ **的泛函 Fourier 变换。**

**其二，更一般地说，如果有**

$$
\begin{aligned}
&\int D\varphi\cdot\varphi(x_1)\cdots\varphi(x_n)\cdot\exp\left\{i\int\frac{1}{2}\varphi K\varphi dxdy+i\int\varphi J dx\right\} \\
&= \frac{\delta}{i\delta J(x_1)}\cdots\frac{\delta}{i\delta J(x_n)}\exp\left\{-\frac{i}{2}\int J(x)K^{-1}(x-y)J(y)dxdy\right\}
\end{aligned}
$$

**将右边函数** $J(x)$ **的非 Gauss 型泛函称为函数** $\varphi(x)$ **的非 Gauss 型泛函** $\varphi(x_1)\cdots\varphi(x_n)\cdot\exp\left\{i\int\frac{1}{2}\varphi K\varphi dxdy\right\}$ **的泛函 Fourier 变换（像泛函）。**

### F.5.2 例算

由上面结果，结合附录 G. 4 的 Gauss 重积分公式，可得以下结果：

**复标场**

$$
\begin{cases}
\int D\Phi D\Phi^*\exp\left\{i\int d^4x[\Phi^*(x)\hat{K}(x)\Phi(x)+J^*(x)\Phi(x)+J(x)\Phi^*(x)]\right\} \\
=|\det(\Box-\kappa^2)|^{-1}\exp\left\{-\int d^4(xx')J^*(x)\Delta_F(x-x')J(x')\right\} \\
\hat{K}(x)=(\Box-\kappa^2),\quad \hat{K}(x)\Delta_F(x-x')=i\delta(x-x')
\end{cases}
$$

**矢量 Boson 场**

$$
\begin{cases}
\int DB_\mu(x)\exp\left\{i\int d^4x\left[\frac{1}{2}B_\mu\hat{K}_{\mu\nu}B_\nu+J_\mu(x)B_\mu(x)\right]\right\} \\
=(\det\hat{K}_{\mu\nu})^{-1/2}\exp\left\{\frac{1}{2}\int d^4(xx')J_\mu(x)D_F(x,x')_{\mu\nu}J_\nu(x')\right\} \\
\hat{K}_{\mu\nu}=[\delta_{\mu\nu}(\Box-\kappa^2)-\partial_\mu\partial_\nu],\quad \hat{K}_{\mu\nu}D_F(x,x')_{\mu\nu}=i\delta_{\mu\nu}\delta(x-x')
\end{cases}
$$

**Dirac 场**

$$\begin{cases}\int \mathrm{D}\psi\,\mathrm{D}\bar{\psi}\,\exp\left\{\mathrm{i}\int \mathrm{d}^4x[\bar{\psi}\,\hat{K}\psi+\bar{\eta}\psi+\bar{\psi}\,\eta]\right\}=\left|\det\left(\frac{1}{\mathrm{i}}\hat{K}\right)\right|\exp\left\{-\int \mathrm{d}^4(xx')\bar{\eta}_x S_{F,(x,x')}\eta_x{}'\right\}\\ \hat{K}(x)=-(\gamma_\mu\partial_\mu^{(x)}+\kappa),\quad \hat{K}(x)S_F(x,x')=\mathrm{i}\delta(x-x')\\ S_F(x,x')=\hat{K}^{-1}(x)\mathrm{i}\delta(x-x')=\int\frac{\mathrm{d}^4k}{(2\pi)^4}\mathrm{e}^{\mathrm{i}k(x-x')}\left(\frac{-1}{k\cdot\gamma-\mathrm{i}\kappa-\varepsilon}\right)\end{cases}$$

**协变规范下** Maxwell **场**

$$\begin{cases}Z[J]=\int\prod_\mu \mathrm{D}A_\mu\cdot\delta[\partial_\mu A_\mu]\exp\left\{\mathrm{i}\int \mathrm{d}^4x\left[-\frac{1}{4}(F_{\mu\nu}(x))^2+J_\mu A_\mu\right]\right\}\\ \quad=\exp\left\{-\frac{1}{2}\int \mathrm{d}^4(xy)J_\mu(x)D_F(x,y)_{\mu\nu}J_\nu(y)\right\}\\ D_F(x,y)_{\mu\nu}=\int\frac{\mathrm{d}^4k}{(2\pi)^4}\mathrm{e}^{\mathrm{i}k(x-y)}\frac{-\mathrm{i}}{k^2-\mathrm{i}\varepsilon}\left\{\delta_{\mu\nu}+(\zeta-1)\frac{k_\mu k_\nu}{k^2}\right\}\end{cases}$$

详细计算和讨论可见本书第 7 章有关部分,以及文献[②]。

## F.6　泛函 Taylor 展开

令 $\lambda$ 为一参数,可以类似于通常的 Taylor 级数展开,定义泛函的 Taylor 级数展开式

$$\boxed{F[f(x)+\lambda g(x)]=\sum_{n=0}^{\infty}\frac{\lambda^n}{n!}\int \mathrm{d}x_1\cdots\mathrm{d}x_n\frac{\delta^n F[f(x)]}{\delta f(x_1)\cdots\delta f(x_n)}g(x_1)\cdots g(x_n)}\tag{F.22}$$

特别地,令 $f(x)=0$ 和 $\lambda=1$,这转化为假定 $g(x)$ 的函数值较小,直接对泛函 $F[g]$ 的自变数 $g(x)$ 在零值处展开

$$\boxed{F[g(x)]=\sum_{n=0}^{\infty}\frac{1}{n!}\int \mathrm{d}x_1\cdots\mathrm{d}x_n\left.\frac{\delta^n F[g(x)]}{\delta g(x_1)\cdots\delta g(x_n)}\right|_{g=0}g(x_1)\cdots g(x_n)}\tag{F.23}$$

**这一展开又称为** Volterra **级数**[③]。

---

② 杨炳麟. 量子场论. 北京:科学出版社,1986;以及 Mosel U. Path Integrals in Field Theory. 北京:科学出版社,2007.

③ 卢里 D. 粒子和场. 北京:科学出版社,1981:513.

# 附录 G　Grassmann 数的数学分析

## G.1　Grassmann 数

为了使路径积分描述方法对 Fermion 也适用，并能进行相应的计算，引入一种特殊的数——Grassmann 数。实质上，Grassmann 数表示只是一种逻辑自洽的记账方法。使用它可以进行形式推导并简洁表示 Fermion 各种有用关系式，目的是将 Fermion 的物理量也包括在路径积分框架的描述中。因此，Grassmann 数本身物理意义虽不明确，实现也不简单，但都并不重要。

**定义**　一组 Grassmann 数 $\{\xi_i, i=1,2,\cdots,n\}$ 是一组反对易的复元素。即它们满足彼此反对易，自乘积为零

$$\boxed{\begin{cases}\xi_i\xi_j=-\xi_j\xi_i, \quad \xi_i^2=0\\ \xi_i\xi_j^*=-\xi_j^*\xi_i & \quad (i,j=1,2,\cdots,n)\\ \xi_i^*\xi_j^*=-\xi_j^*\xi_i^*, \quad \xi_i^{*2}=0\end{cases}} \tag{G.1a}$$

它们之间相乘满足乘法分配律，它们和普通复数相乘满足乘法分配律和交换律

$$\xi_k f(\xi_i,\xi_j)\equiv\xi_k(c_0+c_1\xi_i+c_2\xi_j+c_3\xi_i\xi_j)=c_0\xi_k+c_1\xi_k\xi_i+c_2\xi_k\xi_j+c_3\xi_k\xi_i\xi_j \tag{G.1b}$$

其中，$c_i$ 是普通复数。

于是，Grassmann 数乘任意 $c$ 数仍是 Grassmann 数。对 Grassmann 数乘积取复数共轭为

$$\boxed{(\xi_i\xi_j\cdots)^*=(\xi_i^*\xi_j^*\cdots)} \tag{G.1c}$$

下面 $\xi_i^*$ 也记为 $\bar{\xi}_i$。另外，Grassmann 数的多变数函数展开为

$$\begin{aligned}f(\xi)&=c_0+\sum_i c_i^{(1)}\xi_i+\sum_{i<j}c_{ij}^{(2)}\xi_i\xi_j+\sum_{i<j<k}c_{ijk}^{(3)}\xi_i\xi_j\xi_k+\cdots\\&=c_0+\sum_i c_i^{(1)}\xi_i+\frac{1}{2!}\sum_{i,j}c_{ij}^{(2)}\xi_i\xi_j+\frac{1}{3!}\sum_{i,j,k}c_{ijk}^{(3)}\xi_i\xi_j\xi_k+\cdots\end{aligned} \tag{G.2}$$

对这个展开式，我们可以选择 $c_{ij}^{(2)}, c_{ijk}^{(3)}, \cdots$ 是关于相邻脚标置换为反称的 $c$ 数。注意，有限个 Grassmann 数的任何函数，其展开式都只有有限项。因为展开式每一项中所含每一个 Grassmann 数都不能超过一次幂。因此含 $n$ 个不同 Grassmann 数的函数展开时，其项数不会超过 $\sum_{m=0}^{n}C_n^m=(1+1)^n=2^n$ 项。因为这个展开式中所用的展开基矢总共为

$$\boxed{\{1,\xi_i,\xi_i\xi_j,\xi_i\xi_j\xi_k,\cdots,\xi_1\xi_2\cdots\xi_n,\quad \forall\, i\neq j\neq k\neq\cdots\}} \tag{G. 3}$$

只有 $2^n$ 个。

## G.2 变分和积分

对 Grassmann 数函数中的普通变数微商和普通微商相同;对其中 Grassmann 数的微商,在逻辑自洽前提下,规则也可以和普通微商相同。比如,对 Grassmann 数 $\xi_k$ 的导数操作,规定也是一个 Grassmann 数并记为$\frac{\delta}{\delta\xi_k}$。相应规则是

$$\boxed{\frac{\delta\xi_j}{\delta\xi_k}=\delta_{jk}\,;\quad \frac{\delta}{\delta\xi_k}\xi_j=\frac{\delta\xi_j}{\delta\xi_k}-\xi_j\frac{\delta}{\delta\xi_k}=\delta_{jk}-\xi_j\frac{\delta}{\delta\xi_k}} \tag{G. 4}$$

总之有

$$\frac{\delta}{\delta\xi_l}\xi_i\xi_j\cdots=\frac{\delta\xi_i}{\delta\xi_l}\xi_j\cdots-\xi_i\frac{\delta\xi_j}{\delta\xi_l}\cdots+\xi_i\xi_j\frac{\delta}{\delta\xi_l}\cdots=\delta_{il}\xi_j\cdots-\delta_{jl}\xi_i\cdots+\xi_i\xi_j\frac{\delta}{\delta\xi_l}\cdots \tag{G. 5}$$

Grassmann 数函数积分。定义 Grassmann 数积分为一种线性映射,它等于对相关 Grassmann 数进行微分,即

$$\boxed{\int \mathrm{d}\xi_i=\frac{\delta}{\delta\xi_i}} \tag{G. 6}$$

这种古怪表示来源于 Grassmann 数平方为零。于是结合式(G. 3)得

$$\boxed{\begin{aligned}&\int \mathrm{d}\xi_j=0,\int \mathrm{d}\xi_j\xi_i=-\int \xi_i\mathrm{d}\xi_j=\delta_{ij},\int \mathrm{d}\xi_j\frac{\delta}{\delta\xi_j}f(\xi_j,\xi_k,\cdots)=0\\&\int \mathrm{d}\xi_i f(\xi_i \mid c,\xi_j,\cdots)-c_i^{(1)}+\sum_j c_{ij}^{(2)}\xi_j+\frac{1}{2!}\sum_{j,k}c_{ijk}^{(3)}\xi_j\xi_k+\cdots\end{aligned}} \tag{G. 7}$$

## G.3 应用举例——Fermion 相干态[①]

**定义** 单模 Fermion 相干态为

$$\boxed{|F_\xi\rangle\equiv\exp(f^+\xi-\bar{\xi}f)|0\rangle} \tag{G. 8}$$

$f,f^+$ 是 Fermion 的产生、湮没算符。$M$ 为归一化系数 $M=(1+\bar{\xi}\xi)^{-1/2}=\exp(-\bar{\xi}\xi/2)=(1-\bar{\xi}\xi/2)$。式(G. 8)又等于

$$|F_\xi\rangle=M\exp(f^+\xi)|0\rangle=M(|0\rangle-\xi|1\rangle)$$

---

① Klauder J R, Skagerstam B S. A Coherent-State Primer. included in Coherent States: Applications in Physics and Mathematical Physics; World Scientific Publishing, Singapore, 1985. 也见 Sakita B. Quantum Theory of Many-Variables System & Fields. World Scientific, 1985: 18.

这时有 $f|F_\xi\rangle=fM(|0\rangle-\xi|1\rangle)=M\xi|0\rangle=M\xi(|0\rangle-\xi|1\rangle)=\xi|F_\xi\rangle$。

与此同时，其共轭态矢定义为 $\langle F_\xi|=\{\langle 0|-\langle 1|\bar{\xi}\}M$。由于 Grassmann 数 $\xi,\bar{\xi}$ 彼此相互独立，并无共轭关系，所以 $\langle F_\xi|$ 与 $|F_\xi\rangle$ 原本无关，不存在厄米共轭关系。但现在通过归一化系数 $M$ 的设置，将两者相互匹配起来。

下面证明，有相应的**完备性条件**成立

$$\boxed{\int \mathrm{d}\bar{\xi}\mathrm{d}\xi\ |\ F_\xi\rangle\langle F_\xi\ | = I} \tag{G.9}$$

**证：**

$$\begin{aligned}\int \mathrm{d}\bar{\xi}\mathrm{d}\xi|F_\xi\rangle\langle F_\xi| &= \int \mathrm{d}\bar{\xi}\mathrm{d}\xi\exp(-\bar{\xi}\xi)(|0\rangle-\xi|1\rangle)(\langle 0|-\langle 1|\bar{\xi})\\ &= \int \mathrm{d}\bar{\xi}\mathrm{d}\xi(1-\bar{\xi}\xi)(|0\rangle\langle 0|+\xi\bar{\xi}|1\rangle\langle 1|)\\ &= |0\rangle\langle 0|+|1\rangle\langle 1|=I\end{aligned}$$

根据 Grassmann 数积分定义式(G.7)，其中交叉项及高阶项已消失。

其余内容，比如单模 Fermion 谐振子的新表示，以及推广到多模情况的叙述，详见脚注文献②，这里不再叙述。

## G.4　Gauss 型重积分计算

**再举一个应用例子，即** Gauss **型** Grassmann **数多重积分计算。**为符号确定起见，定义连乘顺序

$$\begin{aligned}&\prod_{i=1}^{n}\mathrm{d}\xi_i \equiv \mathrm{d}\xi_n\mathrm{d}\xi_{n-1}\cdots\mathrm{d}\xi_1\\ &\prod_{i=1}^{n}\mathrm{d}\xi_i\mathrm{d}\xi_i^* = \mathrm{d}\xi_n\mathrm{d}\xi_{n-1}\cdots\mathrm{d}\xi_1\mathrm{d}\xi_n^*\ \mathrm{d}\xi_{n-1}^*\cdots\mathrm{d}\xi_1^* = (-1)^{\frac{1}{2}n(n-1)}\mathrm{d}\xi_n\mathrm{d}\xi_n^*\ \mathrm{d}\xi_{n-1}\mathrm{d}\xi_{n-1}^*\cdots\mathrm{d}\xi_1\mathrm{d}\xi_1^*\end{aligned} \tag{G.10}$$

记 $\tilde{\xi}=(\xi_1,\xi_2,\cdots,\xi_n)$，可得下面 Grassmann **数** Gauss **型重积分公式**

$$\boxed{\int\prod_{i=1}^{n}\mathrm{d}\xi_i\exp\left\{-\frac{1}{2}\tilde{\xi}M\xi\right\}=\sqrt{\det M},\quad \widetilde{M}=-M} \tag{G.11}$$

附带指出，由式(G.11)可知，奇数阶反对称矩阵的行列式等于零，所以**奇数重积分为零**。

**证：**　将左边积分平方，得

$$\int\prod_{i=1}^{n}\mathrm{d}\xi_i\mathrm{d}\eta_i\exp\left\{-\frac{1}{2}(\tilde{\xi}M\xi+\tilde{\eta}M\eta)\right\}$$

② Lee T D. Particle Physics and Introduction to Field Theory. Harwood Academic Publisher, 1981: 512.

$$= \frac{1}{n!}\left(-\frac{1}{2}\right)^n \int \prod_{i=1}^{n} \mathrm{d}\xi_i \mathrm{d}\eta_i \left(\sum_{ij=1}^{n} M_{ij}\left(\xi_i\xi_j + \eta_i\eta_j\right)\right)^n$$

$$= \frac{1}{n!}\int \prod_{i=1}^{n} \mathrm{d}\xi_i \mathrm{d}\eta_i \left(\sum_{i>j=1}^{n} M_{ij}\left(\xi_i\xi_j + \eta_i\eta_j\right)\right)^n$$

$$= \frac{1}{n!}\int \mathrm{d}\xi_n \mathrm{d}\xi_{n-1}\cdots \mathrm{d}\xi_1 \mathrm{d}\eta_n \mathrm{d}\eta_{n-1}\cdots \mathrm{d}\eta_1 \cdot n!\,(\det M)\eta_1\eta_2\cdots\eta_n\xi_1\xi_2\cdots\xi_n$$

$$= \det M$$

第二步是由于指数展开式只剩下幂次为 $n$ 的项。两边开方即得。 证毕。

Gauss 型 Grassmann **数重积分有一些变型形式。**列举并证明如下

(1) $$\int \prod_{i=1}^{n} \mathrm{d}\xi_i \exp\left\{-\frac{1}{2}\tilde{\xi}M\xi + \tilde{\eta}\xi\right\} = \sqrt{\det M}\exp\left(-\frac{1}{2}\tilde{\eta}M^{-1}\eta\right) \quad (G.12)$$

**这里** $\widetilde{M} = -M$ **是反对称矩阵。**

**证：** 作 Grassmann 数的平移变换

$$\xi \to \xi' = \xi + M^{-1}\eta, \quad \tilde{\xi}' = \tilde{\xi} + \tilde{\eta}\widetilde{M}^{-1} = \tilde{\xi} - \tilde{\eta}M^{-1}$$

于是积分左边等于

$$\int \prod_{i=1}^{n} \mathrm{d}\xi_i \exp\left\{-\frac{1}{2}(\tilde{\xi} - \tilde{\eta}M^{-1})M(\xi + M^{-1}\eta) - \frac{1}{2}\tilde{\eta}M^{-1}\eta\right\}$$

$$= \sqrt{\det M}\exp\left(-\frac{1}{2}\tilde{\xi}M^{-1}\xi\right)$$

注意，这里 Grassmann 数平移变换的 Jacobi 等于 1。

(2) 记 $\xi^+ = (\xi_1^*, \xi_2^*, \cdots, \xi_n^*)$，有

$$\int \prod_{i=1}^{n} \mathrm{d}\xi_i \mathrm{d}\xi_i^* \exp\{-\xi^+ M\xi + \xi^+\eta + \eta^+\xi\} = (\det M)\exp(\eta^+ M^{-1}\eta) \quad (G.13)$$

**证：** 注意此时 $M$ 不一定是反对称矩阵。引入 $2n$ 重 Grassmann 数记号 $\tilde{\lambda} = (\tilde{\xi}, \xi^+)$，$\lambda = \begin{pmatrix}\xi \\ \tilde{\xi}^+\end{pmatrix}$。于是等式左边等于

$$\int \prod_{i=1}^{n} \mathrm{d}\xi_i \mathrm{d}\xi_i^* \exp\left\{-\frac{1}{2}(\tilde{\xi}, \xi^+)\begin{pmatrix}0 & -\widetilde{M} \\ M & 0\end{pmatrix}\begin{pmatrix}\xi \\ \tilde{\xi}^+\end{pmatrix} + (\eta^+, -\tilde{\eta})\begin{pmatrix}\xi \\ \tilde{\xi}^+\end{pmatrix}\right\}$$

$$= \int \prod_{i=1}^{2n} \mathrm{d}\lambda_i \exp\left\{-\frac{1}{2}\tilde{\lambda}\begin{pmatrix}0 & -\widetilde{M} \\ M & 0\end{pmatrix}\lambda + (\eta^+, -\tilde{\eta})\lambda\right\}$$

$$= \sqrt{\det\begin{pmatrix}0 & -\widetilde{M} \\ M & 0\end{pmatrix}}\exp\left[-\frac{1}{2}\tilde{\eta}\begin{pmatrix}0 & -\widetilde{M} \\ M & 0\end{pmatrix}\eta\right]$$

$$= \det M \cdot \exp\left\{-\frac{1}{2}(-\eta^+ M^{-1}\eta + \tilde{\eta}\widetilde{M}^{-1}\tilde{\eta}^+)\right\} = \det M\exp(\eta^+ M^{-1}\eta)$$

证毕。

比如，在齐次情况下，式(G.13)结果可以直接理解为，由于积分是对 $2n$ 重不同的 Grassmann 数进行的，要想被积指数函数展开项经过积分之后不等于零，该展开项必须也含有 $2n$ 个不同的 Grassmann 数，从而这些项中必定都包含 $M$ 矩阵的 $n$ 个不同矩阵元。积分完成之后，每一项都不再含 Grassmann 数，而只含 $M$ 矩阵的 $n$ 个不同矩阵元。此类项的项数目共有 $n!$。至于每一项的符号则取决于积分之前将项中 Grassmann 数排成各重积分 Grassmann 数的逆顺序所需的反称置换次数。其中，对应 $M$ 矩阵 $n$ 个对角矩阵元乘积的一项是正号。

**与 Boson 的 Gauss 型积分不同处除 $\pi$ 因子外，更在于 Fermion 积分结果 $M$ 矩阵的行列式在分子上，而不在分母上。**

(3) **有积分等式**

$$\begin{aligned}&\int\prod_{i=1}^{n}\mathrm{d}\xi_i\mathrm{d}\xi_i^*\ \exp\left\{-\xi^+A\xi-\frac{1}{2}\tilde{\xi}B\xi-\frac{1}{2}\xi^+C\tilde{\xi}^++\tilde{\eta}\xi+\xi^+\lambda\right\}\\&=\left[\det\begin{pmatrix}B&-\widetilde{A}\\A&C\end{pmatrix}\right]^{1/2}\exp\left\{-\frac{1}{2}(\tilde{\eta},-\tilde{\lambda})\begin{pmatrix}B&-\widetilde{A}\\A&C\end{pmatrix}^{-1}\begin{pmatrix}\eta\\-\lambda\end{pmatrix}\right\}\end{aligned}\tag{G.14}$$

**证：**

$$\text{左边}=\int\prod_{i=1}^{n}\mathrm{d}\xi_i\mathrm{d}\xi_i^*\ \exp\left\{-\frac{1}{2}(\tilde{\xi},\xi^+)\begin{pmatrix}B&-\widetilde{A}\\A&C\end{pmatrix}\begin{pmatrix}\xi\\\tilde{\xi}^+\end{pmatrix}+(\tilde{\eta},-\tilde{\lambda})\begin{pmatrix}\xi\\\tilde{\xi}^+\end{pmatrix}\right\}$$

应用式(G.13)结果即得。

(4) **上式的特例 $A=I$ 可以化简，得**

$$\begin{aligned}&\int\prod_{i=1}^{n}\mathrm{d}\xi_i\mathrm{d}\xi_i^*\ \exp\left\{-\xi^+\xi-\frac{1}{2}\tilde{\xi}B\xi-\xi^+C\tilde{\xi}^++\tilde{\eta}\xi+\xi^+\lambda\right\}\\&=[\det(I+BC)]^{1/2}\exp\left\{-\frac{1}{2}\tilde{\eta}(I+CB)^{-1}C\eta-\frac{1}{2}\tilde{\lambda}(I+BC)^{-1}B\lambda+\tilde{\eta}(I+CB)^{-1}\lambda\right\}\end{aligned}\tag{G.15}$$

**证：** 这只要注意两件事，即可从上式经化简得出此式。

第一，

$$\begin{pmatrix}B&-I\\I&C\end{pmatrix}^{-1}=\begin{pmatrix}(I+CB)^{-1}C&(I+CB)^{-1}\\-(I+BC)^{-1}&(I+BC)^{-1}B\end{pmatrix}$$

将此式左边矩阵右乘右边矩阵的单位矩阵即证得。并且 $\det\begin{pmatrix}B&-I\\I&C\end{pmatrix}=\det(I+BC)$。

第二，

$$\begin{aligned}\tilde{\lambda}(I+BC)^{-1}\eta&=-\widetilde{\tilde{\lambda}(I+BC)^{-1}\eta}=-\tilde{\eta}\,\widetilde{(I+BC)^{-1}}\lambda\\&=-\tilde{\eta}(I+\widetilde{BC})^{-1}\lambda=-\tilde{\eta}[I+(-C)(-B)]^{-1}\lambda=-\tilde{\eta}(I+CB)^{-1}\lambda\end{aligned}$$

# 附录 H 弯曲空间的矢量平移、和乐及 Berry 相位

## H.1 引　　言

在空间中任取定一原点 $o$，自点 $o$ 向一条空间曲线某点引一矢径 $\boldsymbol{r}$，则这条空间曲线可用 $\boldsymbol{r}(l)$ 来描述。选 $l$ 为曲线的长度，它是连续变化的实参数。按以下办法对此曲线上任一点（相应于参数 $l$ 值）建立一个正交活动标架：

**其一**，沿曲线的单位切向矢量 $\boldsymbol{t}=\dfrac{\mathrm{d}\boldsymbol{r}}{\mathrm{d}l}$，此矢量指明曲线在该点（含无限小邻域，以下类似）的方向。

**其二**，由于 $\boldsymbol{t}\cdot\boldsymbol{t}=1$，所以 $\boldsymbol{t}\cdot\dot{\boldsymbol{t}}=0$。于是可定义一个矢量 $\boldsymbol{n}=\rho\dfrac{\mathrm{d}\boldsymbol{t}}{\mathrm{d}l}$，此单位矢量与 $\boldsymbol{t}$ 正交。其中 $\rho=\rho(l)$ 是曲线在该点的曲率半径，倒数 $\dfrac{1}{\rho}$ 称为该点的曲率，它总是非负的。$\boldsymbol{n}$ 称为曲线在该点的主法线矢量。

**其三**，再令 $\boldsymbol{b}=\boldsymbol{t}\times\boldsymbol{n}$。因 $\boldsymbol{t}$ 和 $\boldsymbol{n}$ 相互垂直，$\boldsymbol{b}$ 也是一个单位矢量，称为曲线在该点的次法线矢量。

于是 $(\boldsymbol{t}(l),\boldsymbol{n}(l),\boldsymbol{b}(l))$ 组成一右手直角标架。当点在曲线上随参数 $l$ 变化时，这个正交标架即成为该曲线的活动正交标架。

容易证明，活动标架导数构成**一组封闭关系——Frenet-Serret 公式**[①]：

$$\boxed{\frac{\mathrm{d}\boldsymbol{t}}{\mathrm{d}l}=\frac{1}{\rho}\boldsymbol{n},\quad \frac{\mathrm{d}\boldsymbol{n}}{\mathrm{d}l}=-\left(\frac{1}{\rho}\boldsymbol{t}+\frac{1}{\tau}\boldsymbol{b}\right),\quad \frac{\mathrm{d}\boldsymbol{b}}{\mathrm{d}l}=\frac{1}{\tau}\boldsymbol{n}} \tag{H.1}$$

这里 $\dfrac{1}{\tau}$ 称为曲线在该点的挠率，$\tau$ 为在该点的挠率半径，它可正可负。如果是直线，其切矢量 $\boldsymbol{t}=$ 常矢量，由方程(H.1)得 $\rho=\infty$，即直线的曲率处处为零；若为平面曲线，则曲线的次法线矢量 $\boldsymbol{b}=$ 常矢量，得 $\tau=\infty$，即平面曲线的挠率处处为零。

以单位球面上 $\theta$ 角的一段纬线弧为例，方程(H.1)中的量若以球坐标活动标架来表示，为

$$\boldsymbol{r}=\boldsymbol{e}_r,\boldsymbol{t}=\boldsymbol{e}_\varphi,\boldsymbol{n}=\boldsymbol{e}_\rho,\boldsymbol{b}=\boldsymbol{e}_z,\rho=\sin\theta,\tau=\infty$$

这里 $\boldsymbol{e}_\rho$ 是纬线上 $(\theta,\varphi)$ 点处垂直指向 $z$ 轴的单位矢量，$\boldsymbol{e}_z$ 是正 $z$ 轴方向单位矢量。这说明，球面上的曲线自然标架 $(\boldsymbol{t},\boldsymbol{n},\boldsymbol{b})$ 并不是球坐标标架 $(\boldsymbol{e}_r,\boldsymbol{e}_\theta,\boldsymbol{e}_\varphi)$。

---

① 华罗庚. 高等数学引论. 第一卷，第二分册. 北京：科学出版社，139.

研究单位球面。取极坐标($e_r, e_\theta, e_\varphi$)作为活动标架，容易得到它们在固定的直角坐标中的表示

$$\begin{cases} e_r = \{\sin\theta\cos\varphi, \sin\theta\sin\varphi, \cos\theta\} \\ e_\theta = \{\cos\theta\cos\varphi, \cos\theta\sin\varphi, -\sin\theta\} \\ e_\varphi = \{-\sin\varphi, \cos\varphi, 0\} \end{cases} \tag{H.2}$$

由此得到对这组活动标架的微分表示式

$$\boxed{\begin{cases} \mathrm{d}e_r = e_\theta \mathrm{d}\theta + e_\varphi \sin\theta \mathrm{d}\varphi \\ \mathrm{d}e_\theta = -e_r \mathrm{d}\theta + e_\varphi \cos\theta \mathrm{d}\varphi \\ \mathrm{d}e_\varphi = -(e_r \sin\theta + e_\theta \cos\theta)\mathrm{d}\varphi \end{cases}} \tag{H.3}$$

一般地说，粘在球面某点的一根矢量并不一定处于该点的切平面内。

**定义　一根矢量若处在曲面某一点处切平面内即称"该矢量处于此点的曲面上"。**当它沿球面上的一条曲线移动时，有

$$\boldsymbol{A}(t) = \sum_{i=1}^{3} A_i(t)\boldsymbol{e}_i(t) = A_1(t)\boldsymbol{e}_r(t) + A_2(t)\boldsymbol{e}_\theta(t) + A_3(t)\boldsymbol{e}_\varphi(t) \tag{H.4}$$

这里 $t$ 为某一连续变化的参数。将其对 $t$ 求导数，得

$$\frac{\mathrm{d}\boldsymbol{A}}{\mathrm{d}t} = \sum_{i=1}^{3}\left(\boldsymbol{e}_i \frac{\mathrm{d}A_i}{\mathrm{d}t} + A_i \frac{\mathrm{d}\boldsymbol{e}_i}{\mathrm{d}t}\right)$$

如果 $\boldsymbol{A}(t)$ 是在球面沿任一曲线作(按普通意义下)平行移动，则应有

$$\frac{\mathrm{d}\boldsymbol{A}(t)}{\mathrm{d}t} = 0$$

考虑到式(H.3)，可得坐标变化的方程

$$\begin{pmatrix} \dot{A}_1 \\ \dot{A}_2 \\ \dot{A}_3 \end{pmatrix} = \begin{pmatrix} 0 & \dot{\theta} & \sin\theta \cdot \varphi \\ -\dot{\theta} & 0 & \cos\theta \cdot \varphi \\ -\sin\theta \cdot \varphi & -\cos\theta \cdot \varphi & 0 \end{pmatrix} \begin{pmatrix} A_1 \\ A_2 \\ A_3 \end{pmatrix} \tag{H.5}$$

这里 $\dot{A}_i = \frac{\mathrm{d}A_i}{\mathrm{d}t}$。注意，这里矢量分量的变化纯粹由球面活动标架的变化造成的。

## H.2　球面的矢量平行移动

### H.2.1　矢量平移的定义

平面上两根不相交的直线称为平行线。但在球面上，这种平行线的概念是不存在的，因为球面所有的大圆均相交。但可以**引入对球面上矢量作平行移动的概念**。

令 $\boldsymbol{A} = A(\boldsymbol{e}_\theta \cos\gamma + \boldsymbol{e}_\varphi \sin\gamma) \equiv A\boldsymbol{e}$ 为球面某点 $P_1$ 的切平面内矢量，并称它为属于曲面($P_1$ 点)的矢量。设沿一小弧线段 $P_1P_2$，按普通意义的平行移动，将其平移到邻

近的 $P_2$ 点。由于 $P_2$ 点的切平面与 $P_1$ 点的切平面有不同的法线方向，矢量 $\boldsymbol{A}$ 不再处于 $P_2$ 点的切平面内——不再属于曲面($P_2$ 点)的矢量。实际上，**普通意义下矢量 $\boldsymbol{A}$ 的平行移动是指，移动中对参数的全微分为零——平行移动就是移动中矢量无变化，**

$$\mathrm{d}\boldsymbol{A}=0 \tag{H.6}$$

方程(H.6)表示三维欧氏空间中矢量平行移动。**由于全微分为零一般并不保证原来属于曲面的矢量在移动中仍旧在曲面上，所以需要推广矢量平移概念。**为此，先定义对矢量的**绝对微分(协变微分)。**

**定义　属于曲面某点的矢量 $\boldsymbol{A}$，当它沿曲面上曲线移动时，其微分矢量向此点切平面的投影，称为此矢量在此点的绝对微分，即**

$$\boxed{D\boldsymbol{A}=\mathrm{d}\boldsymbol{A}\ \text{向切平面的投影矢量}} \tag{H.7}$$

**于是，将上面“全微分为零”条件换为较弱的“绝对微分为零”条件**②：

$$\boxed{D\boldsymbol{A}=0} \tag{H.8}$$

**式(H.8)将式(H.6)平行移动概念推广到沿曲面的某条曲线作平行移动。意思是：当矢量沿曲线各点作所称的平行移动时，对于只在曲线每一点切平面内观察的观察者而言，矢量一直无变化。详细些说，式(H.8)是当黎曼空间 $V_m$ 作为浸入 $R_n$ 空间的曲面时，从包容空间 $R_n$ 来看，$V_m$ 上矢量 $\xi$ 的平行移动要使 $\mathrm{d}\xi$ 的“切分量一直为零”，就是要使矢量的微分变化量 $\mathrm{d}\xi$ 与 $V_m$ 处处正交，即 $\mathrm{d}\xi$ 总是垂直于 $V_m$ 的切仿射空间 $A_m$**③。

## H.2.2　球面上的矢量平移

将这些概念应用到球面情况，作一具体说明如下

$$\boldsymbol{A}=A(\boldsymbol{e}_\theta\cos\gamma+\boldsymbol{e}_\varphi\sin\gamma)\equiv A\boldsymbol{e}$$

$$\mathrm{d}\boldsymbol{A}=(\boldsymbol{e}_\theta\cos\gamma+\boldsymbol{e}_\varphi\sin\gamma)\mathrm{d}A+A\{-\boldsymbol{e}_\theta\sin\gamma\mathrm{d}\gamma+\cos\gamma\mathrm{d}\boldsymbol{e}_\theta+\boldsymbol{e}_\varphi\cos\gamma\mathrm{d}\gamma+\sin\gamma\mathrm{d}\boldsymbol{e}_\varphi\}$$

将活动标架的微分表示式代入此处，得

$$\begin{aligned}\mathrm{d}\boldsymbol{A}&=(\boldsymbol{e}_\theta\cos\gamma+\boldsymbol{e}_\varphi\sin\gamma)\mathrm{d}A+A\{(\mathrm{d}\gamma+\cos\theta\mathrm{d}\varphi)\cdot(-\boldsymbol{e}_\theta\sin\gamma+\boldsymbol{e}_\varphi\cos\gamma)\\&\quad+(-\cos\gamma\mathrm{d}\theta-\sin\gamma\sin\theta\mathrm{d}\varphi)\boldsymbol{e}_r\}\\&=(\boldsymbol{e}_\theta\cos\gamma+\boldsymbol{e}_\varphi\sin\gamma)\mathrm{d}A+A\{(\mathrm{d}\gamma+\cos\theta\mathrm{d}\varphi)\cdot\boldsymbol{e}_r\times\boldsymbol{e}+\lambda\boldsymbol{e}_r\}\end{aligned}$$

这里$(-\cos\gamma\mathrm{d}\theta-\sin\gamma\sin\theta\mathrm{d}\varphi)$。矢量 $\boldsymbol{e}_r\times\boldsymbol{e}$ 在此点切平面内与 $\boldsymbol{e}$ 垂直。

在球面上移动矢量 $\boldsymbol{A}$ 显然不存在模长改变的问题，即 $\mathrm{d}A=0$，得

$$\boxed{\mathrm{d}\boldsymbol{e}=\{(\mathrm{d}\gamma+\cos\theta\mathrm{d}\varphi)\boldsymbol{e}_r\times\boldsymbol{e}+\lambda\boldsymbol{e}_r\}} \tag{H.9}$$

---

② НОРДЕН А П. 微分几何学. 上海：商务印书馆，陈庆益译. 1957.

③ 威斯顿霍尔兹 C V. 数学物理中的微分形式. 叶以同译. 北京：北京大学出版社，1990.

**说明** $\mathrm{d}e$ **由两部分组成：沿球面法线方向的改变和在切平面内绕法线方向的转动。**于是，矢量 $e$ 沿球面任意曲线的绝对(协变)微分为

$$De=(\mathrm{d}\gamma+\cos\theta\mathrm{d}\varphi)e_r\times e \tag{H.10}$$

式中，$e=e_\theta\cos\gamma+e_\varphi\sin\gamma$ 是球面该点切平面内的任意矢量。现在它沿球面曲线的移动还不一定是平行移动。

**根据矢量平行移动定义，即得矢量沿球面曲线作平移的基本方程**

$$\boxed{De=0\rightarrow \mathrm{d}\gamma+\cos\theta\mathrm{d}\varphi=0} \tag{H.11}$$

说明：**矢量平移时在切平面内不存在绕法线方向的转动。反过来说，如果在矢量移动中，其微分变化量内不存在绕 $e_r$ 方向的转动(即 $e$ 移动时，$e$-$e_r$ 面不绕 $e_r$ 轴转动)，这种移动即为平行移动。总之，矢量微分变化量中是否存在绕 $e_r$ 方向转动是矢量平行移动的充要条件。**

### H.2.3 讨论

可知以下三点：

**其一，矢量 $e$ 沿球面任意曲线平行移动时，矢量的微分变化量总是沿此点球面法线 $e_r$ 方向，不存在垂直于法线的成分，即**

$$\boxed{\mathrm{d}e=\lambda e_r} \tag{H.12}$$

这正是由包容空间 $R_3$——三维欧氏空间看到的球面 $V_2$ 上的平行移动④。

**其二，由式(H.9)或上条可知，矢量沿球面任意曲线作平行移动时，全微分变化量中不存在绕法线 $e_r$ 方向转动。于是，如果矢量沿球面大圆作平行移动，它在切平面内活动标架 $e_\theta-e_\varphi$ 的坐标将保持不变。**当矢量 $e$ 沿经线大圆平移 $\mathrm{d}\varphi=0$，而沿赤道线平移则 $\cos\dfrac{\pi}{2}=0$，所以移动中 $e$ 与 $e_\theta$ 间的夹角 $\gamma$ 不变，**表明 $e$ 在活动标架 $e_\theta-e_\varphi$ 中的坐标保持不变。**沿倾斜大圆的情况，可将球坐标的极点变换到这个大圆上，即为刚才所说沿经线平移的情况。此条可以推广为：**沿任意曲面的最短程线作平行移动。这时该矢量在沿线切平面活动标架中的坐标保持不变。**

**其三，**式(H.11)和式(H.12)表示的平移矢量分量的变化，也可以采用通常办法，用联络系数表达式得到，详见后面第 H.5 节。

### H.2.4 沿并非大圆弧段平移计算举例

设 $\boldsymbol{P}$ 沿 $AB$ 弧平移到纬度角 $\theta$ 处的 $B_1$ 点，即转向此纬线平移到 $YZ$ 面内的 $C_1$ 点，再沿 $YZ$ 面的经线返还到 $A$ 点。这时如图 H.1 所示.

---

④ РАШЕВСКИЙ П К. 黎曼几何与张量解析(下册). 俞玉森译. 北京：高等教育出版社，1956：116.

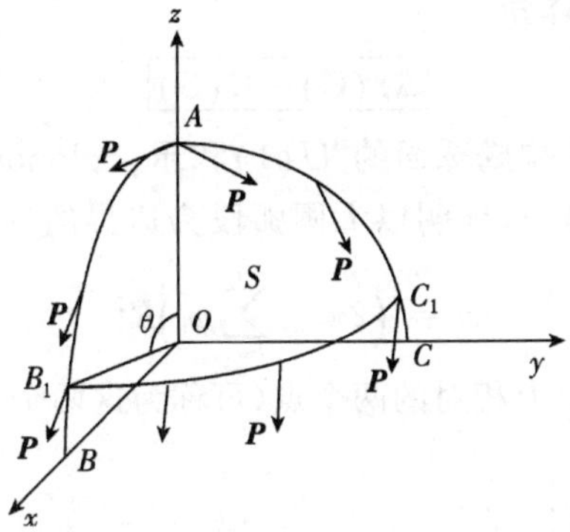


图 H.1

这时 $B_1C_1$ 弧段不再是大圆——最短程线,矢量沿它平行移动时坐标将会发生改变。在 $B_1$ 点处,$\boldsymbol{P}$ 和弧 $B_1C_1$ 呈垂直交角,但按 $\gamma$ 角定义,$\boldsymbol{P}$ 与此处 $\boldsymbol{e}_\theta$ 夹角仍为零,即有 $\gamma(\varphi=0)=0$。而在 $C_1$ 处则为

$$\int_{\varphi=0}^{\varphi=\pi/2} \mathrm{d}\gamma = -\int_{\varphi=0}^{\varphi=\pi/2} \cos\theta \mathrm{d}\varphi = -\frac{\pi}{2}\cos\theta$$

说明在 $C_1$ 处,此矢量与 $\boldsymbol{e}_\theta$ 的夹角成为

$$\boxed{\gamma_{C_1} = -\frac{\pi}{2}\cos\theta} \tag{H.13}$$

下面沿 $C_1A$ 弧段平行移动返回 $A$ 点途中,不再有角度变化。但弧段 $C_1A$ 本身在 $A$ 点与弧段 $AB_1$ 有一夹角$\frac{\pi}{2}$。所以 $\boldsymbol{P}$ 平移一圈后总共转过角度为

$$\boxed{\Delta\gamma = \frac{\pi}{2}(1-\cos\theta)} \tag{H.14}$$

显然,此转角又等于三段圆弧圈内球面面积 $S$ 对球心所张的立体角

$$\boxed{\Delta\gamma(C) = \frac{\pi}{2}(1-\cos\theta) = \Omega(S)} \tag{H.15}$$

这是因为

$$\Omega(S) = \frac{S}{R^2} = \int_0^\theta \sin\theta \mathrm{d}\theta \int_0^{\pi/2} \mathrm{d}\varphi = \frac{\pi}{2}(1-\cos\theta)$$

## H.3 $U(1)$和乐[⑤]群

**命题:沿球面闭曲线平移矢量一圈,矢量转过的角度与闭曲线形状无关,只等于**

⑤ 也称这个相因子为异和乐(anholonomy)。因为,认真说,此类相因子既然决定于闭曲线面积,于是在一定程度上仍与闭曲线形状有关,应称"anholonomy"。

**所围曲面对球心张开的立体角**

$$\boxed{\Delta\gamma(C)=\Omega(S)} \tag{H.16}$$

**于是,它们作为相因子全体构成球面的“$U(1)$和乐(holonomy)群”。**

**证:** 分为两部分。**第一,**证明以大圆弧段为边界的球面 $n$ 边多角形的面积为

$$S=\left(2\pi-\sum_{i=1}^{n}\varphi_i\right)R^2 \tag{H.17}$$

注意两个大圆必相交于球面上相对的两个点(可称为这两个大圆的南北两极,图 H.2),于是整个球面积被分为:

(1) 这个多边形的面积;

(2) 与此多边形关于球心对称的另一多边形的面积;

(3) $n$ 个二角形的面积,它们的内角 $\varphi_i$ 等于原多角形的外角。于是有

$$2S+\sum_{i=1}^{n}\frac{\varphi_i}{2\pi}\cdot 4\pi R^2=4\pi R^2$$

这就得到上述 $S$ 的公式。

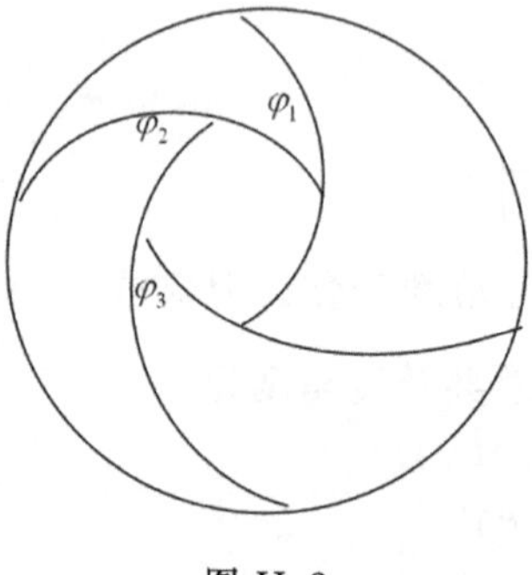


图 H.2

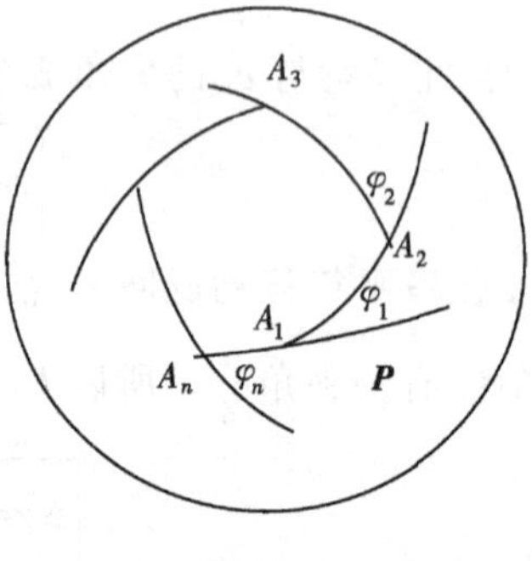


图 H.3

**第二,**往证 $\Delta\gamma(C)=\Omega(S)$:如图 H.3 所示,依正向——逆时针方向沿此多角形平行移动矢量 $\boldsymbol{P}$。设初始时,$\boldsymbol{P}$ 位于顶点 $A_1$ 属于球面并沿大圆弧 $A_nA_1$ 方向。在沿 $A_1A_2$ 平行移动中,因弧段 $A_1A_2$ 是大圆,移动中 $\boldsymbol{P}$ 与 $A_1A_2$ 的夹角保持不变,按逆时针旋转方向由 $A_1A_2$ 到矢量 $\boldsymbol{P}$ 来度量这个角,为

$$2\pi-\varphi_1$$

其中,$\varphi_1$ 为多角形在顶点 $A_1$ 的外角。移动至点 $A_2$ 后,$\boldsymbol{P}$ 与边 $A_2A_3$ 的夹角为

$$2\pi-\varphi_1-\varphi_2$$

此值一直保持到点 $A_3$。类似讨论下去,最后可以确定当 $\boldsymbol{P}$ 移至点 $A_n$ 后,它将与 $A_nA_1$ 构成夹角⑥

⑥ 对于平面,多角形内角和为$(n-2)\pi$,外角和为 $2\pi$,于是得:$2\pi-\sum_{i=1}^{n}\varphi_i=0$。

$$2\pi - \sum_{i=1}^{n} \varphi_i$$

这个角即为矢量 $\boldsymbol{P}$ 回转多角形一圈后的转角 $\Delta\gamma$。结合其一中的结论，即知有

$$\Delta\gamma = \frac{S}{R^2} = \Omega(S) \tag{H.18}$$

证毕。

显然，球面上任何闭合曲线均可以由这种大圆线段多角形逼近到任意程度，所以这个公式对沿球面任何闭合曲线路径平行移动的矢量均成立。

## H.4 再谈球面和乐相因子——缓变磁场中 1/2 自旋粒子的演化

在缓慢周期变化外磁场中 1/2 自旋粒子，Hamilton 量循环一周返回后，状态会获得一个相因子（参见 10.5.1 节）。Simon 剖析了这个相因子的数学背景⑦。他论断 Berry **相因子是** Hamilton **量参数空间拓扑非平庸时的“和乐”**(holonomy)，**本质上是几何的。**

现在以 2 维例子说明。设 1/2 自旋粒子处于变方向的外磁场中

$$\boldsymbol{B}(t) = |\boldsymbol{B}|\,(\sin\theta(t)\cos\varphi(t), \sin\theta(t)\sin\varphi(t), \cos\theta(t)) \equiv |\boldsymbol{B}|\boldsymbol{e}_B(t)$$

含时 Hamilton 量 $H(t)$ 可以写成

$$H(t) = \Delta\boldsymbol{\sigma}\cdot\boldsymbol{e}_B(t) = \Delta\begin{pmatrix}\cos\theta(t), & \sin\theta(t)\mathrm{e}^{-\mathrm{i}\varphi(t)}\\ \sin\theta(t)\mathrm{e}^{\mathrm{i}\varphi(t)}, & -\cos\theta(t)\end{pmatrix} \tag{H.19}$$

这时 $H(t)$ 两个本征值为 $E_\pm(\boldsymbol{e}(t)) = \pm\Delta$。现在的参数空间是 2 维，并且当 $\boldsymbol{B}(t)\to 0$ 时 $\Delta\to 0$ 出现简并。参数空间几何是拓扑非平庸的。

为再次凸显球面的拓扑性质，下面表明，**球面几何含有一个 $U(1)$ 和乐群：即使在球面上沿任意闭曲线 $\mathcal{C}$ 将矢量平行移动一周，矢量也将产生一个转角 $\Delta\gamma(\mathcal{C})$，此转角等于闭曲线 $\mathcal{C}$ 所围曲面 $\mathcal{D}$ 对球心张开的立体角 $\Omega(\mathcal{D})$，即**

$$\boxed{\Delta\gamma(\mathcal{C}) = \Omega(\mathcal{D})} \tag{H.20}$$

**全体转角对应的相因子集合构成球面的“$U(1)$ 和乐群”。**

**证：** 前节已用纯几何方式论证了这个结论，现在结合这个例子以直接计算方式再次验证它。取球面一点 $P(\theta\varphi)$ 的切平面内归一化复矢量 $\psi = \frac{1}{\sqrt{2}}(\boldsymbol{e}_\theta + \mathrm{i}\boldsymbol{e}_\varphi)$，设它沿**球面某曲线弧元作平行移动，获得小相位 $\delta\gamma$，**

---

⑦ Berry 的朋友，数学家 Simon B. Holonomy, the Quantum Adiabatic Theorem, and Berry's Phase. PRL, 1983, 51: 2167.

$$\psi=\frac{1}{\sqrt{2}}(\boldsymbol{e}_\theta+\mathrm{i}\boldsymbol{e}_\varphi)\to\psi'=\psi(1+\mathrm{i}\delta\gamma) \tag{H.21}$$

注意，此处取复矢量的叠加系数是常数。这表明，假设在随时间移动中，矢量$\psi$向随动标架—球面局部标架$(\boldsymbol{e}_r,\boldsymbol{e}_\theta,\boldsymbol{e}_\varphi)$投影坐标不变。这只是凸显局部标架本身变化所导致的矢量$\psi$的变化——其实这正是矢量沿球面最短程线作平行移动所要求的。不失一般性，叠加系数取为 $1/\sqrt{2}$（见后面讨论）。由式(H.21)，微分变化量 $\delta\psi=\psi'-\psi$。按式(H.9)为

$$\delta\psi=(\boldsymbol{e}_r\times\psi)\delta\gamma$$

此结果从乘 i 即为平面 $\pi/2$ 转动也可以得到。此式说明移动中矢量$\psi$的变化总是处在球面各点的切平面$(\boldsymbol{e}_\theta,\boldsymbol{e}_\varphi)$内，并与$\psi$本身垂直。于是 $\delta\psi$处处正比于(由球面标架变化带来的)$\psi$的实际的微分转角 $\delta\gamma$，即有

$$\delta\gamma=\mathrm{Im}(\psi^*\cdot\delta\psi)$$

Im 表示取虚部数值。在随动坐标系里观察，由于已经是平行移动，此数值总为零。但现在从三维欧氏空间观察，它实际上并不为零。于是沿闭曲线 $C$ 平移一圈总和应当是球面的和乐相因子。这个相因子为

$$\begin{aligned}\Delta\gamma(C)&=\mathrm{Im}\oint_{\partial D=C}\psi^*\cdot\mathrm{d}\psi=\mathrm{Im}\oint_C\psi^*\cdot\nabla\psi\cdot\mathrm{d}\boldsymbol{l}\\&=\mathrm{Im}\iint_D\nabla\times(\psi^*\cdot\nabla\psi)\cdot\mathrm{d}\boldsymbol{\sigma}=\mathrm{Im}\iint_D(\nabla\psi^*\times\nabla\psi)\cdot\mathrm{d}\boldsymbol{\sigma}\end{aligned} \tag{H.22}$$

这里 $D$ 为闭曲线 $C$ 所围部分球面。$\nabla\psi$等均为并矢，其左边算符$\nabla$(及其中活动标架)关系矢量运算及微分运算，右边$\psi$(及其中标架)关涉波函数标量内积运算。其中

$$\begin{aligned}\mathrm{Im}\{\nabla\psi^*\times\nabla\psi\}&=\mathrm{Im}\left\{\frac{1}{2}\nabla(\boldsymbol{e}_\theta-\mathrm{i}\boldsymbol{e}_\varphi)\times\nabla(\boldsymbol{e}_\theta+\mathrm{i}\boldsymbol{e}_\varphi)\right\}\\&=\frac{1}{2}\mathrm{Im}\{\mathrm{i}\,\nabla\boldsymbol{e}_\theta\times\nabla\boldsymbol{e}_\varphi-\mathrm{i}\,\nabla\boldsymbol{e}_\varphi\times\nabla\boldsymbol{e}_\theta\}=\nabla\boldsymbol{e}_\theta\times\nabla\boldsymbol{e}_\varphi\end{aligned} \tag{H.23}$$

因为面元 $\mathrm{d}\boldsymbol{\sigma}=\boldsymbol{e}_r\mathrm{d}\sigma$，曲面积分式(H.22)只涉及上式的法向分量。由 $\boldsymbol{e}_\theta\times\boldsymbol{e}_\varphi=\boldsymbol{e}_r$ 及

$$\nabla=\boldsymbol{e}_r\frac{\partial}{\partial r}+\boldsymbol{e}_\theta\frac{\partial}{r\partial\theta}+\boldsymbol{e}_\varphi\frac{1}{r\sin\theta}\frac{\partial}{\partial\varphi}$$

由活动标架微分公式(H.3)，可得这个沿 $\boldsymbol{e}_r$ 分量为

$$\begin{aligned}(\nabla\boldsymbol{e}_\theta\times\nabla\boldsymbol{e}_\varphi)\big|_{\perp D}&=\frac{1}{r^2\sin\theta}\left\{\frac{\partial\boldsymbol{e}_\theta}{\partial\theta}\cdot\frac{\partial\boldsymbol{e}_\varphi}{\partial\varphi}-\frac{\partial\boldsymbol{e}_\theta}{\partial\varphi}\cdot\frac{\partial\boldsymbol{e}_\varphi}{\partial\theta}\right\}\\&=\frac{1}{r^2\sin\theta}\{(-\boldsymbol{e}_r)\cdot(\boldsymbol{e}_\rho)-(\boldsymbol{e}_\varphi\cos\theta)\cdot 0\}=\frac{1}{r^2}\end{aligned}$$

$\boldsymbol{e}_\rho=-(\boldsymbol{e}_r\sin\theta+\boldsymbol{e}_\theta\cos\theta)$是$(\theta,\varphi)$点垂直指向 $z$ 轴的单位矢量，所以有 $\boldsymbol{e}_r\cdot\boldsymbol{e}_\rho=-\sin\theta$。代入式(H.9)即得式(H.20)。

证毕。

上面所取复矢量$\psi$中两个叠加系数 $1/\sqrt{2}$是相等的，这并不失一般性。因为球面

上任何闭曲线总只涉及球面的一部分，于是对具有一般叠加系数的给定复矢量，总可以找到相应的坐标覆盖（球面点的参数化，需用上下两套开集球坐标网络），使矢量在这两套开集球坐标活动标架之一中，能够表示为式（H.21）$\psi$的形式，并保持整个闭曲线在同一个单值分枝之内。

需要指出，**不要轻言可以普遍考察任何两个不同能级叠加态**

$$|\psi(t)\rangle = (|0\rangle + e^{-i(E_1-E_0)t/\hbar}|1\rangle)/\sqrt{2}$$

**内所含** Berry **相位问题。这里问题不出在数学概念上，而是出在物理上，出在物理测量中量级估计所表明的现实性上。参见** 1.2.1 **节无规相位论述。除非是中子干涉量度学实验等磁场中的干涉、行进和操控问题。**

## H.5 球面度规与联络系数计算

严格说，以上计算需要建立在流形和黎曼空间概念上。粗略说，流形就是流变着的形状，它在每一点的近旁和欧氏空间的一个开集同胚。因此在每一点的近旁可以引进局部坐标系。流形正是一块块欧氏空间“粘”起来的结果。所以，以上做法的理论根据是下面 H. Whitney 定理[⑧]：

**任意一个 $m$ 维光滑流形总能嵌入到 $2m+1$ 维欧氏空间中作为子流形。**

**流形概念正是欧氏空间概念的推广。而且最终仍可作为在欧氏空间中嵌入子流形来体现。而黎曼空间即是引入了度量张量的可微流形。**根据此定理，**可以取较高维数的欧氏空间作为流形的包容空间。这给了一个几何直观的方法来表现黎曼空间。**特例是，三维欧氏空间的曲面论就是这样一类例子。曲面可以看成二维黎曼空间。准确些说是，**任一个二维黎曼空间可以局部地实现为三维欧氏空间中的某一曲面。这样所产生的几何称为曲面的内蕴几何。这种几何在曲面扭曲贴合(没有伸缩的扭曲形变贴合)中是不变的。球面的内蕴几何可以看成嵌入** 3 **维欧氏空间中的二维黎曼流形。平移矢量坐标微分变化的展开系数便是联络。**上面对球面的讨论，正是给定了联络系数分布的二维黎曼空间的一种表现。公式（H.3）和（H.11）便包含了球面上的这些联络系数。

在曲线坐标$(\theta,\varphi)$中，单位球面上一小线段的长度为

$$dl^2 = r^2 d\theta^2 + r^2 \sin^2\theta d\varphi^2 = d\theta^2 + \sin^2\theta d\varphi^2 \tag{H.24}$$

于是在切平面二维仿射空间中，协变及抗变度规分别为$(\mu,\nu=1,2)$

$$\boxed{(g_{\mu\nu}) = \begin{pmatrix} 1 & 0 \\ 0 & \sin^2\theta \end{pmatrix};\quad (g^{\mu\nu}) = \begin{pmatrix} 1 & 0 \\ 0 & \dfrac{1}{\sin^2\theta} \end{pmatrix}} \tag{H.25}$$

---

⑧ 陈省身，陈维恒. 微分几何讲义. 北京：北京大学出版社，1983：25，314-320.

注意这里度规是对参数 $(\theta,\varphi)$ 直接写出的。$\mathrm{d}x^1=\mathrm{d}\theta,\mathrm{d}x^2=\mathrm{d}\varphi$ 则是单位球面的两个抗变线段元，它们的协变线段元为

$$\boxed{\begin{cases}\mathrm{d}x_1=g_{11}\mathrm{d}x^1+g_{12}\mathrm{d}x^2=g_{11}\mathrm{d}x^1=\mathrm{d}\theta\\ \mathrm{d}x_2=g_{21}\mathrm{d}x^1+g_{22}\mathrm{d}x^2=g_{22}\mathrm{d}x^2=\sin^2\theta\mathrm{d}\varphi\end{cases}} \tag{H.26}$$

按照联络系数和度规间的关系⑨：

$$\boxed{\begin{cases}\Gamma_{l,mk}=\dfrac{1}{2}\left(\dfrac{\partial g_{lk}}{\partial x^m}+\dfrac{\partial g_{lm}}{\partial x^k}-\dfrac{\partial g_{mk}}{\partial x^l}\right)\\ \Gamma^k{}_{ij}=g^{kl}\Gamma_{l,ij}\end{cases}} \tag{H.27}$$

由此可得球面的联络系数

$$\boxed{\begin{aligned}&\Gamma^2_{12}=\Gamma^2_{21}=g^{21}\Gamma_{1,21}+g^{22}\Gamma_{2,21}=g^{22}\Gamma_{2,21}=\frac{\cos\theta}{\sin\theta}\\ &\Gamma^1_{22}=g^{11}\Gamma_{1,22}=-\cos\theta\sin\theta\end{aligned}} \tag{H.28}$$

其余联络系数为零。

利用这些联络系数和度规，以及矢量平移中分量变化的下述表达式

$$\boxed{\mathrm{d}\xi^k=-\Gamma^k{}_{ji}\xi^i\mathrm{d}x^j} \tag{H.29}$$

就可以用一种正规普适的方法将前面平移矢量的分量变化式(H.11)再次推导出来。

**证：** 矢量 $\xi$ 的两个抗变分量分别为 $\xi^1=\cos\gamma,\xi^2=\dfrac{\sin\gamma}{\sin\theta}$。这里 $\xi^2$ 的表达式是由于要求矢量 $\xi$ 归一化，即 $g_{\mu\nu}\xi^\mu\xi^\nu=1$，也即 $(\xi^1)^2+(\xi^2)^2\sin^2\theta=1$。代入式(H.29)，有

$$\boxed{\begin{cases}\mathrm{d}\cos\gamma=\mathrm{d}\xi^1=-\Gamma^1_{22}\xi^2\mathrm{d}x^2=\sin\theta\cos\theta\dfrac{\sin\gamma}{\sin\theta}\mathrm{d}\varphi=\cos\theta\sin\gamma\mathrm{d}\varphi\\ \mathrm{d}\dfrac{\sin\gamma}{\sin\theta}=\mathrm{d}\xi^2=-\Gamma^2_{12}\xi^2\mathrm{d}x^1-\Gamma^2_{21}\xi^1\mathrm{d}x^2=-\dfrac{\cos\theta}{\sin\theta}\left(\dfrac{\sin\gamma}{\sin\theta}\mathrm{d}\theta+\cos\gamma\mathrm{d}\varphi\right)\end{cases}} \tag{H.30}$$

显然，式(H.30)中第一式即为式(H.11)。第二式不独立，实际上也是第一式。这只要将第二式左边微分出来，其中对 $\theta$ 的微分项将消去右边的第一项，也得到 $\mathrm{d}\gamma=-\cos\theta\mathrm{d}\varphi$。证毕。

## H.6 绝热过程与 Berry 相因子

已经知道，含时量子系统作绝热演化时，会出现**"和乐相因子"——通常称为"Berry 相因子"**。下面简单讲述。设含时 Hamilton 量为 $h(\tau)=h(\boldsymbol{R}(\tau))$，$\boldsymbol{R}(\tau)$ 为

---

⑨ РАШЕВСКИЙ П К. 黎曼几何与张量解析(下册). 俞玉森译. 北京：高等教育出版社，1956：113-114.

含时参量,有

$$\boxed{\mathrm{i}\frac{\partial|\psi(\tau)\rangle}{\partial\tau}=h(\boldsymbol{R}(\tau))|\psi(\tau)\rangle,\quad |\psi(\tau)\rangle|_{\tau=0}=|\varphi_n(\boldsymbol{R}(0))\rangle} \tag{H.31}$$

Berry 假设此含时过程是个十分缓慢的绝热演化过程,绝热定理成立。于是可以合理地假设,**过程中时刻都有准定态方程成立**

$$\boxed{\begin{cases}h(\boldsymbol{R}(\tau))|\varphi_n(\boldsymbol{R}(\tau))\rangle=e_n(\boldsymbol{R}(\tau))|\varphi_n(\boldsymbol{R}(\tau))\rangle\\ \langle\varphi_n(\boldsymbol{R}(\tau))|\varphi'_n(\boldsymbol{R}(\tau))\rangle=\delta_{nn'}\end{cases}} \tag{H.32}$$

与此逻辑相自洽,还可以相应地假设,满足初条件的含时解的形式为

$$\boxed{|\psi(\tau)\rangle=\mathrm{e}^{-\mathrm{i}\int_0^\tau e_n(\lambda)\mathrm{d}\lambda+\mathrm{i}\gamma_n(\tau)}|\varphi_n(\boldsymbol{R}(\tau))\rangle} \tag{H.33}$$

实质上,这相当于作了前面所说的 Hilbert 空间平行移动近似:$|\varphi_n(\boldsymbol{R}(\tau))\rangle$的变化量向其他绝热轨道投影为零,即作了忽略绝热跃迁的近似

$$\langle\varphi'_n(\boldsymbol{R}(\tau))|\varphi_n(\boldsymbol{R}(\tau))\rangle=0,\quad \forall n'(\neq n) \tag{H.34}$$

接着,根据$|\psi(\tau)\rangle$满足含时 Schrödinger 方程要求,即得 $\gamma_n(\tau)$表达式

$$\boxed{\gamma_n(\tau)=\mathrm{i}\int_{\lambda=0}^{\lambda=\tau}\langle\varphi_n(\boldsymbol{R}(\lambda))|\frac{\partial}{\partial\lambda}|\varphi_n(\boldsymbol{R}(\lambda))\rangle\mathrm{d}\lambda=\mathrm{i}\int_{\boldsymbol{R}(0)}^{\boldsymbol{R}(\tau)}\langle\varphi_n(\boldsymbol{R})|\nabla_{\boldsymbol{R}}\varphi_n(\boldsymbol{R})\rangle\cdot\mathrm{d}\boldsymbol{R}} \tag{H.35}$$

注意,这里考虑的 $h(\boldsymbol{R}(\tau))$随时间变化,只限制其变化速率(十分缓慢),并不限制其变化量(演化时间可以很长,以致 $h(\boldsymbol{R}(\tau))$变化量并不小)。至此,按以前观点,表面上看此处推导似乎是平庸的。但此处 Berry 指出,有些系统 Hamilton 量 $H(\boldsymbol{R}(\tau))$的参数空间拓扑不平庸,导致 $\gamma_n(\tau)$积分是不可积的。系统演化一周 $C$ 之后,圈积分 $\gamma_n(C)$可能会不等于零。由于它具有 $U(1)$变换不变性,于是有可能是一个可观察的、物理的东西。Berry 称这个 $\gamma_n(C)$为**"几何位相变化"。此时动力学方程解和 $\gamma_n(C)$分别为**

$$\boxed{\begin{cases}|\psi(T)\rangle=\exp\left\{-\mathrm{i}\int_{\lambda=0}^{\lambda=T}e_n(\boldsymbol{R}(\lambda))\mathrm{d}\lambda+\mathrm{i}\gamma_n(C)\right\}|\psi(0)\rangle\\ \gamma_n(C)=\mathrm{i}\oint_C\langle\varphi_n(\boldsymbol{R})|\nabla_{\boldsymbol{R}}\varphi_n(\boldsymbol{R})\rangle\cdot\mathrm{d}\boldsymbol{R}\end{cases}} \tag{H.36}$$

**通常将根源于系统参数空间拓扑非平庸的,循环一周 $C$ 的非零改变 $\gamma_n(C)$称为Berry 相因子。显然,它正是矢量平移中的"和乐"相因子。**

## H.7 小　结

(1) **为了说清** Berry **相位的性质,以上各条都是几何学,并未涉及** Schrödinger

**方程动力学。**

(2) 杨振宁先生在讲磁单极子问题[10]时说："不同的波截面(比如说，属于不同的能量)显然满足同样的转换条件，因为有同样的 $eg$"[11]。**这里他是在强调，这个相因子与粒子所处的动力学状态没有关系，而只取决于作为参数的磁单极子强度 $g$(或磁通 $\Phi$)。正是 $g(\Phi)$凸显了球面拓扑非平凡性质，正是 $g(\Phi)$产生了曲面单连通到曲面多连通的拓扑性质改变。**从其他情况的 Berry 相位计算来看，结果相似：Berry 相**位表达式不依赖于粒子所处的具体的动力学状态。更一般地说，不直接依赖于系统动力学性质，而只依赖于系统 Hamilton 量中所含参数空间的几何性质。**

(3) **在 Berry 相位问题上，有一些应当消除的误解：**

a. **不要因为 $\gamma_n(C)$看似来源于含时 Schrödinger 方程，就说它本质上是动力学的。**这是误解。在最初 Berry 自己文章中，Berry **就是以"满足 Schrödinger 方程导出 Berry 相位表达式"的。可是，Berry 仍然强调这个相因子 $\gamma_n(C)$的性质是几何的，并没有强调它"根源于动力学"。更不必说数学家 Simon 文章对这个相因子的分析**[12]。它有时的确通过 Hamilton 量出现在动力学演化过程中。但实际上，它的物理根源并不直接就是 Hamilton 量本身，与 Hamilton 量中相互作用势也并无内在的物理因缘。

b. **其实 Berry 相位表达式并非只能从"满足含时 Schrödinger 方程定出"。**从定态 Schrödinger 方程也可以引出 Berry 相位表达式，**而且更为简便。**这时，由于已经是定态和不可积相因子的圈积分，所以不必采用绝热定理就能分离出绝热相因子[13]。Berry **相位正是说明了：来自 Schrödinger 方程的东西不一定就是动力学的，虽然动力学的东西一定来自 Schrödinger 方程。文献[14]也指出，**Berry **相位不由 Hamilton 量决定。**

c. **推导 $\gamma(\tau)$的过程不是新的，$\gamma(\tau)$也不是人们通常说的 Berry 相位。**解释如下：在 Berry 之前，人们是知道这一小段简单而直接的推导结果的。不过，在 Berry 之前，人们基于以下两点认为没有必要提及它[15]：①在作如此计算之前，已经对绝热过程作了准定态近似，因此这个 $\gamma(\tau)$就无关紧要了！因为，**既然每个时刻都有准定态方程，那么在 $t$ 时刻定态解 $|\varphi_n(\boldsymbol{R}(\tau))\rangle$ 前面就可以添加任意相因子 $e^{i\delta(\tau)}$，而不影**

---

[10] 杨振宁. 杨振宁演讲集. 南京：南开大学出版社，1989：307-321、323-326、347-354、390-391、406-409、525-526.

[11] 同上：第 311 页。

[12] Berry M V, F R S, Quantal phase factors accompanying adiabatic changes. Proc. R. Soc. Lond. , 1984, A392：45-57；Simon B. Holonomy, the Quantum Adiabatic Theorem, and Berry's Phase. PRL：1983, 51：2167.

[13] 张永德. 量子力学(第四版). 北京：科学出版社，2016，第 9.4 节.

[14] 文小刚. 量子多体理论. 北京：高等教育出版社，2004：34.

[15] 参见 Schiff L I. 量子力学. 李淑贤译. 北京：人民教育出版社，1982：333.

响定态解成立。不同时刻这个相因子显然可以不同。这样一来,事情就成为,整个含时过程可以有任意含时相因子的不确定性,而不影响每个时刻准定态方程成立。既然如此,从处理问题要合理自洽来看,应当不必再计较什么含时相因子了。这正是 Berry 之前,人们知道 $\gamma(\tau)$ 但却不提 $\gamma(\tau)$ 的缘故;②何况 Berry 之前人们并不知道这里面还暗含着一个不可积相因子问题。因此,既然此处没有值得一提的物理内容,就有意略过,仅此而已。

Berry 显然知道这些背景。所以在他原文里不但略写了 $\gamma(\tau)$ 的推导,甚至根本没写出表达式! Berry 论文关注的是,相位为不可积相因子,连续循环一周 $C$ 之后的 $\gamma_n(T)\neq\gamma_n(0)$ 情况。所以在他论文里未经推导直接就强调写出的是圈积分 $\gamma_n(C)$!也正是这个经历一个周期系统还原、圈积分不为零的东西才是人们通常说的 Berry 相位。总之,Berry 贡献在于:在大量认为没有意义的被忽略的 $\gamma(\tau)$ 堆里,指出蕴藏有物理的东西——它就是可以观测的、现在称为 Berry 相因子的 $\gamma(C)$。现在,既不可以像 Berry 以前人们那样笼统地将所有 $\gamma(\tau)$ 都当成洗澡水倒掉,也不可以笼统地将 $\gamma(\tau)$ 都当成小孩全部端了回来。具体分析要看 Hamilton 量参数空间拓扑性质平庸与否而定。比如,其中就有洗澡水——可以证明,一维绝热过程,拓扑平庸,波函数是实的,循环一周后它恒为零。于是强调它并无意义。

d. 不要轻易地推广,将任何情况的两个不同能级定态叠加的含时态变化也分析成有 Berry 相位存在。比如,令

$$|\psi(t)\rangle=|0\rangle e^{-iE_0t/\hbar}+|1\rangle e^{-iE_1t/\hbar}\sim(|0\rangle+|1\rangle e^{-i(E_1-E_0)t/\hbar})$$

于是当时间变化时,就说 $|\psi(t)\rangle$ 也可以划出一个立体角,出来 Berry 相位等。一般而言,如此思路又是一个误解。这种做法数学上看没有问题,但物理上有问题。1.2.1 节关于无规相差假设中已经阐述过了。

总之,虽然 Berry 最初提出 Berry 相位的计算采用了绝热近似,但 Berry 相位远不是只在绝热过程中才存在,也不限于在电磁相互作用中存在,更与粒子的动力学状态无关。实际上,只要系统 Hamilton 量的参数空间拓扑非平庸,在系统某些含时(甚至定态)过程中出现 Berry 相位。目前对它本质的普遍提法是几何的或拓扑的。其实,几何或拓扑的提法不仅更为准确,而且也更为深刻和普适:它甚至和基本相互作用的种类无关。

# 附录 I　Landau 能级计算与磁力线唯象模型的关联

## I.1　不同规范下电子入射均匀磁场的 Landau 能级问题求解

(1) $\boldsymbol{B}=B\boldsymbol{e}_z$，取规范矢势 $\boldsymbol{A}=(-By,0,0)$，Hamilton 量为

$$H=\frac{1}{2\mu}\left[\left(p_x+\frac{eB}{c}y\right)^2+p_y{}^2+p_z{}^2\right] \tag{I.1}$$

注意这里没有略去 $\boldsymbol{A}^2$ 项，即未作磁场的线性近似，$e>0$。

由于 $H$ 不显含 $x$、$z$，相应的正则动量分量 $p_x=-\mathrm{i}\hbar\mathrm{d}/\mathrm{d}x$、$p_z=-\mathrm{i}\hbar\mathrm{d}/\mathrm{d}z$ 守恒。但注意，$x$ 方向守恒的是正则动量 $p_x$，并不是机械动量 $P_x=p_x+\dfrac{eB}{c}y$。事实是粒子沿 $x$ 方向速度并不恒定。只在 $z$ 方向有 $p_z=P_z$，于是 $z$ 方向速度恒定，并可连续变化。由此，利用进入磁场时刻算符 $p_x$，$p_z$ 的初始值 $p_x^{(0)}$，$p_z^{(0)}$，即可将波函数写为

$$\Psi(x,y,z)=\exp\{\mathrm{i}(p_x^{(0)}x+p_z^{(0)}z)/\hbar\}\psi(y) \tag{I.2}$$

其中 $p_x^{(0)}$ 并非在磁场中运动时沿 $x$ 方向的物理动量。将此表达式代入定态 Schrödinger 方程，得

$$\frac{1}{2\mu}\left[\left(p_x+\frac{eB}{c}y\right)^2+p_y^2+p_z^2\right]\mathrm{e}^{\mathrm{i}(p_x^{(0)}x+p_z^{(0)}z)/\hbar}\psi(y)=E\mathrm{e}^{\mathrm{i}(p_x^{(0)}x+p_z^{(0)}z)/\hbar}\psi(y)$$

分离掉 $z$ 方向自由运动，得

$$\frac{1}{2\mu}\left[\left(p_x+\frac{eB}{c}y\right)^2+p_y^2\right]\mathrm{e}^{\mathrm{i}p_x^{(0)}x/\hbar}\psi(y)=\left(E-\frac{(p_z^{(0)})^2}{2\mu}\right)\mathrm{e}^{\mathrm{i}p_x^{(0)}x/\hbar}\psi(y) \tag{I.3}$$

将守恒量算符 $p_x=-\mathrm{i}\hbar\dfrac{\partial}{\partial x}$ 代以初始数值 $p_x^{(0)}$，方程化简为沿 $y$ 方向振动但平衡位置有平移的谐振子方程

$$\frac{1}{2\mu}\left[\left(p_x^{(0)}+\frac{eB}{c}y\right)^2+p_y{}^2\right]\psi(y)=\left(E-\frac{p_z{}^2}{2\mu}\right)\psi(y) \tag{I.4}$$

令 $y'=y+\dfrac{cp_x^{(0)}}{eB}$，于是得到固有频率为 $\omega=\dfrac{eB}{\mu c}$ 的谐振子方程

$$\left[\frac{p_{y'}^2}{2\mu}+\frac{1}{2}\mu\left(\frac{eB}{\mu c}\right)^2y'^2\right]\psi(y')=\left(E-\frac{p_z{}^2}{2\mu}\right)\psi(y') \tag{I.5}$$

此处为了节省记号，仍记 $\psi(y')=\psi(y)$。求得波函数和能量为

$$\begin{cases}\Psi(x,y,z)=N\exp\left(-\dfrac{eB}{2c\hbar}y'^2\right)H_n\left(\sqrt{\dfrac{eB}{c\hbar}}y'\right)\exp\{\mathrm{i}(p_x^{(0)}x+p_z^{(0)}z)/\hbar\}\\ E=\left(n+\dfrac{1}{2}\right)\hbar\dfrac{eB}{\mu c}+\dfrac{(p_z^{(0)})^2}{2\mu},\quad y'=y+\dfrac{cp_x^{(0)}}{eB}\end{cases} \tag{I.6}$$

注意，初值 $p_x^{(0)}$ 影响 $y$ 方向振荡的波函数和平衡位置，但不进入能量表达式。表面上，甚至 $p_x^{(0)}$ 并不影响概率分布。

式(I.6)表明，自由入射电子，沿磁场方向自由运动；而在与磁场相垂直的 $x$-$y$ 面内运动，由于自身回转波动干涉结果，能量呈现分立的量子振子能谱，称为"Landau 能级"。讨论见后。

(2) **$\boldsymbol{B}=B\boldsymbol{e}_z$，取另一规范 $\boldsymbol{A}'=(0,Bx,0)$，求解 Landau 能级。**

对此磁场，矢势也可以取作 $\boldsymbol{A}'=(0,Bx,0)$。它和前面表达式相差一个由导引函数 $f(x,y)=Bxy$ 导出的规范变换 $\boldsymbol{A}'=\boldsymbol{A}+\nabla(Bxy)$。注意此时 $p_y=-\mathrm{i}\hbar\mathrm{d}/\mathrm{d}y$ 守恒。所以求解时需要改用另一个初条件 $p_y=p_y^{(0)}$。由此得到类似方程(I.6)的另一个解：只需将式(I.6)中波函数表达式 $x\leftrightarrow y$，能量表达式不变

$$\begin{cases}\Psi(x,y,z)=N\exp\left(-\dfrac{eB}{2c\hbar}x'^2\right)H_n\left(\sqrt{\dfrac{eB}{c\hbar}}x'\right)\exp\{\mathrm{i}(p_y^{(0)}y+p_z^{(0)}z)/\hbar\}\\ E=\left(n+\dfrac{1}{2}\right)\hbar\dfrac{eB}{\mu c}+\dfrac{(p_z^{(0)})^2}{2\mu},\quad x'=x-\dfrac{cp_y^{(0)}}{eB}\end{cases}\tag{I.7}$$

显然，此处波函数形式上和式(I.6)不同。这似乎和以前所说的规范变换前后波函数只差一个相因子 $\exp(\mathrm{i}eBxy/\hbar c)$ 有矛盾。其实不然。规范不变性是指同一初条件前提下，采用不同规范得出的解在物理上等价，只差一个定域相因子。现在情况是使用了两个不同的初条件 $p_y=p_y^{(0)}$ 与 $p_x=p_x^{(0)}$，所得的两个解彼此并不是"只差一个相因子"。

(3) **再选规范 $\boldsymbol{A}''=(-By,Bx,0)/2$，Schrödinger 方程为**

$$\begin{cases}\Psi(x,y,z)=\psi(x,y)Z(z);\quad Z(z)=\exp(-\mathrm{i}p_z^{(0)}z/\hbar)/\sqrt{2\pi\hbar}\\ \dfrac{1}{2\mu}\left[\left(p_x+\dfrac{eB}{2c}y\right)^2+\left(p_y-\dfrac{eB}{2c}x\right)^2\right]\psi(x,y)=\left(E-\dfrac{(p_z^{(0)})^2}{2\mu}\right)\psi(x,y)\end{cases}\tag{I.8}$$

在 $x$-$y$ 面内问题成为

$$\left\{\frac{p_x^2}{2\mu}+\frac{p_y^2}{2\mu}+\frac{eB}{2\mu c}(yp_x-xp_y)+\frac{e^2B^2}{8\mu c^2}(x^2+y^2)\right\}\psi(x,y)=\left(E-\frac{(p_z^{(0)})^2}{2\mu}\right)\psi(x,y)\tag{I.9}$$

注意，在式(I.9)Hamilton 量中，交叉项与其余项对易

$$\left[\frac{p_x^2}{2\mu}+\frac{p_y^2}{2\mu}+\frac{e^2B^2}{8\mu c^2}(x^2+y^2),\frac{eB}{2\mu c}(yp_x-xp_y)\right]=0$$

所以 $z$ 方向角动量 $(xp_y-yp_x)=L_z=-\mathrm{i}\hbar\partial/\partial\varphi$ 是守恒量。这从问题对称性分析也立即可知。于是此方程可用分离变数求解，于是转入极坐标 $(\rho,\varphi)$。对算符 $L_z=-\mathrm{i}\hbar\partial/\partial\varphi$ 先解出 $\varphi$ 方向波函数，得

$$\begin{cases}\psi(x,y)=R(\rho)\Phi(\varphi)\\ L_z\Phi(\varphi)=m\hbar\Phi(\varphi)\\ \Phi(\varphi)=\exp(\mathrm{i}m\varphi)\quad(m=0,\pm1,\pm2,\cdots)\end{cases}\tag{I.10}$$

为确定起见，取守恒量量子数 $m\geqslant 0$。令 $\dfrac{2\mu E-(p_z^{(0)})^2}{\hbar^2}=k_\perp^2$，由于 $p_x^2+p_y^2=-\hbar^2\left\{\dfrac{1}{\rho}\dfrac{\partial}{\partial\rho}\left(\rho\dfrac{\partial}{\partial\rho}\right)+\dfrac{\partial^2}{\rho^2\partial\varphi^2}\right\}$，得

$$\frac{1}{R\Phi}\left[\frac{1}{\rho}\frac{\partial}{\partial\rho}\left(\rho\frac{\partial}{\partial\rho}\right)-\frac{e^2B^2}{4\hbar^2c^2}\rho^2\right]R\Phi+\frac{1}{R\Phi}\frac{\partial^2 R\Phi}{\rho^2\partial\varphi^2}-\frac{1}{R\Phi}\frac{\mathrm{i}eB}{\hbar c}\frac{\partial R\Phi}{\partial\varphi}=-k_\perp^2$$

得

$$\frac{1}{R}\left[\frac{1}{\rho}\frac{\partial}{\partial\rho}\left(\rho\frac{\partial}{\partial\rho}\right)-\frac{e^2B^2}{4\hbar^2c^2}\rho^2\right]R+\frac{-m^2}{\rho^2}-\frac{\mathrm{i}eB}{\hbar c}\mathrm{i}m+k_\perp^2=0 \tag{I.11}$$

将自变数无量纲化，令 $\sqrt{\dfrac{\hbar c}{eB}}\equiv\rho_B$。乘方程以 $\rho_B^2$，记 $\eta=\rho/\rho_B$，得

$$\frac{\partial^2 R}{\partial\eta^2}+\frac{1}{\eta}\frac{\partial R}{\partial\eta}+\left(m-\frac{m^2}{\eta^2}+k_\perp^2\rho_B^2-\frac{\eta^2}{4}\right)R=0 \tag{I.12}$$

为消除 $R$ 前面系数中 $-\eta^2/4$ 项，作函数变换 $R=\exp(-\eta^2/4)U$。于是有

$$R'=-\frac{\eta}{2}\mathrm{e}^{-\eta^2/4}U+\mathrm{e}^{-\eta^2/4}U',\quad R''=-\frac{1}{2}\mathrm{e}^{-\eta^2/4}U+\frac{\eta^2}{4}\mathrm{e}^{-\eta^2/4}U-\eta\mathrm{e}^{-\eta^2/4}U'+\mathrm{e}^{-\eta^2/4}U''$$

代入可得

$$U''+\left(\frac{1}{\eta}-\eta\right)U'+\left(-1+m+k_\perp^2\rho_B^2-\frac{m^2}{\eta^2}\right)U=0$$

为消除 $U$ 中 $-m^2/\eta^2$ 项，作函数变换 $U=\eta^\delta V$，要求 $\delta$ 满足指标方程，$\delta(\delta-1)+\delta-m^2=0$①，解得 $\delta=\pm m$。为保证 $\eta=0$ 附近正则，取 $\delta=m\geqslant 0$。于是应当作变换 $U=\eta^m V$。代入 $U$ 方程，得

$$U'=m\eta^{m-1}V+\eta^m V',\quad U''=m(m-1)\eta^{m-2}V+2m\eta^{m-1}V'+\eta^m V''$$

得到 $V$ 的方程

$$V''+\left(\frac{2m+1}{\eta}-\eta\right)V'+(k_\perp^2\rho_B^2-1)V=0$$

为消去 $V'$ 前含 $-\eta$ 项，作第三次变换：自变数变换 $\xi=\dfrac{1}{2}\eta^2$，并记 $V(\eta)=W(\xi)$，得

$$\xi=\frac{1}{2}\eta^2:\frac{\mathrm{d}\xi}{\mathrm{d}\eta}=\eta,\quad V'=\frac{\mathrm{d}V}{\mathrm{d}\eta}=\frac{\mathrm{d}W}{\mathrm{d}\xi}\frac{\mathrm{d}\xi}{\mathrm{d}\eta}=\eta\frac{\mathrm{d}W}{\mathrm{d}\xi}=\eta W',\quad V''=\frac{\mathrm{d}V'}{\mathrm{d}\eta}=W'+2\xi W''$$

于是有

$$W''+\left(\frac{m+1}{\xi}-1\right)W'-\frac{1}{2\xi}(1-k_\perp^2\rho_B^2)W=0 \tag{I.13}$$

现在已经转化为合流超几何方程($b=m+1$，$a=(1-k_\perp^2\rho_B^2)/2$)，

---

① 此处求解方法见张永德. 量子力学(第四版). 北京：科学出版社，2016，第 4 章，求解氢原子和谐振子等问题的过程.

$$W''+\left(\frac{b}{\xi}-1\right)W'-\frac{a}{\xi}W=0$$

它的两个独立解为 $W_1(\xi)=F(a,b,\xi)$，$W_2(\xi)=\xi^{1-b}F(a-b+1,2-b,\xi)$。$W_2(\xi)$ 在原点不符合波函数正规性条件，应当舍去。最后解为

$$R(\rho)=\exp\left(-\frac{\rho^2}{4\rho_B^2}\right)\left(\frac{\rho}{\rho_B}\right)^m F\left(\frac{1-k_\perp^2\rho_B^2}{2},m+1,\frac{\rho^2}{2\rho_B^2}\right)$$

为了使此处超几何级数不发散，必须截断。这要求

$$\frac{1-k_\perp^2\rho_B^2}{2}=-n_\rho \Rightarrow k_\perp^2=\frac{1+2n_\rho}{\rho_B^2},\quad n_\rho=0,1,2,\cdots$$

于是得到

$$E=\frac{p_z^{(0)2}}{2\mu}+\frac{\hbar^2k_\perp^2}{2\mu}=\frac{p_z^{(0)2}}{2\mu}+\left(n_\rho+\frac{1}{2}\right)\frac{\hbar^2}{\mu\rho_B^2}=\frac{p_z^{(0)2}}{2\mu}+\left(n_\rho+\frac{1}{2}\right)\hbar\frac{eB}{\mu c} \tag{I.14}$$

说明 $x$-$y$ 面内运动呈现谐振子特有的量子化现象。同时波函数为

$$\begin{cases}\Psi_{n_\rho m p_z^{(0)}}(\rho,\varphi,z)=R_{n_\rho}(\rho)\Phi_m(\varphi)\exp(\mathrm{i}p_z^{(0)}z/\hbar)\quad(n_\rho=0,1,2,\cdots)\\ R_{n_\rho}(\rho)=\exp(-\rho^2/4\rho_B^2)\left(\frac{\rho}{\rho_B}\right)^m F\left(-n_\rho,m+1,\frac{\rho^2}{2\rho_B^2}\right)\\ \Phi_m(\varphi)=\exp(\mathrm{i}m\varphi)\quad(m=0,1,2,\cdots)\end{cases} \tag{I.15}$$

当然也可以通过下面关系转为用广义 Laguerre 多项式表示

$$L_{n_\rho}^m(z)=\frac{\Gamma(m+n_\rho+1)}{n_\rho!\ \Gamma(m+1)}F(-n_\rho,m+1,z)$$

## I.2 Landau 能级对称性与磁力线分析

(1) Landau 能级讨论：①能级等间距 $\Delta E=\hbar^2/\mu\rho_B^2=\hbar eB/\mu c$，和磁场强度成正比。表明电子在磁场中进行简谐转动，固有频率是 $\omega=eB/\mu c$。频率 $\omega$ 不含 $\hbar$，有经典图像，是 Lorentz 力造成在半径 $\rho_B$ 上的转动；②能级与回转运动量子数 $m$ 无关；③表观上，能级间距和粒子运动能量及初条件均无关，而且初值 $p_x^{(0)}$ 也不影响概率分布。但实际上，输入 $p_x^{(0)}$ 不同，$n$ 取值不同，间接影响概率分布。热平衡下温度影响通过对 $n$ 的占有数分布来体现；④由于电子磁附加能恒为正，磁场中自由电子气这个量子气体具有反磁性。

(2) 此问题本身具有绕磁场方向旋转不变性。此系统的对称群为 $U(1)$ 群 $\exp(-\mathrm{i}\varphi L_z/\hbar)$ $(\varphi=(0,2\pi))$。因此，无论从规范变换观点或从对称变换观点来看，以上三个解物理上是等价的。比如，当第一个解式(I.6)和第二个解式(I.7)在初条件相同情况下，它们便可以相互转换。这只需将式(I.7)绕 $Z$ 轴转动 $\pi/2$，即用 $\exp(-\mathrm{i}\pi L_z/2\hbar)$ 作用于式(I.7) $(y'=y+cp_x^{(0)}/eB)$

$$U\left(\frac{\pi}{2}\boldsymbol{e}_z\right):\boldsymbol{\Psi}(x,y,z)=\begin{pmatrix}x\to y\\ y\to -x\end{pmatrix}:N\exp\left(-\frac{eB}{2c\hbar}x'^2\right)H_n\left(\sqrt{\frac{eB}{c\hbar}}x'\right)$$
$$\cdot\exp\{\mathrm{i}(p_y^{(0)}y+p_z^{(0)}z)/\hbar\}$$
$$=N\exp\left(-\frac{eB}{2c\hbar}y'^2\right)H_n\left(\sqrt{\frac{eB}{c\hbar}}y'\right)\exp\{\mathrm{i}(p_x^{(0)}x+p_z^{(0)}z)/\hbar\}$$
(I. 16)

(3) $\rho_B$ **物理意义讨论。上面引入的** $\rho_B$ **可以唯象地看作是单根磁力线截面的半径。因为可以合理假设：穿过某个截面** $S$ **的最小量子化磁通** $\Phi_{\min}$ **是由磁场** $B$ **单根磁力线造成的。** 于是有

$$\Phi_{\min}=B\pi\rho_B^2=\frac{hc}{2e},\quad \rho_B=\sqrt{\frac{\hbar c}{eB}} \tag{I. 17}$$

由式(I. 17)可知：**第一，磁力线的半径与磁场** $B$ **根号成反比。也就是说，磁力线仿佛像是一根根弹性的橡皮筋：磁场越强，磁力线张力越大，磁力线半径会越细。相应地，穿过单位面积的磁力线数目也就越多。穿过某个截面** $S$ **的磁力线数目为**

$$N(S)=\frac{\Phi(S)}{\Phi_{\min}}=\frac{2e\Phi(S)}{hc} \tag{I. 18}$$

**第二，对于任意给定的磁场强度** $B$**，对应存在一个最小截面** $S_{\min}<\pi\rho_B^2=\frac{hc}{2eB}$**。小于此最小截面，磁力线将穿不过去而磁通必为零。这就直观地说明了 Farady 唯象引入磁力线的合理性。第三，此处结果表明，虽然最小磁通由超导 Cooper 对得出，但其实与 Cooper 对无关。**

# 习题解答概要

## 第7章

7.1　答：由式(7.14)，利用 $\delta(x-x')=\lim\limits_{\alpha\to\infty}\sqrt{\dfrac{\alpha}{\pi\mathrm{i}}}\,\mathrm{e}^{\mathrm{i}\alpha(x-x')^2}$，代入式(7.13b)。

7.4　提示：作 $n$ 维矢量平移变换，将指数化为齐次形式。再作变换，化指数为平方和形式，即可积出。

7.5　证：用归纳法证明如下等式成立即可

$$\lim_{N\to\infty}\left[\exp(-\frac{c}{N}\hat{A})\cdot\exp(-\frac{c}{N}\hat{B})\right]^N=\exp(-c(\hat{A}+\hat{B}))$$

这是真的，因为对等式两边的变量 $c$ 求导数并令 $c=0$，

$$1\text{ 阶导数等于}-(A+B);$$

$$2\text{ 阶导数等于 }N(N-1)\left(\frac{A+B}{N}\right)^2=\frac{N(N-1)}{N^2}(A+B)^2;$$

假设求导 $n(\ll N)$ 次系数等式成立，则 $n+1$ 次系数等式也必成立。因为实际上只要注意，求导中一旦令 $c=0$，所有指数因子都等于 1，即消失。注意，对 $\exp\left(-\frac{c}{N}\hat{A}\right)$ 及 $\exp\left(-\frac{c}{N}\hat{B}\right)$ 这两个指数求导得到 $N$(或 $N$ 减去有限数)的负幂次项，而对 $\left\{\exp(-\frac{c}{N}\hat{A})\exp(-\frac{c}{N}\hat{B})\right\}^{N-n}$ 求导(不再对两个中的哪个求导)将得到 $N$(或 $N$ 减去有限数)的正幂次项。于是在对 $c$ 求导及求和运算时，无需保留对这两个因子单独求导的所有阶导数项，只需保留对 $\left\{\exp\left(-\frac{c}{N}\hat{A}\right)\exp\left(-\frac{c}{N}\hat{B}\right)\right\}^{N-n}$ 的求导项。如此以来，结论就是显然的。

※ 注意，不要进行如下运算：对左边取对数(再接着取指数)，得

$$\begin{aligned}\ln\left\{\left[\exp\left(-\frac{c}{N}\hat{A}\right)\cdot\exp\left(-\frac{c}{N}\hat{B}\right)\right]^N\right\}&=N\ln\left[\exp(-\frac{c}{N}\hat{A})\cdot\exp(-\frac{c}{N}\hat{B})\right]\\&=N\ln\exp(-\frac{c}{N}\hat{A})+N\ln\exp(-\frac{c}{N}\hat{B})\\&=N(-\frac{c}{N}\hat{A})+N(-\frac{c}{N}\hat{B})=-c(\hat{A}+\hat{B})\end{aligned}$$

因为矩阵相乘不服从交换律，所以取乘积对数所得的矩阵相加并不是普通的加法—不服从交换律。

7.6　解 1　用传播子积分法。自由粒子 $\hat{H}=\dfrac{\boldsymbol{p}^2}{2m_0}$，其时间演化算符为

$$U(t,t_0)=\int\mathrm{e}^{-\mathrm{i}(t-t_0)\frac{\boldsymbol{p}^2}{2m_0\hbar}}\,|\,\boldsymbol{p}\rangle\langle\boldsymbol{p}\,|\,\mathrm{d}\boldsymbol{p}\rangle$$

传播子为

$$K(\boldsymbol{r}t;\boldsymbol{r}_0t_0)=\langle\boldsymbol{r}|U(t,t_0)|\boldsymbol{r}_0\rangle=\int \mathrm{e}^{-\mathrm{i}\frac{(t-t_0)p^2}{2m_0\hbar}}\langle\boldsymbol{r}|\boldsymbol{p}\rangle\langle\boldsymbol{p}|\boldsymbol{r}_0\rangle\mathrm{d}\boldsymbol{p}$$

$$=\int\frac{\mathrm{d}\boldsymbol{p}}{(2\pi\hbar)^3}\mathrm{e}^{-\mathrm{i}\frac{(t-t_0)p^2}{2m_0\hbar}+\mathrm{i}\frac{\boldsymbol{p}\cdot(\boldsymbol{r}-\boldsymbol{r}_0)}{\hbar}}$$

积分出来，再添上 $\theta(t-t_0)$，于是自由粒子的传播子为

$$K(\boldsymbol{r}t;\boldsymbol{r}_0t_0)=\left(\frac{m_0}{\mathrm{i}2\pi\hbar(t-t_0)}\right)^{3/2}\exp\left(\frac{\mathrm{i}m_0}{2\hbar(t-t_0)}(\boldsymbol{r}-\boldsymbol{r}_0)^2\right)\theta(t-t_0)$$

直接检验即知，当 $t>t_0$ 时，这个传播子满足 Schrödinger 方程。

解 2　对路径积分直接进行逐重积分，再对重数参量取极限办法。自由粒子 $L=\frac{m_0}{2}\dot{\boldsymbol{r}}^2$，于是

$$K(\boldsymbol{r}t;\boldsymbol{r}_0t_0)=\lim_{\substack{n\to\infty\\ \varepsilon\to 0}}\left(\frac{2\pi\mathrm{i}\hbar\varepsilon}{m_0}\right)^{-\frac{3}{2}}\int\cdots\int\frac{\mathrm{d}\boldsymbol{r}_{n-1}}{\left(\frac{2\pi\mathrm{i}\hbar\varepsilon}{m_0}\right)^{\frac{3}{2}}}\cdots\frac{\mathrm{d}\boldsymbol{r}_1}{\left(\frac{2\pi\mathrm{i}\hbar\varepsilon}{m_0}\right)^{\frac{3}{2}}}\exp\left\{\frac{\mathrm{i}m_0}{2\hbar\varepsilon}\sum_{i=0}^{n-1}(\boldsymbol{r}_{i+1}-\boldsymbol{r}_i)^2\right\}$$

这里 $\boldsymbol{r}_n=\boldsymbol{r}, n\varepsilon=t-t_0$。由于这时 $x$、$y$、$z$ 三个自由度彼此独立，计算完全相同，为书写简单只对 $x$ 自由度进行这个多重积分计算。先从 $x_1$ 积分开始。将在重积分号外的乘子 $\left(\frac{2\pi\mathrm{i}\hbar\varepsilon}{m_0}\right)^{-\frac{1}{2}}$ 也计入，成为

$$\left(\frac{2\pi\mathrm{i}\hbar\varepsilon}{m_0}\right)^{-1}\int_{-\infty}^{+\infty}\mathrm{d}x_1\exp\left\{\frac{\mathrm{i}m_0}{2\hbar\varepsilon}[(x_2-x_1)^2+(x_1-x_0)^2]\right\}$$

$$=\left(\frac{2\pi\mathrm{i}\hbar\varepsilon}{m_0}\right)^{-1}\int_{-\infty}^{+\infty}\mathrm{d}x_1\exp\left\{\frac{\mathrm{i}m_0}{\hbar\varepsilon}\left[\left(x_1-\frac{x_2+x_0}{2}\right)^2+\frac{(x_2-x_0)^2}{4}\right]\right\}$$

利用习题 7.2 中的 Fresnel 积分公式积出上式，为

$$\left(\frac{\pi\mathrm{i}\cdot 2\hbar\cdot 2\varepsilon}{m_0}\right)^{-\frac{1}{2}}\exp\left\{\frac{\mathrm{i}m_0}{2\hbar\cdot 2\varepsilon}(x_2-x_0)^2\right\}$$

接着将此结果乘以 $\left(\frac{2\pi\mathrm{i}\hbar\varepsilon}{m_0}\right)^{-\frac{1}{2}}\exp\left\{\frac{\mathrm{i}m_0}{2\hbar\varepsilon}(x_3-x_2)^2\right\}$，再对 $x_2$ 进行积分

$$\frac{m_0}{\pi\mathrm{i}\sqrt{2}\hbar\cdot 2\varepsilon}\int_{-\infty}^{+\infty}\mathrm{d}x_2\exp\left\{\frac{\mathrm{i}m_0}{4\hbar\varepsilon}(x_2-x_0)^2+\frac{\mathrm{i}m_0}{2\hbar\varepsilon}(x_3-x_2)^2\right\}$$

$$=\frac{m_0}{\pi\mathrm{i}\sqrt{2}\hbar\cdot 2\varepsilon}\int_{-\infty}^{+\infty}\mathrm{d}x_2\exp\left\{\frac{\mathrm{i}m_0}{4\hbar\varepsilon}\left[\left(\sqrt{3}x_2-\frac{1}{\sqrt{3}}(2x_3+x_0)\right)^2+\frac{2}{3}(x_3-x_0)^2\right]\right\}$$

$$=\left(\frac{\pi\mathrm{i}\cdot 2\hbar\cdot 3\varepsilon}{m_0}\right)^{-\frac{1}{2}}\exp\left\{\frac{\mathrm{i}m_0}{2\hbar\cdot 3\varepsilon}(x_3-x_0)^2\right\}$$

由此重复并递推下去，直至完成对 $x_{n-1}$ 的积分之后，得到

$$\left(\frac{\pi\mathrm{i}\cdot 2\hbar\cdot n\varepsilon}{m_0}\right)^{-\frac{1}{2}}\exp\left\{\frac{\mathrm{i}m_0}{2\hbar\cdot n\varepsilon}(x-x_0)^2\right\}$$

注意 $n\varepsilon=t-t_0$，于是即得 $K(\boldsymbol{r}t;\boldsymbol{r}_0t_0)$ 的 $x$ 方向部分。$y$、$z$ 计算类似。

解 3　也可以采用 $n$ 维重积分下述公式一次性求积给出上面的结果。已知公式

$$\int_{-\infty}^{+\infty}\exp\left\{-\sum_{i,j=1}^{n}M_{ij}x_ix_j+\sum_{i=1}^{n}\alpha_ix_i\right\}\mathrm{d}x_1\cdots\mathrm{d}x_n=\sqrt{\frac{\pi^n}{\det M}}\exp\left(\frac{1}{4}\tilde{\alpha}M^{-1}\alpha\right)$$

这里积分收敛的充分条件要求复对称矩阵 $M$ 满秩并且实部至少为半正定。对自由粒子情况 $x=(x_1,\cdots,x_{n-1})$，　$M=-\frac{\mathrm{i}m_0}{2\hbar\varepsilon}M'$ 为 $(n-1)$ 维对称矩阵，而

$$M'=\begin{pmatrix} 2 & -1 & 0 & \cdots & 0 \\ -1 & 2 & -1 & \cdots & 0 \\ 0 & -1 & & \cdots & \cdots \\ 0 & \cdots & \cdots & \cdots & -1 \\ 0 & 0 & & & 2 \end{pmatrix},\quad \tilde{\alpha}=-\frac{im_0}{\hbar\varepsilon}\underbrace{(x_0,0,\cdots,0,x)}_{(n-1)}$$

可用归纳法验算，$\det M=\left(-\dfrac{im_0}{2\hbar\varepsilon}\right)^{n-1}n$；其逆矩阵为

$$M^{-1}=\frac{1}{\det M}\{(-1)^{i+j}\det M^{(i,j)}\}^{\mathrm{T}}$$

这里 $M^{(i,j)}$ 是从 $(n-1)$ 阶 $M$ 矩阵中删除第 $i$ 行、第 $j$ 列之后的 $(n-2)$ 阶矩阵，T 是对括号中矩阵元为 $(-1)^{i+j}\det M^{(i,j)}$ 的 $(n-1)$ 阶矩阵的转置。于是可得 $M^{-1}$ 的 4 个有关的矩阵元为

$$(M^{-1})_{1,1}=(M^{-1})_{n-1,n-1}=\left(-\frac{im_0}{2\hbar\varepsilon}\right)^{-1}\frac{n-1}{n}$$

$$(M^{-1})_{1,n-1}=(M^{-1})_{n-1,1}=\left(-\frac{im_0}{2\hbar\varepsilon}\right)^{-1}\frac{1}{n}$$

后面两个矩阵元相等是由于对称矩阵的逆仍是对称矩阵。注意，除去第 1 行第 $(n-1)$ 列后的 $(n-2)$ 阶矩阵 $M'^{(1,n-1)}$ 的行列式为 $(-1)^{n-2}$。将以上结果代入重积分公式，得

$$K(xt;x_0t_0)=\lim_{\substack{n\to\infty\\ \varepsilon\to 0}}\frac{1}{\left(\dfrac{2\pi i\hbar\varepsilon}{m_0}\right)^{n/2}}\sqrt{\frac{\pi^{n-1}}{n\left(-i\dfrac{m_0}{2\hbar\varepsilon}\right)^{n-1}}}\exp\left\{\frac{im_0}{2\hbar\varepsilon}(x^2+x_0^2)+\frac{1}{4}\left(-\frac{im_0}{\hbar\varepsilon}\right)^2\right.$$

$$\left.\cdot(x_0,0,\cdots,0,x)M^{-1}\begin{pmatrix}x_0\\0\\\vdots\\0\\x\end{pmatrix}\right\}$$

$$=\lim_{\substack{n\to\infty\\ \varepsilon\to 0}}\left(\frac{m_0}{i2\pi\hbar n\varepsilon}\right)^{1/2}\exp\left\{\frac{im_0}{2\hbar\varepsilon}(x^2+x_0^2)-\frac{im_0}{2\hbar\varepsilon}\left[(x_0^2+x^2)\frac{n-1}{n}+\frac{2x_0x}{n}\right]\right\}$$

$$=\left(\frac{m_0}{i2\pi\hbar(t-t_0)}\right)^{1/2}\exp\left\{\frac{im_0}{2\hbar(t-t_0)}(x-x_0)^2\right\}$$

7.7 解① 1 这时 $L(\boldsymbol{r}(t))=\dfrac{1}{2}m_0\dot{\boldsymbol{r}}^2+\dfrac{1}{2}m_0\omega^2\boldsymbol{r}^2$，仍可分别对 $x$、$y$、$z$ 计算。下面以 $x$ 方向为例。由于这时 $\omega\neq 0$，已很难如上面自由粒子的第一种方法那样逐次 $x_i$ 积分再递推去得到最后结果。这里采用上例中的第三种方法，即多维高斯型积分方法，一次性对 $(n-1)$ 重积分求积。这时

$$K(xt;x_0t_0)=\lim_{\substack{n\to\infty\\ \varepsilon\to 0}}\frac{1}{\left(\dfrac{2\pi\hbar\varepsilon i}{m_0}\right)^{n/2}}\int\cdots\int dx_1\cdots dx_{n-1}\exp\left\{\frac{im_0}{2\hbar\varepsilon}\left[(x-x_{n-1})^2+(x_{n-1}-x_{n-2})^2\right.\right.$$

$$\left.\left.+\cdots+(x_1-x_0)^2-\varepsilon^2\omega^2(x_{n-1}^2+x_{n-2}^2+\cdots+x_1^2+x_0^2)\right]\right\}$$

---

① 这里两个习题计算见本书第 5 章；简谐振子计算见戴元本. 相互作用的规范理论. 北京：科学出版社，1987：77.

$$= \lim_{\substack{n\to\infty \\ \varepsilon\to 0}} \left(\frac{m_0}{2\pi i\hbar\varepsilon}\right)^{n/2} \int\cdots\int dx_1\cdots dx_{n-1} \exp\left\{-XM_{n-1}\widetilde{X} + \alpha\widetilde{X} + \frac{im_0}{2\hbar\varepsilon} \cdot \left[(1-\varepsilon^2\omega^2)x_0^2 + x^2\right]\right\}$$

这里 $X=(x_1,\cdots,x_{n-1})$，$\alpha=-\frac{im_0}{\hbar\varepsilon}(x_0,0,\cdots,0,x)$，$M_{n-1}$ 为 $(n-1)$ 阶对称矩阵，

$$M_{n-1} = -\frac{im_0}{2\hbar\varepsilon}(2-\varepsilon^2\omega^2)M'_{n-1}$$

$$M'_{n-1} = \begin{pmatrix} 1 & -\delta & 0 & \cdots & 0 \\ -\delta & 1 & -\delta & \cdots & 0 \\ 0 & -\delta & 1 & \cdots & \cdots \\ 0 & \cdots & \cdots & \cdots & -\delta \\ 0 & 0 & 0 & -\delta & 1 \end{pmatrix}, \quad \delta = \frac{1}{2-\varepsilon^2\omega^2} \quad \left(>\frac{1}{2}\right)$$

记 $k$ 阶的 $M'_k$ 的行列式 $\det M'_k = D_k$，按对 $M'$ 行列式第 1 行展开可知

$$D_n = D_{n-1} - \delta^2 D_{n-2}$$

于是可得

$$\begin{pmatrix} D_n \\ D_{n-1} \end{pmatrix} = \begin{pmatrix} 1 & -\delta^2 \\ 1 & 0 \end{pmatrix} \begin{pmatrix} D_{n-1} \\ D_{n-2} \end{pmatrix}$$

递推下去，并注意 $D_1 = D_0 = 1$，即得

$$\begin{pmatrix} D_n \\ D_{n-1} \end{pmatrix} = \begin{pmatrix} 1 & -\delta^2 \\ 1 & 0 \end{pmatrix}^{n-1} \begin{pmatrix} 1 \\ 1 \end{pmatrix}$$

矩阵 $\begin{pmatrix} 1 & -\delta^2 \\ 1 & 0 \end{pmatrix}$ 的两个特征根及特征向量为

$$\begin{pmatrix} \lambda_+ \\ 1 \end{pmatrix} \text{和} \begin{pmatrix} \lambda_- \\ 1 \end{pmatrix}, \quad \lambda_\pm = \frac{1}{2}(1 \pm i\sqrt{4\delta^2 - 1}) \xrightarrow[\varepsilon\to 0]{n\to\infty} \frac{1}{2}\exp(\pm i\varepsilon\omega)$$

将 $\begin{pmatrix} 1 \\ 1 \end{pmatrix}$ 按这两个特征向量展开

$$\begin{pmatrix} 1 \\ 1 \end{pmatrix} = \frac{\lambda_+}{\lambda_+ - \lambda_-} \begin{pmatrix} \lambda_+ \\ 1 \end{pmatrix} - \frac{\lambda_-}{\lambda_+ - \lambda_-} \begin{pmatrix} \lambda_- \\ 1 \end{pmatrix}$$

代入递推公式即得

$$\det M'_{n-1} = D_{n-1} = \frac{\lambda_+^n - \lambda_-^n}{\lambda_+ - \lambda_-} \xrightarrow{n\to\infty} \frac{1}{2^{n-1}} \frac{\sin(\omega n\varepsilon)}{\omega\varepsilon}$$

于是

$$\det M_{n-1} = \left(-\frac{im_0}{2\hbar\varepsilon}\right)^{n-1} (2-\varepsilon^2\omega^2)^{n-1} D_{n-1} \xrightarrow{n\to\infty} \left(-\frac{im_0}{2\hbar\varepsilon}\right)^{n-1} \frac{\sin(\omega n\varepsilon)}{\omega\varepsilon}$$

此外，由逆矩阵的表达式，$M_{n-1}^{-1}$ 的 4 个有关矩阵元为

$$(M_{n-1}^{-1})_{1,1} = (M_{n-1}^{-1})_{n-1,n-1} = \frac{\det M_{n-2}}{\det M_{n-1}} \xrightarrow{n\to\infty} -\frac{2\hbar\varepsilon}{im_0} \frac{\sin(\omega(n-1)\varepsilon)}{\sin(\omega n\varepsilon)}$$

$$= -\frac{2\hbar\varepsilon}{im}\left[1 - \omega\varepsilon\cot(\omega n\varepsilon) + O(\varepsilon^2)\right]$$

$$(M_{n-1}^{-1})_{1,n-1}=(M_{n-1}^{-1})_{n-1,1}=\frac{(-1)^n\det M_{n-1}^{(1,n-1)}}{\det M_{n-1}}\xrightarrow{n\to\infty}-\frac{2\hbar\varepsilon}{\mathrm{i}m_0}\frac{\omega\varepsilon}{\sin(\omega n\varepsilon)}$$

这里 $O(\varepsilon^2)$ 代表量级为 $\varepsilon^2$ 的剩余项，且 $\det M'^{(1,n-1)}_{n-1}=(-1)^{n-2}\delta^{n-2}$。将以上这些结果代入 $K(xt;x_0t_0)$ 中并利用重积分公式，得

$$\begin{aligned}K(xt;x_0t_0)=&\lim_{\substack{n\to\infty\\ \varepsilon\to 0}}\left(\frac{m_0}{2\pi\mathrm{i}\hbar\varepsilon}\right)^{n/2}\left[\frac{\pi^{n-1}(2\hbar\varepsilon)^{n-1}\omega\varepsilon}{(-\mathrm{i}m_0)^{n-1}\sin(\omega n\varepsilon)}\right]^{1/2}\exp\left\{\frac{1}{4}\left(-\frac{\mathrm{i}m_0}{\hbar\varepsilon}\right)^2\left[(x_0^2+x^2)\cdot\frac{2\hbar\varepsilon}{-\mathrm{i}m_0}\right.\right.\\&\left.\cdot(1-\omega\varepsilon\cot(\omega n\varepsilon))+2x_0x\frac{2\hbar\varepsilon}{-\mathrm{i}m_0}\frac{\omega\varepsilon}{\sin(\omega n\varepsilon)}\right]\\&\left.+\frac{\mathrm{i}m_0}{2\hbar\varepsilon}(1-\varepsilon^2\omega^2)x_0^2+\frac{\mathrm{i}m_0}{2\hbar\varepsilon}x^2\right\}\\=&\left(\frac{m_0\omega}{2\pi\mathrm{i}\hbar\sin\omega(t-t_0)}\right)^{1/2}\exp\left\{\frac{\mathrm{i}m_0\omega}{2\hbar\sin\omega(t-t_0)}[(x_0^2+x^2)\cos\omega(t-t_0)-2x_0x]\right\}\end{aligned}$$

用这种方法也可以计算外力驱动下的受迫振子的传播子。Lagrange 量为 $L=\frac{m_0}{2}(\dot{x}^2-\omega^2x^2)+f(t)x$，这时只要添加逆矩阵 $M_{n-1}^{-1}$ 的矩阵元 $(M_{n-1}^{-1})_{1,j}=(M_{n-1}^{-1})_{j,1}$ 的表达式，计算过程类似，结果可见文献②。

解 2　如果已经知道谐振子问题的本征值和本征函数，下面采用前面的另一公式更简捷地计算出传播子。由前面叙述可知

$$K(xt;x_0t_0)=\sum_n\varphi_n(x)\varphi_n^*(x_0)\mathrm{e}^{-\frac{\mathrm{i}}{\hbar}(t-t_0)E_n},\quad t>t_0$$

这时 $E_n=\left(n+\frac{1}{2}\right)\hbar\omega$，并且

$$\varphi_n(x)=(2^nn!)^{-1/2}\left(\frac{m_0\omega}{\pi\hbar}\right)^{1/4}H_n\left(x\sqrt{\frac{m_0\omega}{\hbar}}\right)\mathrm{e}^{-\frac{m_0\omega}{2\hbar}x^2}$$

于是

$$K(xt;x_0t_0)=\sqrt{\frac{m_0\omega}{\pi\hbar}}\mathrm{e}^{-\frac{m_0\omega}{2\hbar}(x^2+x_0^2)-\frac{\mathrm{i}}{2}\omega(t-t_0)}\sum_{n=0}^{\infty}(2^nn!)^{-1}H_n\left(x\sqrt{\frac{m_0\omega}{\hbar}}\right)H_n\left(x_0\sqrt{\frac{m_0\omega}{\hbar}}\right)\mathrm{e}^{-\mathrm{i}n\omega(t-t_0)}$$

利用厄米多项式的积分表示

$$H_n(\xi)=\frac{1}{\sqrt{\pi}}\mathrm{e}^{\xi^2}\int_{-\infty}^{+\infty}\left(\frac{2}{\mathrm{i}}\right)^n\mathrm{e}^{-\tau^2+2\xi\mathrm{i}\tau}\tau^n\mathrm{d}\tau$$

得

$$\begin{aligned}K(xt;x_0t_0)=&\sqrt{\frac{m_0\omega}{\pi^3\hbar}}\mathrm{e}^{\frac{m_0\omega}{2\hbar}(x^2+x_0^2)-\frac{\mathrm{i}}{2}\omega(t-t_0)}\iint_{-\infty}^{+\infty}\mathrm{d}\tau\mathrm{d}\tau'\exp\left\{-\tau^2-\tau'^2+2\mathrm{i}\sqrt{\frac{m_0\omega}{\hbar}}(x\tau+x_0\tau')\right\}\\&\cdot\sum_{n=0}^{\infty}\frac{(-1)^n}{n!}(2\tau\tau')^n\mathrm{e}^{-\mathrm{i}n\omega(t-t_0)}\\=&\sqrt{\frac{m_0\omega}{\pi^3\hbar}}\mathrm{e}^{\frac{m_0\omega}{2\hbar}(x^2+x_0^2)-\frac{\mathrm{i}}{2}\omega(t-t_0)}\int_{-\infty}^{+\infty}\mathrm{d}\tau\mathrm{e}^{-\tau^2+2x\sqrt{\frac{m_0\omega}{\hbar}}\mathrm{i}\tau}\\&\cdot\int_{-\infty}^{+\infty}\mathrm{d}\tau'\exp\left\{-\tau'^2+2x_0\sqrt{\frac{m_0\omega}{\hbar}}\mathrm{i}\tau'-2\tau\tau'\mathrm{e}^{-\mathrm{i}\omega(t-t_0)}\right\}\end{aligned}$$

② 费曼，希布斯. 量子力学与路径积分. 也见戴元本. 相互作用的规范理论. 北京：科学出版社，1987：77.

对 $\tau'$ 和 $\tau$ 的积分均可归结为如下积分 $\int_{-\infty}^{+\infty} e^{-y^2}\,dy=\sqrt{\pi}$，完成积分之后得

$$K(xt;x_0t_0)=\sqrt{\frac{m_0\omega}{\pi\hbar}}\,e^{\frac{m_0\omega}{2\hbar}(x^2-x_0^2)-\frac{i}{2}\omega(t-t_0)}\left(1-e^{-2i\omega(t-t_0)}\right)^{-\frac{1}{2}}$$

$$\cdot\exp\left\{-\frac{m_0\omega}{\hbar}\left[\frac{x^2-2xx_0e^{-i\omega(t-t_0)}+x_0^2e^{-2i\omega(t-t_0)}}{1-e^{-2i\omega(t-t_0)}}\right]\right\}$$

$$=\left[\frac{m_0\omega}{2\pi i\hbar\sin(\omega(t-t_0))}\right]^{1/2}\exp\left\{\frac{im_0\omega}{2\hbar\sin(\omega(t-t_0))}\right.$$

$$\left.\cdot\left[(x^2+x_0^2)\cos(\omega(t-t_0))-2x_0x\right]\right\}$$

7.8 证：按定义有

$$S_C(x_bt_b;x_at_a)=\int_{t_a}^{t_b}\left\{\frac{1}{2}m\dot{x}_C^2(\tau)-\frac{1}{2}m\omega^2x_C^2(\tau)\right\}d\tau$$

$$=\frac{1}{2}m\omega^2\int_{t_a}^{t_b}\{[A\cos(\omega\tau+\delta)]^2-[A\sin(\omega\tau+\delta)]^2\}d\tau$$

为简便，记 $(\omega t_a+\delta)\equiv a$，$(\omega t_b+\delta)\equiv b$。于是 $x_a=A\sin a$，$x_b=A\sin b$，

$$\cos a\cos b=\cos\omega T-\sin a\sin b;\quad A\sin\omega T=x_b\cos a-x_a\cos b$$

于是继续等于

$$\frac{m\omega}{2}\frac{x_b\cos a-x_a\cos b}{\sin\omega T}(x_b\cos b-x_a\cos a)$$

$$=\frac{m\omega}{2\sin\omega T}\left\{(x_a^2+x_b^2)\cos a\cos b+x_ax_b(\sin^2a+\sin^2b)-2x_ax_b\right\}$$

$$=\frac{m\omega}{2\sin\omega T}\left\{(x_a^2+x_b^2)\cos\omega T-(x_a^2+x_b^2)\sin a\sin b+x_ax_b(\sin^2a+\sin^2b)-2x_ax_b\right\}$$

$$=\frac{m\omega}{2\sin\omega T}\left\{(x_a^2+x_b^2)\cos\omega T+(x_b\sin a-x_a\sin b)(x_a\sin a-x_b\sin b)-2x_ax_b\right\}$$

$$=\frac{m\omega}{2\sin\omega T}\left\{(x_a^2+x_b^2)\cos\omega T-2x_ax_b\right\}$$

7.9 答：

$$\begin{cases}K(x_bt_b;x_at_a)=\sqrt{\dfrac{m}{2\pi i\hbar(t_b-t_a)}}\exp\left[\dfrac{i}{\hbar}S[x_C(t)]\right]\\ S[x_C(t)]=\dfrac{m}{2}\dfrac{(x_b-x_a)^2}{t_b-t_a}-\dfrac{mg}{2}(t_b-t_a)(x_b+x_a)-\dfrac{mg^2}{24}(t_b-t_a)^3\end{cases}$$

也见文献③。

7.10 提示：分三部分。第一，按指数展开幂次，用归纳法证明下面两个公式

$$e^{a\partial_z}e^{zz^*}=e^{zz^*}e^{az^*}e^{a\partial_z},\quad e^{a^+\partial_{z^*}}e^{zz^*}=e^{zz^*}e^{a^+z}e^{a^+\partial_{z^*}}$$

第二，利用这两个公式，可得一般公式

$$:e^{a^+\partial_{z^*}+a\partial_z-a^+a}:e^{zz^*}F(z,z^*)=e^{zz^*}:e^{za^++z^*a+a^+\partial_{z^*}+a\partial_z}:F(z,z^*)$$

在此式中，令 $z=z^*=0$ 为零，得

$$:e^{a^+\partial_{z^*}+a\partial_z-a^+a}:e^{zz^*}F(z,z^*)\big|_{z=z^*=0}=:e^{za^++z^*a+a^+\partial_{z^*}+a\partial_z}:F(z,z^*)\big|_{z=z^*=0}$$

③ Holstein B R. Topics in Advanced Quantum Mechanics. Addison-Wesley Publishing Comp.,1992:23.

第三,利用 Fock 空间完备性,对任意算符有

$$\begin{aligned}\hat{\Omega} &= \sum_{m,n=0}^{\infty} |m\rangle\langle n|\langle m|\hat{\Omega}|n\rangle \\ &= \sum_{m,n=0}^{\infty} \frac{1}{m!n!}(a^+)^m|0\rangle\langle 0|a^n \cdot \langle 0|a^m\hat{\Omega}(a^+)^n|0\rangle \\ &= \sum_{m,n=0}^{\infty} \frac{(a^+\partial_{z^*})^m}{m!} :\mathrm{e}^{-a^+a}: \frac{(a\partial_z)^n}{n!} \cdot \langle 0|\mathrm{e}^{z^*a}\hat{\Omega}\mathrm{e}^{za^+}|0\rangle\Big|_{z=z^*=0} \\ &= :\mathrm{e}^{a^+\partial_{z^*}+a\partial_z-a^+a}: \mathrm{e}^{z^*z}\langle 0|\mathrm{e}^{z^*a-za^+}\hat{\Omega}\mathrm{e}^{za^+-z^*a}|0\rangle\Big|_{z=z^*=0}\end{aligned}$$

再按第二条中公式,将 $\exp(z^*z)$ 移至左边,经微商后令它为 1,即得。

7.11 答:$1+\dfrac{k^2}{m^2}$,$(m^2+k^2)^2$。

7.12 提示:由式(7.51),引用文献④几个定理,重复该书 p.76 论证。

7.13 解: $L$ 不含 $\dot{z}$,Hessian 为零,三维 Legendre 变换 $(\dot{x},\dot{y},\dot{z})\to(p_x,p_y,p_z)$ 无法进行。将此 Lagrange 量代入 Euler-Lagrange 方程,得

$$m\ddot{x}+\frac{1}{y}V'+2zx=0;\quad m\ddot{y}-\frac{x}{y^2}V'+2zy=0;\quad x^2+y^2-\rho_0^2=0$$

显然,由于约束,此系统在 $x$-$y$ 平面内做不等速的圆周运动。由约束条件可得 $x\dot{x}+y\dot{y}=0$,$x\ddot{x}+y\ddot{y}+\dot{x}^2+\dot{y}^2=0$,于是

$$\dot{x}\times(1)+\dot{y}\times(2):m(\dot{x}\ddot{x}+\dot{y}\ddot{y})+\left(\frac{\dot{x}}{y}-\frac{x\dot{y}}{y^2}\right)V'=0$$

$$\frac{1}{2}m(\dot{x}^2+\dot{y}^2)+V=a,\quad \dot{x}^2+\dot{y}^2=\frac{2}{m}(a-V)$$

$$x\times(1)+y\times(2):m(x\ddot{x}+y\ddot{y})+2z\rho_0^2=0$$

$$z=-\frac{m}{2\rho_0^2}(x\ddot{x}+y\ddot{y})=\frac{m}{2\rho_0^2}(\dot{x}^2+\dot{y}^2)=\frac{a-V}{\rho_0^2}$$

由此得到,系统在 $x-y$ 面内做圆周运动,

$$p_x=\frac{\partial L}{\partial\dot{x}}=m\dot{x},\quad p_y=\frac{\partial L}{\partial\dot{y}}=m\dot{y},\quad p_z=\frac{\partial L}{\partial\dot{z}}=0$$

此平面过 $z$ 轴任意点(这个任意性决定于系统的内禀对称性)。

7.14 证:证明充分性。由任一自洽方程得

$$\dot{\varphi}'_i=\{\varphi'_i,H_C+\lambda_j\varphi'_j\}_C=0\to\{\varphi'_i,\varphi'_j\}_C\lambda_j=-\{\varphi'_i,H_C\}_C$$

如此联立方程组行列式不为零,可以直接解出 Lagrange 乘子 $\lambda_i$,有

$$\lambda_i=-\left(\{\varphi',\varphi'\}_C\right)_{ij}^{-1}\{\varphi'_j,H_C\}_C$$

于是,任一力学量 $A(q,p)$ 的运动方程即为

$$\begin{cases}\dot{A}=\{A,H_C-\varphi'_i(\{\varphi',\varphi'\}_C)_{ij}^{-1}\{\varphi'_j,H_C\}_C\}_C \\ \varphi'_i\approx 0,\quad i=1,\cdots,r\end{cases}$$

注意,逆定理也成立。即若此系统不存在次级约束,则彼此独立的初级约束的 Poisson 括号行列式

④ 华罗庚. 高等数学引论. 1 卷 2 分册. 北京:科学出版社,1979.

必定不为零。反证法。若为零,必定都是第Ⅰ类约束,Hamilton 量有不确定性。需要添加约束予以确定。

7.15　证:在全部约束中,有这种情况,即第Ⅱ类约束经线性叠加而成为第Ⅰ类约束。这时尽可能利用第Ⅱ类约束的线性叠加,将其中一些第Ⅱ类约束(或它们的线性叠加)归入第Ⅰ类。因此可以设定,剩下的第Ⅱ类约束不再能够通过线性叠加成为第Ⅰ类约束。也就是它们之间的 Poisson 括号行列式不再为零。这可以从下列$(r_1+r_2)\times(r_1+r_2)$阶的总行列式看出

$$\det|\{\varphi,\varphi\}|=\begin{vmatrix}\{1,1\}=0, & \{1,2\}=0\\ \{2,1\}=0, & \{2,2\}\end{vmatrix};\quad \{i,j\}\equiv\{\varphi_k^{(i)},\varphi_l^{(j)}\};\quad i,j=1,2$$

如果再有$\{2,2\}=0$,此$r_2\times r_2$矩阵的行和列必线性相关,作适当线性组合,总可以使一些行和列为零,则相应的行和列的约束已归入第Ⅰ类约束。只需调换行列编号,即增加$r_1$,减少$r_2$即可。

7.16　解:此系统带有一个初级约束$\varphi_1=p_z\approx0$。它是第Ⅰ类约束。因为它和由此 Lagrange 量可能找出的全部约束的 Poisson 括号都为零。带初级约束的广义Hamilton量为

$$H_C=p_x\dot{x}+p_y\dot{y}+p_z\dot{z}-L+\lambda_1 p_z=\frac{1}{2m}(p_x^2+p_y^2)+V\left(\frac{x}{y}\right)+z(x^2+y^2-\rho_0^2)+\lambda_1 p_z$$

利用$\varphi_1$的自洽条件寻找次级约束

$$\dot{\varphi}_1=\{\varphi_1,H_C\}_C=\{p_z,H_C\}_C=-(x^2+y^2-\rho_0^2)\approx0$$

得到第一个次级约束

$$\varphi_2=x^2+y^2-\rho_0^2\approx0,\quad \{\varphi_2,\varphi_1\}_C=0$$

接着,由$\varphi_2$的自洽条件

$$\dot{\varphi}_2=\{\varphi_2,H_C\}_C=\frac{2}{m}(xp_x+yp_y)\approx0$$

得到第二个次级约束

$$\varphi_3=xp_x+yp_y\approx0,\quad \{\varphi_3,\varphi_1\}_C=0,\quad \{\varphi_3,\varphi_2\}_C=-2x^2-2y^2=-2\rho_0^2$$

由于$\{\varphi_3,\varphi_2\}_C\neq0$,$\varphi_2$、$\varphi_3$是两个第Ⅱ类约束。这时,考虑全部约束的更全面的广义 Hamilton 量成为$H'_C=H+\lambda_1\varphi_1+\lambda_2\varphi_2+\lambda_3\varphi_3$。

利用$\{xp_x,p_x^2\}_C=2p_x^2$,　$\{xp_x,V\}_C=-\dfrac{x}{y}V'$,　$\{yp_y,V\}_C=\dfrac{x}{y}V'$等关系,由$H'_C$出发再检验自洽条件

$$\dot{\varphi}_2=\{\varphi_2,H'_C\}_C=\frac{2}{m}(xp_x+yp_y)+\lambda_3 2\rho_0^2\approx0$$

$$\dot{\varphi}_3=\{\varphi_3,H'_C\}_C=\{\varphi_3,H+\lambda_1\varphi_1+\lambda_2\varphi_2+\lambda_3\varphi_3\}_C=\frac{1}{m}(p_x^2+p_y^2)-2\lambda_2\rho_0^2\approx0$$

解出约束乘子

$$\lambda_2=\frac{1}{2m\rho_0^2}(p_x^2+p_y^2),\quad \lambda_3=0$$

不再得到新约束,自洽检验和寻找新条件过程中止。共计一个第Ⅰ类约束,两个第Ⅱ类约束。它们之间的 Poisson 括号以及$C$矩阵为

$$\{\varphi_1,\varphi_2\}_C=\{\varphi_1,\varphi_3\}_C=0,\quad \{\varphi_2,\varphi_3\}_C=2\rho_0^2$$

$$C=(\{\varphi_i,\varphi_j\}_C)=\begin{pmatrix}0 & 0 & 0\\ 0 & 0 & 2\rho_0^2\\ 0 & -2\rho_0^2 & 0\end{pmatrix}$$

到此，$C$ 矩阵行列式等于零，说明还存在次级约束。表现为乘子 $z$ 仍未定，体现了广义 Hamilton 量在 $z$ 轴的位置存在任意性，反映了运动有内禀的沿 $z$ 轴平移不变性。这类似于规范场的规范任意性。本题属于既有第Ⅰ类也有第Ⅱ类约束的情况。可附加选择规范约束条件，使所有约束全成为第Ⅱ类。选约束条件 $\varphi_4=z\approx 0$，最后，广义 Hamilton 量和 $C$ 矩阵为

$$H_T=H+\lambda_1 p_z+\lambda_2(x^2+y^2-\rho_0^2)+\lambda_3(xp_x+yp_y)+\lambda_4 z$$

$$C=(\{\varphi_i,\varphi_j\}_C)=\begin{pmatrix}0 & 0 & 0 & -1\\ 0 & 0 & 2\rho_0^2 & 0\\ 0 & -2\rho_0^2 & 0 & 0\\ 1 & 0 & 0 & 0\end{pmatrix}$$

7.17 解：按习题 7.16 所述，总共得到此问题的 4 个约束和规范补偿项如下

$$\Phi_1=p_z,\quad \Phi_2=x^2+y^2-\rho_0^2,\quad \Phi_3=xp_x+yp_y,\quad \Phi_4=z,\quad |\det\tau|^{\frac{1}{2}}=2\rho_0^2$$

于是，真空-真空矩阵元为

$$Z[0]=\lim_{N\to\infty}\int\prod_{n=1}^{N}\mathrm{d}x_n\mathrm{d}y_n\mathrm{d}z_n\mathrm{d}p_n^x\mathrm{d}p_n^y\mathrm{d}p_n^z\delta(p_n^z)\delta(z_n)\delta(x_n^2+y_n^2-\rho_0^2)\delta(x_np_n^x+y_np_n^y)$$

$$\cdot\sqrt{|\det\tau|}\exp\left\{\frac{\mathrm{i}}{\hbar}\sum_{n=1}^{N}\left[\sum_{i=1}^{3}p_n^i(x_n^i-x_n^{i-1})-\frac{\varepsilon}{2m}(p_n^{x2}+p_n^{y2})-\varepsilon V\begin{pmatrix}x_n\\ y_n\end{pmatrix}\right.\right.$$

$$\left.\left.-\varepsilon z_n(x_n^2+y_n^2-\rho_0^2)\right]\right\}$$

首先，转入平面极坐标，有

$$\begin{cases}x=\rho\cos\theta\\ y=\rho\sin\theta\end{cases}\quad\begin{cases}p_x=p\cos\varphi\\ p_y=p\sin\varphi\end{cases}$$

$$L=\frac{1}{2}mR^2\dot\theta^2-V(\theta),\quad \mathrm{mod}\theta=2\pi$$

$$p_\theta=\frac{\partial L}{\partial\dot\theta}=mR^2\dot\theta,\qquad H=p_\theta\dot\theta-L=\frac{\dot p_\theta^2}{2mR^2}+V(\theta)$$

并将 $z_n$，$p_n^z$ 积出，得

$$Z[0]=\lim_{N\to\infty}\prod_{n=1}^{N}\int_0^{2\pi}\mathrm{d}\theta_n\int_0^{\infty}\rho_n\mathrm{d}\rho_n\int_0^{2\pi}\mathrm{d}\psi_n\int_0^{\infty}p_n\mathrm{d}p_n\delta(\rho_n^2-\rho_0^2)\delta(p_n\rho_n\cos(\theta_n-\psi_n))$$

$$|\det\tau|^{1/2}\exp\left\{\frac{\mathrm{i}}{\hbar}\sum_{n=1}^{N}\left[p_n\rho_n(\cos(\theta_n-\psi_n)-\cos(\theta_{n-1}-\psi_{n-1}))-\frac{\varepsilon}{2m}p_n^2-\varepsilon V(\cot\theta_n)\right]\right\}$$

其次，转入球坐标。有

$$\begin{cases}x=r\sin\theta\cos\varphi\\ y=r\sin\theta\sin\varphi,\\ z=r\cos\theta\end{cases}\quad \det\left(\frac{\partial(x,y,z)}{\partial(r,\theta,\varphi)}\right)=r^2\sin\theta$$

$$\begin{cases}p_x=\rho\sin\theta'\cos\varphi'\\ p_y=\rho\sin\theta'\sin\varphi',\\ p_z=\rho\cos\theta'\end{cases}\quad \det\left(\frac{\partial(p_x,p_y,p_z)}{\partial(\rho,\theta',\varphi')}\right)=\rho^2\sin\theta'$$

于是有

$$D\left[\frac{\boldsymbol{rp}}{(2\pi\hbar)^3}\right]=\lim_{n\to\infty}\prod_{n=1}^{N}\frac{\mathrm{d}\boldsymbol{r}_n(t_n)\mathrm{d}\boldsymbol{p}_n(t_n)}{(2\pi\hbar)^3}=\lim_{n\to\infty}\prod_{n=1}^{N}r_n^2\sin\theta_n\cdot\rho_n^2\sin\theta'_n\frac{\mathrm{d}r_n\mathrm{d}\theta_n\mathrm{d}\varphi_n\mathrm{d}\rho_n\mathrm{d}\theta'_n\mathrm{d}\varphi'_n}{(2\pi\hbar)^3}$$

转入球坐标后得到

$$\begin{aligned}Z[0]=&\frac{2\rho_0^2}{2\pi\hbar}\lim_{N\to\infty}\prod_{n=1}^{N}\iint_0^{2\pi}\mathrm{d}\theta_n\mathrm{d}\psi_n\int_0^{\infty}\rho_n\delta(\rho_n^2-\rho_0^2)\mathrm{d}\rho_n\int_0^{\infty}p_n\delta(p_n\rho_n\cos(\theta_n-\psi_n))\mathrm{d}p_n\\&\cdot\exp\left\{\frac{\mathrm{i}}{\hbar}\sum_{n=1}^{N}\left[p_n\rho_n(\cos(\theta_n-\psi_n)-\cos(\theta_{n-1}-\psi_{n-1}))-\frac{\varepsilon}{2m}p_n^2-\varepsilon V(\cot\theta_n)\right]\right\}\\=&\frac{\rho_0^2}{2\pi\hbar}\lim_{N\to\infty}\prod_{n=1}^{N}\iint_0^{2\pi}\mathrm{d}\theta_n\mathrm{d}\psi_n\int_0^{\infty}\{\delta(\rho_n-\rho_0)+\delta(\rho_n+\rho_0)\}\mathrm{d}\rho_n\int_0^{\infty}p_n\delta(p_n\rho_n\cos(\theta_n-\psi_n))\mathrm{d}p_n\\&\cdot\exp\left\{\frac{\mathrm{i}}{\hbar}\sum_{n=1}^{N}\left[p_n\rho_n(\cos(\theta_n-\psi_n)-\cos(\theta_{n-1}-\psi_{n-1}))-\frac{\varepsilon}{2m}p_n^2-\varepsilon V(\cot\theta_n)\right]\right\}\end{aligned}$$

作变数代换 $\theta_n-\psi_n=\tau_n$ 并将 $\tau_n$ 积分积出，可得第 $n$ 乘子(以及第 $n+1$ 个乘子中含有 $p_n$ 的项)中 $\rho_n=\rho_0$ 项为

$$\begin{aligned}&\frac{\rho_0^2}{2\pi\hbar}\int_0^{\infty}\mathrm{e}^{-\frac{\mathrm{i}\varepsilon}{2m\hbar}p_n^2}p_n\mathrm{d}p_n\int_0^{2\pi}\mathrm{e}^{-\frac{\mathrm{i}}{\hbar}\varepsilon V(\cot\theta_n)}\mathrm{d}\theta_n\int_0^{2\pi}\mathrm{d}\tau_n\delta(p_n\rho_0\cos\tau_n)\mathrm{e}^{\frac{\mathrm{i}}{\hbar}(p_n-p_{n+1})\rho_0\cos\tau_n}\\=&\frac{\rho_0}{2\pi\hbar}\int_0^{2\pi}\mathrm{e}^{-\frac{\mathrm{i}}{\hbar}\varepsilon V(\cot\theta_n)}\mathrm{d}\theta_n\int_0^{2\pi}\mathrm{d}\tau_n\delta(\cos\tau_n)\mathrm{e}^{-\frac{\mathrm{i}}{\hbar}p_{n+1}\rho_0\cos\tau_n}\int_0^{\infty}\mathrm{e}^{-\frac{\mathrm{i}\varepsilon}{2m\hbar}p_n^2+\frac{\mathrm{i}}{\hbar}p_n\rho_0\cos\tau_n}\mathrm{d}p_n\\=&\frac{\rho_0}{2\pi\hbar}\int_0^{2\pi}\mathrm{e}^{-\frac{\mathrm{i}}{\hbar}\varepsilon V(\cot\theta_n)}\mathrm{d}\theta_n\int_0^{2\pi}\mathrm{d}\tau_n\delta(\cos\tau_n)\mathrm{e}^{\mathrm{i}\left(\frac{m}{2\varepsilon\hbar}\rho_0\cos\tau_n-\frac{p_{n+1}}{\hbar}\right)\rho_0\cos\tau_n}\int_0^{\infty}\mathrm{e}^{-\mathrm{i}\left(\sqrt{\frac{\varepsilon}{2m\hbar}}p_n-\sqrt{\frac{m}{2\varepsilon\hbar}}\rho_0\cos\tau_n\right)^2}\mathrm{d}p_n\\=&\rho_0\sqrt{\frac{m}{2\mathrm{i}\pi\hbar\varepsilon}}\int_0^{2\pi}\mathrm{e}^{-\frac{\mathrm{i}}{\hbar}\varepsilon V(\cot\theta_n)}\mathrm{d}\theta_n\int_0^{2\pi}\mathrm{d}\tau_n\delta(\cos\tau_n)\mathrm{e}^{\mathrm{i}\left(\frac{m}{2\varepsilon\hbar}\rho_0\cos\tau_n-\frac{p_{n+1}}{\hbar}\right)\rho_0\cos\tau_n}\\=&\frac{2\rho_0}{A}\int_0^{2\pi}\mathrm{e}^{-\frac{\mathrm{i}}{\hbar}\varepsilon V(\cot\theta_n)}\mathrm{d}\theta_n,\quad A=\left(\frac{\mathrm{i}2\pi\hbar\varepsilon}{m}\right)^{1/2}\end{aligned}$$

这里对 $\tau_n$ 积分时注意两点：第一，在 $[0,2\pi]$ 区间内 $\delta$ 函数有两个根 $\tau_n=\frac{\pi}{2},\frac{3\pi}{2}$；其二，因 $\cos\tau_n=0$，积分与交叉变数 $p_{n+1}$ 无关。显然，$\rho_n=-\rho_0$ 项相同，再乘以 2。最后连乘积，转化为对 $\theta_n$ 的路径积分。

7.18　证：下面证明右边即是左边。因为

$$右=\frac{\partial f}{\partial q^i}\{q^i,q^j\}_D\frac{\partial g}{\partial q^j}+\frac{\partial f}{\partial q^i}\{q^i,p_j\}_D\frac{\partial g}{\partial p_j}+\frac{\partial f}{\partial p_i}\{p_i,q^j\}_D\frac{\partial g}{\partial q^j}+\frac{\partial f}{\partial p_i}\{p_i,p_j\}_D\frac{\partial g}{\partial p_j}$$

由于

$$\{q^i,q^j\}_D=\{q^i,q^j\}_C-\{q^i,\psi_k^{(2)}\}_C(C^{-1})_{kk'}\{\psi_{k'}^{(2)},q^j\}_C=\frac{\partial\psi_k^{(2)}}{\partial p_i}(C^{-1})_{kk'}\frac{\partial\psi_{k'}^{(2)}}{\partial p_j}$$

$$\{q^i,p_j\}_D=\{q^i,p_j\}_C-\{q^i,\psi_k^{(2)}\}_C(C^{-1})_{kk'}\{\psi_{k'}^{(2)},p_j\}_C=\delta_{ij}-\frac{\partial\psi_k^{(2)}}{\partial p_i}(C^{-1})_{kk'}\frac{\partial\psi_{k'}^{(2)}}{\partial q^j}$$

$$\{p_i,q^j\}_D=-\{q^j,p_i\}_C=-\delta_{ij}+\frac{\partial\psi_k^{(2)}}{\partial p_j}(C^{-1})_{kk'}\frac{\partial\psi_{k'}^{(2)}}{\partial q^i}$$

$$\{p_i,p_j\}_D=\{p_i,p_j\}_C-\{p_i,\psi_k^{(2)}\}_C(C^{-1})_{kk'}\{\psi_{k'}^{(2)},p_j\}_C=\frac{\partial\psi_k^{(2)}}{\partial q^i}(C^{-1})_{kk'}\frac{\partial\psi_{k'}^{(2)}}{\partial q^j}$$

代入后得

$$右=\left(\frac{\partial f}{\partial q^i}\delta_{ij}\frac{\partial g}{\partial p_j}-\frac{\partial f}{\partial p_i}\delta_{ij}\frac{\partial g}{\partial q^j}\right)+\frac{\partial f}{\partial q^i}\frac{\partial\psi_k^{(2)}}{\partial p_i}(C)_{kk'}^{-1}\frac{\partial\psi_{k'}^{(2)}}{\partial p_j}\frac{\partial g}{\partial q^j}$$

$$-\frac{\partial f}{\partial q^i}\frac{\partial\psi_k^{(2)}}{\partial p_i}(C)_{kk'}^{-1}\frac{\partial\psi_{k'}^{(2)}}{\partial q^j}\frac{\partial g}{\partial p_j}+\frac{\partial f}{\partial p_i}\frac{\partial\psi_k^{(2)}}{\partial p_j}(C)_{kk'}^{-1}\frac{\partial\psi_{k'}^{(2)}}{\partial q^i}\frac{\partial g}{\partial q^j}+\frac{\partial f}{\partial p_i}\frac{\partial\psi_k^{(2)}}{\partial q^i}(C)_{kk'}^{-1}\frac{\partial\psi_{k'}^{(2)}}{\partial q^j}\frac{\partial g}{\partial p_j}$$

$$=\{f,g\}_C+\frac{\partial f}{\partial q^i}\frac{\partial\psi_k^{(2)}}{\partial p_i}(C)_{kk'}^{-1}\left(\frac{\partial\psi_{k'}^{(2)}}{\partial p_j}\frac{\partial g}{\partial q^j}-\frac{\partial\psi_{k'}^{(2)}}{\partial q^j}\frac{\partial g}{\partial p_j}\right)$$

$$-\frac{\partial f}{\partial p_i}\frac{\partial\psi_k^{(2)}}{\partial p_j}(C)_{k'k}^{-1}\frac{\partial\psi_{k'}^{(2)}}{\partial q^i}\frac{\partial g}{\partial q^j}+\frac{\partial f}{\partial p_i}\frac{\partial\psi_k^{(2)}}{\partial q^i}(C)_{kk'}^{-1}\frac{\partial\psi_{k'}^{(2)}}{\partial q^j}\frac{\partial g}{\partial p_j}$$

$$=\{f,g\}_C-\frac{\partial f}{\partial q^i}\frac{\partial\psi_k^{(2)}}{\partial p_i}(C)_{kk'}^{-1}\{\psi_{k'}^{(2)},g\}_C+\frac{\partial f}{\partial p_i}\frac{\partial\psi_k^{(2)}}{\partial q^i}(C)_{kk'}^{-1}\{\psi_{k'}^{(2)},g\}_C$$

$$=\{f,g\}_C-\{f,\psi_k^{(2)}\}_C(C)_{kk'}^{-1}\{\psi_{k'}^{(2)},g\}_C=\{f,g\}_D$$

7.19 证:对任意 $g(q,p)$,有

$$\begin{aligned}\{g(q,p),\psi_j^{(2)}\}_D&=\{g,\psi_j^{(2)}\}_C-\{g,\psi_k^{(2)}\}_C(C^{-1})_{kk'}\{\psi_{k'}^{(2)},\psi_j^{(2)}\}_C\\&=\{g,\psi_j^{(2)}\}_C-\{g,\psi_k^{(2)}\}_C(C^{-1})_{kk'}C_{k'j}\\&=\{g,\psi_j^{(2)}\}_C-\{g,\psi_k^{(2)}\}_C\delta_{kj}=0\end{aligned}$$

7.20 证:设 $\{\varphi_j^{(2)}\}$ 与 $\{\psi_j^{(2)}\}$ 以非奇异矩阵 $\Gamma$ 相联系 $\varphi_k^{(2)}=\Gamma_{kk'}\psi_{k'}^{(2)}$。于是

$$(C_\varphi)_{kk'}=\{\varphi_k^{(2)},\varphi_{k'}^{(2)}\}_C\approx\Gamma_{kl}\{\psi_l^{(2)},\psi_{l'}^{(2)}\}_C\Gamma_{k'l'}=\Gamma_{kl}(C_\psi)_{ll'}\Gamma_{k'l'}$$

即

$$C_\varphi=\Gamma C_\psi\tilde{\Gamma}$$

$$\begin{aligned}\{f,\varphi_k^{(2)}\}_C(C_\varphi^{-1})_{kk'}\{\varphi_{k'}^{(2)},g\}_C&=\{f,\psi_{k_1}^{(2)}\}_C\Gamma_{kk_1}(C_\varphi^{-1})_{kk'}\Gamma_{k'k_2}\{\psi_{k_2}^{(2)},g\}_C\\&=\{f,\psi^{(2)}\}_C\tilde{\Gamma}\cdot\tilde{\Gamma}^{-1}C_\psi^{-1}\Gamma^{-1}\cdot\Gamma\{\psi^{(2)},g\}_C\quad\rightarrow\end{aligned}$$

所以

$$\{f,\varphi^{(2)}\}_C C_\varphi^{-1}\{\varphi^{(2)},g\}_C=\{f,\psi^{(2)}\}_C C_\psi^{-1}\{\psi^{(2)},g\}_C$$

这表明

$$\{f,g\}_D\,|_{\varphi^{(2)}\approx0}=\{f,g\}_D\,|_{\psi^{(2)}\approx0}$$

证毕。

7.21 答:是稳定的。由于自洽性条件均被满足,所有第Ⅰ类约束都是守恒量。因此,由这些守恒量所挑选出的物理态子空间在时间演化过程中将保持稳定。即设 $|p(t)\rangle=\mathrm{e}^{-\mathrm{i}H_Ct}|p(0)\rangle$,现在有 $[F_i^{(1)},H_C]=0$,所以有

$$F_i^{(1)}|p(0)\rangle=0\rightarrow F_i^{(1)}|p(t)\rangle=0$$

7.22 证:这时有

$$\omega_\alpha'=A_{\alpha\gamma}\omega_\gamma\rightarrow A_{\alpha\gamma}A_{\beta\delta}\{\omega_\gamma,\omega_\delta\}_C=\{\omega_\alpha',\omega_\beta'\}_C=\begin{pmatrix}0&-I_k\\I_k&0\end{pmatrix}_{\alpha\beta}$$

所以

$$(\det A)^2\det(\{\omega_\alpha,\omega_\beta\}_C)=1$$

$$(\det A)^{-1}=|\det(\{\omega_\alpha,\omega_\beta\}_C)|^{1/2}$$

由此,泛函积分的约束条件作如上变换时,有

$$\prod_i\delta(\omega_i')=\prod_j\delta(\omega_j)\,|\det A|^{-1}=\prod_j\delta(\omega_j)\,|\det(\{\omega_k,\omega_l\}_C)|^{1/2}$$

7.23 证:设多变数变换 $y\rightarrow x$,Jacobi 为 $\mathrm{D}\left(\frac{\partial y_k}{\partial x_l}\right)$,有

$$\prod_i \mathrm{d}y_i = \prod_i \mathrm{d}x_i \left(\frac{\mathrm{D}y_k}{\mathrm{D}x_l}\right)$$

$$\begin{cases}\displaystyle\int f(y)\prod_i \delta(y_i)\mathrm{d}y_i = \int f(y(x))\prod_i \delta(y_i(x))\mathrm{D}(\frac{\partial y_k}{\partial x_l})\mathrm{d}x_i \\ \displaystyle\int f(y)\prod_i \delta(y_i)\mathrm{d}y_i = \int f(y(x))\prod_j \delta(x_j - x_j(y))\mathrm{d}x_j\end{cases}$$

$$\prod_i \delta(y_i(x))\mathrm{D}\left(\frac{\partial y_k}{\partial x_l}\right) = \prod_j \delta(x_j - x_j(y))$$

现在是$\{\varphi_k\}\to\{p_l\}$，按式(7.82)得到此满秩变换的 Jacobi 为

$$\mathrm{D}\left(\frac{\partial \varphi_k}{\partial p_l}\right) = \det\left|\frac{\partial \varphi_i}{\partial p_j}\right| = \det|\{\varphi_i,\psi_j\}_C| \quad (\neq 0)$$

因此得到

$$\prod_j \delta[\varphi_j]\det|\{\varphi_k,\psi_l\}_C| = \prod_j \delta[\varphi_j]\mathrm{D}\left(\frac{\partial \varphi_k}{\partial p_l}\right) = \prod_j \delta[p_i - p_i(q^*,p^*)]$$

7.25 解：参见文献⑤。以 Maxwell 场为例，利用泛函$\delta$函数表达式(F.10)，将 Lorenz 规范约束条件$\delta[\partial_\mu A_\mu]$转到指数上，得到在泛函积分指数上，在积分号内有两项(不计外源项)，为

$$-\frac{1}{4}(F_{\mu\nu})^2 - \frac{1}{2\zeta}(\partial_\mu A_\mu)^2 \to \frac{1}{2}\{A_\nu\partial_\mu^2 A_\nu - A_\nu\partial_\mu\partial_\nu A_\mu\} + \frac{1}{2\zeta}A_\mu\partial_\mu\partial_\nu A_\nu$$

$$= \frac{1}{2}\left\{\delta_{\mu\nu} - 1 + \frac{1}{\zeta}\right\}A_\mu\partial_\mu\partial_\nu A_\nu = \frac{1}{2}\left\{\delta_{\mu\nu}\Box - (1-\frac{1}{\zeta})\partial_\mu\partial_\nu\right\} \equiv \frac{1}{2}\hat{K}_{\mu\nu}(x)$$

这里对指数积分号作了分部积分。现在，定义$\hat{K}_{\mu\nu}(x)$的 Green 函数

$$\hat{K}_{\mu\nu}(x)D_F(x,y)_{\nu\lambda} = \mathrm{i}\delta_{\mu\lambda}\delta(x-y)$$

解出 Green 函数$D_F(x,y)_{\nu\lambda}$的表达式，为

$$\begin{aligned} D_F(x,y)_{\nu\lambda} &= \mathrm{i}\delta_{\mu\lambda}\frac{1}{\hat{K}_{\mu\nu}(x)}\delta(x-y) \\ &= \int \frac{d^4k}{(2\pi)^4}\mathrm{e}^{\mathrm{i}k(x-y)}\frac{-\mathrm{i}}{k^2-\mathrm{i}\epsilon}\left\{\delta_{\nu\lambda} + (\zeta-1)\frac{k_\nu k_\lambda}{k^2}\right\}\end{aligned}$$

7.26 解：Lagrange 量密度

$$\mathcal{L}_{S,\mathrm{QED}} = -\frac{1}{4}F_{\mu\nu}F_{\mu\nu} + ej_\mu A_\mu - \bar{\psi}(\gamma\cdot\partial+\kappa)\psi \equiv \mathcal{L}_{em} + \mathcal{L}_\psi + \mathcal{L}_I$$

代入 E-L 方程，得运动方程为

$$\partial_\mu F_{\mu\nu} = -ej_\nu,\quad j_\nu = \mathrm{i}\bar{\psi}\gamma_\nu\psi$$

写开来即是

$$\begin{cases}\Box\boldsymbol{A} = -e\boldsymbol{j}_\perp + \nabla(\nabla\cdot\boldsymbol{A}), \boldsymbol{j}_\perp = \boldsymbol{j} + \nabla\dot{\varphi} \\ \Delta\varphi = -e\psi^+\psi - \nabla\cdot\dot{\boldsymbol{A}}\end{cases}$$

$L_{S,\mathrm{QED}}$中电磁场部分不含$\dot{A}_4$，于是$\Pi_{em,4}=0$，即$(A_\mu,\Pi_{em,\mu}) = (\boldsymbol{A},\boldsymbol{\Pi}_{em})$。有

$$\boldsymbol{\Pi}_{em} \equiv \frac{\partial L_{S,\mathrm{QED}}}{\partial\boldsymbol{A}} = -\boldsymbol{E} = -\mathrm{i}(F_{14},F_{24},F_{34}) = \nabla\varphi + \dot{\boldsymbol{A}}$$

---

⑤ 杨炳麟. 量子场论. 北京：科学出版社，1989.

由此，运动方程组的第二个方程也可以写成

$$\nabla\cdot\boldsymbol{E}=e\psi^{+}\psi$$

此方程不含 $A_i$ 和 $-E_i$ 的时间导数，无法将其看成运动方程或实行 Legendre 变换，只能当成初级约束。需要附加约束，取 Coulomb 规范

$$\nabla\cdot\boldsymbol{A}=0$$

这使两个约束都成为第 II 类。于是(包括初级次级约束)问题总结为($\boldsymbol{B}=\nabla\times\boldsymbol{A}$)

$$\begin{cases}\mathcal{L}_{S,\mathrm{QED}}=-\bar{\psi}(\gamma\cdot\partial+\kappa)\psi-\dfrac{1}{2}(\boldsymbol{E}^2+\boldsymbol{B}^2)+e\boldsymbol{j}\cdot\boldsymbol{A}-\boldsymbol{E}\cdot\dot{\boldsymbol{A}}\\ \nabla\cdot\boldsymbol{E}=e\psi^{+}\psi,\quad\nabla\cdot\boldsymbol{A}=0\end{cases}$$

7.27 解： 参见文小刚. 多体量子理论. 第 26 页。结果和原子相同。

7.28 解： 参见 Holstein B R. Topics in Advanced Quantum Mechanics. Addison-Wesley，1992：195。这时最好不直接从该书 196 页式(10.27)

$$S_{k,l}=\int_{-\frac{T}{2}}^{\frac{T}{2}}\mathrm{d}t\sum_i\left[\frac{1}{2}m\dot{\boldsymbol{x}}_i^2(t)-\frac{1}{2}m\omega_0^2\boldsymbol{x}_i^2(t)+e\boldsymbol{x}_i\cdot\boldsymbol{E}_0(t)\right]$$

出发(是一个强迫振动，即平移振子问题)，而是从本章式(7.113)$L_{\text{atom effect}}$ 出发

$$\begin{cases}L_{\text{atom effect}}=\dfrac{m}{2}(\dot{x}^2-\omega_a^2x^2)+\dfrac{Ce^2}{2}G_{\omega_f}(t)x^2\equiv\dfrac{m}{2}\left[\dot{x}^2-\omega_{\text{effect}}^2(t)x^2\right]\\ \omega_{\text{effect}}^2(t)\equiv\omega_a^2-\dfrac{Ce^2}{m}G_{\omega_f}(t)\end{cases}$$

于是 $S_{k,l}=\int_{-T/2}^{T/2}\mathrm{d}tL_{\text{atom effect}}$。这是一个变频振子问题⑥。虽然对电场同样都选取了单模并作了偶极近似，但现在用的是有效 Lagrange 量，计及了电场动力学行为的影响，结果当然会好一些。

## 第 8 章

8.1 解 记碰撞碎片内能为 $E_1$，$E_2$，合并后碎片的总内能为 $E_{12}$。按能量动量守恒定律，有$\left(\mu=\dfrac{m_1m_2}{m_1+m_2}\text{是折合质量，}\boldsymbol{P}\text{ 质心动量}\right)$

$$\begin{cases}\dfrac{\boldsymbol{p}_1^2}{2m_1}+E_1+\dfrac{\boldsymbol{p}_2^2}{2m_2}+E_2=\dfrac{\boldsymbol{P}^2}{2(m_1+m_2)}+E_{12}\\ \boldsymbol{p}_1+\boldsymbol{p}_2=\boldsymbol{P}\end{cases}$$

其中，将能量守恒定律左边转入 Jacobi 坐标，为

$$\frac{\boldsymbol{P}^2}{2(m_1+m_2)}+\frac{\boldsymbol{p}_{\text{relat}}^2}{2\mu}+E_1+E_2=\frac{\boldsymbol{P}^2}{2(m_1+m_2)}+E_{12}\Rightarrow$$

$$E_{12}=(E_1+E_2)+\frac{\boldsymbol{p}_{\text{relat}}^2}{2\mu}$$

也就是说，自由碰撞下合并后复合粒子内能 $E_{12}$ 必须大于合并前两粒子内能之和($E_1+E_2$)，差值等于它们相对运动动能。这必须有额外自由度的介入。若是内部自由度介入，将两个粒子相对动能转为内部激发能，就要求 $V$ 产生相应高能级的束缚态。然而，既然能形成束缚态，$V$ 最终应当是负的，不可能由它形成 $E_{12}(>(E_1+E_2))$ 能级的束缚态。因此，只能借助外部自由度吸收多余的能量和

⑥ 求解变频振子问题可见张永德. 量子力学. 北京：科学出版社(第四版). 第 11 章.

动量，否则不可能碰撞合并。　证毕。

8.2　解　注意，式(8.9)时序乘积是许多小时间间隔指数按时间顺序的乘积。最左边一个指数正是对应 $t$ 时刻的。按导数定义式，对 $t$ 求导就是对这个指数求导，从它指数上拿下 $H^{i}_{I,\varepsilon}(t)$，放在最左边即得式(8.8)。

8.3　提示：用归纳法。

8.4　证：由式(8.32)即得 $T,T^{+}$ 可对易。于是

$$T^{*}_{mf}T_{mi}=(T^{+})_{fm}T_{mi}=(T^{+}T)_{fi}=(TT^{+})_{fi}=T_{fm}T^{*}_{im}$$

8.5　解：　由普遍考虑即得式(8.36a)$\rho(E)=\dfrac{Vp^2}{h^3}\dfrac{\mathrm{d}p}{\mathrm{d}E}$。另外可以检验，无论是相对论、非相对论性物质粒子或光子，都有$\dfrac{\mathrm{d}p}{\mathrm{d}E}=\dfrac{E}{pc^2}$，$E$ 为总能量，对物质粒子 $E=mc^2$，对光子 $E=h\nu$。于是有 $\rho(E)=V\dfrac{pE}{h^3c^2}$。

8.6　解：　这是分离的、固定化的、最简单的非局域势的例子。事实上，$\langle \boldsymbol{x}'|V|\boldsymbol{x}\rangle$ 并不正比于 $\delta_{\zeta}(\boldsymbol{x}'-\boldsymbol{x})$，而是等于 $\zeta(\boldsymbol{x}')\zeta(\boldsymbol{x})^{*}$。分离势在低能核物理特别是三核子问题中与实验十分符合——Taylor. P37。

8.7　解　见 Taylor. 357 页，第 6 个问题。

## 第 9 章

9.1　解 1：　以 $|\psi_i^+\rangle$ 为例证之。

$$\begin{aligned}H|\psi_i^+\rangle&=H^0|\psi_i^+\rangle+V|\psi_i^+\rangle=H^0\left[|\varphi_i\rangle+\frac{1}{E_i-H^0+\mathrm{i}\varepsilon}V|\psi_i^+\rangle\right]+V|\psi_i^+\rangle\\&=E_i|\varphi_i\rangle+\left[H^0\frac{1}{E_i-H^0+\mathrm{i}\varepsilon}+1\right]V|\psi_i^+\rangle=E_i|\varphi_i\rangle+\left[\frac{H^0+E_i-H^0+\mathrm{i}\varepsilon}{E_i-H^0+\mathrm{i}\varepsilon}\right]V|\psi_i^+\rangle\\&=E_i|\varphi_i\rangle+(E_i+\mathrm{i}\varepsilon)\left[\frac{1}{E_i-H^0+\mathrm{i}\varepsilon}\right]V|\psi_i^+\rangle=E_i\left[|\varphi_i\rangle+\frac{1}{E_i-H^0+\mathrm{i}\varepsilon}V|\psi_i^+\rangle\right]\\&=E_i|\psi_i^+\rangle\end{aligned}$$

解 2：　对 L-S 方程乘以$(E_i-H^0+\mathrm{i}\varepsilon)$，得

$$\begin{aligned}(E_i-H^0+\mathrm{i}\varepsilon)|\psi_i^+\rangle&=(E_i-H^0+\mathrm{i}\varepsilon)\left[|\varphi_i\rangle+\frac{1}{E_i-H^0+\mathrm{i}\varepsilon}V|\psi_i^+\rangle\right]\\&=(E_i-H^0+\mathrm{i}\varepsilon)|\varphi_i\rangle+V|\psi_i^+\rangle=V|\psi_i^+\rangle\\&\rightarrow H|\psi_i^+\rangle=E_i|\psi_i^+\rangle\end{aligned}$$

9.2　解：(1) 自由粒子 Hamilton 量 $H^0=-\dfrac{\hbar^2}{2m}\Delta$。Green 函数表达式

$$\langle\boldsymbol{x}|\frac{1}{E_i-H^0(\hat{\boldsymbol{p}})\pm\mathrm{i}\varepsilon}|\boldsymbol{x}'\rangle=\frac{2m}{\hbar^2}G_k^{\pm}(\boldsymbol{x}-\boldsymbol{x}')$$

或为

$$\begin{cases}\lim\limits_{\varepsilon\to0^+}(\Delta+k^2\pm\mathrm{i}\varepsilon)G_{\pm}^{0}(k,\boldsymbol{x}-\boldsymbol{x}')=\delta(\boldsymbol{x}-\boldsymbol{x}')\\G_{\pm}^{0}(k,\boldsymbol{x}-\boldsymbol{x}')=\lim\limits_{\varepsilon\to0^+}\dfrac{1}{\Delta+k^2\pm\mathrm{i}\varepsilon}\delta(\boldsymbol{x}-\boldsymbol{x}')=-\dfrac{1}{4\pi}\dfrac{\exp(\pm\mathrm{i}k|\boldsymbol{x}-\boldsymbol{x}'|)}{|\boldsymbol{x}-\vec{\boldsymbol{x}}'|}\end{cases}$$

这里，鉴于算符$(\Delta+k^2)$有零本征值，其逆算符$(\Delta+k^2)^{-1}$有奇性，因此上面引入了无零本征值算符$(\Delta+k^2\pm \mathrm{i}\varepsilon)(\varepsilon>0)$。它存在逆算符$(\Delta+k^2\pm \mathrm{i}\varepsilon)^{-1}$。此处数学含意是，全部计算均在含有小常数$\varepsilon$下进行，最后令$\varepsilon\to 0$并取极限(所以$\varepsilon$数值无关紧要)。用留数计算出此自由 Green 函数[7]，为

$$G_k^{\pm}(\boldsymbol{x}-\boldsymbol{x}')=-\frac{\exp(\pm \mathrm{i}k|\boldsymbol{x}-\boldsymbol{x}'|)}{4\pi|\boldsymbol{x}-\boldsymbol{x}'|}$$

选取"$+\mathrm{i}\varepsilon$"的留数计算，给出正指数。结合定态时间因子$\mathrm{e}^{-\mathrm{i}\frac{Et}{\hbar}}\equiv \mathrm{e}^{-\mathrm{i}\omega t}$考察即知，此处正指数对应选取了出射球面波解。

(2) 将 Lippmann-Schwinger 方程写入坐标表象，插入坐标完备性条件$\int \mathrm{d}\boldsymbol{x}'|\boldsymbol{x}'\rangle\langle \boldsymbol{x}'|=I$，并利用公式$\langle \boldsymbol{x}|\hat{\boldsymbol{p}}=-\mathrm{i}\hbar\partial_x\langle \boldsymbol{x}|$[8]，即得

$$\begin{aligned}\langle \boldsymbol{x}|\psi_i^{\pm}\rangle &= \langle \boldsymbol{x}|\varphi_i\rangle+\lim_{\varepsilon\to 0^+}\int \mathrm{d}\boldsymbol{x}'\langle \boldsymbol{x}|\frac{1}{E_i-H^0(\hat{\boldsymbol{p}})\pm \mathrm{i}\varepsilon}|\boldsymbol{x}\rangle\langle \boldsymbol{x}'|V|\psi_i^{\pm}\rangle \\ &= \langle \boldsymbol{x}|\varphi_i\rangle+\lim_{\varepsilon\to 0^+}\int \mathrm{d}\boldsymbol{x}'\frac{1}{E_i-H^0(-\mathrm{i}\hbar\partial_x)\pm \mathrm{i}\varepsilon}\delta(\boldsymbol{x}-\boldsymbol{x}')\langle \boldsymbol{x}'|V|\psi_i^{\pm}\rangle\end{aligned}$$

现在是局域势散射，有$H^0=-\frac{\hbar^2}{2m}\Delta$，$\langle \boldsymbol{x}'|V|\psi_i^{\pm}\rangle=V(\boldsymbol{x}')\psi_i^{\pm}(\boldsymbol{x}')$，于是有

$$\psi_i^{\pm}(\boldsymbol{x})=\varphi_i(\boldsymbol{x})+\lim_{\varepsilon\to 0}\frac{2m}{\hbar^2}\int \mathrm{d}\boldsymbol{x}'\frac{1}{k^2+\Delta\pm \mathrm{i}\varepsilon}\delta(\boldsymbol{x}-\boldsymbol{x}')V(\boldsymbol{x}')\psi_i^{\pm}(\boldsymbol{x}')$$

利用上面自由 Green 函数表达式，最后得到下面两个积分微分方程

$$\psi_i^{\pm}(\boldsymbol{x})=\varphi_i(\boldsymbol{x})-\frac{2m}{4\pi\hbar^2}\int \mathrm{d}\boldsymbol{x}'\frac{\exp(\pm \mathrm{i}k|\boldsymbol{x}-\boldsymbol{x}'|)}{|\boldsymbol{x}-\boldsymbol{x}'|}V(\boldsymbol{x}')\psi_i^{\pm}(\boldsymbol{x}')$$

按散射要求，应当选择出射球面波解，即选择$G_k^{+}(\boldsymbol{x}-\boldsymbol{x}')$，就得到局域势散射基本方程。入射波$\varphi_i(\boldsymbol{x})$是$H^0=\frac{\boldsymbol{p}^2}{2m}$解，通常取为$\exp(\mathrm{i}kz)$。

9.3 解：由式(9.11)，

$$\begin{aligned}\langle f\mid T\mid i\rangle &= \langle f\mid V\mid i\rangle+\sum_m\frac{\langle f\mid V\mid m\rangle\langle m\mid V\mid i\rangle}{E_i-E_m+\mathrm{i}\varepsilon} \\ &\quad+\sum_{mn}\frac{\langle f\mid V\mid m\rangle\langle m\mid V\mid n\rangle\langle n\mid V\mid i\rangle}{(E_i-E_m+\mathrm{i}\varepsilon_1)(E_i-E_n+\mathrm{i}\varepsilon_2)}+\cdots\end{aligned}$$

比如，对第二项有

$$\begin{aligned}\sum_m\frac{\langle f|V|m\rangle\langle m|V|i\rangle}{E_i-E_m+\mathrm{i}\varepsilon} &= \sum_m\langle f|V|m\rangle\frac{1}{E_i-E_m+\mathrm{i}\varepsilon}\langle m|V|i\rangle \\ &= \sum_{mm'}\langle f|V|m\rangle\frac{\delta_{mm'}}{E_i-E_m+\mathrm{i}\varepsilon}\langle m'|V|i\rangle \\ &= \sum_{mm'}\langle f|V|m\rangle\langle m|\frac{1}{E_i-H^0+\mathrm{i}\varepsilon}|m'\rangle\langle m'|V|i\rangle\end{aligned}$$

所以

$$\sum_m\frac{\langle f|V|m\rangle\langle m|V|i\rangle}{E_i-E_m+\mathrm{i}\varepsilon}=\langle f|V\frac{1}{E_i-H^0+\mathrm{i}\varepsilon}V|i\rangle$$

---

⑦ 张永德. 量子力学(第四版). 北京：科学出版社，2016：269.

⑧ 同上，第 119 页。

各阶计算均如此。总结即得

$$\langle f|T|i\rangle=\langle f|V|i\rangle+\langle f|V\frac{1}{E_i-H^0+\mathrm{i}\varepsilon}V|i\rangle+\langle f|V\frac{1}{E_i-H^0+\mathrm{i}\varepsilon_1}\cdot V\frac{1}{(E_i-H^0+\mathrm{i}\varepsilon_2)}V|i\rangle+\cdots$$

9.4 答：得不到 $|\psi_i^+\rangle=|\varphi_i\rangle$。因为态 $|\psi_i^+\rangle$ 应理解为 $\varepsilon\to0$ 取极限所得。即还应当取极 $\lim\limits_{\varepsilon\to0}(\mathrm{i}\varepsilon|\psi_i^+\rangle)=\lim\limits_{\varepsilon\to0}(\mathrm{i}\varepsilon|\varphi_i\rangle)$，成为 $0=0$ 的形式。并不产生矛盾。

9.5 证：由 $|\psi_i^-\rangle$ 的全相互作用 L-S 方程解出第一项 $|\varphi_i\rangle$，代入 $|\psi_i^+\rangle$ 的全相互作用 L-S 方程，即得散射矩阵 $\boldsymbol{S}$ 的矩阵元为

$$\begin{aligned}\boldsymbol{S}_{fi}&=(\psi_f^-,\psi_i^+)=\left(\psi_f^-,\psi_i^--\left[\frac{1}{E_i-H-\mathrm{i}\varepsilon}-\frac{1}{E_i-H+\mathrm{i}\varepsilon}\right]V|\varphi_i\rangle\right)\\&=(\psi_f^-,\psi_i^-)-\left[\frac{1}{E_i-E_f+\mathrm{i}\varepsilon}-\frac{1}{E_i-E_f-\mathrm{i}\varepsilon}\right]^*(\psi_f^-,V\varphi_i)\\&=\delta_{fi}-\frac{(-2i\varepsilon)^*}{(E_i-E_f)^2+\varepsilon^2}(\psi_f^-,V\varphi_i)=\delta_{fi}-2\pi\mathrm{i}\lim_{\varepsilon\to0^+}\frac{1}{\pi}\frac{\varepsilon}{(E_i-E_f)^2+\varepsilon^2}(\psi_f^-,V\varphi_i)\\&=\delta_{fi}-2\pi\mathrm{i}\delta(E_i-E_f)(\psi_f^-,V\varphi_i)\end{aligned}$$

由含时框架中散射矩阵元 $\boldsymbol{S}_{fi}$ 写为跃迁矩阵元 $T_{fi}$ 的表达式

$$\boldsymbol{S}_{fi}=\delta_{fi}-2\pi\mathrm{i}\delta(E_f-E_i)T_{fi}$$

可知 $T_{fi}=(\psi_f^-,V\varphi_i)$。

另一个等式证明类似，从略。 证毕。

9.6 解： 错在最后两步。正确的应该是

$$\begin{aligned}\frac{1}{E_a-H+\mathrm{i}\varepsilon}(H-E_a)|\varphi_a\rangle&=\frac{1}{E_a-H+\mathrm{i}\varepsilon}(H-E_a-\mathrm{i}\varepsilon+\mathrm{i}\varepsilon)|\varphi_a\rangle\\&=-|\varphi_a\rangle+\frac{\mathrm{i}\varepsilon}{E_a-H+\mathrm{i}\varepsilon}|\varphi_a\rangle=-|\varphi_a\rangle+|\psi_a^+\rangle\end{aligned}$$

显然，如此计算结果就是自洽的。这里最后一步用了下面方程

$$|\psi_i^+\rangle=\frac{\mathrm{i}\varepsilon}{E_i-H+\mathrm{i}\varepsilon}|\varphi_i\rangle$$

问题在于，一般说 $(H-E_a)\dfrac{1}{E_a-H+\mathrm{i}\eta}\neq-I$。因为不能保证此算符后面不会乘以 $H$ 的本征值为 $E_a$ 的态！一旦后面乘子中含有此本征态，对该成分将出现 $\lim\limits_{\varepsilon\to0}\dfrac{0}{\mathrm{i}\varepsilon}$，呈现奇性。

9.7 证：第一个公式可插入 $\int|\boldsymbol{r}\rangle\mathrm{d}\boldsymbol{r}\langle\boldsymbol{r}|=I$。第二个公式推导见脚注⑨。

9.8 解： 设 $r'>r$，由第一类球 Hankel 函数 $h_l(p'r')=j_l(p'r')+\mathrm{i}y_l(p'r')$ 有

$$G_l^0(r,r')=\frac{1}{2\pi}\int_{-\infty}^{\infty}p'^2\mathrm{d}p'\frac{j_l(p'r)h_l(p'r')}{p^2-p'^2+\mathrm{i}0}+\frac{1}{2\pi}\int_{-\infty}^{\infty}p'^2\mathrm{d}p'\frac{j_l(p'r)h_l^*(p'r')}{p^2-p'^2+\mathrm{i}0}$$

注意 $j_l(p'r)$，$h_l(p'r')$ 的渐近行为是

$$|j_l(z)|\leqslant\mathrm{const}\left(\frac{|z|}{1+|z|}\right)^{l+1}\mathrm{e}^{|\mathrm{Im}z|},\quad|h_l(z)|\leqslant\mathrm{const}\left(\frac{|z|}{1+|z|}\right)^{-l}\mathrm{e}^{-\mathrm{Im}z}$$

---

⑨ 见脚注 ⑦ 文献，4.4.3 节，95 页。

于是在复数 $p'$ 上半平面，乘积 $j_l(p'r)h_l(p'r')$ 呈指数衰减。可以在 $p'$ 上半平面围以半圆形，构成回路积分。而且可以表明，第二项积分等于第一项积分。因为将其自变数反号，并注意有

$$j_l(pr) = (-1)^l j_l(-pr),\quad h_l^*(pr') = (-1)^l h_l(-pr')$$

可知是相等的。于是有($r'>r$)

$$G_l^0(r,r') = \lim_{R\to\infty}\frac{1}{\pi}\oint_\Gamma \mathrm{d}q\frac{q^2 j_l(qr)h_l(qr')}{p^2-q^2+\mathrm{i}0} = \frac{1}{\pi}2\pi\mathrm{i}\frac{p^2 j_l(pr)h_l(pr')}{-2p} = -\mathrm{i}pj_l(pr)h_l(pr')$$

对 $r'<r$ 情况计算类似

$$G_l^0(r,r') = -\mathrm{i}pj_l(pr')h_l(pr)\quad (r'<r)$$

9.9 解： 按照散射振幅的定义，有

$$\sqrt{\frac{\pi}{2}}\langle \boldsymbol{r}\,|\,k\boldsymbol{e}_z+\rangle \xrightarrow{r\to\infty}\left[\mathrm{e}^{\mathrm{i}kz}+f(k\boldsymbol{e}_r\leftarrow k\boldsymbol{e}_z)\frac{\mathrm{e}^{\mathrm{i}kr}}{r}\right]$$

这里左边因子 $\sqrt{\frac{2}{\pi}}$ 是考虑到，已令入射平面波为 $\langle \boldsymbol{r}\,|\,k\boldsymbol{e}_z\rangle = \sqrt{\frac{2}{\pi}}\mathrm{e}^{\mathrm{i}kr\cos\theta}$，相应的分波展开系数 $\langle r\,|\,k\rangle_l = \sqrt{\frac{2}{\pi}}j_l(kr)$ 就满足径向归一化条件，但散射振幅计算应当对应入射平面波为 $\mathrm{e}^{\mathrm{i}kr\cos\theta}$。按式(9.26)展开此渐近条件，为

$$\sqrt{\frac{\pi}{2}}\sum_{l=0}(2l+1)\mathrm{i}^l\langle r\,|\,k+\rangle_l P_l(\cos\theta)\xrightarrow{r\to\infty}$$

$$\left[\sum_{l=0}(2l+1)\mathrm{i}^l j_l(kr)P_l(\cos\theta)+\sum_{l=0}(2l+1)\mathrm{i}^l f_l P_l(\cos\theta)\frac{\mathrm{e}^{\mathrm{i}kr}}{r}\right]$$

得

$$\sqrt{\frac{\pi}{2}}\langle r\,|\,k+\rangle_l \xrightarrow{r\to\infty}\left\{\frac{(-\mathrm{i})^l(\mathrm{e}^{\mathrm{i}kr}-(-1)^l\mathrm{e}^{-\mathrm{i}kr})}{2\mathrm{i}kr}\delta_{fi}+(-\mathrm{i})^l f_l\frac{\mathrm{e}^{\mathrm{i}kr}}{r}\right\}$$

与 $r\to\infty$ 时式(9.30)的渐近式相比较，即得

$$f_l = -\frac{\sqrt{2\pi}m}{\hbar^2}\int r'^2 j_l(kr')V(r')_{fi}\langle r'\,|\,k+\rangle_l\,\mathrm{d}r'$$

9.10 证：将右边第一项作为因子抽出化简，或左、右乘以$(A+B)$。

9.11 证：利用 $\delta$ 函数表达式 $\left(\frac{1}{\pi}\lim_{\varepsilon\to0^+}\frac{\varepsilon}{(E-E')^2+\varepsilon^2}\right)=\delta(E'-E)$。

9.15 解： 将式(9.41d)右乘以渐近自由态 $|\,\underline{p},\alpha\rangle$，从两方面看，得

$$\begin{cases} T^{\beta\alpha}(z)\,|\,\underline{p},\alpha\rangle = V^\beta\,|\,\underline{p},\alpha\pm\rangle \\ T^{\beta\alpha}(z)\,|\,\underline{p},\alpha\rangle = \{(V^\alpha-V^\beta)+V^\beta+V^\beta G^\beta(z)T^{\beta\alpha}(z)\}\,|\,\underline{p},\alpha\rangle \\ \qquad = (V^\alpha-V^\beta)\,|\,\underline{p},\alpha\rangle+[V^\beta+V^\beta GV^\alpha]\,|\,\underline{p},\alpha\rangle \\ \qquad = -(H^\alpha-H^\beta)\,|\,\underline{p},\alpha\rangle+V^\beta(1+GV^\alpha)\,|\,\underline{p},\alpha\rangle = V^\beta(1+GV^\alpha)\,|\,\underline{p},\alpha\rangle \end{cases}$$

这里利用了式(9.41c) $G^\beta T^{\beta\alpha}=GV^\alpha$，以及壳上条件。最后，从等式两边除去 $V^\beta$，即得态矢 $|\,\underline{p},\alpha\pm\rangle$ 的 L-S 方程

$$|\,\underline{p},\alpha\pm\rangle = |\,\underline{p},\alpha\rangle+G(E\pm\mathrm{i}0^+)V^\alpha\,|\,\underline{p},\alpha\rangle$$

9.16 证：对单道情况，由前面叙述知 $V\,|\,\psi_i^+\rangle = T\,|\,\varphi_i\rangle$，将 $|\,\psi_i^+\rangle=\Omega^{(+)}\,|\,\varphi_i\rangle$ 代入，并除去

$|\varphi_i\rangle$，即得 $V\Omega^{(+)}=T$。

对多道情况，由 $V^\beta\,|\underline{p},\alpha+\rangle=T^{\beta\alpha}\,|p,\alpha\rangle$，将 $|\underline{p},\alpha+\rangle=\Omega_+^\alpha\,|\underline{p},\alpha\rangle$ 代入，除去 $|\underline{p},\alpha\rangle$，即得 $T^{\beta\alpha}(E+\mathrm{i}0^+)=V^\beta\Omega_+^\alpha$。

9.17　证：按 Møller 算符定义，$|\psi_i^{(\pm)}\rangle=\Omega^{(\pm)}\,|\varphi_i\rangle$。两边用 $H$ 作用，得

$$H\Omega^{(\pm)}\,|\varphi_i\rangle=H\,|\psi_i^{(\pm)}\rangle=E_i\,|\psi_i^{(\pm)}\rangle=E_i\Omega^{(\pm)}\,|\varphi_i\rangle$$
$$=\Omega^{(\pm)}E_i\,|\varphi_i\rangle=\Omega^{(\pm)}H^0\,|\varphi_i\rangle$$

由于 $|\varphi_i\rangle$ 的任意性(或完备性)，将其从等式两边除去即可。

另外，由上题已知 $H\Omega^{(\pm)}=\Omega^{(\pm)}H^0$，左乘以 $\Omega^{(-)+}$，得

$$SH^0=\Omega^{(-)+}\Omega^{(+)}H^0=\Omega^{(-)+}H\Omega^{(+)}=H^0\Omega^{(-)+}\Omega^{(+)}=H^0S$$

9.18　证：　按分道 Møller 算符定义有 $|\underline{p},\alpha\pm\rangle=\Omega_\pm^\alpha\,|\underline{p},\alpha\rangle$。两边用 $H$ 作用，得

$$H\Omega_\pm^\alpha\,|\underline{p},\alpha\rangle=H\,|\underline{p},\alpha\pm\rangle=E_i\,|\underline{p},\alpha\pm\rangle=E_i\Omega_\pm\,|\varphi_i\rangle$$
$$=\Omega_\pm E_i\,|\underline{p},\alpha\rangle=\Omega_\pm H^\alpha\,|\underline{p},\alpha\rangle$$

由于 $|\underline{p},\alpha\rangle$ 的任意性(或完备性)，将其从等式两边除去，即得。

另外，已知 $H\Omega_\pm^\alpha=\Omega_\pm^\alpha H^\alpha$，左乘以 $(\Omega_-^\beta)^+$，得

$$SH^\alpha=(\Omega_-^\beta)^+\Omega_+^\alpha H^\alpha=(\Omega_-^\beta)^+H\Omega_+^\alpha=H^\beta(\Omega_-^\beta)^+\Omega_+^\alpha=H^\beta S$$

9.19　解：　参考正文叙述，以及上面习题 9.2，9.3。

9.20　证：取算符 $\Omega=PQ_{12}$，$P$ 为宇称算符，$Q_{12}$ 为两个粒子交换算符(包括空间和自旋)。于是 $\Omega$ 只交换两粒子的自旋坐标。根据 C-G 系数性质

$$\langle j_1j_2jm\,|\,m_1m_2\rangle=(-1)^{j_1+j_2-j}\langle j_2j_1jm\,|\,m_2m_1\rangle$$

将此式中量子数 $j_1$，$j_2$ 理解为两个自旋量子数 $s_1$，$s_2$(均为 $\frac{1}{2}$)，于是有

$$PQ_{12}\,|s_1s_2Sm\rangle=(-1)^{1-S}\,|s_1s_2Sm\rangle$$

其中 $S$ 为系统的总自旋量子数。由于粒子全同，$[PQ_{12},S]=0$。这里 $S$ 为系统的散射矩阵。由此，考虑到 $|s_1s_2Sm\rangle$ 是 $PQ_{12}$ 的无简并的本征态，所以这个态也是 $S$ 的本征态。这意味着总自旋 $S$ 是运动常数。于是，如果忽略宇称不守恒的小效应，当两个中子(或两个质子)散射时，在单重态和三重态之间的跃迁是不能发生的。实验以十分好的准确度表明了这一点。

9.21　解：

$$\begin{aligned}\Pi_{(E,l,S,jm)}&=\Pi\sum_{m_l,m_s}|E,l,s,m_l,m_s\rangle\langle l,s,m_l,m_s\,|\,j,m\rangle\\&=\sum_{m_l,m_s}\langle l,s,m_l,m_s\,|\,j,m\rangle(\Pi\,|\,E,l,m_l\rangle)\otimes(\Pi\,|\,s,m_s\rangle)\\&=\sum_{m_l,m_s}\langle l,s,m_l,m_s\,|\,j,m\rangle(-1)^{l-m_l}\,|E,l,-m_l\rangle\otimes(-1)^{s-m_s}\,|s,-m_s\rangle\\&=(-1)^{l+s-m}\sum_{m_l,m_s}\langle l,s,m_l,m_s\,|\,j,m\rangle\,|E,l,s,-m_l,-m_s\rangle\\&=(-1)^{l+s-m}\sum_{m_l,m_s}\langle l,s,-m_l,-m_s\,|\,j,m\rangle\,|E,l,s,m_l,m_s\rangle\\&\overset{\text{注1}}{=}(-1)^{l+s-m}(-1)^{j-(l+s)}\sum_{m_l,m_s}\langle l,s,m_l,m_s\,|\,j,-m\rangle\,|E,l,s,m_l,m_s\rangle\end{aligned}$$

$$=(-1)^{j-m}\,|E,l,s,j,m_s\rangle$$

注意：$\langle j_1,j_2,-m_1,-m_2\,|\,j,-m\rangle=(-1)^{j-(j_1+j_2)}\langle j_1,j_2,m_1,m_2\,|\,j,m\rangle$。将此结果取厄米，又得

$$\langle E,l,s,j,m\,|\,\Pi^+=\langle \Pi(E,l,s,j,m)\,|=\langle (E,l,s,j,m)^{(\mathrm{II})}\,|$$
$$=(-1)^{j-m}\langle E,l,s,j,-m\,|$$

所以

$$\langle (E,l,s,j,m)^{(\mathrm{II})}\,|=(-1)^{j-m}\langle E,l,s,j,-m\,|=(-1)^{-j+m}\langle E,l,s,j,-m\,|$$

（因为 $j-m=$整数）。

9.23 解： 这时 Hamilton 量和初、末态分别为

$$H=\left(\frac{\boldsymbol{p}_1^2}{2m}+\frac{\boldsymbol{p}_2^2}{2m}-\frac{e^2}{r_2}\right)-\left(\frac{e^2}{r_1}-\frac{e^2}{r_{12}}\right);\quad \psi_i=\sqrt{\frac{N}{v}}\,\mathrm{e}^{\mathrm{i}\boldsymbol{k}_i\cdot\boldsymbol{r}_1}\psi_{100}(\boldsymbol{r}_2);\quad \psi_f=\sqrt{\frac{N}{v}}\,\mathrm{e}^{\mathrm{i}\boldsymbol{k}_f\cdot\boldsymbol{r}_1}\psi_{200}(\boldsymbol{r}_2)$$

能量守恒条件是 $k_i^2=k_f^2+\dfrac{3}{4a_0^2}$。于是矩阵元为

$$\langle \boldsymbol{k}_f,200\,|\,V\,|\,\boldsymbol{k}_f,100\rangle=\int \psi^*{}_f V\psi_i\,\mathrm{d}\boldsymbol{r}_1\,\mathrm{d}\boldsymbol{r}_2$$

$V$ 中 $\dfrac{1}{r_1}$ 项无贡献，因为入射电子($\boldsymbol{r}_1$)与原子核(Coulomb 场 $\dfrac{-e^2}{r_1}$)相互作用不能激发原子中束缚电子($\boldsymbol{r}_2$)，表现是积分对 $\boldsymbol{r}_2$ 求积时因正交而为零。结果是[10]

$$\frac{\mathrm{d}\sigma}{\mathrm{d}\Omega}=\frac{k_f}{k_i}\frac{128a_0^2}{\left(\boldsymbol{q}^2a_0^2+\dfrac{9}{4}\right)^2},\quad \boldsymbol{q}=\boldsymbol{k}_i-\boldsymbol{k}_f$$

积分给出一个有限的总截面。这和 Rutherford 散射不同。

9.24 解：

$$T_{fi}=\left\{\langle\chi_f,-\,|-\langle\chi_f,-\,|V_1\frac{1}{E_f-H^0+\mathrm{i}\varepsilon}\right\}(V_1+V_2)\,|\psi_i,+\rangle$$
$$=\langle\chi_f,-\,|(V_1+V_2)\,|\psi_i,+\rangle-\langle\chi_f,-\,|V_1(\,|\psi_i,+\rangle-|\varphi_i\rangle)$$
$$=\langle\chi_f,-\,|V_2\,|\psi_i,+\rangle+\langle\chi_f,\quad|V_1\,|\varphi_i\rangle$$

这里利用了 $|\psi_i,+\rangle$ 的 L-S 方程

$$\frac{1}{E_f-H^0+\mathrm{i}\varepsilon}(V_1+V_2)\,|\psi_i,+\rangle=|\psi_i,+\rangle-|\varphi_i\rangle$$

9.25 证：$\beta$ 出射道的自由 Hamilton 量为 $H^\beta=\dfrac{P_b^2}{2m_b}+\dfrac{P_a^2}{2m_a}+V_{ac}$。L-S 方程为

$$|\boldsymbol{p},1+\rangle=|\boldsymbol{p},1\rangle+\frac{1}{E-H^1+\mathrm{i}\varepsilon}V^1\,|\boldsymbol{p},1+\rangle$$

由于

$$\frac{1}{E-H^1+\mathrm{i}\varepsilon}=\frac{1}{E-H^\beta+\mathrm{i}\varepsilon}+\frac{1}{E-H^\beta+\mathrm{i}\varepsilon}(V^\beta-V^1)\frac{1}{E-H^1+\mathrm{i}\varepsilon}$$

于是

$$|\boldsymbol{p},1+\rangle=|\boldsymbol{p},1\rangle+G^\beta V^1\,|\boldsymbol{p},1+\rangle+G^\beta(V^\beta-V^1)G^1V^1\,|\boldsymbol{p},1+\rangle$$

---

⑩ Trigg,241;Landau L D. 非相对论量子力学(下). 北京:高等教育出版社,1981:399.

$$=|\boldsymbol{p},1\rangle+G^{\beta}V^{1}|\boldsymbol{p},1+\rangle+G^{\beta}(V^{\beta}-V^{1})(|\boldsymbol{p},1+\rangle-|\boldsymbol{p},1\rangle)$$
$$=G^{\beta}V^{\beta}|\boldsymbol{p},1+\rangle+\{1-G^{\beta}(V^{\beta}-V^{1})\}|\boldsymbol{p},1\rangle$$

记第二项为 $|\lambda_{\perp\beta}\rangle$，于是有

$$|\lambda_{\perp\beta}\rangle=\{1-G^{\beta}(V^{\beta}-V^{1})\}|\boldsymbol{p},1\rangle=G^{\beta}(E-H^{1}+\mathrm{i}\varepsilon)|\boldsymbol{p},1\rangle=\mathrm{i}\varepsilon G^{\beta}|\boldsymbol{p},1\rangle$$

可以证明 $|\lambda_{\perp\beta}\rangle$ 与出射 $\beta$ 道所有态垂直。因为令 $H^{\beta}|E',\beta\rangle=E'|E',\beta\rangle$，有

$$\langle E',\beta|\{1-G^{\beta}(V^{\beta}-V^{1})\}|\boldsymbol{p},1\rangle=\mathrm{i}\varepsilon\langle E',\beta|G^{\beta}|\boldsymbol{p},1\rangle$$
$$=\frac{\mathrm{i}\varepsilon}{E'-E+\mathrm{i}\varepsilon}\langle E',\beta|\boldsymbol{p},1\rangle\xrightarrow{\varepsilon\to 0}0$$

这里趋于零是假定 $a,b$ 两个粒子不是全同的，本征值不会相同。于是，在出射道中考虑问题时，可以不必理会这一项。接下去的散射振幅计算可见文献⑪。

9.26 证： 参见文献⑫。

9.27 证： 因为 $|\psi_i^{+}\rangle=|\varphi_i\rangle+\dfrac{1}{E_i-H+\mathrm{i}\varepsilon}V|\varphi_i\rangle$

将此式左乘以 $\langle\psi_j^{+}|$，得

$$\langle\psi_j^{+}|\psi_i^{+}\rangle=\langle\psi_j^{+}|\varphi_i\rangle+\langle\psi_j^{+}|\frac{1}{E_i-H+\mathrm{i}\varepsilon}V|\varphi_i\rangle$$
$$=\left\langle\left\{\left|\varphi_j\right\rangle+\frac{1}{E_j-H^{0}+\mathrm{i}\varepsilon}V|\psi_j^{+}\rangle\right\}^{+}\right|\varphi_i\rangle+\frac{1}{E_i-E_j+\mathrm{i}\varepsilon}\langle\psi_j^{+}|V|\varphi_i\rangle$$
$$=\langle\varphi_j|\varphi_i\rangle+\frac{1}{E_j-E_i-\mathrm{i}\varepsilon}\langle\psi_j^{+}|V|\varphi_i\rangle+\frac{1}{E_i-E_j+\mathrm{i}\varepsilon}\langle\psi_j^{+}|V|\varphi_i\rangle$$
$$=\langle\varphi_j|\varphi_i\rangle=\delta_{ij}$$

类似地，对 $|\varphi_i\rangle$ 也有正交关系存在。总之，有

$$\begin{cases}\langle\psi_i^{+}|\psi_j^{+}\rangle=\langle\varphi_i|\varphi_j\rangle=\delta_{ij}\\ \langle\psi_i^{-}|\psi_j^{-}\rangle=\langle\varphi_i|\varphi_j\rangle=\delta_{ij}\end{cases}$$

9.28 证：此题和下面两题关于算符核空间和算符指数问题参见附录 B 第 B.4 部分。显然 $\Lambda$ 的核空间必是 $\Lambda^{+}\Lambda$ 的核空间。现往证 $\Lambda^{+}\Lambda$ 的核空间必是 $\Lambda$ 的核空间。用反证法。也就是说，若矢量 $|\varphi\rangle$ 是算子 $\Lambda^{+}\Lambda$ 核空间的态矢，但却不是算子 $\Lambda$ 核空间态矢，必出现矛盾。因为有

$$\begin{cases}\Lambda^{+}\Lambda|\varphi\rangle=0\\ \Lambda|\varphi\rangle\neq 0\end{cases}$$

将 $|\varphi\rangle$ 取厄米，作用到第一式上，得

$$\langle\varphi|\Lambda^{+}\Lambda|\varphi\rangle=\|\Lambda|\varphi\rangle\|^{2}=0\rightarrow\Lambda|\varphi\rangle=0$$

这和第二式相矛盾。由此可得 $\ker(\Lambda)=\ker(\Lambda^{+}\Lambda)$。 证毕。

于是，关于任一算子的指数又有另一定义

$$\mathrm{index}\Lambda=\dim\ker(\Lambda^{+}\Lambda)-\dim\ker(\Lambda\Lambda^{+})$$

9.29 证：由于当 $P^{-1}$ 和 $Q^{-1}$ 存在时，有 $\dim\ker(P\Lambda Q)=\dim\ker\Lambda$。所以当然有

$$\mathrm{index}(P\Lambda Q)=\mathrm{index}\Lambda。$$

---

⑪ Taylor J R. Scattering Theory. John Wiley & Sons Inc. ,1972:378.

⑫ Scadron M D. Advanced Quantum Theory, and Its Applications Through Feynman Diagrams. Springer-Verlag New York Inc. ,1979:148; Taylor J R. Scattering Theory. John Wiley & Sons Inc. ,1972:226.

详细点说，若$|\varphi_i\rangle$是$\Lambda$核空间中任一矢量，即$\Lambda|\varphi_i\rangle=0$。可令

$$Q^{-1}|\varphi_i\rangle\equiv|\varphi'_i\rangle \quad 或 \quad Q|\varphi'_i\rangle=|\varphi_i\rangle$$

则$|\varphi'_i\rangle$必是算子$\Lambda'\equiv P\Lambda Q$的核空间中的矢量

$$\Lambda'|\varphi'_i\rangle=0$$

另一方面，若$|\varphi'_i\rangle$是$\Lambda'$核空间中任一矢量，即$\Lambda'|\varphi'_i\rangle=0$。则有

$$0=\Lambda'|\varphi'_i\rangle=P\Lambda Q|\varphi'_i\rangle\to\Lambda Q|\varphi'_i\rangle=0\to Q|\varphi'_i\rangle\in\Lambda\text{ker 空间}$$

即是$\Lambda$算子核空间中的矢量。总之，两个核空间矢量之间关系是一个满秩的、可逆的、一一对应的变换：$|\varphi_i\rangle=Q|\varphi'_i\rangle$或$|\varphi'_i\rangle=Q^{-1}|\varphi_i\rangle$。所以两者核空间的维数相同。接下去的简单论证便得到所要的结果。

9.30 证： 利用附录B极化分解定理。

9.31 证： 直接计算，有

$$\begin{cases}\boldsymbol{S}\boldsymbol{S}^+=\Omega_-^+\Omega_+\Omega_+^+\Omega_-=\Omega_-^+(1-B^+)\Omega_-=\Omega_-^+\Omega_--\Omega_-^+B^+\Omega_-\\ \quad=(1-B^0)-\Omega_-^+\sum\limits_{\alpha,i}|\psi_\alpha^{+\beta}\rangle\langle\psi_\alpha^{+B}|\cdot|\psi_i^-\rangle\langle\varphi_i|=1-B^0\\ \boldsymbol{S}^+\boldsymbol{S}=\Omega_+^+\Omega_-\Omega_-^+\Omega_+=\Omega_+^+(1-B^-)\Omega_+=\Omega_+^+\Omega_+-\Omega_+^+B^-\Omega_+\\ \quad=(1-B^0)-\Omega_+^+\sum\limits_{\alpha,i}|\psi_\alpha^{-\beta}\rangle\langle\psi_\alpha^{-B}|\cdot|\psi_i^+\rangle\langle\varphi_i|=1-B^0\end{cases}$$

## 第 10 章

10.2 解： 氦原子的 Hamiltonian 为

$$H=-\frac{\hbar^2}{2m}(\Delta_1+\Delta_2)-2e^2\left(\frac{1}{r_1}+\frac{1}{r_2}\right)+\frac{e^2}{r_{12}}$$

作为试探波函数，现采用略去两电子之间相互作用的类氢原子基态波函数，即

$$\varphi(\boldsymbol{r}_1,\boldsymbol{r}_2)=\varphi_{100}(\boldsymbol{r}_1)\varphi_{100}(\boldsymbol{r}_2)=\frac{Z^3}{\pi a_0^3}\exp\left[-\frac{Z}{a_0}(r_1+r_2)\right]$$

这里用$Z$作为变分参数，所以它不一定为2。事实上，由于两个电子彼此对氦核的相互屏蔽，变分结果的有效$Z$值将小于2。由 Virial 定理可知，类氢原子$Z$中每个电子动能和势能在基态的平均值分别为$\frac{Ze^2}{2a_0/Z}$和$-\frac{2e^2}{a_0/Z}$。这里平均势能分子中的因子2来自氦原子 Hamiltonian 势能中核电荷有因子2。至于电子之间相互作用能的基态平均值则为

$$\iint\varphi^*(\boldsymbol{r}_1,\boldsymbol{r}_2)\frac{e^2}{r_{12}}\varphi(\boldsymbol{r}_1,\boldsymbol{r}_2)\mathrm{d}v_1\mathrm{d}v_2=e^2\left(\frac{Z^3}{\pi a_0^3}\right)^2\iint\frac{1}{r_{12}}\exp\left[-\frac{2Z}{a_0}(r_1+r_2)\right]\mathrm{d}v_1\mathrm{d}v_2$$

这里积分是表达两个球对称重叠、并沿径向指数衰减的连续分布电荷之间的相互作用静电能。这个积分可以分解为相等的两项之和，即

$$\begin{aligned}\iint\frac{1}{r_{12}}\exp\left\{-\frac{2Z_{\text{eff}}}{a_B}(r_1+r_2)\right\}\mathrm{d}v_1\mathrm{d}v_2&=\int_0^\infty\mathrm{d}v_1\rho_1\frac{1}{r_1}\int_0^{r_1}\rho_2\mathrm{d}v_2+\int_0^\infty\mathrm{d}v_2\rho_2\frac{e^2}{r_2}\int_0^{r_2}\rho_1\mathrm{d}v_1\\&=2\int_0^\infty\mathrm{d}v_1\rho_1\frac{1}{r_1}\int_0^{r_1}\rho_2\mathrm{d}v_2=\frac{5\pi^2a_B^5}{8Z_{\text{eff}}^5}\end{aligned}$$

右边第一项是针对$r_1>r_2$的情况，$r_1$球壳电荷$\rho_1(r_1)=|\psi_1(r_1)|^2$在$r_2$球壳$\rho_2(r_2)=|\psi_2(r_2)|^2$场中的能量；$\mathrm{d}v_1$的被积函数则是$\rho_1(r_1)$在半径为$r_1$的球$\rho_2$场中的能量。第二项则为$r_1<r_2$情况。总

加起来即得

$$\bar{E}=2\frac{e^2Z^2}{2a_0}-2\frac{2e^2Z}{a_0}+\frac{5e^2Z}{8a_0}=\frac{e^2}{a_0}(Z^2-\frac{27}{8}Z)$$

对 $Z$ 微商求极值，得到 $Z=\frac{27}{16}=1.69$。由此算出氦原子基态能量为

$$-\left(\frac{27}{16}\right)^2\frac{e^2}{a_0}=-2.85\frac{e^2}{a_0}$$

很接近于实验值 $-2.904\frac{e^2}{a_0}$。将此 $Z$ 值代入 $\varphi(\boldsymbol{r}_1,\boldsymbol{r}_2)$ 即得基态波函数的变分解。

10.3　解：设式(10.21)中积分下限 $a=0$，对该式微分后利用初条件得到：比如，当 $A=0,B=1$，可得 $c_1=-c_2=\frac{1}{2}\varepsilon[Q(0)]^{-\frac{1}{4}}$。于是，对这个初值问题，其近似解为

$$u(x)\approx\varepsilon[Q(x)Q(0)]^{-\frac{1}{4}}\mathrm{sh}\left[\frac{1}{\varepsilon}\int_0^x\mathrm{d}x'\ \sqrt{Q(x')}\right],\quad\varepsilon\to0$$

令 $Q(x)=(1+x^2)^2$，则一致收敛（即适用于所有 $x$）的近似解为

$$u(x)\approx\frac{\varepsilon}{\sqrt{1+x^2}}\mathrm{sh}\left[\frac{1}{\varepsilon}(x+\frac{x^3}{3})\right],\quad\varepsilon\to0$$

实际并不需要 $\varepsilon$ 十分小。数值计算表明，当 $\varepsilon\leqslant0.1$ 后，此近似解和数字精确解的相对误差就不大了。

10.5　解：该文指出通过变换

$$h^b(\tau)=-U^{a\dagger}(\tau)h^a(\tau)U^a(\tau)$$

可由系统 $a$ 构造出系统 $b$。其中 $U^a(\tau)$ 是系统 $a$ 的时间演化算符⑬　。于是

$$|e_n^b(\tau)\rangle=U^{a\dagger}(\tau)|e_n^a(\tau)\rangle,\quad e_n^b(\tau)=-e_n^a(\tau)$$

该文表明，即便系统 $a$ 可用传统绝热条件，系统 $b$ 也不一定可用。说明传统绝热条件不是充分的。

但是，现在则为

$$\begin{aligned}\langle e_k^b(\tau)|\dot{e}_m^b(\tau)\rangle&=\langle e_k^a(\tau)|U^a(\tau)\dot{U}^{a\dagger}(\tau)|e_m^a(\tau)\rangle+\langle e_k^a(\tau)|U^a(\tau)U^{a\dagger}(\tau)|\dot{e}_m^a(\tau)\rangle\\&=\mathrm{i}\langle e_k^a(\tau)|h^a(\tau)|e_m^a(\tau)\rangle+\langle e_k^a(\tau)|\dot{e}_m^a(\tau)\rangle=\mathrm{i}e_k^a(\tau)\delta_{km}+\langle e_k^a(\tau)|\dot{e}_m^a(\tau)\rangle\end{aligned}$$

于是，假如对 $a$ 系统新绝热条件成立

$$\frac{|\langle k^a(\tau)|\dot{m}^a(\tau)\rangle|}{|e_k^a(\tau)-e_m^a(\tau)+\delta_{km}^a(\tau)|}\ll1,\quad k\neq m$$

则经过该文所指的变换后，对 $b$ 系统是

$$\begin{aligned}&\frac{|\langle k^b(\tau)|\dot{m}^b(\tau)\rangle|}{|e_k^b(\tau)-e_m^b(\tau)+\delta_{km}^b(\tau)|}\\=&\frac{|\langle k^b|\dot{m}^b\rangle|}{\left|e_k^b-e_m^b+\left[\frac{\mathrm{d}}{\mathrm{d}\tau}\arg(\langle k^b|m^b\rangle)+\mathrm{i}(\langle m^b|\dot{m}^b\rangle-\langle k^b|\dot{k}^b\rangle)\right]\right|}\\=&\frac{|\langle k^a|\dot{m}^a\rangle|}{\left|-e_k^a+e_m^a+\left[\frac{\mathrm{d}}{\mathrm{d}\tau}\arg(\langle k^a|m^a\rangle)+\mathrm{i}(\mathrm{i}e_m^a+\langle m^a|\dot{m}^a\rangle-\mathrm{i}e_k^a-\langle k^a|\dot{k}^a\rangle)\right]\right|}\end{aligned}$$

---

⑬　本书作者评注：不能笼统地对哈密顿量 $H^a$ 进行如此变换。详见作者《量子菜根谭(第Ⅲ版)》，清华大学出版社，2016年，第14讲。

然而,就 $b$ 系统而言,新绝热条件却已经换成

$$\frac{|\langle k^b(\tau)|\dot{m}^b(\tau)\rangle|}{|e_k^b(\tau)-e_m^b(\tau)+\delta_{km}^b(\tau)|}=\frac{|\langle k^a(\tau)|\dot{m}^a(\tau)\rangle|}{|\delta_{km}^a(\tau)|}\ll 1$$

同 $a$ 系统满足的原来绝热条件相比,此式分母中缺少$(e_k-e_m)$项,不等式已不一定成立。也就是说,经过该文献所提变换,转到 $b$ 系统之后,一般不再保证对 $b$ 系统还能满足这个新绝热条件。所以,应用新绝热条件(10.49b),该文献指出的问题将不再成为问题。

10.6　证：利用含时态归一化性质,有

$$0=\left\{\frac{\partial\langle\varphi_n(\boldsymbol{R}(\tau))|}{\partial\tau}\right\}|\varphi_n(\boldsymbol{R}(\tau))\rangle+\langle\varphi_n(\boldsymbol{R}(\tau))|\frac{\partial}{\partial\tau}|\varphi_n(\boldsymbol{R}(\tau))\rangle$$

根据一维定态波函数总可以取成实函数的结论,进一步有

$$\left\{\frac{\partial\langle\varphi_n(\boldsymbol{R}(\tau))|}{\partial\tau}\right\}|\varphi_n(\boldsymbol{R}(\tau))\rangle=\langle\varphi_n(\boldsymbol{R}(\tau))|\frac{\partial}{\partial\tau}|\varphi_n(\boldsymbol{R}(\tau))\rangle$$

这就得到

$$\beta_{nn}(\tau)\equiv\mathrm{i}\langle\varphi_n(\boldsymbol{R}(\tau))\left|\frac{\partial}{\partial\tau}\right|\varphi_n(\boldsymbol{R}(\tau))\rangle=0$$

证毕。

例子是一维准定态无限深活动方阱——量子活塞问题。这时,无论怎样绝热地运动两面墙——保持阱内粒子状态的量纲为一量子数不变的任意含时准稳态演化过程,不仅在两面墙移动一周还原时 $\gamma(C)=0$,而且在过程中时刻都有 $\gamma(\tau)=0$。注意,这要求墙的移动不能太多,以免产生能级交叉,使无量纲量子数发生变化。

10.7　解：一维量子活塞问题只与非对角相因子 $\gamma_{mn}$ 有关,而与对角相因子 $\gamma_{nn}$(与Berry位相有关)无关(习题10.6)。设有一维量子活塞,势阱宽 $l$,势阱一侧的势垒以极慢而恒定的速度 $\mathrm{d}l/\mathrm{d}t=v$ 向外侧移动。阱中准定态本征值和本征函数分别为$\{e_n(t),|n(t)\rangle\}$。

注意,由于此时所有准定态能级都正比于量子数平方,演化中任意两条准定态能级都不会发生交叉。因此,系统在任何初条件下的动力学演化解不可能准确地就是某单个绝热准定态解。也就是说,此含时系统的含时解必定是一些准定态解的变系数叠加。这是一维问题共有的结论。

对初值 $m(0)$ 的含时问题,有

$$|\psi_m(t)\rangle=\sum_n c_n(t)|n(t)\rangle\mathrm{e}^{-\mathrm{i}\int_0^t\mathrm{d}\lambda e_n(\lambda)},\quad c_n(0)=\delta_{nm}$$

代入含时 Schrödinger 方程,乘以 $\mathrm{e}^{\mathrm{i}\int_0^t\mathrm{d}\lambda e_m(\lambda)}\langle m(t)|$,得

$$\dot{c}_m(t)=-\sum_{n(\neq m)}\langle m|\dot{n}\rangle\exp\left\{-\mathrm{i}\int_0^t\mathrm{d}\lambda[e_n(\lambda)-e_m(\lambda)]\right\}c_n(t)$$

这里求和中由于一维波函数是实的,所以$\langle m|\dot{m}\rangle=0$。既然右边无 $c_m(t)$,可以直接积分,得

$$c_m(t)=1-\sum_{n(\neq m)}\int_0^t\mathrm{d}\eta\langle m|\dot{n}\rangle\exp\left\{-\mathrm{i}\int_0^\eta\mathrm{d}\lambda[e_n(\lambda)-e_m(\lambda)]\right\}c_n(\eta)$$

现在假设活塞拉开过程是近似绝热的,则应有$|c_m(t)|^2\to1$。于是要求

$$\left|\sum_{n(\neq m)}\int_0^t\mathrm{d}\eta\langle m|\dot{n}\rangle\exp\left\{-\mathrm{i}\int_0^\eta\mathrm{d}\lambda[e_n(\lambda)-e_m(\lambda)]\right\}c_n(\eta)\right|\ll1$$

在此期间,粒子向活塞做功,按能量守恒要求为

$$\mathrm{d}e_n(t)=-p_n(t)\mathrm{d}x=-vp_n(t)\mathrm{d}t$$

$$e_n(t)=e_n(0)-v\int_0^t p_n(\lambda)\mathrm{d}\lambda$$

这里 $p_n(t)$ 是处于状态 $|n(t)\rangle$ 的粒子向活塞施加的压力，按 Hellmann-Feynman 定理 $p_n(t)=\dfrac{n^2\pi^2\hbar^2}{\mu(l(t))^3}$。于是有

$$
\begin{aligned}
\int_0^t [e_m(\lambda)-e_n(\lambda)]\mathrm{d}\lambda &= [e_m(0)-e_n(0)]t - v\int_0^t \mathrm{d}\lambda\int_0^\lambda \mathrm{d}\eta[p_m(\eta)-p_n(\eta)] \\
&= \frac{(m^2-n^2)\pi^2\hbar^2}{\mu}\left\{\frac{t}{(l_0)^2}-\frac{1}{v}\int_{l_0}^{l}\mathrm{d}x\int_{l_0}^{x}\mathrm{d}x'(x')^{-3}\right\} \\
&= \frac{(m^2-n^2)\pi^2\hbar^2}{\mu v(l_0)^2}\left\{vt-\frac{1}{2l}(l-l_0)^2\right\} \\
&= \frac{(m^2-n^2)\pi^2\hbar^2}{2\mu(l_0)^2}\left(t+\frac{l_0 t}{l_0+vt}\right)\approx\frac{(m^2-n^2)\pi^2\hbar^2}{2\mu(l_0)^2}\left(t+\frac{l_0}{v}\right)
\end{aligned}
$$

这里已假设阱壁做绝热移动的距离远大于原来的阱宽。最后得到

$$
\begin{cases}
\displaystyle\int_0^t [e_m(\lambda)-e_n(\lambda)]\mathrm{d}\lambda \equiv \omega_{mn}t+\delta_{0,mn} \\
\displaystyle\frac{(m^2-n^2)\pi^2\hbar^2}{2\mu(l_0)^2}=\omega_{mn},\quad \frac{(m^2-n^2)\pi^2\hbar^2}{2\mu v l_0}=\delta_{0,mn}
\end{cases}
$$

绝热近似成立的充要条件成为

$$
\left|\sum_{n(\neq m)}\int_0^t \mathrm{d}\eta\langle m|\dot{n}\rangle\exp\{-\mathrm{i}(\omega_{mn}\eta+\delta_{0,mn})\}c_n(\eta)\right|\ll 1
$$

可再进一步分析，这时充分要求是向其它准稳态 $|n(t)\rangle$ 跃迁的幅度更小。

10.8 答：可列举以下三种方法：

(1) $P_m(\tau)$ 的一阶近似。按照概率守恒等式 $P_m(\tau)=1-\sum\limits_{k\neq m}|c_k(\tau)|^2$，$P_m(\tau)$ 的最低阶近似应当相应于对式中系数 $c_k(\tau)$ 的最低阶近似，即

$$
P_m(\tau)\cong 1-\sum_{k\neq m}\left|\int_0^\tau \mathrm{d}\lambda M_{km}(\lambda)\right|^2
$$

在此近似下，要求系统演化时保持在绝热轨道 $|\Phi_m^{\text{adia}}(\tau)\rangle$ 上的条件是

$$
\sum_{k\neq m}\left|\int_0^\tau \mathrm{d}\lambda\exp\left\{\mathrm{i}\int_0^\lambda \mathrm{d}\eta(e_k(\eta)-e_m(\eta))+\mathrm{i}\Delta_{km}(\lambda)\right\}|\gamma_{km}(\lambda)|\right|^2\to 0
$$

(2) $P_m(\tau)$ 的二阶近似。下一阶 $P_m(\tau)$ 近似可由式(10.52)出发，为

$$
\begin{aligned}
P_m(\tau) &\cong \left|\left(1+\mathrm{i}\int_0^\tau \mathrm{d}\lambda M(\lambda)-\int_0^\tau \mathrm{d}\lambda_1\int_0^{\lambda_1}\mathrm{d}\lambda_2 M(\lambda_1)M(\lambda_2)\right)_{mm}\right|^2 \\
&= \left|\left(1-\int_0^\tau \mathrm{d}\lambda_1\int_0^{\lambda_1}\mathrm{d}\lambda_2 M(\lambda_1)M(\lambda_2)\right)_{mm}\right|^2
\end{aligned}
$$

在 $P_m(\tau)$ 的如此近似下，绝热近似条件为

$$
\boxed{\left|\sum_{k\neq m}\int_0^\tau \mathrm{d}\lambda_1\int_0^{\lambda_1}\mathrm{d}\lambda_2 M_{mk}(\lambda_1)M_{km}(\lambda_2)\right|^2\to 0}
$$

(3) 用比值办法近似计算保持绝热概率 $P_m(\tau)$ 或导出绝热近似条件。系数比值的最低阶近似为 $c_m(\tau)\cong 1$，$c_k(\tau)$ 均取到一阶，即

$$
\frac{c_k(\lambda)}{c_m(\lambda)}\cong \mathrm{i}\int_0^\lambda \mathrm{d}\eta M_{km}(\eta),\quad (\forall k\neq m)
$$

将此式代入式(10.56)，即得与式(10.58)稍有差异的另一绝热近似条件

$$\mathrm{Re}\left\{-\sum_{k\neq m}\int_0^\tau d\lambda M_{mk}(\lambda)\int_0^\lambda d\eta M_{km}(\eta)\right\}\to 0$$

10.9 解： 参见正文。

10.10 解： 参见 Scully M O, Zubairy M S. Quantum Optics. Cambridge University Press, 1997：225,224 页 Problem 7.2。

10.11 解： 令 $\int_0^\lambda d\eta(e_k(\eta)-e_m(\eta))+\Delta_{km}(\eta)=\theta(\lambda)$，考虑式(10.54)任一项，

$$\left|\int_0^\tau d\lambda e^{i\theta(\lambda)}\left|\beta_{km}(\lambda)\right|\right|^2\to 0,\quad \forall k\neq m$$

这时可以假定相因子 $\ddot{\theta}(\tau)=0$，即可以作线性近似

$$e^{i\theta(\tau)}=e^{i(\theta_0+\omega_0\tau)}$$

其中 $\theta_0,\omega_0$ 都为常数。此时 $|\beta_{km}(\lambda)|$ 也是周期函数，可作 Fourier 级数展开。于是

$$\left|\int_0^\tau d\lambda e^{i\theta(\lambda)}\left|\beta_{km}(\lambda)\right|\right|^2=\left|\int_0^\tau d\lambda e^{i\omega_0\lambda}\sum_l \Gamma_l^{(km)}e^{i\omega_{km,l}\lambda}\right|^2=\left|\sum_l\frac{\Gamma_l^{(km)}}{(\omega_0+\omega_{km,l})}\right|^2$$

绝热条件成为

$$\left|\frac{\Gamma_l^{(km)}}{\omega_0+\omega_{km,l}}\right|\ll 1,\quad \ddot{\theta}(\tau)=0$$

这是一个使用简单的充分条件。下面举文献⑭中例子加以说明。对 $a$ 系统，现在的绝热条件为：$\left|\frac{\omega\sin\theta}{\omega_0+\omega\cos\theta}\right|\ll 1$，保持绝热的概率为 $P_m=1-\frac{\omega^2\sin^2\theta}{\tilde{\omega}^2}\sin^2\frac{\tilde{\omega}t}{2}$；与此同时，对 $b$ 系统，现在的绝热条件为：$|\tan\theta|\ll 1$，保持绝热的概率为 $P_m=1-\sin^2\theta\sin^2\frac{\tilde{\omega}t}{2}$。所以此处条件能够解决第 10 章脚注⑮、⑯文献中提出的传统绝热条件不自洽的问题。同时，也是判断这个具体系统的含时过程是否为绝热的充分条件。

10.12 解： 注意此处 $\omega_0,\omega$ 均为书中例题的一倍，而且 $\omega(\tau)$ 含时。转入相互作用表象后，有

$$h_i^{(I)}=e^{ih_0\tau}h_i e^{-ih_0\tau}=\frac{\omega(\tau)}{2}\sigma_x$$

故有

$$|\psi(\tau)\rangle_I=\exp\left(-i\frac{\sigma_x}{2}\int_0^\tau\omega(\lambda)d\lambda\right)|\psi(0)\rangle=e^{ih_0\tau}|\psi(\tau)\rangle_s$$

可得

$$|\psi(\tau)\rangle_s=\exp\left(-i\frac{\omega_0}{2}\sigma_z\tau\right)\exp\left(-i\frac{\sigma_x}{2}\int_0^\tau\omega(\lambda)d\lambda\right)|\psi(0)\rangle$$

而 $H$ 所对应的本征值和本征函数分别为

$$\begin{cases}\dfrac{\sqrt{\omega(\tau)^2+\omega_0^2}}{2}, & e^{i\frac{\omega_0\tau}{2}\sigma_z}\begin{pmatrix}\cos\dfrac{\theta}{2}\\ \sin\dfrac{\theta}{2}\end{pmatrix}\equiv e^{i\frac{\omega_0\tau}{2}\sigma_z}|\alpha(\tau)\rangle\\ -\dfrac{\sqrt{\omega(\tau)^2+\omega_0^2}}{2}, & e^{-i\frac{\omega_0\tau}{2}\sigma_z}\begin{pmatrix}-\sin\dfrac{\theta}{2}\\ \cos\dfrac{\theta}{2}\end{pmatrix}\equiv e^{-i\frac{\omega_0\tau}{2}\sigma_z}|\beta(\tau)\rangle\end{cases}$$

⑭ Ye M Y, et al. quant-ph/0509083.

这里 $\cos\theta=\frac{\omega_0}{\Omega}$，$\sqrt{\omega(\tau)^2+\omega_0^2}=\Omega$。经一些简单的代数运算之后即有

$$\langle\alpha(\tau)\,|\,\dot{\alpha}(\tau)\rangle=-\frac{\mathrm{i}\omega_0^2}{2\Omega}\quad \langle\beta(\tau)\,|\,\dot{\beta}(\tau)\rangle=\frac{\mathrm{i}\omega_0^2}{2\Omega}$$

$$\langle\beta(\tau)\,|\,\dot{\alpha}(\tau)\rangle=\frac{\mathrm{i}\omega\omega_0}{2\Omega}+\frac{1}{2}\frac{\Omega}{\omega}\frac{\omega\omega_0\dot{\omega}}{\Omega^3}=\frac{\omega_0}{2\Omega}\left(\frac{\dot{\omega}}{\Omega}+\mathrm{i}\omega\right)\equiv z$$

$$\frac{\mathrm{d}}{\mathrm{d}\tau}\arg\langle\beta(\tau)\,|\,\dot{\alpha}(\tau)\rangle=\frac{\mathrm{d}}{\mathrm{d}\tau}\left(\arctan\frac{\omega\Omega}{\dot{\omega}}\right)=\frac{\dot{\omega}^2\left(1+\frac{\omega}{\Omega}\right)-\omega\Omega\ddot{\omega}}{\dot{\omega}^2+\omega^2\Omega^2}$$

从而有

$$\frac{\mathrm{d}}{\mathrm{d}\tau}\arg\langle\beta(\tau)\,|\,\dot{\alpha}(\tau)\rangle+\mathrm{i}(\langle\alpha(\tau)\,|\,\dot{\alpha}(\tau)\rangle-\langle\beta(\tau)\,|\,\dot{\beta}(\tau)\rangle)$$

$$=\frac{\dot{\omega}^2\left(1+\frac{\omega}{\Omega}\right)-\omega\Omega\ddot{\omega}}{\dot{\omega}^2+\omega^2\Omega^2}+\frac{\omega_0^2}{\Omega}$$

当 $\omega(\tau)$缓变时，则应有 $\left|\frac{\dot{\omega}}{\omega}\right|\ll 1$ 以及 $\left|\frac{\ddot{\omega}}{\dot{\omega}}\right|\ll 1$，注意，这两个条件都只是数值上的比较，尽管具有量纲，但最后在整个条件里量纲全部被消去。从而由新的绝热条件有

$$\left|\frac{\beta_{km}}{\dot{\theta}_{km}}\right|=\frac{\omega_0\,\omega(\tau)}{2\omega_0^2+\omega^2(\tau)}\ll 1$$

即为

$$\frac{\frac{\omega_0}{\omega}}{2\left(\frac{\omega_0}{\omega}\right)^2+1}\ll 1\quad 或\quad \frac{\frac{\omega}{\omega_0}}{2+\left(\frac{\omega}{\omega_0}\right)^2}\ll 1$$

从而有

$$\omega_0\gg\omega\quad 或\quad \omega\gg\omega_0$$

由于系统为绝热演化，要求系统磁场的变化应当是缓慢的，故从物理上考虑应只保留下 $\omega\gg\omega_0$。

假设系统初始状态为 $|\alpha(0)\rangle$，则经由绝热演化，可得如下保真度

$$\begin{aligned}|{}_{\mathrm{adi}}\langle\alpha(\tau)\,|\,U\,|\,\alpha(0)\rangle|^2&=|\langle\alpha(0)\,|\,\mathrm{e}^{\mathrm{i}\frac{\omega_0\tau}{2}\sigma_z}\mathrm{e}^{-\mathrm{i}\frac{\omega_0}{2}\sigma_3\tau}\mathrm{e}^{-\mathrm{i}\frac{\sigma_x}{2}\int_0^\tau\omega(\lambda)\mathrm{d}\lambda}\,|\,\alpha(0)\rangle|^2\\&=|\langle\alpha(0)\,|\,\mathrm{e}^{\mathrm{i}\delta\sigma_x}\,|\,\alpha(0)\rangle|^2=|\langle\alpha(0)\,|\,\cos\delta+\mathrm{i}\sigma_x\sin\delta\,|\,\alpha(0)\rangle|^2\\&=\left|\cos\delta+\mathrm{i}\sin\delta\,\sqrt{1-\cos^2\theta'}\right|^2=\cos^2\delta+\sin^2\delta(1-\cos^2\theta')\\&=1-\frac{\omega_0^2}{\omega_0^2+\omega(\tau)^2}\sin^2\delta\end{aligned}$$

其中 $\delta(\tau)=-\frac{1}{2}\int_0^\tau\omega(\lambda)\mathrm{d}\lambda$，而 $\omega\gg\omega_0$。所以新条件保证了

$$|{}_{\mathrm{adi}}\langle\alpha(\tau)\,|\,U\,|\,\alpha(0)\rangle|^2\approx 1$$

10.13 提示：一方面，此线性势可转换成 $V(t)=f(t)a+f^*(t)a^+$ 形式。于是，此含时问题经过如下平移变换后，可以严格求解⑮，

⑮ 见前面脚注⑥文献，第 11 章.

$$U(t)=\exp\left\{\frac{\mathrm{i}}{\hbar}\left[a^{+}\mathrm{e}^{-\mathrm{i}\omega t}\int_{0}^{t}f^{*}(\lambda)\mathrm{e}^{\mathrm{i}\omega\lambda}\mathrm{d}\lambda+a\mathrm{e}^{\mathrm{i}\omega t}\int_{0}^{t}f(\lambda)\mathrm{e}^{-\mathrm{i}\omega\lambda}\mathrm{d}\lambda\right]\right\}$$

另一方面,利用本章所讲理论,作绝热近似分析。

10.14 证明式(10.61)。

证:

$$\begin{aligned}h_{\mathrm{adi}}=\mathrm{i}\dot{U}U^{\dagger}&=\mathrm{i}\Big\{-\mathrm{i}\sum_{k,m}\omega_k\mathrm{e}^{-\mathrm{i}\int_0^\tau\omega_k(\lambda)\mathrm{d}\lambda}\,|k(\tau)\rangle\langle k(0)|\,\mathrm{e}^{\mathrm{i}\int_0^\tau\omega_k(\lambda)\mathrm{d}\lambda}\,|m(0)\rangle\langle m(\tau)|\\&\quad+\sum_{k,m}\mathrm{e}^{-\mathrm{i}\int_0^\tau\omega_k(\lambda)\mathrm{d}\lambda}\,|\dot{k}(\tau)\rangle\langle k(0)|\,\mathrm{e}^{\mathrm{i}\int_0^\tau\omega_k(\lambda)\mathrm{d}\lambda}\,|m(0)\rangle\langle m(\tau)|\Big\}\\&=\sum_k\omega_k(\tau)\,|k(\tau)\rangle\langle k(\tau)|+\mathrm{i}\sum_k|\dot{k}(\tau)\rangle\langle k(\tau)|\\&=\sum_k\left[e_k(\tau)-\mathrm{i}\langle k(\tau)|\dot{k}(\tau)\rangle\right]|k(\tau)\rangle\langle k(\tau)|+\mathrm{i}\sum_k|\dot{k}(\tau)\rangle\langle k(\tau)|\end{aligned}$$

即

$$h_{\mathrm{adi}}=h(\tau)-\mathrm{i}\sum_k\langle k(\tau)|\dot{k}(\tau)\rangle\,|k(\tau)\rangle\langle k(\tau)|+\mathrm{i}\sum_k|\dot{k}(\tau)\rangle\langle k(\tau)|$$

注意 $h_{\mathrm{adi}}(\tau)$是厄米的,因此得到一个厄米算符

$$\begin{aligned}\Gamma(\tau)\equiv h_{\mathrm{adi}}(\tau)-h(\tau)&=\mathrm{i}\sum_k|\dot{k}(\tau)\rangle\langle k(\tau)|-\mathrm{i}\sum_k\langle k(\tau)|\dot{k}(\tau)\rangle\,|k(\tau)\rangle\langle k(\tau)|\\&=\mathrm{i}\sum_k|\dot{k}(\tau)\rangle\langle k(\tau)|-\mathrm{i}\sum_k|k(\tau)\rangle\langle k(\tau)|\dot{k}(\tau)\rangle\langle k(\tau)|\\&=\mathrm{i}\sum_k\left[I-|k(\tau)\rangle\langle k(\tau)|\right]|\dot{k}(\tau)\rangle\langle k(\tau)|\\&=\mathrm{i}\sum_{k,m(m\neq k)}|m(\tau)\rangle\langle m(\tau)|\dot{k}(\tau)\rangle\langle k(\tau)|\end{aligned}$$

即式(10.61),

$$\Gamma(\tau)=\sum_{k,m(m\neq k)}\beta_{mk}(\tau)\,|m(\tau)\rangle\langle k(\tau)|$$

# 第 11 章

11.1 提示:见该处脚注文献第 118 页。

11.2 解:见该处脚注文献第 279 页。

11.3 提示:只需令 $B$ 维数和 $A$ 相同,选纠缠态 $|\Phi\rangle_{AB}=\frac{1}{\sqrt{N}}\sum_{i=1}^{N}|i\rangle_A\otimes|i'\rangle_B$,将 $T_A\otimes I_B$ 作用在 $\rho_{AB}=|\Phi\rangle_{AB}\langle\Phi|$ 上。表明作用后的 $\rho'_{AB}=T_A\otimes I_B\rho_{AB}$ 是一个这样的算符,以致 $N\rho'_{AB}$ 是将 $A$ 态和 $B$ 态交换的交换算符。它有正负两个本征值,对应于交换为对称和反对称的两种态。所以 $\rho'_{AB}$ 有负本征值。

10.18

第11章

11.1

# 索　引